… mehr als eine CHRONIK

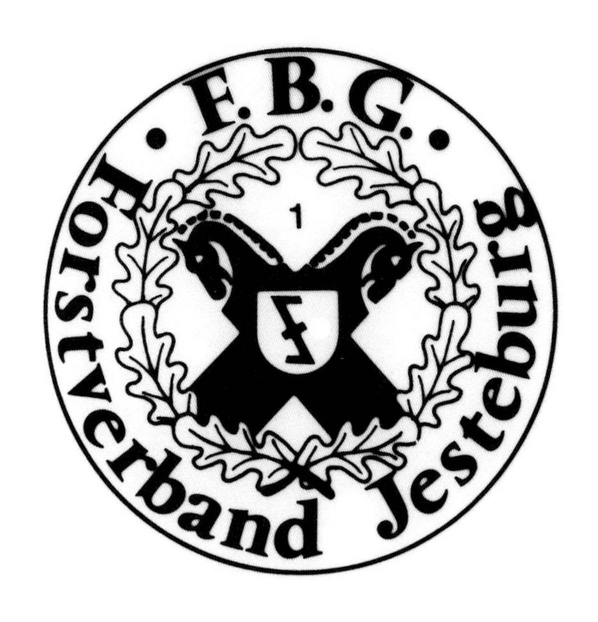

FORSTBETRIEBSGEMEINSCHAFT

FORSTVERBAND JESTEBURG

1953 - 2013

von Uwe Gamradt

2013

Bibliografische Information der Deutschen Nationalbibliothek
Die Deutsche Nationalbibliothek verzeichnet diese Publikation in der Deutschen Nationalbibliografie; detaillierte bibliografische Daten sind im Internet über http://dnb.d-nb.de abrufbar.

Herausgegeben von der Forstbetriebsgemeinschaft Forstverband Jesteburg

Gedruckt auf Papier aus zertifizierten Wäldern.

http://www.pd-verlag.de, mail@pd-verlag.de
Tel. 04182/401037, Fax 04182/401038

Lektorat: Jessica Resch
Layout und Bildbearbeitung: Katrin Schwarz

ISBN 978-3-86707-835-1

INHALT

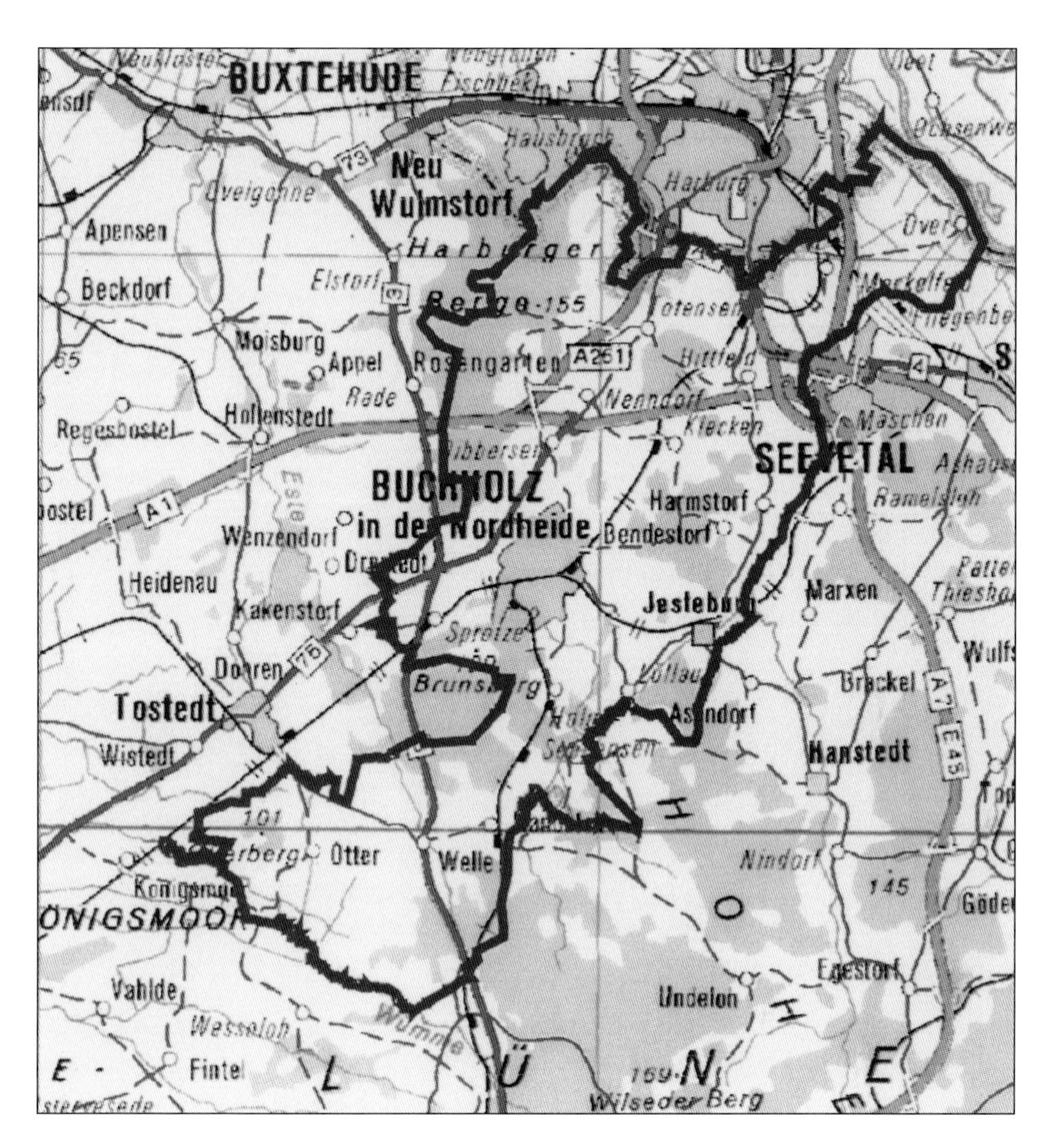

Das Betreuungsgebiet der FBG Forstverband Jesteburg

Grußwort des Landrates des Landkreises Harburg – Herrn Joachim Bordt

Die Forstbetriebsgemeinschaft Forstverband Jesteburg feiert in diesem Jahr ihren 60. Geburtstag. Zu diesem besonderen Jubiläum spreche ich im Namen des Landkreises Harburg meine herzlichsten Glückwünsche aus.

Waren es 1953 rund 40 Waldbesitzer, die im Weller Gasthaus Wille den Gründungsakt vollzogen, sind es heute über 500 Mitglieder mit einer Waldfläche von fast 6.300 Hektar, die die Forstbetriebsgemeinschaft Forstverband Jesteburg betreut.

Der Verband berät und unterstützt seine Mitglieder in allen forstwirtschaftlichen Angelegenheiten und leistet somit einen gewichtigen Beitrag für eine nachhaltige und planmäßige Bewirtschaftung von Waldgrundstücken im Landkreis Harburg. Neben der Bewirtschaftung von Waldflächen, wozu auch die Planung und Durchführung von ökologischen Maßnahmen zugunsten des örtlichen Naturschutzes zählt, leistet der Forstverband auch wichtige Informations- und Öffentlichkeitsarbeit. Während zahlreicher Waldführungen sensibilisiert Fachpersonal des Forstverbandes Interessierte für die Grundbedürfnisse eines gesunden Waldes und trägt dazu mit bei, dass Waldbesucher durch ihre Verhaltensweisen den Wald und die Umwelt schützen.

Die Forstbetriebsgemeinschaft Forstverband Jesteburg leistet damit eine Arbeit, die für unseren heimischen Wald unverzichtbar ist. Dank der Weitsicht seiner Mitglieder, die sich über Jahrzehnte für die Pflege und die Weiterentwicklung der Waldflächen eingesetzt haben, können Kreisbewohner und Erholungsuchende sich auch heute noch an der Vielfalt und Schönheit unserer Wälder erfreuen.

Den Verbandsvorstand, dem Forstpersonal und den Waldbesitzern danke ich im Namen aller Bürgerinnen und Bürger unseres Landkreises für ihre kontinuierliche und großartige Arbeit, die sie für den Wald und damit für die Lebensqualität der Gesellschaft leisten. Für die Zukunft wünsche ich der Forstbetriebsgemeinschaft Forstverband Jesteburg eine weiterhin positive Entwicklung.

Joachim Bordt

- Landrat -

Grußwort des Präsidenten des Waldbesitzerverbandes Niedersachsen – Herrn Norbert Leben

Liebe Waldbesitzerinnen, liebe Waldbesitzer,

den Blick zurück richten, um am Ende eines Jahres, nach 60 Jahren zu sehen, was gut war und was wir ändern sollten, ist gute Tradition. Gern erinnern wir uns dabei an die schönen Tage, weniger gern an die Ereignisse, die uns Unbehagen gebracht haben.

60 Jahre – im Leben eines Waldbestandes sind dies oft nur ein Drittel der Umtriebszeit – sind für einen Verband wahrlich eine interessante und meist auch abwechslungsreiche Zeit.

Heute Bäume zu pflanzen, um sie in hundert Jahren oder später zu ernten – optimistischer kann man Wirtschaften nicht formulieren und leben. Sie, die Waldbesitzer der FBG Forstverband Jesteburg, haben 60 Jahre lang Verantwortung für Ihren Wald übernommen, Sie haben diesen Wald ganz selbstverständlich so bewirtschaftet, dass dieser die vom Gesetzgeber geforderten Funktionen der Nutz-, Schutz- und Erholungsfunktion zum Wohle der Waldbesitzer, aber auch zum Wohle der Gesellschaft voll entfalten konnte.

Der Wald und die Forstwirtschaft durchlebten in den vergangenen sechs Jahrzehnten Zeiten unterschiedlichster Wertschätzung und Bewertung. Die Waldbesitzer der FBG Forstverband Jesteburg haben so Höhen und Tiefen durchlebt, aber sie haben immer in eindrucksvoller Weise zu ihrem Generationenvertrag gestanden. Da fungierte der Wald als Sparkasse der Bauern in wirtschaftlich guten Zeiten. Da hielt man aber auch an seinem Wald fest, als der Holzpreisverfall und die damit einhergehenden Absatzschwierigkeiten nach den Stürmen 1972, 1990, 1992/93 und 2006 sowie in Zeiten wirtschaftlicher Rezession zu bewältigen war. Damals wie heute zeigt sich, Einigkeit macht stark, erhöht die Chancen auf dem Holzmarkt und verbessert die Positionen auf dem politischen Parkett. Gerade vor diesem Hintergrund stellen wir zunehmend fest, dass die gesetzlichen Rahmenbedingungen und der sich fortschreibende Wertewandel in der Gesellschaft die Entscheidungsmöglichkeiten unserer zwei Millionen privaten Waldbesitzer doch deutlich beeinflussen und beschneiden. Bundes- und landesgesetzliche Vorgaben, Naturschutz- und Wasserschutzgesetze, EU-Richtlinien wie „Fauna-Flora-Habitat“ (FFH) oder die Vogelschutzrichtlinie engen unser Handeln mehr und mehr ein. Wir können also erkennen, der Wald „erfreut sich“ zahlreicher Institutionen, die sich ihm gestaltend zuwenden. So ist es oft erforderlich, diese Inanspruchnahme abzuwehren, um die Interessen für das Privateigentum zu sichern. Die Diskussion um die Zertifizierungsverfahren PEFC und FSC führt uns vor Augen, wie schwierig es ist, Waldbesitzerpositionen in der

Bevölkerung so darzustellen, dass man auch dort erkennt, dass Waldbesitzer mit großer Verantwortung in ihrem Wald wirtschaften.

Neben dem Kerngeschäft „Holzvermarktung“ müssen wir mehr denn je darauf drängen, dass die Wohlfahrtsleistungen des Waldes nicht mehr alle zum „Nulltarif“ zu haben sind. Neue Marktsegmente wie zum Beispiel das Energieholz bieten Chancen dazu. Darüber hinaus fordern wir aber auch, den Wert der in unseren Wäldern erfolgenden Trinkwasserneubildung sowie der nachgewiesenen Filterwirkung und Reinhaltung des Wassers zu entgelten.

Ich freue mich, dass es der FBG Forstverband Jesteburg mit den jeweils verantwortlichen Vorständen, Waldbesitzern und beratenden Förstern möglich war, Motivation und Passion für den Wald zu erhalten und zu fördern. Mit Weitsicht hat man vor 60 Jahren diese Forstbetriebsgemeinschaft gegründet, so konnte man für die Privatwälder erfolgreich wirken. Heute sind wir mehr denn je gefordert, auf die sich ändernden Rahmenbedingungen Antworten zu finden.

Dass Privatwald ökonomisch wie ökologisch erfolgreich entwickelt werden kann, beweist das 60-jährige Jubiläum Ihres Verbandes. Auch Ihre Wälder gehören zum „Grünen Herz“ unserer Heimat. Das Engagement der Waldbesitzer mit ihren Förstern sorgt, da bin ich mir ganz sicher, auch weiterhin dafür, dass es nicht nur in der Vergangenheit, sondern auch in Zukunft kräftig schlagen wird.

Ich möchte Ihnen im Namen des Waldbesitzerverbandes Niedersachsen ganz herzlich zu diesem besonderen Tag gratulieren und mich darüber hinaus für eine tolle forstliche Arbeit bedanken.

Norbert Leben

Präsident Waldbesitzerverband Niedersachsen

Grußwort des Leiters des Geschäftsbereichs Forstwirtschaft der Landwirtschaftskammer Niedersachsen – Herrn Dipl.-Forstwirt Rudolf Alteheld

60 Jahre gelebte Nachhaltigkeit und unermüdlicher Einsatz für den Wald im Altkreis Harburg. Getragen von vielen engagierten Menschen, die im Wald mehr sahen als nur die reine Bereitstellung von Holz. Vieles hat sich trotz der immer schwieriger werdenden Rahmenbedingungen nur durch diesen Einsatz der Waldbesitzer vor Ort sehr positiv entwickelt. Hieraus ist eine effiziente Kooperation aus passionierten Waldbesitzern, selbständigen Forstwirtschaftlichen Zusammenschlüssen, einem starken Waldbesitzerverband und einer leistungsstarken Beratung und Betreuung durch die Landwirtschaftskammer gewachsen. Diese Kooperation wurde stets weiterentwickelt und muss auch zukünftig entwicklungsfähig bleiben, um den vielfältigen Anforderungen an den Privatwald in Niedersachsen gewachsen zu sein.

Privateigentum im gesellschaftlichen Umfeld

Die ökonomische, ökologische und soziale Bedeutung unserer Wälder ist im ersten Jahrzehnt dieses Jahrhunderts immens gestiegen. Parallel dazu steigt aber auch die Verantwortung der Waldbesitzer, der Forstwirtschaftlichen Zusammenschlüsse und der forstlichen Betreuungsorgane für die vielfältigen Entwicklungen, die vom Waldbesitz ausgehen, deutlich an.

Stichwort Holzbereitstellung

Die Holzbereitstellung durch die Landwirtschaftskammer aus dem Privatwald in Niedersachsen ist ein gutes Beispiel für die effektive Zusammenarbeit und das Zusammenspiel der Partner in der Privatwaldbetreuung. So wurde die bereitgestellte Holzmenge in den letzten 10 Jahren etwa verdoppelt und in den vergangenen 17 Jahren sogar vervierfacht. Aktuell liegt der Holzeinschlag im organisierten Privatwald in Niedersachsen bei etwa 2 Mio. Festmeter/ha und stellt damit den mit Abstand größten Anteil der niedersächsischen Holzmenge.

Deutschland weist mit fast 3,4 Milliarden Festmeter den absolut höchsten Holzvorrat (vor Frankreich, Schweden und Finnland) in Europa auf. Durch die hohe Bevölkerungszahl ergibt sich allerdings für Deutschland nur ein Holzvorrat von 40 Festmeter pro Einwohner. Diese Verknüpfung gilt im Übrigen auch für andere Produkte und Leistungen des Waldes für die Bevölkerung, wie sauberes Wasser, frische Luft, Erholungs- und

Sportnutzung und vieles mehr. Es gilt also gerade im Privatwald verschiedenste Potenziale vollumfänglich, aber innerhalb der Grenzen der Nachhaltigkeit weiterzuentwickeln.

Der geplante Ausstieg aus der Atomenergie wird unweigerlich zu einem weiteren Ausbau der regenerativen Energieerzeugung führen. Hierbei wird der Bedarf an Biomasse, speziell Holz, weiter ansteigen. Auch die Gewinnung von Wasser- und Windenergie innerhalb von Waldflächen wird sicherlich weiter kontrovers diskutiert werden.

Nicht nur bei der Akquise, der Bereitstellung und der Vermarktung von Rohholz aus dem Privatwald ist insofern ein professionelles und vorausschauendes Management gefordert. Auch die Entwicklung neuer Geschäftsfelder wird zwingend erforderlich sein, um gerade dem Privatwald auch zukünftig die notwendigen Entwicklungsmöglichkeiten zu bieten.

Entwicklung der Forstlichen Förderung

Für die Weiterentwicklung der Forstlichen Förderung gilt es, für die Zukunft unserer Wälder ein vielfältiges Anforderungspaket zu bearbeiten. Klimaentwicklungen, Kohlenstoffbilanzen und Nadelholzverknappung sind nur einige der Schwerpunkte, die es dringend weiterzuentwickeln gilt. Neben den sonstigen Anforderungen ökonomischer und ökologischer Art im Rahmen einer multifunktionalen Forstwirtschaft müssen auch die Fragestellungen zum vertraglichen Naturschutz und zur Förderung von bereits existierenden ökologisch hochwertigen Waldbeständen weiterentwickelt werden.

Die Forstwirtschaft des Privatwaldes wird sich hier ganz besonderen Herausforderungen stellen müssen. Leistungsorientierte und leistungsfähige Systeme der Kooperation zwischen Waldbesitzern, Forstwirtschaftlichen Zusammenschlüssen und Forstbetreuung werden hierbei eine führende Rolle bei der Bewältigung der zukünftigen Anforderungen spielen. Nur ein vorausschauender, professioneller Verbund aller Verantwortlichen und die Weiterentwicklung einer spürbaren Unterstützung durch die Gesellschaft werden diese Anforderungen nachhaltig erfolgreich meistern.

Die Landwirtschaftskammer Niedersachsen stellt sich diesen Anforderungen auch zukünftig gern als Partner der Waldbesitzer und der Forstwirtschaftlichen Zusammenschlüsse, gebündelt im Waldbesitzerverband Niedersachsen.

Rudolf Alteheld

Geschäftsbereichsleiter GB Forstwirtschaft

Grußwort des Leiters des Forstamtes Nordheide-Heidmark der Landwirtschaftskammer Niedersachsen – Herrn Forstdirektor Jochen Bartlau

Vor 60 Jahren gründeten mehr als 40 Waldbesitzer, nachdem sich der Hollenstedter Teil verselbständigt hatte, den Forstverband Jesteburg, aus dem im Jahre 1971 die heutige Forstbetriebsgemeinschaft „Forstverband Jesteburg" hervorging. Dieser Schritt basierte auf der Erkenntnis, dass für die Waldbesitzer eine Erledigung der vielfältigen, bei der Waldbewirtschaftung anfallenden Aufgaben, nur durch ein gedeihliches Zusammenarbeiten unter Zuhilfenahme von forstlichem Sachverstand möglich sei und insofern auch für den Jesteburger Bereich die Verbandsgründung eine Notwendigkeit darstellte.

Die FBG Forstverband Jesteburg zeigt auf eindrucksvolle Weise, welche Vorteile derartige Zusammenschlüsse für ihre Mitglieder bieten. Wie die vorliegende Chronik detailliert aufzeigt, basiert der Erfolg auf der Arbeit der Vorstände, die bei ihrer Vorstandstätigkeit einerseits immer das Bewährte im Blick behielten, andererseits aber auch notwendige Entwicklungen einleiteten und umsetzten. Auch die Mitarbeiter und Mitarbeiterinnen sowie die eingesetzten Verbands- bzw. Bezirksförster haben einen erheblichen Anteil zum Gelingen beigetragen, wobei das große Engagement der Mitglieder eine unabdingbare Voraussetzung darstellte.

Ich gratuliere der FBG Forstverband Jesteburg herzlich zu ihrem 60-jährigen Bestehen und bin dankbar, dass ich sie in den vergangenen 20 Jahren begleiten durfte. Der zukünftigen Zusammenarbeit und der weiteren Entwicklung der Jubilarin sehe ich mit Zuversicht und großer Freude entgegen.

Jochen Bartlau

Leiter des Forstamtes Nordheide-Heidmark

der Landwirtschaftskammer Niedersachsen

Grußwort des Vorsitzenden der FBG Forstverband Jesteburg – Herrn Detlef Cohrs

Mit der Übernahme unseres land- und forstwirtschaftlichen Heidehofes übernahm ich auch die Bewirtschaftung von ca. 90 ha Wald.

Man ist leicht geneigt, das forstliche Erbe als eine Hinterlassenschaft früherer Geschlechter hinzunehmen, ohne sich bewusst zu sein, dass damit auch eine Verpflichtung verbunden ist. Diese geht weit über die Einhaltung der wenigen gesetzlichen Bestimmungen hinaus und beschränkt sich nicht bloß auf die Walderhaltung, die Nachhaltigkeit der Nutzungen im Wald und das Verbot oder die Bewilligung von Kahlschlägen. Es handelt sich vielmehr um sittliche Verpflichtungen gegenüber der Allgemeinheit und kommenden Geschlechtern. Uns ist der Nutznieß des Walds übertragen, wobei gleichzeitig die Verantwortung erwächst, dass das Erbe ungeschmälert erhalten bleibt, womöglich verbessert wird.

Mit Antritt des Amtes als Vorstandsvorsitzender der Forstbetriebsgemeinschaft Forstverband Jesteburg im Jahre 1997 war ich mir dieser Aufgabenstellung bewusst und bin heute stolz darauf, die letzten 15 Jahre von den gesamten 60 Jahren des Bestehens seit Gründung im Jahre 1953 dieses Amt bekleiden zu dürfen.

Mit Dankbarkeit und Anerkennung blicke ich auf die teilweise aufopferungsvolle Amtsführung meiner vier Vorgänger sowie der jeweiligen Forstleute und Verbandsangestellten in der Geschäftsführung zurück, die gemeinsam Großes geleistet haben.

Das gesetzlich festgelegte Recht, den Wald zu betreten und sich wildwachsende Beeren und Pilze aneignen zu dürfen, genügt der Bevölkerung längst nicht mehr. Der Wald wird zu Recht als wichtiges Element der Kulturlandschaft betrachtet, dessen Zustand und Bewirtschaftung nicht allein ökonomischen Gesichtspunkten unterworfen werden darf. Eine angemessene Abgeltung der dem Waldbesitzer auferlegten Einschränkungen bleibt zwar noch versagt, was aber die Waldbesitzer nicht von ihrer Verantwortung gegenüber der Allgemeinheit und der Nachkommenschaft zu entbinden vermag. Es ist jedoch eine Aufgabe der staatlichen Forstpolitik und der zukünftigen Gesetzgebung, nicht nur die Wahrung der öffentlichen Interessen am Wald ausreichend sicherzustellen, sondern auch den berechtigten wirtschaftlichen Ansprüchen der Waldbesitzer Rechnung zu tragen.

Es ist mein tiefer Wunsch, und ich werde das meinige dazu beitragen, dass die Waldbesitzer unserer Forstbetriebsgemeinschaft Forstverband Jesteburg auch weiterhin loyal zu ihrem Forstverband stehen. Gemeinsam werden wir dann den Anforderungen der Zukunft an den hiesigen Wald gerecht werden und damit kommenden Generationen ein unschätzbares Gut bewahren.

Detlef Cohrs

Vorstandsvorsitzender

Grußwort des Technischen Aufsichtsbeamten der Landwirtschaftlichen Berufsgenossenschaft Niedersachsen-Bremen – Herrn Manfred Petersen

Die in der Nordheide bestehenden Wälder sind – unabhängig von wirtschaftlichen Gesichtspunkten – mit ihrer Reichhaltigkeit, Vielfalt und Schönheit ein von uns allen zu erhaltender und schützenswerter Schatz. Dies nicht nur für Erholungsuchende, sondern auch für die privaten Waldbesitzer.

Die bäuerlichen Waldbesitzer haben sich in der Nachkriegszeit tatkräftig für den Erhalt der forstlich genutzten Flächen eingesetzt. Ziel der sich vereinigten Privatwaldbesitzer war seinerzeit die Einrichtung und Durchführung einer gemeinschaftlichen, fachkundigen und nachhaltigen Forstbewirtschaftung unter Einbeziehung von Fauna und Flora. Dies ist heute aktueller denn je!

Aber was ist die Gesundheit des im Walde arbeitenden Menschen wert? Da die Waldarbeit nach wie vor zu einer der gefährlichsten Arbeiten gehört, braucht der sie Ausübende eine soziale Absicherung. Diese gewährleistet seit weit über einhundert Jahren die Landwirtschaftliche Berufsgenossenschaft.

Namens der Landwirtschaftlichen Berufsgenossenschaft Niedersachsen-Bremen spreche ich der Forstbetriebsgemeinschaft Forstverband Jesteburg zum 60-jährigen Bestehen meine herzlichsten Glückwünsche und Anerkennung aus. Als deren Technischer Aufsichtsbeamter war es mir vergönnt, über viele Jahre am Wirken und Werden des Forstverbandes teilzuhaben und mit am Ziel einer Gesundheit erhaltenden Waldarbeit zu wirken. Dies erfolgte durch Vorträge auf den Generalversammlungen sowie Schulungsmaßnahmen und Beratungen vor Ort und im Walde.

Die jungen Auszubildenden in den landwirtschaftlichen Betrieben lagen dem Forstverband besonders am Herzen, galt es doch, diese zukünftigen Waldbauern für ihren Wald und die darin zu tätigenden Arbeiten zu begeistern.

Es bleibt anzuerkennen, dass die Vorstandsmitglieder, die Waldbesitzer, besonders aber das Forstfachpersonal stets bemüht waren, die Verbesserungen von Schutzkleidung und Sicherheitsmaßnahmen einzuführen und auf den neuesten Stand zu halten.

Verbunden mit meinen persönlichen Wünschen für die Zukunft hoffe ich auch weiterhin auf eine gemeinsame, konstruktive Zusammenarbeit und ein erfolgreiches Wirken zur Erhaltung der Gesundheit der im Walde tätigen Menschen.

Manfred Petersen – Technischer Aufsichtsbeamter

VORWORT

Es war mir vergönnt, zwei Drittel der Zeit seit Gründung des Forstverbandes Jesteburg im Jahre 1953 diesen Forstwirtschaftlichen Zusammenschluss zu leiten und sein Werden, Wachsen und Wirken mitzugestalten. Mit vier von den fünf amtierenden Vorsitzenden durfte ich zusammenarbeiten, in guten und in schwierigen Zeiten. Wenn dann noch neben den vielfältigen Aufgaben im geliebten Forstberuf ein starkes Interesse und Empfinden für historisches Geschehen einhergeht, entsteht recht bald der Wunsch, das Vergangene schriftlich festzuhalten.

Eine schnelllebige Zeit mit sich überstürzenden Neuerungen auf allen Ebenen und Gebieten des täglichen Lebens lässt vieles allzu schnell verblassen und in Vergessenheit geraten. Nach Rücksprache mit dem Vorsitzenden Detlef COHRS wenige Jahre nach der Feier anlässlich des 50-jährigen Bestehens der FBG Forstverband Jesteburg stand der Entschluss fest, eine ausführliche Chronik zu erstellen.

Kommende Generationen von Waldbauern sollen wissen, wie alles einmal seinen Anfang genommen hatte. Dieser Gedanke wurde dem Vorstand der FBG Forstverband Jesteburg auf einer der nächsten Sitzungen vorgestellt, fand allgemeine Zustimmung, und man erteilte mir den Auftrag. Vorgestellt werden sollte die Chronik anlässlich der 60. Generalversammlung am 14. März 2013 im Gründungsgasthaus Wille in Welle.

Glücklicherweise hatten meine Frau Karin und ich bereits frühzeitig damit angefangen, die vorhandenen Unterlagen erst einmal sachlich und zeitlich zu sortieren und einzuordnen. Alle Ecken und Winkel im Forsthaus, vom Keller bis zum Dachboden, wurden nach alten Akten und Schriftstücken durchstöbert, und wir wurden auch fündig! Hiernach war die persönliche Vorsprache bei den Hinterbliebenen von ehemaligen Forstbediensteten, Vorsitzenden und Vorstandsmitgliedern vonnöten, nicht immer erfolgreich. Telefonate und Schreiben an Personen und Behörden bis Königstein/Taunus bzw. Berlin hin brachten nur mäßigen Erfolg und bedingte Klarheit. Die meisten Männer der ersten Stunde des Aufbaues einer forstwirtschaftlichen Selbstverwaltung lebten nicht mehr.

Als Glücksfall erwies sich meine ehrenamtliche Tätigkeit als langjähriger Schriftführer im Vorstand des Land- und Forstwirtschaftlichen Vereins Jesteburg und Umgebung – liegen uns hier fast lückenlos die Protokolle der Vorstandssitzungen und Generalversammlungen seit 1892 vor.

Die Durchsicht dieser bis ca. 1950 in Sütterlinschrift verfassten Dokumente nahm viel Zeit in Anspruch, erbrachte aber den Hinweis auf den um 1920 gegründeten Waldbauverein Jesteburg, der später namensgebend wirken sollte.

Nach gut zweijähriger Tätigkeit, hierbei dankbar unterstützt von meiner Frau Karin und unserer Tochter Inka, liegt jetzt die CHRONIK der FBG FORSTVERBAND JESTEBURG vor.

Holm-Seppensen, im Lenz 2013

Uwe Gamradt

Uwe Gamradt

GESCHICHTLICHE ENTWICKLUNG DES PRIVATEN WALDEIGENTUMS

Der römische Geschichtsschreiber Publius Cornelius TACITUS beschreibt in seiner weithin bekannten und um 98 n. Chr. erschienenen GERMANIA das Land der Germanen wie folgt: „Das Land zeigt zwar im Einzelnen beträchtliche Unterschiede, im Ganzen ist es mit schaurigen Wäldern und widerwärtigen Sümpfen bedeckt. Nach Gallien zu ist es feuchter, nach Noricum und nach Pannonien zu windiger und also trockener. Es trägt reichlich Saatfrüchte, für Obstbäume ist es nicht geeignet; es ist reich an Vieh, das aber meist von kleinem Schlag ist. Selbst dem Großvieh fehlt das stattliche Aussehen und der stolze Stirnschmuck." (Tacitus: Germania (5, 1), S. 72)

Im Allgemeinen dehnte sich die römische Macht zunächst bis zum Rheingebiet aus. Germanen und Römer kamen jetzt vielfach zusammen, bald im friedlichen Verkehr, öfters in blutigen Kämpfen. Wie zäh und ständig diese Grenzkämpfe waren, das zeigen uns die Berichte des Ammianus Marcellinus aus der zweiten Hälfte des vierten Jahrhunderts. Dabei mussten die Römer feststellen, dass das Volk der Germanen nicht gewillt war, sich dem sieggewohnten Gegner zu unterwerfen und ihm untertan zu sein. Dass Tacitus bei seiner Beschreibung Germaniens etwas überzogen hat, ist uns heute durch Ausgrabungen und sprachwissenschaftlichen Beobachtungen in späterer Zeit bekannt.

Wohl hatte damals Germanien ausgedehnte Wälder, die an vielen Orten größer waren als heute und mehr Urwaldcharakter besaßen. Aber die Germanen waren keine ausgesprochenen Waldbewohner, sondern siedelten in waldfreier Gegend oder am Waldrand. Das zeigt auch die Schilderung in deutschen Märchen. Der Wald ist der Ort der Verbannten. Verbannten wurde eine Frist gesetzt, während der sie aus dem Bereich der menschlichen Behausungen in den Wald entkommen konnten.

Die großen Waldrodungen gehören erst dem Mittelalter an. Ortsnamen auf -schlag, -reud, -rode, -schwand, -sang geben davon Kunde. Die Dreiteilung der Landwirtschaft in Ackerbau, Baumzucht und Viehzucht ist ebenfalls belegt.

Die Germanen hatten damals keinen einheitlichen Staat, aber sie waren eine Volksgemeinschaft, die nach Sitte, Sprache und Abstammungsbewusstsein ein organisches Ganzes bildete. Die Versuche des Arminius, sein Volk in einem Staat zu einen, scheiterten.

Die Besitznahme bisher unbebauten Bodens, sei es durch Inbeschlagnahme infolge von Eroberungen oder durch Inkulturnahme, war nebensächlich. Das Inbesitznehmen geschieht von einer Gemeinschaft aus; wenn es sich um das Inbeschlagnehmen handelt, werden wir an eine Siedlungsgemeinschaft denken dürfen, die aus einer oder mehreren Sippen besteht oder auch aus Verbänden, die sich aus anderen Gründen zusammengefunden haben. Handelt es sich um das Inkulturnehmen von bisher nicht bebautem Boden –

etwa Ödland, das mit Sträuchern, Bäumen und Unkraut bewachsen war –, so können die Zusammenarbeitenden auch Dorfbewohner gewesen sein, deren bebauter Grundbesitz flächenmäßig nicht mehr ausreichte.

Nach der Würde wird der gerodete Boden verteilt. Die Verteilung wird bei Familienverbänden der Sippenälteste vorgenommen haben. Hier wird die Bewertung der Familien nach Ansehen, Verdienst im Krieg und in Friedenszeiten, wohl auch nach der Zahl der Mitglieder gemeint sein. Streitigkeiten wird es beim Verteilen kaum gegeben haben, da genügend Boden vorhanden war.

Heute noch haben die Siedlungsverbände, aus denen Dorfgemeinschaften hervorgegangen sind, gemeinsamen Besitz: zunächst den Gemeindewald, und dann die Allmende, das allen Männern gemeinsame Land, wo jeder sein Vieh hintreiben kann und auch anderweitig nutzungsberechtigt ist. Diese Allmende wird auch zur Nutzung an Bürger für Jahre oder auf Lebenszeit vergeben.

Bis zum Ende des 18. Jahrhunderts gab es Felder, die einer Markgenossenschaft gehörten und abwechslungsweise vergeben wurden, so z. B. bei den Friesen auf der Insel Föhr. Dort gab es neben dem „Ständigen Ackerland“ oder „Täglichen Land“, wie man es nannte, das seit alter Zeit Privateigentum war und in der Nähe der Dörfer lag, noch Gemeineigentum, das als Wechselland unter die Vollbauern zur Verteilung gegeben wurde. Solches Land wurde immer nur für kurze Zeit bebaut, dann überzog es sich wieder mit Heide, bis es erneut in Anbau genommen wurde.

Die Sippenältesten/Häuptlinge hatten sich durch besondere Taten in Kriegs- oder Friedenszeiten hervorgetan und wurden natürlich bei Landzuteilung bevorzugt behandelt. Jeder Sklave hatte sein eigenes Heim mit Garten und Feld, oftmals waren es Mitglieder von unterworfenen Völkern nichtgermanischen Ursprungs, die dem neuen Herrn Dienste leisteten und Abgaben lieferten.

Grundlage des gemeinsamen Zusammenlebens bis ungefähr ins 8. Jahrhundert n. Chr. war das germanische Recht. Grenzen zu den Nachbarsippen und -stämmen waren fließend und im gegenseitigen Einverständnis festgelegt. Die Jagdausübung war ein Privileg des freien Germanen und wurde von ihm als ein Selbstverständnis ausgeübt. Dies insbesondere in der „Großen Wildnis“, wie in späterer Zeit der Große Kurfürst die gewaltige menschenleere Fläche im Grenzgebiet zwischen dem späteren Ostpreußen und dem russischen Zarenreich nannte.

Die Langobarden, die südlich der Elbe im Bereich der heutigen Lüneburger Heide lebten, waren nicht vollständig während der Völkerwanderungszeit weitergezogen. Die Sachsen waren ein uneinheitlicher Volksstamm, dessen Zusammenhalt mehr durch Übereinstimmungen in Götterglauben, Sprache, Kultur und Eroberungen gegeben war als in einer gemeinsamen Herkunft. Sie wanderten von Norden in die Lüneburger Heide ein und vermischten sich mit den verbliebenen Langobarden.

Im Süden Germaniens hatte sich Karl der Große zum Frankenkönig und römischen Kaiser krönen lassen. Zielstrebig zog er nach Norden, unterwarf die Sachsen um das Jahr 804 n. Chr. und gliederte das Gebiet als Stammesherzogtum in das Frankenreich ein. Die Bevölkerung wuchs an und neue Siedlungen entstanden, sodass viele Waldgebiete gerodet werden mussten.

In diese Zeit fällt auch der Umstand, dass der christliche Glaube durch Bischöfe und Mönche, die den verschiedensten Orden angehörten, in den Norden bis hoch in den skandinavischen Raum getragen wurde, oftmals unter Verlust des eigenen Lebens. Sowohl von den jetzt herrschenden weltlichen wie geistlichen Adelsträgern wurde eine Steuer in Form des Zehnten eingeführt.

Aus dem Geschlecht der Welfen war es dann Herzog Heinrich der Schwarze, der seine Untertanen im Bereich der Lüneburger Heide regierte. Sein Enkel war Heinrich der Löwe, der zu einem der bedeutendsten und mächtigsten Fürsten des Reiches aufstieg. Um 1180 n. Chr. musste er jedoch nach England flüchten, da es zu Unstimmigkeiten mit Kaiser Friedrich I. Barbarossa gekommen war und er fortan von diesem geächtet wurde. Nach der Flucht von Heinrich den Löwen zerfiel das Land in kleine Fürstentümer.

Die deutschen Lande wurden im 14. Jahrhundert insbesondere durch die eingeschleppte Pestkrankheit und auch durch den Lüneburger Erbfolgekrieg (1371-1388) sowie unzählige Kleinkriege, Fehden und Belagerungen der einzelnen Herrscherhäuser in Mitleidenschaft gezogen und geschwächt.

Hatte man vorher die vorhandenen Waldungen in erheblichem Maße gerodet und für Siedlungszwecke umgewandelt, hörte dies jetzt auf, da viele Siedlungen und Ortschaften zu „Wüstungen" wurden. Die Bevölkerungszahl nahm drastisch ab, und der Wald eroberte sich diese Flächen wieder zurück.

Im Laufe der Jahrhunderte hatte sich auch bei den germanischen Volksstämmen eine gewisse Hierarchie herausgebildet. Sowohl bei den Franken wie auch bei den Sachsen beruhte die Gesellschaftsordnung auf eine Adelsherrschaft. Die Grundherren mit ihren z. T. sehr großen Höfen verfügten über Hörige, die von ihnen abhängig waren; zum anderen waren aber auch schon freie Bauernhöfe vorhanden. Frei gewordene Höfe – oftmals einsam und in Streulage gelegen – wurden von den Grundherren erworben und mit von ihnen abhängigen Bauern zwecks Bewirtschaftung besetzt.

Ungefähr ab dem 12. Jahrhundert nannte man die Höfe der Grundherren Güter: Adelige oder der Landesherr waren deren Eigentümer. Die neu entstandenen Städte und Klöster waren ebenfalls im Besitz von mehr oder weniger großen Gütern, welche sie oftmals an freie Bauern im Wege des „Meierrechtes" übertrugen. Diese „Meier" waren dem Grundherrn zu Abgaben und Diensten verpflichtet; das Land war unteilbar und wurde meist an den ältesten Sohn vererbt, wenn er sich keiner weitreichenden Verfehlung schuldig gemacht hatte.

Der Wald nebst allen unbearbeiteten und unbewohnten Gebieten gehörte nach sächsischem Recht den Dörfern oder Höfen, die ihn auch nutzten. Ein Holtvogt oder Holtgräfe stand diesen sogenannten Marken vor und überwachte alle Tätigkeiten im und am Wald.

Nach Eroberung des Sachsenlandes durch Karl den Großen sollte sich vieles ändern. So übernahm er alle unbesiedelten Gebiete, die zwischen den jeweiligen Markgenossenschaften lagen, und vergab sie nach Lehnsrecht an den Adel, die Kirche oder andere Günstlinge. Die ganz großen, herrenlosen Waldflächen – in Niedersachsen z. B. der Harz oder die Magetheide südlich von Uelzen – wurden zu königlichen Bannforsten und verblieben beim Landesherrn.

Im Laufe der nächsten Jahrhunderte verfestigte sich dieses Abhängigkeitsprinzip derart, dass von der Landbevölkerung immer größere Abgaben und Dienstleistungen gefordert wurden (z. B. der Zehnte von Vieh und Getreide, eine Mühlensteuer, das Rauchhuhn, Viehschatz, Hand- und Spanndienste, Kriegerfuhren und Landfolgen, Burgfestedienste u.v.a.m.), sodass es letztendlich zu den Bauernaufständen und den großen Auswanderungswellen des 18. und 19. Jahrhunderts kam.

Zwischenzeitlich hatte sich die Ausübung der Jagd – bei den Germanen ein Jedermannsrecht – zu einem REGAL entwickelt, das allgemein der Landesherrschaft zustand. In den klösterlichen und adligen Distrikten war es zunächst ein übertragenes Hoheitsrecht bzw. Eigentumsrecht, das jedoch schnell zu einem Nutzungsrecht wurde.

Der Hochadel besaß ein absolutes Jagdrecht, während der dienstbare Adel oder Neuadel bei einer Belehnung durch den König die Jagdgerechtigkeit im Allgemeinen nur als Privileg auf Lebenszeit erhielt. Die Landbevölkerung durfte selbst auf ihren eigenen Flächen nicht oder nur im stark eingeschränkten Umfang der Jagd nachgehen; teilweise war selbst das Verscheuchen des Wildes von den Feldfluren bei Androhung drakonischer Strafen untersagt. Mancherorts musste den Hofhunden ein Knüppel um den Hals gebunden oder sogar ein Bein abgeschlagen werden, damit sie nicht das Wild hetzen konnten.

DIE NUTZUNGSRECHTE IM UND AM WALD

Nachdem im 15. Jahrhundert das römische Recht zur allgemeinen Rechtsprechung wurde, gelang es dem Adel bzw. dem Landesherrn, die Oberhoheit über die Markenwälder zu erlangen. Es wurden sogenannte Forstordnungen verabschiedet, um die missbräuchliche Nutzung im Wald in geordnete Bahnen zu leiten. Der Landbevölkerung mussten nun jedoch von der Obrigkeit Nutzungsrechte an und in diesen Wäldern zugestanden werden. So durfte die Landbevölkerung ihr Vieh im Walde weiden und die Schweine mästen lassen. Der Plaggenhieb, Torfstich und die Brennholzwerbung sowie das Sammeln von Wildfrüchten und Beeren waren im Rahmen von klaren Vorgaben möglich. Benötigtes Bauholz, wenn z. B. die Hofgebäude einem Feuer zum Opfer gefallen waren, durfte nur nach Anweisung durch den Holzgräfen oder den Forstbediensteten, der das Holz mit dem Waldhammer an Stamm und Stubben kennzeichnete, eingeschlagen werden. Hierbei durften fruchttragende Bäume auf keinen Fall genutzt werden. Die Bäume mussten dann vom Bauern selbst geschlagen werden. Dies geschah möglichst bei abnehmendem Mond von November bis Februar. Man glaubte, dass das Holz dann besser austrocknete. In einer Holzordnung von 1665 heißt es: „Wenn einem Bauern Holz zum Hauen angewiesen wird, so soll er für jede Eiche mindestens sechs Heister aus dem dörflichen Heisterkamp pflanzen. Kann er es nicht, hat er ¼ Taler für jeden nicht gepflanzten Heister in eine Kasse für Forstverbesserungen (ein halber Tagelohn) beim Amt zu zahlen." Zu den Bauernhöfen gehörten oftmals kleine Holzungen und natürlich die Hofeichen bzw. -buchen. Diese gehörten in den meisten Fällen zwar dem Grundherrn, durften aber nur vom Hofbesitzer genutzt werden. Sehr selten gab es zu dieser Zeit schon freie Bauernwälder; sie waren meistens eine Schenkung der Landesfürsten infolge besonderer Verdienste. Vorhandene Gutsforsten waren ebenfalls mit den Nutzungsrechten benachbarter Bauern oder Dörfer belastet, genossen jedoch den Status eines Privatwaldes.

Da, wie bereits erwähnt, die Steuern und Abgaben sich ständig erhöhten, die Erträge aus der Bewirtschaftung des Hofes mit damaligen Mitteln und Kenntnissen kaum zur Selbstversorgung ausreichten, griffen die Bauern zur Selbsthilfe. Sie „besorgten" sich Holz aus den landesherrschaftlichen Wäldern, um es zu verkaufen und mit dem Erlös die Steuern und Abgaben bezahlen zu können. Die geringe Anzahl an Forstbediensteten und deren schwache Mobilität waren kein Hindernis, und der Wert des Holzes lag teilweise über dem der Strafe.

Hier nun trat im 19. Jahrhundert eine Anzahl von gesetzlichen Regelungen in Kraft, die bewirkten, dass die Höfe der Bauern deren freies Eigentum wurden. Zu nennen seien u. a. in Niedersachsen die Gemeinheitsteilungsordnung von 1802, die Ablösungsordnung von 1833 und das Gesetz zur Aufhebung von Weiderechten von 1856. In den jeweiligen Rezessen wurde schriftlich festgelegt, dass alle Belastungen in Geldzahlung abgelöst, das gemeinschaftliche Eigentum geteilt und die Flurstücke weitgehend zusammengelegt werden (die sog. VERKOPPLUNG). Mit der Zahlung der Ablösesumme wurden sie nun Eigentümer ihrer Höfe. Das Anerbenrecht und damit die Geschlossenheit der Höfe bleibt bestehen, fast alle Bauern tragen sich in die „Höferolle" ein. Diese Höfeordnung besagt, dass jeweils der älteste männliche Erbe den Hof ungeteilt erhalten soll.

DER EIGENE WALD: ERWERB – BESITZ – VERPFLICHTUNG

Für die Ablösung der Weiderechte erhielten die Bauern von den Grundherren z. T. erhebliche Waldflächen, die jeweils zum Dorf hin lagen. Damit künftig kein Vieh oder Fuhrwerk mehr in den herrschaftlichen Wald kommen konnte, wurde die vorher teilweise recht krumm und schief verlaufende Grenzlinie überall begradigt. Das Ergebnis dieser Verkopplung ist der heute überall noch sichtbare Forstgraben. Auch hierzu wurde ein Rezess Mitte des 19. Jahrhunderts ausgearbeitet, der u. a. festlegte, dass der Forstgraben 6 Fuß breit und 3 Fuß tief sein sollte, wovon die Bauern 1/3 und die Herrschaft 2/3 Boden herzugeben hatten. Der ausgehobene Boden wurde dann neben dem Graben auf fiskalischer Seite zum Wall abgelegt. Dieser sog. „Königsgraben“ ist noch heute als Grenzgraben um die jeweiligen Staatsforstwälder vorhanden und erkennbar. (Päper, Carsten: Flurdenkmale, Kulturdenkmale im Landkreis Harburg, S. 42)

Aus einigen Planrezessunterlagen geht hervor, dass den berechtigten Bauern der jeweiligen Ortschaft eine Waldfläche vom grundherrschaftlichen Besitz zwecks „gemeinschaftlicher Bewirtschaftung“ übereignet werden sollte. Diese Waldfläche bekam die Bezeichnung „Interessentenforst“ (die heutigen Realverbandsforsten). Jeder Anteiler verfügte hierbei über einen zwar vererbbaren, aber nur ideellen Anteil, und nicht über einen realen. Gewinn und Verlust mussten anteilig getragen werden. Die Ablösung des Hand- und Spanndienstes und anderer Lasten erfolgte oftmals aus dem Erlös des Holzeinschlages in diesen Waldflächen, sodass es teilweise zu starken Verlichtungen kam.

In der Zeit von 1870 bis 1910 sanken die Preise für Wolle und Fleisch der Heidschnucken und die Getreidepreise infolge von billigen Importmöglichkeiten unter die Selbstkostengrenze. Die Bauern investierten ihre vorhandenen finanziellen Mittel in die Modernisierung ihrer Höfe; für die Aufforstung der verlichteten Wälder und Heideflächen blieb meistens kein Geld übrig.

Bemerkenswert ist schon zu Anfang des 18. Jahrhunderts die Aussage des kursächsischen Oberberghauptmanns Hans Carl von Carlowitz, der die Bedeutung der Holzlieferung des Waldes kannte, dass nur so viel Holz genutzt werden darf, wie nachwächst (Nachhaltigkeitsprinzip)!

Die jetzt nicht mehr bewirtschafteten Heideflächen samten sich zuerst mit leichtsamigen Pioniergehölzen wie Birke, Aspe, Weide und – wenn in der Nähe vorhanden – mit Kiefern und Fichten sowie Lärchen an. Da es sich hierbei um eine sporadische Ansamung handelte, waren die Bestände weitläufig, astig und kurzschäftig.

Da der Bauer jetzt EIGENTÜMER seiner Scholle war, wuchs das Interesse an der Bewirtschaftung seiner Hofstelle. Lehre, Forschung und Unterrichtung – auch im Schulwesen – setzten sich mehr und mehr auf dem Lande durch. So hatte sich bereits im Jahre 1830 der Land- und Forstwirtschaftliche Provinzialverein für das Fürstentum Lüneburg in Uelzen gegründet. Er verschenkte ab dem Jahre 1849 bis 1874 rd. 30.000 Kilogramm Kiefernsamen. Hiermit konnten ca. 2.500 ha aufgeforstet werden.

Es war der Verdienst des Landschaftsrates und Präsidenten des Provinzialvereins für das Fürstentum Lüneburg, Berthold Graf von Bernstorff, dass im Jahre 1899 die bäuerliche Selbstverwaltungsorganisation Landwirtschaftskammer in der Provinz Hannover gegründet wurde. Erster Leiter der Forstabteilung der Landwirtschaftskammer wurde der Provinzialforstmeister Georg Quaet-Faslem.

Da der Rohstoff HOLZ nach wie vor sehr nachgefragt war, die teilweise verlichteten Wälder nur geringe Mengen zu liefern imstande waren, entwickelte sich der Ackerbauer mehr und mehr zum Waldbauer. Die Liebe der Deutschen zum Wald, wie sie sich in den Märchen, den Gedichten und Novellen, in der Malerei bis hin zur Wandervogelbewegung niederschlug, kam nun voll zur Geltung.

Die freien Heide- und Ödlandflächen wurden nach und nach aufgeforstet; in erster Linie mit den frost- und sonnenharten Nadelhölzern wie Kiefern, Fichten und Lärchen. Eine beliebte Saatmischung war hierbei 70 % Kiefer, 20 % Fichte und 10 % Lärche. Mit den von Ochsen oder Pferden gezogenen Schwingpflügen wurden Furchen gezogen und das Saatgut mithilfe einer schmalen Weinflasche ausgesät. Auf die besseren Böden brachte man Eichen und Buchen als Heisterpflanzung auch als Saat. Auf den Landwirtschaftsschulen („Ackerbauschulen/Winterschulen“) wurde bereits Waldbau gelehrt, und die neu eingerichteten Dienststellen beim Provinzialforstverein oder der Landwirtschaftskammer erteilten Rat und Hilfe.

War der Bauer seit 1848 endlich frei geworden und verfügte über freies Eigentum, wollte er sich nicht schon wieder dadurch abhängig machen, dass er zwecks Aufforstung zur Verfügung gestellte Geldmittel von anderer Stelle in Anspruch nahm. Diese Fördermittel waren teilweise an eine Eintragung in das Grundbuch gebunden, und das wollte man auf keinen Fall.

Bei den heutigen waldbaulichen Fördermitteln handelt es sich dagegen um Mittel seitens EU, Bund und Land, die aufgrund eines klar definierten Gesetzes zur Auszahlung gelangen und über keinerlei eigentumseinschränkende Auflagen verfügen. Wenn hier von Kleinprivatwald gesprochen wird, so handelt es sich um Waldflächen zwischen 10-100 Hektar. Der mittlere Privatwald verfügt über Waldflächen in der Größe von 100-500 Hektar. Betrachten wir einmal die damaligen Mitglieder einer Forstbetriebsgemeinschaft, so zeigt sich, dass die Hauptwaldfläche im Bereich der aktiven Landwirte zu finden ist, die den Wald im Rahmen der Hofübernahme ererbt haben. Sie liegt in der Größenordnung bis 100 ha, teilweise auch darüber.

Durch gute bis sehr gute Einkünfte während der Zeit des sog. „Wirtschaftswunders“ in der BRD war es vielen am Wald und der Natur interessierten Städtern möglich geworden, sich kleinere Waldflächen anzukaufen. Im Bereich der FBG Forstverband Jesteburg, südlich der Metropole HAMBURG gelegen, machen diese Waldbesitzer über 50 % der Mitglieder aus, verfügen jedoch nur über ca. 12 % der Gesamtwaldfläche. Erstaunlich ist hierbei das teilweise enorme Interesse dieser Kleinstwaldbesitzer an ihrem Wald, eine überproportionale Inanspruchnahme des betreuenden Forstpersonals ist zu verzeichnen.

Vorhandene große Heidehöfe und adelige Güter verfügten über einen Waldbesitz, der vielfach im Bereich bis zu 500 ha und mehr liegt. Desgleichen haben hier und dort Personen mittlere bis große Waldflächen erworben, da sie über entsprechende Finanzmittel verfügten und eine sichere Anlage in Form von Immobilien haben wollten; doch auch jagdliche Aspekte spielten hierbei eine mehr oder weniger wichtige Rolle. Aber auch Kommunen und Städte – z. B. die alte Salzstadt Lüneburg – sind im Besitz von nicht unerheblichen Waldflächen, die entweder durch eigenes Forstpersonal bewirtschaftet werden oder einer forstwirtschaftlichen Betreuungsorganisation angeschlossen sind.

Mit Aufhebung des Jagdregals im Jahre 1848 und Bindung des Jagdrechts an Grund und Boden konnte der Bauer die Jagd auf seinem Besitz ausüben, sofern er den jetzt erlassenen waidgerechten und demokratischen gesetzlichen Bestimmungen nachkam. Wollte er nicht selbst jagen, so konnte er das Jagdausübungsrecht an Dritte verpachten, eine zum Teil heute nicht zu unterschätzende Einnahmequelle für den Hof. Die Entschädigung von entstandenen Wildschäden in der Feldflur ist ziemlich klar geregelt, wobei die Regulierung der Wildschäden im Wald noch einer eindeutigen Klärung bedarf. Es dürfte unbestritten sein, dass eine falsch verstandene Hege zu überhöhten Schalenwildbeständen führt und die jahrzehntelange Arbeit des Waldbauern im und am Walde zunichtemachen kann. Ein hoher Jagdpachtzins ist zwar willkommen – doch nicht um jeden Preis. Wild und Wald sind eine Einheit, doch auch hier setzt die Verpflichtung des Eigentums dem jeweiligen Waldbesitzer Grenzen. Drängen überhöhte Wildbestände auf die Felder oder Waldflächen des bzw. der Nachbarn und verursachen Schaden, so sind Konflikte vorprogrammiert. Ähnliches ist aus dem Bereich der Fischerei zu berichten, wenn der Hof über größere Wasserflächen verfügt und diese selbst bewirtschaftet oder verpachtet hat. Der Wald ist ein multifunktionales Ganzes. Zu Konflikten kommt es, weil die vielfältigen Funktionen zu unterschiedlichen sozialen Erwartungen führen.

Der Wald ist seit alters her ein Ort wirtschaftlicher Vorgänge und Maßnahmen. Waldwirtschaft ist ein wirtschaftliches Unternehmen und fest eingebettet in markt- und volkswirtschaftliche Regeln.

Im Wald wird nicht nur der nachwachsende und umweltfreundliche Rohstoff Holz erzeugt, sondern er erbringt auch die sog. infrastrukturellen Leistungen zum Nutzen für die Allgemeinheit, allgemein als Schutz- und Erholungsfunktion bezeichnet. Das führt dazu, dass die Öffentlichkeit ihre besonderen Ansprüche an den Wald und damit an den Waldbesitzer stellt. Denn Art. 14 Abs. 1 u. 2 des Grundgesetzes für die Bundesrepublik Deutschland vom 23. Mai 1949 (GG) besagt, dass das Eigentum gewährleistet wird, Eigentum aber auch verpflichtet, und sein Gebrauch soll zugleich dem Wohle der Allgemeinheit dienen. Diese „Sozialbindung“ ist von der entschädigungspflichtigen Enteignung jedoch abzugrenzen. Die Wald- und Naturschutzgesetzgebung hat eine solche Abgrenzung im Allgemeinen nicht oder nur im unzureichenden Umfang vorgenommen.

Diese Multifunktionalität des Waldes hat zu Folge, dass die Allgemeinheit besondere Ansprüche an den Wald stellt:

- die Sicherung der Nachhaltigkeit aller Waldfunktionen,
- die Wahrnehmung der Wirkungen des Waldes zur Erhaltung der natürlichen Lebensgrundlagen,
- die Wahrnehmung aller Schutzwirkungen des Waldes gegen nachteilige Umwelteinwirkungen und zur Ermöglichung eines vermehrten Umweltkonsums,
- die Nutzung der Erholungsfunktionen,
- die Erhaltung des Landschaftsbildes,
- Landschaftsschutzgebiete, Naturschutzgebiete, Naturparks, FFH-Gebietsausweisung.

Betriebswirtschaftlich gesehen finden diese Ansprüche der Öffentlichkeit an den Wald ihren Niederschlag in:

- hoheitliche Eingriffe in den Betriebsablauf,
- Schäden, die von den Waldbesuchern verursacht werden,
- zusätzliche Aufwendungen zugunsten der Erholungsnutzung,
- Beschränkungen bei der Wahl der Flächennutzung (Kulturartenänderung)

Das menschliche Zusammenleben in einer hochindustrialisierten Gesellschaft und in einem dichtbesiedelten Land ist ohne Beschränkungen des Eigentums nicht denkbar. Der Waldbauer als Besitzer von kleinen und mittelgroßen Privatwaldflächen ist sich der Tatsache bewusst, dass er ein Teil unseres Sozialgefüges ist und er gestatten muss, dass die Öffentlichkeit im Rahmen der Sozialbindung und der jeweiligen Gesetzgebung mit Anteil an den Sozialwirkungen seines Waldes nimmt.

Dies beweist er bereits dadurch, dass er seinen Wald nicht einzäunt und damit zugänglich macht. Des Weiteren nimmt er nicht unerhebliche Kosten und Mühen auf sich, um z. B. die Waldflächen, auf denen noch der Pionierwald nach Heide oder Ödland stockt – was eine Pioniertat ersten Ranges durch die Tätigkeit der Vorfahren darstellt! – jetzt in ökologisch stabile, artenreiche und ökonomisch wertvollere, standortangepasste Mischwälder umzubauen.

War ihm die jährliche Entnahme von Bodenproben auf seinen Ackerflächen eine Selbstverständlichkeit, so ließ er sich von den betreuenden Forstleuten überzeugen, dass eine Standortkartierung im Walde mit der dazugehörigen Forsteinrichtung zum Handwerkzeug des Waldbauern gehört. Hierbei erhielt er finanzielle und personelle Hilfe durch Bund und Land, sodass die finanzielle Belastung im Rahmen des Möglichen blieb.

Je dünner die Personaldecke auf den Höfen wurde, je mehr die Spezialisierung voranschritt, desto klarer zeichnete sich ab, dass der Waldeigentümer aktives Mitglied in einer forstlichen Betreuungsorganisation wie Forstverband, Forstbetriebsgemeinschaft bzw. Forstwirtschaftlicher Vereinigung werden musste.

Welche Maßnahmen in seinem Wald zu erfolgen haben, entscheidet letztendlich der Waldeigentümer. Er hat jedoch die Möglichkeit, sich forstlicher Fachberatung und Betreuung zu bedienen. Ähnlich wie im landwirtschaftlichen Bereich, wo er schon seit langer Zeit seine Produkte über die Raiffeisen-Genossenschaften u. ä. verkauft, findet dies auch im forstwirtschaftlichen Bereich statt.

Bei der Antragstellung zwecks Förderung forstwirtschaftlicher Maßnahmen durch EU, Bund und Land ist die Inanspruchnahme professioneller forstlicher Hilfe – Bezirksförster, Fachberater, Forstamtsleiter – gar nicht mehr wegzudenken. Forstwirtschaftlicher Wegebau, ohne den der Absatz von Holzprodukten künftig kaum noch möglich sein wird, wird fast nur noch durch Spezialfirmen ausgeführt.

All diesen Belangen und Maßnahmen zeigt sich der heutige Waldeigentümer aufgeschlossen und innovativ gegenüber.

Die Anlage von stufig aufgebauten Waldaußen- und -innenrändern aus heimischen Sträuchern und Bäumen ist dem Waldeigentümer dabei ein großes Anliegen. Waldästhetik ist für den Waldbauern kein Fremdwort, sondern wird praktiziert und umgesetzt. Das Belassen von stehendem und liegendem Totholz im Walde ist für ihn eine Selbstverständlichkeit, weiß er doch um den hohen ökologischen Wert dieser Maßnahme. Mit der heute so stark propagierten VERKEHRSSICHERUNGSPFLICHT muss er sich zwar auseinandersetzen, findet jedoch auch hier den richtigen Weg.

Vom Altersklassenwald und der damit verbundenen Bodenreinertragslehre des königlich-sächsischen Geheimen Hofrates Max Robert Pressler (1815–1886), Professor für das land- und forstwirtschaftliche Ingenieurwesen an der Akademie für Land- und Forstwirtschaft in Tharandt, hat er sich abgewandt. Es wurde doch Holz in allen möglichen Dimensionen – vom Erbsbusch über Besenreisig bis hin zum starken Bauholz – auf dem Hof gebraucht, sodass schon aus diesem Grunde ein artenreicher und vielschichtiger Wald von ihm angestrebt wurde.

Trotz der errungenen Freiheit über sein Waldeigentum war er nicht vor Rückschlägen und Katastrophen gefeit: Kriege und Revolutionen verheerten seinen Wald, den Siegern musste das beste Holz als Reparation, sogen. „Engländerhiebe“, übergeben werden, Brennholz für die frierende Bevölkerung in den Städten galt es bereitzustellen. Waldbrände, Käfer- und Pilzschäden sowie Überschwemmungen und Sturmkatastrophen machten die Arbeit von Jahrzehnten in kürzester Zeit zunichte.

Doch was auch kam, im Bewusstsein seiner Verantwortung für kommende Generationen nahm der Waldbauer die Herausforderung an, beseitigte die Schäden und baute einen neuen Wald nach den neuesten Kenntnissen von Wissenschaft und Lehre sowie Erfahrung auf. Es war aber auch – neben der Verantwortung gegenüber nachkommenden Generationen – die Liebe zum Wald, gepaart mit Freude und Genugtuung zu sehen, wie der Hände Müh und Fleiß im Werden und Wachsen seiner neuen Wälder von Erfolg gekrönt war.

Das Ergebnis ist leider oftmals die Begehrlichkeit seitens EU, Bund und Land sowie der Öffentlichkeit, von selbsternannten Naturschützern oder Non-Government-Organisationen (NGO), diese wertvollen Waldflächen mit einem entschädigungslosen Schutzstatus – FFH-Gebiete (Fauna, Flora, Habitat), Natura 2000 – zu überziehen und damit teilweise die Betriebsabläufe zu erschweren. Dies kann Einbußen größeren Stils zur Folge haben.

Die Holzwirtschaft als ein wichtiger Zweig der Volkswirtschaft ist auf den Rohstoff Holz angewiesen, und zwar nicht nur hinsichtlich der Bereitstellung von Wirtschaftsgütern für die Weiterverarbeitung, sondern auch hinsichtlich der Aufrechterhaltung der in der Holzwirtschaft vorhandenen Arbeitsplätze.

Die nichtstaatlichen Waldeigentümer sind mit ihrem Waldeigentum durch eine Vielzahl von Eigentümerzielsetzungen verbunden. Für den Privatwaldbesitzer steht die Bedeutung als Wirtschaftsbetrieb und damit auch als Grundlage wirtschaftlicher Existenz im Vordergrund. Für Städte, Gemeinden und sonstige körperschaftliche Waldeigentümer können neben der ertragswirtschaftlichen Bedeutung ihres Waldes auch verschiedene andere Interessen von Belang sein.

Hatte der Bauer in den vergangenen Jahrhunderten es widerspruchslos hinnehmen müssen, dass seine bestellten bzw. noch nicht abgeernteten Felder vom jagenden Adel bis hin zu den Amtmännern und Drosten beschädigt oder sogar gänzlich verwüstet wurden, so verlangte er nach der Bauernbefreiung hierfür Schadensersatz. Als abgabepflichtiger Untertan war er zum Jagddienst verpflichtet, oftmals auf eigenem Grund und Boden. So heißt es in einer Anweisung: „... dass die königlichen Untertanen im Amte Gottorf zu Leistung der Jagddienste, Lieferung des Jägers Hafer und Heuführung, wie von alters her geschehen, anzuhalten ...“ sind. (Jessen, Hans: Jagdgeschichte Schleswig-Holsteins, S. 62)

Weitsichtige Landesherren hatten schon vorher per Dekret veranlasst, dass die bestellten bzw. noch nicht abgeernteten Felder, Wiesen, Weiden, Weinberge und Hopfengebiete bei der Jagdausübung zu schonen seien, da ansonsten die Bauern nicht in der Lage waren, die entsprechenden Abgaben an den Grundherren zu leisten. Der Druck und die Begehrlichkeiten der Allgemeinheit wie auch der öffentlichen Hand auf das private Eigentum des Bauern, hier insbesondere auf seinen Wald, hörten jedoch nicht auf, nahmen in der Neuzeit lediglich andere Formen an. Nationale Regelungen bis hin zur derzeitigen EU-Gesetzgebung schränken erneut das freie Verfügungsrecht des privaten Waldeigentümers ein.

Zum einen ist es die Unterschutzstellung in Form von Nationalparks, Natur- und Landschaftsschutzgebieten, Naturdenkmälern u.v.a.m. bis hin zu den gesetzlich geschützten Biotopen gem. § 30 Bundesnaturschutzgesetz, von denen es ca. 40 Arten gibt. Diese Biotope sind auf Weisung des Bundesgesetzgebers von den jeweiligen Unteren Naturschutzgebieten erfasst und kartiert worden. Diese Flächen, die vielfältig im Bereich des Waldes liegen oder ein Teil desselben darstellen, tragen wegen der Vielzahl verständlicherweise keine Beschilderung. Sie sind nur an den Weiser- bzw. Zeigerpflanzen zu erkennen, besitzen aber den Rechtsstatus eines Naturschutzgebietes. Will nun der Waldeigentümer eine im Wald liegende binsen- oder seggenreiche Nasswiese trockenlegen und in eine Wildwiese oder gar einen Wildacker umwandeln, so bekommt er dafür keine naturschutzrechtliche Befreiung. Er macht sich strafbar, wenn er es trotzdem tut.

Uns allen ist seit Langem bekannt, dass in der Natur nichts statisch ist und sich alles im Wandel befindet. Leider wird dies von vielen Naturliebhabern nicht akzeptiert, und sie verlangen vom Grundeigentümer, dass er die Bewirtschaftung dieser Flächen reduziert, wenn nicht sogar ganz einstellt. An eine entsprechende Entschädigung denkt von ihnen natürlich keiner, denn „Eigentum verpflichtet doch!“

Wasser ist Lebenselixier Nummer Eins, ohne Wasser kein Leben! Eine der wichtigen Funktionen des Waldes ist seine Fähigkeit, Wasser zu speichern und Grundwasser neu zu bilden. Es steht außer Frage, dass denjenigen das frische und gesunde Grundwasser in ausreichender Menge zur Verfügung gestellt wird, die es benötigen und nicht darüber verfügen. Ist es dann nicht recht und billig, wenn der Waldeigentümer etwas vom Wassergeld für den Umbau seiner Wälder beansprucht, wenn durch den Umbau eine höhere Grundwasserneubildung erreicht wird?

FAZIT

Der private Waldbesitzer ist sich seiner hohen Verantwortung im Rahmen des Generationenvertrages und der Sozialbindung seines Eigentums im vollen Umfang bewusst und stellt die Multifunktionalität seines Waldes der Allgemeinheit zur Verfügung.

Dies darf aber keine Einbahnstraße sein!

Als Leiter eines vielseitigen Wirtschaftsunternehmens darf es für ihn kein Novum sein, wenn er wirtschaftlichen Gewinn aus dieser Tätigkeit ziehen will. Eine Abgeltung der infrastrukturellen Leistungen des privaten Waldes könnte per vertraglicher Vereinbarung dergestalt erfolgen:

Nach Maßgabe sachlicher Erfordernisse, insbesondere zur Verwirklichung der in der forstlichen Rahmenplanung enthaltenen Zielsetzungen sowie nach Maßgabe zur Verfügung stehender Haushaltsmittel haben die Behörden auf den Abschluss von Vereinbarungen mit den Waldeigentümern hinzuwirken, nach denen bestimmte, im einzelnen festzulegende Verbesserungen der Schutz- und Erholungswirkungen des Waldes vom Grundeigentümer in die Wege geleitet werden, wofür ein angemessenes Nutzungsentgelt zu entrichten ist. Enteignende Maßnahmen kommen erst in Betracht, wenn der Versuch des Abschlusses derartiger Vereinbarungen erfolglos war.

Schütze den Wald, er ist des Wohlstands sichere Quelle
Schnell verheert ihn die Axt, langsam nur wächst er heran.
All unser Tun und Lassen, die Enkel werden es einst richten.
Schaffen wir zur Zeit, dass sie uns rühmen dereinst.

ANMERKUNGEN

- *Gamradt, U. – Die Abgeltung der infrastrukturellen Leistungen des Privatwaldes, unveröffentlicht, 2001*
- *Gamradt, U. – Vortrag anlässlich der Jubiläumsveranstaltung zum 50-jährigen Bestehen der Forstbetriebsgemeinschaft „Forstverband Jesteburg“, 2003*
- *Jessen, H. – Jagdgeschichte Schleswig-Holsteins, 1958*
- *Leibundgut, Prof. H. – Waldbau im Privatwald, 1989*
- *Mantel, K. – Wald und Forst in der Geschichte, 1990*
- *Meyer, Ulr., – Von der Lüneburger Heide zum Lüneburger Wald, 2010*
- *Nießlein, Erw. – Waldeigentum und Gesellschaft, 1980*
- *Pfeil, Dr. W. – Ablösung der Wald-Servituten, 1844*
- *Salisch, von H. – Forstästhetik, 1911*
- *Stölb, Wilh. – Waldästhetik, 2005*

EINLEITUNG

Wenn wir heute auf 60 Jahre Forstbetriebsgemeinschaft „Forstverband Jesteburg" zurückblicken, dann verdanken wir dies vielen Menschen, die hauptamtlich und ehrenamtlich für unseren Forstverband tätig waren. Die Vorsitzenden und Vorstandsmitglieder waren alle fast länger als ein Jahrzehnt im Amt und haben dafür gesorgt, dass der Forstverband auch in schwierigen Zeiten die Akzeptanz der Mitglieder behielt.

Lag die forstliche Beratung und Betreuung sowie Dienstleistung seit Gründung im Jahre 1953 in den bewährten Händen von Revierförster Heinrich Auerbach, bekam dieser im Mai 1954 Hilfe durch die Einstellung von Revierförster Hellmuth Flach. Jener leitete erfolgreich nach dem Tode von Heinrich Auerbach ab 1961 bis zu seiner Pensionierung im Jahre 1966 allein die Geschicke des Forstverbandes.

Diese Akzeptanz vertiefte 40 Jahre lang, von 1966-2006, „unser Förster" FA. Uwe Gamradt mit seinem umfangreichen Fach- und Allgemeinwissen sowie seiner Menschlichkeit und Einsatzbereitschaft. Er hat zusammen mit dem Vorstand und den Mitgliedern so manchem Sturm getrotzt, egal ob wetter- oder wirtschaftsbedingt verursacht.

Stürme und Katastrophen erlauben es aber auch, ein Umdenken und einen Neuanfang auf neuen Wegen zu wagen. So wurden in unserer FBG schon vor vierzig Jahren Mischwälder angelegt, die im Lande Niedersachsen als die „bunten Gamradtschen Mischungen" bekannt wurden, auf die wir heute stolz sein können. Verschiedentlich ist schon die Besorgnis zu hören, dass der Laubholzanteil in unseren Wäldern zu hoch ist bzw. sein könnte und damit künftig nicht genügend Nadelholz an die verarbeitende Industrie geliefert werden kann. Auch die Holzsortimente, die wir heute vermarkten, haben sich beachtlich geändert.

Vor sechzig Jahren beschränkte sich unser Vermarktungsangebot aus dem Walde auf Brennholz, Grubenlangholz, Faserholz, Derb- und Reiserstangen, Bauholz – soweit vorhanden. Heutzutage reicht das Angebot vom Stammholz, den Nutzholzabschnitten der verschiedensten Längen, dem Palettenholz, Industrieholz zur Herstellung von OSB-, Tischler- und Spanholzplatten, Brennholz aller Holzarten bis hin zum Energieholz und den fertigen Hackschnitzeln.

Außer der Vorbereitung und Ausführung des Holzeinschlages und der Holzvermarktung gehören heute die Planung und Ausführung von Forstkulturen, Ausgleichs- und Ersatzmaßnahmen, Bodenverbesserungs- und Bestandespflegearbeiten einschließlich des Forstschutzes zu den Aufgaben einer Forstbetriebsgemeinschaft. Nicht zu vergessen sind die ökologischen Maßnahmen und die Belange des Naturschutzes, der Bau und die Unterhaltung von Forstwegen und Holzlagerplätzen. Die Abstimmung der Betriebspläne, Betriebsgutachten und Wirtschaftspläne, genauso wie der Abschluss von Dienstleistungsverträgen zur forstlichen Beratung und Betreuung der Mitglieder, werden eingefordert. Die Einstellung und der Einsatz von Arbeitskräften, Beschaffung und Einsatz von Maschinen und Geräten sind zu bewerkstelligen. Ich könnte diese Auflistung noch fortsetzen.

Seit dem Jahre 2006 liegt nun die forstliche Beratungs- und Betreuungstätigkeit mit all den vorgenannten Aufgaben in den Händen des Nachfolgers von FA. Uwe Gamradt, nämlich FA. Torben Homm, der sich ebenfalls durch hohes fachliches Wissen und Einsatzbereitschaft auszeichnet und jederzeit bereit ist, sich für unsere Mitglieder einzusetzen.

Im Büro unseres Forstverbandes bzw. der Forstbetriebsgemeinschaft waren mit Frau Gudrun von Hörsten, Frau Gertrud Meyer, Frau Lieselotte Dresp, Frau Elfriede Dienemann und Frau Christine Konrad überaus tüchtige und einsatzbereite Mitarbeiterinnen tätig.

Unsere Geschäftsstelle, die über Jahrzehnte von Frau Karin Gamradt als Geschäftsführerin vorbildlich geführt wurde, liegt heute in den Händen ihrer Nachfolgerin und Tochter, der Bankkauffrau Inka Gamradt-Goroncy. Sie leitet die Geschäftsstelle mit großem Fleiß und Fachwissen, wobei sie weiterhin durch Frau Karin Gamradt Unterstützung findet.

Den drei letztgenannten Personen ist es zu verdanken, dass unsere Forstbetriebsgemeinschaft den Arbeitsanfall, der in den Jahren nicht weniger geworden ist, mit modernster Bürotechnik und entsprechendem Einsatz bewältigt. Hierbei kann jederzeit auf die Zustimmung unseres fortschrittlich denkenden Vorstandes zurückgegriffen werden.

Zum Schluss meiner Ausführungen möchte ich mich bei allen Personen, die für das Wohlergehen und den Erfolg unserer Forstbetriebsgemeinschaft Forstverband Jesteburg in den letzten sechzig Jahren gekämpft, gestritten und gehandelt haben, ganz herzlich bedanken. Durch ihr Handeln wurde dieser Forstwirtschaftliche Zusammenschluss in die Lage versetzt, den künftigen Anforderungen jederzeit zu entsprechen.

Gleichzeitig hoffe ich, dass sich immer wieder Menschen finden werden, die mit Herz und Verstand diese Forstbetriebsgemeinschaft erfolgreich in die Zukunft führen, zum Wohle des Waldes und unserer schönen Heimat.

Ich bin der Wald
Ich bin uralt
Ich hege den Hirsch
Ich hege das Reh
Ich schütz Euch vor Sturm
Ich schütz Euch vor Schnee
Ich wehre den Frost
Ich wahre die Quelle
Ich hüte die Scholle –
Bin immer zur Stelle!
Ich bau Euch das Haus
Ich heiz Euch den Herd –
Darum Ihr Menschen,
Haltet mich wert!

Thelstorf, im März 2013

Detlef Cohrs, Vorstandsvorsitzender

1. Großflächige Beratung und Betreuung des Privatwaldes

Bildung einer Landwirtschaftskammer mit Forstabteilung

Am 4. Juni 1764 wurde in Celle feierlich die Königlich-Großbritannische und Kurfürstlich braunschweigisch-lüneburgische Landwirtschaftsgesellschaft ins Leben gerufen, später als Königliche Landwirtschaftsgesellschaft (KLG) bekannt. Ziel war es, die Landwirtschaft im Stammland Hannover zu fördern und zu verbessern.

Im Jahre 1816 befasste sich der Ausschuss der KLG mit der Frage „der Beförderung der Holzkultur". In dem gegründeten Forstausschuss wirkte der namhafte hannoversche Forstmann Dr. Heinrich BURCKARDT entscheidend mit und begründete damit den Beginn der Betreuung der privaten Forsten in der späteren Provinz Hannover.

Nach Ablösung der Waldservitute entstand der kleine und mittlere bäuerliche Privatwald. Durch Streunutzung und Plaggenhieb, einen steigenden Holzbedarf der Bevölkerung und Industrie, verstärkten Schiffbau u.a.m. trat ein Raubbau an dem noch vorhandenen Wald ein. Dieser hatte es durch die Geringwertigkeit des Standortes und den überzogenen Eintrieb von Schafen und Heidschnucken – um 1850 zählte man 640.000 Schafe und Heidschnucken im Regierungsbezirk Lüneburg – ohnehin schwer.

1866 wurde das Königreich Hannover preußisch, und es wurde ein Provinziallandtag mit einer liberalen Verfassung etabliert. 1901 hatte sich die Landwirtschaftskammer Hannover konstituiert. Es war der Verdienst von Graf Berthold von BERNSDORFF, der die Anregung zur Einrichtung einer Forststelle bei der LWK gab, die am 21. Oktober 1901 umgesetzt wurde. Zum Leiter berief man den Landesforstrat QUAET-FASLEM; seine einzige Hilfe war der königliche Forstaufseher TAUBE.

Seitens der Forststelle der LWK bemühte man sich um den Abschluss einer Waldbrandversicherung für die betreuten Privatwaldflächen, vorerst jedoch erfolglos. Die Erstellung von Forstbetriebsgutachten und Wirtschaftsplänen wurde dagegen vermehrt angenommen, genau wie die Bildung von wirtschaftlichen Zusammenschlüssen nach dem Gesetz vom 6. Juli 1875.

Die staatlichen Förderungen für die Aufforstung von Heide- und Ödlandflächen wurden nur zögerlich angenommen, da der Nachweis der ARMUT und BEDÜRFTIGKEIT als Voraussetzung gefordert wurde. Natürlich wollte sich keiner zu dieser Bevölkerungsschicht zählen, auch wenn es tatsächlich so war! Nachdem Wegfall des Bedürftigkeitsnachweises kam es zu einer Welle der Aufforstung, sodass im Regierungsbezirk Lüneburg in der Zeit von 1851 bis 1900 die Waldfläche von 11 % auf 23 % anstieg.

Eine ihrer wichtigsten Aufgaben sah die Forststelle in der Beschaffung von Saatgut und Pflanzmaterial. Im Jahre 1919 wurde die Forststelle in eine Forstabteilung der LWK Hannover umbenannt, was sich durch die erhebliche Privatwaldfläche rechtfertigte. In der Zeit von 1920-1925 richtete die Landwirtschaftskammer die Forstämter Osnabrück, Stade, Uelzen, Soltau und Hannover ein.

Die Landwirtschaftskammer stellte zwar ihre Organisation mit den fünf Forstämtern zur Verfügung, eine Betreuung der 430.000 ha Waldfläche konnte hierbei nur extensiver Art sein. Forstmeister Jaeger schreibt dazu: „Im ganzen Bezirk Stade gab es einen Forstmeister, und ähnlich war es in anderen Forstämtern, ohne jegliche Hilfskraft oder sonstige technische Hilfsmittel."

Um hier etwas Abhilfe zu schaffen, richtete die Landwirtschaftskammer ab dem Jahre 1936 Bezirksförsterstellen ein. Die Bezirksförster waren Beamte des gehobenen Forstdienstes und sollten den Forstverbänden beratend zur Seite stehen. Die spätere Erweiterung des bestehenden Forstamtsystems von 5 auf 11 Forstämter mit den dazugehörigen Bezirksförsterstellen war ein erheblicher Fortschritt.

So stellte man im Jahre 1931 folgende Besitzverhältnisse in Niedersachsen fest, die heute noch annähernd Gültigkeit haben:

Privatforsten	=	44,8 %
Staatsforsten	=	36,3 %
Genossenschaftsforsten	=	12,3 %
Gemeindeforsten	=	4,9 %
Stiftsforsten	=	1,7 %

Die jeweiligen Hauptaufgaben der Forstabteilung der LWK Hannover ergaben sich aus der politischen Situation der Zeit und besonders aus der Tatsache, was die amtierenden Leiter als ihr Hauptanliegen, teilweise auch ihre Vorliebe, ansahen:

LANDESFORSTRAT FRANZ GEORG J. O. R. QUAET- FASLEM

Die Gewinnung des Vertrauens der zu betreuenden Waldbesitzer war neben dem verwaltungsgemäßen Auf- und Ausbau einer Betreuungs- und Beratungsstelle das Hauptanliegen der ersten Jahre. Einzelberatung und Vorträge waren ebenso wichtig wie die praktische Demonstration im Walde am Beispiel der Ödlandaufforstung, der Jungbestandspflege, der Durchforstung und dem Aufmessen liegender und stehender Stämme.

Landesforstrat Franz Georg J. O. R. Quaet-Faslem,

FORSTDIREKTOR STEFFENS

Es galt, den Entwurf eines Preußischen Kulturgesetzes abzuwehren, welches die Substanz des privaten Waldbesitzes anzugreifen drohte. Dies ist durch den freiwilligen Zusammenschluss zu Waldbauvereinen gelungen.

Der Förderung der Wiederaufforstung und der sachgemäßen Pflege der in den letzten Jahren entstandenen Kulturen und der Aufarbeitung bestehender Durchforstungsrückstände galt die besondere Aufmerksamkeit.

Forstdirektor Steffens
1917 bis 1927

FORSTDIREKTOR KRANOLD

Die Fortführung der eingeleiteten Entwicklung von loser Beratung und Betreuung zu intensiver forsttechnischer Betreuung der Privatbetriebe hin war Schwerpunkt seiner Tätigkeit. Daneben galt es, die schwierige weltwirtschaftliche Lage mit ihren Auswirkungen auf den deutschen Binnenmarkt und damit auf die Holzpreise zu meistern. Die zurückhaltende Einschlagspolitik der Staatsforstverwaltung konnte zumindest regional Erleichterung schaffen und ein vollkommenes Zusammenbrechen des örtlichen Holzmarktes verhindern.

Forstdirektor Kranold
1927 bis 1934

OBERLANDFORSTMEISTER DR. ERWIN JAEGER

Oberlandforstmeister Dr. Erwin Jaeger
1934 bis 1939

Gemäß den Anweisungen des Reichsnährstandes bestanden die Aufgaben nach Auflösung der Landwirtschaftskammern im Jahre 1934 in der Sammlung des gesamten Waldbesitzes, in der Vertretung seiner forstpolitischen Belange, in der geregelten Pflege des Privatwaldes und in seiner Förderung sowie in der Stärkung der finanziellen Lage der Erbhöfe. Wesentliche Schwerpunkte waren der Ausbau der neu geschaffenen fünf Forstämter und der organisatorische Aufbau der Beförsterungsverbände in den neu geschaffenen Waldmarken.

Oberlandforstmeister Dr. Friedrich Schmieder, 1939 bis 1942

OBERLANDFORSTMEISTER DR. FRIEDRICH SCHMIEDER

Eine Hauptsorge war die Anwendung der durch die Kriegsverhältnisse erzwungenen Holzeinschläge im Privatwald. Die Knappheit an Versorgungsgütern aller Art, insbesondere auch an Forstpflanzen, beschränkte die Wiederaufforstungstätigkeit.

Oberlandesforstmeister Dr. Friedrich Schmieder organisierte die Aufstockung der Forstämter von fünf auf elf und die damit verbundene Personalerweiterung mit Revierförster und Schreibkraft. Auch die Entschädigungsberechnungen hatte er organisatorisch zu bewältigen.

Landforstmeister Richard Mann 1942 bis 1957

LANDFORSTMEISTER RICHARD MANN

Die Forstabteilung der Landesbauernschaft wurde während des Krieges dem Forst- und Holzwirtschaftsamt als Abteilung II Privatwald eingegliedert. Die Doppelaufgabe, einerseits die Kriegswirtschaft durch Erteilung und nötigenfalls Durchsetzung von Holzeinschlagsauflagen sicherzustellen und andererseits die eigentlichen Betreuungsaufgaben wahrzunehmen, erforderte Takt und Geschick. Sie ermöglichte es aber auch, sich schützend vor den Privatwald zu stellen. – Ganz besonderen Einsatz bedurfte es aber auch in der unmittelbaren Nachkriegszeit, den enormen Anforderungen der Besatzungsmächte durch die angeordneten Holzeinschlagsumlagen der Militärregierung entgegenzutreten, und den Privatwald im Rahmen des irgend Möglichen zu schonen.

Weiterhin mussten die infolge des Krieges entstandenen umfangreichen Kahlflächen und auch die damals noch vorhandenen großen Heide-Ödländereien zügig aufgeforstet werden. Auch die Sicherung eines ausreichenden Aufkommens an Saat- und Pflanzgut war zu gewährleisten.

Um den umfangreichen und vielseitigen Aufgaben gerecht werden zu können, die von den Besitzern des Privatwaldes an die forstlichen Dienststellen der Landwirtschaftskammer gestellt wurden, sind damals zwei weitere Forstämter eingerichtet und die Forstabteilung selbst weiter ausgebaut worden. Einen breiten Raum nahm auch die Ausbildung des bäuerlichen und vor allem des forstlichen Nachwuchses ein.

Im Rahmen des dringend notwendigen Ausbaues und der Stärkung der forstlichen Betreuungsorganisation wurde die bereits vor dem Kriege eingeleitete Forstverbandsbildung konsequent fortgesetzt. Die Bildung der Forstwirtschaftlichen Zusammenschlüsse ging fließend voran, zumal diese vom damaligen Präsidenten Edmund Rehwinkel tatkräftig unterstützt wurde.

Landforstmeister Friedrich Hoppenstedt 1957 bis 1970

LANDFORSTMEISTER FRIEDRICH HOPPENSTEDT

1957 waren die gebietsweise zwar unterschiedlich starken, im Ganzen aber schweren Kriegs- und Kriegsfolgeschäden im Walde des Kammerbereiches im Wesentlichen beseitigt, soweit das durch die Wiederaufforstung der ausgedehnten Brand- und Kahlschlagflächen überhaupt möglich war. Dabei hatte sich die Zusammenarbeit der bestehenden Betreuungsorgane, der Forstdienststellen der Landwirtschaftskammer und der durch die Kammer geförderten Forstverbände gut bewährt. Es kam darauf an, ein gutes Zusammenwirken auch bei den Aufgaben der Folgezeit zu sichern. Schwerpunktaufgaben in den späten Fünfziger- und in den Sechzigerjahren waren die Aufforstung der immer noch in erheblichem Umfange vorhandenen Ödländereien, soweit diese nicht aus Gründen des Landschaftsschutzes als solche zu erhalten waren, und die Überführung ertragsarmer Acker- und Grünlandflächen in forstliche Nutzung. Hinzu kam die Umwandlung leistungsschwacher Laubholzbestände in leistungsstärkere Baumartenkombinationen und auf geeigneten Standorten die Umwandlung der überwiegend aus Heideaufforstung herrührenden Kiefernreinbestände in wuchsstärkere Bestandsformen. Dazu kam im Verlauf der Sechzigerjahre die Beseitigung der Schäden aus verschiedenen Sturmkatastrophen.

Alle diese Arbeiten konnten beschleunigt vorangetrieben werden, als im Jahre 1962 die Forstwirtschaft in das Förderungsprogramm des Grünen Planes einbezogen wurde. Die sich dadurch ergebenen Möglichkeiten wurden schnell und wirksam genutzt.

Eine ständige Sorge war bei schwankendem, meist schwachem Holzmarkt die Sicherung des Holzabsatzes. Diesen Schwierigkeiten konnte nur durch arbeitsteiliges Zusammenwirken von Landwirtschaftskammer und Forstverbänden begegnet werden.

Leitender Forstdirektor Gerd Bosse 1970 bis 1992

LEITENDER FORSTDIREKTOR GERD BOSSE

In die Amtszeit von LFD Gerd Bosse fiel die Windwurfkatastrophe vom 13. November 1972, die auch für ihn eine gewaltige Herausforderung bedeutete und der er sich voll widmete. Kurzfristige Verhandlungen mit dem Nds. Ministerium für Ernährung, Landwirtschaft, Verbraucherschutz und Landesentwicklung und dem Finanzministerium führten zur Bereitstellung von Finanzmitteln, Steuererleichterungen und weiteren Hilfen.

Er legte großen Wert darauf, dass die Schadensflächen zügig wiederaufgeforstet wurden, wobei eine standortgerechte Mischungsform von Laub- und Nadelholz für den Aufbau sturmsicherer Bestände seine Forderung war.

Die große Waldbrandkatastrophe im Trockensommer 1975 war ein weiterer herber Rückschlag in der Forstwirtschaft und konnte mit seiner Hilfe gemeistert werden.

Die Bildung von Forstbetriebsgemeinschaften als wirtschaftlicher Verein Anfang der 1970er-Jahre anstelle der Forstverbände als e. V.s verlangte seine ganze Überzeugungskraft und hat Früchte getragen, wie wir heute sehen können.

Die Übernahme des größten Teils der bei den Forstverbänden angestellten Privatförster in den öffentlichen Dienst bei der Landwirtschaftskammer Hannover bedurfte unendlicher Verhandlungen und Besprechungen. Damit verbunden war die Abfassung der Beratungsverträge zwischen LWK und Forstverbänden.

Ein weiteres Betätigungsfeld war die Förderung der Forstwirtschaftlichen Zusammenschlüsse (FWZ) in finanzieller Hinsicht, um diese für die Anforderungen der Zukunft gewappnet zu sehen.

LEITENDER FORSTDIREKTOR WERNER MÜLLER

Leitender Forstdirektor Werner Müller 1993 bis 1995

Als Leiter eines LWK-Forstamtes kannte LFD Werner Müller die Nöte und Forderungen des Betreuungspersonals in den FWZ. Nach Prüfung durch den Nds. Landesrechnungshof war es mit seine Aufgabe, die Versagung der nebenamtlichen Tätigkeit als Geschäftsführer eines Forstverbandes den Bezirksförstern klarzumachen und durchzusetzen.

Als der Windwurf aus dem Jahre 1990 aufgearbeitet war und die Wiederaufforstung anstand, brachen von November 1992 bis Januar 1993 erneut Stürme über die Wälder im Bereich der LWK Hannover herein.

Hatte sich der Holzmarkt in 1989 sehr gut entwickelt, so brachen jetzt die Preise wieder zusammen.

Unter der starken Inanspruchnahme als Leiter der Forstabteilung litt seine Gesundheit und LFD Werner Müller verzichtete im Jahre 1995 auf das Amt.

Heute ist er als Sachbearbeiter für Privatwaldförderung im ML tätig, obwohl seine Gesundheit ihm immer noch zu schaffen macht.

LEITENDER FORSTDIREKTOR MANFRED ZIELKE

Leitender Forstdirektor Manfred Zielke 1995 bis 2001

Im Süden Niedersachsens als Leiter des LWK-Forstamtes Northeim tätig, waren die Buchenwirtschaft und die jährliche Edellaubholzversteigerung sein Steckenpferd, wo er sich große Verdienste erwarb.

Den Wegebau im Privatwald des dortigen Mittelgebirges sah er als Voraussetzung für eine gewinnbringende Waldbewirtschaftung an.

Als neuer Leiter der Forstabteilung der LWK Hannover brachte er dieses Gedankengut mit ein und arbeitete an der Umsetzung.

Des Weiteren galt es, die Gründung von Forstwirtschaftlichen Vereinigungen zwecks Koordinierung des Holzabsatzes voranzutreiben. Ein zentraler Verkauf der Waldprodukte machte die Gründung von Ober-FBG'n bzw. Verkaufsorganisationen in der Rechtsform einer GmbH oder OHG erforderlich.

Mit Erreichen der Altersgrenze wurde LFD Zielke in den wohlverdienten Ruhestand versetzt.

Leitender Forstdirektor Mark von Busse 2001 bis 2010

LEITENDER FORSTDIREKTOR MARK VON BUSSE

Der Vorstand und die Personalabteilung der Landwirtschaftskammer Hannover waren der Meinung, dass künftig ein „Außerhäusiger" als Leiter der Forstabteilung Vorzug genießen sollte.

So wurde im Jahre 2001 FOR Mark von Busse eingestellt, der bisher Forstamtsleiter im Großprivatwald in Nordrhein-Westfalen gewesen war.

Die forstliche Betreuungstätigkeit im Kleinprivatwald bedeutete für ihn eine große Herausforderung, der er sich mit Elan und Schwung stellte.

Es galt, weiterhin die Bildung von Forstwirtschaftlichen Vereinigungen voranzutreiben. Noch wichtiger waren die Verkaufsorganisationen, da bis dato die Forstwirtschaftlichen Vereinigungen kein Holz ankaufen und verkaufen durften.

Zusammen mit Norbert Leben aus Schätzendorf, der heute Präsident des Waldbesitzerverbandes Niedersachsen ist, arbeitete er mit daran, dass die Fusion der beiden Waldbesitzerverbände in Niedersachsen zustande kam.

Die ständigen Organisationsänderungen bei den beiden Landwirtschaftskammern forderten LFD Mark von Busse immer wieder heraus, musste er doch auch in seiner Abteilung erhebliche Planstellen- und Finanzmitteleinsparungen umsetzen.

An der Fusion der beiden Landwirtschaftskammern zur LWK Niedersachsen arbeitete er tatkräftig mit und sorgte mit dafür, dass der Geschäftsbereich Forstwirtschaft in Hannover verblieb.

Er folgte dann dem Ruf des Deutschen Forstwirtschaftsrates und wurde ab dem 1. Januar 2011 Mitglied der Geschäftsleitung in Berlin.

Diese personelle Verstärkung durch Mark von Busse bedeutet auch eine zusätzliche Erweiterung der Kompetenzen im Bereich Holzmarkt, Förderung und Privatwaldbewirtschaftung.

Dipl.-Forstwirt Rudolf Alteheld ab 2011

DIPL.-FORSTWIRT RUDOLF ALTEHELD

Der Vorstand der Landwirtschaftskammer Niedersachsen entschied sich nach Ausscheiden von Herrn von Busse, für den Dienstposten des Leiters des Geschäftsbereiches Forstwirtschaft den 42-jährigen Dipl.-Forstwirt Rudolf Alteheld zum 1. April 2011 einzustellen.

Rudolf Alteheld bekleidete bei der Glunz-Gruppe das Amt des Holzeinkaufsleiters und ist damit ein ausgewiesener Fachmann, der sich wie kaum ein anderer auf dem Holzmarkt auskennt.

Mit dieser Personalentscheidung wird die wirtschaftliche Position des Geschäftsbereiches Forstwirtschaft bei der Landwirtschaftskammer Niedersachsen gestärkt.

Mit Schwung ging er daran, neue Geschäftsfelder im Bereich der Forstämter und Bezirksförstereien aufzutun.

Die Neugestaltung der in Kürze auslaufenden Beratungsverträge mit den Forstbetriebsgemeinschaften stellt ihn vor eine große Herausforderung, der er sich tatkräftig widmet.

Der momentan stabile Holzmarkt stellt hierbei eine helfende Stütze dar, und allen Beteiligten wünschen wir hierbei Erfolg und Gelingen.

2. Gründung eines Forstverbandes

2.1. Forstverband Harburg

Neben dem im Jahre 1891 gegründeten Landwirtschaftlichen Verein Jesteburg u. Umg. hatte sich am 14. März 1920 der WALDBAUVEREIN JESTEBURG etabliert, der lokal tätig war.

Beide Vereinigungen wurden nach 1934 im sog. „Dritten Reich" neben vielen anderen aufgelöst und gingen in den REICHSNÄHRSTAND über.

Wurden in der russisch besetzten Zone nach 1945 alle Grundbesitzer mit mehr als 100 ha Eigentum uneingeschränkt enteignet, bahnte sich in der britisch besetzten Zone, also hier bei uns, unter anderem eine Zwangsbewirtschaftung des privaten Waldes aller Größenordnungen an. Einen Ausweg bot lediglich der Zusammenschluss zu Waldschutzgenossenschaften, Waldmarken, Beförsterungsverbänden bzw. Forstverbänden.

1948/49 gab es Initiativen mit dem Ziel erheblicher staatlicher Einwirkungsmöglichkeiten auf den Privatwald. Bereits 1919/20 lag unter der Führung von Müller-Franken, SPD, der Entwurf eines FORSTKULTURGESETZES vor, nach dem Waldbesitz bis zu 5 ha entschädigungslos enteignet werden konnte. Dies sollte durch ein sogenanntes „WALDNOTGESETZ" erreicht werden. Diese Gesetze kamen jedoch aufgrund des erbitterten Widerstandes der Waldbesitzerverbände und Waldbauvereine nicht zur Ausführung. Ein gefährlicher Angriff auf die Substanz des privaten Waldbesitzes war somit mit Erfolg abgewehrt worden. Ein entsprechender Aufruf zur Gründung von Forstlichen Zusammenschlüssen erging im Jahre 1948 von Forstmeister Waldemar HAMANN.

Forstmeister Waldemar Hamann als Leiter des Forstamtes STADE der vorl. Landwirtschaftskammer Hannover bemerkt hierzu: „Zweck des Forstverbandes ist es, zunächst die drohende staatliche Aufsicht mit den nachfolgenden Sozialisierungsmaßnahmen abzuwehren und den bäuerlichen Wald in eigener Selbstverwaltung forstmäßig zu bewirtschaften."

So waren es für den Bereich des Altkreises Harburg 53 vorausschauende Waldbesitzer der ersten Stunde, die am 19. Juli 1949 in einer Gastwirtschaft in Buchholz – wahrscheinlich COHRS HOTEL – den FORSTVERBAND HARBURG gründeten und eine entsprechende Satzung verabschiedeten. Zum Vorsitzenden wurde der Bauer August HENK aus Lüllau gewählt, als Beisitzer Bauer Hermann KRÖGER aus Jesteburg-Lohof und Bauer Wilhelm PETERS aus Kampen.

Gründungs-Versammlung
zur Bildung eines Forstverbandes des Altkreises Harburg
am 19. Juli 1949 in Buchholz.

Die Versammlung wurde von dem Kreisfachvorsitzenden des Hannoverschen Landesforstverbandes, Herrn August Henk in Sülten, ordnungsgemäß einberufen. Anwesend waren 93 Waldbesitzer.

Nach Eröffnung der Versammlung erläuterte Herr Henk die Notwendigkeit der Bildung eines Forstverbandes. Forstmeister Hamann-Stade von der Landwirtschaftskammer schilderte in einem Vortrag die forstpolitische Lage und forderte die Waldbesitzer auf, sich durch Bildung eines Forstverbandes vor staatlichen Bevormundungen zu schützen. Es sei notwendig, durch die Einstellung von ausreichendem forstlichem Personal die Forstwirtschaft zu intensivieren und die Holzproduktion zu fördern. Wenn dieses Ziel erreicht sei, sei eine Staatsaufsicht in Zukunft nicht zu befürchten. Herr Henk stellte den Antrag auf Bildung eines Forstverbandes, der von der Versammlung einstimmig angenommen wurde.

Die Vorstandswahl ergab:

Vorsitzender: Bauer August Henk in Sülten.
Beisitzer: " Hermann Kröger in Lohof und
" Wilhelm Peters " Kampen.

Es wurde beschlossen, eine intensive Werbearbeit durchzuführen, um alle Waldbesitzer des Altkreises Harburg durch Unterschrift zum Beitritt zu gewinnen.

Als Beitrag wurde die Erhebung von 0,25 DM je Morgen Forstfläche beschlossen. Für das aufforstungsbedürftige Ödland wurde ein Beitrag von 0,10 DM je Morgen Ödland festgelegt.

Nach Auswertung der weiteren Entwicklung sollen später weitere Entschlüsse über den Aufbau des Forstverbandes gefaßt werden.

Abs

Gründungsprotokoll Forstverband Harburg vom 19. Juli 1949

Als Förster des Verbandes wurden Bezirksförster Volkmann-Buchh[olz] und Förster Thies-Nordsbergen in Aussicht genommen.
Nach Besprechung verschiedener, örtlicher Anfragen aus der Versammlung durch Forstmeister Hamann wurde die Sitzung geschlossen.

A. Henk

Vorstands-Sitzung

am 4. October 1949 in Buchholz

Anwesend waren:
Herren August Henk-Sülbeck Landwirt, Lohrs. Holm Bauer Hermann Hartmann-Langerssen, Herm. Kröger-Lohof, Wilhelm Peters-Hamsen, Forstmeister Hamann-Stade, Bezirksförster Volkmann-Buchholz und Förster Thies-Nordsbergen.
Der Vorstand wurde durch die Herren Herm. Hartmann als stellv. Vorsitzender und Lohrs. Holm als Beisitzer und Rechnungsführer ergänzt.
Es wurde zunächst der vom Forstamt Stade vorgelegte Satzungsentwurf durchgesprochen und nach einigen Änderungen angenommen.
Die Überprüfung der dem Forstverband zur Verfügung stehenden Mittel ergab, daß zunächst etwa 2000.- DM. mindestens aus den Flächenbeiträgen zu erwarten sind. Weitere 1000.- DM. werden aus Verwaltungsgebühren aus Holzverkäufen erwartet, sodaß zunächst ein geschätzter Betrag von 3000.- DM. zur Verfügung steht. Aus diesen Mitteln soll zunächst ein Leichtmotorrad für Förster Thies beschafft werden. Bezirksförster Volkmann soll einen Zuschuß von 320.- [DM] für seinen Kraftwagen erhalten. Die Regelung einer Entschädig[ung]

für die Wagen- und Motorverschaffung soll später erfolgen. Bis zum 1. Januar 1950 erhalten bzw. Förster Folkmann und Förster Thies einen monatlichen Zuschuß von 50.- RM. Die Zuschüsse werden ab 1. 1. 1950 neu geregelt.

Forstmeister Hermann Stelter ist Ansicht, daß für die Forstverbände Zuschüsse aus öffentlichen Mitteln gegeben werden sollen. Hierüber ist jedoch noch keine Regelung erfolgt, wie überhaupt das Landesgesetz die Haltung der Forstverbände regeln wird. Ferner stellt das Forstamt Stade dem Forstverband einen Forstpflug zur Verfügung, der umgehend angekauft werden soll.

Aus Zweckmäßigkeitsgründen soll der Forstverband nur zunächst das Gebiet der Bezirksförsterei Buchholz umfassen.

Zum Schluß wurde die Dienstanweisung für die beiden Forstbeamten verlesen und angenommen.

A. Henk

S a t z u n g

des Forstverbandes H a r b u r g

Zum Zwecke einer pfleglichen forstmässigen Bewirtschaftung ihrer Waldungen schliessen sich die im Anhang aufgeführten Privatwaldbesitzer zu einem Forstverband zusammen.

§ 1.

Name des Verbandes.

Der Verband führt den Namen"Forstverband Harburg"

§ 2.

Zweck des Verbandes.

(1) Der Verband bezweckt die Einrichtung und Durchführung einer gemeinschaftlichen, forstmässigen Bewirtschaftung des Waldes seiner Mitglieder, und damit verbunden die Ertragssteigerung des privaten Kleinwaldes sowie die gemeinschaftliche Beschützung der forstwirtschaftlich genutzten Grundfläche durch gemeinschaftliche Anstellung eines eigenen Forstangestellten.

(2) Die Eigentums- und Besitzverhältnisse der Mitglieder des Verbandes bleiben unberührt.

§ 3.

Umfang des Verbandes.

(1) Der Forstverband umschliesst nur Privatwaldungen des Kreises Harburg.

Anerkannte Einzelreviere können sich dem Verband zu einer Arbeitsgemeinschaft anschliessen.

§ 4.

(1) Die zur Besoldung des Forstbetriebsbeamten entstehenden Kosten tragen die Mitglieder des Verbandes anteilig mit einem Beitrag,welcher je Jahr und je ha forstwirtschaftlich genutzter Fläche, einschliesslich der zur Aufforstung vorgesehener Ödlandflächen, erhoben und durch die forstlichen Vertrauensleute innerhalb der politischen Gemeinden eingezogen wird, angefangene ha rechnen hierbei voll.

(2) Die Beiträge werden in 1/2 Jahresraten eingezogen und auf ein Sonderkonto des Forstverbandes bei einer örtlichen Kasse eingezahlt.

Satzung des Forstverbandes Harburg

(3) Die Umlegung der Besoldungskosten auf die Fläche wird bei Gründung des Verbandes besonders festgelegt.

§ 5.

Forstbetrieb.

(1) Der für den Verband eingestellte Forstbetriebsbeamte steht jedem Mitglied hinsichtlich der auszuführenden forstbetriebstechnischen Arbeiten zur Verfügung, soweit der Waldbesitzer selbst zur Erledigung dieser Forstbetriebsgeschäfte nicht in der Lage ist, oder zur Erledigung solcher Geschäfte angehalten worden ist und Rat und Hilfe benötigt oder in Anspruch nehmen will.
(2) Forsttechnisch unterstellt sich der Verband dem zuständigen Forstamt der Landwirtschaftskammer. Der Forstbetriebsbeamte macht im wesentlichen Vorschläge zu den Hauungs- und Kulturplänen, nimmt das Aufmessen der eingeschlagenen Holzmengen vor, gibt Ratschläge zur Ausführung der Kulturen und Hauungen sowie Pflegemassnahmen und übt den Forstschutz aus.
(3) Der angestellte Forstbeamte des Verbandes hat seinen Dienst nach einer Dienstanweisung zu versehen.

§ 6.

Anstellung des Forstbetriebsbeamten.

(1) Der einzustellende Forstbeamte ist halbjährlich kündbarer Angestellter des Verbandes. Durch den Vorsitzenden des Verbandes ist ihm eine Anstellungsbestätigung in schriftlicher Form bei Dienstantritt auszuhändigen. Die Vergütung soll nach Möglichkeit nach der TA.O. erfolgen und zwar zum 1. eines jeden Monats für den verflossenen Monat; die Vergütung wirddurch den Vorstand des Verbandes zur Auszahlun angewiesen.
(2) Über den Vorsitzenden des Verbandes erhält der Forstbeamte für die Verrichtung seines Dienstes in forsttechnischer Hinsicht eine durch das zuständige Forstamt oder die Forstabteilung der Landwirtschaftskammer ausgerfertigte Dienstanweisung.

§ 7.

Organisation und Vertretung des Verbandes.

(1) Die Angelegenheiten des Verbandes werden durch die Mitgliederversammlung, den Vorstand und den Vorsitzenden vorgenommen. Der Vorsitze de vertritt den Verband und hält Fühlung mit dem zuständigen Forstamt der Landwirtschaftskammer, erteilt dem Forstbeamten des Verbandes die jeweils notwendigen Anweisungen, regelt die Gehaltszahlung für den

den Forstbeamten zusammen mit dem Vorstand und überprüft das Einziehen und den Eingang der Forstverbandsbeiträge.

(2) Der Vorstand setzt sich aus dem Vorsitzenden, Stellvertreter und 3 bis 5 Beisitzern zusammen. In jedem Falle muss der Vorstand des Verbandes sich aus drei Privatwaldbesitzern zusammensetzen.

(3) Der Vorsitzende wird in der Mitgliederversammlung des Forstverbandes gewählt. Er soll gleichzeitig Kreisdelegierter des Hannoverschen Landesforstverbandes sein.

(4) Das Amt des Vorsitzenden wie auch die Ämter des Vorstandes sind ein Ehrenamt.

(5) Die Einberufung der Mitgliederversammlung erfolgt durch den Vorsitzenden jährlich mindestens einmal in ortsüblicher Bekanntmachung. Zu der Mitgliederversammlung werden das zuständige Forstamt der Landwirtschaftskammer und die Kreisstelle des Niedersächsischen Landvolkes eingeladen. Bei ausserordentlichen Versammlungen ist bei der Einberufung die Tagesordnung anzugeben.

§ 8.

Streitigkeiten.

(1) Streitigkeiten über gemeinsame Angelegenheiten des Forstverbandes wie auch solche über vorgebrachte Beeinträchtigungen des einen oder anderen Mitgliedes des Verbandes untersucht, schlichtet oder entscheidet der Vorsitzende im Einvernehmen mit dem Forstamt der Landwirtschaftskammer und dem Niedersächsischen Landvolk.

§ 9.

(1) Die Aufsicht über den Forstverband obliegt der Forstabteilung der Landwirtschaftskammer.

§ 10.

Mitgliedschaft.

(1) Die Mitgliedschaft des Verbandes wird durch schriftliche Anmeldung erworben, erstmalig für die drei Forstwirtschaftsjahre. Sie ist nach diesem Zeitraum mit einjähriger Frist zum Beginn eines Forstwirtschaftsjahres kündbar.

Auf der ersten Vorstandssitzung am 4. Oktober 1949 in Buchholz wurde der Vorstand um die Herren Bauer Hermann Hartmann aus Dangersen als stv. Vorsitzenden und Gutsbesitzer Friedrich Kohrs aus Holm als Beisitzer und Kassenführer erweitert. Des Weiteren besprach man nochmals die vom Forstamt Stade vorgelegte Satzung, die nach einigen Änderungen angenommen wurde. Außerdem wurde beschlossen, eine intensive Werbearbeit durchzuführen, um alle Waldbesitzer des Altkreises Harburg durch Unterschrift zum Beitritt zu gewinnen. Als Beitrag wurde die Erhebung von 0,25 DM je Morgen Forstfläche beschlossen. Für das aufforstungsfähige Ödland wurde ein Beitrag von 0,10 DM je Morgen festgelegt.

Weitere Tagesordnungspunkte waren die zu erwartenden finanziellen Mittel aus Beitrag und Gebühren sowie die Beschäftigung von forstlichen Fachkräften und deren Ausstattung mit Fahrzeugen und Gerätschaften einschließlich Vergütung. Ein Überschlag der dem Forstverband zur Verfügung stehenden Mittel ergab, dass zunächst 2.000,00 DM aus den Flächenbeiträgen zu erwarten seien. Weitere 1.000,00 DM wurden aus Vermittlungsgebühren bei Holzverkäufen erwartet, sodass ein Betrag von 3.000,00 DM zur Verfügung stehen würde. Aus diesen Mitteln sollte zunächst ein Leichtmotorrad für Förster Thies beschafft werden. Bezirksförster Kolkmann sollte einen Vorschuss von 320,00 DM für seinen Kraftwagen erhalten. Die Regelung einer Entschädigung für die Wagen- und Motorradhaltung sollte später erfolgen. Bis zum 1. Januar 1950 erhielten Bezirksförster Kolkmann und Förster Thies einen monatlichen Zuschuss von 50,00 DM. Die Zuschüsse würden ab dem 1. Januar 1950 neu geregelt.

Aus Zweckmäßigkeitsgründen sollte der Forstverband nur zunächst das Gebiet der Bezirksförsterei BUCHHOLZ umfassen. Zum Schluss wurde die Dienstanweisung für die beiden Forstangestellten verlesen und angenommen.

Zum 1. September 1949 wurde der aus dem Dienst der Landwirtschaftskammer Hannover wegen Erreichens der Altersgrenze ausgeschiedene Bezirksförster Friedrich KOLKMANN, Buchholz, als Verbandsförster eingestellt, der diesen Dienst zum 14. März 1953 beendete, da er zu seiner Tochter nach Brasilien auswandern wollte.

Auch Förster Ernst THIES, der das Gutsrevier Cordshagen bei Welle – Eigentümerin: Frau Ilse Kindt – betreute, erklärte sich bereit, den Südteil des Forstverbandsgebietes im Auftrage des Verbandes forstlich zu betreuen. Aus gesundheitlichen Gründen, und weil die vermehrten Arbeiten im Revier Cordshagen ihn voll in Anspruch nahmen, musste Ernst Thies dieses Amt zum 15. März 1954 niederlegen.

Da ohne Einsatz einer forstlichen Fachkraft die satzungsgemäßen Aufgaben des Forstverbandes nicht umgesetzt werden konnten, hatte zwischenzeitlich der Forstverband Jesteburg den in Lüllau wohnenden Revierförster Heinrich AUERBACH zum 1. April 1953 mit einer einjährigen Probezeit als Verbandsförster eingestellt.

Nach Ausscheiden von Bezirksförster Kolkmann aus den Diensten der LWK Hannover stellte diese den Bezirksförster Horst GEHRMANN ein, der aber vorrangig im Hollenstedter Raum tätig war.

Zwischenzeitlich hatte sich im westlichen Bereich des Altkreises einiges getan:

Oberförster, später Forstmeister Lüdecke als Leiter des Forstamtes Stade der Landwirtschaftskammer Hannover, hatte sich in den Jahren 1930-1942 für die Aufforstung der STELLHEIDE in der Nähe von Hollenstedt mit großem Erfolg eingesetzt. Bereits 1929 hatten sich 24 Eigentümer dieser fast baumlosen Heidefläche in der Größe von 322 ha zu einer Waldgenossenschaft/Waldschutzgenossenschaft zusammengeschlossen und Johann Prigge aus Hollinde zum Vorsitzenden gewählt.

Den Bestrebungen vieler Waldbesitzer aus dem Bereich um Hollenstedt nach Eigenständigkeit folgend, fand am 4. August 1951 die Gründungsversammlung zwecks Gründung des Forstverbandes Hollenstedt statt.

Am 23. Oktober 1953 schreibt Landforstmeister MANN von der Landwirtschaftskammer Hannover, Abt. Privatforst, an den Vorsitzenden des kurz zuvor gegründeten Forstverbandes Jesteburg, August Henk, Lüllau: „Da wir im Kreis Harburg noch einen Bezirksförster voll besolden und für ihn auch die Reisekosten tragen und da dieser überwiegend nur dem Forstverband Hollenstedt zugutekommt, soll der Forstverband Hollenstedt Ihren Forstverband Jesteburg geldlich fühlbar unterstützen.“

Abgemacht war, dass aus Mitteln der Beiträge jährlich ein Mindestsoll von 1.500,00 DM von Hollenstedt an Jesteburg abgeführt werden sollte. Der Forstverband Hollenstedt mit seinem Vorsitzenden Johann Prigge tat sich hiermit sehr schwer, und es fand ein reger Schriftwechsel zwischen August Henk und Johann Prigge, dem Forstamt Stade und der Abt. Privatforst der Landwirtschaftskammer Hannover statt. Erst mit Schreiben vom 13.03.1959 seitens Johann Prigge, Hollinde, in dem er die restliche Bezahlung in Höhe von 2.390,00 DM bestätigte, endete diese Auseinandersetzung im Guten, da künftighin eine andere Förderung der Forstverbände erfolgen sollte.

Forstamt Stade
der vorl. Landwirtschaftskammer Hannover

Stade, den 21. Juli 1949

A u f r u f
zum Beitritt in den Forstverband.

Der Kreis Harburg hat nunmehr die durch gesetzliche Massnahmen vorgesehene Bildung von Forstverbänden durch freiwilligen Beschluss vorgenommen. Für den Altkreis Harburg wurde in einer Versammlung von Waldbesitzern am 19. Juli in Buchholz ein Forstverband gegründet. Zum Vorsitzenden wurde der Kreisdelegierte, Herr Henck in Lüllau gewählt. Zweck des Forstverbandes ist es, zunächst die drohende staatliche Aufsicht mit den nachfolgenden Sozialisierungsmassnahmen abzuwehren und den bäuerlichen Wald in eigener Selbstverwaltung forstmässig zu bewirtschaften.-
Hierzu ist erforderlich, dass die Waldbesitzer des Kreises sich nunmehr auch geschlossen hinter diesen Forstverband stellen und ihn arbeits- und aktionsfähig machen. Das Waldnotgesetz sieht vor, dass die Forstverbände weitgehend unterstützt und als selbstständige Forstbetriebe anerkannt werden sollen. Diejenigen Waldbesitzer, die sich dem Forstverband nicht anschliessen wollen, werden unter besondere Staatsaufsicht gestellt und eine forstmässige Bewirtschaftung bei ihnen durch gesetzliche Massnahmen durchgeführt. Die Unkosten für diese Sonderaufsicht werden sehr erheblich höher sein als die geringen Gebühren des Forstverbandes. Ich richte daher im Einvernehmen mit dem Verbandsvorsitzenden an alle Waldbesitzer des Altkreises Harburg die Aufforderung sich in die Aufnahmelisten des Forstverbandes unverzüglich einzutragen. Es muss unter allen Umständen erreicht werden, dass der gesamte Waldbesitz ausnahmslos Träger des Forstverbandes wird und dass durch freiwilligen Beitritt alle Zwangsmassnahmen von vorn herein ausgeschaltet werden. Noch liegt die Entscheidung in Ihren Händen, die Zeitverhältnisse drängen aber zum Handeln und zum Entschluss.

H a m a n n
Forstmeister.

Aufruf von Fm. Hamann, 1949

Warum Forstverbände?

"Im ganzen Bundesgebiet sind die Privatwaldungen - mit nur verschwindenden Ausnahmen - mit landwirtschaftlichen Betrieben verbunden. Der Wald ist ein vollwertiger Bestandteil eines Hofes und mitbestimmend für dessen Gesicht, Wert und wirtschaftliche Leistung. Auf seinen Schultern ruht in sehr vielen Fällen, vor allem in Zeiten ungünstiger landwirtschaftlicher Konjunktur, dessen Krisenfestigkeit und damit im Auf und Ab der Wirtschaft letzten Endes der Bestand für Hof und Familie; dieses um so mehr, je kleiner der landwirtschaftliche Besitzteil und je geringer der Boden ist. Die Landwirtschaft sollte daher, nicht zuletzt in ihrem ureigenen Interesse, alles tun, was einer Aufwärtsentwicklung, ganz besonders des privaten Kleinwaldes, dienen kann. Waldwirtschaft kann in erfolgsprechender Weise im allgemeinen nur auf größerer oder großer Fläche betrieben werden. Die tiefere Ursache dafür, daß alle Kräfte zunächst vordringlich dem bäuerlichen Privatwald zugewandt werden müssen, liegt in seiner Kleinheit. Die aus der starken Parzellierung entstandenen Nachteile kann der einzelne Waldbesitzer unmöglich aus eigener Kraft überwinden.
In der Waldwirtschaft kommt es nicht nur - wie in der Landwirtschaft - auf die richtige Bewirtschaftung jeder einzelnen Teilfläche (jedes einzelnen Bestandes) an, sondern alle nebeneinanderliegenden Waldbestände stehen untereinander in intensiver biologischer Abhängigkeit und Wechselwirkung."
In Erkenntnis dieser Dinge hat die Landwirtschaftskammer mit ihren forstlichen Dienststellen Wege beschritten, um dem Kleinwaldbesitzer diejenigen Vorteile zu verschaffen, die der Großwaldbesitz infolge seiner zusammenhängenden Lage und durch die Möglichkeit, einen eigenen Förster zu halten, genießt. Mittel zum Zweck sind die Forstverbände, freiwillige Zusammenschlüsse mit dem Prinzip der Selbstverwaltung. Verantwortlicher Wirtschafter auf der Einzelfläche soll und muß stets der betr. Eigentümer bleiben. Der Förster des Forstverbandes ist lediglich sein fachlicher Berater und Betreuer, der endgültig nur in dessen ausdrücklichen Auftrage und Einvernehmen handeln darf.
Die Forstverbandsbildungen wurden in Anlehnung an vorhandene Landschaftsgliederungen und Zusammengehörigkeitswünsche der Waldbesitzer so groß vorgenommen, daß kein zu höher, abschreckend wirkender Mitgliedsbeitrag zur Aufbringung der Besoldungsmittel für die eigenen Forstangestellten und sonstige Zwecke notwendig ist. Die Leistungen des Forstverbandes für den einzelnen Waldbesitzer sind folgende:

b. w.

Warum Forstverbände?

1. Fachliche Beratung bei allen Maßnahmen im Walde.
2. Auszeichnung der Bestände, sowie richtige Sortierung und Aufmessung des Holzes durch den Verbandsförster.
3. Unterstützung bei den Holzverkäufen.
4. Beschaffung von rassisch einwandfreien und guten Forstpflanzen und -samen.
5. Gemeinschaftlicher Einsatz forstlicher Maschinen und Geräte. (Bodenbearbeitung bei Aufforstungen und Schädlingsbekämpfung).
6. Durchführung von Notstandsarbeiten bei Ödlandaufforstungen.
7. Hilfeleistungen in Steuerangelegenheiten.
8. Vergebung von Aufforstungsbeihilfen.
9. Gemeinsame billige Waldbrandversicherung.
10. Vermittlung von Forschungs-, Fortschritts- und Erfahrungsergebnissen aus der forstwirtschaftlichen Wissenschaft und Praxis an die Mitglieder durch Veranstaltung von Vorträgen, forstlichen Lehrwanderungen usw.

Alle Forstverbände gehören dem Hannoverschen Landesforstverband mit dem Sitz in Celle an. Dieser hat sich zur Aufgabe gestellt, die Eigentumsrechte der Waldbesitzer in jeder Weise zu schützen. Daher muß der gesamte Waldbesitz Träger des Forstverbandes sein und durch freiwilligen Beitritt alle Zwangsmaßnahmen von vornherein ausschließen. Zum bäuerlichen Wald gehören auch die Gemeinschaftsforsten (Interessentenforsten), an denen jeweils mehrere Höfe beteiligt sind.

Im Bereich der Vorl. Landwirtschaftskammer Hannover sind für die Betreuung und Förderung des bäuerlichen Waldes nunmehr 55 Forstverbände mit 166 000 ha ausgeschlossener Privatwaldfläche und 70 verbandseige Forstangestellten vorhanden.

Welche Bedeutung der Forstverbandsbildung gerade dem Kreis Harburg zukommt, dürfte auch daraus hervorgehen, daß bei einer Gesamtforstfläche von rd. 29 000 ha über 15 000 ha auf den Privatwald entfallen, das sind 51,2 %.

Forstverband
Buchholz

Lüllau, den 2. März 1953

EINLADUNG

des

FORSTVERBANDES BUCHHOLZ

zum Sonnabend, den 14. März 1953

I. Waldbegang in den Forsten von W e l l e , K a m p e n und H a n d e l o h unter Führung von Förster Thies
Beginn 12.30 Uhr, Treffpunkt Försterhaus Cordshagen

II. 15.30 Uhr Mitgliederversammlung im Gasthaus Wille, Welle

Tagesordnung

1.) Bericht des Vorsitzenden

2.) Rechnungsablage durch Förster Wetzel

3.) Anstellung eines Verbandsförsters

4.) Vortrag von Forstmeister Jäger über "Forstliche Tagesfragen"

5.) Beschlußfaßung über Satzung u.Eintragung des Verbandes

6.) Aussprache

Alle Mitglieder und Angehörige, sowie sonstige interessierte Waldbesitzer sind herzlich eingeladen.

Forstverband Buchholz
gez.: A. H e n k
Vorsitzender

F.d.R.

Einladung des Forstverbandes Buchholz zur GV am 14.03.1953

2.2. Forstverband Buchholz

Bedingt durch die Gründung des Forstverbandes Hollenstedt wählte der verbleibende östliche Teil des Altkreises Harburg ab dem 4. August 1951 den Namen FORSTVERBAND BUCHHOLZ für seinen forstwirtschaftlichen Zusammenschluss.

2.3. Forstverband Jesteburg e. V.

Am 14. März 1953 versammelten sich ca. 40 Waldbesitzer um 12.30 Uhr am Forsthaus in Cordshagen bei Welle, um unter Führung von Förster Ernst Thies und der Besitzerin Frau Ilse Kindt einen Waldbegang durch die Kulturen und Bestände des Forstgutes sowie einiger anderer Waldflächen in Welle und Kampen zu machen. Herr Forstmeister Jaeger, Stade, gab ausführliche Erklärungen zur zweckmäßigen Aufforstung.

Im Anschluss an diese für alle Beteiligten aufschlussreiche Forstexkursion traf man sich gegen 18.00 Uhr in Willes Gasthof in Welle zur Generalversammlung des Forstverbandes Buchholz.

Nach Abhandlung der Tagesordnungspunkte 1-4 rief der Vorsitzende August Henk den TOP 5 „Beschlussfassung über Satzung und Eintragung des Verbandes" auf.

Durch die Gründung eines zweiten Forstverbandes (Hollenstedt) im Altkreis Harburg wurde eine neue Satzung erforderlich. Unser Forstverband erstreckt sich von der Bahnlinie bei Wintermoor bis an die Grenze von Hamburg – ein seiner geographischen Lage nach schwer zu bearbeitendes Gebiet. Weil der Forstverband als Nachfolger des in den 1920er-Jahren bestandenen Waldbauvereins Jesteburg angesehen wurde, erhielt er den Namen FORSTVERBAND JESTEBURG.

Die vom Landesforstverband verfasste Satzung wurde angenommen.

Die Vorstandswahl ergab folgendes Ergebnis:

Vorsitzender: Bauer August Henk aus Lüllau
Stv. Vorsitzender: Gutsbesitzer Friedrich Kohrs aus Holm, gleichzeitig Kassenführer
Beisitzer: Bauer Wilhelm Peters aus Kampen
Beisitzer: Bauer Hermann Kröger aus Jesteburg-Lohof
Beisitzer: Bauer Hermann Hartmann aus Dangersen
Beisitzer: Bauer Peter Kahnenbley aus Beckedorf
Beisitzer: Bauer Karl von Hörsten aus Wörme

Außerdem gehört Forstmeister Kurt Jaeger, Forstamt Stade, dem Vorstand mit an.

Das Ergebnis der Wahl war einstimmig, und die vorgeschlagenen Vorstandsmitglieder nahmen nach Befragen die Wahl an und dankten für das entgegengebrachte Vertrauen.

Die Mitgliederversammlung beschloss, dass der Forstverband Jesteburg beim zuständigen Amtsgericht in Tostedt ins Vereinsregister eingetragen werden sollte.

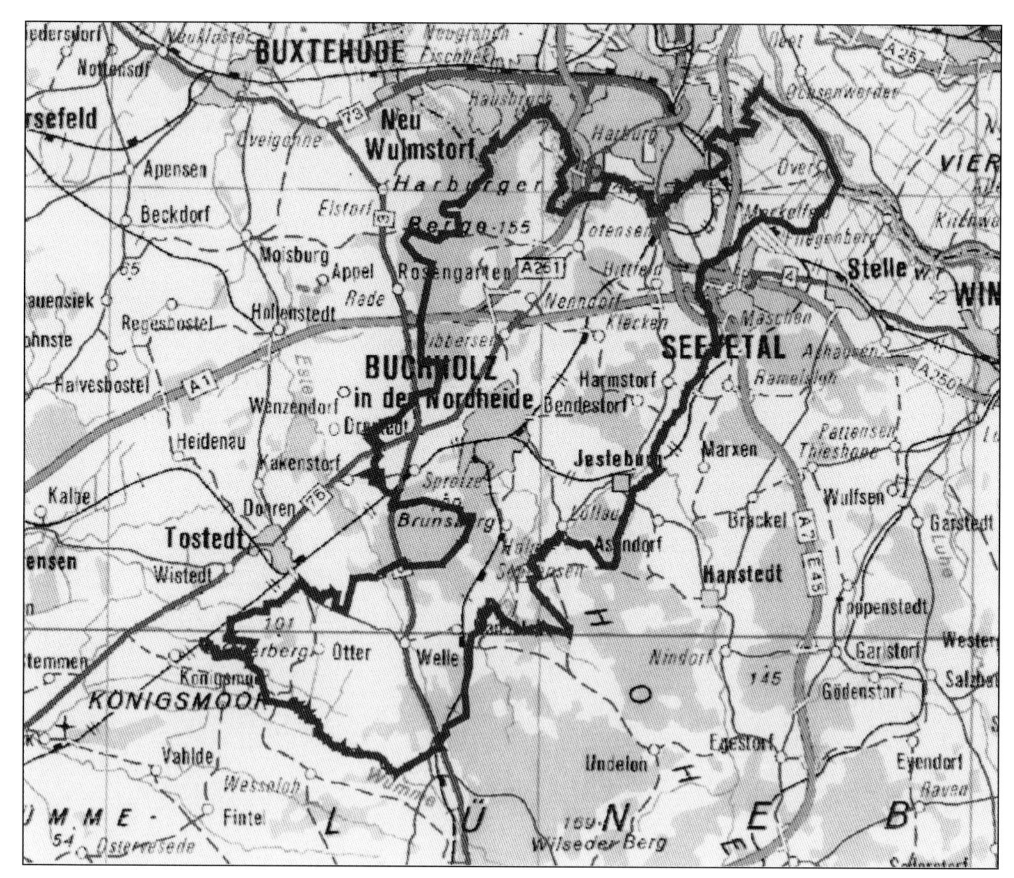

Das Forstverbandsgebiet

Generalversammlung am 14. III. 53.

Nach einer Forstbegehung in Lodshagen unter Leitung von Forstmeister Jaeger, Stade fand bei Gastwirt Wille in Wehlen die Generalversammlung statt, mit folgender Tagesordnung:

1. Bericht des Vorsitzenden
2. Rechnungsablage
3. Vortrag des Forstmeisters Jaeger Stade.
4. Beschlußfassung über Satzungen u. Eintragung des Verbandes.
5. Vorstandswahlen
6. Anstellung eines Verbandsförsters.
7. Aussprache.

Nach Bericht des Vorsitzenden wurde von Förster Webel in Vertretung von Herrn Kohrs Holm der Kassenbericht verlesen. Die Kasse war geprüft und in Ordnung gefunden, so daß dem Vorstand und Kassenführer einstimmig Entlastung erteilt wurde.
Da im Altkreis Harburg ein zweiter Forstverband gegründet ist, mußte der Name Kreisforstverband geändert werden.
Da der Forstverband aus dem früheren Waldbauverein Jesteburg hervorgegangen ist, wurde der Name „Forstverband Jesteburg" gewählt.
Die vom Landesforstverband vorgeschlagenen Satzung wurden angenommen.
Es wurden folgendes Mitglieder in den Vorstand gewählt:
Vorsitzender Herr August Funk Lüllau
stellv. " Herr Friedrich Kohrs Holm

Gründungsprotokoll 1953

Wilhelm Peters, Kampen
Hermann Kröger, Lohhof
Hermann Hartman, Dungrsen
Peter Kahnenbley, Jukedorf
Karl v. Försten, Höcne
Herm. Jünger, Stade
Die Wahl aller Vorstandsmitglieder war einstimmig und wurde von allen Anwesenden angenommen.
Revierförster Auerbach wurde auf 1 Jahr zur Probe eingestellt.

A. Henk Peter Kahnenbley
Herm. Kröger Herm. Ockmann
Rud. Pefeh.

N 36 104 5

Satzung des Forstverbandes Jesteburg E.V.

Amtsgericht Tostedt
Eing. - 9. MAI 1953

§ 1

Name und Sitz

Der Forstverband hat den Namen „Forstverband Jesteburg E.V.
und hat seinen Sitz in ~~Lüllau~~ Jesteburg
Er soll als rechtsfähiger Verein in das Vereinsregister beim Amtsgericht eingetragen werden.

§ 2

Zweck und Aufgaben

Der Forstverband hat den Zweck, die allgemeinen landeskulturellen Wohlfahrtswirkungen des Waldes zu steigern und dabei im volkswirtschaftlichen Interesse die Holzerzeugung zu steigern. Dieses Ziel soll u.a. durch folgende Massnahmen erreicht werden,

1. Bestellung genügend ausgebildeter und befähigter Forstleute für die Betreuung und den Schutz der Forsten,
2. Durchführung von Massnahmen des Forstschutzes,
3. Vermittlung von Forschungen, Fortschritts- und Erfahrungsergebnissen aus der fortwirtschaftlichen Wissenschaft und Praxis an die Mitglieder durch Veranstaltung von Vorträgen, örtlichen Lehrwanderungen usw.

Der Forstverband arbeitet nach den Richtlinien und Weisungen der Landwirtschaftskammer Hannover.

§ 3

Geschäftsjahr

Das Geschäftsjahr läuft vom 1. Juli bis 30. Juni künftig vom 1. Januar bis 31. Dezember

§ 4

Mitgliedschaft

1. Die Mitgliedschaft im Forstverband kann jeder Eigentümer oder Nutzungsberechtigte sowie jeder bevollmächtigte Betriebsleiter eines forstwirtschaftlichen Betriebes oder eines Forstgrundstückes erwerben. Die Mitgliedschaft ist freiwillig, ein Antrag auf Erwerb der Mitgliedschaft ist schriftlich beim Vorstand zu stellen. Über den Antrag entscheidet der Vorstand. Lehnt dieser die Aufnahme ab, so kann der Abgewiesene Berufung bei der Mitgliederversammlung einlegen, die endgültig entscheidet.
2. Die Kündigung der Mitgliedschaft kann nur zum Schluß des Geschäftsjahres mit zweijähriger Kündigungsfrist erfolgen. Sie muß dem Vorstand gegenüber schriftlich erklärt und von diesem bestätigt werden.
3. Ein Mitglied kann durch Beschluß der Mitgliederversammlung ausgeschlossen werden.

Satzung 1953

§ 5

Rechte und Pflichten der Mitglieder

I. Jedes Mitglied hat das Recht:

1. an den Mitgliederversammlungen teilzunehmen,
2. alle Einrichtungen des Forstverbandes zu benutzen und an allen Vorteilen, die der Forstverband seinen Mitgliedern bietet, teilzunehmen.

II. Jedes Mitglied hat die Pflicht:

1. Die Zwecke des Forstverbandes zu fördern und alles zu unterlassen, was den Belangen des Forstverbandes abträglich ist,
2. den Bestimmungen der Satzung, den Beschlüssen der Mitgliederversammlung nachzukommen und die von letzterer beschlossenen Mitgliedsbeiträge zu bezahlen,
3. dem Forstbeamten des Verbandes die für die forstwirtschaftliche Beratung erforderlichen Angaben zu machen.

§ 6

Mitgliederversammlung

I. Die Mitgliederversammlung regelt alle Angelegenheiten des Verbandes, soweit ihre Regelung nicht ausdrücklich dem Vorstand vorbehalten ist, durch Beschlußfassung.

II. Die Mitgliederversammlung wird durch den Vorstand berufen, und zwar durch unmittelbare schriftliche Benachrichtigung sämtlicher Mitglieder ~~oder durch Bekanntmachung in der~~ ~~mit einer Frist von mindestens einer Woche~~. Die Mitgliederversammlung tritt jährlich mindestens einmal zusammen. Sie faßt ihre Beschlüsse mit einfacher Stimmenmehrheit der anwesenden Mitglieder. Jedes Mitglied hat eine Stimme, die nicht übertragbar ist. Auch ohne Versammlung der Mitglieder ist ein Beschluß gültig, wenn mehr als die Hälfte der Mitglieder ihre Einwilligung zu dem Beschluß schriftlich erklärt hat.

III. Die Mitgliederversammlung beschließt über:

1. Änderung und Ergänzung der Verbandssatzung,
2. Wahl und Abberufung des Vorsitzenden, seines Stellvertreters und der weiteren Vorstandsmitglieder,
3. die Bestellung von zwei Rechnungsprüfern,
4. die Höhe der Mitgliedsbeiträge, den Haushaltsplan, die Jahresrechnung und Entlastung des Vorstandes,
5. den Tätigkeitsbericht des Vorstandes und des Forstbeamten,
6. die Genehmigung von Entscheidungen, die der Vorstand auf Grund der Ermächtigung nach § 7 Absatz IV Ziffer 5 getroffen hat,
7. den Erwerb, die Veräußerung und die Belastung von Grundeigentum,
8. die Aufnahme von Darlehn, soweit nicht der Vorstand dazu befugt ist,
9. die Auflösung des Forstverbandes und Verwendung des Vereinsvermögens.

IV. Beschlüsse der Mitgliederversammlung über Satzungsänderungen bedürfen einer Mehrheit von drei Viertel der erschienenen Mitglieder.

V. Über jede Versammlung ist ein Protokoll zu führen, das von dem Vorsitzenden, dem Schriftführer und einem Mitglied als Urkundsperson zu unterzeichnen ist, nachdem es in der Mitgliederversammlung verlesen und genehmigt worden ist.

2

§ 7 Vorstand:

I. Der Vorstand besteht aus:

1.) dem Vorsitzenden
2.) seinem Stellvertreter
3.) dem Schriftführer

Alle Vorstandsmitglieder werden von einer Mitgliederversammlung gewählt.

Des weiteren werden in der Mitgliederversammlung gewählt:

1 - 9 Ausschußmitglieder

II. Vorstand im Sinne des BGB § 26 sind die einzelnen Vorstandsmitglieder und zwar jeder mit Einzelvertretungsbefugnis. Für die gesamte Tätigkeit des Forstverbandes ist der Gesamtvorstand verantwortlich.

Die Wahl der Vorstandsmitglieder erfolgt in der jährlichen Mitgliederversammlung auf unbestimmte Zeit."

III. Der Vorstand tritt nach Bedarf zusammen. Er faßt seine Beschlüsse mit einfacher Stimmenmehrheit. Bei Stimmengleichheit entscheidet der Vorsitzende Vorsitzender und Vorstandsmitglieder versehen ihre Ämter ehrenamtlich. Ihre Auslagen und Unkosten können ihnen erstattet werden. Über jede Vorstandssitzung ist ein Protokoll zu führen.

IV. Der Vorstand hat insbesondere folgende Aufgaben:

1. den Forstbeamten und etwa erforderliche weitere Angestellte und Arbeiter anzustellen und zu entlassen,
2. einen Rechnungsführer zu bestellen,
3. den Haushaltsplan aufzustellen,
4. den Arbeitsplan für den Forstverband, insbesondere für den Forstbeamten, aufzustellen, wobei die Richtlinien und Weisungen der Forstabteilung und des zuständigen Forstamtes der Landwirtschaftskammer zu beachten sind,
5. wichtige und dringende Angelegenheiten, zu deren Entscheidung an sich die Mitgliederversammlung zuständig ist, selbst zu regeln, wenn die Einberufung der Mitgliederversammlung nicht abgewartet werden kann; solche Angelegenheit ist der nächsten Mitgliederversammlung zur Genehmigung vorzulegen,
6. Erstattung des Tätigkeitsberichtes und Rechnungslegung gegenüber der Mitgliederversammlung,
7. Aufnahme von Darlehen bis zur Höhe von 2000.– DM

Der vom Vorstand angestellte Forstbeamte ist dem Vorstand für eine einwandfreie Durchführung der Arbeit im Forstverband verantwortlich. Er erhält seine Anweisungen vom Vorstandsvorsitzenden oder seinem Stellvertreter und hat nach dem vom Vorstand aufgestellten Arbeitsplan zu arbeiten.
In forsttechnischer Hinsicht ist der Forstbeamte dem zuständigen Forstamt der Landwirtschaftskammer unterstellt.
Den Forstbeamten des Forstverbandes dürfen Aufgaben des Kassen-, Rechnungs- oder Geschäftsführers des Forstverbandes nicht übertragen werden.

§ 8

Forstverbandsausschuß

Die Forstverbandsmitglieder einer oder mehrerer politischer Gemeinden schließen sich zu einem Ortsverband zusammen. Über die Einteilung der Ortsverbände entscheidet der Vorstand.

3

Dem Ortsverband obliegt es, den Forstverband bei der Durchführung seiner Aufgaben zu unterstützen, die Verbindung zwischen dem Forstverband und seinen Mitgliedern aufrechtzuhalten und zu fördern und die Belange der Mitglieder im Sinne der satzungsmäßigen Zwecke des Forstverbandes zu wahren.

Der Ortsverband wählt sich einen Vorsitzenden als forstlichen Vertrauensmann. Die forstlichen Vertrauensleute der Ortsverbände bilden einen „Forstverbandsausschuß", der vom Vorsitzenden jeweils nach Bedarf einberufen wird. Dieser Ausschuß soll den Vorstand bei der Erfüllung seiner Aufgaben unterstützen und eine enge Verbindung zwischen Vorstand und Ortsverbänden herstellen und aufrechterhalten.

§ 9

Auflösung des Forstverbandes

Der Beschluß über die Auflösung des Forstverbandes ist nur dann gültig, wenn er in zwei zu diesem Zweck berufenen Mitgliederversammlungen jedesmal mit einer Mehrheit von drei Vierteilen der erschienenen Mitglieder gefaßt wird.
Die zweite Mitgliederversammlung kann frühestens einen Monat nach Abhaltung der ersten stattfinden.

Beide Mitgliederversammlungen sind nur beschlußfähig, wenn mindestens die Hälfte aller Mitglieder anwesend ist.

In der zweiten Mitgliederversammlung ist gleichzeitig ein Beschluß über die Verwendung des Vermögens des Forstverbandes zu fassen.

Welle, den 14. III. 1953

[illegible]
H. Krüger
H. Matthäi
[illegible] Krüger
[illegible] Meyer
[illegible] Meyer
Willy Meyer

Kein Oedland liegen lassen!

Waldlehrwanderung und Forstverbandsversammlung!

Über 40 Interessenten hatten sich auf dem Forstgut **Cordshagen** eingefunden, um unter Führung der Besitzerin und des Försters Thies eine Wanderung durch die Kulturen des Gutes und denen einiger Besitzer aus Welle und Kampen zu machen. Forstmeister Jaeger, Stade, gab ausführliche Erklärungen zur zweckmäßigen Aufforstung. Er betonte besonders die Erkenntnis, daß die Schaffung reiner Nadelholzbestände nicht das Ziel der Aufforstung sein dürfte, denn die Kalamitätsgefahr sei in den reinen Beständen erheblich größer als im Mischwald. Es wurde empfohlen, auf unseren Heideböden Roteiche, Traubenkirsche, Weißerle und Birke einzusprengen, um auch durch Laubanfall bodenverbessernd zu wirken. Besonders die Weißerle sei dazu noch ein Stickstoffsammler. Auf den Einwand eines Teilnehmers: „Weiß-Erle ist großer Mist, die bringt nicht einmal einen Schaufelstiel", wurde vom Forstmeister treffend entgegnet: „Der Wert liegt nicht in der Holznutzung, sondern eben im Mist, zur Boden-Verbesserung". Es wurden gut gelungene Kiefernpflanzungen und auch Mischwaldkulturen gezeigt, die teils auf großen kriegsbedingten Brandflächen erstellt waren. Es zeigte sich, daß Fichten auf Heideflächen nicht am Platze waren. Große Weimutsbestände waren vom Rotwild zu 100 Prozent geschält worden, wogegen japanische Lärchen und Rot-Eiche besser am Platze sind.

Um 18 Uhr begann die Generalversammlung bei Gastwirt Wille in Welle mit dem Bericht des Vorsitzenden, der nach Begrüßung der Gäste, dem scheidenden Verbandsförster **Kolkmann** dankte und beste Wünsche zu seiner Ausreise nach Brasilien darbrachte. Die Rechnungsablage machte Förster **Wetzel**. Die Kasse war geprüft und in Ordnung befunden, so daß einstimmig Entlastung erteilt werden konnte. Sodann hielt Forstmeister Jaeger seinen Vortrag über „Forstliche Tagesfragen". Nach Erörterung der Holzmarktlage wurde hauptsächlich an die Verbandsmitglieder appelliert, ihre Holzverkäufe nur über den Verband zu tätigen, um vor Schaden bewahrt zu bleiben. Auch das Aufmessen muß vom uninteressierten Förster vorgenommen werden. Für die Ödlandaufforstung gibt es Zuschüsse; allerdings nur an Verbandsmitglieder, die die Satzungsbedingungen erfüllt haben. Es wurde dringend geraten, das Ödland nicht ungenützt zu lassen, da mit evtl. Enteignungen gerechnet werden kann. Auch Oberkreisdirektor Dr. Dehn ermahnte zur Aufforstung. Durch die Bildung eines zweiten Forstverbandes im Altkreis Harburg ist eine neue Satzung nötig geworden.

Der Verband erstreckt sich von der Bahn bei Wintermoor bis an die Grenze von Hamburg. Ein seiner geographischen Lage nach schwer zu bearbeitendes Gebiet. Weil der Verband als Nachfolger des in den 20er Jahren bestandenen Waldbauernvereins Jesteburg angesehen wird, erhielt er den Namen „**Forstverband Jesteburg**". Die von dem Landesforstverband verfaßten Satzungen wurden angenommen.

Es wurden folgende Mitglieder in den Vorstand gewählt: Bauer August **Henk**, Lüllau; Gutsbesitzer Friedr. **Kohrs**, Holm; Bauer Wilh. Peters, Kampen; Bauer Herm. **Kröger**, Lohof; Bauer Herm. **Hartmann**, Dangersen; Bauer Peter **Kahnenbley**, Beckedorf, und Bauer Karl v. **Hörsten**, Wörme. Außerdem gehört Forstmeister **Jaeger** dem Vorstand an. Die Wahl aller Vorstandsmitglieder war einstimmig. Es wurde beschlossen, den Verband eintragen zu lassen. Revierförster **Auerbach**, Lüllau, ist Nachfolger von Förster Kolkmann. Da er noch kein Telefon hat, wolle man sich an den Vorsitzenden unter „Jesteburg 248" wenden. Mit dem Wunsche, sich den Nutzen des Verbandes nicht entgehen zu lassen, schloß der Vorsitzende diese anregende Versammlung.

Zeitungsausschnit HAN 21.3.1953

2.4. Gründungsmitglieder

August Henk
Lüllau, Vorsitzender

Friedrich Kohrs
Holm, stv. Vorsitzender und Kassenführer

Hermann Kröger
Lohof, Beisitzer

Wilhelm Peters
Kampen, Beisitzer

Hermann Hartmann
Dangersen, Beisitzer

Peter Kahnenbley
Beckedorf, Beisitzer

Karl von Hörsten
Wörme, Schriftführer

FM Kurt Jaeger
FoA.-Stade

2.5. Eintragung ins Vereinsregister beim Amtsgericht Tostedt

Gemäß Beschluss der Generalversammlung des Forstverbandes Jesteburg vom 14. März 1953 stellte der Vorstand beim Amtsgericht in Tostedt den Antrag auf Eintragung in das Vereinsregister. Mit Schreiben vom 2. Juni 1953 teilt das Amtsgericht Tostedt mit, dass die Neueintragung unter VR 107 erfolgt ist. Siehe Schreiben vom 2. Juni 1953. Fortan trug unser Verband den Namen „FORSTVERBAND JESTEBURG e. V."

Mit Datum vom 22. März 1956 teilt das Amtsgericht Tostedt mit, dass unter heutigem Datum folgende Änderung in das Vereinsregister Nr. 107 eingetragen worden ist:

„Anstelle der ausgeschiedenen Beisitzer Hermann Hartmann, Dangersen, und Wilhelm Peters, Kampen, wurden neu gewählt:
Bauer Hermann Becker, Dibbersen und
Bauer Hermann Kröger, Kampen."

Die auf der Generalversammlung am 17. März 1962 in Frommanns Hotel in Dibbersen beschlossene erste größere Satzungsänderung betraf den § 2, in welchem Zweck und Aufgaben neu gefasst wurden. In § 3 ging man ab vom Landwirtschaftsjahr und führte das Kalenderjahr ein. Den § 7 VORSTAND definierte man völlig neu, und neben den 3 Vorstandsmitgliedern wählte die Mitgliederversammlung künftig 1–9 Ausschussmitglieder. Die gerichtliche und außergerichtliche Vertretung des Forstverbandes gemäß § 26 BGB wurde mit aufgenommen. Die Wahl der Vorstandsmitglieder sollte auf der jährlichen Mitgliederversammlung stattfinden, und zwar auf unbestimmte Zeit!

Diese Satzungsänderung wurde vom Amtsgericht Tostedt am 15. November 1962 in das Vereinsregister unter Nr. 107 eingetragen.

Anlässlich der Generalversammlung am 12. März 1963 im Gasthaus von Arnold Meyer in Seppensen wurde der Text der §§ 3 und 7 nochmals geändert und vom Amtsgericht Tostedt am 11. November 1963 ins Vereinsregister Nr. 107 entsprechend eingetragen.

Mit Schreiben vom 7. Februar 1972 teilt das Amtsgericht Tostedt der Forstbetriebsgemeinschaft Forstverband Jesteburg Folgendes mit: „Auf dem Grundbuchblatt Lüllau, Band 6, Blatt 166, ist als Eigentümer eingetragen: Forstbetriebsgemeinschaft Forstverband Jesteburg mit dem Sitz in Holm-Seppensen, rechtsfähiger Verein auf Grund Verleihung." Bisheriger Eigentümer: Forstverband Jesteburg e. V. in Jesteburg mit Sitz in Holm-Seppensen.

In einer weiteren Mitteilung der Geschäftsstelle des Amtsgerichtes Tostedt, Geschäfts-Nr. VR 107 vom 10.01.1978 wird der Forstbetriebsgemeinschaft Forstverband Jesteburg Folgendes verkündet: „In der Vereinsregistersache Forstverband Jesteburg wird Ihnen mitgeteilt, dass die erste Satzung am 14. März 1953 errichtet wurde. Die erste Eintragung in das Vereinsregister erfolgte am 2. Juni 1953. Infolge Verleihung der Rechtsfähigkeit durch den Regierungspräsidenten Lüneburg am 15.09.1971 wurde der Verein am 29.12.1971 im Vereinsregister gelöscht.

Das Amtsgericht. Tostedt, den 2. Juni 1953.
V.R. 1o7

In das Vereinsregister ist heute unter lfd. Nr. 1o7
- Forstverband Jesteburg - folgende Neueintragung erfolgt:

Spalte 1 - Nummer der Eintragung) : 1
Spalte 2 - (Name und Sitz des Vereins) :
Forstverband Jesteburg
Sitz des Vereins: Jesteburg.
Spalte 3 (Satzung):
Die Satzung ist am 14. März 1953 errichtet.
Der Vorstand kann Grundbesitz nur mit Genehmigung der Mitgliederversammlung erwerben, veräussern oder belasten. Zur Aufnahme von Darlehen über 2ooo,-DM ist der Vorstand ohne Beschlussfassung der Mitgliederversammlung nicht berechtigt.

Spalte 4 (Vorstand) :
Bauer August Henk in Lüllau, Kreis Harburg,
Gutsbesitzer Friedrich Kohrs in Holm, Kreis Harburg,
Bauer Karl von Hörsten in Wörme, Kreis Harburg,
Bauer Hermann Kröger in Lohhof bei Jesteburg, Kreis Harburg,
Bauer Hermann Hartmann in Dangersen, Kreis Harburg,
Bauer Wilhelm Peters in Kampen, Kreis Harburg,
Bauer Peter Kahnenbley in Beckedorf, Kreis Harburg,
Forstmeister Kurt Jäger in Stade.

Um umgehende Übersendung einer Abschrift der Satzung wird gebeten.

Auf Anordnung:
[Unterschrift]
Justizassistent.

An
den Vorstand
des Forstverbandes
in Jesteburg.
-.-.-.-.-.-.-.-.

Eintragung der Satzung ins Vereinsregister

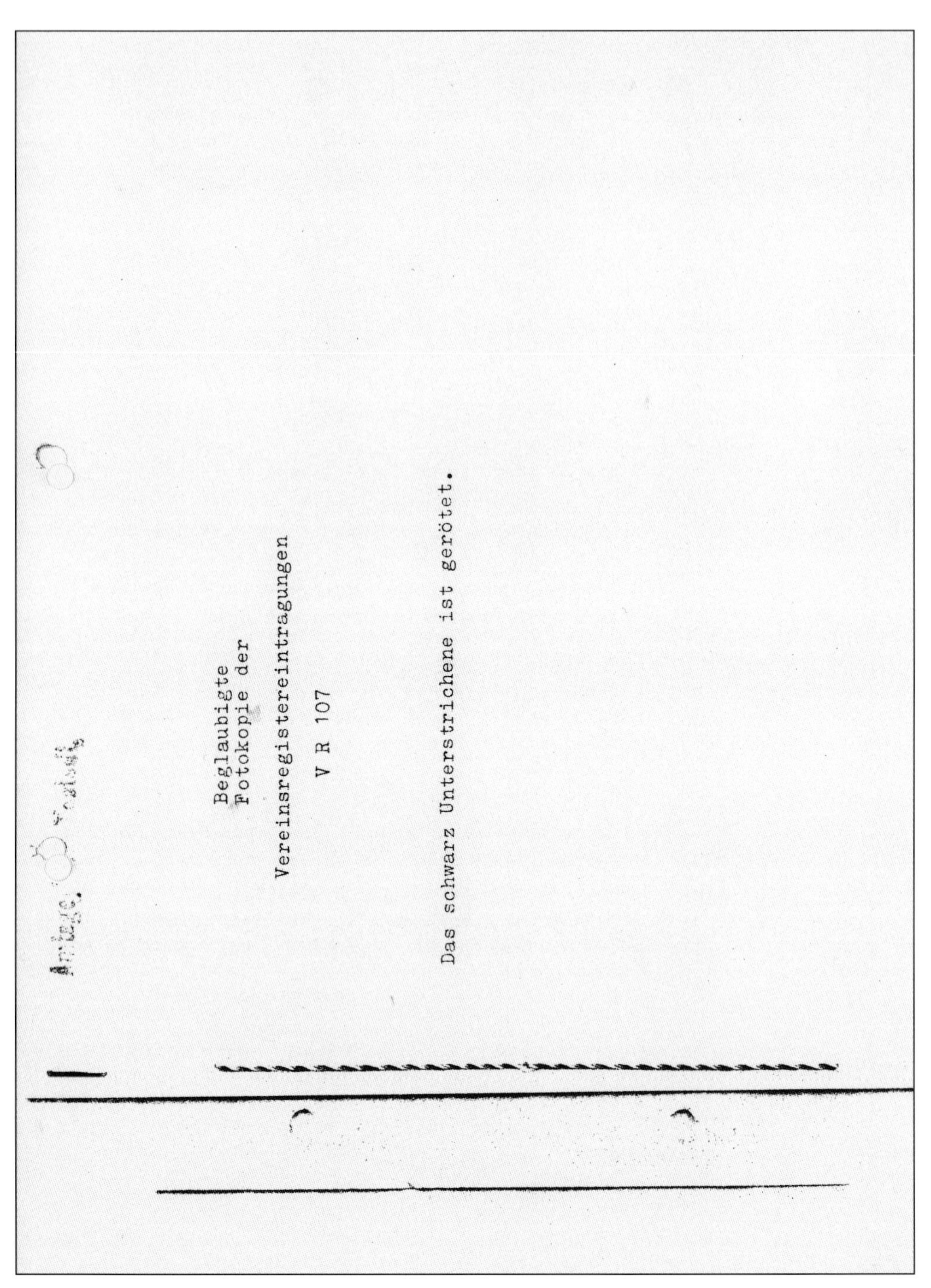

Beglaubigte
Fotokopie der

Vereinsregistereintragungen

V R 107

Das schwarz Unterstrichene ist gerötet.

Auszug aus dem Vereinsregister

Nummer des Vereins: VR 107

1 Nummer der Eintragung	2 Name und Sitz des Vereins	3 Satzung	4 Vorstand	5 Auflösung; Entziehung der Rechtsfähigkeit; Konkurs; Liquidatoren	6 Bemerkungen
5	Forstverband Jesteburg E.V. mit dem Sitz in Jesteburg	Die Satzung ist am 14. März 1953 errichtet. Durch Beschluß der Mitgliederversammlung vom 17. März 1962 wurden § 3 (Geschäftsjahr) und § 7 Abs. I und II (Zusammensetzung, Vertretungsbefugnis und Wahl des Vorstandes) der Satzung geändert. Vorstand im Sinne des § 26 BGB sind die einzelnen Vorstandsmitglieder und zwar jeder mit Einzelvertretungsbefugnis. Der Vorstand kann Grundbesitz nur mit Genehmigung der Mitgliederversammlung erwerben, veräußern oder belasten. Eine Genehmigung ist auch zur Aufnahme von Darlehn über 2000.- DM erforderlich	Vorsitzender: Bauer Hermann Kröger, Jesteburg-Lohhof (gewählt am 4.3.1961) stellvertretender Vorsitzender: Gutsbesitzer Friedrich Kohrs, Holm (gewählt am 14.3.1953) Schriftführer: Bauer Hermann Henk, Lüllau (gewählt am 4.3.1961)		Die Satzung befindet sich Blatt 4-15 der Akten, der Satzungsänderung Beschluß Blatt 56/60 der Akten. Die erste Eintragung des Vereins erfolgte am 2. Juni 19[illegible] Die jetzt gültigen Eintragungen sind - vgl. dazu Blatt 64, 65 der Akten - zugleich von Amts wegen unter Lfd. Nr. 5 zusammengefaßt. Tostedt, den 13. November [illegible] Behling Justizamtmann [illegible]
6		Durch Beschluss der Generalversammlung vom 12. März 1963 wurde § 2 der Satzung (Zweck und Aufgabe) aufgehoben und durch eine neue Fassung ersetzt. Tostedt, den 18. Okt. 1963 Hellst, Just. Ang. z.A.			Der Beschluß vom 12. März 1963 befindet sich Blatt 68 der Akten.

Die Übereinstimmung dieser Fotokopie mit der Urschrift wird beglaubigt.
Tostedt, den 11. Nov. 1969
Dietrich, Justizangestellte
als Urkundsbeamter der Geschäftsstelle des Amtsgerichts

Nr. 7. Handblatt zum Vereinsregister (§ 24 [illegible]) und beglaubigte Abschrift aus dem Vereinsregister — Einlagebogen zu Nr. 5 und 6 [illegible]
Gebrüder Jänecke, Hannover

Nummer des Vereinsregisters: 107

1 Nummer der Eintragung	2 Name und Sitz des Vereins	3 Satzung	4 Vorstand	5 Auflösung; Entziehung der Rechtsfähigkeit; Konkurs; Liquidatoren	6 Bemerkungen
1.	Forstverband Jesteburg. Sitz des Vereins: Jesteburg	Die Satzung ist am 14. März 1953 errichtet. Der Vorstand kann Grundbesitz nur mit Genehmigung der Mitgliederversammlung erwerben, veräussern oder belasten. Zur Aufnahme von Darlehen über 2000,- DM ist der Vorstand ohne Beschlussfassung der Mitgliederversammlung nicht berechtigt.	Bauer August Blank in Lüllau, Kreis Harburg, Gutsbesitzer Friedrich Clobes in Holm, Kreis Harburg, Bauer Karl von Hörsten in Wörme, Kreis Harburg, Bauer Hermann Kröger in Lohof bei Jesteburg, Kreis Harburg, Bauer Hermann Hartmann in [illegible], Kreis Harburg, Bauer Wilhelm Peters in [illegible], Kreis Harburg, Bauer Peter [illegible] in [illegible], Kreis Harburg, Forstmeister Ernst Jäger in Stade. Tostedt, den 2. Juni 1953 [Unterschrift] Justizassistent		
2		Die Willenserklärung und Zeichnung für den Verein erfolgt durch zwei Vorstandsmitglieder, darunter den Vorsitzenden oder seinen Stellvertreter, wenn sie Dritten gegenüber rechtsverbindlich werden soll.	[illegible] Bauer August Blank ist Vorsitzender, der Gutsbesitzer Friedrich Clobes stellvertretender Vorsitzender, Schrift- und Kassenführer.		Die Satzung befindet sich Blatt 4/5 der Akten. Von Amts wegen eingetragen am 16. Januar 1956. [Unterschrift], Justiz[illegible] [illegible] Blatt 19 [illegible]
3	Forstverband Jesteburg e. V.				Von Amts wegen eingetragen am 13. März 1956. [Unterschrift] Justizsekretär
4			[illegible] Stelle der ausgeschiedenen Bauer Hermann Hartmann und Wilhelm Peters [illegible] Bauer Hermann [illegible] in [illegible] Bauer [illegible] Kröger in [illegible] Tostedt, den [illegible] März 1956 [Unterschrift]		

2.6. Anerkennung als Forstbetriebsgemeinschaft und Verleihung der Rechtsfähigkeit als wirtschaftlicher Verein

Die Forstverbände waren in der Regel in die Vereinsregister bei dem jeweilig zuständigen Amtsgericht eingetragen und wiesen dieses durch den Zusatz e. V. hinter dem Namen aus. Rechtlich galten sie als sog. „Idealverein", dessen Zweck nicht auf einen wirtschaftlichen Geschäftsbetrieb gerichtet ist. Durch fortlaufende Spezialisierung in der Landwirtschaft, ständig abnehmende Mitarbeiterzahlen auf den Höfen und Fortentwicklung bei der Beratung und Betreuung des Privatwaldes bis hin zur völligen Bewirtschaftung im Auftrage des Waldbesitzers sowie Konzentrierung im Bereich der Holzindustrie wurde eine Änderung des Rechtsstatus der Forstwirtschaftlichen Zusammenschlüsse notwendig. Durch das Gesetz über Forstwirtschaftliche Zusammenschlüsse vom 01.09.1969 (BGBl. I S. 1543) wurde dies nun möglich.

Eine Mustersatzung wurde überarbeitet, § für § auf der Generalversammlung am 19. Januar 1971 in Frommanns Hotel in Dibbersen vorgetragen und mit der Überschrift SATZUNG DER FORSTBETRIEBSGEMEINSCHAFT „FORSTVERBAND JESTEBURG" versehen. Sie wurde mit Schreiben vom 15. August 1971 an den Regierungspräsidenten des Reg.-Bezirkes Lüneburg übersandt, und es wurde um Genehmigung sowie Anerkennung als Forstbetriebsgemeinschaft und Verleihung der Rechtsfähigkeit als wirtschaftlicher Verein gebeten. Mit Schreiben vom 15. September 1971 teilt der Regierungspräsident in Lüneburg mit, dass die Anerkennung als Forstbetriebsgemeinschaft und Verleihung der Rechtsfähigkeit gemäß Urkunde vom 15. September 1971 erfolgt ist.

Die Erledigung der satzungsgemäßen Aufgaben mit einem kleinen Vorstand und zahlstarken Forstausschuss bewährte sich in der Praxis nicht. Es wurde zum 16. April 1975 eine außerordentliche Mitgliederversammlung einberufen, auf der die Änderung der §§ 7, 10 (Abs.1 u. 2), 12 (Abs. 9) und 13 (Abs. 1) der Satzung vom 15. September 1971 einstimmig beschlossen wurde. Ein entsprechender Antrag zwecks Änderung beim Regierungspräsidenten in Lüneburg vom 21. August 1975 wurde von diesem mit Schreiben vom 4. September 1975 genehmigt.

Eine vorerst letzte Satzungsänderung wurde auf der Generalversammlung der FBG FV Jesteburg am 15. März 1994 im Gasthaus Wille in Welle beschlossen, und zwar die Erweiterung des § 2 um die Abs. 7 und 8 und die Änderung des § 12 Abs. 8 sowie die Erweiterung des § 12 um den Abs. 10 der am 15. September 1971 genehmigten Satzung – siehe Beiblatt. Diese Satzungsänderung wurde durch die Bezirksregierung Lüneburg am 3. November 1994 genehmigt.

15

DER REGIERUNGSPRÄSIDENT IN LÜNEBURG

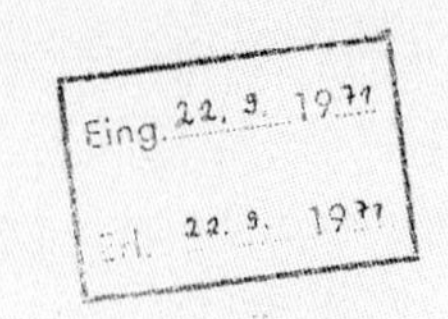

Der Regierungspräsident · 3140 Lüneburg · Am Ochsenmarkt 3 · Postf. 2520

Fernruf:
Vermittlung (04131) 151 oder
Durchwahl (04131) 15 + Hausruf

Fernschreiber 2182187 nilg d

Konten d. Reg.-Hauptkasse Lüneburg:
Postscheckamt Hamburg Nr. 6134
Stadtsparkasse Lüneburg 4804
Landeszentralbank Nr. 24001520

Einschreiben

An die
Forstbetriebsgemeinschaft
Forstverband Jesteburg

2115 Holm-Seppensen
Forsthaus

Mein Zeichen (Bitte in der Antwort angeben)
601
207 - Lü. 393.02

Datum: 15. Sept. ~~August~~ 1971

Hausruf: 282

Betr.: Verleihung der Rechtsfähigkeit und Anerkennung als Forstbetriebsgemeinschaft

Bezug: Ihr Schreiben vom 18. März 1971

Anlg.: 3

In der Anlage übersende ich die Urkunde über die Verleihung der Rechtsfähigkeit sowie eine mit Genehmigungsvermerk versehene Ausfertigung der Satzung vom 19. Januar 1971.

Die Verleihung der Rechtsfähigkeit an Ihrem Verein bitte ich, in der in § 10 der Satzung vorgesehenen Weise bekanntzugeben.

Ich mache darauf aufmerksam, daß dem Verein gemäß § 43 BGB die Rechtsfähigkeit entzogen werden kann, wenn er durch einen gesetzwidrigen Beschluß der Mitgliederversammlung oder durch ein gesetzwidriges Verhalten des Vorstandes das Gemeinwohl gefährdet oder wenn der Verein einen anderen als in der Satzung bestimmten Zweck verfolgt. Jede Änderung der Satzung bedarf gemäß § 33 BGB meiner Genehmigung.

Gleichzeitig erkenne ich die „Forstbetriebsgemeinschaft Forstverband Jesteburg" als Forstbetriebsgemeinschaft im Sinne des Gesetzes über forstwirtschaftliche Zusammenschlüsse vom 1. 9. 1969 (BGBl. S. 1543) in Verbindung mit dem Runderlaß des Nds. Ministers für Er-

- 2 -

Schreiben der Bez.-Reg. Lüneburg vom 15.09.1971

nährung, Landwirtschaft und Forsten vom 2. 3. 1970 - V/17 204.00 (GültL 8231) an.

Zu § 8 Abs. 7 der Satzung wird davon ausgegangen, daß sich die Ermächtigung der Mitgliederversammlung zum Erwerb von Grundstücken nur auf Grundstücke bezieht, die zu betrieblichen Zwecken im Sinne des § 2 der Satzung beschafft werden sollen. Darüber hinaus gehört der Grunderwerb nicht zu den Aufgaben des Vereins.

Die Anerkennung als Forstbetriebsgemeinschaft kann widerrufen werden, wenn eine Anerkennungsvoraussetzung nicht mehr vorliegt, oder die Forstbetriebsgemeinschaft ihre Aufgabe nicht, oder nur unzulänglich erfüllt.

Für die Inanspruchnahme der Verwaltung ist nach § 1 des Nds. Verwaltungskostengesetzes vom 7. Mai 1962 (Nds. GVBl. S. 43) in Verbindung mit Nr. 36 Ziff. 1 der Verordnung zur Änderung der Allgemeinen Gebührenordnung vom 26. 4. 1971 (Nds. GVBl. S. 153) eine Gebühr von 100,-- DM zu entrichten. Ich bitte, diesen Betrag bei der Regierungshauptkasse Lüneburg, Postscheckkonto Hamburg Nr. 6134, mit dem Vermerk "Kap. 10 04 Tit. 119 51" innerhalb von 14 Tagen einzuzahlen.

Gegen diese Verfügung kann innerhalb eines Monats nach Zustellung bei meiner Behörde schriftlich oder mündlich zur Niederschrift Widerspruch eingelegt werden. Bei Zustellung als Einschreiben durch die Post gilt dieser am 3. Tage nach der Aufgabe zur Post (Tag des Aufgabepoststempels) als bewirkt, es sei denn, daß der Bescheid zu einem späteren Zeitpunkt zugegangen ist.

Im Auftrage

U r k u n d e

über die Verleihung der Rechtsfähigkeit

aufgrund des § 22 BGB in Verbindung mit der Verordnung über die Zuständigkeit zur Verleihung der Rechtsfähigkeit an Vereine und zur Genehmigung von Satzungsänderungen vom 18. 2.1936 (Nds. GVBl. Sb. II S. 337) verleihe ich der

"Forstbetriebsgemeinschaft Forstverband Jesteburg mit dem Sitz in Holm - Seppensen"

Rechtsfähigkeit.

Lüneburg, den 15. September 1971

Der Regierungspräsident

Im Auftrage

Alpers

601
207 - Lü. 393.02

Urkunde über Verleihung der Rechtsfähigkeit vom 15.09.1971

Satzung für die Forstbetriebsgemeinschaft

" Forstverband Jesteburg "

§ 1

Name und Sitz

Die Forstbetriebsgemeinschaft führt den Namen Forstverband Jesteburg und hat ihren Sitz und Geschäftsstelle in 2115 Holm-Seppensen - Forsthaus.

Für die Forstbetriebsgemeinschaft soll gleichzeitig mit der Anerkennung nach dem Gesetz über forstwirtschaftliche Zusammenschlüsse vom 1.9.1969 die Verleihung der Rechtsfähigkeit als wirtschaftlicher Verein beantragt werden.

Die Forstbetriebsgemeinschaft Forstverband Jesteburg tritt an die Stelle des Forstverbandes Jesteburg e.V. und ist Rechtsnachfolger.

§ 2

Zweck und Aufgaben

Die Forstbetriebsgemeinschaft hat den Zweck, die Bewirtschaftung der angeschlossenen Waldflächen und der zur Aufforstung bestimmten Grundstücke (Ödland- und Grenzertragsböden) zu verbessern und somit auch die Wirkungen des Waldes für Landeskultur und Volkserholung zu erhöhen.

Zur Durchführung der satzungsmäßigen Zwecke stellt die Forstbetriebsgemeinschaft genügend ausgebildete und befähigte Fachkräfte ein.

Die Forstbetriebsgemeinschaft hat insbesondere folgende Einzelaufgaben :

1. Beratung der Mitglieder in allen forstwirtschaftlichen Angelegenheiten,
2. Vermittlung von Forschungs - und Erfahrungsergebnissen aus Wissenschaft und Praxis für die Forstwirtschaft und für den Holzanbau in und außerhalb des Waldes,
3. Dienstleistungen für die Mitglieder bei der Waldbewirtschaftung nach Maßgabe der zur Verfügung stehenden Möglichkeiten und Mittel,
4. Durchführung von Maßnahmen des Forstschutzes,
5. Beschaffung von Maschinen, Geräten und Arbeitskräften und Einsatz derselben für die Anlage und Pflege von Forstkulturen, für den Forstschutz, den Holzeinschlag, die Holzaufarbeitung und die Holzbringung,

- 2 -

Satzung der FBG FV Jesteburg vom 15.09.1971

- 2 -

6. Absatz von Holz. Hierbei darf die Forstbetriebsgemeinschaft nur als Vermittler, nicht aber als Eigenhändler oder Kommissionär auftreten.

§ 3

Geschäftsjahr

Das Geschäftsjahr ist das Kalenderjahr.

§ 4

Mitgliedschaft

1.) Die Mitgliedschaft in der Forstbetriebsgemeinschaft kann jeder Eigentümer oder Nutzungsberechtigte eines Forstgrundstückes erwerben, soweit dieses im Bereich des Zusammenschlusses liegt. Auch Körperschaften und Realverbände können Mitglied werden.

Die Aufnahme ist schriftlich beim Vorstand zu beantragen. Über den Antrag entscheidet der Vorstand. Lehnt der Vorstand die Aufnahme ab, kann der Betroffene die Entscheidung der Mitgliederversammlung beantragen.

2.) Die Mitgliedschaft endet durch Austritt, Ausschluß oder Tod.

Eine Kündigung ist dem Vorstand gegenüber schriftlich zu erklären und wird von diesem bestätigt. Die Kündigung kann nur mit einer Frist von 2 Jahren zum Ende des Geschäftsjahres ausgesprochen werden, frühestens zum Schluß des 3. vollen Geschäftsjahres, seitdem die Mitgliedschaft besteht.

Der Ausschluß eines Mitgliedes erfolgt durch Beschluß der Mitgliederversammlung. Ein Ausschluß kann erfolgen bei einem schweren Verstoß gegen die Mitgliedschaftspflichten. Dem Betroffenen muß vor der Beschlußfassung Gelegenheit zur Anhörung gegeben werden.

§ 5

Rechte und Pflichten der Mitglieder

1.) Jedes Mitglied hat das Recht

a) an den Mitgliederversammlungen stimmberechtigt teilzunehmen,

b) alle Einrichtungen der Forstbetriebsgemeinschaft zu benutzen und an allen Vorteilen, die der Zusammenschluß seinen Mitgliedern bietet, teilzunehmen.

2.) Jedes Mitglied hat die Pflicht

a) die Zwecke der Forstbetriebsgemeinschaft zu fördern und alles zu unterlassen, was den Belangen des Zusammenschlusses abträglich ist,

- 3 -

b) den Bestimmungen der Satzung und den Beschlüssen der Mitgliederversammlung nachzukommen sowie die beschlossenen Mitgliederbeiträge und festgesetzten Gebühren pünktlich zu zahlen,

c) das in seinem Wald zum Verkauf eingeschlagene, oder zum Einschlag vorgesehene Holz durch die Forstbetriebsgemeinschaft zum Verkauf anbieten zu lassen. Forstbetriebe mit eigenem Forstpersonal sind hiervon ausgenommen.

d) den Einkauf des benötigten Forstpflanzenmaterials durch die Forstbetriebsgemeinschaft vermitteln zu lassen.

§ 6

Strafen

Bei einem schuldhaften Verstoß gegen wesentliche Mitgliedsschaftspflichten kann eine Geldstrafe bis zur Höhe von 5oo,oo DM verhängt werden. Dem Betroffenen muß vor der Beschlußfassung Gelegenheit zur Anhörung gegeben werden.

§ 7

Organe der Betriebsgemeinschaft

Die Organe der Forstbetriebsgemeinschaft sind:

die Mitgliederversammlung, der Vorstand, der Ausschuß der Forstbetriebsgemeinschaft.

§ 8

Mitgliederversammlung

Die Mitgliederversammlung regelt alle Angelegenheiten der Forstbetriebsgemeinschaft durch Beschluß, soweit die Regelung nicht ausdrücklich dem Vorstand vorbehalten ist. Die Mitgliederversammlung beschließt im besonderen über

1. die Änderung und Ergänzung der Satzung,
2. die Wahl und Abberufung des Vorstandes,
3. die Entlastung für Vorstand
4. den Haushaltsplan und die Höhe der Jahresbeiträge und Gebühren,
5. die Wahl der Rechnungsprüfer und Urkundspersonen,
6. die Genehmigung von Entscheidungen, die der Vorstand aufgrund der Ermächtigung nach § 12 Ziff. 7 getroffen hat,
7. den Erwerb, die Veräußerung und die Belastung von Grundstücken und die Aufnahme von Darlehen, soweit der Vorstand nicht dazu befugt ist,
8. Art und Umfang der Andienungspflicht beim Holzverkauf durch die Mitglieder (§ 5, 2c)

- 4 -

- 4 -

9. - - -

10. der Ausschluß von Mitgliedern (4, Abs.2)

§ 9

1. Die Mitgliederversammlung wird von dem Vorstand durch schriftliche Benachrichtigung sämtlicher Mitglieder mit einer Frist von mindestens einer Woche einberufen. Bei der Einberufung ist die Tagesordnung mitzuteilen.

2. Die Mitgliederversammlung tritt mindestens einmal im Jahr zusammen. Sie ist beschlußfähig, wenn sie satzungsgemäß einberufen ist, jedoch nur x die in der Tagesordnung x ü mitgeteilten Punkte.

3. Die Beschlüsse werden mit einfacher Stimmenmehrheit der anwesenden Mitglieder gefaßt. Beschlüsse zu § 8, Ziff.1 und 8 bedürfen der 2/3 Mehrheit der erschienenen Stimmberechtigten. Jedes Mitglied hat eine Stimme, die nicht übertragbar ist.

4. Über jede Mitgliederversammlung ist ein Protokoll zu führen. Es ist von der Mitgliederversammlung zu genehmigen und vom Vorsitzenden, dem Schriftführer und einem Mitglied zu unterzeichnen.

§ 10

Der Vorstand

1. Der Vorstand besteht aus dem Vorsitzenden, seinem Stellvertreter und dem Schriftführer.

2. Die Mitglieder des Vorstandes werden auf die Dauer von 4 Jahren gewählt. Wiederwahl ist zulässig. Ersatzwahlen erfolgen für den Rest der Amtsperiode. Der Vorstand bleibt beschlußfähig bis zur Neuwahl.

3. Der Vorstand hat das Recht und die Pflicht, über die Erfüll der Aufgaben der Forstbetriebsgemeinschaft zu wachen.

4. Die Forstbetriebsgemeinschaft wird im Sinne von § 26 BGB vertreten durch 2 Vorstandsmitglieder, wovon eines der Vorsitzende oder sein Stellvertreter sein muß.

5. Die vertretungsberechtigten Vorstandsmitglieder sind der Behörde mitzuteilen, die für die Verleihung der Rechtsfähigkeit zuständig ist. Sie sind außerdem in dem Mitteilungsblatt öffentlich bekanntzugeben, welches für amtliche Bekanntmachung des für den Sitz der Forstbetriebsgemeinschaft zuständigen Amtsgerichtes bestimmt ist.(Harburger Anzeigen und Nachrichten)

§ 11

1. Der Vorstand wird vom Vorsitzenden oder durch seinen Stellvertreter schriftlich oder mündlich einberufen. Er ist einzuberufen, wenn 2 Mitglieder des Vorstandes dies verlangen.

- 5 -

Die Einladung soll nach Möglichkeit schriftlich unter Einhaltung einer Frist von 1 Woche mit Bekanntgabe der Tagesordnung erfolgen, sofern nicht dringende Angelegenheiten eine andere Regelung erfordern.

2. Der Vorstand faßt seine Beschlüsse mit einfacher Stimmenmehrheit. Bei Stimmengleichheit entscheidet der Vorsitzende, bei seiner Abwesenheit der Stellvertreter. Der Vorstand ist beschlußfähig, wenn mehr als die Hälfte seiner Mitglieder, darunter der Vorsitzende oder sein Stellvertreter, anwesend sind.
3. Der Vorsitzende und Vorstandsmitglieder versehen ihre Ämter ehrenamtlich. Auslagen und Unkosten können ihnen erstattet werden.
4. Über jede Vorstandssitzung ist ein Protokoll zu führen, das von dem Vorsitzenden oder seinem Stellvertreter und einem weiteren Vorstandsmitglied zu unterschreiben ist.

§ 12

Der Vorstand hat folgende Aufgaben.

1. Aufstellung von Arbeitsrichtlinien für die Forstbetriebsgemeinschaft,
2. Einstellung und Entlassung von Angestellten und Arbeitern,
3. Überwachung der Tätigkeit der Angestellten und Arbeiter,
4. Bestellung eines Rechnungsführers,
5. Aufstellung des Haushaltsplanes,
6. Erstattung des Tätigkeitsberichtes und der Rechnungslegung für das abgelaufene Geschäftsjahr und Vorlage einer Aufstellung über das Vermögen gegenüber der Mitgliederversammlung, sowie Bericht über Neuaufnahme und Ausscheiden v Mitgliedern,
7. Regelung von Angelegenheiten der Mitgliederversammlung, die so dringend sind, daß die Einberufung der Mitgliederversammlung nicht abgewartet werden kann; solche Angelegenheiten sind der nächsten Mitgliederversammlung zur Genehmigung vorzutragen.
8. Aufnahme von Darlehen bis in Höhe von 50.000,- DM.
9. Verhängung von Strafen (§ 6) geschieht unter vorheriger Anhörung des Ausschusses.

§ 13

Ausschuß der Forstbetriebsgemeinschaft

1. Zur Unterstützung und Beratung des Vorstandes wird ein Ausschuß bestellt, der aus 10 Mitgliedern besteht und von den Mitgliederversammlung gewählt wird.

2. Den Mitgliedern des Ausschusses obliegt es, die Verbindung zwischen der Forstbetriebsgemeinschaft und seinen Mitgliedern aufrecht zu erhalten und die Belange der Mitglieder im Sinne der satzungsgemäßen Zwecke des Zusammenschlusses zu wahren. Die Mitglieder werden von der Mitgliederversammlung gewählt. Der Ausschuß wird vom Vorsitzenden der Forstbetriebsgemeinschaft bzw. seinem Stellvertreter nach Bedarf einberufen.

§ 14

Stellung zum Forstamt der Landwirtschaftskammer

1. Zur Erfüllung ihrer Aufgaben arbeitet die Forstbetriebsgemeinschaft mit dem zuständigen Forstamt der Landwirtschaftskammer zusammen. Dem Leiter des Forstamtes wird die fachliche Aufsicht und Weisungsbefugnis über die angestellten Fachkräfte der Forstbetriebsgemeinschaft nach Maßgabe einer zu erlassenen Dienstanweisung für die Forstangestellten übertragen.
2. Zu den Mitgliederversammlungen sind der Leiter des zuständigen Forstamtes der Landwirtschaftskammer Hannover einzuladen.
3. Zu allen ordentlichen Vorstandssitzungen ist der Leiter des Landwirtschaftskammerforstamtes einzuladen. Er hat beratende Stimme.

§ 15

Finanzierung der Aufgaben

1. Die Forstbetriebsgemeinschaft erhebt zur Finanzierung ihrer Aufgaben Mitgliederbeiträge und Gebühren für einzelne Dienstleistungen.
2. Art und Höhe der Gebühren sind in einen Gebührenverzeichnis festzulegen. Das Vermögen der Forstbetriebsgemeinschaft darf nur für Zwecke des Zusammenschlusses verwandt werden.
3. Die Mitglieder haben entsprechend der Größe der Beitragsfläche Anteil am Vereinsvermögen.
4. Mit Ausschluß oder Austritt aus der Forstbetriebsgemeinschaft entfällt jeglicher Anspruch auf das Vereinsvermögen. Die Mitgliederversammlung kann hiervon Ausnahmen beschließen.

- 7 -

- 7 -

Die Auflösung der Forstbetriebsgemeinschaft

Die Forstbetriebsgemeinschaft kann nur mit einer Stimmenmehrheit von 3/4 der Stimmen aller Stimmberechtigten in einer ordnungsmäßig einberufenen Mitgliederversammlung aufgelöst werden. Wird diese Mehrheit nicht erreicht, genügt die Mehrheit von 3/4 der abgegebenen Stimmen der erschienenen Mitglieder einer zu dem gleichen Zweck einberufenen weiteren Mitgliederversammlung. Die 2. Mitgliederversammlung kann frühestens einen Monat nach Abhaltung der ersten stattfinden.
Bei der Beschlußfassung über die Auflösung der Forstbetriebsgemeinschaft ist gleichzeitig ein Beschluß über die Verwendung des Vermögens der Forstbetriebsgemeinschaft zu fassen.

Cohrs
Martens
Müller
Peters

-.-.-.-.-.-

Die vorstehende Satzung wird genehmigt.

Lüneburg, den 15. September 1971
Der Regierungspräsident
Im Auftrage:

Az. 601 - Lü. 393.02
207

Abschrift

Urkundenrolle Nummer 1480 des Jahrgangs 1971

An das
A m t s g e r i c h t
Vereinsregister

2117 T o s t e d t

In der Vereinsregistersache des Forstverbandes Jesteburg e. V. - VR 107 - melden wir - in Ergänzung unseres Antrages vom 25. November 1971 - UR 1419/71 Notar Dr. Kobarg - an:
Nachdem nunmehr dem Verein durch anliegende Urkunde vom 15 September 1971 von dem Regierungspräsidenten Lüneburg die Rechtsfähigkeit verliehen worden ist, beantragen wir, den Verein im Vereinsregister zu löschen.

Wir bitten, die eingereichten Unterlagen zu den Grundakten Lüllau Band 6 Blatt 166 weiterzuleiten.

Buchholz, den 9. Dezember 1971

gez. Wilhelm Cohrs
gez. August-Wilhelm Jagau

Die vorstehenden, heute vor mir gefertigten Unterschriften der mir von Person bekannten zeichnungsberechtigten Vorstandsmitglieder des Forstverbandes Jesteburg e. V.
1. Bauer Wilhelm Cohrs, Thelstorf
2. Landwirt August Wilhelm Jagau, Reindorf Nr. 1, beglaubige ich hiermit.
Buchholz, den 9. Dezember 1971 gez. Dr. Kobarg
Notar

Kosten außer Ansatz
gem § 16 KostO gez. Dr. Kobarg
Notar

Schreiben des Registergerichtes Tostedt vom 9.Dez. 1971

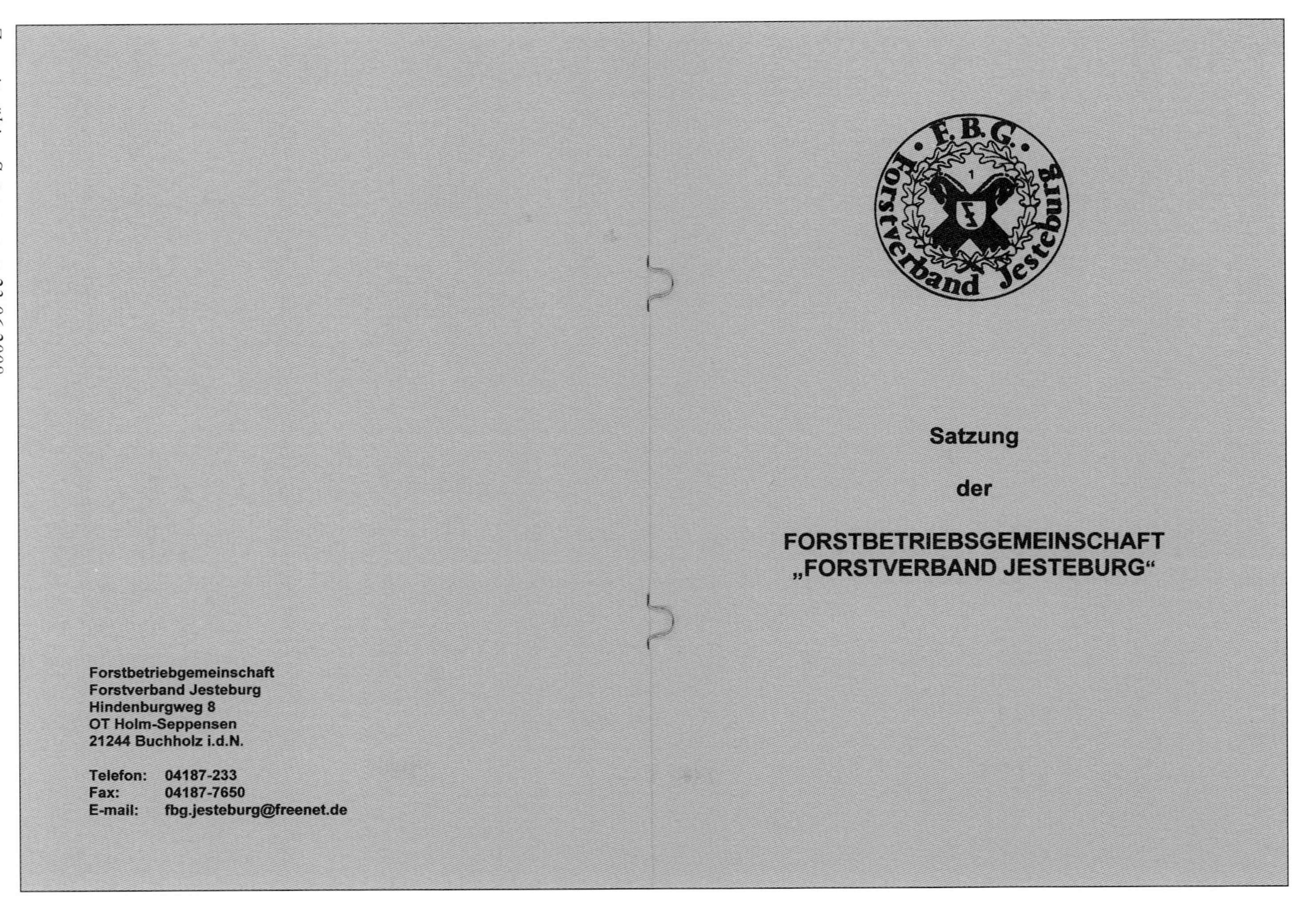

Forstbetriebgemeinschaft
Forstverband Jesteburg
Hindenburgweg 8
OT Holm-Seppensen
21244 Buchholz i.d.N.

Telefon: 04187-233
Fax: 04187-7650
E-mail: fbg.jesteburg@freenet.de

Satzung

der

FORSTBETRIEBSGEMEINSCHAFT
„FORSTVERBAND JESTEBURG“

Zurzeit gültige Satzung vom 23.06.2008

Satzung

der

FORSTBETRIEBSGEMEINSCHAFT „FORSTVERBAND JESTEBURG“

(Forstbetriebsgemeinschaft im Sinne des § 16 des Gesetzes zur Erhaltung des Waldes und zur Förderung der Forstwirtschaft; Bundeswaldgesetz vom 02.05.1975, BGBl. I S. 1.037 in der zurzeit gültigen Fassung)

§ 1

Name und Sitz

(1) Die Forstbetriebsgemeinschaft führt den Namen FBG „Forstverband Jesteburg“ (im Folgenden kurz FBG genannt).

(2) Sie hat ihren Sitz in 21244 Buchholz i.d.N., OT Holm-Seppensen

§ 2

Zweck, Rechtsform, Haftung

(1) Die FBG ist ein privatrechtlicher Zusammenschluss von Grundbesitzern und Gemeinschaftsforsten (Realverbänden), die nach § 16 Bundeswaldgesetz den Zweck verfolgt, die Bewirtschaftung der angeschlossenen Waldflächen und der zur Aufforstung bestimmten Grundstücke zu verbessern, insbesondere die Nachteile geringer Flächengröße, ungünstiger Flächengestalt, der Besitzzersplitterung, der Gemengelage, des unzureichenden Waldaufschlusses und anderer Strukturmängel zu überwinden.

(2) Sie hat die Rechtsform eines rechtsfähigen Vereins mit wirtschaftlichem Geschäftsbetrieb nach § 22 BGB.

(3) Der Verein haftet nur mit seinem Vereinsvermögen.

(4) Die FBG kann einem übergeordneten Zusammenschluss beitreten bzw. mit anderen FBG'en fusionieren.

§ 3

Erwerb und Dauer der Mitgliedschaft

(1) Die Mitgliedschaft in der FBG kann jeder Eigentümer oder Nutzungsberechtigte eines bewaldeten oder zur Anpflanzung oder Aufforstung bestimmten Grundstückes erwerben. Neben Privatpersonen können auch juristische Personen des Privatrechts, Gemeinden, Körperschaften öffentlichen Rechts, Anstalten und Stiftungen die Mitgliedschaft erwerben.

(2) Die Aufnahme erfolgt durch den Vorstand aufgrund eines schriftlichen Aufnahmegesuches. Lehnt der Vorstand die Aufnahme ab, so kann die/der Abgewiesene Berufung bei der Mitgliederversammlung einlegen, die endgültig entscheidet.

(3) Die Dauer der Mitgliedschaft beträgt mindestens 3 volle Geschäftsjahre. Sie kann zum 31. Dezember eines jeden Jahres mit einer Frist von zwei Jahren schriftlich beim Vorstand gekündigt werden.

(4) Die Mitgliedschaft endet durch Austritt, Ausschluss und Tod des Mitgliedes sowie durch Auflösung der FBG.

(5) Durch Beschluss des Vorstandes kann die Mitgliedschaft durch Ausschluss fristlos beendet werden. Ein Ausschluss und eine Vereinsstrafe kann nur erfolgen bei einem schweren Verstoß gegen die Mitgliedschaftspflichten. Dem Betroffenen muss vor der Beschlussfassung Gelegenheit zur Anhörung gegeben werden.

(6) Das ausscheidende Mitglied hat keinen Anspruch auf das Vereinsvermögen.

§ 4

Rechte und Pflichten der Mitglieder

(1) Jedes Mitglied hat das Recht,

a) An den Versammlungen stimmberechtigt teilzunehmen und dort Anträge zur Beschlussfassung durch die Mitglieder zu stellen.
b) Alle Einrichtungen der FBG zu nutzen und an allen Vorteilen, die die FBG ihren Mitgliedern bietet, teilzuhaben.

(2) Jedes Mitglied hat die Pflicht,

a) Die Zwecke der FBG zu fördern und alles zu unterlassen, was den Belangen der FBG abträglich ist.
b) Beiträge, Umlagen und Entgelte fristgerecht zu leisten.
c) Beschlüsse der Mitgliederversammlung bzw. des Vorstandes mit zu tragen und umzusetzen.
d) Das im eigenen Forstbetrieb zum Einschlag kommende oder zum Einschlag vorgesehene Holz, soweit es nicht zum Eigenverbrauch bestimmt ist, der FBG bzw. ihren Holzaufarbeitungs- und Holzvermarktungsgesellschaften zum Verkauf gem. § 5 Abs. 1 und 2 anzubieten bzw. anbieten zu lassen.
e) Den Einkauf des benötigten Forstpflanzenmaterial durch die FBG vermitteln zu lassen.
f) Ausnahmen kann der Vorstand auf Antrag beschließen.

§ 5

Aufgaben der Forstbetriebsgemeinschaft

(1) Die FBG hat die Aufgabe zum Wohle der Allgemeinheit und des einzelnen Mitgliedes, die pflegliche, nachhaltige und planmäßige Bewirtschaftung der Waldgrundstücke ihrer Mitglieder zu verbessern, um Nachteile ungünstiger Besitzstruktur, unzureichenden Wegeaufschlusses und mangelhafter Bestockung zu beseitigen und die wirtschaftliche Ertragsfähigkeit des Waldes und seine Dienstleistungen zu steigern, sowie seine Bodenkraft zu erhalten. Dazu gehören insbesondere folgende Aufgaben:

a) Beratung der Mitglieder in allen forstwirtschaftlichen Angelegenheiten.
b) Vermittlung von Forschungs- und Erfahrungsergebnissen aus Wissenschaft und Praxis für die Forstwirtschaft und für den Holzbau in und außerhalb des Waldes.
c) Abstimmung der Betriebspläne, Betriebsgutachten und Wirtschaftspläne sowie der einzelnen forstlichen Vorhaben.
d) Abstimmung der für die forstwirtschaftlichen Erzeugung wesentlichen Vorhaben und Absatz des Holzes oder sonstiger Forstprodukte unter bestehen lassen eines wesentlichen Wettbewerbes auf dem Holzmarkt.
e) Abschluss von Dienstleistungsverträgen zur forstlichen Beratung und Betreuung der Mitglieder nach Maßgabe der zur Verfügung stehenden Möglichkeiten und Mittel.

2 von 7

f) Ausführung der Forstkulturen, Ausgleichsmaßnahmen, Bodenverbesserungs- und Bestandespflegearbeiten einschließlich des Forstschutzes.
g) Planung und Durchführung von ökologischen Maßnahmen zur Wahrung der Belange des örtlichen Naturschutzes im Rahmen des Bundeswaldgesetzes.
h) Bau und Unterhaltung von Wegen und Holzlagerplätzen.
i) Durchführung des Holzeinschlages, der Holzaufarbeitung und der Holzbringung,
j) Einstellung und Einsatz von Arbeitskräften, Beschaffung und Einsatz von Maschinen und Geräten, sowie von Grundstücken für die o. a. Maßnahmen.
k) Bewirtschaftung von Waldflächen durch Abschluss langfristiger Pacht- oder Bewirtschaftungsverträge oder durch Flächenkauf.

(2) Die FBG vermittelt, kauft oder kommissioniert Holz. Im Falle des Kauf- oder Kommissionsgeschäftes übernimmt die FBG die Verwertung.

(3) Die FBG wirtschaftet mit dem Ziel der Kostendeckung. Die angestrebten vermögenswerten Vorteile sollen vorrangig Ihren Mitgliedern zufließen.

§ 6

Organe der Forstbetriebsgemeinschaft, Geschäftsjahr

(1) Organe der Forstbetriebsgemeinschaft sind:

a) die Mitgliederversammlung
b) der Vorstand.

(2) Geschäftsjahr ist das Kalenderjahr.

§ 7

Mitgliederversammlung

(1) Die ordentliche Mitgliederversammlung ist jährlich innerhalb der ersten 6 Monate vom Vorsitzenden einzuberufen. Außerordentliche Mitgliederversammlungen sind vom Vorsitzenden einzuberufen, wenn eine Beschlussfassung der Mitglieder außerhalb der ordentlichen Mitgliederversammlung erforderlich erscheint.

(2) Die Einladung ist den Mitgliedern und Teilnahmeberechtigten spätestens zwei Wochen vorher unter Angabe der Tagesordnung schriftlich bekannt zu geben.
(3) Eine Mitgliederversammlung ist darüber hinaus innerhalb von drei Wochen vom Vorsitzenden einzuberufen, wenn dies von mindestens 1/5 der Mitglieder unter Angabe der Gründe verlangt wird.

§ 8

Aufgaben der Mitgliederversammlung

(1) Die Mitgliederversammlung beschließt alle Angelegenheiten der FBG, die nicht zu den Aufgaben des Vorstandes gehören und sie überwacht die Tätigkeit des Vorstandes.

(2) Der Mitgliederversammlung obliegen insbesondere folgende Aufgaben:

a) Änderung und Ergänzung der Satzung
b) Wahl und Abberufung des Vorstandes
c) Genehmigung des Haushaltsplanes und des Jahresabschlusses
d) Wahl der Rechnungsprüfer auf die Dauer von 3 Jahren
e) Rechnungsprüfung
f) Entlastung des Vorstandes und der Geschäftsführung
g) Festsetzung der Mitgliedsbeiträge und des Entgeltverzeichnisses
h) die Überwachung der Erfüllung der Aufgaben der FBG

3 von 7

i) Beschlüsse über Beteiligungen und Mitgliedschaften
j) den Erwerb, die Veräußerung und Belastung von Grundstücken und die Aufnahme von Darlehen, soweit der Vorstand nicht dazu befugt ist
k) Entscheidung über einen ggf. erwirtschafteten Jahresüberschuss
l) Entscheidung über die Erhebung einer Umlage

§ 9

Beschlussfassung durch die Mitgliederversammlung

(1) Die Mitgliederversammlung beschließt mit einfacher Mehrheit der in der Versammlung anwesenden oder vertretenen Mitglieder.

(2) Zu einer Änderung oder Ergänzung der Satzung oder des Vereinszwecks ist die 2/3 Mehrheit der Stimmen der erschienenen Mitglieder erforderlich. Stimmenthaltungen und ungültige Stimmen sind nicht zu berücksichtigen.

(3) Über die Mitgliederversammlung ist ein Protokoll zu führen. Der Protokollführer ist durch den Vorsitzenden zu bestimmen. Das Protokoll wird durch den Vorsitzenden und den Protokollführer unterschrieben und ist durch die Mitgliederversammlung zu genehmigen.

(4) Jedes Mitglied, oder jeder Bevollmächtigte hat nur eine Stimme. Die Übertragung einer Stimme ist nur durch schriftliche Vollmacht möglich.

§ 10

Der Vorstand

(1) Der Vorstand besteht aus dem Vorsitzenden, seinem Stellvertreter, dem Schriftführer und 1 – 4 weiteren Vorstandsmitgliedern.

(2) Die Mitglieder des Vorstandes werden auf die Dauer von 4 Jahren gewählt. Vorstandswahlen finden alle 2 Jahre statt, wobei jeweils die Hälfte des Vorstandes neu gewählt wird. Der Vorsitzende und sein Stellvertreter werden nicht zum gleichen Zeitpunkt gewählt. Die Wiederwahl ist zulässig. Ersatzwahlen erfolgen für den Rest der Amtsperiode.
Der Vorstand bleibt beschlussfähig bis zur Neuwahl.

§ 11

Aufgaben des Vorstandes

(1) Dem Vorstand obliegt die durch Gesetz und diese Satzung eingeräumte Zuständigkeit zur Führung der Geschäfte der FBG.

(2) Aufgaben des Vorstandes sind insbesondere:

a) Aufstellung und Führung eines Mitglieder- und Flächenverzeichnisses,
b) Aufnahme neuer Mitglieder (§ 3 Abs.2),
c) Aufstellung des Haushaltsplanes sowie Feststellung des Jahresabschlusses in Form einer Einnahme/Überschussrechnung
d) Vorschläge für die Festsetzung der Beiträge und Entgelte,
e) Festlegung der Bedingungen für den Ankauf und Verkauf von Holz und Regelungen des Abrechnungsverfahrens,
f) Tätigkeitsbericht und Rechnungslegung gegenüber der Mitgliederversammlung. Die Vorlage des Tätigkeitsberichtes, die Rechnungslegung und –prüfung haben binnen sechs Monate nach Ablauf des Rechnungsjahres zu erfolgen,
g) Abschluss bzw. Auflösung von Arbeits-, Dienstleistungs- und Geschäftsbesorgungsverträgen
h) Erlass der Dienstanweisungen

i) Durchführung der Beschlüsse der Mitgliederversammlung,
j) Festsetzung etwaiger Vereinsstrafen gem. § 17 bei schuldhaftem Verstoß gegen wesentliche Mitgliedschaftspflichten, mit Einspruchsrecht der Betroffenen bei der Mitgliederversammlung, die mit 2/3 Mehrheit der anwesenden Stimmberechtigten entscheidet.
k) Ausschluss von Mitgliedern mit Einspruchsrecht der Betroffenen bei der Mitgliederversammlung, die mit 2/3 der anwesenden Stimmberechtigten entscheidet,
l) Bestellung eines Geschäftsführers für die Erledigung näher zu bestimmender satzungsgemäßer Aufgaben,
m) Aufstellung einer Geschäftsordnung für die Geschäftsführung,
n) Art und Umfang der durchzuführenden forstlichen Maßnahmen.
o) Regelung von Angelegenheiten der Mitgliederversammlung, die so dringend sind, dass die Einberufung der Mitgliederversammlung nicht abgewartet werden kann; solche Angelegenheiten sind der nächsten Mitgliederversammlung zur Genehmigung vorzutragen.

§ 12

Amtsführung des Vorstandes

(1) Der Vorsitzende führt den Vorsitz im Vorstand und in der Mitgliederversammlung. Im Verhinderungsfall wird der Vorsitzende von seinem Stellvertreter vertreten. Bei der Verhandlung über die Verfolgung von Rechtsansprüchen gegen den Vorsitzenden oder über ein Rechtsverhältnis mit dem Vorsitzenden führt der Stellvertreter den Vorsitz.

(2) Der Vorsitzende beruft die Vorstandssitzungen schriftlich, auch durch Fax oder E-Mail, unter Angabe der Tagesordnung und unter Einhaltung einer Frist von 7 Tagen ein. In dringenden Fällen sind telefonische Einladungen und kürzere Ladungsfristen – mindestens jedoch 24 Stunden – zulässig. In Ausnahmefällen kann die Entscheidung des Vorstandes durch Umlauf oder telefonische Umfrage eingeholt werden. Diese Entscheidung ist auf der nächsten Vorstandssitzung vorzutragen. Vorstandssitzungen sind vom Vorsitzenden einzuberufen, wenn das Interesse der FBG es erfordert, oder wenn zwei Vorstandsmitglieder die Einberufung unter Angabe des Zwecks und der Gründe vom Vorsitzenden verlangen. Der Vorstand fasst seine Beschlüsse mit einfacher Stimmenmehrheit seiner Mitglieder. Bei Stimmengleichheit entscheidet der Vorsitzende. Wird über die Angelegenheiten eines Vorstandsmitglieds beraten, so darf das betreffende Vorstandsmitglied an der Beratung und Abstimmung nicht teilnehmen. Es ist jedoch vor der Beschlussfassung zu hören. Der Vorstand ist beschlussfähig, wenn mehr als die Hälfte seiner Mitglieder, darunter der Vorsitzende oder sein Stellvertreter anwesend sind.

(3) Der Vorstand der FBG hat zum Ende eines jeden Geschäftsjahres einen Abschluss, bestehend aus Gewinn- und Verlustrechnung sowie Geschäftsbericht aufzustellen, den Abschluss durch zwei von der Mitgliederversammlung beauftrage Mitglieder prüfen zu lassen, die Gewinn- und Verlustrechnung sowie den Geschäftsbericht mit dem Prüfungsergebnis sodann den Mitgliedern vorzulegen.

(4) Vorsitzender und Vorstandsmitglieder versehen ihre Ämter ehrenamtlich. Eine persönliche Haftung des Vorsitzenden, seines Stellvertreters oder der sonstigen Vorstandsmitglieder gegenüber Dritten, gegenüber der FBG oder gegenüber deren Mitgliedern ist ausgeschlossen, außer für vorsätzliche oder grobfahrlässige Schädigung. Über eine Aufwandsentschädigung entscheidet die Mitgliederversammlung.

(5) Über jede Vorstandssitzung ist ein Protokoll anzufertigen, das von dem Vorsitzenden oder seinem Stellvertreter und einem weiteren Vorstandsmitglied zu unterschreiben ist.

(6) Gerichtlich und außergerichtlich wird die FBG von dem Vorsitzenden – oder bei dessen Verhinderung von seinem Stellvertreter – zusammen mit einem weiteren Vorstandsmitglied vertreten. Der Vorstand ist jedoch berechtigt, bei Bestellung einer Geschäftsführung gem. § 11, dieser eine Vollmacht zur Vertretung der FBG gemäß § 11(2) zu erteilen.

(7) Ohne Zustimmung der Mitgliederversammlung dürfen vom Vorstand Darlehen bis zu einer Gesamthöhe von 50.000,- € aufgenommen und gewährt werden.

(8) Der Vorstand kann einzelne Geschäfte den forstlichen Dienststellen der Landwirtschaftskammer oder anderen Dienstleistern übertragen.

§ 13

Geschäftsführung

(1) Der Vorstand kann die Geschäftsführung der FBG einem Geschäftsführer oder einem Mitglied des Vorstandes übertragen. Der Geschäftsführer nimmt an den Sitzungen des Vorstandes und an der Mitgliederversammlung teil, soweit nicht der Vorstand die Erörterung einzelner Punkte der Tagesordnung in Abwesenheit der Geschäftsführung anordnet.

(2) Der Geschäftsführer handelt als Bevollmächtigter des Vorstandes. Der Vorstand kann jederzeit die von ihm erteilte Vollmacht einschränken, insbesondere
a) dem Geschäftsführer Teil- oder Gesamtvollmacht erteilen
b) die Durchführung bestimmter Geschäfte durch eine Geschäftsordnung regeln oder durch Vorstandsbeschluss von seiner vorherigen Zustimmung abhängig machen
c) die Bestellung auf bestimmte Aufgabengebiete beschränken

(3) Dem Geschäftsführer können bei Bedarf zur Durchführung seiner übertragenen Aufgaben Fach- und Hilfskräfte zur Verfügung gestellt werden. Die Einstellung bzw. Beauftragung erfolgt durch den Vorstand im Einvernehmen mit dem Geschäftsführer. Die Fach- und Hilfskräfte erhalten ihre Anweisung vom Geschäftsführer, der für ihre Tätigkeit verantwortlich ist.

(4) Der Geschäftsführer hat zum Schluss eines jeden Geschäftsjahres die Bücher abzuschließen, den Jahresabschluss anfertigen zu lassen und dem Vorstand vorzulegen.

§ 14

Stellung zum Forstamt der Landwirtschaftskammer und zu den betreuenden Fachkräften

(1) Zur Erfüllung ihrer Aufgaben kann die FBG einen Betreuungsvertrag mit der Landwirtschaftskammer Niedersachsen abschließen. In diesem Fall ist der Leiter des zuständigen Forstamtes der Landwirtschaftskammer zu den Mitgliederversammlungen und Vorstandssitzungen einzuladen. Er hat beratende Stimme, sowie das Recht Anträge einzubringen, über die zu beschließen sind.

(2) Zu den ordentlichen Vorstandssitzungen, sowie zu den Mitgliederversammlungen sind die betreuenden Bezirksförster ebenfalls einzuladen.

§ 15

Finanzierung

(1) Die FBG erhebt zur Finanzierung ihrer Aufgaben Mitgliedsbeiträge und Entgelte, sie kann ferner beim Holzein- und verkauf Handelsspannen ansetzen. Die Handelsspannen entsprechen in der Größenordnung den festgelegten Entgelten. Die von der Mitgliederversammlung zu beschließenden Finanzierungsgrundsätze sind in einem Verzeichnis festzulegen. Der Vorstand kann Ausnahmen von der Entgeltordnung beschließen.

(2) Die Mitgliederversammlung kann Umlagen beschließen: Zur Finanzierung von Investitionen durch Einwilligung (im Voraus) und bei größeren Zahlungsausfällen durch Genehmigung (im Nachhinein). Umlagen werden den Mitgliedern auf Einlage-/Umlagekonten gutgeschrieben. Guthaben auf diesen Konten können durch die FBG zu einem beliebigen Zeitpunkt abgelöst werden.

§ 16

Bekanntmachung

Die in den Vorstand gewählten Mitglieder sind den Aufsichtsbehörden mitzuteilen.

§ 17

Ordnungsmittel oder Vertragsstrafen bei schuldhaftem Verstoß gegen wesentliche Mitgliedschaftspflichten (§ 18 Abs. 1 Ziff. 3 BWaldG)

Bei schuldhaften Verstößen gegen wesentliche Mitgliedspflichten kann der Vorstand unter Beachtung des § 11 Abs. 2j. eine Vereinsstrafe bis zur Höhe der entgangenen Entgelte beschließen. Bei wiederholten oder besonders schweren Verstößen kann der Vorstand gem. §3 (4) den Ausschluss des Mitglieds beschließen.

§ 18

Auflösung der Forstbetriebsgemeinschaft

(1) Die FBG kann nur mit einer Stimmenmehrheit von mindestens ¾ der Stimmen aller Stimmberechtigten in einer ordnungsgemäß einberufenen Mitgliederversammlung aufgelöst werden. Wird diese Mehrheit nicht erreicht, genügt die Mehrheit von ¾ der abgegebenen Stimmen der erschienenen Stimmberechtigten einer zu dem gleichen Zweck einberufenen weiteren Mitgliederversammlung. Die zweite Mitgliederversammlung kann frühestens einen Monat nach Abhalten der ersten, muss jedoch spätestens nach drei Monaten stattfinden.

(2) Bei der Beschlussfassung über die Auflösung der Forstbetriebsgemeinschaft ist gleichzeitig ein Beschluss über die Verwendung des nach Erfüllung der Verbindlichkeiten der FBG verbleibenden Vermögens der FBG zu fassen. Zur Beschlussfassung genügt die Mehrheit von ¾ der abgegebenen Stimmen der erschienenen Stimmberechtigten.

§ 19

Salvatorische Klausel

Sollte eine Bestimmung dieser Satzung nichtig, ungültig oder unwirksam sein oder der Verleihung der Rechtsfähigkeit oder der Anerkennung nach dem Bundeswaldgesetz entgegenstehen, werden Gültigkeit und Wirksamkeit dieser Satzung im Übrigen nicht berührt. Der Vorstand ist ermächtigt, die entgegenstehende Satzungsbestimmung durch eine gültige, wirksame sowie die Verleihung der Rechtsfähigkeit oder die Anerkennung nach dem Bundeswaldgesetz ermöglichende Bestimmung unter Beachtung des Vereinszweckes zu ersetzen.

§ 20

Inkrafttreten

Diese Satzung tritt zum 01. Mai 2008 in Kraft.

Hinweis: Aus Gründen der Lesbarkeit wurde im Text die männliche Form gewählt, nichtsdestoweniger beziehen sich die Angaben auf Angehörige beider Geschlechter.

Detlef Cohrs - Vorsitzender -	Hermann Kröger - stv. Vorsitzender -	Hans-Peter Heitmann - Schriftführer -	
Heinrich Albers - Vorstandsmitglied -	Siegfried Behr - Vorstandsmitglied -	Gerhard Martens - Vorstandsmitglied -	Gustav Otten - Vorstandsmitglied -

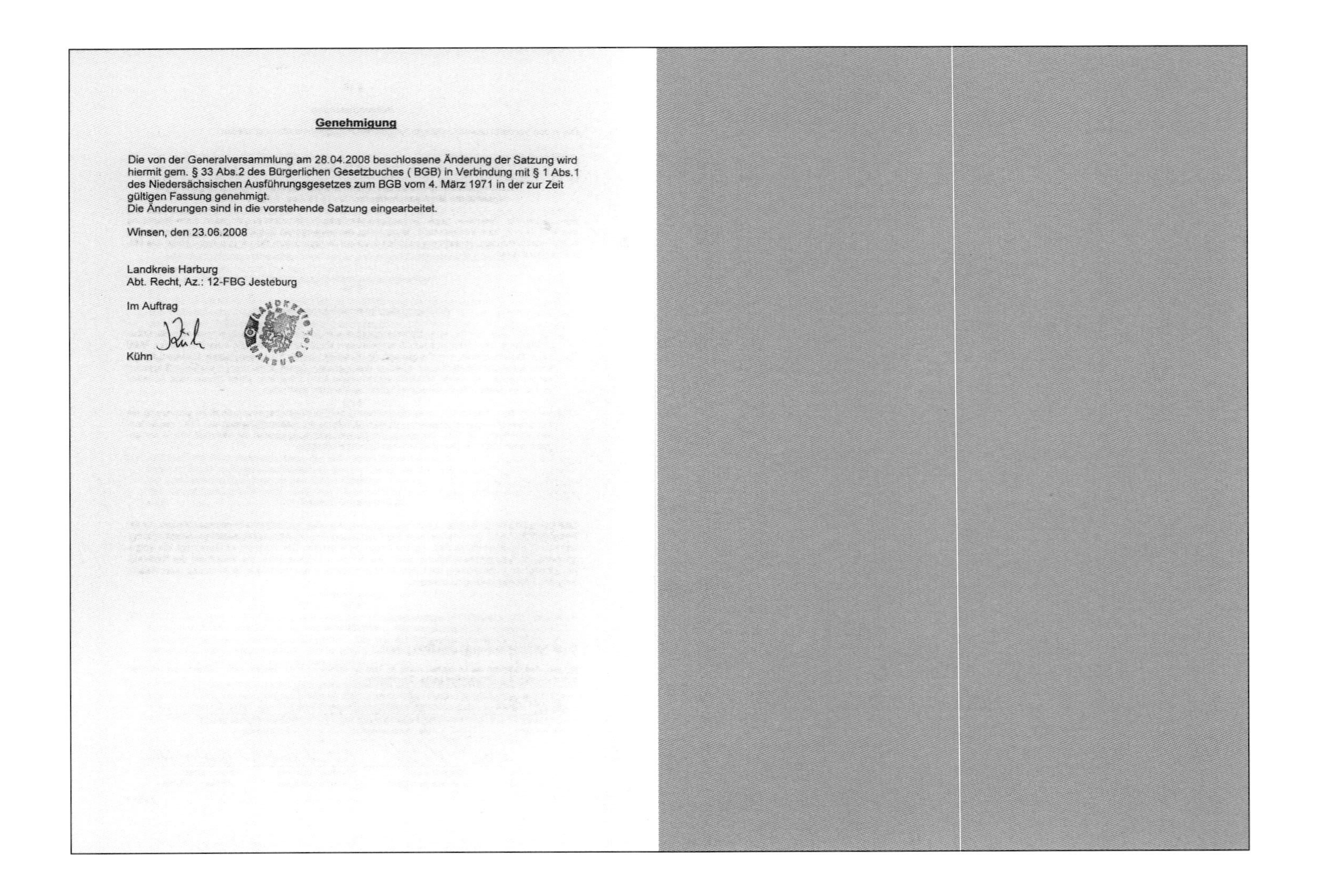

Genehmigung

Die von der Generalversammlung am 28.04.2008 beschlossene Änderung der Satzung wird hiermit gem. § 33 Abs.2 des Bürgerlichen Gesetzbuches (BGB) in Verbindung mit § 1 Abs.1 des Niedersächsischen Ausführungsgesetzes zum BGB vom 4. März 1971 in der zur Zeit gültigen Fassung genehmigt.
Die Änderungen sind in die vorstehende Satzung eingearbeitet.

Winsen, den 23.06.2008

Landkreis Harburg
Abt. Recht, Az.: 12-FBG Jesteburg

Im Auftrag

Kühn

2.7. Die Vorsitzenden des Forstverbandes Harburg/ Buchholz/ Jesteburg e. V./ der Forstbetriebsgemeinschaft Forstverband Jesteburg

Auf der Gründungsversammlung des Forstverbandes Harburg am 19. Juli 1949 in Buchholz, der das Gebiet des ehemaligen Altkreises Harburg umfasste, wurde Bauer August HENK aus Lüllau zum Vorsitzenden gewählt. August Henk gehörte zu den knorrigen, aufrechten Bauerngestalten, wie sie der Maler Sluytermann Van Langeweyde gerne darstellte. Eng verbunden mit dem eigenen Hof auf eigener Scholle, dem sich alles Andere nachzuordnen hatte, strebte er nach bäuerlicher Selbstverwaltung und Freiheit.

August Henk, Lüllau
Vorsitzender von 1948-1960

In seine Amtszeit fielen nach Hollenstedts Abspaltung die Umbenennung in „Forstverband Buchholz“ und die spätere Gründung des Forstverbandes Jesteburg e. V. mit Eintragung ins Vereinsregister. Es ist erstaunlich zu lesen, worum er sich alles kümmerte, um eine gute Verbandsarbeit und Waldwirtschaft zu gewährleisten und möglichst jedem Mitglied und Mitarbeiter zu seinem Recht zu verhelfen. Er scheute dabei auch keine Auseinandersetzung mit Andersdenkenden. Hierbei argumentierte er hart in der Sache, aber sauber und fair in der Art. Man verfügte damals noch über eine „Streitkultur“, die heute leider nicht mehr gefragt ist.

Das Alter und vor allem gesundheitliche Probleme bewegten August Henk dazu, dass er auf der Generalversammlung des Forstverbandes Jesteburg e. V. am 4. März 1961 im Gasthaus Wille in Welle sein Amt zur Verfügung stellte. Als Nachfolger schlug er Hermann KRÖGER vom Lohof bei Jesteburg vor. Da August Henk keinen Führerschein für das Autofahren besaß, war er stets von anderen abhängig. Nach Einstellung von Heinrich Auerbach chauffierte dieser ihn mit dem Dienstwagen.

Eine Sache hat August Henk aber noch sehr am Herzen gelegen, das war die Ablösung der gezeichneten Anteilscheine für den Forsthausbau. Auf der Vorstandssitzung am 30. Dezember 1960 im Gasthaus Arnold Meyer, Seppensen, bat er nach Ankündigung seiner Amtsniederlegung darum, alle Darlehen bis zur nächsten Generalversammlung zu tilgen. Sein Nachfolger sollte hiermit keine Arbeit mehr haben – und so geschah es dann auch, da die finanzielle Lage des Forstverbandes dies ermöglichte. Willy Meyer aus Itzenbüttel dankte dem scheidenden Vorsitzenden mit bewegten Worten für seine aufopfernde Tätigkeit in all den Jahren, die er für den Forstverband geleistet hatte, und schlug vor, ihn zum EHRENVORSITZENDEN zu ernennen. Diesem Vorschlag folgte die Versammlung gerne und ernannte ihn einstimmig zum Ehrenvorsitzenden.

Schriftführer Hermann Henk aus Lüllau

Hermann Kröger, Lohof
Vorsitzender von 1960-1971

Dem Vorschlag von August Henk folgend, wählte die Mitgliederversammlung am 4. März 1961 den Bauern Hermann KRÖGER vom Lohof bei Jesteburg zum neuen Vorsitzenden.

Der bisherige Schriftführer Karl von Hörsten, Wörme, bat ebenfalls um Entbindung aus seinem Amt. Für ihn wählte die Versammlung einstimmig Hermann HENK, Lüllau, zum Schriftführer.

Hermann Kröger unterschied sich in seiner ganzen Art von seinem Vorgänger. Er hatte ein ruhiges, teilweise zurückhaltendes Wesen, wobei er jedoch zielstrebig seinen Weg ging, wenn es sich insbesondere um den Wald handelte.

Die Bewältigung der Sturmschäden vom Februar 1962, die auch den schönen und alten Wald von Hermann Kröger betrafen, fiel in dessen Amtszeit. So manche Stunde hat er mit Revierförster Hellmuth Flach zugebracht, um über Beschaffung von Arbeitskräften, Unterkünfte und Finanzmittel zu beraten und eine Entscheidung herbeizuführen. So manche Fahrt mit Walter Iding und Arthur Peters nach Celle und Hannover war erforderlich, um Fördermittel für den Forstverband und die Waldbesitzer zwecks Wiederaufforstung der Sturmschadensflächen zu beschaffen. In seine Amtszeit fielen mehrere personelle Wechsel in der forstfachlichen Leitung des Forstverbandes. So übernahm Revierförster Hellmuth Flach nach dem Tode von Revierförster Heinrich Auerbach die Leitung des gesamten Forstverbandes. Es folgte alsbald die Einstellung und Entlassung von Forstwart Horst Fenner, da dieser den gestellten Anforderungen nicht entsprach. Im Oktober 1966 beendete Oberförster Hellmuth Flach seine aktive Dienstzeit infolge Erreichens der Altersgrenze, und Revierförster Uwe Gamradt übernahm sein Dienstamt.

Der Vorsitzende Hermann Kröger stellte auf der Generalversammlung am 19. Januar 1971 im Hotel Frommann in Dibbersen sein Amt zur Verfügung.

Für ihn wählte die Mitgliederversammlung Wilhelm COHRS aus Thelstorf zum Vorsitzenden des Forstverbandes Jesteburg e. V.

Schon sehr früh wurde Wilhelm Cohrs auf der Generalversammlung am 17. März 1962 im Hotel Frommann in Dibbersen in den Vorstand des Forstverbandes Jesteburg e. V. gewählt, gehörten doch rd. 90 ha Wald mit zu seinem Hof Thelstorf Nr. 2.

Wilhelm Cohrs, Thelstorf
Vorsitzender 1971-1989

Wilhelm Cohrs war gerade mal eineinhalb Jahre als Vorsitzender im Amt, als am Vormittag des 13. November 1972 die Wälder in Niedersachsen in wenigen Stunden von einem Sturm derart zerstört wurden, dass ca. 17 Mill. Festmeter Holz geworfen bzw. gebrochen wurden.

Dies bedeutete eine gewaltige Herausforderung für das betreuende Forstpersonal, aber auch für die Vorstände der forstwirtschaftlichen Zusammenschlüsse. Zwei Dinge waren als positiv zu sehen: Zum einen war fast nur Niedersachsen betroffen, und das Forstschadensausgleichsgesetz konnte in den übrigen Bundesländern greifen, zum anderen war der Holzmarkt im In- und Ausland so stabil, dass das Holz abfließen konnte.

Die schleswig-holsteinischen Waldbesitzer, Holzkäufer und Forstkollegen schätzten, dass wir wohl 10 Jahre für die Beseitigung der Sturmschäden bis hin zur Wiederaufforstung einplanen sollten – und sie behielten recht. Der Einsatz skandinavischer Forstmaschinen zum Aufarbeiten und Rücken des Holzes einschließlich entsprechend geschulter Waldarbeiter hat uns sehr geholfen. Das Holz wurde nicht mehr in 1 m langem Schichtholz aufgearbeitet, sondern in Längen von 2-5 m für die Verwendung von Zellstoffholz bzw. als Sägekurzholz. Diese sogenannten Abschnitte kannte man in Österreich und der Schweiz ebenfalls und bezeichnete sie dort als BLOCHE. Mit Schiffen über Bremen und Hamburg, mit der Eisenbahn durch die DDR zu den dortigen Ostseehäfen oder per Bahn nach Süddeutschland und Italien, überall hin floss unser Windwurfholz ab. Dänemark nahm eine größere Menge von ungeschältem Kiefern- und Fichten-Stammholz ab. Jeden Morgen gegen 5.00 Uhr standen die Lkw am vereinbarten Treffpunkt und wollten eine passende Menge Langholz – so um 22,00 fm per Lkw –, die Holzlisten, den Verkaufsvertrag und die Ausfuhr- und Zollpapiere ausgehändigt bekommen. So manche Nacht habe ich mit meinem Kollegen Johann Wülpern auf dem Handeloher Bahnhof die Waggons verdrahtet, damit keine Standgelder bezahlt werden mussten. Wilhelm Cohrs hat hierbei so manche Unterschrift geleistet, damit genügend Finanzmittel für die laufende Zahlung an Waldarbeiter, Unternehmer, Krankenkasse und Finanzamt u.a. zur Verfügung standen. Für jemanden wie Wilhelm Cohrs, der von Hause aus sehr sparsam erzogen und vorsichtig im Umgang mit fremdem Geld war, oftmals eine Sache, bei der er sicherlich feuchte Hände bekam und die wenigen noch vorhandenen Haare zu Berge standen. Aber wir haben alles gemeistert, trotz Schwierigkeiten und Widerstände im eigenen Vorstand. Und letztendlich schweißte dies auch Vorsitzenden und Verbandsförster zusammen, und es knüpften sich freundschaftliche Bande.

Nach 18 Jahren als Vorsitzender meinte Wilhelm Cohrs, dass es an der Zeit sei, das Amt in andere Hände zu geben. Auf der Generalversammlung im Gasthaus Wentzien in Trelde wurde am 2. März 1989 Wilhelm Cohrs ehrenvoll von der Mitgliederversammlung verabschiedet, und Bauer Hermann BECKER aus Dibbersen, geboren am 28.01.1927, wurde einstimmig zum neuen Vorsitzenden gewählt.

Auch wenn der vorgeschlagene Vorsitzende bereits mehrere höhere Ehrenämter beim Schützenverein, im Ortsrat bzw. als Kreisbrandmeister des Landkreises Harburg innehatte, war dieses Amt eine neue Herausforderung, die Hermann Becker sogleich annahm und der er sich intensiv widmete.

Hermann Becker, Dibbersen
Vorsitzender 1989-1997

Den Schock der Windwurfkatastrophe vom November 1972 hatte er überwunden und erfreute sich an den gut gelungenen und wüchsigen Mischkulturen am Nuppenberg. Hermann Beckers Vater hatte als junger Mann die Heideflächen des Nuppenberges bei Dibbersen erstaufgeforstet und war, nachdem er die Zerstörung durch den Sturm vom November 1972 gesehen hatte, nicht mehr dort hingegangen. Die Ironie des Schicksals ließ es zu, dass jeder Vorsitzende in seiner Amtszeit mindestens eine Naturkatastrophe mit zu bewältigen hatte. Bei Hermann Becker waren es die Windwürfe vom November 1990 und November 1992 bis Februar 1993, die uns je ca. 40.-50.000 fm Sturmholz bescherten.

Aufarbeitung und Abfuhr des Holzes wurden hierbei durch anhaltende Regenperioden erheblich erschwert. Doch auch diese Herausforderung haben wir gemeinsam gemeistert!

Ein gewaltiger Misston wurde in dieser Zeit durch die Klage des Waldbesitzers vom Revier Cordshagen-Ost gegen die FBG FV Jesteburg erzeugt. Sein durch Vermittlung der FBG vor dem Sturmereignis getätigter großer Holzverkaufsvertrag mit der Fa. Holz Ruser, Bornhöved, konnte nicht vertragsgemäß abgewickelt werden. Das bereits vor dem Sturm durch die von Fa. Holz Ruser beauftragte Dänische Heidegesellschaft aufgearbeitete Holz konnte nicht gerückt werden, da das Windwurfholz darüber lag, die Wege ebenfalls durch geworfene Bäume versperrt und später durch anhaltenden Regen unpassierbar waren. Die Fa. Holz Ruser pochte dann ab Januar 1993 auf Erfüllung des Vertrages, da andernfalls der vereinbarte Preis nicht mehr gezahlt werden könnte. Sie bot die

Aufhebung des Vertrages über die Restmenge an – es gab ja genügend billigeres Windwurfholz! Ich setzte mich energisch bei der Fa. Holz Ruser für die Einhaltung des Vertrages ein, da es sich hier um ein Naturereignis handelte, das der betreffende Waldbesitzer nicht zu vertreten hätte. Letztendlich konnte ich einen etwas verminderten, aber immer noch guten, lagebedingten Preis für die Restmenge vereinbaren, der weit über dem Preis lag, der für Windwurfholz gezahlt wurde. Der Waldbesitzer von Cordshagen-Ost verklagte die FBG, bei der er selbst Mitglied war, zur Zahlung der angeblichen Restsumme in Höhe von ca. 155.000,00 DM. Beim Landgericht in Stade verlor die FBG zwar den Prozess, dagegen unterlag besagter Waldbesitzer im Berufungsverfahren vor dem Oberlandesgericht in Celle dank der sehr guten juristischen Verteidigung unseres Rechtsanwaltes Dr. Bereska, Celle auf ganzer Linie und hatte sämtliche Prozesskosten zu tragen. Auf einer von Hermann Becker einberufenen diesbezüglichen Vorstandssitzung wurde der einstimmige Beschluss gefasst, dass dieser Waldbesitzer bzw. seine Frau, der der Betrieb juristisch gehörte, die Mitgliedschaft für immer gekündigt werden sollte. Diesem Rauswurf aus der FBG kam er durch Kündigung seinerseits zuvor.

Anlässlich der Generalversammlung am 10. April 1997 im Gasthaus Wille in Welle erklärte Hermann Becker nach 8-jähriger Amtszeit als Vorsitzender, dass er für eine weitere Wahlperiode nicht mehr zur Verfügung stehe und das Amt in jüngere Hände übergeben wolle.

Die Mitgliederversammlung wählte nun am 10. April 1997 einstimmig Landwirtschaftsmeister Detlef COHRS aus Thelstorf – geboren am 5. August 1946 – in dieses Amt. Ein Praktikumsjahr auf einem land- und forstwirtschaftlichen Betrieb im waldreichen Småland/Schweden, sowie die Tatsache, dass ca. 90 ha Wald zum eigenen Hof gehörten, prädestinierten ihn für dieses Amt. Kommunalpolitisch war und ist er aktiv im Gemeinderat in Jesteburg tätig und konnte hier im Bereich Land-, Forst- und Fischereiwirtschaft sowie Natur- und Gewässerschutz sein fundiertes Wissen und seine Erfahrungen erfolgreich einbringen. Gleichwertig liegt ihm seine Tätigkeit als Vorsitzender des Unterhaltungs- und Landschaftspflegeverbandes Seeve am Herzen, wo täglich ein Abgleich mit dem Natur- und Umweltschutz von ihm zu finden ist.

Detlef Cohrs, Thelstorf
Vorsitzender ab 1997

Der zur Zeit seines Vorgängers Hermann Becker geführte Rechtsstreit mit dem Waldbesitzer des Revieres Cordshagen-Ost ging zwar in erster Instanz beim Landgericht in Stade für unsere FBG FV Jesteburg verloren. Mit Genugtuung konnten Detlef Cohrs und wir alle feststellen, dass im Berufungsverfahren beim Oberlandesgericht in Celle der Prozess für ihn in vollem Umfang verloren ging.

In seine Amtszeit fiel auch die Verabschiedung der neuen Förderrichtlinien für waldbauliche Maßnahmen, dem langwierige und langjährige Beratungen vorausgegangen waren. Es muss künftig mit einer verschärften Prüfung der Förderanträge auf grundsätzliche Notwendigkeit gerechnet werden. Mit einer neuen Herausforderung musste sich der Vorsitzende mit seinem Vorstand sowie der forstlichen Betreuung auseinandersetzen: die PAN-EUROPÄISCHE FORSTZERTIFIZIERUNG (PEFC). Sie soll dokumentieren, dass unsere Wälder nachhaltig bewirtschaftet werden. Nachdem der geforderte Tropenholzboykott auf Kritik der Erzeugerländer gestoßen war, wurde eine Strategieänderung vorgenommen. Es wurde eine Organisation mit dem Namen FSC (Forest Stewardship Council) gegründet, die nachhaltiges Tropenholz kennzeichnen (zertifizieren) sollte. Außerdem wurde die weltweite FSC-Zertifizierung aller Hölzer, Forste und Holzprodukte propagiert, um dem Vorwurf einer einseitigen Diskriminierung von Tropenholz auszuweichen. Zahlreiche Besprechungen und Beschlussfassungen waren erforderlich, um letztendlich eine für den hiesigen Familienforstbetrieb passende und annehmbare Forstzertifizierung zu etablieren: die P E F C (Pan European Forest Certifikation). Die FBG Forstverband Jesteburg wurde am 5. November 2000 von der DQS unter der Zertifikat-Register-Nr.: 0421041/023300900002 zertifiziert und bei PEFC-Deutschland e. V. registriert.

Ebenfalls nach langwierigen Verhandlungen mit den Nachbarforstbetriebsgemeinschaften kam es im Jahre 2000 zur Gründung der Forstwirtschaftlichen Vereinigung Nordheide-Harburg und später der Nordheide-Forst-Service GmbH.

Um diesen Zusammenschluss wirtschaftlich zu gestalten, wurde nach vielfältigen Besprechungen und Informationsveranstaltungen die Anschaffung eines HARVESTER, Marke Ponse, Typ HS 10 cobra, Preis: 702.728,00 DM, beschlossen, eine Förderung in Höhe von 40 % der Kosten war Voraussetzung. Für weitere Anschaffungen wie Forwarder, Seilschlepper, Pick-up etc. in den weiteren Jahren zeichnete Detlef Cohrs für die FBG verantwortlich.

Seitens der Landwirtschaftskammer erfolgte ohne vorherige Information der Forstbetriebsgemeinschaften die Erhöhung der Beratungsgebühr um 12,5 % in 2002. Gleichzeitig wurde der Landeszuschuss zur forstfachlichen Beratung und Betreuung um 27,5 % gekürzt, was im eigenen Haushalt auszugleichen war.

Anstelle der Arbeitsgemeinschaft der Hannoverschen Forstverbände wurde ein Ausschuss gewählt, in dem je ein Vertreter aus dem jeweils zuständigen LWK-Forstamt gewählt wurde.

Hier vertrat Detlef Cohrs die Waldbesitzer im Bereich des Forstamtes Stade der LWK Hannover.

Das Bundesministerium für Ernährung, Landwirtschaft und Verbraucherschutz (BMELV) und die Arbeitsgemeinschaft Deutscher Waldbesitzerverbände (AGDW) riefen im Jahre 1997 den in Würzburg ausgerichteten 1. Bundeskongress für Führungskräfte Forstwirtschaftlicher Zusammenschlüsse ins Leben. Seit einigen Jahren wird auch Detlef Cohrs hierzu eingeladen und arbeitet erfolgreich in jeweils einem der Arbeitskreise in Wernigerode mit, wo diese Veranstaltung jetzt jährlich stattfindet.

Erfreulich war die Jubiläumsveranstaltung zum 50. Bestehen des Forstverbandes Jesteburg/der FBG Forstverband Jesteburg, die am 24. September 2003 unter großer Beteiligung der Waldbesitzer und zahlreichen Gästen, ca. 160 Personen, im Schützenhaus in Dibbersen gefeiert werden konnte. Anlässlich der Generalversammlung am 28. April 2005 in Willes Gasthaus in Welle stellte Detlef Cohrs die neue ENTGELTORDNUNG der FBG FV Jesteburg zwecks Zustimmung der Mitgliederversammlung vor. Die bisherige Gebührenordnung musste ersetzt werden, weil GEBÜHREN nur von öffentlichen Stellen erhoben werden dürfen.

In die Amtszeit von Detlef Cohrs fiel im Jahre 2005/06 die Fusion der Landwirtschaftskammern Hannover und Weser-Ems zur Landwirtschaftskammer NIEDERSACHSEN mit Sitz in Oldenburg – zwecks Verwaltungsvereinfachung und Kostensenkung.

Mit einem lachenden und einem weinenden Auge ging der Vorsitzende in die Generalversammlung am 2. März 2006: Mit weinenden Auge, hatte er doch mich, FA Uwe Gamradt, als Leiter der FBG FV Jesteburg, nach 40-jähriger Tätigkeit im hiesigen Forstverband in den Ruhestand zu verabschieden. Mit lachendem Auge, durfte er den Nachfolger, FI Torben Homm, herzlich willkommen heißen, nachdem endlich die Versetzungsverfügung der Landwirtschaftskammer Niedersachsen vorlag.

Unter der Amtszeit von Detlef Cohrs erfolgt der Beschluss, allen unseren Waldbesitzern kostenfrei die vierteljährlich erscheinende Fachzeitschrift „DEUTSCHER WALDBESITZER“ zukommen zu lassen, um zeitnah über forstwirtschaftliche und marktpolitische Neuerungen zu informieren.

In letzter Zeit sich häufende, tropenartige Stürme und eine ausufernde Verkehrssicherungspflicht im Walde haben den Vorstand veranlasst, Herrn Homm und die Geschäftsführung zu bitten, neue Angebote von unserer Versicherungsgesellschaft einzuholen. Es kam zum Beschluss, dass die Waldbrandversicherung angepasst werden soll, eine Wald-Sturmversicherung wird jedem Mitglied empfohlen. Die FBG schließt eine Waldbesitzer-Haftpflichtversicherung und eine Vermögensschadens-Haftpflichtversicherung kollektiv ab, der die Waldbesitzer beitreten können.

Detlef Cohrs setzte sich bis zum heutigen Tage für die laufende Modernisierung im Geschäftszimmerbereich der FBG wie auch im Dienstzimmer des betreuenden Bezirksförsters ein, um einen optimalen Arbeitsablauf zu gewährleisten. Dem Wunsch der drei Kassenprüfer entsprechend, wurde Steuerberater Reinhard Asche von der LVBL-Steuerberatungsgesellschaft mit der steuerlichen Beurteilung unserer Haushaltsführung beauftragt.

In den Wirtschaftsjahren 2012/13 standen gemäß einstimmigem Vorstandsbeschluss der Einbau eines modernen Brennwertkessels, die Außenwände- und Zwischendeckenisolierung sowie Fenster- und Türenaustausch am Forstdienstgebäude an. Sie kamen zur Ausführung.

Es bleibt zu hoffen, dass Gesundheit und Zeit es Detlef Cohrs erlauben, auch weiterhin so erfolgreich wie bisher sein Amt auszuführen. Wir wünschen es ihm!

Die Vorstandsmitglieder und Vertrauensmänner im Wechsel der Zeit

Am 19. Juli 1949 gründete sich wie bereits erwähnt der Forstverband Harburg für den Bereich des Altkreises Harburg im Hotel Cohrs in Buchholz.
Es wurde ein Vorstand gewählt, der sich wie folgt zusammensetzte:

Vorsitzender: Bauer August Henk aus Lüllau
Beisitzer: Bauer Hermann Kröger aus Jesteburg-Lohof
Beisitzer: Bauer Wilhelm Peters aus Kampen

Auf der ersten Vorstandssitzung am 4. Oktober 1949 wurden hinzugewählt:

Beisitzer: Bauer Hermann Hartmann aus Dangersen
Beisitzer: Gutsbesitzer Friedrich Kohrs aus Holm, gleichzeitig Kassenführer.

Dieser Vorstand vertrat auch den im Jahre 1951 in „Forstverband BUCHHOLZ“ umbenannten Forstwirtschaftlichen Zusammenschluss, nachdem sich im westlichen Teil des Altkreises im Juli 1951 der Forstverband HOLLENSTEDT verselbständigt hatte.

Anlässlich der Gründungsversammlung des Forstverbandes JESTEBURG am 14. März 1953 im Gasthaus Wille in Welle wurden in den Vorstand gewählt:

Vorsitzender: Bauer August Henk aus Lüllau
Stv. Vorsitzender: Gutsbesitzer Friedrich Kohrs aus Holm
Kassenführer: Gutsbesitzer Friedrich Kohrs, vertreten durch RF Wetzel
Schriftführer: Bauer Karl von Hörsten aus Wörme
Beisitzer: Bauer Wilhelm Peters aus Kampen
Beisitzer: Bauer Hermann Kröger aus Jesteburg-Lohof
Beisitzer: Bauer Hermann Hartmann aus Dangersen
Beisitzer: Bauer Peter Kahnenbley aus Beckedorf

Außerdem gehörte Forstmeister Kurt Jaeger vom Forstamt Stade dem Vorstand mit an.

Für den Bereich der einzelnen Gemeinden wurden VERTRAUENSMÄNNER benannt:

Gemeinde:	Beckedorf	Peter Kahnenbley
	Bendestorf	Gustav Menk
	Buchholz	Rudolf Bärenfänger/Peter Albers
	Dibbersen	Hermann Becker
	Eckel	Heinrich Peters aus Eickstüve
	Ehestorf	Wilhelm Böttcher aus Alvesen
	Emmelndorf	Walter Kaiser
	Emsen	Wilhelm Backhaus
	Fleestedt	Johann Meyer
	Glüsingen	Gustav Witt
	Harmstorf	Rudolf Lührs
	Handeloh	Hermann Kröger
	Hittfeld	Gerhard Böttcher aus Eddelsen
	Helmstorf	Georg Becker
	Iddensen	Bernhard Harms
	Itzenbüttel	Leopold Meyer
	Jesteburg	Hermann Maack
	Kampen	Christoph Peters
	Klecken	August Meyer
	Leversen	Gustav Meyer
	Lindhorst	August Beecken aus Plumühlen
	Lüllau	Albert Kröger aus Wiedenhof
	Meckelfeld	August Sievers
	Metzendorf	Heinrich Wendt
	Nenndorf	Wilhelm Lindenberg
	Otter	Heinrich Horstmann
	Seppensen	Arnold Meyer
	Sprötze	Wilhelm Kröger
	Steinbeck	Hermann Johannsen
	Todtshorn	Wilhelm Matthies
	Tötensen	Paul Schütte
	Trelde	Heinrich Wentzien
	Vahrendorf	Peter Witt

Ortsvertrauensmann
Leopold Meyer aus Itzenbüttel

Auf der Generalversammlung (GV) am 18. Januar 1956 im Gasthaus Am Badeteich in Holm-Seppensen schieden Bauer Hermann Hartmann aus Dangersen und Bauer Wilhelm Peters aus Kampen aus dem Vorstand aus. Für beide Vorstandsämter als Beisitzer wurden Bauer Hermann Becker aus Dibbersen und Bauer Hermann Kröger aus Kampen gewählt.

GV am 4. März 1961 im Gasthaus Wille in Welle:

Vorsitzender August Henk aus Lüllau gibt sein Amt aus gesundheitlichen Gründen auf. Gewählt wird der bisherige Beisitzer Hermann Kröger aus Jesteburg-Lohof zum neuen Vorsitzenden. Schriftführer Karl von Hörsten stellt ebenfalls sein Amt zur Verfügung. Für ihn wählt die Versammlung Bauer Hermann Henk (Sohn von August Henk) als Schriftführer in den Vorstand. Revierförster Heinrich Auerbach verstirbt am 28. Juni 1961.

August Henk schlägt der Versammlung die Wahl von 8 Ausschussmitgliedern zur Verstärkung des Vorstandes vor. Die Mitglieder stimmen dem zu und wählen für den Bereich:

Vahrendorf	Rudolf Schröder
Emsen	Hans Graffelmann
Itzenbüttel/Reindorf	Leopold Meyer
Sprötze	Hermann Meyer Hof Brumhagen
Helmstorf/Harmstorf	Heinrich Hastedt aus Harmstorf
Beckedorf	Rudolf Wilkens
Handeloh	Rudolf Kröger
Todtshorn	Wilhelm Matthies

Ausschussmitglied Rudolf Wilkens, Beckedorf

Karl Gössler aus Jesteburg wird zum Kassenführer des Forstverbandes gewählt.

GV am 17. März 1962 im Hotel Frommann in Dibbersen:

Der ehemalige Vorsitzende August Henk ist aus dem Vorstand ausgeschieden, für ihn wird Bauer Wilhelm Cohrs aus Thelstorf in den Vorstand als Beisitzer gewählt. Der Mitbegründer und langjährige Vorsitzende August Henk aus Lüllau verstirbt im Jahre 1964.

GV am 2. März 1966 im Gasthaus Arnold Meyer in Seppensen:

Nach Satzungsänderung werden Vorstandswahlen erforderlich:

ENGERER VORSTAND:

Vorsitzender: Hermann Kröger aus Jesteburg-Lohof
Stv. Vorsitzender: Friedrich Kohrs aus Holm
Schriftführer: Hermann Henk aus Lüllau

ERWEITERTER VORSTAND:

Wilhelm Cohrs aus Thelstorf
Hermann Becker aus Dibbersen
Rudolf Wilkens aus Beckedorf
Hermann Kröger aus Kampen
Wilhelm Kröger aus Sprötze

Hermann Kröger aus Kampen, Mitglied des erweiterten Vorstandes

GV am 23. Februar 1967 im Hotel Zur Eiche/ Stöver in Steinbeck:

Karl Gössler scheidet aus gesundheitlichen Gründen als Kassenführer aus. Oberförster i.R. Hellmuth Flach wird zum Kassenführer gewählt.

GV am 2. Februar 1968 im Gasthaus Wentzien in Trelde:

Wilhelm Kröger aus Sprötze scheidet aus gesundheitlichen Gründen aus dem erweiterten Vorstand aus. Helmut Martens aus Sprötze wird dafür in den erweiterten Vorstand gewählt.

Vorstandsmitglied Rudolf Wilkens, Beckedorf, verstirbt im Jahre 1969. Ebenfalls verstirbt 1969 Schriftführer und Vorstandsmitglied Hermann Henk aus Lüllau.

GV am 17. Februar 1970 im Gasthaus Wille in Welle:

Schriftführer Hermann Henk aus dem engeren Vorstand ist verstorben.

Wilhelm Cohrs wird in den engeren Vorstand gewählt. Sein Amt im erweiterten Vorstand wird nicht wieder besetzt, da die Annahme einer neuen Satzung und die Anerkennung als Forstbetriebsgemeinschaft anstehen.

Aus dem erweiterten Vorstand ist Rudolf Wilkens aus Beckedorf verstorben. Friedrich-Wilhelm Meyer aus Emmelndorf wird für ihn gewählt.

GV am 19. Januar 1971 im Hotel Frommann in Dibbersen:

Annahme einer neuen Satzung zwecks Anerkennung als Forstbetriebsgemeinschaft und wirtschaftlicher Verein. Der Vorstand besteht danach aus dem Vorsitzenden, dem stv.

Vorsitzenden und dem Schriftführer. Hinzu kommen 10 Ausschussmitglieder, die möglichst die Forstverbandsfläche wohnsitzmäßig abdecken.

In geheimer Wahl wurden gewählt:

VORSTAND:

Vorsitzender: Wilhelm Cohrs aus Thelstorf
Stv. Vorsitzender: Hermann Becker aus Dibbersen
Schriftführer: August-Wilhelm Jagau aus Reindorf

In offener Wahl wurden gewählt:

AUSSCHUSS:

Aus dem Gebiet Holm-Seppensen:	Friedrich Kohrs aus Holm
Aus dem Gebiet Welle/Höckel:	Frido Eisenberg aus Handeloh
Aus dem Gebiet Otter/Todtshorn:	Hermann Kröger aus Kampen
Aus dem Gebiet Trelde/Sprötze:	Helmut Martens aus Sprötze
Aus dem Gebiet Ehestorf:	Rudolf Schröder aus Vahrendorf
Aus dem Gebiet Beckedorf:	Friedr.-Wilhelm Meyer aus Emmelndorf
Aus dem Gebiet Helmstorf/Harmstorf:	Artur Peters von der Bendestorfer Mühle
Aus dem Gebiet Jesteburg:	Hermann Kröger aus Jesteburg-Lohof
Aus dem Gebiet Buchholz/Seppensen:	Hermann Cordes aus Seppensen
Aus dem Gebiet Dibbersen/Emsen:	Werner Kröger aus Vaensen

Revierförster i.R. Paul Wegner aus Emmelndorf verstirbt im Jahre 1971. Der Mitbegründer und langjährige stv. Vorsitzende sowie späteres Ausschussmitglied F.A.H. Kohrs aus Holm verstirbt im Jahre 1974.

Außerordentliche GV am 16. April 1975 im Hotel Frommann in Dibbersen um 20.00 Uhr:
Nach einer erneuten Satzungsänderung setzt sich der Vorstand wie folgt zusammen:

Vorsitzender
Stv. Vorsitzender
Schriftführer
und 1–4 Vorstandmitglieder.

Ausschussmitglied Artur Peters aus Bendestorf

Der Antrag auf Einrichtung eines Forstausschusses findet keine Zustimmung, der Vorstand soll künftig aus 7 Personen bestehen, also Vorsitzender, stv. Vorsitzender, Schriftführer und 4 weitere Vorstandmitglieder. Der Vorstand wird auf 4 Jahre gewählt, alle 2 Jahre soll die Hälfte der Vorstandsmitglieder ausscheiden, Wiederwahl ist möglich. Ersatzwahlen erfolgen für den Rest der Amtsperiode, der Vorstand bleibt beschlussfähig bis zur Neuwahl.

Die erfolgte Neuwahl des Vorstandes ergibt folgendes Ergebnis:

Vorsitzender: Wilhelm Cohrs aus Thelstorf
Stv. Vorsitzender: Hermann Becker aus Dibbersen
Schriftführer: August-Wilhelm Jagau aus Reindorf
Vorstandsmitglied: Heino Kahnenbley aus Beckedorf
Vorstandsmitglied: Helmut Martens aus Sprötze
Vorstandsmitglied: Heinrich Kröger aus Jesteburg-Lohof
Vorstandsmitglied: Heinz Stemmann aus Groß Todtshorn

Zur Unterstützung und Beratung kann ein Ausschuss von der Mitgliederversammlung gewählt werden.

Revierförster i.R. Willi Wetzel aus Holm, der jahrelang als Kassenführer für den Forstverband Jesteburg tätig war, verstirbt im Jahre 1975. Förster i.R. Ernst Thies aus Cordshagen verstirbt am 18.07.1976.

GV am 9. Februar 1977 im Hotel Frommann in Dibbersen:

Satzungsgemäße Neuwahl des Vorstandes nach der Hälfte der Wahlperiode ergibt die Wiederwahl von:

Stv. Vorsitzender:
Hermann Becker aus Dibbersen
Schriftführer:
August-Wilhelm Jagau aus Reindorf
Vorstandsmitglied:
Heinz Stemmann aus Groß Todtshorn
Vorstandsmitglied:
Heinrich Kröger aus Jesteburg-Lohof

Oberforstwart Alfred Hoffmann von der Gutsverwaltung Holm verstirbt am 13. Januar 1977.

Vorstandsmitglied
Heinz Stemmann aus Groß Todtshorn

GV am 5. März 1979 im Hotel Frommann in Dibbersen:

Satzungsgemäße Neuwahl des Vorstandes nach der Hälfte der Wahlperiode ergibt die Wiederwahl von:

Vorsitzender: Wilhelm Cohrs aus Thelstorf
Vorstandsmitglied: Heino Kahnenbley aus Beckedorf
Vorstandsmitglied: Helmut Martens aus Sprötze

Mitbegründer und langjähriger Vorsitzender des Forstverbandes Jesteburg, Hermann Kröger aus Jesteburg-Lohof, verstirbt am 23. August 1979. Mitbegründer und Vorstandsmitglied Peter Kahnenbley aus Beckedorf verstirbt im Jahre 1979.

GV am 26. Februar 1981 im Gasthaus Friedrich Becker in Helmstorf:

Satzungsgemäße Neuwahl des Vorstandes ergibt die Wiederwahl von:

Stv. Vorsitzender: Hermann Becker aus Dibbersen
Schriftführer: August-Wilhelm Jagau aus Reindorf
Vorstandsmitglied: Heinrich Kröger aus Jesteburg-Lohof
Vorstandsmitglied: Heinz Stemmann aus Groß Todtshorn (aus Krankheitsgründen nicht anwesend, soll befragt werden, ob er das Amt annimmt).

GV am 4. März 1982 im Gasthaus Wille in Welle:

Heinz Stemmann aus Groß Todtshorn ist verstorben. Frido Eisenberg aus Handeloh wird für ihn als Vorstandsmitglied für den Rest der Wahlperiode neu in den Vorstand gewählt.

GV am 10. März 1983 im Hotel Wentzien in Trelde:

Satzungsgemäße Neuwahl des Vorstandes ergibt Wiederwahl von:

Vorsitzender: Wilhelm Cohrs aus Thelstorf
Vorstandsmitglied: Heino Kahnenbley aus Beckedorf
Vorstandsmitglied: Helmut Martens aus Sprötze

GV am 14. März 1985 im Gasthaus Wille in Welle:

Satzungsgemäße Neuwahl des Vorstandes ergibt Wiederwahl von:

Stv. Vorsitzender: Hermann Becker aus Dibbersen
Schriftführer: August-Wilhelm Jagau aus Reindorf
Vorstandsmitglied: Heinrich Kröger aus Jesteburg-Lohof
Vorstandsmitglied: Frido Eisenberg aus Handeloh

GV am 4. März 1987 im Hotel Frommann in Dibbersen:

Satzungsgemäße Neuwahl des Vorstandes ergibt Wiederwahl von:

Vorsitzender: Wilhelm Cohrs aus Thelstorf
Vorstandsmitglied: Helmut Martens aus Sprötze

Vorstandsmitglied Heino Kahnenbley aus Beckedorf scheidet aus Altersgründen aus dem Vorstand aus. Vorstandsmitglied: Gustav Otten aus Sottorf wird in geheimer Wahl neu in den Vorstand für die Restlaufzeit der Wahlperiode gewählt.

GV am 2. März 1989 im Hotel Wentzien in Trelde:

Vorsitzender Wilhelm Cohrs aus Thelstorf stellt nach 18 Jahren sein Amt zur Verfügung.

Bei der Wahl werden gewählt:

Vorsitzender: Hermann Becker aus Dibbersen
Stv. Vorsitzender: Helmut Martens aus Sprötze

Wiederwahl erfolgt für:

Schriftführer: August-Wilhelm Jagau aus Reindorf
Vorstandsmitglied: Frido Eisenberg aus Handeloh
Vorstandsmitglied: Heinrich Kröger aus Jesteburg-Lohof

Für den aus dem Vorstand ausscheidenden ehemaligen Vorsitzenden Wilhelm Cohrs wird Detlef Cohrs aus Thelstorf neu in den Vorstand für den Rest der Wahlperiode gewählt. Wilhelm Cohrs aus Thelstorf wird zum EHRENVORSITZENDEN ernannt.

Ausschussmitglied Hermann Cordes aus Seppensen verstirbt im Jahre 1990.

GV am 28. Februar 1991 im Hotel Erhorn in Vahrendorf:

Satzungsgemäße Neuwahl des Vorstandes ergibt Wiederwahl von:

Stv. Vorsitzender: Helmut Martens aus Sprötze
Vorstandsmitglied: Gustav Otten aus Sottorf
Vorstandsmitglied: Detlef Cohrs aus Thelstorf

Schriftführer August-Wilhelm Jagau aus Reindorf stellt sein Amt aus Altersgründenzur Verfügung. Schriftführer: Hans-Peter Heitmann aus Itzenbüttel wird neu in den Vorstand für den Rest der Wahlperiode gewählt und mit dem Amt des SF betraut.

GV am 25. Februar 1993 im Hotel Wentzien in Trelde:

Satzungsgemäße Neuwahl des Vorstandes ergibt Wiederwahl von:

Vorsitzender: Hermann Becker aus Dibbersen
Schriftführer: Hans-Peter Heitmann aus Itzenbüttel
Vorstandsmitglied: Frido Eisenberg aus Handeloh
Vorstandsmitglied: Heinrich Kröger aus Jesteburg-Lohof

GV am 29. März 1995 im Hotel Erhorn in Vahrendorf:

Satzungsgemäße Neuwahl des Vorstandes ergibt Wiederwahl von:

Stv. Vorsitzender: Helmut Martens aus Sprötze
Vorstandsmitglied: Gustav Otten aus Sottorf
Vorstandsmitglied: Detlef Cohrs aus Thelstorf

Oberförster Hellmuth Flach aus Holm-Seppensen verstirbt im Jahre 1996.

GV am 10. April 1997 im Gasthaus Wille in Welle:

Vorsitzender Hermann Becker aus Dibbersen stellt nach 8 Jahren sein Amt zur Verfügung. Die Mitgliederversammlung wählt in das Amt des Vorsitzenden: Detlef Cohrs aus Thelstorf.

Wiederwahl erfolgt für:

Schriftführer: Hans-Peter Heitmann aus Itzenbüttel
Vorstandsmitglied: Frido Eisenberg aus Handeloh

Mehrheitlich wird anstelle von Heinrich Kröger, Jesteburg-Lohof, in den Vorstand gewählt: Vorstandsmitglied: Siegfried Behr aus Holm-Seppensen

Da der ehemalige Vorsitzende Hermann Becker aus Dibbersen aus dem Vorstand ausscheidet, muss ein neues Vorstandsmitglied gewählt werden.

Mehrheitlich wird neu in den Vorstand gewählt: Vorstandsmitglied: Heinrich Albers aus Dangersen

GV am 17. März 1999 im Hotel Erhorn in Vahrendorf:

Satzungsgemäße Neuwahl des Vorstandes ergibt Wiederwahl von:

Stv. Vorsitzender: Helmut Martens aus Sprötze
Schriftführer: Hans-Peter Heitmann aus Itzenbüttel
Vorstandsmitglied: Gustav Otten aus Sottorf

Ausschussmitglied Hermann Kröger aus Kampen verstirbt im Jahre 1999.
Vorstandsmitglied Heinrich Kröger aus Jesteburg-Lohof verstirbt im Jahre 2000.

GV am 8. Mai 2001 im Gasthaus Wille in Welle:

Satzungsgemäße Neuwahl des Vorstandes ergibt Wiederwahl von:

Vorsitzender: Detlef Cohrs aus Thelstorf
Vorstandsmitglied: Heinrich Albers aus Dangersen
Vorstandsmitglied: Siegfried Behr aus Holm-Seppensen

Vorstandsmitglied Frido Eisenberg aus Handeloh stellt aus Altersgründen sein Amt zur Verfügung. Für ihn wird neu in den Vorstand für den Rest der Wahlperiode gewählt:

Vorstandsmitglied: Hermann Kröger aus Handeloh

Ausschussmitglied Rudolf Schröder aus Vahrendorf verstirbt im Jahre 2002.

GV am 18. Juni 2003 im Hotel Erhorn in Vahrendorf:

Satzungsgemäße Neuwahl des Vorstandes ergibt Wiederwahl von:

Stv. Vorsitzender: Helmut Martens aus Sprötze
Schriftführer: Hans-Peter Heitmann aus Itzenbüttel
Vorstandsmitglied: Gustav Otten aus Sottorf

GV am 28. April 2005 im Gasthaus Wille in Welle:

Satzungsgemäße Neuwahl des Vorstandes ergibt Wiederwahl von:

Vorsitzender: Detlef Cohrs aus Thelstorf
Vorstandsmitglied: Hermann Kröger aus Handeloh
Vorstandsmitglied: Heinrich Albers aus Dangersen
Vorstandsmitglied: Siegfried Behr aus Holm-Seppensen

Der langjährige Vorsitzende und spätere Ehrenvorsitzende Wilhelm Cohrs aus Thelstorf verstirbt im Jahre 2005.

Vorstandsmitglied Frido Eisenberg, Handeloh

GV am 19. April 2007 im Hotel Erhorn in Vahrendorf:

Helmut Martens scheidet aus Altersgründen vom Amt des stv. Vorsitzenden und auch aus dem Vorstand aus. Die Mitgliederversammlung wählt in das Amt des stv. Vorsitzenden: Hermann Kröger aus Handeloh.

Für das ausgeschiedene Vorstandsmitglied Helmut Martens wird neu in den Vorstand für den Rest der Wahlperiode gewählt:

Vorstandsmitglied: Gerhard Martens vom Trelderberg

GV am 19. März 2009 im Gasthaus Wille in Welle:

Satzungsgemäße Neuwahl des Vorstandes ergibt Wiederwahl für:

Vorsitzender: Detlef Cohrs aus Thelstorf
Stv. Vorsitzender: Hermann Kröger aus Handeloh
Vorstandsmitglied: Heinrich Albers aus Dangersen
Vorstandsmitglied: Siegfried Behr aus Holm-Seppensen

GV am 24. März 2011 im Hotel Erhorn in Vahrendorf:

Schriftführer Hans-Peter Heitmann aus Itzenbüttel scheidet aus Altersgründen vom Amt des Schriftführers und aus dem Vorstand aus.

Vorstandsmitglied Gustav Otten aus Sottorf scheidet aus gesundheitlichen Gründen aus dem Vorstand aus.

Wiederwahl von:

Stv. Vorsitzender: Hermann Kröger aus Handeloh
Vorstandsmitglied: Gerhard Martens vom Trelderberg

Der amtierende Vorstand im Jahre 2004
v.l.: oben: Heinrich Martens, Hans-Peter Heitmann, Siegfried Behr, Hermann Kröger, Hermann Becker (Ehrenvorsitzender). Unten: Helmut Martens, Detlef Cohrs.
Unten links: FOR Jochen Bartlau, unten rechts: FA Uwe Gamradt

Gustav Otten – Vorstandsmitglied im Jahre 2004. Herr Gustav Otten fehlt auf dem Vorstandsbild von 2004

Der heutige amtierende Vorstand der FBG FV Jesteburg im Jahre 2012
v.l.: Hermann Kröger, Gerhard Martens, Heinrich Albers, Siegfried Behr, Christoph Heitmann, Detlef Cohrs, Heiko Schröder

Neu in den Vorstand für den Rest der Wahlperiode werden gewählt:

Vorstandsmitglied: Christoph Heitmann aus Itzenbüttel
Vorstandsmitglied: Heiko Schröder aus Ehestorf

Der amtierende Vorstand der FBG Forstverband Jesteburg setzt sich zusammen aus:

Vorsitzender: Detlef Cohrs aus Thelstorf
Stv. Vorsitzender: Hermann Kröger aus Handeloh
Schriftführer: Christoph Heitmann aus Itzenbüttel
Vorstandmitglied: Siegfried Behr aus Holm-Seppensen
Vorstandsmitglied: Gerhard Martens aus Trelderberg
Vorstandmitglied: Heinrich Albers aus Dangersen
Vorstandsmitglied: Heiko Schröder aus Ehestorf

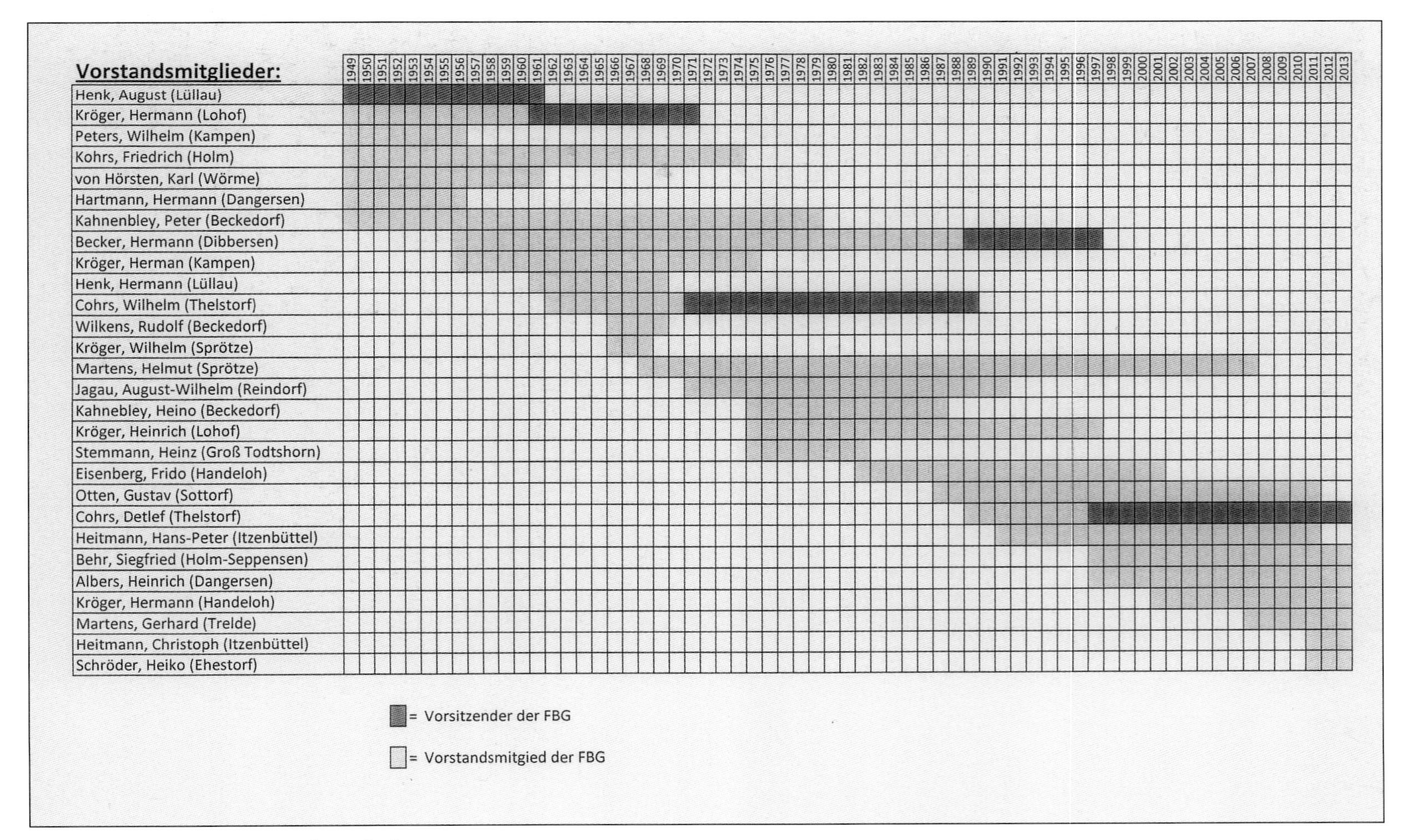

Länge der Amtszeit der Vorstandsmitglieder

2.8. Die Zusammenarbeit zwischen der Landwirtschaftskammer Niedersachsen und den Forstbetriebsgemeinschaften

Die geschichtliche Entwicklung der landwirtschaftlichen Selbstverwaltung in Niedersachsen beginnt bereits 1764, als in Celle die Königlich-Großbritannische und Kurfürstlich-Braunschweigisch-Lüneburgische Landwirtschaftsgesellschaft gegründet wurde. Dabei stand zwar die Verbesserung der Produktionsbedingungen in der Landwirtschaft im Vordergrund, doch befasste sich schon 1816 ein spezieller Ausschuss mit der „Beförderung der Holzkultur".

Auf Grundlage einer königlichen Verordnung vom März 1899 konstituierte sich die Kammer am 05.06.1899 in Hannover; dabei wurde auch ein Ausschuss für Forst- und Jagdangelegenheiten gewählt. Auf Vorschlag dieses Forstausschusses wurde im Oktober 1901 die Einrichtung einer besonderen Forststelle in der Zentrale beantragt, mit deren Arbeitsaufnahme am 1. Juni 1902 die eigentliche forstliche Betreuungstätigkeit begann. Personell blieb die Forststelle allerdings zunächst auf die Verwaltung in Hannover beschränkt. Erst 1920 wurden die ersten Außendienststellen in Form von Forstämtern für eine Betreuungstätigkeit vor Ort geschaffen. Die Privatwaldfläche in der Provinz Hannover betrug seinerzeit 308.100 ha – heute gehen wir von etwa 410.000 ha Privatwald in Niedersachsen aus.

Die Landwirtschaftskammern wurden im März 1934 zwangsaufgelöst, die Arbeit ging auf den Reichsnährstand und die Landesbauernschaften über. Im Zuge der beabsichtigten zentralen Steuerung aller Wirtschaftskräfte und der Autarkiebestrebungen des damaligen Reiches sollte auch der Privatwald voll mit in die eingeleitete Planwirtschaft eingespannt werden. Diesem Ziel diente die Aufstockung der Betreuungsforstämter auf 11, und die Forstämter erhielten nun auch einen Unterbau von Bezirksförstereien.

Nach Auflösung des Reichsnährstandes wurde die Betreuungstätigkeit von 1948 bis 1954 von einer vorläufigen Landwirtschaftskammer fortgeführt, bis die Kammern durch das Niedersächsische Gesetz über Landwirtschaftskammern im Juli 1954 ihren endgültigen Status erhielten. Es wurden zwei Kammern mit Sitz in Hannover und Oldenburg als Körperschaften des öffentlichen Rechts mit Dienstherrenfähigkeit als Selbstverwaltungen unter eigener Verantwortung errichtet. Zum 1. Januar 2006 haben die Landwirtschaftskammern Hannover und Weser-Ems zur Landwirtschaftskammer Niedersachsen mit Sitz in Oldenburg fusioniert, wobei auch in Hannover die wichtigen Geschäftsbereiche Förderung, Pflanzenbau und Pflanzenschutz sowie Forst und Gartenbau verblieben sind.

Die Landwirtschaftskammer ist angewiesen, die Landwirtschaft und die Gesamtheit der in der Landwirtschaft tätigen Personen im Einklang mit den Interessen der Allgemeinheit in fachlicher Hinsicht zu fördern und ihre fachlichen Belange wahrzunehmen. Die Landwirtschaftskammer ist also weder eine Interessenvertretung noch eine berufsständische Organisation.

Da die Forstwirtschaft ein Zweig der Landwirtschaft ist, gelten die Aufgaben der Landwirtschaftskammer deshalb auch in vollem Umfang für den forstwirtschaftlichen Bereich. Die Landwirtschaftskammer hat gemäß dem Gesetz über Landwirtschaftskammern in Niedersachsen folgende Aufgaben wahrzunehmen:

1. Pflichtaufgaben:
Wirtschaftsberatung und Wirtschaftsbetreuung des Privatwaldes, Förderung und Steigerung der forstlichen Erzeugung durch Rat und Anleitung, Fortbildung der Waldbesitzer, Beratung beim Holzverkauf und Mitwirkung durch Holzverkaufsvermittlung, Förderung Forstlicher Zusammenschlüsse.

2. Auftragsangelegenheiten:
Durchführung der forstlichen Förderungsmaßnahmen, Mitwirkung bei der Durchführung des

- Bundes- und Landeswaldgesetzes und nach dem
- Bundes- und Landesnaturschutzgesetz
- Landesjagdgesetz
- Bundesbaugesetz, Gesetz über Landesplanung und Raumordnung

Wirtschaftsberatung und Wirtschaftsbetreuung sind insbesondere im forstlichen Fachbereich als die wichtigsten im Kammergesetz vorgegebenen Pflichtaufgaben anzusehen. Im Gegensatz zur Landwirtschaft, wo eine Fachausbildung die Regel ist, haben nur wenige Waldbesitzer eine forstfachliche Ausbildung durchlaufen. Sie benötigen daher mehr als der Landwirt eine umfassende forstliche Beratung und Betreuung.

Die Landwirtschaftskammer Niedersachsen mit mehr als 2.500 Mitarbeiterinnen und Mitarbeitern ist die mit Abstand größte landwirtschaftliche Selbstverwaltungsorganisation in Deutschland (Körperschaft des öffentlichen Rechts). Ihr Betreuungsgebiet umfasst rund 2,7 Millionen Hektar landwirtschaftliche Nutzfläche und über 500.000 Hektar Privatwald. Die Mitglieder und Kunden der Landwirtschaftskammer sind rund 59.000 Betriebe der Land- und Forstwirtschaft sowie rund 6.500 Gartenbaubetriebe und 50.000 Privatwaldbesitzer. Für die Durchführung des forstlichen Betreuungsauftrages unterhält die Landwirtschaftskammer einen Geschäftsbereich Forstwirtschaft in Hannover sowie 5 Forstämter (davon 2 mit Geschäftsstellen) und 132 nachgeordnete Bezirksförstereien. In Beratungsverträgen mit forstwirtschaftlichen Zusammenschlüssen und zum Teil auch mit einzelnen Waldbesitzern werden die von der Landwirtschaftskammer zu erbringenden Beratungsleistungen beschrieben und die zu zahlenden Beratungsgebühren festgesetzt.

Die enge Zusammenarbeit zwischen der Landwirtschaftskammer und den Forstwirtschaftlichen Zusammenschlüssen in Niedersachsen steht im Zusammenhang mit der historischen Entwicklung der Verbände: Ungünstige Strukturverhältnisse und eine parzellierte Gemengelage des Grundbesitzes benachteiligen die forstliche Wirtschaftsführung im kleinen Privatwald. Wozu der einzelne Waldbesitzer wegen seiner geringen forstlichen Betriebsflächen oder der fehlenden betriebseigenen Leistung nicht befähigt ist, das kann im Verbund mit den Nachbarn und in überbetrieblicher Zusammenarbeit geschafft werden.

Die Geschichte der Forstlichen Zusammenschlüsse geht in Niedersachsen schon auf den Ausgang des vorletzten Jahrhunderts zurück. Damals wurden bereits zur Zeit der beginnenden Heideaufforstung auf der Grundlage des Preußischen Gesetzes betreffend Schutzwaldungen und Waldgenossenschaften von 1875 Zusammenschlüsse gebildet, deren Hauptzweck in der gemeinsamen Aufforstung von Ödländereien bestand. Auch später noch bis in die 30er-Jahre des vergangenen Jahrhunderts hinein wurden nach diesem Gesetz Waldgenossenschaften als Körperschaften des öffentlichen Rechts mit Zwangsmitgliedschaft gebildet, um besonders benachteiligte Besitzstrukturen in Realteilungsgebieten zu begünstigen. Insgesamt jedoch konnte sich diese Form der Waldgenossenschaften wegen ihrer strengen Auflagen und unlösbaren Bindung nicht durchsetzen.

Eine geradezu sprunghafte Bewegung der Zusammenschlussbildung setzte nach dem Ersten Weltkrieg ein. Ausgelöst wurde sie durch die Absicht der damaligen preußischen Regierung, ein Forstkulturgesetz zu verabschieden, das eine staatliche Forstaufsicht, die Kontrolle der Holznutzung, den Zwang zur Ödlandaufforstung und zur Bildung von Forstgenossenschaften vorsah. Diesem Bestreben der staatlichen Bevormundung trat man im ganzen Lande Preußen, zu dem ja auch Hannover gehörte, mit der Bildung einer eigenverantwortlichen forstlichen Selbstverwaltung in Form von Waldbauvereinen entgegen. Mit der Gründung dieser Vereine wollte der bäuerliche Waldbesitzer zeigen, dass er gewillt und in der Lage ist, die forstlichen Belange durch überbetriebliche Zusammenarbeit allein zu lösen. Die Waldbauvereine haben maßgeblich dazu beigetragen, eine fachkundige und pflegliche Bewirtschaftung im Privatwald einzuleiten. Bis 1930 wurden in der Provinz Hannover 126 Waldbauvereine mit annähernd 116.000 ha und 8.600 Mitgliedern gezählt. Die Waldbauvereine wurden 1934 zwangsaufgelöst. Als Ersatz dafür wurden die sogenannten Waldmarken geschaffen.

Um in der anlaufenden Planwirtschaft des damaligen Reiches auch den Privatwald voll mit einzuspannen, wurde eine intensivere Beratung angestrebt. Diese sollte durch die Bildung von Zusammenschlüssen zur Anstellung eigenen Forstfachpersonals erreicht werden. Solche treffend „Beförsterungsverbände" genannten Zusammenschlüsse wurden unter massiver Werbung durch die Forstdienststellen der Landesbauernschaft 1936 in den Kreisen Celle, Gifhorn und Uelzen gebildet. Weitere Gründungen erfolgten vor allem in den Jahren nach dem Zweiten Weltkrieg; bis 1970 waren die Forstverbände, wie sich diese Organisationen dann nannten, im gesamten nordhannoverschen Raum fast lückenlos vorhanden.

Nach Inkrafttreten des Gesetzes über Forstwirtschaftliche Zusammenschlüsse am 01.01.1970, das später wörtlich im Bundeswaldgesetz aufging, wurden die Forstverbände in Forstbetriebsgemeinschaften umgewandelt. Es erfolgten Neugründungen von Forstbetriebsgemeinschaften in den Gebieten, in denen bisher keine Zusammenschlüsse existierten. Zur Bewältigung der zunehmenden Aufgaben bei geänderten Strukturen schlossen sich die Forstbetriebsgemeinschaften regional – wie hier 1992 – weiter zu Forstwirtschaftlichen Vereinigungen zusammen. Die rechtliche Grundlage für Forstwirtschaftliche Zusammenschlüsse ist das Bundeswaldgesetz.

Forstbetriebsgemeinschaften sind privatrechtliche Zusammenschlüsse von Grundbesitzern, die den Zweck verfolgen, die Bewirtschaftung der angeschlossenen Waldflächen und der zur Aufforstung bestimmten Grundstücke zu verbessern, insbesondere die Nachteile geringer Flächengröße, ungünstiger Flächengestalt, der Besitzzersplitterung, der Gemengelage und des unzureichenden Waldaufschlusses oder anderer Strukturmängel zu überwinden.

Die satzungsgemäßen Aufgaben der hiesigen Forstbetriebsgemeinschaften können wie folgt zusammengefasst werden:

- Intensivierung der forstfachlichen Beratung und Abstimmung der einzelnen forstlichen Vorhaben,
- Abstimmung der für die forstwirtschaftliche Erzeugung erforderlichen Vorhaben und gemeinsamer Absatz des Holzes,
- Ausführung der Forstkulturen, Bodenverbesserungen und Bestandespflegearbeiten einschließlich des Forstschutzes,
- Durchführung des Holzeinschlages, der Holzaufarbeitung und der Holzbringung,
- Bau und Unterhaltung von Forstwirtschaftswegen und
- Beschaffung und Einsatz von Maschinen und Geräten zur Durchführung der v.g. Aufgaben.

Die Erfüllung dieser Aufgaben erfolgt mit unterschiedlicher Intensität und wechselndem Gewicht, wobei die regionalen Verhältnisse in der Wald- und Besitzstruktur den Ausschlag geben.

Der Zusammenschluss wird dienstleistend nur im Auftrag des Mitgliedes tätig. Die Besitzerrechte werden durch die Mitgliedschaft in einem Zusammenschluss nicht eingeschränkt. Selbstverständlich ist die eigene Arbeitserledigung durch den Waldbesitzer immer möglich und erwünscht, um das Interesse an seinem Wald wachzuhalten.

Der Strukturwandel in der Landwirtschaft hat mit zahlreichen Betriebsaufgaben eine entscheidende Wende bei der Arbeitserledigung ausgelöst. Während früher die bäuerlichen Waldbesitzer die meisten Forstarbeiten selbst erledigt haben, so werden diese heute immer mehr auf Forstwirtschaftliche Zusammenschlüsse und Unternehmer übertragen. Immer mehr Forstarbeiten werden somit heute im Auftrag der Waldbesitzer von den betreuenden Forstfachkräften und meistens in Verbindung mit den Forstwirtschaftlichen Zusammenschlüssen oder auch mit Lohnunternehmern geplant, arrangiert, beaufsichtigt und abgewickelt.

Aus der ehemals vorrangigen Beratungstätigkeit der Bezirksförster ist mehr und mehr ein Dienstleistungsgeschäft geworden, das inzwischen alle Bereiche des Forstbetriebes umfasst. Als Folge dieses Wandels sind die forstlichen Betreuer zunehmend belastet.

Die Anstellung von eigenem Forstpersonal war neben der überbetrieblichen Zusammenarbeit die Grundidee der vormaligen Forstverbände. Finanzielle Schwierigkeiten bei der Besoldung der angestellten Förster zwangen vermehrt seit Mitte der 70er-Jahre zur Abkehr von diesem Grundsatz. Heute wird die Beratung und Betreuung der Mitglieder der Forstbetriebsgemeinschaften und Forstbetriebsverbände fast ausschließlich durch Dienstangehörige der Landwirtschaftskammer auf Basis von Beratungsverträgen durchgeführt.

Die Landwirtschaftskammer Niedersachsen und die Forstwirtschaftlichen Zusammenschlüsse ergänzen sich gegenseitig in ihren gesetzlichen bzw. satzungsgemäßen Aufgaben. Der auf vertraglicher Basis eingesetzte Bezirksförster der Landwirtschaftskammer kann über seinen Beratungs- und Betreuungsauftrag hinaus dem Mitglied bei Bedarf durch den Zusammenschluss unmittelbar eine umfassende Dienstleistung anbieten. Dies hilft entscheidend mit, auch im kleinen Privatwald eine ordnungsgemäße, pflegliche und marktgerechte Betriebsführung zu ermöglichen. Der Betreuungsauftrag der Landwirtschaftskammer erfährt dadurch eine wirkungsvolle Ergänzung und Unterstützung.

Die Forstwirtschaftlichen Zusammenschlüsse sind mit ihren Aktivitäten und Leistungen beispielhaft in der Bundesrepublik und bilden das Rückgrat der Privatwaldbetreuung in Niedersachsen. Die Zusammenarbeit zwischen den Forstwirtschaftlichen Zusammenschlüssen und der Landwirtschaftskammer Niedersachsen hat sich bewährt; sie ist erfolgreich und in die Zukunft weisend.

FD Jochen Bartlau
Leiter des Forstamtes Nordheide-Heidmark der LWK Niedersachsen

Forstamt Nordheide-Heidmark, Bremervörde

FoA.-Exkursion zur Dän. Heidegesellschaft auf Jütland

Gegenbesuch der Kollegen der Dän. Heidegesellschaft nach 2 Jahren bei uns, zweiter v.r.: Torben Ravn – Weihnachtsbaumexperte

FoA.-Exkursion in der FBG Harsefeld

2.9. Anstellung von Forstpersonal

Wie bereits an anderer Stelle erwähnt, war der bis dahin für den Altkreis Harburg zuständige Bezirksförster Friedrich KOLKMANN zum 31. August 1949 aus den Diensten der LWK Hannover ausgeschieden. Gemäß Beschluss des neugewählten Vorstandes des Forstverbandes Harburg vom 4. Oktober 1949 stellte dieser Friedrich Kolkmann zum 1. September 1949 als Verbandsförster ein.

Die Zusammenarbeit zwischen Herrn Kolkmann, dem Vorstand und vielen Waldbesitzern ließ doch zu wünschen übrig, und der Verbandsförster schied zum 14.03.1953 aus den Diensten des Forstverbandes aus, da ihm u. a. auch seine Gesundheit und das Alter zu schaffen machten. Hinzu kam der Wunsch, dass er zu seiner Tochter nach Brasilien auswandern wollte und dies auch in die Tat umsetzte.

Für die Betreuung der Privatwälder im Südteil des Verbandsgebietes konnte Förster Ernst THIES aus Cordshagen bei Welle gewonnen werden, wo er das Gutsrevier von Frau Ilse Kindt in der Größe von 350 ha betreute.

Sein forstliches Wirken im dortigen Bereich war von Erfolg und Anerkennung durch die Waldbesitzer gekrönt, nachdem die Vorurteile einiger Waldbesitzer gegen eine Betreuung durch den Forstverband sich als haltlos erwiesen.

Förster Ernst Thies, Cordshagen (rechts)

Leider musste Ernst Thies diese Tätigkeit aus gesundheitlichen Gründen zum 15.03.1954 aufgeben. Hinzu kam, dass die vermehrte Tätigkeit und Anforderung in seinem Hauptrevier Cordshagen seine ganze Tatkraft abforderten.

Revierförster Heinrich Auerbach, Holm-Seppensen

Da ohne Einsatz einer forstlichen Fachkraft die satzungsgemäßen Aufgaben des Forstverbandes nicht umgesetzt werden konnten, hatte der Forstverband Jesteburg zwischenzeitlich den in Lüllau, am Birkenhain wohnenden Revierförster Heinrich AUERBACH als Verbandsförster auf Probe eingestellt. Die Probezeit lief vom 01.04.1953 bis zum 31.03.1954.

Heinrich AUERBACH wurde am 19.12.1894 in Gravenstein (Nordschleswig) geboren und besuchte vom 6. bis 15. Lebensjahr die 7-stufige Volksschule seines Heimatortes. Am 1. April 1910 trat er bei der Herzoglich Schleswig-Holsteinischen Forstverwaltung in Gravenstein die Forstlehre an. Nach beendeter Lehrzeit besuchte er im Jahre 1913 die Forstschule in Reichenstein und wurde hiernach bei derselben Verwaltung

Entwurf

Forstverband Jesteburg
der Vorsitzende

Lüllau, den 1. Juni 1953

Herrn
Revierförster Auerbach
Lüllau
Kreis Harburg

Laut Vorstandsbeschluß vom 1. April 1953 werden Sie mit Wirkung vom 1. April als Aushilfs Revierförster beschäftigt. Ihre Gehaltsbezüge richten sich nach dem Tarifvertrag für die in den privaten Forstbetrieben beschäftigten Forstangestellten im Lande Niedersachsen vom 1. 8. 1952, beginnend mit einem Monatsgehalt von 368,-- DM.
Als Probezeit gilt vom 1. April 53 bis 31. März 1954

Für den forsttechnischen Dienst gilt die Dienstanweisung des Forstamtes der vorl. Landwirtschaftskammer in Stade.

A Henk
Vorsitzender

Heinr. Auerbach

Anstellungsvertrag von RF Heinrich Auerbach

nach Primkenau, Nieder-Schlesien, versetzt, wo er in verschiedenen Revieren bis zum Ersten Weltkrieg als Hilfsjäger tätig war.

Von 1914-1918 nahm er beim 5. Jäger-Bataillon am Weltkrieg teil und wurde aufgrund einer Kriegsverwundung mit 50 %iger KB-Rente, die später auf 30 % herabgesetzt wurde, entlassen. Nach Kriegsende trat er wieder bei der Herzoglich Schleswig-Holsteinischen Forstverwaltung, welche durch Todesfall in Kronprinzliche Verwaltung umbenannt wurde, in den Dienst. Heinrich Auerbach wurde, nachdem er 3 Jahre das Revier ARMADE-BRÜNN als Hilfsförster betreut hatte, nach PRIMKENAU versetzt, wo ihm als Förster das Parkrevier und die Teichverwaltung übertragen wurden.

1929 legte er die Försterprüfung bei der Landwirtschaftskammer Breslau ab und wurde in der Kronprinzlichen Verwaltung zum Revierförster und Teichverwalter ernannt.

1945 musste er aus Schlesien flüchten und kam nach Thüringen, wo er für kurze Zeit in russischer Gefangenschaft war. In den Jahren 1946–48 arbeitete er in einem Sägewerk in Laucha/ Thür. und kam dann nach Lüllau, Krs. Harburg, wo er von 1948–1950, zuletzt als Farmleiter, in der Edelpelztierzucht von Otto Pralle tätig war. In den Jahren 1951–53 war Heinrich Auerbach stellungslos und hielt sich mit Gelegenheitsarbeiten in der näheren Umgebung über Wasser, bis er zum 1. April 1953 als Verbandsförster beim Forstverband Jesteburg eingestellt wurde.

In den kommenden sechseinhalb Jahren widmete sich Heinrich Auerbach mit Tatkraft und Umsicht der Beratung und Betreuung des dem Forstverband angeschlossenen bäuerlichen Privatwaldes und konnte so manchen Waldbesitzer zum Beitritt in den Forstverband bewegen. Die Mitglieder des Forstverbandes Jesteburg sorgten dafür, dass Herr Auerbach und seine Frau 1955 in ein wohnliches Forsthaus in Holm-Seppensen einziehen konnten. Infolgedessen zeigte Heinrich Auerbach ungeachtet seiner kriegsbedingten Beschwerden noch mehr Einsatz. Sein freundschaftliches Verhältnis zum Vorsitzenden August Henk war u. a. auch darin begründet, dass beide leidenschaftliche Skatspieler waren und manche Vorstandssitzung sich um etliche Skatrunden verlängerte!

Von seiner ab dem 18.12.1959 gewährten Altersrente hatte er nicht mehr viel, da seine Krankheit ihn bettlägerig machte. Am 28. Juni 1961 verstarb Heinrich Auerbach, und Revierförster Hellmuth Flach – selbst auch schon 60 Jahre alt – übernahm die forstliche Leitung des Forstverbandes Jesteburg e. V.

Nach dem Ausscheiden von Ernst Thies als forstlicher Betreuer des Südbezirkes waren es Wilhelm Peters aus Kampen, Otto Kröger sen. aus Wörme und Wilhelm Matthies aus Groß Todtshorn, die August Henk auf Revierförster Hellmuth FLACH aufmerksam machten.

Hellmuth Flach wurde am 19.03.1901 als Sohn des Hegemeisters Reinhold Flach in Hammerstedt geboren. Eine sorglose Jugendzeit verlebte er im Forsthaus „Husum" in der Nähe von Northeim, wo sein Vater ein staatliches Revier betreute. Die Lehr- und Hilfsförsterzeit absolvierte er bei der Fürstlich Bentheimischen Forstverwaltung in Bentheim,

Gaildorf und Lindhart bzw. bei der von und zu Knyphausenschen Forstverwaltung in Lütetsburg. Nach bestandener Revierförsterprüfung führte ihn sein Berufsweg am 1. August 1927 ins Gutsrevier Holm. Dessen Besitzer Hans Eggemann hatte seinen Hauptwohnsitz in Osnabrück in der Wittkoppstraße.

Hans Eggemann war von Gestalt ein Hüne und Kaufmann wie seine Vorfahren. Das „Adlige Gut Holm" hatte er von seinem Großvater zu seinem 21. Geburtstag geschenkt bekommen, und es kostete im Jahre 1901 genau eine drei viertel Million Mark. Herr Flach wohnte mit seiner Frau und den 2 Kindern in einem Ziegelbau, der jedoch sehr feucht war. Im sehr kalten und langen Winter 1927/28 zeigte es sich, dass die ansonsten schönen drei Kachelöfen innen alle kaputt waren.

Durch Vermittlung von Rechtsanwalt Dr. Müller aus Tostedt, der ein langjähriger Duzfreund von Hans Eggemann war, konnte die Familie Flach in das zurückgekaufte ehemalige Schulhaus ziehen. Das im Stil eines niedersächsischen Bauernhauses erbaute Gebäude bekam ein neues Reetdach. Weitere bauliche Maßnahmen folgten, sodass ein angenehmes Wohnen garantiert war. Es stand am Rande des Dorfes in Richtung Schierhorn, hatte einen schönen großen Garten und eine bislang als Schulhof gediente Wiese. Die Aufforstungen ehemaliger landwirtschaftlicher Flächen der Abt. 163–169, 179–183 gehen in dieser Zeit auf ihn zurück.

Im Jahre 1932 wurde Revierförster Hellmuth Flach und Fischmeister Herbert Kohlhof durch Gutsbesitzer Eggemann gekündigt. Nach Aussage von Herrn Eggemann erfolgte die Kündigung auf Anraten der Loge – Eggemann gehörte der Freimaurerloge an – oder der Partei – NSDAP –, damit durch Entlassungen und Schaffung weiterer Arbeitsloser das Gefüge des sozialistischen Staates erschüttert würde.

Die Dienstwohnung musste die Familie Flach räumen. Sie zog nach Weihe in ein Hamburger Wandererheim, wo Frau Flach den Kaffee kochte und die Zimmer reinzuhalten hatte; hierdurch entfiel die Mietzahlung.

Um nicht weiterhin arbeitslos zu sein, meldete sich Hellmuth Flach beim Arbeitsamt in Buchholz, um Beschäftigung beim geplanten Aufbau des Reichsarbeitsdienstes zu finden. Sein erfolgreicher Einsatz wurde durch die zügige Beförderung zum Oberfeldmeister anerkannt, und er war für höhere Führungsaufgaben vorgesehen. Zwischenzeitlich hatte Hellmuth Flach seine Frau mit den 3 Kindern – am 27. Dezember 1932 war Tochter Erika in Holm geboren worden – nach Thedinghausen nachkommen lassen.

Da erreichte ihn ein Schreiben seines Vaters mit beiliegender Verfügung des Reichsforstmeisters über weitere Einstellungen im Staatsforstdienst. Seiner Bewerbung und persönlichen Vorstellung in Potsdam wurde entsprochen, und Revierförster Hellmuth Flach wurde zum 15. Januar 1934 an das Forstamt Staakow, Krs. Königswusterhausen, Revierförsterei Massow, zum Dienstantritt beordert. Forstmeister Borchert hatte Herrn Flach mit seinem Pferdegespann zu der einsam gelegenen Försterei gebracht und sagte zum

Abschied: „Passen Sie gut auf sich auf, dass Sie hier nicht verrückt werden, woanders ist es die Betriebsamkeit – hier ist es die Einsamkeit!"

Die Forstämter Staakow, Klein-Hammer, Groß-Hammer und Wasserburg bildeten zu früheren Zeiten das sog. „Hofjagdrevier", ein riesiges Waldgebiet von vielen Tausend Hektar.

Die Familie zog wieder einmal um! Der Schulweg dauerte über eine Stunde, und die Kinder gingen ihn meistens ohne Begleitung. Für die Försterfrauen war es nicht immer ein einfaches und sorgloses Leben, manche Ehe zerbrach an der Einsamkeit, da half auch nicht die Zahlung einer „Einödzulage".

Nach zweieinhalb Jahren in der Rfö. Massow erfolgte am 1. Oktober 1936 der nächste Umzug zur 100 km entfernt liegenden Rfö. Tornow, Forstamt Lehnin im Krs. Zauch-Belzig. Es handelte sich um ein waldbaulich und jagdlich sehr interessantes Revier; Leiter des Forstamtes war Forstmeister Kirchhoff.

Am 11. März 1938 wurde Tochter Christel geboren, und das „Dreimädelhaus" war komplett. Nach Aussage von Herrn Flach bzw. seiner Tochter Erika Hamann verlebte die Familie Flach hier ihre schönste und ungezwungenste Zeit, bis Vater und Sohn 1939 und 1941 zu den Waffen gerufen wurden.

Sohn Helmut starb 1942 im Felde vor Moskau, der Vater kämpfte während des gesamten Weltkrieges und erlitt am 25. April 1945 als Oberscharführer beim Versuch, in Berlin 6 Kameraden im Häuserkampf zu retten, aus kurzer Entfernung einen Mund- und Kieferdurchschuss. Mit dieser notdürftig behandelten Verwundung schaffte er den Weg nach Tornow, wo seine bereits nach Lüneburg geflüchtete Frau mit den 3 Mädchen eine vereinbarte Flaschenpost, vergraben unter einem Baum, hinterlassen hatte. Während seiner abenteuerlichen Flucht mit zwei Kameraden konnte er nur Flüssiges zu sich nehmen und war ständig auf die Hilfe anderer angewiesen. Schließlich erreichte er das elterliche Haus in Lüneburg, wohin sein Vater nach seiner Pensionierung gezogen war.

Frau Flach hatte die Flucht mit den 3 Mädchen von Tornow nach Lüneburg mehr oder weniger unbeschadet überstanden. Sie blieb eine kurze Zeit im Hause des Schwiegervaters und zog dann mit den Kindern nach Holm, wo sie einst ihren Mann geheiratet hatte.

Nach monatelangem Aufenthalt im Krankenhaus Hamburg-Friedrichsberg wurde Hellmuth Flach ohne große Besserung entlassen und kehrte nach Weihnachten zur Familie in Holm zurück, wo sie im selben Haus in einem 10 qm großen Zimmer wohnten. Hier hatte er vor 20 Jahren schon einmal gelebt.

Der jetzige Eigentümer des Rittergutes Holm, Friedrich Kohrs, der 1939 das Gut von Hans Eggemann gekauft hatte, kehrte im Frühjahr 1947 aus der Gefangenschaft zurück. Ihn fragte Hellmuth Flach nach Arbeit. Er wurde eingestellt und bekam eine etwas bessere Wohnung sowie Deputate in Form von Holz, Kartoffeln und Milch sowie Schrot zum Füttern eines Schweines.

Bis März 1954 arbeitete Hellmuth Flach bei Wind und Wetter unter teilweise sehr schwierigen Verhältnissen in der Land- und Teichwirtschaft auf dem Holmer Gut. Nach mühsamer Wiederbeschaffung von verlorengegangenen Papieren erhielt er die Anerkennung als § 131er des Versorgungsgesetzes und bekam eine Pension zugesprochen, obwohl er Angehöriger der Kampftruppe der Waffen-SS gewesen war. Er hatte aber auf die Offizierslaufbahn verzichtet, was ihm jetzt zugutekam.

Im Jahre 1953 las Hellmuth Flach in der Zeitung, dass am 14. März 1953 im Gasthaus Wille in Welle die Generalversammlung des Forstverbandes Buchholz stattfinden würde, und er beschloss daran teilzunehmen. Im Laufe des Abends konnte er sich den Anwesenden vorstellen, viele kannte er aus alter Zeit bzw. der Nachkriegszeit. Die Waldbesitzer mit ihrem Vorsitzenden August Henk aus Lüllau waren damit einverstanden, dass er beim Forstverband arbeiten durfte – endlich wieder im geliebten Beruf tätig sein, wenn auch zum Entgelt von vorerst 50,00 DM/monatlich!!

Sein Neuanfang im forstlichen Beruf konnte jedoch erst erfolgen, nachdem Förster Ernst Thies aus Cordshagen, der die Waldflächen im Südbezirk bisher mit betreut hatte, diese Nebentätigkeit zum 31.03.1954 aufgegeben hatte. Den Nordteil betreute Revierförster Heinrich Auerbach aus Lüllau, der bereits vor einem Jahr als Verbandsförster eingestellt und nach Tarif bezahlt wurde.

Aus dem ersten Monats-Tätigkeitsbericht über April/Mai 1954 vom 01.06.1954 geht hervor, dass Hellmuth Flachs forstliche Betreuungstätigkeit beim Waldbesitzer Willi Albers in Handeloh am 26. April 1954 mit dem Aufmessen von Grubenlangholz und Auszeichnungsarbeiten begann.

Ähnlich wie bei Beginn der forstlichen Betreuungsarbeit von Ernst Thies erging es Hellmuth Flach. In seinen Erinnerungen schreibt er: „Das anfängliche Misstrauen dieser bäuerlichen Waldbesitzer schien unüberwindlich; man wähnte uns in Verbindung mit dem Finanzamt und lehnte unsere Arbeit ab, weil nichts schriftlich gemacht werden sollte." Mit der Zeit änderte sich diese Einstellung jedoch grundsätzlich, und schnell erkannten die Waldbesitzer, welche Vorteile eine Mitgliedschaft beim Forstverband mit sich brachte.

Mit Beendigung des Arbeitsverhältnisses auf dem Holmer Gut war auch der Auszug aus der Deputatwohnung verbunden. Hier war es Otto Kröger sen. aus Wörme, mit dem Hellmuth Flach in späteren Jahren ein enges freundschaftliches Verhältnis verband, der der Familie Flach sein Jagdhaus Am Riepen, zwischen Büsenbachtal und Handeloh gelegen, mietfrei zur Verfügung stellte. Das Jagdhaus hatte zwar unter der Küche einen Keller, der jedoch die meiste Zeit unter Wasser stand und für Eisbeine und aufsteigende Kälte sorgte. Die halbsteinigen Fachwerkwände und völlig undichten Fenster hielten keine Wärme, auch wenn überall geheizt wurde; Otto Kröger stellte das Brennholz kostenlos in Selbstwerbung zur Verfügung. Nur die Tatsache, dass das Haus im Schatten der Lohberge und des umgebenden Hochwaldes stand, ließ ein Wohnen im Winter zu.

Revierförster H. Flach
Kolm

Tätigkeitsbericht!
Monat: September 1954

Der Monat September stand ganz im Zeichen des beginnenden Einschlages. Es wurden die noch nicht befragten bzw. besuchten Waldbauern aufgesucht, und die im Vormonat begonnene Arbeit somit beendet. Verschiedene Entschlüsse wurden bis nach Beendigung der Kartoffelernte zurückgestellt.
Um steuerliche Belange zu regeln, lag meine Hauptarbeit dieses Monats bei nur einem Betriebe. Hier soll versucht werden durch Ausnutzung aller vorhandenen Pflegemaßnahmen die notwendigen Mittel – zum Nutzen des Waldes – zu beschaffen. Diese Arbeiten werden im kommenden Monat abgeschlossen werden. Da nach Beendigung der Ernte Arbeitskräfte in Aussicht stehen, wird im kommenden Monat voraussichtlich mit mehreren Sägen gearbeitet werden können. Die Vorarbeiten hierzu sind getroffen. Gleichzeitig wurden Bemühungen fortgesetzt, schwer absetzbare Grubenholzanfälle im Vorverkauf dem Abnehmer zu sichern.
Hierzu Auszüge aus meinem Tagebuch.

1.9.54 Besprechung mit Herrn [illegible], Waldarb. z. Holzvermessen nicht angetroffen – Frau Wille-Walle: Waldbegang, vereinbart – Einschlag Interes. Jost Kamper – [illegible]

2.9. O. Kröger W. Holz vermessen – W. Alber. Handel – ausgezeichnet.

3.9. Inter. Jost Kamper – Holz aufgemessen.

4.9. Übergabe des Holzes in Kamper an den Käufer im Beisein des Interes. Matthjes-Hörkel Bauholz aufgemessen.

Monatsbericht vom September 1954 von Hellmuth Flach

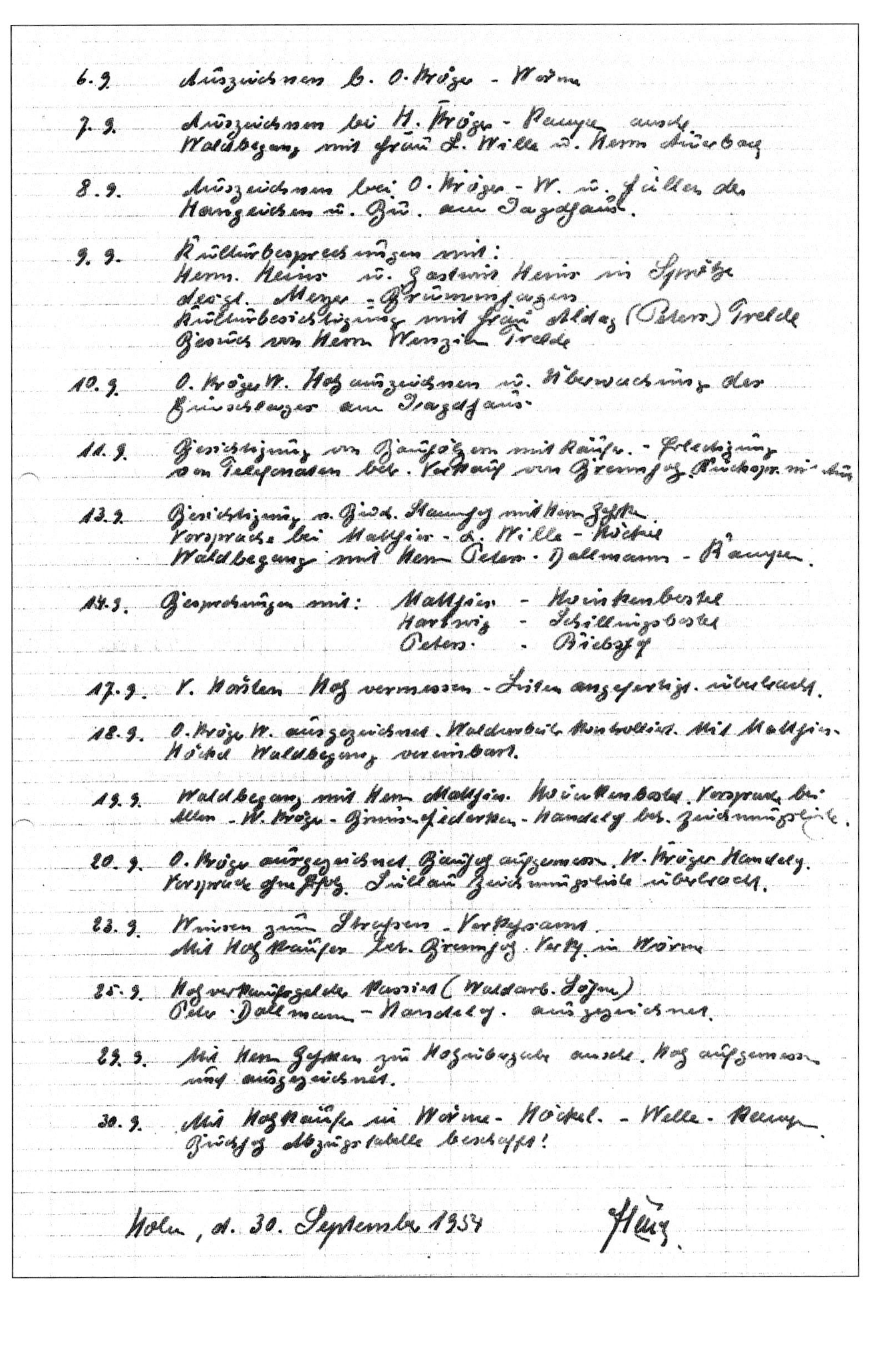

6.9. Auszeichnen b. O. Kröger - Wörme

7.9. Auszeichnen bei H. Kröger - Raupe auch
Waldbegang mit Frau L. Wille u. Herrn Auerbach

8.9. Auszeichnen bei O. Kröger - W. u. Fällen der
Hangeichen u. Bu. am Jagdhaus.

9.9. Kulturbesprechungen mit:
Herrn Heins u. Gastwirt Heins in Sprötze
desgl. Meyer - Brümmerhagen
Kulturbesichtigung mit Frau Aldag (Peters) Trelde
Besuch von Herrn Wenzel Trelde

10.9. O. Kröger W. Holzauszeichnen u. Überwachung der
Einschläge am Jagdhaus.

11.9. Besichtigung von Bauhölzern mit Käufer. - Erledigung
von Teilzahlungen bei Verkauf von Brennholz. Rückspr. m. Au.

13.9. Besichtigung v. Bied. Stammholz mit Herrn Gossen
Vorsprache bei Matthies - L. Wille - Höckel
Waldbegang mit Herrn Peters - Dallmann - Raupe.

14.9. Besprechungen mit: Matthies - Hoinkenbostel
Hartwig - Schillingsbostel
Peters - Riepshof

17.9. V. Hörsten Holz vermessen - Listen angefertigt. überbracht.

18.9. O. Kröger W. ausgezeichnet. Waldarbeit kontrolliert. Mit Matthies-
Höckel Waldbegang vereinbart.

19.9. Waldbegang mit Herrn Matthies. Hoinkenbostel. Vorsprache bei
Allen - W. Kröger - Brunsfiedermann - Handeloh betr. Zeichnungsliste.

20.9. O. Kröger ausgezeichnet. Bauholz aufgemessen. W. Kröger Handeloh.
Vorsprache Gemeindevorst. Lüllau Zeichnungsliste überbracht.

23.9. Reisen zum Stempeln - Verkehrsamt.
Mit Holzkäufer betr. Brennholz. Verk. in Wörme

25.9. Holzverkaufsgelder kassiert (Waldarb. Löhne)
Peter Dallmann - Handeloh. ausgezeichnet.

29.9. Mit Herrn Gossen zur Holzabfuhr nach. Holz aufgemessen
und ausgezeichnet.

30.9. Mit Holzkäufer in Wörme - Höckel. - Wille - Raupe.
Brennholz Abzugstabelle beschafft!

Holm, d. 30. September 1954 Heinz.

Jagdhaus Wörme

Es waren eine normale Stube, zwei kleine Schlafstuben und außer der Küche eine leidliche Vorratskammer vorhanden. Da es keine Dachrinne gab, waren auch die Wände feucht. Nur wenn im Frühjahr die Buchen ergrünten, die Sonne lachte und der Tauber in den hohen Bäumen lockte, dann war es dort herrlich zu wohnen!

Frau Flach war zwar als Förstertochter die Einsamkeit gewohnt, doch hier fühlte sie sich die ganzen 5 Jahre nicht wohl!

Hellmuth Flach hat den Gedanken an ein eigenes Haus nie aufgegeben. Die Entlohnung seiner forstlichen Tätigkeit wurde im Laufe der Zeit angepasst, und er konnte gewisse Ersparnisse anlegen. Trotzdem die Bau- und Grundstückspreise davonzulaufen schienen, gelang es ihm letztendlich, von der Gemeinde Seppensen das Erbbaurecht an einem Baugrundstück am Rande von Holm-Seppensen am Schoolsolt zu bekommen. Er musste kein Grundstück kaufen und hatte Zeit für Eigenhilfe, da nur der Südteil des Verbandes von ihm betreut werden musste. Mit viel Eigenleistung der ganzen Familie entstand 1957-1959 ein zwar bescheidenes, aber eigenes Massivhaus, in das die Flachs Ende 1959 einzogen.

Tochter Erika und ihr Mann Hans zogen mit ein, und im Jahre 1967 erfolgten ein Erweiterungs- und Heizungsbau sowie weitere Verbesserungen und Verschönerungen. Aus seinen Erinnerungen sei zitiert: „Es ist ein Haus ohne Treppen geworden, und nirgends haben wir so schön gewohnt wie hier. Es scheint, als ob meine irdische Wanderschaft hier einmal enden würde.“

Auf der erweiterten Vorstandssitzung des FV Jesteburg am 30. Dezember 1960 im Gasthaus Arnold Meyer in Seppensen – anwesend waren 16 Vorstandsmitglieder – berichtete der Vorsitzende August Henk, dass Revierförster Auerbach infolge seiner Krankheit den Dienst nicht mehr aufnehmen werde.

Man habe sich umgehört, und es wären 4 Bewerber vorhanden. Der Vorsitzende August Henk hatte mit Schreiben vom 22.12.1960 zur Vorstellung eingeladen: Förster H. Knaack aus Wedel in Holstein, Förster Horst Fenner aus Groß Fredenbeck und Förster Heinz Burkhardt aus Ovelgönne, Krs. Harburg. Ein Herr Burkhard erschien nicht zur Vorstellung, sodass er von vornherein ausschied.

Oberförster Hellmuth Flach, Holm-Seppensen

Horst Fenner hatte 1950 eine Ausbildung zum Waldarbeitergehilfen und anschließend 1952 zum Waldfacharbeiter durchlaufen. Hiernach habe er mehrere Jahre als Facharbeiter gearbeitet und sich besondere Kenntnisse bei den Motorsägen und anderen Forstmaschinen erworben. Zurzeit besuche er die Waldarbeitsschule in Münchehof/Harz und werde am 28.02.1961 die Forstwartprüfung ablegen.

Zwischenzeitlich hatte der Vorsitzende die Anwesenden über Herrn Hellmuth Flach befragt, der nach dem Ausscheiden von Ernst Thies den Südbezirk bereits betreute und auch die Vertretung des erkrankten Kollegen Auerbach übernommen hatte.

Otto Kröger aus Wörme berichtete, dass er mit Wilhelm Matthies aus Todtshorn über Herrn Flach gesprochen hätte und er in der dortigen Gegend vollstes Vertrauen genieße. Leopold Meyer, Itzenbüttel, Karl von Hörsten, Wörme und Aug.-Wilh. Jagau aus Reindorf stimmten dieser Aussage voll zu.

Herr Flach wurde befragt, ob er sich eine Zusammenarbeit unter einem jüngeren Kollegen vorstellen könnte, der nach seinem Ausscheiden den Verband übernehmen sollte. Herr Flach meldete gewisse Bedenken infolge des Altersunterschiedes an und befürchtete, dass es zu Unverträglichkeit kommen könnte.

Als dritter Bewerber stellte sich ein Förster Knaack vor und berichtet über seinen bisherigen Berufs- und Lebensweg. Die anwesenden Vorstandsmitglieder waren einhellig der Meinung, dass er für eine Zusammenarbeit mit Herrn Flach nicht infrage käme. Der Vorsitzende ließ geheim abstimmen, und Herr Flach wurde einstimmig als Nachfolger von Herrn Auerbach offiziell zum 01.01.1961 als Revierförster eingestellt.

Herr Flach erklärte sich einverstanden damit, dass er nach Tarif mit Vb BAT bezahlt wird, jedoch seine Kriegsversehrtenpension davon abgezogen wird, was einen Bruttobetrag von 500,00 DM/monatlich ergab.

Des Weiteren stimmte man über Herrn Fenner mit dem Ergebnis ab, dass Herr Fenner – geboren am 20.02.1934 – beim FV Jesteburg als Forstwart zur Unterstützung von Herrn Flach mit einem Bruttogehalt von 512,00 DM/monatlich zum 01.03.1961 eingestellt werden sollte. An Mietzahlung für die Dienstwohnung im Forsthaus wurden Herrn Fenner 50,00 DM/monatlich berechnet.

Leider musste der neue Vorsitzende Hermann Kröger, Lohof, auf der Generalversammlung am 17. März 1962 bekannt geben, dass sich der Herrn Flach zwecks Unterstützung zugedachte Forstwart Horst Fenner in der Probezeit als ungeeignet erwiesen hatte und mit Schreiben vom 18.02.1962 gekündigt worden sei. Es wurde daher dringend ein zweiter Mann gesucht, wobei Herr Revierförster Flach bemerkte, dass er lieber für den Rest seiner Dienstzeit die Betreuung alleine machen möchte.

Seine große Bewährungsprobe musste Revierförster Flach im hohen Alter bei der Bewältigung der Windwurfkatastrophe vom Februar 1962 bestehen – war doch der fünffache Jahreseinschlag, also ca. 30.000 fm Holz, in kürzester Zeit geworfen worden.

Auch hier möchte ich aus seinen Erinnerungen zitieren: „... eine schwere Aufgabe blieb mir vor Erreichen der Altersgrenze nicht erspart, nämlich die Aufarbeitung und Beseitigung der Sturmschäden vom Februar 1962. Zu einer Zeit, da die Wirtschaft sich in einer bedenklichen Flaute befand, der Holzeinschlag zum größten Teil getätigt war und der Holzmarkt gemäß der Wirtschaftslage sowieso sehr wenig Aufnahmefähigkeit zeigte, legte uns der Sturm Millionen von Festmetern vor die Füße.

Bei einem fünffachen Jahreseinschlag an Sturmholz hatte ich drei volle Jahre zu arbeiten, bis das Holz aufgearbeitet und vermarktet war. Trotzdem ich einer der Ersten war, der sein Bauholz überall anbot und sehr viel verkaufen konnte, kam das dicke Ende in einer jahrelangen vollständigen Verstopfung des Holzmarktes hinterher.

Nach einer enttäuschenden Einstellung eines jungen Forstwartes und dessen kurzfristiger Entlassung hatte ich mich entschlossen, bis zu meiner Pensionierung ohne Hilfskraft auszukommen. Was am Tage im Revier erarbeitet wurde, musste in der Nacht schriftlich bis zum Verkauf bzw. Verlohnung der Waldarbeiter erledigt werden. So hab ich manchen Tag bis nach Mitternacht am Schreibtisch gesessen und jahrelang weder einen Sonntag noch Urlaub gehabt. Ich beschäftigte ab 1962 das erste Mal Tiroler Waldarbeiter, ansonsten hiesige angelernte Kräfte und zugereiste „Verbrecher". Über meine hier beschäftigten Waldarbeiter könnte ich allein ein Buch schreiben ...."

Mit Besorgnis stellte er wieder einmal fest, dass sehr oft gegen Vorurteile und Gleichgültigkeit gekämpft werden musste, denn mit dem Schwinden des Reingewinns im Walde schwand oftmals auch jegliches Interesse. Er sagte weiterhin: „So waren wir zu der Zeit schon so weit, dass die Tüchtigkeit des Forstbeamten nach der Höhe der Erreichung staatlicher Fördermittel bewertet wurde!"

In Anerkennung seines hohen dienstlichen Einsatzes wurde Revierförster Hellmuth Flach 1962 zum Oberförster befördert, was sich auch in einer entsprechenden Besoldung niederschlug.

Er ist seinem Vorsatz, ohne Hilfe bis zur Pensionierung tätig zu sein, nicht ganz gefolgt, denn Revierförster i.R. Paul WEGNER, der bis zu seiner Pensionierung im staatlichen Forstamt Rosengarten tätig war, hat von 1964 bis 1970 im nördlichen Verbandsgebiet ausgeholfen. Paul Wegner stammte aus Hinterpommern und war dort als Revierförster auf einem adligen Gut bis zur Flucht 1945 tätig gewesen. Er wohnte mit seiner Frau und Sohn in Emmelndorf, Forstweg, und war eng befreundet mit Henry Newman, der einen

A n s t e l l u n g s v e r t r a g

Der Forstverband J e s t e b u r g e.V., vertreten durch den Vorsitzenden Hermann K r ö g e r in Lohof, stellt den Revierförster Hellmuth F l a c h in Holm-Seppensen unter folgenden Bedingungen an:

§ 1

Die Anstellung erfolgt ab . 1. 1. 61. . aufgrund der Tarifordnung für Angestellte im öffentlichen Dienst, und zwar unkündbar für 3 Jahre. Der Anstellungsvertrag wird stillschweigend verlängert, wenn nach Ablauf von 3 Jahren keine Kündigung mit halbjährlicher Frist von beiden Parteien erfolgt.

§ 2

Der Forstangestellte untersteht
in personeller Hinsicht dem Vorsitzenden des Forstverbandes und in forsttechnischer Hinsicht dem Forstamt der Landwirtschaftskammer in Stade.

§ 3

Der Dienstbezirk hat den Umfang eines Revierförsterbezirks und erstreckt sich auf den gesamten Bereich des Forstverbandes Jesteburg. Für den forsttechnischen Dienst gilt die Dienstanweisung des Lwk-Forstamtes Stade.

§4

Die Besoldung erfolgt nach Vergütungsgruppe V b des BAT.
Als Uniformgeld wird der monatliche Satz, den die Lwk ihren Bediensteten leistet, gezahlt.

§ 5

Unkosten, die dem Angestellten durch den Dienstbetrieb entstehen (Motorisierung, Büro etc.) werden bei Vorlage der Quittungen in vollem Umfange erstattet.

Der Vorstand: Der Forstangestellte:

. Hermann Kröger . . . . Hellmuth Flach .

Anstellungsvertrag von Hellmuth Flach

Gehaltsberechnung vom Revierförster F l a c h
und Forstwart F e n n e r

Flach: Mit Wirkung ab 1.1.1961 monatlich 300,-DM netto Gehalt.

Fälligkeit:	Bezüge	Lohnst.	Ki.St.	Soziall. (Beide Anteile)	Zus.Abzüge:	Auszahlg
Für Januar	300,--DM	32,96 DM	3,30 DM	67,-DM	103,26 DM	300,-DM
Für Februar	300,- DM	32,96 DM	3,30 DM	67,-DM	103,26 DM	300,-DM
Für März	300,- DM	32,96 DM	3,30 DM	67,-DM	103,26 DM	300,-DM
Für April	300,- DM	32,96 DM	3,30 DM	67,-DM	103,26 DM	300,-DM

XXXXXXX 500,- DM werden ab 1.6.61 monatlich brutto an Flach gezah
Alle Gehaltszahlungen- auch die für Herrn Fenner laufen rückwirkend!

				(Ein Anteil!)		
Für Mai	500,- DM	60,- DM	6,- DM	51,77 DM	117,77 DM	382,23 DM

Fenner; Mit Wirkung ab 1.3.1961 monatlich 512,- DM brutto und abzüglich 50,-DM für Miete.

				(Ein Anteil!)		
Für März	512,-DM	11,- DM	1,10 DM	56,87 DM	68,97 DM	443,03 DM - 50,- DM 393,03 DM
Für April	512,-DM	11,- DM	1,10 DM	56,87 DM	68,97 DM	443,03 DM
Für Mai	512,-DM	11,- DM	1,10 DM	56,87 DM	68,97 DM	443,03 DM
		33 -	3 30	170 61		

Holm Seppensen, den 30. Mai 1961

Gehaltsberechnung RF Flach und Forstwart Fenner von 1961

größeren Waldbesitz am Sunderberg besaß und dort auch in einem gutsherrenähnlichen Haus wohnte. 1971 verstarb Paul Wegner im Alter von 71 Jahren.

Oberförster Hellmuth Flach ging zum 30. September 1966 in den wohlverdienten Ruhestand.

„Am 1. Oktober 1966 habe ich, Förster Uwe GAMRADT – geboren am 2. Dezember 1940 – die Nachfolge von Oberförster Flach angetreten und eine angeschlossene Forstverbandsfläche von 3.849,70 Hektar mit 180 Waldbesitzern, einschließlich der beiden Gutsreviere Holm und Cordshagen in Größe von 930 Hektar, übernommen.

Meinem Wunsch, mindestens ein Jahr mit Herrn Flach zusammen die forstliche Leitung des Forstverbandes Jesteburg durchzuführen, entsprach der Vorstand bei meinem Vorstellungsgespräch.

So war es mir vergönnt, fast ein ganzes Jahr lang vom Vorgänger in die vielfältigen Besitz- und Waldbauverhältnisse dieses Forstverbandes eingeführt zu werden, und es fand ein fast unbemerkter Wechsel in der forstlichen Leitung statt. Kollege Flach ließ „die Leine immer länger", bis er sie zuletzt ganz losließ und ich alleine für die forstliche Beratung und Betreuung verantwortlich zeichnete."

50 Jahre im Dienste des Waldes

Hals- und Beinbruch für Oberförster Hellmuth Flach

wop. Heute wird es am sonst so ruhigen „Schoolsolt" in Holm-Seppensen viel Trubel und Aufregung geben; denn viele Gratulanten werden sicherlich Oberförster des Privatdienstes, Hellmuth Flach, „überfallen", um ihm zu seinem 50jährigen Dienstjubiläum die besten Glückwünsche zu überbringen.

Hellmuth Flach kann auf eine vielseitige und abwechslungsreiche Tätigkeit zurückblicken, die ihm häufig Freude, aber auch manches Leid beschert hat.

Der gebürtige Hammerstedter verbrachte eine sorglose Jugend-

Hellmuth Flach

zeit im väterlichen Forsthaus „Husum" in der Nähe von Northeim.

Nach seiner Ausbildungszeit begann heute genau vor 50 Jahren seine berufliche Karriere als Waid- und Forstmann. 19 Jahre lang war er im Privatdienst tätig und führte seine jagdliche und hegerische Arbeit an vielen Orten, so in Bentheim, Gaildorf, Lindhart und Lütetsburg – um nur einige Stationen seines Schaffens zu nennen – durch.

Die schönste Zeit bedeutete ihm jedoch sein Wirken in seiner Wahlheimat Brandenburg, wo er ebenfalls 19 Jahre hindurch in den Forstämtern Staakow und Lehnin seine Pflichten im Staatsforstdienst versah.

Seit 1954 arbeitete der Jubilar im Forstdienst des Forstverbandes Jesteburg, dem er seit Jahren vorsteht.

Im nächsten Jahr will Oberförster Flach nun endgültig sein Amt niederlegen, um sich in seinem wohlverdienten Ruhestand der jagdlichen Passion und der Forstwissenschaft zu widmen. Allerdings bleibt er nach wie vor als forstlicher Berater zur Stelle, worum ihn seine Kollegen immer wieder gebeten haben.

Für all sein weiteres Wirken für Hege und Pflege sei ihm auf diesem Wege ein kräftiges Hals- und Beinbruch zugerufen!

Hellmuth Flach – 50 Jahre im Dienste des Waldes, 1966

Der bisherige Rechnungsführer Karl Gössler aus Jesteburg wollte das Amt aus Altersgründen abgeben, und der Vorstand fragte bei Herrn Flach an, ob er nach seiner Pensionierung diese Aufgabe übernehmen wolle. Er bejahte und wachte so für die nächsten vier Jahre über die Finanzen des Forstverbandes.

Ich, Uwe GAMRADT, wurde am 2. Dezember 1940 in Hamburg-Harburg geboren und wuchs im Elternhaus in Stecklin, Krs. Greifenhagen in Hinterpommern, auf. Im Frühjahr 1945 mussten wir kriegsbedingt unsere Heimat verlassen und flüchteten nach Neu-Jargenow, Krs. Grimmen in Vorpommern. Der Bruder meines Großvaters mütterlicherseits war Inspektor auf dem dortigen Gut, und

Revierförster Uwe Gamradt, Holm-Seppensen

wir fanden dort eine vorübergehende Unterbringung. Wir waren immer noch der Meinung, dass es bald wieder zurück nach Hause gehen würde, was sich bald als Irrtum herausstellen sollte.

In Neu-Jargenow besuchte ich ab 1946/47 die Volksschule in Göslow und wuchs zwar, bedingt durch die Flucht und Hinterlassen allen Besitzes, in ärmlichen Verhältnissen bei den Großeltern auf, genoss jedoch die Freizügigkeit des Landlebens in freier Natur. Hier wurde auch der Grundstein meines späteren Berufswunsches gelegt, wenn ich mit dem Großvater zum Angeln an die Peene ging und auf dem Wege dahin das Wild beobachten konnte. 1952 zog ich im Rahmen der Familienzusammenführung zu meinen Eltern nach Hamburg-Klein Borstel, Oevern Barg 2 F, wohin es meine Eltern, nach englischer Gefangenschaft des Vaters im ehemaligen KZ Neuengamme und Flucht der Mutter aus der sowjetisch besetzten Zone im Jahre 1949, verschlagen hatte.

In Klein Borstel besuchte ich die Grundschule bis zur sechsten Klasse und anschließend die Technische Oberschule am Tieloh in Hamburg-Barmbeck, wohin wir verzogen waren. Diese verließ ich 1958 mit dem Abschluss der Technischen Oberschulreife.

Da mein Wunsch, Förster zu werden, zunächst trotz unzähliger Bewerbungen in ganz Deutschland nicht in Erfüllung ging, absolvierte ich ab dem 01.04.1958 eine Lehre als Waffen- und Fischereikaufmann bei der Fa. Eduard Hoerning & Co. in Hamburg, Lilienstr. 4-6.

Im Mai 1958 legte ich mit Erfolg die Jägerprüfung beim Landesjagdverband Hamburg ab.

Heimlich bewarb ich mich bei der Landwirtschaftskammer in Schleswig-Holstein und erhielt nach erfolgreicher Eignungsprüfung die Zusage, am 1. April 1959 eine Ausbildung für den gehobenen Forstdienst im Privatwald in Schleswig-Holstein bei der Frhr. v. Schröderschen Forstverwaltung in Bliestorf, Krs. Hzgt. Lauenburg, beginnen zu können. Lehrförster war Privatoberförster Franz Willer. Meine Eltern mussten sich schriftlich verpflichten, für den Unterhalt während der Ausbildungszeit aufzukommen.

Mein bisheriger Lehrvertrag wurde im gegenseitigen Einvernehmen aufgehoben. Obwohl Paul Kern als Inhaber der Firma Hoerning dies sehr bedauerte, zeigte er aber volles Verständnis für meinen Berufswunsch.

Für meinen Umzug von Barmbeck nach Bliestorf sorgte mein Jugendfreund Klaus Rahe. Als Mitglieder der NATURWACHT HAMBURG e.V. hatten wir viele Jahre an den Wo-

Arbeitsvertrag

Zwischen dem Forstverband J e s t e b u r g e.V.

vertreten durch Herrn Hermann Kröger - Lohof - als Vorsitzender

und die Herren Hermann Henk - Lüllau und Wilhelm Cohrs - Thelstorf
als Vorstandsmitglieder

und dem Förster Herrn Uwe Gamradt
geboren am 2. 12. 1940 in Hamburg-Harburg

wird folgender Arbeitsvertrag abgeschlossen.

§ 1

Der Förster Gamradt wird ab 1. Oktober 1966
vom Forstverband Jesteburg e.V.
auf unbestimmte Zeit
als Revierförster
unter Einstufung in die Vergütungsgruppe V b (BAT)
eingestellt.

Nach erfolgreicher Ableistung der Probezeit (§ 2) wird er in die Vergütungsgruppe V b eingestuft.

§ 2

Die Probezeit beträgt 6 Monate.

§ 3

Das Arbeitsverhältnis bestimmt sich nach dem Bundes-Angestelltentarifvertrag (BAT) vom 23.2. 1961 und den diesen ergänzenden oder ändernden Tarifverträgen sowie nach den Sonderregelungen unter § 4.

Arbeitsvertrag von Förster Uwe Gamradt

- 2 -

§ 4

<u>Für das Arbeitsverhältnis gelten folgende Sonderregelungen:</u>

1) Dem Forstangestellten wird eine Werkdienstwohnung zur Verfügung gestellt. Das Mietverhältnis wird in einem gesonderten Mietvertrag geregelt.

2) In der Wohnung ist ein möbliertes Dienstzimmer zur Verfügung zu stellen, für dessen Beheizung, Beleuchtung und Reinigung eine Pauschale von monatlich 15,- DM gewährt wird.

3) Der Forstangestellte erhält monatlich einen Dienstkleidungszuschuß in sinngemäßer Anwendung der jeweilig geltenden Bestimmungen der Landwirtschaftskammer Hannover (z.Zt. monatlich 15,- DM).

4) Dem Forstangestellten wird ein Dienstfahrzeug zur Verfügung gestellt.

5) Zum Zwecke der zusätzlichen Alters- und Hinterbliebenenversorgung wird der Forstangestellte nach Ablauf der Probezeit bei der Gothaer-Lebensversicherung auf Gegenseitigkeit, Göttingen, im Rahmen des BDF-Gruppenvertrages vom 12.6. 1961 mit jeweils 1o % der Bruttovergütung für den Erlebens- und Todesfall versichert. Von der fälligen Prämie trägt der Forstverband jeweils die Hälfte.

6) Gegen die Folgen körperlicher Unfälle wird der Forstangestellte nach Ablauf der Probezeit bei der Gothaer Allgemeinen-Versicherung, Göttingen, im Rahmen der Sammelunfall-Versicherung der Landesforstverwaltung Niedersachsen mit DM 2o.ooo für dan Todesfall und 4o.ooo DM für den Invaliditätsfall unter der Versicherungs-Nr. . . . . . versichert. Die Prämie trägt der Forstverband.

7) Der § 53 (3) BAT (Unkündbarkeit) findet keine Anwendung.

8) Bei Gewährung einer Jubiläumszuwendung entsprechend § 39 BAT ist abweichend vom BAT nicht die Dienstzeit, sondern die <u>Beschäftigungszeit</u> zu Grunde zu legen.

9) Die "Dienstanweisung für Angestellte der Forstverbände" ist Bestandteil dieses Vertrages.

1oa) § 4o BAT (Beihilfegewährung) findet keine Anwendung.

1ob) Betriebsunkosten für Telefon, Porto, Bürooutensilien werden gegen Vorlage einer monatlichen Unkostenabrechnung erstattet. Der Betrag von 50,-- DM darf ohne Genehmigung nicht überschritten werden.

§ 5

Von den 3 Ausfertigungen dieses Vertrages erhält je eine der Forstverband, der Forstangestellte und das Forstamt Stade der Landwirtschaftskammer Hannover

Für den Forstverband Jesteburg
Lohof, d. 7.6.66 . . . . .
Herm. Kröger . . . (Kröger) 1. Vorsitzender
. Herm. Henk . . . (Henk) Vorstandsmitglied
. Wilh. Cohrs . . . (Cohrs) Vorstandsmitglied

Der Forstangestellte
Hesedorf, d. 6.6.1966
Gamradt
(Gamradt, Förster)

<u>Anlagen:</u>
1. Dienstanweisung, 2. Mietvertrag

Das kleine „Chefbüro"

chenenden gemeinsam Streifendienst im NATURSCHUTZGEBIET Duvenstedter Brook durchgeführt. Da er beim Grenzschutz in Lübeck stationiert war, besaß er einen Pkw Marke LOYD ALEXANDER, mit dem meine Sachen transportiert werden konnten.

Im gesetzten Alter

Von der Fa. Hubertus Michovius, Forstuniformen, ehemals Cottbus, jetzt ansässig in Göttingen, Stresemannstraße, erwarb ich meine erste Waldbluse und war stolz wie ein Spanier! Vertreter der Fa. Michovius war damals Herr Hoffmann, der die Forstleute in ihren Forsthäusern jährlich einmal besuchte.

Das Lehrrevier Bliestorf hatte eine Größe von ca. 400 ha Forstfläche. Beschäftigt waren ein Oberförster, ein Forstlehrling, ein Waldfacharbeiter, ein Waldarbeiterlehrling, ein Hausmeister und vier ständige Waldarbeiter. In der eigenen Forstbaumschule arbeiteten ständig zwei Frauen und für die Pflanzzeit weitere acht „Kulturfrauen" aus dem Ort.

Alle erhielten ihren wohlverdienten Lohn bzw. Gehalt, und für den Eigentümer blieb auch noch genug Geld über. Waren das noch Zeiten!!

Das verkaufte Holz, z. B. geschälte Aufrichter für den Gerüstbau oder fertige Bausteifen, erzielten einen Preis von rd. 100,00 DM/fm, wobei der Stundenlohn der Waldarbeiter bei rd. 3,00 DM lag.

Das Forsthaus lag mitten im Revier, und ich als Forstlehrling genoss Familienanschluss. Frau Henny Willer war die gute Seele des Hauses und wachte über alles und jeden. Des Weiteren wohnten noch die Mutter von Herrn Willer, Sohn Joachim und Tochter Heide mit im Hause, die beide das Gymnasium in Lübeck besuchten. Frau Schacht war bereits als junges Mädchen im Forsthaushalt tätig gewesen und half jetzt, nachdem sie eine eigene Familie in Kastorf zu versorgen hatte, sporadisch mit aus.

An Ausbildungsbeihilfe bekam ich 90,00 DM/mtl., hatte aber 120,00 DM/mtl. für Unterkunft und Verpflegung zu zahlen. Den staatlichen Forstanwärtern/Forstlehrlingen in Schleswig-Holstein und Niedersachsen wurde eine Ausbildungsbeihilfe in Höhe von 145,00 DM/monatlich sowohl während der 1,5-jährigen praktischen Lehrzeit als auch der 2-jährigen Forstschulzeit gezahlt.

Hier war es mein Lehrherr Franz Willer, der meinen jederzeitigen Einsatz und Fleiß bei den praktischen Arbeiten wie Holzeinschlag, Holzschälen, Pflanzarbeiten, Maiglöckchensortierung u.v.a.m. durch Zahlung eines Stundenlohnes in der Höhe des Kulturfrauen-Stundenlohnes honorierte, wovon dann die Ausbildungsbeihilfe abgezogen wurde. Dieses anerkennende Vorgehen habe ich nie vergessen und es später bei unseren jungen Forstleuten ebenfalls angewandt. Die erste Ausgeh- und Sommeruniform konnte davon gekauft und die Eltern finanziell etwas entlastet werden.

Während der praktischen Lehrzeit besuchte ich die Landwirtschaftsschule des Krs. Hzgt. Lauenburg in Kastorf und später in Mölln, die ich mit Auszeichnung abschloss.

Über eine Episode in der Lehrzeit möchte ich berichten:

„Im Frühjahr/Frühsommer wurden unter anderem die Dachrinnen des Forsthauses und der Stallungen gereinigt. Der Waldfacharbeiter Karlheinz Sommerfeld schickte mich, den Forstlehrling, mit der Leiter zu dem Teil der Dachrinne, wo sich das Fenster von Oma Willers Schlafzimmer befand. Pflichtbewusst säuberte ich die Dachrinne, obwohl das Wasser, Laub u. a. recht rötlich aussahen und einen scharfen Geruch verbreiteten. Ein Blick zum Waldfacharbeiter und seinem Bruder Jürgen – beide drehten grienend den Kopf zur Seite. Später erfuhr ich, dass Oma Willer morgens ihren Nachttopf in die Dachrinne entleerte.

Damit dies künftig ein Ende hatte, habe ich jeden Morgen den Nachttopf mit nach unten zum Entleeren genommen."

Fuhr mein Lehrchef mit seiner Frau sowie Tochter und Sohn einmal ins Kino nach Lübeck oder besuchte Kollegen oder Freunde, so blieb ich mit Oma Willer, der Mutter meines Lehrherrn, im einsam gelegenen Forsthaus zurück.

Fernsehen hatten wir 1959 noch nicht, und so setzte ich den Plattenspieler in Gang. Wir beide hörten Verdis NABUCCO und hier immer wieder den „Chor der Gefangenen", den ich mir heute noch gerne anhöre.

Was würden heute unsere jungen Forstleute wohl sagen, wenn so ein Ansinnen an sie herangetragen werden würde?

In den eineinhalb Jahren wurden alle praktischen und theoretischen Arbeiten und Aufgaben gelehrt und gelernt. Es war eine zwar harte, aber schöne Zeit, die ich nicht missen möchte.

Mit Herrn und Frau Willer verbanden mich und meine Frau Karin in späteren Jahren eine enge Freundschaft. So musste mindestens ein Besuch im Jahr in Bliestorf sein, um zum einen den Bliestorfer Wald zu besichtigen und zum anderen, um die 24 Gläser „Deputathonig" –Franz Willer war begeisterter Imker – abzuholen.

Im Anschluss an die Lehrzeit erfolgte vom 1. Oktober 1960 bis 30. September 1962 der Besuch der Nds. Forstschule DÜSTERNTAL, die ich als Zweitbester mit der Note -gut- abschloss. Auch hier wurde den Forstkollegen, die im Privatdienst ihre Ausbildung machten, nichts geschenkt. Für Unterkunft und Verpflegung waren an die Forstschule 105,00 DM/mtl. zu zahlen und an das Nds. Ministerium 130,00 DM/Quartal Schulgeld, da es sich um eine staatseigene Ausbildungsstätte handelte.

Eine gewisse Förderung erhielten meine Eltern aus Mitteln des Grünen Planes und anderen öffentlichen Ausbildungsförderungen. Die staatlichen Kollegen erhielten wie erwähnt 145,00 DM im Monat an Ausbildungsbeihilfe, sodass sie über 40,00 DM Taschengeld verfügten und kein Schulgeld zahlen brauchten.

Hierzu sei bemerkt:

„Während sich unsere staatlichen Kollegen in den Semesterferien irgendwo den Hintern bräunten, habe ich in diesen Zeiten auf dem Bau bei der Fa. Freigang in Hamburg gearbeitet, um Geld zu verdienen und damit die Eltern etwas zu entlasten. Gut war, dass man hierbei die unterschiedlichsten Menschencharaktere kennen und mit Geld umzugehen lernte."

Die Ausbildung im gehobenen Forstdienst dauerte seinerzeit bis zur Revierförsterprüfung 6 ½ Jahre.

Vom 1. Oktober 1962 bis 30. September 1963 absolvierte ich als Hilfsförster meinen Vorbereitungsdienst bei der Graf von Westphalenschen Forstverwaltung im Revier Seedorf, Krs. Segeberg, bei Privatoberförster Richard Sievers. Einstellungsvoraussetzung war „jagdliche Passion", da der Stelleninhaber nicht jagte, die war bei mir zur Genüge vorhanden. Das waldbaulich überaus interessante Revier hatte eine Größe von 842 ha, davon 608 ha Holzbodenfläche, und es besaß einen sehr gut veranlagten Damwildbestand sowie Schwarzwild und Rehwild. Zum Revier gehörten der Seedorfer und Seekamper See in Größe von rd. 130 ha mit einem guten Graugans- und Entenbesatz, jagdlich damit ein Eldorado!!

Natürlich wurde die Jagd großgeschrieben, aber die forstlichen Belange und Ausbildung nicht außer Acht gelassen.

Obwohl man mir zugesagt hatte, dass ich meine gesamte Vorbereitungszeit bei der Graf von Westphalenschen Forstverwaltung ableisten könne, erhielt ich Anfang September 1963 den Bescheid, dass ein anderer Kollege ab 1. Oktober 1963 dort seinen Dienst beginne. Auf Rückfrage bei der Hauptverwaltung in Meschede erklärte man mir, dass die Zusage zwar gelte, jedoch für den ganzen Bereich der Verwaltung, nicht aber nur für das Revier Seedorf. Da ein Umzug nach Westfalen nicht infrage kam, war es schwer, in so kurzer Zeit eine neue Stelle zu finden.

Eine Einstellung nach Anfrage und Vorstellung beim Forstverband Amelinghausen scheiterte daran, dass ich noch nicht verheiratet war, da ein neu errichtetes Forsthaus zu beziehen sei. Nach längerem Suchen fand ich eine freie Stelle beim Forstverband Bremervörde e. V., die am 1. Oktober 1963 angetreten wurde.

Der Wechsel vom intensiv bewirtschafteten Einzelrevier mit überdurchschnittlich jagdlichen Möglichkeiten in die forstliche Beratung und Betreuung bäuerlichen Kleinprivatwaldes war anfänglich gravierend. Die Beherrschung der plattdeutschen Sprache, das Wissen um den jahreszeitlichen Ablauf im landwirtschaftlichen Betrieb und Kenntnis der Mentalität der Landbewohner kamen mir jetzt sehr zustatten.

Lehrchef Oberförster Johann Wülpern bemerkte:

„Sehr bald hatte Hilfsförster Uwe Gamradt das Vertrauen und die Anerkennung der Waldbesitzer errungen und konnte auf eine erfolgreiche forstliche Betreuungsarbeit blicken. Naturgemäß verlangt die Weiträumigkeit eines Forstverbandes mit rd. 3.000 ha Waldfläche und 500 Waldbesitzern Eigeninitiative und Motivation der jungen Forstkollegen. Hier zeigte Hilfsförster Gamradt ein hohes Maß an Organisationstalent, verbunden mit handwerklicher und technischer Geschicklichkeit."

Im Sommer 1965 legte ich mit Erfolg die Revierförsterprüfung ab und war als Förster in ungekündigter Anstellung beim Forstverband Bremervörde e. V. tätig.

Die Gutsverwaltung Holm, Ldkrs. Harburg, Besitzer Friedrich Kohrs, suchte einen Nachfolger für den aus Altersgründen ausscheidenden Revierförster Willi Wetzel. Nach Bewerbung und Vorstellung erhielt ich die Einstellungszusage, sagte diese dann zum Bedauern von Herrn Kohrs aber ab und bewarb mich um die freiwerdende Verbandsförsterstelle beim Forstverband Jesteburg e. V.

Gemäß Beschluss des Vorstandes des Forstverbandes Jesteburg e. V. vom 14.02.1966 im Gasthaus Karl Schmidt in Jesteburg sollte meiner inzwischen eingegangenen Bewerbung entsprochen werden und ich als Revierförster zum 1. Oktober 1966 eingestellt werden. Ein entsprechendes Bestätigungsschreiben wurde mir bald zugestellt.

Die Jahre 1966/67 standen im Zeichen einer starken wirtschaftlichen Rezession in Deutschland. So erzielte der Waldbesitzer für einen Raummeter Nadel-Industrieholz, ungeschält, gerückt zur Herstellung von Spanplatten von der Fa. IBUS in Lüneburg 12,00 DM, die Werbungs- und Rückekosten lagen jedoch bei 14,00 DM/rm. Das Interesse am Wald sank beim Besitzer wieder einmal auf den Nullpunkt!

Der Forstverband verfügte über ein schuldenfreies Forsthaus mit Grundstück, einen über 10 Jahre alten VW-Bus, einen mittelalten Pkw, VW-Standard, wo nur der erste Gang synchronisiert war, eine alte Howard Fräse und zwei Anhänge-Waldstreifenpflüge sowie ein Bankguthaben von rd. 7.000,00 DM.

Zum 26. Januar 1967 erfolgte meine Ernennung zum Privat-Revierförster, und ich ging mit Schwung und Elan an die Arbeit.

Zunächst waren noch die Reste des Windwurfholzes aus dem Februar 1962 aufzuarbeiten, da vorerst nur das wertvollere Stammholz vermarktet worden war. Die Wirtschaft zog wieder an, und es kam zu annehmbaren Holzpreisen bei zunehmender Nachfrage.

Knapp wurden die benötigten Arbeitskräfte, da eine Abwerbung seitens der Deutschen Bundesbahn, der Shell AG, der Fa. Phönix in Harburg u.a.m. bei Zahlung hoher Löhne erfolgte. Auch bei mir trat das ein, worüber Kollege Flach bereits geklagt hatte: dass fast nur solche Mitmenschen im Walde arbeiten wollten, die vorübergehend „sich der Obrigkeit entziehen mussten“!

Über die Fa. Diederichs aus Osterode/Harz kamen dann die ersten jugoslawischen Waldarbeiter zu uns, die aus Mazedonien stammten und in Sandalen, dünner Hose und Käppi erschienen. Was haben die armen Kerls im schneereichen Winter 1970/71 gefroren und ihre Unterkünfte auf der Hühnerfarm in Lüllau bei Fam. Albers derart geheizt, dass das Wasser von den Wänden lief!!

Hinzu kam, dass die meisten von ihnen muslimischen Glaubens waren und nichts vom Schwein aßen, Rind-, Schaf-, Ziegen- und Geflügelfleisch aber teuer und kaum zu bekommen war. So manche Flasche selbstgebrannten Slibowitz und stark gewürztes, luftgetrocknetes Ziegen- bzw. Rindfleisch brachten sie für ihren „SUMAR“ (Förster) mit, wenn sie vom Urlaub zurückkamen.

Am 30. Juni 1969 erfolgte meine Beförderung zum Privatoberförster und am 25. Oktober 1971 zum Privatforstamtmann seitens der Landwirtschaftskammer Hannover.

Skandinavien mit seinen unendlichen Wäldern hatte für mich schon immer eine überwältigende Faszination, noch mehr nach dem Lesen der Bücher „Und ewig singen die Wälder“ und „Das Erbe von Björndal“ von Trygve Gulbranssen, deren Handlung jedoch in Norwegen spielte.

Meine Neigung ging mehr in Richtung SCHWEDEN, das aber immer sehr weit entfernt und kaum erreichbar war. Mit meiner Familie fuhr ich dann 1975 das erste Mal von Travemünde mit der PETER PAN nach Trelleborg, um dann weiter in die Schären hinter Stockholm zu fahren, wo wir von Kurt Antskog sein Sommerhaus gemietet hatten.

Alle waren wir begeistert von Land und Leuten und der ruhigen schwedischen Lebensweise. Da die Fahrt in die Schären mit den noch kleinen Kindern doch sehr anstrengend war, wir über kein Boot verfügten, ohne das man im großen Schärgarten hinter Stockholm sehr begrenzt in seinen Aktivitäten ist, machten wir in den kommenden Jahren weiter südlich im herrlichen Småland Urlaub.

Zwischenzeitlich hatte ich die Möglichkeit bekommen, auf Elch in den Tiveden westlich der Spitze des Vätternsees zu jagen. Dort haben wir uns dann später ein eigenes Schwedenhaus mit 1 ha Grundstück gekauft, viel renoviert, an- und umgebaut und so zu einem kleinen Schmuckstück werden lassen.

Die Ameisenhege im Wald war mir schon frühzeitig eine Herzensangelegenheit, und bereits 1978 wurde ich Mitglied der Ameisenschutzwarte Würzburg e. V., die von Professor Dr. Karl Gößwald geleitet wurde.

Seit dem 14. Juli 1993 bin ich Vorsitzender des Fördervereins des Naturkundlichen Museums und Schulungsstätte „Alte Schmiede" Handeloh (FNMS).

Bei der Deutschen Ameisenschutzwarte e. V., Landesverband Niedersachsen, bekleide ich das Amt des l. Vorsitzenden der Kreisgruppe Nördliches Niedersachsen.

Von der Deutschen Ameisenschutzwarte e. V., Landesverband Niedersachsen, erhielt ich das Ehrenzeichen in Gold für meine langjährige Ameisenhege.

Die Schutzgemeinschaft Deutscher Wald verlieh mir das Ehrenzeichen in Silber.

Das Verdienstabzeichen für 25-jährige, 40-jährige und 50-jährige Mitgliedschaft im Bund Deutscher Forstleute wurde mir verliehen.

Der Deutsche Jagdschutzverband e. V. verlieh mir das Verdienstabzeichen für 25-jährige, 40-jährige und 50-jährige Mitgliedschaft.

Lange Jahre gehörte ich der Jägerprüfungskommission des Landesjagd- und Naturschutzverbandes Hamburg e. V. an.

Unser Schwedenhaus im schneereichen Winter

Der Landesjagd- und Naturschutzverband Hamburg e. V. verlieh mir 2009 das Verdienstabzeichen in Silber.

Im Juni 2009 verlieh mir Minister Hans-Heinrich Sander die Ehrennadel des Niedersächsischen Ministeriums für Umwelt und Klimaschutz u.a. für meine Bemühungen auf dem Gebiet des Fledermausschutzes.

Von 2005-10 bekleidete ich das Ehrenamt des Kreiswaldbrandbeauftragten für den Landkreis Harburg.

Bereits als Hilfsförster wurde ich Mitglied in der ANW, Arbeitsgemeinschaft Naturgemäße Waldwirtschaft, weil ich im Dauerwaldgedanken die richtige Waldbewirtschaftung sah und noch heute sehe.

Acht Jahre lang leitete ich erfolgreich den Bundesverband Deutscher Jagdaufseher e. V. als Präsident und war Mitbegründer der Europäischen Jagdaufseherkonferenz für die Länder Deutschland, Bayern, Kärnten, Tirol, Aargau und Luxemburg. Außerdem bin ich Mitglied im SILBERNEN BRUCH, Orden für den Schutz von Wald, Wild und Flur und zur Förderung von waidgerechtem Jagen.

Als Verbandsförster betrieb ich eine intensive Beratung derjenigen Waldbesitzer, die sich noch nicht dem Forstverband angeschlossen hatten. So nahm die Betreuungsfläche und damit natürlich auch die Arbeit kontinuierlich zu, und wir dachten an die Einstellung einer forstlichen Hilfskraft.

Bremer Jagdscheinanwärter mit dem Ausbildungsleiter Günter Othmer

Da meldete sich das Arbeitsamt Buchholz und teilte mit, dass ein arbeitsloser ungarischer Förster sich bei ihnen gemeldet hätte.

Nach Durchsicht der Bewerbungsunterlagen und Vorstellung stellte der Vorstand Herrn Ferenc SZABO, wohnhaft in Holm, Schierhorner Straße, zum 25.04.1970 als Hilfsförster ein, da seine ungarische Ausbildung nur insoweit anerkannt wurde. Dieses Arbeitsverhältnis wurde zum 1. März 1971 im gegenseitigen Einvernehmen aufgekündigt.

Herr Szabo hat später an der Aufstiegsprüfung für den gehobenen Forstdienst erfolgreich teilgenommen. Später leitete er bis zu seinem altersmäßigen Ausscheiden aus den Dienst der LkH im Forstamt Gifhorn der Landwirtschaftskammer Hannover einen Forstverband.

Im Jahre 1970 fragte Herr Forstwart Johann WÜLPERN aus Augustendorf, Krs. Bremervörde, beim Forstverband Jesteburg e. V. an, ob er eine Arbeitsstelle dort finden würde. Johann Wülpern war mir aus der gemeinsamen Zeit beim Forstverband Bremervörde e. V. bekannt, wo er seine Ausbildung zum Waldfacharbeiter absolvierte. Er hat danach eine Ausbildung zum Forstwart mit gutem Erfolg durchlaufen und wollte sich jetzt verändern. Nach Durchsicht der eingereichten Bewerbungsunterlagen und persönlicher Vorstellung sowie meiner Fürsprache stellte der Vorstand Herrn Forstwart Johann WÜLPERN – geboren am 9. November 1946 – zum 12. Februar 1971 ein.

Herr Wülpern war überaus sportlich und nahm an mehreren Marathonläufen teil, außerdem ging er zur Abendschule in Hamburg und holte die Mittlere Reife nach. In späteren Jahren nahm er mit Erfolg an der Aufstiegsprüfung für den gehobenen Forstdienst teil, da die mittlere Forstlaufbahn (Forstwart) sowohl im Staats- wie auch im Landwirtschaftskammerdienst auslief.

Er kannte aus der Lehrzeit beim Forstverband Bremervörde e. V. die forstliche Beratungs- und Betreuungsarbeit und fand sich sehr schnell in die hiesigen Verhältnisse ein. Auch für ihn war die Sturmschadenskatastrophe vom November 1972 eine Herausforderung, die jedoch gemeinsam bewältigt wurde.

Infolge seines hohen und von Ehrgeiz geprägten Einsatzes in der alltäglichen dienstlichen Tätigkeit wurde er nach bestandener Aufstiegsprüfung zum Privat-Revierförster ernannt. Auf Antrag des Forstverbandes wurde er im Jahre 1975 zum Privat-Forstoberinspektor von der Landwirtschaftskammer Hannover befördert.

Zum 1. Mai 1976 wurden Johann Wülpern und ich auf Antrag als Angestellte in den öffentlichen Dienst der Landwirtschaftskammer Hannover übernommen. Jetzt war u.a. nicht mehr der Vorstand des Forstverbandes der Dienstvorgesetzte von uns Forstleuten, sondern der Leiter des Forstamtes Stade der Landwirtschaftskammer Hannover. Zwischen der Landwirtschaftskammer Hannover und der FBG Forstverband Jesteburg wurde ein Beratungsvertrag abgeschlossen, sodass künftig von der Forstbetriebsgemeinschaft eine Beratungsgebühr an die Landwirtschaftskammer Hannover zu zahlen war. Das monatliche Entgelt für uns wurde jetzt von der Landwirtschaftskammer Hannover gezahlt. Es galten ab jetzt alle Rechte und Pflichten des öffentlichen Dienstes bis hin zur Versetzungsbereitschaft.

Ein lange gehegter Wunsch von Herrn Wülpern war es, einmal im Entwicklungsdienst im Auftrag der Bundesrepublik Deutschland in Afrika tätig zu sein, wenn möglich im forstlichen Bereich.

Diesbezügliche Anfragen bei der GTZ bzw. beim DED waren positiv, wogegen eine Beurlaubung seitens der Landwirtschaftskammer Hannover trotz vieler Eingaben negativ bescheinigt wurde, da Herr Wülpern nur Angestellter und nicht Beamter war. Unsere Intervention dagegen, dass dies doch eine Diskriminierung bedeuten würde, wurde ignoriert. Auch zur Zusage der Wiedereinstellung nach Rückkehr aus dem deutschen Entwicklungsdienst war die Landwirtschaftskammer Hannover nicht bereit.

Wollte er trotzdem seinem Wunsch entsprechend tätig werden, blieb nur die eigene Kündigung des Dienstverhältnisses mit der Landwirtschaftskammer Hannover, was dann auch zum 29. September 1977 erfolgte.

Nach Beendigung seiner forstlichen Tätigkeit als Entwicklungshelfer in verschiedenen afrikanischen Ländern kehrte Johann Wülpern nach Deutschland zurück, bewarb sich bei der Landesforstverwaltung Niedersachsen und wurde eingestellt. Zuletzt war er für die Anerkennung von Saatgutbeständen aller Waldbesitzarten in Niedersachsen verantwortlich.

Im Rahmen seines forstlichen Studiums an der FACHHOCHSCHULE ROTTENBURG, Hochschule für Forstwirtschaft in Baden-Württemberg, fragte Herr Torben HOMM aus Flensburg an, ob er einen Teil seines forstlichen Praktikums bei der FBG FV Jesteburg ableisten könnte.

Nach Eingang der Bewerbungsunterlagen und persönlicher Vorstellung leistete dann Herr Homm vom 1. Juni 1999 bis 3. September 1999 dieses Praktikum ab. In dieser relativ kurzen Zeit hat Herr Homm sich mit rascher Auffassungsgabe und ausgeprägter Urteilsfähigkeit in die vielseitigen Waldbau- und Personalverhältnisse der Forstbetriebsgemeinschaft eingefunden. Seine erfreuliche Organisationsfähigkeit und Gewissenhaftigkeit, insbesondere in der Anwendung der Datenverarbeitung, sowie seine ehrliche Gesinnung und zuvorkommenden Umgangsformen sicherten ihm sehr bald Vertrauen und Anerkennung von Vorgesetzten, Mitgliedern und Mitarbeitern zu. Zum Abschluss des Praktikums bemerkte ich sowohl Herrn Homm als auch dem Vorsitzenden Herrn Detlef Cohrs gegenüber, dass ich mir vorstellen könnte, in Herrn Homm einen Nachfolger in meinem Amte zu sehen.

Herr Torben Homm, geboren am 03.05.1974 in Flensburg, hat nach dem Abitur im Jahre 1993 Flensburg verlassen, um zunächst auf einem land- und forstwirtschaftlichen Betrieb in der niedersächsischen Göhrde, Hof Tangsehl, seinen Zivildienst abzuleisten. Im Anschluss daran begann er am 15.08.1994 die Ausbildung zum Forstwirt in der Stadtoberförsterei Mölln, wo er nach zwei Jahren den Gesellenbrief erhielt. Diese Zeit erschien ihm wichtig, um einen Abstand zur rein schulischen Ausbildung zu bekommen. Auch während des Studiums bot sich durch diese Ausbildung immer wieder die Möglichkeit, zur Finanzierung des Studiums beizutragen.

Während seines Studiums in Baden-Württemberg an der FH Rottenburg, Hochschule für Forstwirtschaft, in der Zeit von August 1996 bis zum Examen im August 2000, nutzte Herr Homm stets die Möglichkeit, Praxiserfahrung zu sammeln. Das 3. Semester verbrachte er komplett im Dienste des U.S. Forest Service in Kalifornien, in den Semesterferien 1998 wurde der Kontakt zum schwedischen Forstkonzern AssiDomän gesucht, um die Waldbewirtschaftung am Polarkreis kennenzulernen. Das 2. Praxissemester wurde dann zunächst in einer Försterei des baden-württembergischen Forstamtes Mössingen absolviert, um dann im Anschluss nahe der Heimat in der Forstbetriebsgemeinschaft Forstverband Jesteburg weitere Erfahrungen in der Praxis zu gewinnen.

Während dieses Praktikums lernte er vieles über die unterschiedlichen und vielseitigen Aufgaben eines Bezirksförsters kennen, die nur wenig mit der Betreuung eines staatlichen Revieres gemeinsam haben. Der Kontakt zu den Waldbesitzern bei der Beratung, aber auch der nette Umgang im Büro mit familiären Anschluss („So fand ich mich nach einer beiläufigen Einladung zum abendlichen Grillen plötzlich auf dem Polterabend von Gamradts Tochter Inka!“) ließen Herrn Homm bei der Auswahl des Vorbereitungsdienstes nicht lange zögern.

Nach erfolgreichem Abschluss des Studiums im Fachbereich Forstwirtschaft mit dem Studienschwerpunkt Betriebswirtschaft, Holzwirtschaft, internationales Holzmarketing am 07.08.2000 begann Herr Homm am 01.11.2000 seinen einjährigen Vorbereitungsdienst als Forstinspektoranwärter bei der Landwirtschaftskammer Hannover, Forstamt Stade, Bezirksförsterei Jesteburg.

Nach Ablegung der Laufbahnprüfung für den gehobenen Forstdienst im Oktober 2001 folgte sogleich ein befristetes Anstellungsverhältnis im LWK-Forstamt Braunschweig in der Büroleitung. Im Mai 2002 fand dann die Versetzung in den Außendienst statt, und Herrn Homm wurde als Forstinspektor die Bezirksförsterei Zeven des Forstamtes Stade zugewiesen. Hier leitete er erfolgreich bis zum 30.06.2004 die Försterei mit rd. 2042 ha Mitgliedsfläche von 307 Waldbesitzern.

Am 01.07.2004 trat Herr Homm dann meine Nachfolge an, da ich altersbedingt im Dezember 2005 ausscheiden würde. Wir haben bei der Verbandsgröße in Jesteburg auf eine lange Einarbeitungszeit hingewirkt, die im öffentlichen Dienst wohl eher die Ausnahme ist. Doch auch der Vorstand der Forstbetriebsgemeinschaft Forstverband Jesteburg hat die Notwendigkeit dieser Zeit herausgestellt, sodass die Landwirtschaftskammer diesem Vorhaben zugestimmt hat.

Zum 01.01.2005 wurde Herr Homm zum Forstoberinspektor ernannt und hat die Zeit mit mir intensiv genutzt, um mit den großen Revierverhältnissen vertraut zu werden. Bedingt dadurch, dass Herr Homm den Vorstand gebeten hatte, nicht das Forsthaus

Bezirksförster FI Torben Homm

als Dienstwohnung beziehen zu müssen, fanden während dieser Zeit auch zahlreiche bauliche Veränderungen im Forsthaus statt. Da die Lebensgefährtin von Herrn Homm sehr in den elterlichen Betrieb mit Pferdezucht in Freetz bei Sittensen eingebunden ist, wurde dem Wunsch von Herrn Homm entsprochen. Somit wurde mir und meiner Frau ermöglicht, auch nach dem Dienstende das Forsthaus weiterhin zu bewohnen. Das Forstverbandsbüro wurde komplett in die obere Etage verlagert und durch eine Außentreppe baulich von der untenliegenden Wohnung getrennt. Hierdurch ist andererseits der enge Kontakt zwischen Herrn Homm und mir als seinem Vorgänger geblieben, auf den Herr Homm auch in späteren Jahren nach Dienstantritt gerne wieder zurückgegriffen hat.

Durch die jahrelange Geschäftsführung meiner Frau Karin Gamradt, die nach der Übergabe der Geschäfte an unsere Tochter Inka Gamradt-Goroncy weiterhin für den Forstverband tätig ist, haben die Waldbesitzer des Forstverbandes diesen fließenden Wechsel kaum wahrgenommen. Durch die räumliche Nähe stand und steht auch weiterhin ein Ansprechpartner am Telefon zur Verfügung, selbst wenn das Büro eigentlich nicht besetzt ist.

Herr Homm wurde am 01.11.2006 im Alter von 32 Jahren zum Forstamtmann befördert.

Während seiner Forstwirtausbildung in der Stadtoberförsterei Mölln lernte Torben Homm Forstamtsrat Heinz Ruppertshofen kennen und damit den ganzen Bereich der Ameisenhege im Wald. Heute ist Herr Homm Vorstandsmitglied in der Deutschen Ameisenschutzwarte, Kreisgruppe Nördliches Niedersachsen, und bekleidet das Amt des Schriftführers. Er engagiert sich im Sinne der Schutzgemeinschaft Deutscher Wald und ist Mitglied der Arbeitsgemeinschaft Naturgemäße Waldwirtschaft. Ein weiteres Interessengebiet ist ihm die Imkerei, die er von seinem Vater kennengelernt hatte.

Forstamtmann Homm ist Waldbrandbeauftragter für den Gefahrenbezirk II im Landkreis Harburg. Im örtlichen Bereich seines Wohnsitzes ist er aktives Mitglied der Freiwilligen Feuerwehr.

Im Rahmen dieser Chronik darf sicherlich der Hinweis auf die DIENSTANWEISUNG und DIENSTKLEIDUNGSVORSCHRIFT für die Forstangestellten im Forstverbandsdienst nicht fehlen.

DIENSTANWEISUNG

Lag für die Forstbeamten im Staats- und Kommunaldienst bereits seit langer Zeit eine entsprechende Dienstanweisung für die einzelnen Laufbahnen vor, so zog die Landwirtschaftskammer Hannover nach Etablierung einer Forstabteilung mit einer entsprechenden Dienstanweisung nach.

Ähnliches ist von den großen adligen Forstverwaltungen zu berichten. Auf Grund der Organisationsverordnung – hört sich irgendwie bekannt an – vom 19.02.1885 für das Königreich Bayern wurde u.a. eine Dienstinstruktion für den königlich bayrischen Förster erlassen. Nach Erprobung und Novellierung im Jahre 1908 wurde diese durch eine Dienstanweisung ersetzt.

Ähnlich verhielt es sich mit der Dienstanweisung für die zur Aufsicht über die Privatwaldungen und zur Förderung der Privatforstwirtschaft bestellten königlichen Förster vom 28.02.1902.

Im Königreich Preußen, zu dem später auch das ehemalige Königreich, die spätere Provinz Hannover gehören wird, ergeht die Dienst-Instruktion für den königlichen preußischen Förster vom 23.10.1868.

Hier heißt es: § 1: Dienstpflicht im Allgemeinen, § 2: Treue gegen Seine Majestät den König und den Staat, § 3: Gehorsam gegen Vorgesetzte, § 4: Verhältnis gegen das Publikum, § 5: Amtsverschwiegenheit, § 6: Anständiger Lebenswandel, § 7: Schuldenmachen und sonstige Geldesverschwendungen, § 8: Versetzung, § 9: Veränderung des Wohnortes, § 10: Urlaub, § 11: Dienstkleidung, § 12: Verheiratung und sonstige Verwandtschaftsbeziehungen, § 13: Einkauf in die Witwenkasse, § 14: Erkrankung und Todesfall, § 15: Privataufträge und Nebenämter, § 16: Nebengewerbe, namentlich Holzhandel, sind verboten. Es folgen noch eine ganze Reihe von §§ bis hin zu § 71: Anwendung der Instruktion auf die Forstschutzbeamten und als Letztes § 72: Bestrafung der Dienstvergehen und Regresspflicht.

Die Dienstanweisung der Landwirtschaftskammer Hannover galt natürlich nur für ihre Forstamtsleiter, Büroangestellten und Bezirksförster. Mit Bildung des Reichsnährstandes im Jahre 1936 und Überführung aller öffentlichen Dienststellen der Land-, Forst- und Fischereiwirtschaft in denselben, erging auch eine neue einheitliche Dienstanweisung. Mit dem demokratischen Neubeginn im Jahre 1948 und der Wiedererrichtung der vorläufigen Landwirtschaftskammer Hannover wurde die Erarbeitung einer neuzeitlichen Dienstanweisung für die Beamten, Angestellten und Arbeiter im öffentlichen Dienst der Landwirtschaftskammer Hannover erforderlich und in Kraft gesetzt.

Mit der fortschreitenden Gründung von privatrechtlichen Forstwirtschaftlichen Zusammenschlüssen in Form von Forstverbänden seit 1948 wurde von diesen auch verstärkt forstliches Fachpersonal angestellt, zumal viele heimatvertriebene Förster eine Beschäftigung suchten. Oberforstmeister Mann von der Abt. Privatforst der Landwirtschaftskammer Hannover teilt am 24.02.1955 in einem Schreiben an die Forstämter der LWK Hannover mit, dass mehrere Forstverbände mit dem Wunsch an die Landwirtschaftskammer herangetreten seien, doch eine entsprechende Dienstanweisung für die Forstangestellten in den Forstverbänden auszuarbeiten.

Die LWK Hannover widmete sich umgehend dieser Aufgabe, und ein entsprechender Entwurf ging den Vorständen der Forstverbände zwecks Stellungnahme zu. Die zahlreichen Wechselbeziehungen zwischen Landwirtschaftskammer und Forstverbänden sowie die Verzahnung der beiderseitigen Aufgaben machen eine enge Zusammenarbeit erforderlich, ohne den Forstangestellten in eine Situation zu bringen, dass er Diener zweier Herren sein muss. Nach einigen Änderungen wurde eine 21 Paragraphen umfassende Dienstanweisung für die Forstangestellten der Forstverbände erlassen, die zum Bestandteil eines jeden Anstellungsvertrages wurde.

Aus der Selbstverwaltung der Forstverbände ergibt sich die personelle Unterstellung der Angestellten unter den Vorsitzenden bzw. Vorstand des Verbandes. Aus den im Kammergesetz festgelegten Aufgaben der forstfachlichen Beratung und Betreuung sowie der Förderung von freiwilligen Zusammenschlüssen leitet sich die Verantwortung der Forstämter der Landwirtschaftskammer für die betriebstechnischen Arbeiten ab. Die Forstangestellten müssen also in dieser Hinsicht von den Forstämtern ausgerichtet werden. Damit wird der Vorstand hinsichtlich der Betriebstechnik von der Verantwortung seinen Mitgliedern gegenüber entlastet.

Es darf keine Gegensätzlichkeit irgendwelcher Art zwischen Forstverband und Forstamt entstehen, im Gegenteil: Die Zusammenarbeit zwischen den Forstämtern der Landwirtschaftskammer mit mehr behördlichem Charakter und den sich selbst verwaltenden Verbänden führt zu der richtigen Synthese.

Durch die Fachkenntnis der Forstbeamten bzw. -angestellten und die rührige Arbeit der Waldbesitzer in den Forstverbänden werden gemeinsam Wege gesucht und gefunden, die in der Vielfältigkeit der Verhältnisse zum Erfolg führen. Es wird der Ausgleich geschaffen zwischen der Verpflichtung des Eigentums der Allgemeinheit gegenüber und dem nicht weniger notwendigen Streben des Einzelnen nach dem eigenen Vorteil. Die Dienstanweisung für die Forstangestellten der Verbände soll hierzu beitragen. So wurde diese Dienstanweisung für Revierförster Auerbach nachträglich, für Revierförster Flach und Gamradt bei Unterzeichnung des Anstellungsvertrages zum Bestandteil.

Bis zum Jahre 1974 gab es noch einige Änderungen an dieser Dienstanweisung, die hiernach ihre Gültigkeit bei den meisten Forstverbänden verlor, da das Forstpersonal fast gänzlich in den öffentlichen Dienst bei der Landwirtschaftskammer Hannover als Beamte bzw. Angestellte übernommen wurden. Damit gab es nur noch einen Dienstvorgesetzten, und das war und ist der Leiter des zuständigen Forstamtes der Landwirtschaftskammer.

DIENSTKLEIDUNGSVORSCHRIFT

Gleichlaufend mit der Entwicklung der Dienstanweisung ist der Werdegang der Dienstkleidungsvorschrift – früher Uniformvorschrift genannt – anzusehen. In den einzelnen Fürstentümern war dem Erfindungsgeist der Hofschneidereien keine Grenze gesetzt, und die Jäger- bzw. Forstbeamtenschaft wurde farbenprächtig und schwergewandig ausgestattet. Nach und nach setzte sich ein militärisch betonter Schnitt durch, war doch der 12-jährige Dienst in den Jägerbataillonen Voraussetzung dafür, dass eine Übernahme in den Forstdienst möglich war.

Während der Kaiserzeit trug die Forstbeamtenschaft die hochgeschlossene zweireihige Uniform mit langer Hose und über die Knie gehende lederne Langschäfter. Eine Erleichterung sowohl in Schnitt als auch in der Schwere des Tuches erfolgte im sogen. Dritten Reich, obwohl der militärische Schnitt beibehalten wurde, was unbestritten auch einen entsprechenden Chic mit sich brachte und die grüne Forstuniform salonfähig machte. Nach Ende des Zweiten Weltkrieges und dem Neubeginn auch im forstlichen Umfeld trug man weiterhin diese grüne Dienstkleidung, wenn auch ohne Kragenspiegel und sonstige Embleme aus gerade vergangener Zeit.

Die ersten Forstschüler in Münchehof, Westerhof und später in Düsterntal hatten oftmals ihre forstliche Ausbildung noch in Friedenszeit begonnen, diese als Kriegsteilnehmer unterbrechen müssen und danach fortgesetzt. Das Tragen dieser uniformähnlichen Dienstkleidung war für sie nichts Neues, und die meisten trugen sie mit Stolz auf ihren Beruf.

Die Niedersächsische Landesforstverwaltung hatte kurz nach Bildung des Landes Niedersachsen eine entsprechende Dienstkleidungsvorschrift für die Beamten und Angestellten im Staatsdienst per Runderlass verabschiedet. Nach Verhandlungen mit den beiden Gewerkschaften BDF und GGLF sowie den Waldbesitzerorganisationen galt diese Vorschrift auch für den Kommunal- und Privatforstdienst, ausgenommen das Dienstwappen.

Bei den Schulterstücken wurde unterschieden in eine grüne Unterlage für den Staatsforstdienst, eine graue Unterlage für den Kommunalforstdienst und eine braune Unterlage für den Privatforstdienst. Waldbesitzende Kreise, Städte und Privatforstverwaltungen ließen für ihre Forstleute eigene Hut- bzw. Mützenabzeichen anfertigen.

Im § 9 der Dienstanweisung für die Forstangestellten im Forstverbandsdienst heißt es: „Dienstkleidung. Im Dienst, bei dienstlichen Vorsprachen und bei feierlichen Dienstangelegenheiten ist Dienstkleidung nach den jeweils gültigen Bestimmungen der Dienstkleidungsvorschrift für die niedersächsische Landesforstverwaltung zu tragen."

Für viele Forstleute war es eine Selbstverständlichkeit, dass sie bei ihrer Hochzeit in ihrer Dienstkleidung erschienen. Oftmals mangelte es sogar an ziviler festlicher Bekleidung.

In einem Brief vom BUND DEUTSCHER FORSTMÄNNER, Landesverband Niedersachsen vom 20. August 1957 schreibt der Vorsitzende Dr. Jaeger an die Forstverbände im Bereich der Landwirtschaftskammer Hannover:

„Die Forstangestellten im Forstverbandsdienst, die mit wenigen Ausnahmen unserer Berufsvereinigung als Mitglied angehören, haben gelegentlich in ihrer letzten Mitgliederversammlung im August 1956 in Munster den Wunsch geäußert, ein dienstliches Hutabzeichen zu bekommen. Hierbei wurde der Entwurf, der anliegend als Fotokopie beigefügt wird, einstimmig gebilligt.

Das vom Eichenkranz umgebene niedersächsische Giebelkreuz soll die enge Verbindung des bäuerlichen Waldes zum Hof und die Verbundenheit zu Heimat und Scholle symbolisieren. Die Wolfsangel – in der Forstwirtschaft ein Verbindungszeichen zusammengehöriger Waldparzellen – soll die Größe der Arbeit umreißen, während der Schild die Stärke darstellen soll, die durch die Gemeinschaft entsteht."

Diesem Wunsch wurde allgemein entsprochen, und der Forstverbandsdienst trug mit Stolz sein Hut- bzw. Mützenabzeichen. Diese Dienstkleidungsvorschrift wurde im Laufe der vergangenen Jahrzehnte oftmals geändert, vielfach nach der Couleur des jeweiligen Landwirtschaftsministers: Vermehrte der eine die Anzahl der Eicheln auf den Schulterstücken, dass sie kaum noch daraufpassten, demontierte der nächste die Schulterstücke gänzlich!

Landwirtschaftsminister Kubel von der SPD bemerkte zur Forstdienstkleidung, dass er in seinem Leben nur eine Uniform getragen habe – und das sei die gestreifte im KZ gewesen!!

Später einigte man sich darauf, dass im Außendienst nur eine Eichel, im Ministerialdienst zwei Eicheln auf den Schulterstücken zu tragen sei. Es kam dann das Dienstabzeichen auf dem linken Teil des Ärmels in Form des niedersächsischen Landeswappens bzw. des Waldbesitzer- oder Verbandswappens dazu. Den Forstbediensteten der Landwirtschaftskammer Hannover war es gestattet, sowohl das Dienstabzeichen wie auch das Hutabzeichen des Landes Niedersachsen zu tragen. War die Unterlage der Schulterstücke im Kammerdienst bisher von grauer Farbe, so war künftig nur noch die grüne Unterlage zugelassen.

Der Wunsch, besonders der jüngeren Forstgeneration, nach einer weniger militärisch-hoheitlich ausgerichteten Dienstkleidung wurde immer stärker, und Ende der 1990er-Jahre wurden Arbeitskreise mit der Erarbeitung einer neuen, legeren Bekleidung eingesetzt.

Nach diversen Sitzungen und Beratungen, zuletzt sogar länderübergreifend, hat man sich zu der heutigen Funktional-Dienstkleidung entschlossen. Diese besteht aus einem dezenten Sakko mit dem Schriftzug und Logo der Landwirtschaftskammer, Funktionshose mit Windstoppermembran, einer atmungsaktiven Windstopperjacke mit Landeswappen in Brusttaschenform, Funktionshemd, Hut, Schiebermütze bzw. Wintercap. Die Jacken

BUND DEUTSCHER FORSTMÄNNER
Landesverband Niedersachsen
D e r   V o r s t a n d

Hannover, den 2o. August 1957

An die

Forstverbände im Bereich der Landwirtschaftskammer Hannover

H a n n o v e r

Betrifft: Dienstliches Hutabzeichen für die Forstangestellten im Forstverbandsdienst.

Die Forstangestellten im Forstverbandsdienst, die mit wenigen Ausnahmen unserer Berufsvereinigung als Mitglieder angehören, haben gelegentlich ihrer letzten Mitgliederversammlung im August 1956 in Munster den Wunsch geäußert, ein dienstliches Hutabzeichen zu bekommen. Hierbei wurde der Entwurf, der anliegend als Fotokopie beigefügt wird, einstimmig gebilligt.

Die Mitgliederversammlung der Forstverbandsangestellten beauftragte uns, dem Vorstand aller Forstverbände diesen Entwurf zuzuleiten mit der Bitte um Beschlußfassung, dieses Hutabzeichen für ihren Forstverband einzuführen.

Das vom Eichenkranz umgebene niedersächsische Giebelkreuz soll die enge Verbindung des bäuerlichen Waldes zum Hof und die Verbundenheit zu Heimat und Scholle symbolisieren. Die Wolfsangel - in der Forstwirtschaft ein Verbindungszeichen zusammengehöriger Waldparzellen - soll die Größe der Arbeit umreißen, während der Schild die Stärke darstellen soll, die durch die Gemeinschaft entsteht.

Wir würden Ihnen für eine Mitteilung dankbar sein, ob Ihr Forstverband bereit ist, dem gemeinsamen Wunsch der Forstverbandsangestellten zu entsprechen, dieses dienstliche Hutabzeichen einzuführen.

Bei einer ausreichenden Bestellzahl (ca. 5oo Stück) wird der Stückpreis bei ca. DM 1,5o - DM 2.oo liegen.

Mit vorzüglicher Hochachtung !

gez. Dr. J a e g e r

Dienstliches Hutabzeichen für den Forstverbandsdienst

sind in dunkelgrün mit Leuchtband versehen, die Hosen in anthrazit. Fleecejacke und Polohemd/Shirt sind weiterhin vorgesehen.

Die neue Forstdienstkleidung steht für eine moderne und bürgernahe Forstorganisation, die insbesondere bei der Landwirtschaftskammer den forstlichen Dienstleistungsbereich überproportional repräsentiert.

Im Arbeitsalltag der Försterinnen und Förster soll diese neue Dienstkleidung getragen werden und neben der Außenwirkung auch für die interne Geschlossenheit Sorge tragen.

Dienstkleidungsvorschrift

für die

Niedersächsische Landesforstverwaltung

- Stand 1966 -

nach

RdErl. d, Nds. MfELuF. vom 31.3.1955, 23.7.1956, 3.8.1959, 27.10.1961, 8.4.1964, 3.9.1965

Scholz

WIRTSCHAFTS- UND FORSTVERLAG EUTING KG.

Dienstkleidungsvorschrift Niedersachsen

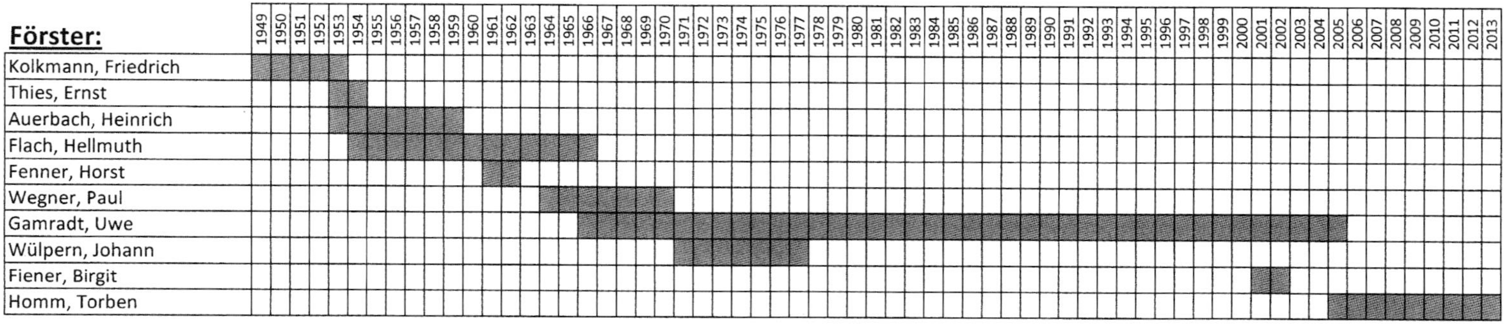

Förster:	1949	1950	1951	1952	1953	1954	1955	1956	1957	1958	1959	1960	1961	1962	1963	1964	1965	1966	1967	1968	1969	1970	1971	1972	1973	1974	1975	1976	1977	1978	1979	1980	1981	1982	1983	1984	1985	1986	1987	1988	1989	1990	1991	1992	1993	1994	1995	1996	1997	1998	1999	2000	2001	2002	2003	2004	2005	2006	2007	2008	2009	2010	2011	2012	2013
Kolkmann, Friedrich	■	■	■	■	■																																																												
Thies, Ernst					■	■																																																											
Auerbach, Heinrich					■	■	■	■	■	■	■																																																						
Flach, Hellmuth						■	■	■	■	■	■	■	■	■	■	■	■	■																																															
Fenner, Horst													■	■																																																			
Wegner, Paul																■	■	■	■	■	■	■																																											
Gamradt, Uwe																		■	■	■	■	■	■	■	■	■	■	■	■	■	■	■	■	■	■	■	■	■	■	■	■	■	■	■	■	■	■	■	■	■	■	■	■	■	■	■	■	■								
Wülpern, Johann																							■	■	■	■	■	■	■																																					
Fiener, Birgit																																																					■	■													
Homm, Torben																																																									■	■	■	■	■	■	■	■	■

Dienstzeit der Förster

2.10. Beratungsvertrag mit der Landwirtschaftskammer Hannover/Niedersachsen

Die Haupteinnahme des Forstverbandes stellen die Aufmaß- und Vermittlungsentgelte beim Holzverkauf für den einzelnen Waldbesitzer sowie das Pflanzenvermittlungsentgelt bei Aufforstungsmaßnahmen dar. Wie an anderer Stelle dargelegt, sind diese Einnahmen jedoch sehr stark von der jeweiligen Konjunktur – national und international – abhängig. So zeigte sich dies sehr drastisch nach der Windwurfkatastrophe vom November 1972, wo rd. 17 Millionen Festmeter Holz geworfen oder gebrochen wurden. Aus eigenen und den nach dem Windwurf vom Februar 1962 in Schleswig-Holstein gewonnenen Erfahrungen waren die Rückschlüsse zu ziehen, dass nach solchen Substanzverlusten mit dem Holzeinschlag künftighin sparsam zu verfahren ist.

Das Land Niedersachsen zahlte zu dieser Zeit für eine Planstelle bei der Landwirtschaftskammer Hannover eine Besoldungsbeihilfe in Höhe von bis zu 60 % der Gehaltskosten. Die Forstverbände sahen sich nicht mehr in der Lage, aus eigener Kraft die Finanzierung des Forstverbandes zu gewährleisten und stellten – im Einvernehmen mit den bei ihnen tätigen Forstangestellten – bei der Landwirtschaftskammer Hannover den Antrag auf Übernahme der Forstangestellten in den öffentlichen Dienst. Nach vielfachen Erörterungen und Besprechungen der Gremien im Nds. Finanzministerium, den Fachbereichen der Landwirtschaftskammer und den forstwirtschaftlichen Zusammenschlüssen kam es dann in den Jahren 1973-77 zur Übernahme des größten Teils der Forstangestellten. Diese Übernahme erfolgte jedoch unter der eindeutigen Prämisse, dass der Landwirtschaftskammer Hannover dadurch keine zusätzlichen Kosten entstehen dürften. Es wurde von den Fachdienststellen im Einvernehmen mit den Forstwirtschaftlichen Zusammenschlüssen ein BERATUNGSVERTRAG entworfen.

Auf der außerordentlichen Generalversammlung der FBG Forstverband Jesteburg am 16. April 1975 im Hotel Frommann in Dibbersen um 20.00 Uhr wurde der Entwurf des Beratungsvertrags erörtert, in den §§ 4 und 6 geändert und letztendlich verabschiedet. Er sah vor, dass Forstoberinspektor Johann Wülpern und ich mit Wirkung zum 1. Mai 1976 in den Dienst der Landwirtschaftskammer übernommen wurden. Gleichzeitig wurde dem Wunsch der Forstbetriebsgemeinschaft entsprochen, dass wir beiden Forstangestellten weiterhin unseren Dienst bei der FBG FV Jesteburg verrichten, wobei eine Versetzung bei Bedarf nicht ausgeschlossen ist.

Die Beratungsgebühr beträgt für das Kalenderjahr 22.800,00 DM bzw. 19.000,00 DM je Forstangestellten. Anfallende Sach- und Reisekosten sind von der FBG zu erstatten. Für Dienstfahrten stellt die FBG dem Bezirksförster einen Pkw zur Verfügung und trägt sämtliche Kosten des Betriebes und der Unterhaltung dieses Fahrzeuges. Die Forstbetriebsgemeinschaft haftet in vollem Umfang für das Risiko als Fahrzeughalter.

Dieser Vertrag war mit einer Frist von 3 Jahren kündbar.

War bisher der Vorstand der FBG, vertreten durch den Vorsitzenden, der Dienstvorgesetzte der Forstangestellten, änderte sich dies jetzt grundlegend. Dienstvorgesetzter war jetzt die Landwirtschaftskammer Hannover, vertreten durch den Leiter des zuständigen Forstamtes.. Dies führte in der ersten Zeit zu Irritationen, denn nicht alle Vorsitzenden bzw.Vorstandsmitglieder konnten sich daran so schnell gewöhnen.

In den folgenden Jahrzehnten wurden Änderungen und Anpassungen vorgenommen, die Ermittlung der Höhe des Beratungsentgeltes erfolgte auf neuer Grundlage, als Anlage wurden die Erläuterungen zur forstfachlichen Beratung und Betreuung erarbeitet. Waren bisher 21.400,00 Euro pro Jahr und Bezirksförster zu zahlen, erhöhte sich das Entgelt ab 2007 auf 29.600,00 Euro. Der momentan gültige Beratungs-, Dienstleistungs- und Kooperationsvertrag zwischen der Landwirtschaftskammer Niedersachsen und der FBG Forstverband Jesteburg wurde am 22.09./25.09.2009 unterzeichnet und in Kraft gesetzt. Das Leistungsentgelt an die Landwirtschaftskammer Niedersachsen beträgt für den eingesetzten Bezirksförster 34.040,00 € pro Kalenderjahr, zuzüglich der Sach- und Kraftfahrzeugkosten, die der Forstwirtschaftliche Zusammenschluss direkt trägt.

Derzeit gibt es Überlegungen, das Beratungsentgelt je Bezirksförster ab dem Jahre 2014 nicht mehr pauschal wie bisher, sondern an sogenannten Leistungsparametern festzumachen. Es ist geplant, für jeden eingeschlagenen Festmeter Holz einen Betrag zu vereinbaren. Zudem wird darüber diskutiert, ob die Landwirtschaftskammer künftig alle Sachkosten gegen Zahlung eines höheren Beratungsentgeltes trägt. Der Vorstand unserer FBG wird hierüber im laufenden Jahr auf mehreren Vorstandssitzungen beraten müssen.

Es ist eine alte Erfahrung, dass extreme Ansichten und Einstellungen zu forstpolitischen, waldbaulichen und betriebswirtschaftlichen Fragen mit dem Ziel, diese größere Gebieten aufzuzwingen, bisher nirgendwo und nie zu einem guten Ende geführt und auf die Dauer Früchte getragen haben.

Zwischen

der Landwirtschaftskammer H a n n o v e r

u n d

der Forstbetriebsgemeinschaft . . . .

Jesteburg

. . . .

wird nachstehender

B E R A T U N G S V E R T R A G

abgeschlossen.

§ 1

Die Landwirtschaftskammer Hannover nimmt die forstfachliche Betreuung der den Mitgliedern der Forstbetriebsgemeinschaft gehörenden Waldflächen wahr. Mit der Durchführung wird das für den Bereich der Forstbetriebsgemeinschaft zuständige Forstamt der Landwirtschaftskammer Hannover in . . . . Stade . . . . . beauftragt, das für die Ausführung der forsttechnischen Maßnahmen 2 Bezirksförster abstellt.

§ 2

Im Zusammenhang mit diesem Vertrag werden folgende Aufgaben übernommen:

Beratung bei der Erledigung aller satzungsgemäßen Aufgaben der Forstbetriebsgemeinschaft, soweit sie forstfachlicher Art sind, und Ausführung der forstbetriebstechnischen Arbeiten.

Diese Aufgaben werden im Einvernehmen mit dem Vorstand der Forstbetriebsgemeinschaft durchgeführt. Hierfür ist eine enge und vertrauensvolle Zusammenarbeit zwischen den Forstdienststellen der Landwirtschaftskammer, dem Vorstand der Forstbetriebsgemeinschaft und den angeschlossenen Mitgliedern herbeizuführen.

- 2 -

Beratungsvertrag vom 4.11.1975/4.8.1976

§ 3

Der Leiter des zuständigen Forstamtes der Landw.Kammer erteilt dem beauftragten Bezirksförster im Einvernehmen mit dem Vorstand der Forstbetriebsgemeinschaft die Anweisungen zur Erledigung seiner durchzuführenden Betreuungsarbeit. Der Forstamtsleiter ist Vorgesetzter des Bezirksförsters und damit für die Überwachung der ordnungsgemäßen Ausführung der übernommenen Aufgaben zuständig.

Die Landwirtschaftskammer behält sich vor, den beauftragten Bezirksförster auch außerhalb der Forstbetriebsgemeinschaft einzusetzen, sofern dadurch die Erledigung der übertragenen Aufgaben der Forstbetriebsgemeinschaft nicht wesentlich beeinträchtigt wird.

§ 4

Für die forstliche Betreuung zahlt die Forstbetriebsgemeinschaft an die Landwirtschaftskammer Hannover eine Beratungsgebühr im Anhalt an das Gebührenverzeichnis.

1 x 22.8oo,-

Die Beratungsgebühr beträgt für das Kalenderjahr z.Zt. 1.x.19.ooo,-DM ~~je ha Mitgliedsfläche der Forstbetriebsgemeinschaft. Der Berechnung der~~ Beratungsgebühr wird die jeweils ~~zum Beginn des~~ Kalenderjahres neu fest~~zustellende Mitgliedsfläche zugrunde gelegt~~. Die zu zahlende Gebühr wird je zur Hälfte im 2. und 4. Quartal des Rechnungsjahres fällig und ist nach Rechnungserteilung zu entrichten.

Sofern sich die übernommenen Aufgaben ändern oder die Kostenentwicklung dazu berechtigt, kann die Beratungsgebühr mit Beginn eines Kalenderjahres neu festgesetzt werden.

§ 5

Alle Sachkosten, die im Interesse der Forstbetriebsgemeinschaft anfallen, sind von dieser zu tragen oder zu erstatten.

Die Forstbetriebsgemeinschaft hat außerdem die von der Landwirtschaftskammer an den Bezirksförster aufgrund des Reisekostengesetzes zu zahlenden Reisekosten nach Rechnungserteilung zu erstatten, soweit diese Kosten im Zusammenhang mit der Tätigkeit bei der Forstbetriebsgemeinschaft entstehen.

- 3 -

- 3 -

§ 6

~~Die Landwirtschaftskammer sorgt für die notwendige Motorisierung des Bezirksförsters. Die Betriebskosten des Dienstwagens sind der Landwirtschaftskammer nach Rechnungserteilung zu erstatten.~~

~~Für Dienstfahrten stellt der Bezirksförster seinen privateigenen Pkw zur Verfügung. Die Kostenerstattung erfolgt über Reisekostenrechnung nach den gültigen Bestimmungen.~~

Für Dienstfahrten stellt die Forstbetriebsgemeinschaft dem Bezirksförster einen Pkw zur Verfügung und trägt sämtliche Kosten des Betriebes und der Unterhaltung dieses Fahrzeuges. Die Forstbetriebsgemeinschaft haftet in vollem Umfang für das Risiko als Fahrzeughalter. Gegenüber der Landwirtschaftskammer und ihren Dienstangehörigen können keine Forderungen aus der Wagengestellung abgeleitet werden.

§ 7

Die Ansprüche des Forstbeamten gegen die Landwirtschaftskammer als seinen Dienstherren werden durch diesen Vertrag nicht berührt.

§ 8

Das Beratungsverhältnis beginnt am . . 1. Mai 1976 . . . .
Es kann von beiden Seiten jeweils zum Jahresende mit einer Frist von 3 Jahren schriftlich gekündigt werden.

Holm-Seppensen . . . ., den 4. Nov. 1975 Hannover, den 4. August 1976

Für die Forstbetriebsgemeinschaft:

Forstbetriebsgemeinschaft
Forstverband Jesteburg
– Geschäftsstelle –
211 Buchholz
Hindenburgweg 146 / Forsthaus
Telefon 041 87 / 283
Sprechtage: Mo. u. Do. 8–12 Uhr

Für die Landwirtschaftskammer Hannover:

I.A.

1

Zwischen der

Landwirtschaftskammer Niedersachsen,

Mars-la-Tour-Str. 1 – 13, 26123 Oldenburg

nachfolgend LWK genannt

vertreten durch ihren Präsidenten und ein Vorstandsmitglied, diese vertreten durch den Geschäftsbereichsleiter 4/Forstwirtschaft,

und dem

Forstwirtschaftlichen Zusammenschluss

Forstbetriebsgemeinschaft Forstverband Jesteburg,

Hindenburgweg 8, 21244 Buchholz i.d.N.

nachfolgend FWZ genannt

vertreten durch

den 1. Vorsitzenden, Herrn Detlef Cohrs,

wird nachstehender

Beratungs-, Dienstleistungs- und Kooperationsvertrag

geschlossen

Präambel

Nach § 2, Abs. 2 Nr. 16 des Gesetzes über die Landwirtschaftskammer Niedersachsen (LWKG) i. V. m. § 17 des Niedersächsischen Gesetzes über den Wald und die Landschaftsordnung (NWaldLG) gehört die Beratung und Betreuung von Privatwaldbesitzern und von Zusammenschlüssen der Privatwaldbesitzer zu den gesetzlichen Aufgaben der Landwirtschaftskammer..

Der private Waldbesitz und seine Zusammenschlüsse und die Landwirtschaftskammer Niedersachsen verfolgen gemeinsam das Ziel, eine nachhaltige und wirtschaftliche Forstwirtschaft zu betreiben und zu fördern. Zu diesem Zweck ergänzen sich die FWZ und die LWK gegenseitig in ihren gesetzlichen und satzungsgemäßen Aufgaben. Mit dem nachfolgenden Beratungs-, Dienstleistungs- und Kooperationsvertrag folgen die Vertragsparteien diesen gemeinsamen Zielen und Interessen und sichern gemeinsam die forstfachliche Beratung und Betreuung der forstwirtschaftlichen Zusammenschlüsse und deren Mitglieder. Hierdurch sollen die Waldbesitzer insbesondere in ihrem Bemühen unterstützt werden, die forstlichen Maßnahmen an den Anforderungen einer ordnungsgemäßen Forstwirtschaft auszurichten. Im

Beratungsvertrag vom 25.8./13.9.2010

Sinne der hier beschriebenen Ziele werden die Vertragsparteien ihre Aufgaben und ihre Tätigkeit koordinieren und die Zusammenarbeit stärken.

Die Landwirtschaftskammer stellt sicher, dass auch bei unterschiedlicher Vertragsgestaltung und unterschiedlichem Leistungsumfang gleiche Vertrags- und Berechnungsgrundlagen angewandt werden.

Die in diesem Vertrag von beiden Seiten zu erbringenden Leistungen und Aufgaben werden im Zusammenwirken zwischen den Gremien der FWZ und der LWK und in Zusammenarbeit zwischen den Waldbesitzern und den Mitarbeiterinnen/Mitarbeitern des Geschäftsbereichs Forstwirtschaft der LWK durchgeführt. Diesen Zielen dient der nachfolgende Beratungs-, Dienstleistungs- und Kooperationsvertrag:

§ 1
Vertragsgegenstand

Gegenstand dieses Vertrages ist die Beratung und Betreuung der Privatwaldbesitzer in enger Zusammenarbeit und Abstimmung mit deren FWZ, die Ausführung von Dienstleistungen nach Maßgabe des nachfolgenden Vertrages und der Erläuterung der Leistungen in § 2. Soweit erforderlich wird für weitere Erläuterungen diesem Vertrag eine Anlage beigefügt, die dann Bestandteil des Vertrages wird.

§ 2
Leistungen der LWK

Die LWK übernimmt folgende Aufgaben, soweit sie nicht nach § 5 ausgeschlossen sind:

1. Beratung der FWZ bei der Erledigung der satzungsgemäßen Aufgaben, soweit gesetzliche Bestimmungen und andere Rechtsverpflichtungen dem nicht entgegenstehen.

2. Forstfachliche Beratung und Betreuung der Mitglieder der FWZ bei der Bewirtschaftung ihrer Forstflächen.

Die Aufgabenerledigung durch die LWK erfolgt durch den Geschäftsbereich Forstwirtschaft und durch das zuständige Forstamt sowie durch die Bezirksförster.

Die Mitarbeiter im Bereich des zuständigen Forstamtes können seitens der LWK auch außerhalb des FWZ eingesetzt werden, soweit dies zur Erledigung des gesetzlichen Auftrages der LWK erforderlich ist und die Durchführung dieses Vertrages nicht beeinträchtigt.

Ausdrücklich ausgenommen werden die Wahrnehmung des hoheitlichen Forst- und Jagdschutzes sowie Verkehrssicherungspflichten.

§ 3
Leistungen des FWZ

Der FWZ sorgt dafür, dass alle für die Durchführung dieses Vertrages notwendigen Unterlagen bereitgestellt werden und stellt sicher, dass die für die Berechnung der gewählten Leistungskomponente/n notwendigen Daten zur Verfügung stehen.

§ 4
Leistungsentgelt

Für die unter § 2 Ziffer 1 und 2 aufgeführten Leistungen zahlt der FWZ an die LWK das nachfolgend genannte Leistungsentgelt, das sich aus einem Grundbeitrag und einem Dienstleistungsentgelt (Leistungskomponente) zusammensetzt. Zusätzlich ist die gesetzliche MwSt. nach dem jeweils gültigen Steuersatz zu entrichten.

Das Leistungsentgelt ermittelt sich aufgrund der nachfolgenden Ziffern 1 und 2 bzw. dem Gebührenverzeichnis der LWK wie folgt:

1) Grundbeitrag

   mind. 34.040 € je eingesetztem Bezirksförster

2) Dienstleistungsentgelt

   Dienstleistungen für Fördermaßnahmen nach Förderrecht, die für den FWZ erbracht werden: Abrechnung nach Gebührenverzeichnis der Landwirtschaftskammer Niedersachsen

Die Erbringung weiterer Beratungs- und Betreuungsleistungen der in Ziffer 1 und 2 genannten Bezirksförster gegen Gebühr bleibt unbenommen.

Der Grundbeitrag nach Ziff. 1 ändert sich entsprechend dem prozentualen Steigerungssatz der durch das Niedersächsische Finanzministerium festgesetzten Durchschnittssätze für Personalkosten/Durchschnitt der Laufbahngruppe des gehobenen Dienstes (Basis: Runderlass vom 03.02.2010 ff. Nds. Ministerialblatt 2010, S. 236). Die Veränderung gilt ab dem auf die Neufestsetzung folgenden Kalenderjahr, erstmals ab dem Jahr 2014. Die LWK wird dem FWZ die Veränderung mit dem entsprechenden Erlass des Niedersächsischen Finanzministeriums nachweisen.

Zusätzlich werden alle Sachkosten, die zur Erfüllung des Beratungsvertrages für den FWZ anfallen, von diesem getragen oder erstattet.

Zu den Sachkosten zählen insbesondere:

- Betriebskosten für die eingesetzten Dienstwagen
- Reisekosten
- Dienstraumentschädigungen
- EDV - Hard- und Software
- Markierungsmittel zum Auszeichnen von Beständen
- Telekommunikationskosten

§ 5
Weitere Leistungen

Für Leistungen, die nicht Gegenstand dieses Vertrages sind (weitere Leistungen), wird ein Leistungsentgelt nach dem jeweils gültigen Gebührenverzeichnis der LWK gesondert in Rechnung gestellt.

Zu den weiteren Leistungen zählen insbesondere

- Gutachten aller Art und Wertberechnungen
- Durchführung von Waldinventuren und Standortkartierungen
- Periodische Betriebsgutachten und Betriebswerke
- EDV-Dienstleistungen soweit nicht gesondert vertraglich vereinbart
- Spezielle Weiterbildungsmaßnahmen (z.B. Waldbauernschule)

§ 6
Wirtschaftliche Zielsetzung

Zwischen dem FWZ und der LWK, vertreten durch das zuständige Forstamt, wird vor Beginn eines jeden Wirtschaftsjahres das Wirtschaftsziel festgelegt. Das Wirtschaftsziel ist auf Ebene des FWZ aufzustellen. Das Ziel konkretisiert die Leistungspflichten nach § 2 und § 3. Die Planungsziele enthalten mindestens Angaben über Holzeinschlagsplanung, Kulturplanung und Fördermaßnahmen.

§ 7
Fälligkeit und Verzug

Das nach § 4 Ziff. 1) zu zahlende Leistungsentgelt wird dem FWZ wie folgt in Rechnung gestellt:

- Halbjährlich zum 15. Juni für den Zeitraum 01.01. bis 30.06. und zum 15. Dezember für den Zeitraum 01.07. bis 31.12. des laufenden Kalenderjahres. Gleiches gilt für die ggf. abzurechnenden Sachkosten..

Die Rechnungsbeträge sind 14 Tage nach Rechnungsstellung fällig (siehe jeweilige Einzelrechnung).

Bei Verzug ist das Entgelt mit 3 v. H. über dem Zinssatz der Spitzenrefinanzierungsfazilität der Europäischen Zentralbank (SRF-Satz) zu verzinsen.

§ 8
Laufzeit und Kündigung

Der Beratungsvertrag beginnt am 01.01.2011 und läuft auf unbestimmte Zeit. Er kann von beiden Seiten erstmals bis zum 31.03.2013 zum Jahresende 2013, danach bis zum 31.03. eines jeden Jahres zum jeweiligen Jahresende schriftlich gekündigt werden.
Abweichend von der o. a. Kündigungsfrist kann für den Fall einer starken Reduzierung oder Streichung der Förderung der FWZ (Gemeinschaftsaufgabe Förderung Agrarstruktur Küstenschutz/Landesförderung) der Beratungsvertrag bis zum 30.09. eines jeden Jahres zum Jahresende schriftlich gekündigt werden (Sonderkündigungsrecht).

§ 9
Salvatorische Klausel

Sollte eine der in diesem Vertrag getroffenen Bestimmungen unwirksam oder undurchführbar sein oder werden, so berührt dies die Wirksamkeit der übrigen Bestimmungen nicht. Die unwirksamen oder undurchführbaren Bestimmungen sind im Wege der Auslegung durch wirksame und durchführbare Bestimmungen zu ersetzen. Ist ein Ersetzen im Wege der Auslegung nicht möglich, gelten hilfsweise die gesetzlichen Bestimmungen.

Bei Änderungen, die den Vertragsgegenstand und die gegenseitigen Leistungsverpflichtungen betreffen, werden sich die Vertragsparteien rechtzeitig und einvernehmlich auf die Veränderungen verständigen, unbeschadet § 8, wenn Laufzeit und Kündigungsfrist berührt werden.

Hannover, 13.9.2010 — Holm-Seppensen, 25.08.2010

Für die LWK: — Für den FWZ:

Im Auftrag

von Busse
Geschäftsbereichsleiter 4/Forstwirtschaft

Forstbetriebsgemeinschaft
Forstverband Jesteburg
— Geschäftsstelle —
Telefon 0 41 87 / 233

(Unterschrift)

2.11. Anstellung von Büropersonal

Gudrun von Hörsten

Gertrud Meyer

Elfriede Dienemann

Mit der ständigen Zunahme der dem Forstverband Jesteburg angeschlossenen Waldfläche stiegen die Beratungs- und Betreuungsarbeiten des Verbandsförsters sowie die damit verbundenen administrativen Bürotätigkeiten. Das Volumen des Holzverkaufes mehrte sich, die Antragstellung und Nachweisung bei der Förderung forstwirtschaftlicher Maßnahmen des Privatwaldes u.a.erforderten schließlich die Einstellung einer Bürokraft. Gemäß Beschluss des Vorstandes wurde zum 1. August 1969 Frau Gudrun von HÖRSTEN aus Wörme – geboren am 26.01.1931 – mit einem monatlichen Gehalt von 500,00 DM eingestellt.

Ab März 1971 erfolgte die Bezahlung in Anlehnung an den BAT und betrug jetzt 790,50 DM/mtl. Zum 31. März 1972 kündigte Frau von Hörsten ihren Arbeitsvertrag, da sie sich gerne verändern wollte und neue Herausforderungen suchte. Die Stelle wurde in der örtlichen Zeitung ausgeschrieben, und es gingen daraufhin 4 Bewerbungen ein.

Der Vorstand tagte am 25. März 1972 bei Wilhelm Cohrs in Thelstorf und entschied sich für Frau Gertrud Meyer (geboren 25.03.1922) aus Buchholz. Frau von Hörsten arbeitete dann ihre Nachfolgerin in der Zeit vom 1.-17. April 1972 ein.

Frau Meyer nahm ihre Aufgabe mit viel Engagement wahr, und auch für sie war die Bewältigung der großen Sturmschäden vom November 1972 eine Herausforderung. In den Jahren 1975 bis 1987 unterstützte dann Frau Elfriede DIENEMANN aus Buchholz in stundenweiser Aushilfe Frau Meyer. Wurde der Arbeitsanfall zu groß, sprang Frau Karin Gamradt als Aushilfe mit ein, und so wurden die Arbeitsspitzen bewältigt. Nach zehnjähriger Tätigkeit beim Forstverband trat Frau Meyer zum 31. März 1982 mit 60 Jahren in den wohlverdienten Ruhestand.

Um eine kontinuierliche Übergabe der Arbeit noch vor dem Ausscheiden von Frau Meyer in den Ruhestand zu gewährleisten, stellte der Vorstand zum 1. Juli 1980 Frau Lieselotte DRESP – geboren am 27.07.1939 – aus Buch-

Eva Würzig

Karin Gamradt

Christine Konrad

holz ein. Dieses Arbeitsverhältnis wurde jedoch im gegenseitigen Einvernehmen zum 30.06.1982 wieder gelöst.

Da die anfallenden Arbeiten im Verbandsbüro von einer Bürokraft allein nicht bewältigt werden konnten, stellte der Vorstand zum 15.04.1982 Frau Eva WÜRZIG – geboren am 19.09.1939 – aus Buchholz ein. Die Zusammenarbeit zwischen Frau Würzig, Frau Dienemann und Frau Gamradt erwies sich als überaus angenehm und von Erfolg gekrönt. Leider verstarb Frau Würzig viel zu früh und unerwartet am 19. Juli 1989 in ihrem Hause in Buchholz, was uns alle zutiefst erschütterte.

Die anfallenden Arbeiten wurden jetzt von Frau Elfriede Dienemann und meiner Frau Karin erledigt, bis der Vorstand am 1. September 1989 Frau Christine KONRAD – geboren am 03.04.1961 – aus Buchholz einstellen konnte. Frau Konrad hat sich sehr schnell in den Geschäftsbereich der Forstbetriebsgemeinschaft eingearbeitet, da sie viele fachliche Angelegenheiten aus der Tätigkeit ihres Mannes und ihres Schwagers kannte, die aus Österreich kommend hier in Buchholz ein Forstunternehmen führten. Leider musste Frau Konrad ihren Dienst zum 31.12.1998 aufkündigen, da die Aufgaben im Geschäftsbereich der Firma ihres Mannes mittlerweile ihre ganze Zeit und Kraft in Anspruch nahmen. Falls ein hohes Arbeitsaufkommen es erforderlich machte, half Frau Konrad stundenweise mit aus.

Frau Elfriede Dienemann hatte ihre Nebentätigkeit bei der FBG Forstverband Jesteburg ebenfalls in der Zwischenzeit aus Altersgründen beendet. Meine Frau Karin GAMRADT – geboren am 26.09.1948 – hatte sich in den vergangenen Jahren mehr und mehr in die Geschäftstätigkeit der Forstbetriebsgemeinschaft eingearbeitet.

Wie viele andere Försterfrauen war sie für alle und jeden Ansprechpartner, der im Forsthaus vorsprach oder Auskunft und Beratung wünschte, wenn der Förster nicht zu Hause war: Sei es die nächtliche Störung auf dem Dachboden durch den Marder, Ameisen in Haus und Garten, der gefundene Jungvogel, die Gefährlich-

Inka Gamradt-Goroncy

keit von Zecken und Fuchsbandwurm und vieles andere mehr. Selbstverständlich waren auch der Telefondienst sowie der Waldbrandwarndienst. Seit dem 1. September 1986 hatte der Vorstand Frau Gamradt als Büroangestellte eingestellt und ihr mit Wirkung vom 1. September 1995 das Amt der Geschäftsführerin übertragen.

Ab dem Jahre 2003 erhielt meine Frau Unterstützung von unserer Tochter. Frau Inka GAMRADT-GORONCY – geboren am 21. Januar 1971 – aus Handeloh wurde im Rahmen eines 400,00-Euro-Jobs beschäftigt.

Dadurch, dass die umfangreichen schriftlichen Arbeiten des alltäglichen Geschäftsablaufes von den Damen des Forstverbandsbüros erledigt wurden, konnte sich der Bezirksförster intensiver um die forstlichen Belange im Gebiet kümmern. Zudem war den Bezirksförstern durch die Landwirtschaftskammer untersagt, irgendwelche Tätigkeiten auszuüben, die im Bereich der Geschäftsführung angesiedelt waren.

Seitdem meine Frau Karin die Rentenaltersgrenze erreicht hat, haben Mutter und Tochter die Aufgabenbereiche getauscht, und der Vorstand beauftragte Frau Inka Gamradt-Goroncy mit Wirkung ab 1. Mai 2009 mit der Geschäftsführung der FBG FV Jesteburg. Frau Karin Gamradt bleibt bis auf Weiteres im Rahmen eines 400-Euro-Jobs in der Geschäftsstelle tätig.

Vermehrte Arbeit im Forstverbandsbüro durch hohe Holzpreise. Bezirksförster Torben Homm und ehemalige Geschäftsführerin Karin Gamradt

GENERATIONSWECHSEL BEIM FORSTVERBAND

Mutter übergibt an die Tochter

Holm-Seppensen (cb). Generationenwechsel bei der Forstbetriebsgemeinschaft Forstverband Jesteburg: Nach 24-jähriger Tätigkeit hat **Karin Gamradt** (63) die Geschäftsführung in jüngere Hände übergeben. Bei der Generalversammlung in Nenndorf wurde sie vom Vorsitzenden **Detlef Cohrs** mit Dankesworten verabschiedet. Inzwischen hat ihre Tochter **Inka Gamradt-Goroncy** (39) im Büro am Hindenburgweg in Holm-Seppensen die Nachfolge übernommen.

Karin Gamradt, die in den wohlverdienten Ruhestand gegangen ist, kann von ihrer Arbeit aber doch nicht ganz lassen - im Rahmen eines Minijobs wird sie ihrer Tochter hilfreich zur Seite stehen.

Karin Gamradt wurde in Oerel (Kreis Bremervörde) geboren. 1966 zog sie in die Nordheide, denn ihr Mann **Uwe Gamradt** hatte eine Stelle als Bezirksförster beim Forstverband Jesteburg bekommen. Mit viel Elan versah er diese Tätigkeit bis zu seiner Pensionierung im Jahr 2005. Karin Gamradt zeichnete seit 1986 für die Verwaltung des Verbands mit 500 Mitgliedern verantwortlich. „Das Einzugsgebiet ist größer als man denkt", berichtet sie, „es reicht von Wintermoor über Tostedt bis Neugraben und umfasst insgesamt 6269 Hektar Wald." Der Kontakt zu den Eigentümern habe ihr immer viel Freude gemacht, resümiert Karin Gamradt.

Das weiß auch Inka Gamradt-Goroncy, die in den vergangenen sieben Jahren bereits als Aushilfe im Büro der Forstbetriebsgemeinschaft tätig war. Als gelernte Bankkauffrau bringt die Mutter von zwei Kindern (5 und 8) für die Geschäftsführung beste Voraussetzungen mit. Es mache ihr Freude, sich für die Umwelt zu engagieren, betont die Handeloherin, die sich von Kindheit an mit dem Wald eng verbunden fühlt. So hat ihr Vater sie nicht nur zum Vermessen des Holzes, sondern auch zum Pflanzen der Bäume mitgenommen. Auch heute zieht es Inka Gamradt-Goroncy regelmäßig in die Natur. Mit ihrer Familie unternimmt sie am Wochenende gern Radtouren durch den Wald. Im Urlaub zieht es die neue Geschäftsführerin nach Skandinavien. Ziele sind

Karin Gamradt (links) und ihre Tochter Inka Gamradt-Goroncy bilden auch weiterhin ein gutes Büro-Team. Foto: cb

Dänemark und das idyllisch gelegene Haus ihrer Eltern in den Tiveden (Südschweden).

Übergabe der Geschäftsführung

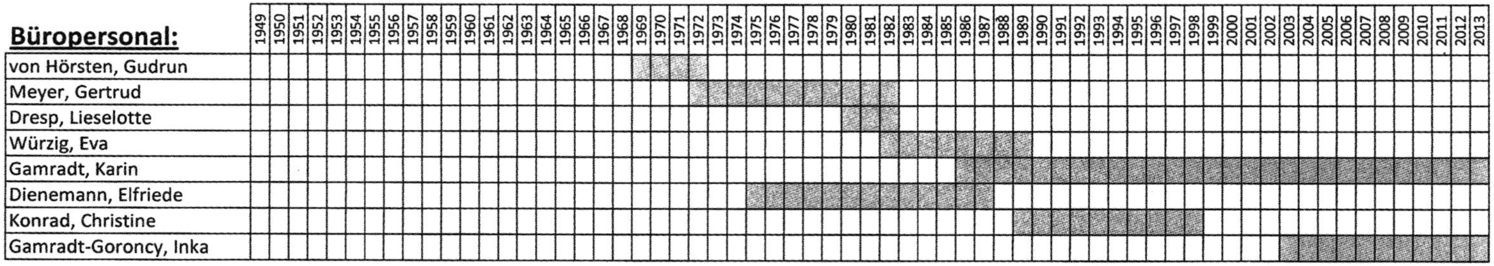

Büropersonal:	1949	1950	1951	1952	1953	1954	1955	1956	1957	1958	1959	1960	1961	1962	1963	1964	1965	1966	1967	1968	1969	1970	1971	1972	1973	1974	1975	1976	1977	1978	1979	1980	1981	1982	1983	1984	1985	1986	1987	1988	1989	1990	1991	1992	1993	1994	1995	1996	1997	1998	1999	2000	2001	2002	2003	2004	2005	2006	2007	2008	2009	2010	2011	2012	2013
von Hörsten, Gudrun																																																																	
Meyer, Gertrud																																																																	
Dresp, Lieselotte																																																																	
Würzig, Eva																																																																	
Gamradt, Karin																																																																	
Dienemann, Elfriede																																																																	
Konrad, Christine																																																																	
Gamradt-Goroncy, Inka																																																																	

Diagramm über die Beschäftigungszeiten der Büroangestellten

Holzboom schafft Arbeitsplätze

Mehr Personal in den Wald! - Forstexperte Homm: Auch die Fichte ist wieder beliebt

Fortsetzung von Seite 1

(chris). „Wir werden den genialen Rohstoff Holz weiter am Markt etablieren und die noch reichlich vorhandenen Reserven mobilisieren. Das schafft auch neue Arbeitsplätze!" Mit diesen Worten reagiert Torben Homm (31), der neue Leiter der Forstbetriebsgemeinschaft Jesteburg auf die große Nachfrage von Brennholz.

Wie berichtet, heizen angesichts steigender Öl- und Gaspreise immer mehr Hausbesitzer mit Holz. Mittlerweile wird das Angebot auf dem Markt schon knapp. Homm begrüßt diese Entwicklung, denn damit habe der Privatwald eine glänzende Zukunft.

Allerdings werde nur so viel Holz entnommen, wie nachwachse, so Homm bei einem Gespräch mit dem WOCHENBLATT in seinem Büro in Holm-Seppensen. Denn der Wald diene nicht nur der Holzgewinnung, sondern auch dem Klimaschutz. Zudem präge er das Landschaftsbild und habe einen großen Erholungswert. „Neben der Nachfrage nach Birke, Erle, Eiche und Buche steigt das Interesse an heimischen Nadelhölzern", berichtet Homm, „diese sind vor allem in Holzhackschnitzelanlagen im landwirtschaftlichen Bereich beliebt." Das Nadelholz könne so in der Region verbleiben, was ein großes Plus für die Umwelt sei. Die Forstbetriebsgemeinschaft habe in der Vergangenheit viel Laub- und Mischwald angepflanzt, doch der meiste Umsatz werde nach wie vor mit der Fichte gemacht, informiert Homm. Das Nadelholz sei im Baugewerbe, insbesondere für Dachstühle und in der Papierindustrie, sehr beliebt. Auch für Spanplatten werde es verwandt. Laubhölzer finden bei der Möbelherstellung und als Kaminholz Anwendung.

Um auch größere Industriebetriebe bedienen und ganze Neubaugebiete mit Holzenergie versorgen zu können, haben sich die Forstbetriebsgemeinschaften im Kreis Harburg bereits vor einigen Jahren zwecks Holzvermarktung zusammengeschlossen: Die „Forstwirtschaftliche Vereinigung Nordheide-Harburg" hat ihren Sitz in Undeloh.

Riesenansturm auf Brennholz: Torben Homm und Geschäftsführerin Karin Gamradt von der Fortsbetriebsgemeinschaft Jesteburg freuen sich über den neuen unverhofften Boom Foto: chris

Sprachrohr für über 500 Waldbesitzer

(chris). Der Forstbetriebsgemeinschaft Jesteburg gehören über 500 Waldbesitzer aus dem Landkreis Harburg an. Ihre Flächen umfassen 6.000 Hektar und erstrecken sich von Jesteburg, Handeloh, Buchholz und Otter bis nach Seevetal. Vorsitzender ist Detlef Cohrs aus Thelstorf, Geschäftsführerin Karin Gamradt aus Holm-Seppensen. Torben Homm zeichnet für die forstlichen Betreuung der Wälder verantwortlich.

14 Tage Lieferzeit bei Karl Konrad

(chris). Karl Konrad, Inhaber einer Kaminholz-Verarbeitungsfirma auf dem Lohof in Jesteburg, hat noch genügend Holz auf seinen eigenen Waldflächen in der Umgebung. Weil aber Personal fehlt, kommt es zu Lieferzeiten von bis zu 14 Tagen.

„Damit wir die Kunden schneller bedienen können, stellen wir jetzt weitere Arbeitskräfte ein", kündigt Karl Konrad an. Im übrigen gebe es die große Nachfrage nach Holz nicht nur in Deutschland. In ganz Europa sei zur Zeit kein trockenes Holz mehr sofort zu bekommen.

Holz-Importfirmen als Retter in der Not?

(thl). Der gute, alte Ofen, aber vor allem der energiesparende Kaminofen aus dem Fachgeschäft ist derzeit heiß begehrt. Selten war der Wunsch nach einer „Zweit-Heizung" größer. Die Fachhändler können meist innerhalb von zwei Wochen liefern.

Und kein Problem sei auch die sofortige Lieferung von trockenem Holz, sagt Kaminofen-Anbieter Broder Brodersen aus Winsen. Natürlich habe sich die heimische Fortwirtschaft nicht auf die plötzliche übergroße Nachfrage einstellen können. Aber es gebe Betriebe, die vom Holz-Import und -verkauf leben. Diese flexiblen Unternehmen könnten auch jetzt noch unbegrenzt Kaminholz - fertig gespalten - ins Haus liefern. Und es gebe auch zunehmend sofort lieferbare Holzbriketts zu annehmbaren Preisen. „Ich gebe bei Bedarf gern Hilfestellung bei der Beschaffung von trockenem Holz", sagt Broder Brodersen. Er ist unter der Telefon-Nummer 0 41 71 6 15 00 zu erreichen.

Übrigens: Bei einem angenommenen Ölverbrauch von 3.000 Liter pro Jahr kann man mit einem Kaminofen rund 750 Euro sparen.

Torben/Karin

DAS PORTRAIT

Der Waldhüter

(chris). „Es macht mir Freude, die Landschaft mitzugestalten!" Das sagt Torben Homm (31), der neue Leiter der Bezirksförsterei Jesteburg. Er übernahm auch die forstliche Betreuung für die über 500 Waldbesitzer in der Forstbetriebsgemeinschaft Jesteburg.

Torben Homm Foto: chris

„Ich wollte schon als Kind in einen grünen Beruf", berichtet Torben Homm, der privat in Sittensen (Landkreis Rotenburg) wohnt. Sein Büro befindet sich am Hindenburgweg in Holm-Seppensen.

Wer Homm sprechen will, sollte vorher einen Termin vereinbaren, denn meistens ist er unterwegs im Wald. Mit seiner Aufgabe ist Homm bereits bestens vertraut, denn sein Vorgänger Uwe Gamradt hat ihn anderthalb Jahre eingearbeitet. Zu den größten Hobbys von Homm gehört die Imkerei, außerdem reist er gern nach Skandinavien. Vor allem Norwegen und Schweden mit den riesigen Waldflächen haben es ihm angetan. Doch zur Zeit steht kein Urlaub an: „Ich knie mich jetzt voll in meine neue Aufgabe hinein. Das ist für mich eine reizvolle Herausforderung."

Seite 40

2.12. Einführung der EDV in den Geschäftsablauf

Der ehemalige Bezirksförster Kolkmann übergab im Jahre 1953 nach seinem Ausscheiden als Verbandsförster beim Forstverband Jesteburg e. V. seine Büroausstattung an den neueingestellten Verbandsförster Heinrich Auerbach. Dazu zählten u.a. ein Schreibtisch, ein Stuhl, ein Rollschrank und eine Schreibmaschine der Marke Continental R 284432 für das Dienstzimmer des Forstverbandes. Im Allgemeinen schrieb man zu dieser Zeit mit Bleistift, Kopierstift, Federhalter mit Tinte, Füllfederhalter, teilweise auch schon mit dem im Jahre 1938 vom ungarischen Journalisten László Bíró erfundenen Kugelschreiber. Ich kann mich erinnern, dass ich als Forstlehrling die Holzlisten mit Kopierstift schreiben musste, da dieser als dokumentenecht angesehen wurde. Typisch für die Verwendung des Kopierstiftes war, dass vor und während des Gebrauchs der Stift an der Spitze angeleckt oder kurz in den Mund genommen wurde, damit sich die Farbkraft auf dem Papier erhöhte. In alten Stummfilmen kann man dies sehr oft noch sehen: Der Farbstrich auf Unter- und Oberlippe war ein untrügliches Zeichen für die Benutzung eines Kopierstiftes. Ein Radieren war leider nicht möglich, sodass sehr sorgsam und sauber geschrieben und gerechnet werden musste.

Federhalter und Tintenfass sind den Älteren von uns noch sehr gut aus der Schulzeit in Erinnerung. Wer es sich leisten konnte oder etwas auf sich hielt, der schrieb mit dem Füllfederhalter, der in den 1850er-Jahren zuerst gefertigt wurde und in den 1880er-Jahren seine Ära begann. In den USA waren es die Firmen Parker, Waterman, Sheaffer u.a., die Füllfederhalter produzierten. In Deutschland begannen die Fabrikanten Friedrich Soennecken und Koch/Weber um 1871/72 mit der Produktion. Die Firmen Pelikan und Montblanc fertigten dann ab dem Jahre 1929 den Kolbenfüller mit Gleichzugfeder, wie er noch heute in weiterentwickelter Form Verwendung findet.

Den dienstlichen Schriftverkehr vollzogen der Vorsitzende August Henk sowie Verbandsförster Auerbach in erster Linie handschriftlich, mit Ämtern und Behörden auch schon mal mit der Schreibmaschine. Durchschriften wurden mithilfe von Blau- bzw. Kohlepapier gefertigt.

Verbandsförster Flach übernahm Ende der 1950er-Jahre die alte Continental-Schreibmaschine, und für Verbandsförster Auerbach wurde eine neue Schreibmaschine der Marke Olympia angeschafft. Der Kauf einer mechanischen Rechenmaschine der Marke Walther – ist heute noch vorhanden – Mitte der 1960er-Jahre war eine enorme Erleichterung beim Erstellen von Holzlisten, Kostenanschlägen, Lohnabrechnungen u.a.m. Mit uns jungen Förstergeneration hielt ab 1966 auch die neue Generation von Schreibmaschinen ihren Einzug, die zum einen kleiner und leichter waren und zum anderen einen weicheren Anschlag hatten. Eine weitere Verbesserung war das Zweifarbenband in schwarz und rot, um Texte hervorzuheben.

Auch noch vorhanden ist das seinerzeit moderne, mechanische Vervielfältigungsgerät, mit dem mehrfarbige Abzüge gemacht werden konnten. Vorbereitung und Handhabung waren zwar aufwendig, doch der Erfolg konnte sich sehen lassen. Die ersten vervielfältigten Einladungen zu der Generalversammlung riefen bei Waldbesitzern und Gästen Erstaunen und Bewunderung hervor.

Über selbständig arbeitende Kopiergeräte, die mit einem Flüssigtoner arbeiteten, Rollenpapier erforderten und bei denen die gewünschte Stückzahl der Kopien eingestellt werden konnte, bis zu den hochmodernen computergesteuerten Standgeräten haben wir in unserer Geschäftsstelle die Entwicklung miterlebt. Heute lassen sich verschiedene DIN-Formate kopieren, es kann verkleinert oder vergrößert werden, das Scannen von Bildern und Dokumenten und selbst Farbkopien in bester Qualität sind möglich – und das bei akzeptablen Kosten.

Die Entwicklung auf dem Bürogerätemarkt ging rasant voran. Die Anschaffung von modernen mechanischen Schreibmaschinen, in denen auch ein Querformat von DIN-A4 eingelegt werden konnte, erfolgte, soweit die finanziellen Mittel es erlaubten. Mit den elektrisch angetriebenen Schreibmaschinen fand diese Entwicklung vorerst ihren Höhepunkt, der auch wir uns nicht verschließen konnten.

Einen ähnlichen Verlauf konnte man bei den Rechenmaschinen feststellen. Waren die ersten mechanischen, später elektrischen Geräte noch schwer, groß und ohne Papierrolle, kamen in kurzen Abständen immer neuere und bessere Geräte auf den Markt, bis hin zu den heutigen kleinen elektronischen Rechnern, die über ein erstaunliches und vielfältiges Anwendungsgebiet verfügen.

Die digitale Revolution setzte um 1980 ein. Im Bereich der elektronischen Datenübermittlung war unsere erste Anschaffung das FAX-Gerät, welches wir aber erst nach ca. eineinhalb Jahren in Betrieb nahmen, denn es war und ist uns auch heute noch das persönliche Gespräch per Telefon sehr wichtig. Ach ja, Telefon. Wer erinnert sich denn noch daran, dass Mitte der 1960er-Jahre ohne dem „Fräulein vom Amt“ nichts lief? Rasant schnell kam die Selbstwahl, und die Geräte wurden kleiner, handlicher und teilweise auch ansehnlicher. Natürlich kam auch der Zeitpunkt, an dem unsere Telefongeräte in GRÜN sein mussten!

Über die technischen Apparate in unserem Büro Ende der 1990er-Jahre erinnert sich Herr Torben Homm: „Als ich im September 1999 erstmals Kontakt zur Forstbetriebsgemeinschaft hatte, war ich positiv überrascht über die gute technische Ausstattung, über die im Büro verfügt wurde. Neben einem modernen Kopiergerät waren alle Arbeitsplätze mit Internet ausgestattet und auch ein Laptop war bereits vorhanden. Neben diesem war aber auch die alte ADLER-Schreibmaschine in täglichem Einsatz. Ich erinnere mich an einen Auftrag, in Buchholz ein Farbband für eben diese Schreibmaschine besorgen zu müssen. Nachdem ich bei meiner Rückkehr davon berichtet hatte, dass es bestellt worden sei, stieß ich bei Herrn Gamradt auf pures Unverständnis, zumal es sich doch bei der Schreibmaschine um ein Standardmodell handeln würde und Ersatzteile vorhanden zu sein haben.“

Im Laufe der Jahre ist die Schreibmaschine mehr und mehr dem Laptop gewichen. Die Rechner sind heute vernetzt, um so die lästige Datensicherung zentral und automatisch abzuwickeln. Auch bei den Holzverkaufsprogrammen wird mittlerweile auf internetgestützte Verfahrensabläufe zurückgegriffen, und selbst die Waldinventur wird in Kürze nur noch über einen zentralen Server der LWK Niedersachsen abrufbar sein. Die heutigen Anlagen in Verbindung mit den fast alles könnenden Handys lassen sogar Konferenzschaltungen zu und halten meistens auch den Gewittern stand.

Welche umwälzende Entwicklung in der Kommunikation in den letzten 50 Jahren vonstattengegangen ist, möchte ich an einem kleinen Beispiel zeigen:

Mein Kollege Hellmuth Flach war von Hause aus sparsam erzogen. Gerne aß er mal eine kleine Tafel Schokolade, bewahrte aber jede Kartonrückseite davon auf. Er hatte sich sieben Stück davon mit dem jeweiligen Wochentag beschriftet und mit einer sehr großen Büroklammer versehen. Von dem Jahreskalender behielt er den jeweiligen Tageszettel. Rief nun ein Waldbesitzer an und bat um ein Treffen, sah er seine Wochentagskarten durch, um zu sehen, wann er andere Termine bereits in der dortigen Gegend hatte. Passte die Zeit noch, so vermerkte er den neuen Termin auf der Rückseite der aufbewahrten Tageszettel und sagte zu. Hierbei entstand zu damaliger Zeit für Hellmuth Flach ein Problem, denn die Waldbauern aßen um 11.00 Uhr zu Mittag und hielten anschließend ein Mittagsschläfchen. Frühestens um 13.00 Uhr stand man ihnen wieder zur Verfügung. Er hat diese Zeit vielfach überbrückt, indem er naheliegende Bestände auszeichnete oder sich Kulturen und Bestockung ansah. Die Familie Flach aß erst abends warm, da keine schulpflichtigen Kinder mehr zu versorgen waren und alle Familienmitglieder von der Arbeit zurück waren.

In der ersten Zeit hatte ich dieses System übernommen, bin dann aber schnell zum Arbeitstagebuch übergegangen, und wir haben mittags mit unseren Kindern das Essen eingenommen. Es ist schon interessant, wenn ich heute in den fast lückenlos noch vorhandenen Tagebüchern blättere und den Kindern oder Enkeln sagen kann, wie zum Beispiel das Wetter bei ihrer Geburt war.

Heute hält man seine Termine zunehmend papierlos mit einem Blackberry, I-Pad o.ä. fest, eine zugegebenermaßen schnelle und vielseitige Möglichkeit. Was aber tun in einigen Jahren, wenn ich rückblickend etwas wissen will? Aber dafür haben wir ja das Internet als Gedankenhilfe!

Die Forstbetriebsgemeinschaft Forstverband Jesteburg ist stets bemüht, die technische Entwicklung im Rahmen ihrer Möglichkeiten auszunutzen, und so hat der Vorstand auch immer die Notwendigkeit einer Weiterentwicklung begleitet. Sei es die elektronische Buchführung, an die sich auch die Kassenprüfer gewöhnen müssen, der rege E-Mail-Verkehr mit einigen Mitgliedern oder auch die elektronische Terminverwaltung, die heute nicht mehr wegzudenken ist.

2.13. Vorstandssitzungen, Generalversammlungen

Die Vorstandssitzungen fanden in den ersten Jahren nach Gründung in kürzeren Abständen statt, da sich die Zusammenarbeit im Rahmen der Vorstandsmitglieder erst einspielen musste und sich ausreichend Arbeitsfelder auftaten, die es zu beackern gab. Bei Themen von übergeordneter Tragweite wurden alle 33 Ortsvertrauensleute oder aber nur diejenigen, deren Gebiet betroffen war, mit einberufen. Wie ein roter Faden zieht sich der gemeinsame Wille um das Wohl des Forstverbandes und seiner Mitglieder durch alle Vorstandssitzungen, seit Beginn der ersten Sitzung am 4. Oktober 1949 in Buchholz bis zum heutigen Tage. Neben den vereinsmäßigen Regularien wurden die Finanzierung und der jährliche Haushalts- und Kassenabschluss besprochen. Die Vorbereitung der nächsten Generalversammlung einschließlich der Themenfindung für einen Vortrag oder einer Waldbegehung standen und stehen auf der Tagesordnung.

Der Neubau eines Forstdienstgehöftes und seine Finanzierung nahmen den Vorstand und den Bauausschuss über lange Zeit intensiv in Anspruch. Bauliche Maßnahmen am Forstdienstgebäude und auf dem Grundstück, die Anschaffung von Maschinen, Geräten und Dienstfahrzeugen waren Themen der Sitzungen.

Die vielfältigen Personal- und Sachfragen wurden und werden angesprochen, eingehend erörtert und ggf. so entschieden, dass sie zum Wohle des Waldes, seiner Eigentümer und Mitarbeiter dienen.

Im Allgemeinen fand eine Generalversammlung pro Jahr statt, wenn nicht besondere Umstände die Einberufung einer außerordentlichen GV verlangten, so am 29. Juni 1972 um 20.00 Uhr, als es um den Verkauf eines Teiles des verbandseigenen Grundstückes in Holm-Seppensen ging.

Die Generalversammlung stellt den alljährlichen Höhepunkt des Forstverbandslebens dar. Sie wird im Allgemeinen gut besucht, wenn auch nicht mehr mit 40–50 % der Mitglieder wie in den 1950/60er-Jahren. Nach Eröffnung, Begrüßung und Feststellung der Beschlussfähigkeit wird der im vergangenen Jahr verstorbenen Mitglieder gedacht. Es folgt die Genehmigung des Protokolls der letztjährigen Generalversammlung, das jedem Mitglied in schriftlicher Form zugegangen ist. Der Vorsitzende hält der Versammlung einen Vortrag über die Höhepunkte der Vorstandsarbeit und über vereinsinterne Angelegenheiten. Einen sehr wichtigen Tagesordnungspunkt stellen der Kassenbericht und der Haushaltsnachweis dar, die ebenfalls jedem Mitglied in schriftlicher Form vorliegen. Es folgen der Bericht der Kassenprüfer sowie die Entlastung von Vorstand und Geschäftsführung.

Die FBG FV Jesteburg ist eine der wenigen forstwirtschaftlichen Zusammenschlüsse in Niedersachsen, die mit drei Kassenprüfern arbeitet, um immer noch das „Vieraugenprinzip" wahren zu können, wenn einmal ein Kassenprüfer ausfallen sollte. Von den auf 3 Jahre gewählten Kassenprüfern scheidet jedes Jahr einer aus und wird ein neuer dazugewählt. Einen sehr breiten Raum nimmt der Tätigkeitsbericht über das vergangene Forstwirtschaftsjahr ein, der vom amtierenden Bezirksförster, teilweise durch Folien, Dias oder Beamer unterstützt, vorgetragen wird. Hier spiegelt sich das umfangreiche Arbeitsfeld eines Jahres wider. Aktuelle forstliche Tagesfragen werden vom Forstabteilungsleiter oder seinem Vertreter im Einvernehmen mit dem Forstamtsleiter behandelt. Unter dem Tagesordnungspunkt „Allgemeine Verbandsangelegenheiten" kann über alle den Forstverband betreffenden Angelegenheiten wie z.B. PEFC, Holzabsatzfond u.v.a.m. beraten und abgestimmt werden. Ihren Abschluss findet die Generalversammlung heute in einem gemeinsamen Essen und Vortrag oder Film.

In den ersten zwei Jahrzehnten sprach Forstmeister Jaeger vom zuständigen Forstamt Stade über die neuesten forstfachlichen und forstpolitischen Ereignisse, ein weiterer Redner berichtete über jagdliche, forstliche und landeskulturelle Reisen und Erlebnisse. Die Massenvermehrung des großen braunen Rüsselkäfers oder der Fichtenblattwespe rief wiederum andere Fachleute auf den Plan, so z.B. Herrn FAss. Deppenmeier, der über biologische und mechanische Bekämpfungsmaßnahmen gegen Forstschädlinge referierte. Seitens der Forstabteilung der Landwirtschaftskammer Hannover war vielfach der Abteilungsleiter oder sein Vertreter anwesend, um über forstpolitische Tagesfragen zu berichten. Der Hannoversche Landesforstverband wurde ebenfalls vom Vorstand eingeladen und war meistens mit einem Abgesandten vertreten. An die Vorsitzenden der direkten Nachbarforstverbände erging selbstverständlich eine Einladung, um die Verbundenheit und Gemeinsamkeit zu zeigen. Der Vorsitzende bzw. einer der Geschäftsführer des Landvolkverbandes Landkreis Harburg als politische Vertretung der Landbevölkerung fehlte bei fast keiner Sitzung; als Abgesandter der Geschäftsführung kam meist Dr. Middelmann.

Schon 2 Jahre nach Gründung des Forstverbandes war Landforstmeister Mann auf der Generalversammlung 1955 in Holm-Seppensen, Gasthaus Am Badeteich, Gastredner mit dem Thema: „Aufforstung und Bestandespflege – zurück zu den Mischbeständen". Ein Jahr später war es dann Oberforstmeister von Meding aus Hannover, der über betriebswirtschaftliche Fragen referierte und 4 besonders wichtige Punkte über Wege zur Hebung des Waldertrages aufzeigte.

Forstmeister Freyerhagen aus Reinbeck referierte über Pappel- und Flurholzanbau bzw. chemische Unkrautbekämpfung im Walde. Staatsanwalt a.D. Flöte, Hannover, behandelte das Thema „Bäuerliches Eigentum und Natur- und Landschaftsschutzgesetzgebung" – es hat bis heute nichts an Aktualität verloren! Herr Dr. Ollmann von der Bundesforschungsanstalt in Reinbeck stellte auf der GV 1968 das Thema „Gegenwärtige Situation und Zukunftsaussichten der Forstwirtschaft aus holzmarktpolitischer Sicht" vor. Die Erstaufforstung von Heide und Ödland in Verbindung mit Standortkartierung, Düngung und Bodenkalkung, einhergehend mit entsprechenden Lehrwanderungen, waren Themen der Zeit. Vor- und Nachteile von Vollumbruch, Plaggen der Pflanzplätze oder Einsatz des Waldstreifenpfluges bzw. der Forstfräse wurden teilweise heftig diskutiert.

Aber auch Themen zum Schmunzeln waren dabei, so die in Reimform gehaltenen Vorträge von Forstmeister Hulverscheidt-Hoja: „Gar lustig ist die Jägerei“ oder „... und da sagte der Jägermeister“ im Jahre 1971.

Oberförster Wolfgang Steinborn aus Schneverdingen berichtete über seine vielen Reisen in Europa und Asien. Anlässlich der GV 1975 zeigte er grandiose Bilder aus dem italienischen Nationalpark Gran Paradiso mit seinem imposanten Steinwild. Seine Filmvorführung über „Weißes Gold – vom Holzeinschlag bis zur Papierherstellung“ führte uns auf der GV 1982 nach Schweden und Finnland. Er referierte über das heimische Thema „Lebensraum Wald, seine Pflege und Gestaltung im forstlichen Alltag“ im Jahre 1984.

In Erinnerung an die Waldbrandkatastrophe von 1975 zeigte uns Oberforstmeister Ehrenfried Liebeneiner auf der GV 1978 einen Farbdiavortrag mit dem Thema „Ablauf und Bekämpfung eines Waldbrandes“.

Unser leider viel zu früh verstorbener ehemaliger Gemeindedirektor Peter Rieckmann aus Stelle war des Öfteren Gast auf unseren Generalversammlungen und zeigte uns seine Diaschauen über die grandiose Welt des Grand Canyon (GV 1985) oder den Zwiespalt von Sozialismus und Orient im sowjetischen Mittelasien (GV 1987). Forstoberinspektor Rainer Städing referierte auf der GV 1986 über seine Tätigkeit als forstlicher Entwicklungshelfer in Afrika.

Ein Teil unserer Waldbesitzer mit Mitarbeitern war und ist nach wie vor zeitweise mit der Motorsäge und anderen Maschinen im Walde tätig. Aus diesem Grunde hatte der Vorstand bzw. die Geschäftsführung Dipl.-Ing. Manfred Petersen von der Hannoverschen Landwirtschaftlichen Berufsgenossenschaft gebeten, einen Farbdiavortrag über Unfallverhütung bei der Waldarbeit zu halten, was anlässlich der GV 1990 erfolgte. Die Farbdias über schwere Unfälle, bei denen Blut geflossen war, zeigten eine nachhaltige Wirkung bei den Zuschauern.

Der von meiner Frau Karin, unserer Tochter Inka und mir gedrehte Film über die forstliche Betreuung im Jahresablauf unseres Forstverbandes, gezeigt auf der GV im Jahre 1997, wurde mit anhaltendem Beifall bedacht.

Auf der GV 2001 sprach Carsten Brüggemann von der LWK Hannover über das aktuelle Thema „Heizen mit Holz“. Auf der Vorstandssitzung am 11.09.2003 bildete der Ablauf der Feier zum 50-jährigen Bestehen des Forstverbandes Jesteburg das Hauptthema. Tiefschürfende und besinnliche Gedanken vermittelte uns der Vortrag „Von Menschen und Bäumen – die Deutschen und ihr Wald“ von Prof. Dr. Albrecht Lehmann aus Hamburg auf der GV 2004. Die Verabschiedung von mir, FA Uwe Gamradt, in den Ruhestand stand auf der Tagesordnung der Vorstandssitzung am 02.02.2006.

Hatte der Vorstand des Forstverbandes Jesteburg schon in den 1950er-Jahren einen Kollektivvertrag mit der Gladbacher Versicherung gegen Waldbrand abgeschlossen, wurde dieser im Laufe der Zeit den jeweiligen Gegebenheiten angepasst. Zuletzt wurde er im Jahre 2010 bei der AXA Versicherung AG auf den neuesten Stand gebracht. Eine Wald-sturmversicherung sowie eine Waldbesitzer-Haftpflichtversicherung werden seit 2010 den Mitgliedern angeboten und empfohlen.

Vermehrte gesetzliche Anforderungen und Auflagen bei der Verkehrssicherungspflicht im Bereich der Waldränder und Straßen waren mit der Versicherung zu klären. Die erst kürzlich erfolgte Verabschiedung bzw. Novellierung des Umweltschaden-Strafgesetzbuches erforderte den Abschluss einer Umweltschadenhaftpflichtversicherung im Jahre 2011.

Im Jahre 2012 bildeten die Ersatzbeschaffung des Rückezuges Ponsse Wisent sowie andere Investitionen wichtige Beratungspunkte für den Vorstand.

Aus dem Vorgesagten ist sicherlich klar zu ersehen, dass Vorstand, Geschäftsführung und forstliche Betreuung der FBG FV Jesteburg ein hohes Verantwortungsbewusstsein ihren Mitgliedern und Geschäftspartnern gegenüber zeigen und stets bemüht sind, das Beste für sie zu erreichen. Mögen sie auch weiterhin über genügend Standvermögen und Schaffenskraft zum Wohle des ihnen anvertrauten Waldes verfügen!

Örtlichkeit und Zeitpunkt der Generalversammlungen

1949	19. Juli	16.00 Uhr	Hotel Cohrs in Buchholz, Gründungsversammlung
1950			nicht ermittelbar – fehlende Unterlagen
1951			nicht ermittelbar – fehlende Unterlagen
1952	28. Okt.	16.00 Uhr	Waldbesitzervers. betr. Einheitsbewertung
1953	14. März	15.30 Uhr	Gasthaus Wille in Welle, Gründungsversammlung
1954	22. Mai	17.15 Uhr	Am Badeteich in Holm-Seppensen
1955	12. Jan.	13.00 Uhr	dto.
1956	18. Jan.	14.00 Uhr	dto.
1957	13. März	15.00 Uhr	dto.
1958	17. Mai	17.10 Uhr	dto.
1959	20. Febr.	14.00 Uhr	Gasthaus Kurth in Bendestorf
1960	12. März	14.30 Uhr	dto.
1961	4. März	15.30 Uhr	dto.
1962	17. März	14.30 Uhr	Hotel Frommann in Dibbersen
1963	12. März	14.00 Uhr	Gasths. Arn. Meyer in Seppensen
1964	21. Febr.	13.00 Uhr	Gasthaus Niedersachsen in Jesteburg
1965	31. März	15.00 Uhr	Gasths. Friedr. Becker in Helmstorf
1966	2. März	14.00 Uhr	Gasths. Arn. Meyer in Seppensen
1967	23. Febr.	14.00 Uhr	Hotel Zur Eiche in Steinbeck
1968	2. Febr.	13.00 Uhr	Gasthaus Wentzien in Trelde
1969	20. Febr.	13.00 Uhr	Hotel Königshof in Vaensen
1970	17. Febr.	13.30 Uhr	Gasthaus Wille in Welle
1971	19. Jan.	13.00 Uhr	Hotel Frommann in Dibbersen
1972	24. Febr.	13.00 Uhr	Hotel Kurth in Bendestorf
1972	29. Jun.	20.00 Uhr	Hotel Frommann in Dibbersen (a.o.GV)

1973	18. Jan.	13.30 Uhr	Gasthaus Böttcher in Nenndorf
1974	26. Febr.	13.00 Uhr	Hotel Königshof in Vaensen
1975	19. Febr.	13.00 Uhr	Gasthaus Wille in Welle
1975	16. April	20.00 Uhr	Hotel Frommann in Dibbersen (a.o.GV), Satzungsänderung betr. FBG-Anerk.
1976	11. Febr.	13.00 Uhr	Hotel Königshof in Vaensen
1977	9. Febr.	13.00 Uhr	Hotel Frommann in Dibbersen
1978	10. Febr.	13.00 Uhr	Gasthaus Böttcher in Nenndorf
1979	5. März	13.00 Uhr	Hotel Frommann in Dibbersen
1980	20. Febr.	13.00 Uhr	Hotel Fuchs in Handeloh
1981	26. Febr.	13.30 Uhr	Gasthaus Fr. Becker in Helmstorf
1982	4. März	13.00 Uhr	Gasthaus Wille in Welle
1983	10. März	13.00 Uhr	Gasthaus Wentzien in Trelde
1984	21. März	13.00 Uhr	Hotel Königshof in Vaensen
1985	14. März	13.00 Uhr	Gasthaus Wille in Welle
1986	20. März	13.00 Uhr	Gasthaus Böttcher in Nenndorf
1987	4. März	13.00 Uhr	Hotel Frommann in Dibbersen
1988	25. Febr.	13.00 Uhr	Gasthaus Fr. Becker in Helmstorf
1989	2. März	13.00 Uhr	Gasthaus Wentzien in Trelde
1990	15. März	13.00 Uhr	Gasthaus Wille in Welle
1991	28. Febr.	13.00 Uhr	Gasthaus Erhorn in Vahrendorf
1992	20. März	13.00 Uhr	Hotel Zum Lindenheim in Nenndorf
1993	25. Febr.	13.00 Uhr	Gasthaus Wentzien in Trelde
1994	15. März	13.00 Uhr	Gasthaus Wille in Welle
1995	29. März	13.00 Uhr	Gasthaus Erhorn in Vahrendorf
1996	18. März	13.00 Uhr	Hotel Zum Lindenheim in Nenndorf
1997	10. April	13.00 Uhr	Gasthaus Wille in Welle
1998	29. April	13.00 Uhr	Gasthaus Wentzien in Trelde
1999	17. März	13.00 Uhr	Gasthaus Erhorn in Vahrendorf
2000	14. April	13.00 Uhr	Hotel Zum Lindenheim in Nenndorf
2001	8. Mai	13.00 Uhr	Gasthaus Wille in Welle
2002	24. April	13.30 Uhr	Gasthaus Wentzien in Trelde
2003	18. Juni	13.30 Uhr	Gasthaus Erhorn in Vahrendorf
2004	11. Mai	13.30 Uhr	Hotel Zum Lindenheim in Nenndorf
2005	28. April	13.30 Uhr	Gasthaus Wille in Welle
2006	2. März	10.00 Uhr	Gasthaus Böttcher in Nenndorf
2007	19. April	13.30 Uhr	Gasthaus Erhorn in Vahrendorf
2008	28. April	14.00 Uhr	Gasthaus Wentzien in Trelde
2009	19. März	14.00 Uhr	Gasthaus Wille in Welle
2010	15. April	14.00 Uhr	Gasthaus Böttcher in Nenndorf
2011	24. März	14.00 Uhr	Gasthaus Erhorn in Vahrendorf
2012	22. März	14.00 Uhr	Gasthaus Wentzien in Trelde
2013	14. März	13.30 Uhr	Gasthaus Wille in Welle

Forstverband Jesteburg e.V.

Jesteburg, den 22. Februar 1960

EINLADUNG

des Forstverbandes Jesteburg e.V.

zu einer Forstlehrwanderung auf dem Forsthof Lohof bei Jesteburg, am Sonnabend, dem 12. März 1960, 13.00 Uhr. Anschließend um 15.00 Uhr Generalversammlung im Gasthaus Kurth in Bendestorf.

Tagesordnung:

1. Eröffnung und Begrüßung durch den Vorsitzenden
2. Verlesung des letztjährigen Protokolls
3. Tätigkeitsbericht der Verbandsförster
4. Rechnungslegung und Entlastung
5. Vortrag von Herrn Forstmeister Jäger, Stade
6. Waldbrandversicherung
7. Lichtbildervortrag des Films "Pflege des Bauernwaldes"
8. Auslosung und Auszahlung von Baudarlehen
9. Verschiedenes

Fi.

Einladung zur Generalversammlung am 12.03.1960

Forstbetriebsgemeinschaft
Forstverband Jesteburg
– Geschäftsstelle –

2110 Buchholz/Holm-Seppensen
Hindenburgweg 8/Forsthaus
Telefon 04187/223

EINLADUNG

zu der am Mittwoch, den 20. Februar 1980 im Hotel SIEGFRIED FUCHS in Handeloh um 13.00 Uhr stattfindenden Generalversammlung der Forstbetriebsgemeinschaft „Forstverband Jesteburg".

Tagesordnung:

1. Eröffnung und Begrüßung
2. Protokollverlesung
3. Kassenbericht/Haushaltsplan
4. Bericht der Kassenprüfer
5. Entlastung von Vorstand, Rechnungs- und Geschäftsführer
6. Neuwahl eines Kassenprüfers
(es scheidet aus: Heinrich Peters-Dangersen)
7. Tätigkeitsbericht des Bezirksförsters
8. Referat:

Forstliche Tagesfragen
FOR Lubisch FA. Stade der LkH
– Aussprache –

9. Verschiedenes
(Anträge zur Tagesordnung bis zum 15. Februar 1980 an die Geschäftsstelle)

– Pause –
(Während der Pause lädt die Forstbetriebsgemeinschaft zu einem gemeinsamen Imbiß ein)

10. Farbdiavortrag:

„Mit Humor durch Niedersachsen"
Armin Mandel – Wunstorf

Buchholz/Holm-Seppensen, den 31. Januar 1980 gez. Wilhelm Cohrs

Einladung zur Generalversammlung am 20.02.1980

Vorstandstisch anlässlich Generalversammlung am 28. Februar 1991, v.l.: Hermann Becker, FA Uwe Gamradt, LFD Gerd Bosse, Helmut Martens, Frido Eisenberg, Gustav Otten

Ab heute bin ich Rentner, Uwe Gamradt 2. Dezember 2005

Nr.:
0421041/023300900002

EINLADUNG

zu der am Donnerstag, **den 15. April 2010 um 14:00 Uhr** stattfindenden

GENERALVERSAMMLUNG

der

FORSTBETRIEBSGEMEINSCHAFT
Forstverband Jesteburg

im Hotel Böttcher´s Gasthaus in Nenndorf,
Tel.: 04108/7147

TAGESORDNUNG

1.) Eröffnung und Begrüßung
2.) Feststellung der ordnungsgemäßen Ladung und Beschlussfähigkeit
3.) Genehmigung des Protokolls der Generalversammlung vom 19. März 2009
4.) Kassenbericht / Haushaltsnachweis 2009
5.) Bericht der Kassenprüfer
6.) Entlastung von Vorstand und Geschäftsführung
7.) Wahl eines Kassenprüfers
es scheidet aus: Herr Heiner von Fintel, Itzenbüttel
8.) Tätigkeitsbericht des Bezirksförsters Forstamtmann Torben Homm
9.) Aktuelle forstliche Tagesfragen:
- Forstoberrat Jochen Bartlau, Forstamt Nordheide-Küste
- Norbert Leben, Präsident des Waldbesitzerverbandes Niedersachsen e.V.
10.) Allgemeine Verbandsangelegenheiten:
- Beratungsvertrag mit der LWK Niedersachsen
- Nachfolge Holzabsatzfonds
- Stand der PEFC-Zertifizierung
11.) Verschiedenes

Anträge zur Tagesordnung bitte bis zum 12. April 2010 schriftlich an die Geschäftsstelle.

VORTRAG

„Totholz – Kapital des Waldes“
von Herrn Dipl. Biol. Dr. Lars Benecke

Nach der Versammlung lädt die Forstbetriebsgemeinschaft zu einem gemeinsamen Imbiss ein. Wir bitten um rege Beteiligung und laden auch die Angehörigen unserer Waldbesitzer herzlich ein.

Holm-Seppensen, den 22. März 2010

Mit freundlichem Gruß
gez. Detlef Cohrs
Vorsitzender

Einladung zur Generalversammlung am 15.04.2010

Nr.:
0421041/023300900002

EINLADUNG

zu der am Donnerstag, **den 14. März 2013 um 14:00 Uhr** stattfindenden

60. GENERALVERSAMMLUNG

der

FORSTBETRIEBSGEMEINSCHAFT
Forstverband Jesteburg

in **Willes Gasthof in Welle**
Hauptstraße 11, 21261 Welle, Tel.: 04188-214

TAGESORDNUNG

1.) Eröffnung und Begrüßung
2.) Feststellung der ordnungsgemäßen Ladung und Beschlussfähigkeit
3.) Genehmigung des Protokolls der Generalversammlung vom 22. März 2012
4.) Kassenbericht / Haushaltsnachweis 2012
Herr Reinhard Asche, Steuerberater der LVBL Steuerberatungsgesellschaft
5.) Bericht der Kassenprüfer
6.) Entlastung von Vorstand und Geschäftsführung
7.) Wahl eines Kassenprüfers
es scheidet aus: Herr Heinz Bockelmann, Jesteburg
8.) Turnusmäßige Wahl des Vorstandes
es scheiden aus: Herr Detlef Cohrs, Thelstorf (Vorsitzender)
Herr Heinrich Albers, Dangersen
Herr Siegfried Behr, Holm-Seppensen
9.) Tätigkeitsbericht des Bezirksförsters Forstamtmann Torben Homm
10.) Aktuelle forstfachliche Tagesfragen:
- Dipl. Forstwirt Rudolf Alteheld, Leiter GB Forstwirtschaft der LWK Nds.
- FD Jochen Bartlau, Leiter Forstamt Nordheide-Heidmark der LWK Nds.
11.) Allgemeine Verbandsangelegenheiten:
- Stand der PEFC-Zertifizierung
12.) Verschiedenes

Anträge zur Tagesordnung bitte bis zum 11. März 2013 schriftlich an die Geschäftsstelle.

Grußwort der Gäste

Vorstellung der CHRONIK – 60 Jahre FBG Forstverband Jesteburg - durch den Autor Herrn FA i.R. Uwe Gamradt

Nach der Versammlung lädt die Forstbetriebsgemeinschaft zu einem gemeinsamen Imbiss ein. Wir bitten um rege Beteiligung und laden auch die Angehörigen unserer Waldbesitzer herzlich ein.

Holm-Seppensen, den 18. Februar 2013

Mit freundlichem Gruß

Detlef Cohrs
Vorsitzender

Einladung zur Generalversammlung 2013

2.14. Interessentenforsten, Gemeinschaftsforsten, Realverbandsforsten

Aus der Geschichte:

Die Markgenossenschaften unserer Region wurden u.a. durch den „Plan-Rezess über die generelle Auseinandersetzung des Brumhagen-Forstgrundes zwischen der Königlichen Domainen-Cammer, als Forstherrschaft, und den berechtigten Dorfschaften, sowie letztere unter sich und die Abfindung aller Übrigen auf dem fraglichen Forstgrunde haftenden Berechtigungen" um 1855 aufgeteilt. Am sogenannten „FORST BRUMHAGEN" waren 54 Holzungsinteressenten berechtigt, an erster Stelle stand die Dorfschaft Buchholz mit 15 Hofstellen. Wir wollen uns hier der Geschichte des Realverbandes „Interessentenforst Buchholz" mit seinen im Forstort SUERHOP belegenen Waldflächen als beispielgebend für alle anderen einmal zuwenden: Im Rezess wird der Dorfschaft Buchholz auferlegt, in den erhaltenen Abfindungsteilen eine Fläche zur Errichtung eines Gemeindeforstes im sogenannten „Suerhop" liegenzulassen. Diese für berechtigte Interessenten zugestandenen Holzungsberechtigungen in dem Brumhagen-Forst liegen gemäß den Bestimmungen des § 155 Teilungsordnung für das Fürstentum Lüneburg in der Zuständigkeit der Forstpolizei. Die Oberaufsicht führt das Forstamt, und die in der Gemeinde Buchholz ansässigen Forstinteressenten haben bezüglich des Gemeindeforstes gleiche Rechte und Verpflichtungen. Es bedeutete das Ende der alten Markgenossenschaft, als am 27. September 1855 in Sprötze die aus den einzelnen Ortschaften als Vertreter gewählten Bauern das für die weitere Entwicklung der Dörfer so wichtige Schriftstück unterzeichneten. Nun also mussten die 15 Interessenten der Dorfschaft Buchholz beraten, wie sie ihren übernommenen Verpflichtungen betreffs des Interessentenforstes nachkommen wollten. Hierzu finden wir in dem Verkopplungsrezess der Gemeinde Buchholz unter § 11: „Die auf dem Spezialteilungsobjekte ausgeübten Nutzungen sind Holzhieb, Weide, Heide- und Plaggenhieb." Zum Holzen waren im Kleckerwald 14, im Brumhagen 15 Interessenten berechtigt, von denen rezessmäßig Erstere 77 Morgen 66 Quadratruthen und Letztere 150 Morgen, insgesamt also 227 Morgen 66 Quadratruthen in Gemeinschaft niederlegen müssen. Wollte der im Kleckerwald nicht berechtigte Interessent Bammanns Erben (Haus Nr. 13 Mattens) zu dem neuen Forst gleichmäßig berechtigt sein, so musste er noch besonders beitragen: 5 Morgen 65 Quadratruthen. Demnach sind 233 Morgen 11 Quadratruthen = ca. 58,40 Hektar für den Gemeindeforst zu reservieren. Die heutige Größe beträgt durch geringen Zukauf im Laufe der Jahre 61,08 ha, die Interessentenschaft hat sich also in den letzten 158 Jahren rezesskonform verhalten!

Der Anteil an dem Interessentenforst war nicht real, wie es in den mittleren und südlichen Landesteilen Deutschlands üblich war, wo Waldparzellen mit einer Breite von 2 m und beträchtlicher Länge vorkamen und noch heute vorkommen. In Norddeutschland war der Interessenforst in rein ideelle Anteile aufgeteilt, sowohl bei der Gewinnausschüttung als auch bei der Kostenbeteiligung. Als Vorsitzender fungierte ein aus den Reihen der Interessenten gewählter Holzvogt, Holzgeschworener oder Holzförster, der sich mit dem jeweiligen stattlichen Forstamtsleiter ins Benehmen zu setzen hatte, wenn Maßnahmen im Interessentenwald anstanden. Diese Funktionsweise bestand in mehr oder weniger intensiver Form bis zum Ende des Zweiten Weltkrieges. Am 4. März 1961 wurde das Gesetz über den Körperschafts- und Genossenschaftswald und am 15. August 1961 die entsprechenden Ausführungsbestimmungen vom Nds. Landtag verabschiedet. Hiernach war es jetzt möglich, dass Interessentenforsten auf eigenen Wunsch aus der staatlichen Betreuung ausscheiden und sich einem der neugegründeten Forstverbände anschließen, wenn dieser über forstliches Fachpersonal verfügt. Im Laufe der Zeit hatte sich zwischen den Vorsitzenden der Interessentenforsten und dem jeweiligen staatlichen Förster bzw. Forstamtsleiter ein mehr oder weniger enges Freundschaftsverhältnis aufgebaut. So war es verständlich, dass die nahe am Forstamt liegenden Interessentenforsten im Allgemeinen in seiner Betreuung blieben. Schwierig wurde es für die Vorsitzenden, aber auch für die Mitinteressenten, wenn sie über eigenen Wald verfügten, was in den meisten Fällen der Fall war. Diese privaten Waldflächen durften nun nicht mehr von den staatlichen Forstkollegen – oftmals kostenfrei – betreut werden. Hierdurch begründet, erfolgte nach und nach der Beitritt in die Forstverbände, sowohl der Interessentenforst als auch die privaten Waldflächen. In einem Schreiben des Forstamtes Stade der LWK Hannover vom 05.12.1961 an die Vorsteher der Interessentenforsten im Bereich des Forstverbandes Jesteburg e.V. stellt Forstmeister Jaeger zwei Betreuungsmöglichkeiten vor: 23 Interessentenforsten werden vom staatlichen Forstamt Rosengarten und 2 Interessentenforsten vom staatlichen Forstamt Langeloh betreut.

Der Niedersächsische Landtag beschloss am 4. November 1969 das REALVERBANDSGESETZ, das am 5. November 1969 im Nds. Gesetz- und Verordnungsblatt veröffentlicht wurde. Ein Realverband ist somit u.a. die Interessentenschaft, die durch ein Auseinandersetzungsverfahren per Rezess betreffs der gemeinschaftlichen Angelegenheiten begründet wurde. Die bisherigen Interessentenforsten mussten jetzt eine neue Satzung gemäß Mustersatzung erlassen und entsprechende Vorstandswahlen durchführen. Der Realverband untersteht der Aufsicht des Landkreises oder der kreisfreien Stadt. Die Aufsicht beschränkt sich darauf, dass die Maßnahmen des Verbandes dem Gesetz und der Satzung entsprechen. Die Aufsichtsbehörde kann sich jederzeit über die Angelegenheiten des Realverbandes informieren, Auskünfte verlangen und Einsicht in seine Schriften und Rechnungen nehmen. Der Realverband hat der Aufsichtsbehörde die Namen und Anschriften der Vorstandsmitglieder mitzuteilen. Die Aufsichtsbehörde kann von Realverbänden mit erheblichen Nutzvermögen verlangen, dass diese ihre Rechnungen laufend durch eine geeignete Prüfstelle kontrollieren lassen.

Allgemein üblich, lädt der Vorstand des Realverbandes mindestens einmal im Jahr seine Mitinteressenten zu einer Mitgliederversammlung ein, zu der auch der betreuende Bezirksförster eingeladen wird. Als vorteilhaft hat sich erwiesen, vorher einen gemeinsamer Waldbegang vorzunehmen, um vor Ort festzulegen, welche Maßnahmen im kommenden Forstwirtschaftsjahr durchgeführt werden sollen. In den 1960/70er-Jahren wurden in den meisten Interessentenforsten im Winter die Holzeinschlags- und Holzrückearbeiten von den Interessenten in Eigenregie durchgeführt. In den Interessentenforsten Otter,

Forstamt Stade d. Lwk. Hann.

Stade,den 5. 12. 1961
Hospitalstr.1
Fernruf: 3o o9

An den

Vorsteher der Interessentenforst
Herrn

in

An alle

Interessentenforsten im

Forstverbandsbezirk Jesteburg
außer
Int.Forst Alvesen, Bendestorf,

Dibbersen, Ehestorf u. Sprötze.

Betr.: Gesetz über den Körperschafts- und Genossenschaftswald vom 4.3.61 und Ausführungsbestimmungen vom 15.8.61

Im Einvernehmen mit dem Forstverband möchten wir Ihnen folgendes mitteilen:

1.) Die Betriebsplanung gegen einen jährlichen Beitrag von 1,5o DM je ha betreuten Waldes kommt nur infrage, wenn Fachpersonal mit abgeschlossener Ausbildung bezw. langjähriger Bewährung im Beruf vorhanden ist.

2.) Da die Interessentenschaft in Anbetracht der Forstgröße keine eigene forstliche Fachkraft angestellt hat, muß erfolgen
entweder Betriebsleitung durch das Staatl.Forstamt gegen einen Forstbesoldungsbeitrag von 4,- DM je ha. (Die Beiträge werden durch die Staatsforstverwaltung so bemessen, daß sie laufend den Veränderungen in der Besoldung der Landesforstbeamten angepasst werden). Hierin ist aber nicht einbegriffen die Gestellung und Verlohnung der Arbeitskräfte,z.B. für Hauungen und Kulturen
oder Anschluß an einen von der Landwirtschaftskammer anerkannten Zusammenschluß von Waldbesitzern, der über das erforderliche Fachpersonal verfügt.
Die Forstverbände erheben einen geringeren Flächenbeitrag. Dafür folgende Leistungen:

1.) Fachliche Beratung bei allen Massnahmen im Walde.

2.) Auszeichnung der Bestände, sowie sachgemässe Sortierung und Aufmessung des Holzes.

3.) Unterstützung bei allen Holzverkäufen.

4.) Beschaffung von rassisch einwandfreien Forstpflanzen guter Qualität.

5.) Auf Wunsch Gestellung und Verlohnung von Waldarbeitern und Waldarbeiterinnen.

6.) Gemeinschaftlicher Einsatz von forstlichen Maschinen und Geräten (Bodenbearbeitung bei Aufforstungen u.Schädlingsbekämpfung).

7.) Hilfeleistung in Steuerangelegenheiten.

8.) Vermittlung von Forschungs-, Fortschritts- und Erfahrungsergebnissen aus der Forstwirtschaftswissenschaft und Praxis an die Mitglieder durch Veranstaltung von Vorträgen, forstlichen Lehrwanderungen usw.

9.) Gemeinschaftliche Waldbrandversicherung mit Vorzugsprämie (Einzelversicherung etwa doppelt so hoch).Bisher einzelversicherte Waldbesitzer bezw. Interessentenforsten können in die gemeinschaftliche Waldbrandversicherung aufgenommen werden, wenn sie Mitglied des Forstverbandes sind oder werden.

F.d.R.

gez. J a e g e r

(Angestellte)

Schreiben vom FoA. Stade betreffs Betreuungsmöglichkeiten

Forstamt Stade
der Landwirtschaftskammer Hannover
Hospitalstr. 1 Tel. 30 09

Nachrichtlich

Stade, den 15. 12. 1961

1. a.d. Herrn Vorsitzenden des Forstverbandes Jesteburg
2. a.d. Herrn Revierförster des Forstverbandes "

Hieger

LANDKREIS HARBURG Dienstag, 13. Januar 1970

Nach getaner Arbeit, drei Wochen lang jeden Tag von 12 bis 16 Uhr, geht es gemeinsam wieder heimwärts. Manchmal dauert der Holzeinschlag etwas länger, dann wird im Wirtshaus irgendwo noch ein heißer Grog getrunken. Auch das gehört dazu. (Fotos: gila)

14 Tage „Waldleben" bei Schnee und Kälte

Holzeinschlag mit Humor und warmen Getränken

gila. Otter. **Wenn es Stein und Bein friert und die Temperaturen weit unter den Nullpunkt gesunken sind, dann ist Anfang Januar die Zeit gekommen, wo sich die Waldbesitzer ans Werk begeben, um den Holzeinschlag vorzunehmen.**

Die Forstinteressenten rücken Tag für Tag gemeinsam aus, „bewaffnet" mit Motorsägen, Äxten, genügend flüssi[illegible]n Getränken, um zwischendurc[illegible]inzuheizen, und nicht zuletzt mit viel Humor. Waldleben nennen sie das, wenn sie 14 Tage oder gar drei Wochen meist nur dort sich aufhalten.

Gestern trafen wir die Holzinteressenten von Otter unmittelbar an der Landstraße 141. Hinter Knick sorgen sie im sogenannten Bruch für den Kahlschlag eines großen Eichenbestandes. Gastwirt Wilhelm Ahrens als Vorsitzender der Interessentenschaft und Friedrich Rogge als sein Stellvertreter waren mit den anderen bei bester Laune anzutreffen. „Bevorzugt durch den zeitigen starken und den trockenen Sommer konnten wir an diesen Kahlschlag herangehen", erklärt uns Oberförster Gamradt aus Holm-Seppensen vom Forstverband Jesteburg. „Der Bestand ist über einhundert Jahre alt, und die schweren Bäume können nur bei geeigneten Bodenverhältnissen abtransportiert werden. Eine Parkettfabrik aus Rotenburg ist Abnehmer."

Die Interessentenschaft Otter gehört dem Forstverband Jesteburg als Mitglied an. Schon im Frühjahr wird der Kahlschlag wieder unter sachkundiger Leitung des Verbandes aufgeforstet, und zwar mit Fichten.

Jetzt ist die Zeit des Holzeinschlags überall gekommen. Unser Schnappschuß entstand gestern bei Knick. Oberförster Gamradt vom Forstverband Jesteburg mit Mitgliedern des Interessentenforsts Otter beim Holzaufmessen.

Mitglieder des Interessentenforst Otter

1

R E A L V E R B A N D S S A T Z U N G

I. Allgemeines

§ 1

(1) Die Interessentenforst Schillingsbostel - Riepshof . . . . . nach dem Rezeß von 1860 . . . . ist ein Realverband nach dem Realverbandsgesetz vom 4. November 1969 (Nds. GVBl. S. 187). Sein Name ist Interessentenforst Schillingsbostel Riepshof Er hat seinen Sitz in Schillingsbostel . . . .

(2) Der Verbandsbereich (§ 17 Abs. 4 des Gesetzes) ist das Gebiet der Gemeinde [1] . . . Otter . . . .

§ 2

Die hauptsächlichen Gegenstände des Verbandsvermögens sind im Vermögensverzeichnis (Anlage A) aufgeführt. Der Vorstand hat das Verzeichnis bei Veränderungen fortzuschreiben.

§ 3

(1) Die Mitglieder sowie ihre Teilnahmerechte und Pflichten sind in dem Mitgliederverzeichnis (Anlage B) aufgeführt.

(2) Wechselt ein Anteil den Inhaber, so hat bei einem Wechsel durch Erbgang der Erbe, bei einem Wechsel durch Vertrag das bisherige Mitglied dem Vorstand die Änderung unter Vorlage der urkundlichen Belege anzuzeigen. Der Vorstand hat das Mitgliederverzeichnis zu berichtigen.

(3) Zeigt ein Mitglied die Übertragung seines Verbandsanteils nicht an, so bleibt es dem Verband gegenüber neben dem Erwerber berechtigt und verpflichtet (§ 13 des Gesetzes).

§ 4

(1) Die Verbandsanteile sind selbständig. Sie können durch Rechtsgeschäft übertragen werden und Gegenstand besonderer Rechte sein. Verbandsanteile, die zu einer Haus- oder

- 2 -

Auszug aus Satzung des Realverbandes Interessentenforst Schillingsbostel-Riepshof

Kampen, Dibbersen und Todtshorn wurden morgens gleich zwei Altenteiler benannt, die für ein ständig brennendes Feuer zu sorgen hatten. Der jeweilige „Holzförster" – in Otter Wilhelm Ahrens, in Kampen Hermann Kröger, in Todtshorn Wilhelm bzw. Hermann Matthies und in Dibbersen Heinrich Frommann, später Hermann Frommann – teilte die Arbeiten ein und sorgte für ausreichenden Abstand der einzelnen Gruppen beim Fällvorgang und überhaupt für die Einhaltung der Unfallverhütungsvorschriften. Obwohl auch schon damals durch die Unfallverhütungsvorschriften untersagt, musste ein gewisses Quantum an innerlich und äußerlich angewendeter „flüssiger Medizin" vorhanden sein, damit es nicht zu Erkältungen bzw. Erfrierungen kam. Tauchte dann noch der Journalist „Gila" (Gisela Kremling) von den Harburger Anzeigen und Nachrichten auf, um von der harten Waldarbeit zu berichten, kam es regelmäßig zu falschen Zuordnungen von Bericht und Bildern, denn Gila musste natürlich auch vorbeugend von der „Medizin" nehmen.

Die von Gastwirt Heinrich Frommann in Dibbersen spendierte Erbsensuppe war in manchen Jahren derart gewürzt, dass nur durch den Genuss eines löschenden Bieres ein schädigender „Rachenbrand" verhindert werden konnte. Bei der abendlichen Heimfahrt wollte „Heinis" Trecker partout nicht denselben Rückweg über Dangersen nehmen und machte einen kurzen Umweg über Steinbeck, nicht ohne kurz mal bei Jochen in der „Eiche" reinzusehen. Wer konnte denn etwas dafür, wenn dort auf dem Tresen mehrere frisch gezapfte Biere standen?! In Ehestorf war es Rudolf Schröder, der seine Mannen immer wieder aufmüdete, um die kleinen Kiefernabtriebe selbst durchzuführen. Es war schon oftmals beängstigend zu sehen, wie Rudolf in dem kupierten Gelände zwischen den teilweise doch starken Kiefernstämmen trotz Beinbehinderung herumturnte, um den Messring anzulegen und die Länge zu ermitteln. Beim späteren Aufmessen des Holzes mit Vorschlagen der Nummer auf die Stirnseite des Stammes turnte neben dem Vorsitzenden Rudolf Schröder auch ich durch den Verhau am Hang. Trotz allem war es eine schöne, zufriedenstellende Zeit – die gemeinsame Arbeit brachte die Menschen einander näher und stärkte den dörflichen Zusammenhalt.

v.l.: Werner Wirth, Rudolf Schröder beim Holzaufmessen

Holzvogt Hermann Heins und seine Miteigentümer des Interessentenforstes Sprötze hatten beschlossen, dass sie das Rücken des Stammholzes im Forstort „Am Hirschwechsel" in Eigenregie durchführen wollten, desgleichen die späteren Pflanzarbeiten. Beim Herausrücken der Kiefernstämme fuhr sich Wilhelm Eickhoff den aus einem Stubben herausragenden Holzspieß in den Hin-

Rudolf Schröder – Vahrendorf mit Enkel: v.l. Christian, Dirk, Heiko und Regine

Wiederaufforstung eines Kahlschlages am Schierheisterberg, Waldbesitzer: Hans-Heinrich Schröder – Vahrendorf, heute: Heiko Schröder

terreifen seines neuen roten Ferguson-Schleppers. Für ihn war das Holzrücken für alle Zeiten beendet! Der kernige Ausspruch des sonst so ruhigen und bedächtigen Wilhelm Eickhoff: „Dusend Mark inn Mors, mokt den Schiet alleen!“ Die strukturellen Veränderungen auf den Bauernhöfen bis hin zur Hofaufgabe hinterließen natürlich auch ihre Spuren im Arbeitsablauf bei den Interessentenforsten. Viele Interessenten gingen und gehen noch heute einer Tätigkeit nach, die oftmals weit entfernt vom Wohnort liegt. Daher haben sie nur noch abends oder am Wochenende Zeit für Arbeiten im Walde ihres Interessentenforstes. So haben die Miteigentümer des RV Interessentenforst Dibbersen den Weg gefunden, dass nur noch Arbeiten wie z.B. Kulturpflege und Wertästung von ihnen ausgeführt werden. Dabei kann man in kleinen Gruppen abends oder am Wochenende tätig sein. Um den Zusammenhalt weiterhin zu pflegen, werden Fahrten mit den Interessenten und deren Ehepartnern, oftmals auch mit befreundeten Interessentenforsten, durchgeführt, um Forstliches, aber auch Nichtforstliches in entfernten Gebieten unserer Heimat zu erkunden. Die forstliche Beratung und Betreuung wird hierbei jederzeit mit einbezogen und zeugt von einem gedeihlichen Nehmen und Geben. Es wäre schön und erstrebenswert, wenn dies auch weiterhin so bleiben würde!

Der FBG Forstverband Jesteburg sind als Mitglied angeschlossen und werden forstlich von ihr betreut:

1. Realverband Interessentenforst Alvesen, Vertr.: Dr. Gerd Meyer, Alvesen
2. Realverband Interessentenforst Beckedorf, Vertr.: Hermann Kröger, Beckedorf
3. Realverband Interessentenforst Bendestorf, Vertr.: Helmut Eckelmann, Bendestorf
4. Realverband Interesentenforst Buchholz, Vertr.: Heinrich Behr, Buchholz
5. Realverband Int.-Forst Dibbersen I, Vertr.: Hans-Joachim Becker, Dibbensen
6. Realverband Int.-Forst Dibbersen II, Vertr.: Hans-Joachim Becker, Dibbersen
7. Realverband Interessentenforst Ehestorf, Vertr.: Hans-Heinr. Schröder, Alvesen
8. Realverband Interessentenforst Emsen, Vertr.: Hermann Holste, Emsen
9. Realverband Interessentenforst Fleestedt, Vertr.: Hans-Heinr. Meyer, Fleestedt
10. Realverband Interessentenforst Harmstorf, Vertr.: Andreas Hastedt, Harmstorf
11. Realverband Interessentenforst Helmstorf, Vertr.: Hans-Peter Flügge, Helmstorf
12. Realverband Interessentenforst Hoinkenbostel, Vertr.: Bernd u. Elke Martens, Hoinkenbostel
13. Realverband Interessentenforst Klecken, Vertr.: Joachim Becker, Klecken
14. Realverband Interessentenforst Otter, Vertr.: Christoph Horstmann, Otter
15. Realverband Interessentenforst Riepshof-Schillingsbostel, Vertr.: H.-J. Peters, Schillingsbostel
16. Realverband Interessentenforst Riepshof, Vertr.: Hinnerk Busch, Hamburg
17. Realverband Interessentenforst Schillingsbostel, Vertr.: Hans-Jürgen Peters, Schil.
18. Realverband Interessentenforst Seppensen, Vertr.: Helmut Meyer, Seppensen
19. Realverband Interessentenforst Sottorf, Vertr.: Gustav Otten, Sottorf
20. Realverband Interessentenforst Sprötze, Vertr.: Gerhard Eickhoff, Sprötze
21. Realverband Interessentenforst Todtshorn, Vertr.: Klaus Weseloh, Gr. Todtshorn

Waldbegang Schliepenberg

Waldbegang Stuck, Oktober 2012

Waldbegang Schliepenberg, 2003

Ausfahrt der IF Dibbersen zum Arboretum im Forstamt Grund im Mai 1990

22. Realverband Interessentenforst Trelde, Vertr.: Gerhard Martens, Trelderberg
23. Realverband Interessentenforst Welle, Vertr.: Rüdiger Nelke, Welle
24. Realverband Interessentenforst Woxdorf, Vertr.: Rudolf Kahnenbley, Woxdorf

Keine Realverbände sind:

1. Interessentenforst Lambrügge, Vertr.: Wilhelm van Gunst, Emsen
2. Interessentenforst Lürade, Vertr.: Wilhelm Grimm, Lürade, Land Hamburg
3. Interessentenforst Fischbek, Vertr.: Otto Thiemann, Fischbek, Land Hamburg
4. Interessentenforst Hausbruch, Vertr.: Hermann Wolkenhauer, Hausbruch, Ld. HH

Die auf dem Gebiet der Freien und Hansestadt Hamburg liegenden Waldflächen der drei vorgenannten Interessentenforsten haben zwar ähnliche Entstehungskriterien wie die in Niedersachsen, allerdings hat das Land Hamburg kein Realverbandsgesetz verabschiedet. Die Verwaltung, Betreuung und Aufsicht entspricht jedoch denen des Nachbarlandes Niedersachsen.

Bei den Gemeinschaftsforsten handelt es sich um privatrechtliche lose Zusammenschlüsse meistens zweier oder mehrerer Hofbesitzer von entlegenen Hofstellen, die lediglich ihren Wald gemeinsam bewirtschaften wollen. Wahrscheinlich würden diese auch zu den Realverbänden zu rechnen sein, wenn ausreichend in alten Unterlagen (Rezessen) nachgeforscht würde.

2.15. Forstliche Nebennutzungen

Neben der schon immer so wichtigen Holznutzung als eine seiner Nutzungsfunktionen liefert der Wald eine Vielzahl an Nebennutzungen. Eine nicht zu unterschätzende Nutzung stellt die Jagd dar. Doch darauf wollen wir an anderer Stelle zurückkommen. Das Sammeln von BUCHECKERN war im 18. und 19. Jahrhundert auch in unserer Gegend im Herbst an der Tagesordnung, um hieraus in Eigenarbeit oder in den Ölmühlen, z.B. der Holmer Ölmühle, Speiseöl herzustellen. Das hellgelbe Bucheckernöl trocknet nicht, wird schwer ranzig und lässt sich sehr lange aufbewahren. Wenn unsere Rotbuche alle Jahre Mast tragen würde, wäre sie eine der wichtigsten Ölpflanzen Europas. Eine weit größere Rolle spielte einst im hannoverschen Außenhandel eine andere Baumfrucht, die WACHOLDERBEERE. In der Volksmedizin kam ihr eine große Bedeutung zu, da sie im gekauten Zustand vor ansteckenden Krankheiten schützen sollte. Die Niederländer versuchten im 18. Jahrhundert ihren Fusel durch Destillation und Zusatz von Wacholderbeeren genießbar zu machen. Sie hatten Erfolg und damit den Siegeszug des GENEVER eingeleitet. Auch nach Frankreich und England wurden diese Beeren gewinnbringend exportiert. In unseren Küchen ist die Wacholderbeere z.B. bei der Zubereitung von Sauerkraut und Wildbraten nicht mehr wegzudenken. Aus SCHLEHENNBEERE und VOGELBEERE lassen sich wohlschmeckende Gelees, Marmeladen und auch entsprechende Liköre herstellen. Die volkswirtschaftlich wichtigsten genießbaren Waldprodukte waren und sind bis in unsere Tage die WALDBEEREN: Heidel- oder Blaubeere, Preisel- oder

Kronsbeere, Brombeere, Waldhimbeere und Walderdbeere, teilweise auch Krähenbeere und die Moosbeere in Moorgebieten. Die Blaubeere ist der Menge nach die bedeutendste, wogegen die Walderdbeere nur noch in geringen Beständen vorkommt.

Waldhimbeeren

Die PILZE der Wälder scheinen in Nordwestdeutschland für die Volksernährung nicht jene überragende Bedeutung gehabt zu haben, die ihnen etwa im europäischen Nordosten zukommt. Schon im Mittelalter wurden einige Arten während der Fastenzeit als Fleischersatz in den Klöstern gegessen. Steinpilz, Marone, Birkenpilz und Pfifferling werden noch heute gerne gesammelt und sind den meisten Waldbesuchern auch bekannt.

Preiselbeere – lecker zu Wildbret

Zu den geschätztesten Speisepilzen gehörte schon im griechisch-römischen Altertum die TRÜFFEL. Der nördlichste bekannte Nachweis eines Trüffelvorkommens befindet sich im Sachsenwald nördlich von Hamburg. Das einst größte Fundgebiet in Niedersachsen aber waren die Wälder im Winkel zwischen Leine und Innerste sowie am linken Leineufer bei Alfeld. Von dort strahlte es nach Osten bis zum Elm, nach Westen bis zum Hils und den östlichen und nördlichen Vorbergen des Sollings, nach Süden bis zum Brackenberg und nach Hannover-Münden aus.

Pfifferling – Majestät der Pilze

Die HARZ- und TEERÖLGEWINNUNG war in den Kieferngebieten Norddeutschlands bis ins 19. Jahrhundert weit verbreitet, hörte aber zu dem Zeitpunkt auf, als aus Steinkohle bzw. Erdöl dieses für den Schiffbau so wichtige Produkt gewonnen werden konnte. Wahre Geigenspieler verwenden noch heute das Kolophonium zum Einstreichen der Bögen, das aus Harz hergestellt sein muss. In der ehemaligen DDR zählte die Harzgewinnung bis Ende der 80er-Jahre des 20. Jahrhunderts zu einem der wichtigsten Produkte in der Forstwirtschaft. Die Harzbestandteile, insbesondere Kolophonium und Terpentinöl, sind noch heute – allerdings importierte – Grundstoffe für die Herstellung bestimmter Papierleime, Farben, Lacke und Pharmazeutika. Die „Harzer" zählten in

Kiefer mit Harzlachten

der DDR mit zu den bestverdienenden Mitarbeitern im Forstwirtschaftsbetrieb. Sie leisteten aber auch eine Knochenarbeit, die sommertags um 3 Uhr in der Frühe begann.

Die LOHRINDE von Eiche und Fichte wurde in hiesiger Gegend noch nach dem Zweiten Weltkriege geworben, um daraus die Gerbsäure zur Ledergerbung zu gewinnen. Heimatvertriebene aus dem Osten kannten diese Nebennutzung im Walde noch aus eigener Erfahrung und verdienten sich damit ihren Lebensunterhalt. Die Bezeichnung „Lohberge" für das Gebiet zwischen Buchholz, Handeloh und Welle weist darauf hin, dass hier in alter Zeit ebenfalls „geloht", d.h., mit dem „Lohlöffel/Loheisen" die Rinde von der Eiche im Saft zur Herstellung von Gerbstoff gewonnen wurde.

Gartenbaubetriebe ernten bis heute gerne GAGELSTRAUCH, BLAUBEER- und HEIDEKRAUT für die Herstellung von Blumengebinden und Geschenksträußen. Im Winter

Gewinnung von Eichen-Lohrinde im Eichenschälwaldbetrieb

Gewinnung von Fichten-Lohrinde im Harz um 1930

geerntetes Heidekraut wird maschinell gebündelt und zur Bachbettverbauung sowie zur Dachfirstbefestigung von Reetdachhäusern verwendet. Zur Osterzeit werden die Zweige des Gagelstrauches von den Blumengeschäften gerne mit in die Geschenksträuße eingebunden. Die Werbung von Moospolstern in Fichtenbeständen ist für den Waldbesitzer eine weitere Möglichkeit der Nebennutzung im Walde. Das Moos wird zu Dekorationszwecken während der Oster- und Adventszeit sowie in Aquarien verwendet.

Die gewerbsmäßige Nutzung der vorgenannten Waldprodukte ist jedoch nur mit einer Ausnahmegenehmigung der Unteren Naturschutzbehörde erlaubt!

Eine schon lange und noch heute durchgeführte forstliche Nebennutzung ist das Werben von WALDGRÜN und WEIHNACHTSBÄUMEN. Waldgrün von Fichte, Tanne, Strobe, Kiefer, Wacholder und serbischer Fichte wird zum Binden von Kränzen und weihnachtlichen Schmuckgegenständen sowie zur Abdeckung von Grabstellen und Blumenbeeten geworben. Entweder erfolgt dies durch den Waldbesitzer und seine Mitarbeiter in Eigenregie, durch gewerbliche Unternehmer oder durch den Käufer selbst. In den 1950–70er-Jahren war die Fa. Johann Dreyer aus

Werbung von Moospolster

Lauenbrück in unserem Forstverbandsbereich tätig und warb mit eigenen Leuten Waldgrün und Weihnachtsbäume. Jan Dreyer, wie man ihn nannte, hatte die Angewohnheit, mit Scheck zu bezahlen. Leider waren dies oftmals sogenannte „Schüttelschecks", d.h., sein Konto wies keine Deckung auf! Hatte man ihn ernsthaft darauf hingewiesen, erfolgte eine Schimpfkanonade auf die d…lichen Bankmenschen. Kam Jan Dreyer das nächste Mal zu uns, hatte er einen großen Geldbetrag in bar in der Tasche und bezahlte seine Schulden. Dabei griente er diebisch, hatte er doch wieder Zeit gewonnen. Anfang der 1970er-Jahre hatten Jan Dreyer und ich uns am Bahnhof in Sprötze zwecks Stangenkauf verabredet. Im Laufe der vergangenen Jahre hatte das Augenlicht von Jan Dreyer an Sehschärfe eingebüßt, und er musste eine starke Brille tragen. Als er mich nicht sogleich nach der Ankunft auf dem Bahnsteig erblicken konnte, tönte es laut auf dem Bahnhofsgelände: „Oberförster, wo büsst Du denn blot? Ick heff Döst, wi möten ierst tau Krog un denn int Holt." Ja, das war Jan Dreyer, ein Original in seiner Art, das uns heute leider fehlt.

Bei der Frhr. von Schröderschen Forstverwaltung in Bliestorf, Kreis Herzogtum Lauenburg, hatte ich eine sehr intensive Nebennutzung mit Weihnachtsbäumen und Waldgrün kennengelernt. Als ich im Jahre 1968 in Sprötze einer Waldbesitzerin, die über den Forstverband ihre Weihnachtsbäume vertreiben wollte, erklärte, dass Weihnachtsbäume im JULI verkauft werden, schaute diese mich nur ungläubig an und schüttelte den Kopf. Tatsache ist aber, dass in dieser Zeit die Großhändler kommen, sich die Bäume ansehen und Vorverkäufe abschließen. Üblich ist eine Anzahlung von ca. 20 % der Kaufsumme; so hat der Verkäufer die Gewissheit, dass der Kunde die Bäume auch abnimmt, und der Kunde weiß, dass die Bäume für ihn reserviert sind. Bezirksförster Gehrmann in Hollenstedt hatte frühzeitig erkannt, dass die Gegend südlich der Hansestadt Hamburg mit Autobahnanbindung bestens geeignet ist für den Anbau von Weihnachtsbäumen und Schnittgrün. Die leichten Böden ließen sich gut maschinell bearbeiten, gegebenenfalls konnte beregnet werden, und die Abfuhrmöglichkeit an feste Ladeplätze war besser wie auf lehmigen Standorten.

Örtlicher Weihnachtsbaumverkauf

Mit einer gezielten Düngung konnten Farbe und Trieblänge gesteuert werden. Bis heute zählt der Bereich der FBG FV Hollenstedt mit zu den großen Anbaugebieten von Weihnachtsbäumen. Marktführend sind dabei Bernd OELKERS in Klauenburg und Cord MATTHIES in Wennerstorf.

Doch nicht jeder Förster kann sich mit der Aufgabe identifizieren, Weihnachtsbäume zu werben. Oberförster Flach bemerkte mir gegenüber einmal, dass er den Beruf erwählt hätte, um „FÖRSTER“ zu sein – und nicht „Maschinenförster“ wie in Undeloh oder „Weihnachtsbaumförster“ wie in Hollenstedt! Aber auch im Bereich des Forstverbandes Jesteburg hatten sich einige Waldbesitzer dem Anbau von Weihnachtsbäumen verschrieben. Führend hierbei war Leopold Meyer in Itzenbüttel, dessen Enkel Jan die Tradition bis heute fortsetzt. Ebenfalls kann Hermann Kröger aus Handeloh mit größeren Anbauflächen aufwarten, und auch Hans-Hermann Meyer aus Klecken, Marcus Meier aus Bliedersdorf, Ernst-August Sahling aus Hittfeld sowie Ernst-August Albers aus Dibbersen widmen sich diesen Sonderkulturen.

Weihnachtsbaumanzucht im Wald, v.l.: Oberförster Franz Willer, Leopold Meyer, Forstamtmann Uwe Gamradt

Wie schon der Name aussagt, haben wir es hier mit Sonderkulturen zu tun, die eine intensive und besondere Sorgfalt und Pflege erfordern, will man wirtschaftlich erfolgreich sein.

Der erste Fehler wurde früher dahingehend gemacht, dass die Weihnachtsbaumkulturen im zu engen Pflanzverband begründet wurden. Aus Pflanzverbänden von 1,00 m x 0,80 m = 12.500 Stück/ha oder 1,00 m x 1,00 m = 10.000 Stück/ha können keine ansprechenden Weihnachtsbäume mit kerzenhaltenden Ästen erwachsen. Ein Pflanzverband von 1,50 x 1,20 m = 5.555 Stück/ha hat sich für alle Fichten- und Tannenarten bis zum 4. und 5. Standjahr als ausreichend erwiesen, will man maschinell z.B. zwischen den Reihen mulchen. Ab diesem Zeitpunkt kann schon eine gewisse Menge an Weihnachtsbäumen entnommen werden, wodurch der verbleibende Rest wieder mehr Platz erhält. Beginnend mit der richtigen Wahl des Standortes – nicht zu nährstoffreich, nicht zu arm –, muss auf Spätfrostlagen geachtet werden, möglichst soll der Wind an die Fläche kommen, damit sich keine Algen und Pilze festsetzen können. Gezielte Düngung und Triebpflege nehmen viel Zeit in Anspruch. Gegen Läuse-, Rüsselkäfer- und Pilzbefall muss eventuell mit Insektiziden bzw. Fungiziden gespritzt werden. Gegen Wildverbiss und Diebstahl ist ein stabiler Zaun unabdingbar. Eine gute Abfuhrmöglichkeit bei möglichst allen Witterungslagen sollte ebenfalls gewährleistet sein. Wir Forstleute beraten die Waldbesitzer gerne auf Wunsch. Zusätzlich ist unser Kollegen Manfred RESSEL aus Holtorfsbostel ein hervorragender Spezialist für Weihnachtsbaumanzucht, der auf Anforderung stets zur Verfügung steht. Desgleichen der mit mir befreundete Torben Ravn aus Dänemark, welcher ebenfalls gerne sein Wissen und seine Erfahrung weitergibt. Alles in allem ist die Weihnachtsbaumanzucht eine Intensivkultur, die aber auch einen guten Gewinn abwirft, wenn eine entsprechende Pflege und Behandlung erfolgt und das notwendige Marketing beachtet wird.

Zur Düngung der nährstoffärmeren Sandböden im südlichen Bereich des Forstverbandes verwendeten die Waldbauern in alter Zeit den kalkreichen MERGEL, der teilweise im Walde abgebaut wurde. So finden wir heute noch die sogenannten Mergelkuhlen rechts und links der Kreisstraße von Welle nach Tostedt hinter Kamperlin, am Hamburger Berg in Höckel, entlang der Seeve bei Wörme, Thelstorf und an der Seppenser Mühle und vielen weiteren Stellen. Für die Gewinnung von Bau- und Füllsand sowie Kies und Steinmaterial wurde Wald u.a. im Raum Otterberg, Sprötze, Buchholz, Dibbersen, Jesteburg, Helmstorf, Klecken, Beckedorf u.a. Orten vernichtet und die Fläche später einer anderen Nutzung zugeführt. Einen Ersatz in Form von Erstaufforstung oder finanzieller Ausgleichsleistung forderte die Untere Naturschutzbehörde konsequent erst zu Beginn der 1970er-Jahre. Hierbei war die Wiederaufforstung der ausgebeuteten Fläche oftmals aus naturschutzfachlicher Sicht nicht immer der richtige Weg, da die selbsteinsetzende Sukzession oftmals weitaus sinnvoller war als alle Renaturierungsmaßnahmen! Ton- und Lehmgewinnung für Ziegeleien fand im Raum Jesteburg („Kamerun“) statt und erforderte den Bau einer Kleinlorenbahn, deren Reste wie Schienen und Loren, noch heute im Walde zu finden sind. Der Torfabbau in den Moorgebieten bei Otter, Todtshorn, Welle, Höckel und Sprötze setzte nach dem Zweiten Weltkrieg wieder ein und fand in den 1950er-Jahren bald ein Ende. Die Torfrechte der dortigen Bauern haben aber noch heute ihre Gültigkeit.

2.16. Die technische und maschinelle Ausstattung des Forstverbandes

Revierförster Auerbach als neueingestellter Verbandsförster übernimmt gemäß abgezeichneter Aufstellung vom 25. Juni 1953 von Revierförster a.D. Kolkmann folgende Geräte:

1 Stck. eiserne Kluppe, 40 cm
1 Stck. Revolvernummerierschlägel nebst Bürste und Ersatznummern
1 Metermaß (25 m), unbrauchbar
2 Stck. Nummernkreide
1 Stck. Reißhaken
1 Schreibtisch
1 Rollschrank
1 Stuhl
1 Stck. Holzkluppe, 80 cm
1 Schreibmaschine „Continental“ R 284432

4 Stck. Messtischblätter
10 Stck. Bügelsägen
8 Stck. Äxte
5 Stck. Dreikantfeilen

In seinem Tätigkeitsbericht über das Jahr 1954 schreibt Verbandsförster Auerbach, dass der Forstverband auch noch über 1 Pkw, 2 Krafträder und 2 Waldpflüge verfügt.

Die durch Kriegs- und Nachkriegsereignisse entstandenen Kahlflächen im Walde wurden zu Beginn der 1950er-Jahre von unseren hiesigen Waldbauern verstärkt aufgeforstet. Gleichzeitig kam es zur Erstaufforstung der Öd- bzw. Unlandflächen in Verbindung mit den im Rahmen des ERP bzw. GRÜNEN PLANES gewährten Beihilfen. Die notwendigen Bodenvorbereitungen wurden mit hofeigenen Schleppern oder Pferdezug und Ein- bzw. Zweischarpflügen ausgeführt. Die erste große Anschaffung des Forstverbandes war der Kauf von einem großen und kleinen Waldstreifenpflug der Marke „Walddank“ mit Andrückrollen zum Niederdrücken der seitlichen Gras- bzw. Beerkrautsoden. Für die Bedienung des großen Waldstreifenpfluges wurden zwei Personen benötigt. Er besaß eine Vorrichtung, um den Pflugkörper über Hindernisse wie Steine, Stubben u.a. hinwegzuheben. Hierbei musste die zweite Person, die den zweirädrigen Pflug hinten mit den beiden eisernen Griffholmen steuerte, bei Hindernissen auf ein Pedal springen, um mit dem Eigengewicht den Pflug hochzuhebeln. „Leichtgewichtige“ hatten dabei ihre Probleme, und ich sehe noch heute, wie Hermann Kröger vom Lohof auf dem Pedal herumhopste und sich die Pflugspitze trotzdem in den im Wege stehenden Baumstumpf bohrte. Sohn Heinrich („Heiner“), der bekanntlich über eine sehr laute Stimme verfügte, war noch im benachbarten Jesteburg zu hören, wenn er über das Missgeschick schimpfte! Beide Waldpflüge haben wir später in der Werkstatt des benachbarten Forstverbandes Egestorf-Hanstedt in Undeloh umbauen lassen, sodass sie in die Dreipunkthydraulik der neueren Schlepper eingehakt werden konnten und nur noch eine Person beim Einsatz erforderlich war.

Als Nächstes wurde die Anschaffung einer schweren ROTAVATOR-Forstfräse erforderlich, um stark verfilzte Öd- bzw. Unlandflächen für eine Bepflanzung vorzubereiten. Teilweise wurden diese gefrästen Flächen auch noch streifengepflügt. Hierdurch vereinfachte sich der Pflanzvorgang, da keine Leine mehr gezogen werden brauchte und Fluchtstäbe bzw. farbige Stangen überflüssig wurden. Die teilweise recht hohen Seitenbalken wurden von den Andrückwalzen abgeflacht. Für die Rückung des Langholzes, das die Waldbesitzer selbst aufgearbeitet hatten, schaffte der Forstverband drei Hydraulik-Rückezangen an. Eine davon wurde uns aus dem Walde gestohlen, die andere von einem Forstunternehmer, der sie sich ausgeliehen hatte, an einen unserer Waldbesitzer widerrechtlich verkauft!

Waldstreifenpflüge, Forstfräse und Rückezangen verliehen wir gegen ein Entgelt an die Waldbesitzer, später auch an die Forstunternehmer. Leider führte dies oft dazu, dass die Geräte klammheimlich im verdreckten und kaputten Zustand auf dem Forstdienstgehöft abgestellt wurden und nicht einsatzbereit waren. In der Fa. RUMBRECHT aus Wörme arbeitete einer unserer ersten Forstunternehmer, der mit einer eigenen Forstfräse die Bodenarbeiten durchführte und hierbei eine vorzügliche Arbeitsqualität lieferte. In späteren Jahren wurde es dann schon mal beim senior erforderlich, dass am Anfang und Ende der Pflanzreihe eine Flasche Bier stand, um seine „Arbeitslaune" zu erhalten!

Mitte der 1970er-Jahre beschloss der Vorstand den Ankauf eines gebrauchten Schleppers der Marke FORDSON MAJOR und im schneereichen Winter 1978/79 den Erwerb eines gebrauchten Radladers der Marke KRAMER. Gefahren und gewartet wurden diese Maschinen von den beim Forstverband angestellten Waldarbeitern, hier in erster Linie von Vater Alfred und Sohn Hans-Heinrich POSSEL, wobei letzterer eine glückliche Hand bei Maschinen hatte. Der Radlader machte sich beim Räumen der Gemeindestraßen, der Zufahrten und Parkplätze unserer Lebensmittelläden im Dorf und vor allem der Schneemassen im Winter 1978/79 bezahlt, auch wenn die Reparaturzeiten und -kosten des schon betagten Fahrzeuges nicht unerheblich waren.

KURZER EINSCHUB:

„Am 29. Dezember 1978 setzte nachmittags starker Eisregen mit Sturmböen aus Nordwest ein. Die begonnene Treibjagd in Thelstorf, an der ich teilnahm, musste abgebrochen werden. In der Nacht zum 30. Dezember fiel die Temperatur auf -15 Grad C, und Schneefall setzte bei heftigem Ostwind ein. Aufgrund von anhaltendem Schneefall und sinkenden Temperaturen zu Silvester 1978/79, starken Schneeverwehungen in Schleswig-Holstein, Südjütland und dem nördlichen Teil der DDR wurde Katastrophenalarm ausgerufen. In Ostholstein waren ca. 80 Ortschaften ohne Strom. Es gab große Schwierigkeiten bei der Futter- und Wasserversorgung der Bauernhöfe. Eine ähnliche Situation herrschte auf den Ostseeinseln Darß, Rügen und Zingst. Diese schwierigen Verhältnisse machten den Einsatz der Bundeswehr im Westen und der Volksarmee im Osten des geteilten Deutschlands mit Bergepanzern und Hubschraubern erforderlich. Am 14./15. Februar 1979 setzte hier bei uns ein starker Schneesturm mit erheblichen Schneeverwehungen ein. Die Landkreisverwaltung in Winsen sprach ein Fahrverbot für private Autos und Lkw außerhalb geschlossener Ortschaften im Landkreis Harburg aus, vorerst geltend für eine Woche! In Holm-Seppensen gingen die Menschen zu Fuß auf den autoleeren Straßen und hatten plötzlich wieder Zeit für ein Gespräch mit ihren Mitmenschen „von nebenan"!

Der wirtschaftliche Aufschwung im Ballungszentrum HAMBURG machte sich für den ländlichen Raum negativ bemerkbar. Die Deutsche Bundesbahn, das Baugewerbe, Shell, Phönix und der Hamburger Hafen waren beliebte Arbeitgeber, die mit hohen Löhnen und sozialen Leistungen lockten. Immer mehr Arbeitskräfte aus dem Umland der Metropole wurden abgeworben, und es kam zur sogenannten „Landflucht". Um diesem Arbeitskräftemangel entgegenzuwirken, setzte eine verstärkte Rationalisierung durch Mechanisierung und Technisierung – insbesondere in der Landwirtschaft –, aber auch in der Forstwirtschaft ein, die bis heute anhält. Die zu bewirtschaftenden Flächen mussten immer größer und klarer strukturiert sein. Durch Flächenzusammenlegungen gingen vielfach Hecken und Feldraine sowie Feldgehölze, Tümpel und strukturreiche Waldränder verloren. Viele Säuger, Vögel, Insekten und Kriechtiere verloren ihren wertvollen Lebensraum. Das ungebremste Verlangen nach steigendem materiellen Wohlstand, Freizügigkeit und Erholung, verbunden mit einer kürzeren Wochenarbeitszeit, verteuerte die menschliche Arbeitskraft mit ihren sozialen Leistungen. Die Preis-Kosten-Schere öffnete sich beängstigend weiter. Die Menschen gaben für Grundnahrungsmittel und -bedürfnisse immer weniger aus, hingegen erheblich mehr für Luxusartikel, Urlaub und schnelllebige Konsumgüter. Arbeitsmoral und Dienstauffassung sanken auf ein bedenkliches Tief – man nahm eben „seine Grippe“ und scherte sich nicht darum, wie und vor allem von wem die notwendigen Arbeiten erledigt wurden. Einige Motorsägen der Fa. Stihl wurden in verschiedenen Stärken mit entsprechenden Kombikanistern für Gemisch und Kettenöl beschafft, um eine gute Ausbildung der Forstwirtlehrlinge zu gewährleisten. Heute sind nur noch einige davon vorhanden, um gegebenenfalls selbst Hand anzulegen, wenn z.B. Bäume über der Straße liegen. Greifzüge, Erdbohrer mit verschieden breiten Einsätzen und Rückensprühgeräte stehen den Waldbesitzern und Unternehmern auch weiterhin zur Verfügung. Zur Ausstattung gehören ebenso diverses Kleingerät wie Pflanzspaten, Ästungssägen, Heppen, Astscheren und Fluchtstäbe. Für das Aufmessen des Holzes stehen für den Bezirksförster Nummerierhammer mit Plättchen, Rollenmaßbänder und diverse Kluppen bereit. Auch für die Auszeichnungsarbeiten bzw. das Aufmessen und Markieren von Schichtholzpoltern steht immer eine ausreichende Menge an Sprayfarbe zur Verfügung. Die Sprayfarbe wird gemeinsam über die Forstwirtschaftliche Vereinigung beschafft, um einen entsprechend hohen Preisnachlass zu erzielen.

Ende der 1970er-Jahre setzte ein verstärktes Umdenken in Richtung NATURNAHE WALDWIRTSCHAFT in allen Waldbesitzarten ein (Programm im Nds. Staatswald: „Langfristige ökologische Waldentwicklung – LOEWE“). Der in Deutschland bereits seit einigen Jahrhunderten im Forstwesen begründete und bis heute angewandte Grundgedanke der NACHHALTIGKEIT trat sehr stark in den Vordergrund. Boden- und bestandsschonender Einsatz der forstlichen Großmaschinen mit breiten Niederdruckreifen, Beachtung der Jahreszeit und der Witterungsverhältnisse, Verwendung von biologisch abbaubarem Öl und Kraftstoff, Schulung des Personals auf dem Gebiet der ÖKOLOGIE u.v.a.m. waren angesagt.

Die Ausstattung des betreuenden Forstpersonals mit Dienstfahrzeugen fing recht spartanisch an: Revierförster Kolckmann fuhr sein eigenes Auto und erhielt Kilometergeld. Für Förster Thies schaffte der Forstverband ein Kleinkraftrad an, das nach seinem Ausscheiden von Revierförster Flach übernommen wurde. Nach Einstellung von Revierförster Auerbach kaufte der Forstverband von Herrn Heinrich Kukuk aus Hamburg laut Kaufvertrag vom 25.10.1953 einen gebrauchten Pkw, Marke Ford Taunus, amtliches Kennzeichen BH 41-3410 (BH steht für Britisch Hamburg) zum Preis von 2.200,00 DM. Da der künftige Standort des Fahrzeuges in Lüllau war, wurde der Wagen umgemeldet und erhielt das amtliche Kennzeichen BN 181-300 (BN = Britisch Niedersachsen). Schleswig-

Holstein, Hamburg, Bremen und Niedersachsen gehörten nach Kriegsende zur britischen Besatzungszone. Da der Ford Taunus sich als recht reparaturbedürftig erwies, wurde am 24.05.1957 ein neuer Volkswagen, Exportausführung in diamantgrün zum Preis von 4.600,00 DM bei der Fa. Kurt Köhnke in Buchholz bestellt, Liefertermin: Juni 1957. Wo dieser Wagen verblieben ist, war nicht zu ermitteln. Im Jahre 1961 wurde ein gebrauchter VW-Bus, amtliches Kennzeichen WL-X 146 vom Gärtner Konrad Franz aus Holm-Seppensen für 4.000,00 DM gekauft. Mit ihm wurde u.a. der Transport von Waldarbeitern und später der „KULTURFRAUEN" bewerkstelligt, welche die Forstarbeiten im Forstverbandsgebiet bzw. das Pflanzen der jungen Laub- und Nadelbäume durchführten. Der damalige Vorsitzende des Forstverbandes Jesteburg e.V., Hermann Kröger aus Jesteburg-Lohof, stellte an die Landwirtschaftskammer Hannover einen Antrag auf Förderung dieser Investition und Befürwortung durch das Forstamt Stade. Tatsächlich gewährte die LWK Hannover eine einmalige Förderung in Höhe von 2.000,00 DM.

Revierförster Flach benutzte für seine Revierfahrten das von Förster Thies übernommene Kleinkraftrad, da er nur hierfür die Fahrerlaubnis besaß. Nachdem er die Leitung des Forstverbandes übernommen hatte, fuhr Herr Fenner, der bereits seit 1957 die Fahrerlaubnis für einen Kraftwagen besaß, den Dienstwagen. Nach Ausscheiden von Herrn Fenner im Jahre 1962 wurde es dann erforderlich, dass Herr Flach den Führerschein der Kl. 3 zur Lenkung von Kraftfahrzeugen erwarb. In seinem Alter fiel ihm das zwar nicht leicht, aber er meisterte es erfolgreich. Nachdem Revierförster Flach den Forstverband allein betreute, schaffte der Forstverband im Jahre 1963 einen Dienstwagen, VW Standard, 34 PS, amtliches Kennzeichen WL-C 707 an, wobei der erste Gang dieses Wagens noch nicht synchronisiert war. Das heißt, er ließ sich nur mit Zwischengas einlegen, was beim Anfahren an Kreuzungen oftmals eine heikle Angelegenheit war! Herr Flach war der Meinung, dass für einen Fahranfänger wie ihn die stabile Standard-Ausführung gerade das Richtige sei. Diesen Wagen fuhr ich noch zwei Jahre nach Übernahme der Leitung des Forstverbandes Jesteburg im Oktober 1966. Ersetzt wurde das Auto dann durch einen gebrauchten VW Kombi, 54 PS, amtliches Kennzeichen WL-P 540. Die hiernach angeschafften Neuwagen der Marke VW Passat Kombi, TDI als Dienstwagen des Bezirksförsters wurden möglichst nach 2–3 Jahren gegen einen neuen ersetzt, und der Altwagen wurde in Zahlung gegeben. Es hatte sich gezeigt, dass nach dieser Zeitspanne größere Reparaturen einsetzten und noch relativ viel Geld für unsere Gebrauchtwagen seitens der Händlerfirma gezahlt wurde. Fortan waren die Dienstwagen vorschriftsmäßig mit Telefon und Freisprechanlage ausgestattet, um die Fahrt im Auto besser ausnutzen zu können. Zum Transport von Forstpflanzen, Zaunpfählen, Draht u.v.a.m. verfügt der Forstverband bis heute über einen einachsigen Pkw-Anhänger mit Verdeck. Im Laufe der folgenden Jahrzehnte wurden mehrere VW-Busse für den Transport unserer Kulturfrauen aus Jesteburg und Hanstedt sowie der Waldarbeiter und Auszubildenden für den Beruf „Forstwirt" angeschafft. Der Gestellung eines Dienstwagens für den Bezirksförster durch die Landwirtschaftskammer gegen Fahrtkostenerstattung steht der Vorstand bis heute ablehnend entgegen. Von der Verwendung der bewährten VW Passat Kombi als Dienstwagen für den Bezirksförster wurde im Jahre 2007 aus Kostengründen abgegangen, und der ŠKODA Oktavia Combi (Scout TDI 4x4) findet bis heute Verwendung.

Schierhorn, den 25. 10. 1953

Kaufvertrag!

Der Forstverband in Jesteburg kauft heute von Herrn Heinrich Kukuk in Hamburg, Schenefelder-Landstr. No 16

1 gebrauchten Ford - P. K. W. B H 41- 3410

Mot. No 65 786
Fahrg. " 65 786

zum Preise von: 2200.- DM (Zweitausendzweihundert)

Liefertermin: 1. November 1953

Zahlungsweise: 2000.- DM sofort am 1. 11. 53
Rest am 1. August 1954

Das Fahrzeug ist gekauft, wie besichtigt und probegefahren

H. Krüger [illegible] — Käufer

Heinrich Kukuk — Verkäufer

Kaufvertrag des Ford Taunus vom 25.10.1953

Kurt Köhnke

Volkswagen-Händler

Reparatur-Schnelldienst · Fahrschule · Tankstelle

Fernsprecher: Buchholz 355
Banken: Volksbank Buchholz e.G.m.b.H. Kto.-Nr. 220
Kreissparkasse Harburg, Zweigstelle Buchholz
Postscheckkonto: Hamburg 1447 25
Betriebs-Nummer: 036/001

An den
Forstverband Jesteburg
Herrn
August Henk
L ü l l a u
Kreis Harburg

BUCHHOLZ Kr. Harburg, 24.5.1957

Ihre Zeichen | Ihre Nachricht vom | Unsere Zeichen P.

Betr.: Ihre VW-Bestellung vom 23.5.1957

Hiermit bestätige ich Ihnen den, lt. dem von Ihnen unterschriebenen Originalkaufvertrag am 23.5.1957 bestellten Volkswagen in Exportaus= führung und überreiche Ihnen in der Anlage einen Duplovertrag zu Ihrer gefl. Bedienung.

1 Volkswagen in Exportausführung, Lackierung: diamantgrün
Preis: DM 4.600,--
Lieferung: Juni 1957
Zahlung: Kasse

Ich danke Ihnen verbindlichst für den mir erteilten Auftrag und zeichne

hochachtungsvoll
K U R T K Ö H N K E
Kraftfahrzeug-Handel u. Reparaturbetrieb
Köhnke

1 Anlage

Kaufvertrag mit Fa. Köhnke-Buchholz über einen VW Export vom 24.05.1957

Heutiges Dienstfahrzeug der FBG für den Bezirksförster

Unsere Werkhalle

Geräte in geordneter Reihenfolge

Nummerierschlägel, Revolverhammer, heutiger Signumat Hammer für Plättchen

Verschiedene Messkluppen im Laufe der Zeit, Längenmaßband, Messlatte

3. Grundstückserwerb und Forsthausbau

Revierförster Auerbach und Revierförster Flach wohnten unter erschwerten Bedingungen. Der Forstverband Jesteburg e.V. musste und wollte dies dringend ändern. Vom Landkreis Harburg erhoffte sich der Verband eine finanzielle Unterstützung.

Der Vorsitzende des Forstverbandes August HENK, Lüllau, schreibt an den Oberkreisdirektort des Landkreises Harburg, Dr. Andreas Dehn am 21.07.1954:

„Der Forstverband Jesteburg e.V., welcher den Südostteil des Altkreises Harburg von der Kreisgrenze Soltau bis an die Landesgrenze von Hamburg einschließt, ist gezwungen für seine Förster eine Behausung zu schaffen. Unser ständiger Revierförster Auerbach bewohnt ein nicht winterfestes Wochenendhaus von 30 qm. Er hat nicht so viel Raum, dass er einen Schreibtisch stellen kann. Seine Hilfe, Herr Revierförster Flach, wohnt in einer Deputatwohnung in Holm, die er räumen soll. Es ist nun beschlossen, ein Zweifamilienhaus erbauen zu lassen. Ein passendes Grundstück ist in Holm-Seppensen, Hindenburgweg (Gemeinde Lüllau) erworben. Es hat eine Größe von 3.902 qm, ist vor dem Kriege kultiviert und mit Obstbäumen bepflanzt worden. Wasser ist ebenfalls in Form eines Brunnens vorhanden. Vom Kreis erhoffen wir Gleichstellung mit Egestorf-Hanstedt und Salzhausen. Wenn unser Verband auch kleiner ist, so ist er doch nach Lage und Struktur sehr viel schwieriger zu bewirtschaften."

Am 22. Mai 1954 beschloss der Forstverbandes Jesteburg e.V. auf der Generalversammlung einstimmig den Bau eines Forsthauses. Es sollte ein Zweifamilienhaus mit angebauter Garage sowie kleinem Stall, Waschküche und Trockenklosett gebaut werden. Das Projekt wurde daraufhin einem Bauausschuss übertragen. Dieser bildete sich aus folgenden Mitgliedern: Hermann Hartmann – Dangersen, Willy Meyer – Itzenbüttel, Karl von Hörsten – Wörme, Wilhelm Kröger – Sprötze, Wilhelm Cohrs – Thelstorf und August Henk – Lüllau. August Henk ließ seine Beziehungen spielen und wurde sich bald mit dem Maurermeister Otto Holste jun. aus Buchholz über den Kauf eines Grundstückes am Hindenburgweg in Holm-Seppensen in der Größe von 3.902 qm zum Preis von 4.000,00 DM einig. Notariell wurde der Kaufvertrag von Dr. jur. Kobarg aus Buchholz begleitet. Dem Ankauf dieses Grundstückes gingen etliche Meinungsverschiedenheiten zwischen Hermann Hartmann aus Dangersen, Forstmeister Jaeger aus Stade und dem Vorsitzenden August Henk aus Lüllau voraus. Die beiden ersteren traten für Buchholz als Standort des Forsthauses ein, weil sie die Entwicklung von Buchholz hin zu einer Stadt schon damals vorausahnten (Hermann Hartmann war zeitweise Landrat des Kreises). Doch August Henk, der den Standort Holm-Seppensen präferierte, war eine starke Persönlichkeit und setzte sich schließlich durch. Am 02.07.1954 tagte der Bauausschuss und übertrug Architekt Helmut Dohrmann aus Hittfeld, der sich als Bauleiter ohne Kostenstellung angeboten hatte, die Ausschreibungen und alle weiteren Aufgaben zu übernehmen. Architekt Dohrmann bat den Bauausschuss, sich am nächsten Tag – 03.07.1954 – in seinem Büro in Hittfeld einzufinden, um Bauplan, Bauantrag etc. zu erörtern und alles Weitere in die Wege zu leiten.

Die Finanzierung des Hausbaues sollte durch Zeichnung von ANTEILSCHEINEN in Höhe von jeweils 100,00 DM seitens der Waldbesitzer, Holzkäuferfirmen etc. sowie verlorenen Zuschüssen vom Landkreis und dem Land erfolgen.

ANTEIL-SCHEIN

Der **Forstverband Jesteburg e.V.** bekennt durch die Unterschrift der Vorstandsmitglieder

von

zum Bau eines **Forsthauses in Holm-Seppensen,** Hindenburgweg, ein **unverzinsliches Darlehn** in Höhe von

100 DM

(in Worten: Einhundert Deutsche Mark)

bekommen zu haben.

Das Darlehn ist eingeräumt unter den Bedingungen, die lt. Beschluß der Generalversammlung des Forstverbandes Jesteburg vom 19. August 1954 festgelegt worden sind. Es ist unverzinslich. Es kann auch von dem Darlehnsgeber nicht aufgekündigt werden. Die Rückzahlung des Darlehns erfolgt durch Auslosung. Die Generalversammlung des Forstverbandes Jesteburg bestimmt im einzelnen die Art der Auslosung und setzt die in jedem Jahre zur Auslosung kommenden Beträge fest. Die Forderung gegenüber dem Forstverband ist nicht abtretbar und nicht verpfändbar. Sie ist nur mit dem Forsteigentum, das die Mitgliedschaft bei dem Forstverband begründet, vererblich.

Das Darlehn wird geführt in der Liste der Baudarlehen beim Forstverband

unter der Nr. 285 *

und wird unter dieser Nummer später ausgelost.

Ahlborn, Buchholz

100 DM Anteilschein

Gebrüder Cloos, Kommanditgesellschaft, Duisburg-Ruhrort

GRUBENHOLZBETRIEBE, SÄGE- UND HOBELWERK
(FRÜHER WETZLAR)
GEGRÜNDET 1851

Herrn

August H e n k
Vorsitzender des
Forstverbandes Jesteburg
(24a) L ü l l a u
==================
über Buchholz, Krs. Harburg

Drahtanschrift:
Holzcloos-Duisburgruhrort
Fernruf: Duisburg 4 37 42/44
Fernschreiber Nr. ~~0862730~~
Konten: 0855 730
Rheinisch-Westfälische Bank AG.,
Filiale Ruhrort
Postscheck: Essen Nr. 52177

DUISBURG-RUHRORT
Landwehrstraße 18 - Postfach 55

Ihre Abtlg. u. Zeichen	Ihr Schreiben vom	Unsere Abteilung	
		2/W.	25. März 1955

Betr.: Darlehen Forstverband Jesteburg.

Auf das restliche Darlehen gemäß unserem Schreiben vom 10.1.55 in Höhe von .... DM 6.500,00
wurden heute .... DM 500,00
aus Kauf 55-6074/17 Walter Bötticher, Reindorf, gem. Abrechnung unserer A.St. Lüneburg v.23.d.M. angerechnet.
Das restliche Darlehen beträgt somit DM 6.000,00.
==========

+ Abt. 4
+ A.St. 6

Gebrüder Cloos
Kommanditgesellschaft

Von der Fa. Gebr. Cloos gewährtes Darlehen für den Forsthausbau vom 25.03.1955

August Henk ging mit gutem Beispiel voran und zeichnete für 1.000,00 DM Anteile. Albert Kröger, Wiedenhof, sowie weitere Lüllauer folgten seinem Beispiel und zeichneten ebenfalls hohe Anteile. Der Vorstand des Forstverbandes war mit der Zeichnung von Anteilscheinen so erfolgreich, dass auf der Bauausschusssitzung am 18.08.1954 bereits für 25.900,00 DM Anteile gezeichnet waren, die sich im Endergebnis auf 37.600,00 DM erhöhten. Dieser große Erfolg ist auf die enorme Tatkraft des Vorsitzenden August Henk zurückzuführen, der nichts unversucht ließ, um Gelder einzuwerben. Der Landkreis Harburg beteiligte sich letztendlich mit einem verlorenen Zuschuss in Höhe von 5.000,00 DM. Die Fa. Gebrüder CLOOS KG aus Duisburg-Ruhrort (Einkäufer von Grubenlangholz) gewährte ebenfalls einen verlorenen Zuschuss in Höhe von 2.000,00 DM und stellte dem Forstverband gemäß Vertrag vom 12.10.1954 ein zinsloses Darlehen in Höhe von 10.000,00 DM zur Verfügung. Mit diesem Dalehen konnten Zwischenfinanzierungen bedient werden, wenn die gezeichneten Beträge durch die Waldbesitzer noch nicht auf das Konto des Verbandes überwiesen werden konnten. Etliche Waldbesitzer lieferten Grubenlangholz an die Fa. Gebr. Cloos und ließen ihre gezeichneten Beträge von der Fa. Cloos einbehalten. Diese überwies dann das Geld auf das Konto des Forstverbandes.

Nach Eröffnung der eingegangenen Angebote erteilte der Bauausschuss den Handwerkern die Aufträge, sodass am 8. September 1954 der erste Spatenstich für den Neubau eines Forstdienstgebäudes des Forstverbandes Jesteburg e.V. erfolgen konnte. Die Arbeiten unter der Leitung von Architekt Helmut Dohrmann, Hittfeld, gingen so zügig voran, dass bereits am 27. September 1954 um 16.30 Uhr das Richtfest gefeiert wurde und trotz zwischenzeitlicher Regenperiode nach 15 Wochen Bauzeit das Haus am 1. Januar 1955 fertiggestellt war. Veranschlagt war der Bau mit 33.000,00 DM; der bauleitende Architekt Dohrmann überreichte dem Vorsitzenden August Henk am 12. Januar 1955 den Schlüssel zum neuerbauten Forsthaus und berichtete auf der anschließenden Generalversammlung, dass sich die Gesamtkosten auf 34.410,00 DM beliefen.

Anlässlich der Generalversammlung des Forstverbandes Jesteburg am 18. Januar 1956 im Gasthaus Am Badeteich in Holm-Seppensen berichtete der Vorsitzende August Henk, dass sich die endgültigen Gesamtkosten für den Forsthausbau auf 39.365,00 DM beliefen. Zu dem am 12. Januar 1955 erwähnten Betrag von 34.410,00 DM mussten 4.006,70 DM für den Grundstückskauf sowie die Notarkosten und die Grunderwerbssteuer hinzugerechnet werden, was mithin den Betrag in Höhe von 39.365,00 DM ergab. Dem leitenden Architekten Helmut Dormann dankte August Henk im Namen der hiesigen Waldbesitzer für seinen unermüdlichen und kostenfreien Einsatz. Einen ebenso herzlichen Dank sprach er dem Landrat des Landkreises Harburg, Dr. Andreas Dehn, und Herrn Ide von der Fa. Gebr. Cloos aus, die sich ebenfalls finanziell mit eingebracht hatten.

Die gezeichneten Anteilscheine waren nummeriert – siehe Abbildung – und auf den Generalversammlungen, beginnend mit jener am 12. Januar 1955, wurden Nummern gezogen, die dann zur Auszahlung kamen. Die Versammlung hatte vorerst einen Höchstbetrag von 3.000,00 DM/Jahr beschlossen.

Donnerstag, 13. Januar 1955 HARBURGER ANZEI

An der Jesteburger Quelle

Jesteburg hat sein Forsthaus

Ein schöner Bau vollendet

Jesteburg. Unter strahlendem Himmel vollzog in den gestrigen Nachmittagsstunden der Forstverband Jesteburg die feierliche Einweihung des neuerbauten Forsthauses am Hindenburgweg in Holm-Seppensen! Ein lang gehegter Wunsch ist hier in Erfüllung gegangen. Wie bekannt, war der Forsthausneubau notwendig, da die von dem Verbandsförster Auerbach bislang bewohnte Laube nicht mehr den Ansprüchen genügte. In einer feierlichen Zeremonie übergab der bauleitende Architekt Helmut Dohrmann, Hittfeld, dem Verbandsvorsitzenden August Henk, Lüllau, den Schlüssel zum Forsthaus. Im Anschluß an den kleinen Festakt erfolgte unter großer Teilnahme vieler Verbandsmitglieder die Besichtigung des Forsthauses, das in seiner Gesamtfläche von rund 100 qm zugleich ein repräsentatives Anwesen ist. Am glücklichsten sind natürlich Verbandsförster Auerbach und Gattin.

Auf der anschließend im Gasthaus zum Badeteich abgehaltenen Generalversammlung begrüßte der Verbandsvorsitzende August Henk, Lüllau, den Landforstmeister Mann, Hannover, Bürgermeister Heino Clement, Jesteburg, sowie Oberkreisdirektor Dr. Dehn, der der Versammlung Grüße und Glückwünsche des verhinderten Karl Buchholz, Döhle, überbrachte. Zunächst gab Architekt H. Dohrmann, der als Verbandsmitglied den Forsthausneubau kostenlos leitete, seinen Rechenschaftsbericht. Das Forsthaus für 34 410 Mark schlüsselfertig zu stellen, war — wie aus dem Bericht hervorging — nur möglich durch drastische Sparmaßnahmen, aber auch durch die gute Zusammenarbeit zwischen Architekt, Handwerker und Vorstand. Wie Oberkreisdirektor Dr. Dehn mitteilte, stellte der Kreis dem Forstverband Jesteburg zur Finanzierung des Neubaus einen Betrag von 4000 Mark zur Verfügung. Dem Architekten H. Dohrmann wurde einstimmig Entlastung erteilt und gleichzeitig gedankt für seine Bemühungen. Anerkennende Worte für die Leistung des Vorstandes, insbesondere des Vorsitzenden August Henk, Lüllau, fand sodann Landforstmeister Mann, Hannover, der in seiner Rede „das hier Geleistete als eine feste Klammer" für alle Mitglieder ansah, ein Zusammenhalt, der ein „Einschlafen" des Forstverbandes ausschließt.

In der Beschlußfassung über die Rückzahlung der Baugelder einigte man sich dahin, auf die Dauer von 10 Jahren pro Jahr 10 Prozent der Bausumme zur Verlosung zu bringen. Hierbei löste ein gewisser Antrag eine leichte „Luftveränderung" aus; Oberkreisdirektor fand dies besonders bedauerlich, „denn in jedem anderen Forstverband des Kreises Harburg wäre dieser ‚gewisse' Antrag in einer Minute fertig"!

Der allgemeine Kassenbericht von Wetzel ergab eine gute Tendenz, es wurde sogar ein kleiner Bestand registriert. Vorstand und Kassenführer wurden einstimmig Entlastung erteilt. Aus dem Tätigkeitsbericht des Verbandsförsters Auerbach ging hervor, daß heute im Forstverband Jesteburg außer den beiden Gutsforsten Holm und Cordshagen 2368,91 ha (insgesamt 3298,91 ha) zu betreuen sind. 57,5 ha konnten im letzten Jahr aufgeforstet werden. Abschließend erfolgten hochinteressante Referate von Landforstmeister Mann, der über Aufforstung und Bestandspflege sprach, sowie von Forstmeister Jaeger, Stade, der außer der allgemeinen Holzmarktlage die biologische Bekämpfung der Schädlinge beleuchtete. Damit schloß die große Versammlung, und der Forstverband Jesteburg kann voll Hoffnung in dies Jahr gehen — der Anfang war denkbar günstig. -ow-

Fremdenverkehrsverein tagte

Jesteburg. Der Fremdenverkehrsverein Jesteburg hatte unter Vorsitz von Herbert Sander gestern abend eine Vorstandssitzung im Gasthaus „Niedersachsen". Wie wir dazu erfahren, wird Jesteburg wahrscheinlich den Runenstein zurückerhalten. Der Stein soll am Niedersachsenplatz aufgestellt werden. Ferner wurden Beratungen abgehalten über die Verbesserung des Dorfbrunnens sowie die Erweiterungen der Badeanstalt. -ow-

Jesteburg. Der Festausschuß der Freiwilligen Feuerwehr Jesteburg hatte eine Tagung im Gasthaus Heinz Maack. Es wurde beschlossen, den alljährlichen Kameradschaftsabend am 22. 1. um 20 Uhr im Gasthaus „Niedersachsen" zu starten, mit gemeinsamem Essen, Tanz und Tombola. -ow

Der Forstverband hat sein Forsthaus fertiggestellt

Dienstag, 1. Februar 1955 HARBURGER ANZ.

An der Jesteburger Quelle

Jesteburg hat ein Forsthaus

Jesteburg. Ein langer Wunsch ist in diesen Wochen in Erfüllung gegangen: der Forstverband Jesteburg hat ein neues Forsthaus! Am Hindenburgweg in Holm-Seppensen wurde es unter Aufsicht des bauleitenden Architekten Helmuth Dohrmann, Hittfeld, errichtet. Der Neubau eines Forsthauses war — wie bekannt — notwendig, da die bisherige Behausung des Verbandsförsters Auerbach nicht mehr den Ansprüchen genügte. Darüber hinaus wollte der Forstverband gleichzeitig über ein repräsentatives Anwesen verfügen — was nunmehr eingetreten ist. Der Forstverband Jesteburg kann mit Stolz auf sein Forsthaus blicken. -ow-

Das Forsthaus

Obwohl ein Zweifamilienhaus für Familie Auerbach und Familie Flach erbaut worden war, bezog lediglich Familie Auerbach das Forsthaus. Die obere Wohnung wurde dann zeitweise fremdvermietet. Heinrich Auerbach pflanzte im Frühjahr 1956 auf dem Hinterhof eine Winterlinde, die sich prächtig entwickelte und noch heute das Auge des Besuchers, aber auch uns erfreut. Der Hauptstamm gabelt sich in ca. 3 m Höhe. Um ein Auseinanderbrechen bei Sturm zu verhindern, wurde ein Spannseil im oberen Kronenbereich eingezogen und die Krone etwas entlastet. Diese Arbeit wurde von der Fa. Siegfried Behr Galabau aus Holm-Seppensen durchgeführt.

Von den gepflanzten Obstbäumen, u.a. einem Gravensteiner aus der Geburtsheimat von Heinrich Auerbach, sind nur noch ein grüner Boskoop und eine weitere Altsorte übrig geblieben, die heute noch gut tragen und keine chemische Behandlung kennen.

Förster Flach erwähnte in späterer Zeit, dass die beiden Förster-Ehefrauen in allem so unterschiedlich gewesen seien, dass ein Zusammenleben in einem Haus auf Dauer nicht gut gegangen wäre. Herr Flach bewohnte nach seinem Auszug in Holm mit seiner Familie das Jagdhaus von Otto Kröger sen. in Wörme, Am Riepen. Später erbaute er gemeinsam mit seinem Schwiegersohn Hans Hamann und der jüngsten Tochter Erika ein eigenes Haus in Holm-Seppensen, Am Schoolsolt. (Siehe Kapitel 2.9)

Nach Auftragserteilung an die Zimmerei Hermann Abraham in Sprötze am 10. Januar 1961 erfolgte der Erkerausbau an der östlichen Dachseite. Die Beheizung des Forsthauses war für feste Brennstoffe – Holz, Kohle, Brikett – vorgesehen. Da das Ehepaar Auerbach nur die untere Wohnung benötigte, hatte der Forstverband – wie bereits erwähnt – die obere fremdvermietet. So u.a. an Schwester Flora vom Kirchenkreisamt Hittfeld, die in Holm-Seppensen seelsorgerisch und pflegend-betreuend tätig war. Nach dem Tode von Herrn Auerbach im Jahre 1961 zog seine Frau in die freigewordene obere Wohnung, nachdem Schwester Flora gekündigt worden war. Forstwart Horst Fenner bezog die untere Dienstwohnung. Nach dessen Ausscheiden im Jahre 1962 vermietete man ab dem 15.07.1962 die Parterrewohnung an die Familie Harald Hagen, den Sohn des Gastwirtes

- 3 -

Leopold Meyer lehnt gleich ab, so daß Becker und Kröger zur Wahl stehen. Auf Befragen von Herrn Henk, wie die Wahl vonstatten gehen soll, beantragt Herr Albers, Buchholz, schriftliche Abstimmung.
Als Stimmzähler schlägt Herr Henk Leopold Meyer und Albert Kröger vor, die jetzt die Stimmzettel für den 1. und 2. Wahlgang verteilen.
Die Auswertung der abgegebenen Stimmen über die Neuwahl wird von Leopold Meyer, Itzenbüttel, Albert Kröger, Wiedenhof, Herrn v. Hörsten und der Protokollführerin Fräulein Popien vorgenommen.
Bei dem ersten Wahlgang fallen auf Wilhelm Wille, Höckel, 7 Stimmen,
auf Herm. Kröger, Kampen, 37 " .
Somit wird als Ersatzmann für den ausgeschiedenen Herrn Peters, Kampen Hermann K r ö g e r , Kampen, gewählt. Herr Kröger nimmt die Wahl mit Dank für das ihm entgegengebrachte Vertrauen an.
Beim zweiten Wahlgang wurde vor Kröger, Sprötze, mit 20 Stimmen, der nicht anwesende Becker, Dibbersen, mit 24 Stimmen als Ersatzmann für Herrn Hartmann, Dangersen, gewählt. Im Falle, daß Herr Becker ab = lehnen sollte, erklärte sich die Versammlung einverstanden, daß man Herrn Kröger, Sprötze, dann als Ersatzmann nehmen soll.

Da eine Satzungsänderung nicht notwendig ist, kommt Punkt 5) der Tagesordnung in Wegfall und man schreitet zu Punkt 6.

Punkt 6: Auszahlung der Auslosungsbeträge.

Über die zur Auszahlung kommenden ersten Rückzahlungen von Baugeldern verliest Herr Henk die Nummern und Namen, die im vorigen Jahre bei der Auslosung gezogen wurden und bittet die Betreffenden, die Beträge im Anschluß an die Versammlung in Empfang zu nehmen.
Folgende Nummern kamen zur Auszahlung:
110, 16, 68, 171, 1, 120, 14, 13, 150, 201, 88, 215, 84, 81, 54, 70, 159, 85, 47, 247, 92, 195, 294, 5, 275, 228, 90, 80 und 243, so daß nicht 30, sondern nur 29 Auslosungsbeträge ausgezahlt werden. Die Auslosung der im nächsten Jahr zur Rückzahlung kommenden Beträge wird von Leopold Meyer, Itzenbüttel, Kröger, Wiedenhof, Herrn v. Hörsten sowie der Protokollführerin Fräulein Popien vorgenommen. Die Liste der gezogenen Nummern wird als Anlage diesem Protokoll beige = fügt.

Punkt 7: Forstlicher Tätigkeitsbericht.

Den forstlichen Tätigkeitsbericht für 1955 gibt Verbandsförster A u e r b a c h . Danach waren im Laufe des Wirtschaftsjahres keine

- 4 -

Protokollauszug der GV vom 18.01.1956

Karl Hagen, der die Gaststätte Am Badeteich von Willi Henk gepachtet hatte. Familie Harald Hagen stellte dann die Beheizung auf Ölöfen um, was im Laufe der Jahre zur Durchsottung der Schornsteine führte. Zwischenzeitlich brachte Oberförster Flach, der den Forstverband seit dem Tode von Heinrich Auerbach alleine leitete, zwei Tiroler Waldarbeiter im Büroraum des Forsthauses unter. Sie halfen bei der Aufarbeitung des Windwurfholzes vom Februar 1962. Nach Erreichen der Altersgrenze schied Oberförster Hellmuth Flach aus den Diensten des Forstverbandes Jesteburg e.V. als Verbandsförster zum 30. September 1966 aus. Er übernahm aber noch für weitere 4 Jahre das Amt des Kassenführers. Seinen Dienstposten übernahm ich, der Privatförster Uwe Gamradt, zum 1. Oktober 1966 Nachdem die Familie Hagen ausgezogen worden war, bezog ich mit meiner Frau Karin dann die untere Wohnung im Forsthaus.

Das Forsthaus 1967

Da sich eine Beheizung mit Ölöfen als problematisch bei der Warmwasserbereitung u.a. im Bad erwies, ließ der Vorstand des Forstverbandes eine Koks-Zentralheizung im Jahre 1967/68 durch die Fa. Josef Wagner aus Jesteburg einbauen. Am 6. Januar 1968 wurde unser erstes Kind Andrea geboren, und wir bewohnten die Forstwohnung jetzt als Familie. Die Försterwitwe Frau Auerbach bewohnte die ganze obere Wohnung, wodurch uns die Nutzung der Etage als Büroräume unmöglich gemacht wurde. Frau Auerbach beharrte auf ihr Wohnrecht, denn nach ihrer Aussage hatte der damalige Vorsitzende August Henk ihr versprochen, dass sie bis an ihr Lebensende im Forsthaus wohnen dürfe, auch wenn ihr Mann vor ihr versterben sollte. Da es sich hier um ein Dienstgebäude handelte, war diese Aussage des Vorsitzenden zwar etwas ungewöhnlich. Er konnte jedoch nicht mehr dazu befragt werden, da er bereits 1964 verstorben war. Um einer gerichtlichen Auseinandersetzung aus dem Wege zu gehen,

So sah es im Frühjahr 1967 auf dem Forsthausgelände aus

entschied der Vorstand, dass ein Teil des Grundstückes in der Größe von 1.500 qm als Bauland verkauft werden sollte. Mit dem Verkaufserlös sollte ein Anbau in Form eines Bürotraktes und eines Wohnraumes errichtet werden. Willi Henk als örtlicher Makler verkaufte dann das Grundstück in der Größe von 1.500 qm zum Preis von 30,00 DM/qm an Frau Brigitte Freier, die später als Lehrerin an der Grundschule Holm-Seppensen tätig war. Sie ließ darauf einen Bungalow bauen, den sie mit ihrer Mutter bezog und in dem sie noch heute wohnt. Die Zufahrt zu ihrem Grundstück sollte über eine Baulasteintragung auf dem nördlichen Grenzweg abgesichert werden. Zimmermeister Jürgen Wiese aus Holm erstellte die Zeichnung für den geplanten Anbau, die Statik berechnete Hans Petermann aus Holm-Seppensen. Die Maurerarbeiten wurden an Fa. Alfred Sevke, Holm-Seppensen, vergeben, die Zimmerarbeiten an Fa. Georg Wiese, Holm-Seppensen, die Dachdeckerarbeiten an Heinrich Albers aus Buchholz, die Elektroarbeiten an Fa. Ohl in Buchholz sowie Fliesen- und Teppichbodenarbeiten an Fa. Fritz Ludwig, Holm-Seppensen. Im Jahre 1970 war dieser Anbau bezugsfertig.

Im Jahre 1972 wurde die Heizanlage auf Ölfeuerung umgestellt, da Heizöl zu dieser Zeit überaus günstig war (10-12 Pfenning pro Liter!). Der Wasserbeschaffungsverband „Harburg" mit Sitz in Hittfeld installierte im Jahre 1976 den zentralen Hauswasseranschluss, sodass der eigene Brunnen nur noch für den Wasserverbrauch außerhalb der Wohnung benutzt werden durfte. Eine weitere bauliche Maßnahme war im Jahre 1977 der Umbau des „Plumpsklos" im Bereich der Waschküche in ein modernes WC mit Waschbecken und Dusche. Für die Damen im Büro war es unzumutbar, diese bisherige „Örtlichkeit" aufzusuchen, ansonsten eine Toilette nur durch das Schlafzimmer des Ehepaares Gamradt zu erreichen war. Die Fa. Jans-Häuser, Buchholz, erneuerte im Jahre 1978 alle Fenster im Forsthaus.

Der sich ständig vergrößernde Maschinen- und Gerätepark des Forstverbandes einschließlich des VW-Busses zum Transport der Pflanzfrauen machte den Bau einer größeren Garage mit Werk-und Abstellraum erforderlich. Die Zeichnung hierfür erstellte der Maurermeister Heinz Stemmann aus Regesbostel, die Statik übernahm Hans Petermann aus Holm-Seppensen und den Zuschlag zur Erstellung erhielt im Jahre 1978 die Fa. Otto Heins aus Buchholz. Letztere konnte den Bau jedoch erst 1979 fertigstellen, da 1978/79 ein sehr kalter und schneereicher Winter die Arbeiten behinderte. Verbunden mit dieser Baumaßnahme war die Pflasterung des Hofraumes vor der neuen Werkhalle und vor der Pkw-Garage.

Nachdem Frau Auerbach im Frühjahr 1979 aus gesundheitlichen Gründen in ein Altenheim nach Buchholz gezogen war, erfolgte in den Jahren 1981/82 der Umbau im Dachgeschoss. Bad, ehemalige Küche, Flur und Kinderzimmer wurden auf den neuesten Stand gebracht. 1987 wurde die aus dem Jahre 1972 stammende Ölzentralheizung von der Firma Heino Schünzel GmbH aus Hamburg, später Weihe bei Jesteburg, durch eine effektivere Heizkesselanlage – Fabrikat VIESSMANN, Typ Vitola, Leistung 29-34 kW – erneuert. Im Mai 1988 lieferte die Fa. Otto Cohrs & Sohn aus Buchholz eine neue Klärgrube mit 9 cbm Nutzinhalt und Verteilerschacht und baute diese ein. Weiterhin wurden 60 lfdm. Verrieselungsrohr von 10 cm Durchmesser verlegt. Altersbedingte und vom Hausmarder verursachte Beschädigungen an der Dachisolierung erforderten im Jahre 1999 eine Erneuerung, die durch die Fa. Kunert-Bedachungen aus Bremervörde erfolgte. Die Kosten hierfür beliefen sich auf 12.017,91 DM inkl. 16 % MwSt.

Hausanstrich in Eigenarbeit, September 2003

Im Laufe der Jahre wurden Maler- und Tapezierarbeiten vorgenommen und die Fußböden des Forsthauses erneuert. Durch die Fa. Ingo VOSS, Raumgestaltung aus Jesteburg, wurden im Jahre 1986 die Naturholzfenster und -türen am Haupthaus und Wirtschaftsgebäude abgeschliffen, grundiert und 2x mit Holzlasur gestrichen. Im Jahre 1990 erfolgten dann Malerarbeiten und neue Bodenbeläge in den beiden Büroräumen sowie dem Flur. Im März desselben Jahres installierte die Fa. Maik RÖHLE, Elektrobetrieb aus Hanstedt Raster-Aufbauleuchten Regiolux mit Strahler und Leuchtstofflampen im Büro. Die Decken- und Wandflächen im neuen und alten Büro wurden 2004 mit Raufasertapete versehen und mit waschbeständiger Dispersionsfarbe gestrichen. Die vorhandenen Holzdielen wurden ausgeglichen und mit neuem Teppichboden ausgelegt, und im ehemaligen Büro im Erdgeschoss wurde Kirsch-Laminat verlegt. Aus Gründen der Kostenersparnis haben meine Frau Karin, unsere Kinder, Schwiegerkinder und weitere Familienangehörige das Forstdienstgehöft und die Werkhalle mit einem neuen Außenanstrich versehen, nachdem die alte Farbe mit einem Hochdruckreiniger entfernt worden war. Die Firma Karl Konrad aus Buchholz stellte dabei kostenlos einen Hubsteiger zur Verfügung.

Im Februar 2004 lag endlich die Versetzungsverfügung der Landwirtschaftskammer Niedersachsen für Herrn Homm vor, aus der hervorging, dass er mein Nachfolger als Leiter der Bezirksförsterei Jesteburg werden sollte. Herr Homm verzichtete aus persönlichen Gründen auf den Bezug der Dienstwohnung in Holm-Seppensen. Auf der für den 3. März 2004 einberufenen außerordentlichen Vorstandssitzung in der Geschäftsstelle in Holm-Seppensen erklärte der Vorstand sich damit einverstanden, dass Herr Homm künftig seinen Dienst von seinem Wohnsitz in Freetz aus Versehen könne. Da meine Frau und ich im vorliegenden Jahr ein Wohnhaus auf dem eigenen Grundstück in Handeloh als Altersruhesitz erbauen wollten, stellte sich die Frage der künftigen Nutzung der Dienstwohnung. Die einzelnen Vorstandsmitglieder machten sich hierzu ernsthafte Gedanken, da bei Fremdvermietung eine klare Trennung von Wohnung und Geschäftsstelle zu erfolgen hatte. Im Ergebnis erklärten sich meine Frau und ich mit dem Verzicht auf Eigenbau und dem Mieten der Forstdienstwohnung – bestehend aus Erdgeschosses und

Keller – einverstanden, wenn eine grundbuchliche Absicherung des Wohnrechts auf Lebenszeit für uns seitens der Forstbetriebsgemeinschaft eingeräumt wird. Hierzu erklärte der Vorstand seine Bereitschaft, was aber bedeutete, dass Herr Homm bei Bedarf die Dienstwohnung nicht beziehen kann, solange wir das Wohnrecht beanspruchen.

Die Einigung auf Wohnrecht auf Lebenszeit machte nun einen erneuten Umbau des Forsthauses erforderlich. Nach Einholung entsprechender Kostenangebote für den Umbau wurden diese auf der Vorstandssitzung am 15. April 2004 im Hotel „ZUM LINDENHOF“ in Nenndorf beraten. Die künftige Geschäftsstelle befindet sich im Obergeschoss. Der Außenaufgang dorthin soll über eine feuerverzinkte Metalltreppe erfolgen, die von der Zimmerei BALCK aus Marxen erstellt wird. Der Bretterbelag besteht aus gerieftem Bankirai. Gleichzeitig sollen 5 Fenster mit einer Wärmeschutzverglasung versehen werden. Die vorhandene Einbauküche wird zum Preis von 4.000 Euro von der FBG übernommen. So setzte ab Sommer 2004 eine umfangreiche Bautätigkeit ein. Seitens der Fa. MÖBEL KRAFT aus Buchholz wurden zwei Büroschränke geliefert. Eine Schreibtischkombination kam von der Fa. WULFF, Wiepenkathen, die auch Hilfe beim Ab- und Aufbau der von ihnen ehemals gelieferten Aktenschrankkombinationen sowie der neuen Büroschränke leistete. Erforderliche Elektroarbeiten führte die Fa. ELEKTRO RÖHLE aus Hanstedt aus. Die Fa. Ingo VOSS Raumgestaltung aus Jesteburg übernahm im November/Dezember 2004 Maler- und Fußbodenarbeiten im Eingangsbereich des neuen Büros. Durch die Fa. Olaf BRANDT, Gartenlandschaftsdesign aus Asendorf, wurden die Aufwegung vom Hindenburgweg zum Hauseingang sowie der Fußweg um das Forsthaus herum gepflastert. Im September 2005 erfolgten dann eine Nivellierung des Geländes oberhalb des Kellereinganges sowie der Einbau der Schachtdeckel mit Motiv für den alten Brunnen bzw. Sickerschacht. Die Pflasterung erfolgte mit rot-bunten Steinen, eingefasst von grauen Granit-Läufern. Das Flachdach des Anbaues wurde im Juni/Juli 2006 durch die Fa. Nico BROCKMANN, Dachdeckerei aus Buchholz, gründlich überholt und mit neuer Schweißbahn sowie Wandabdichtung und Dachrandabdeckung aus Zink versehen. Im Sommer 2006 führte die Fa. FLIESEN-LUDWIG aus Holm-Seppensen die gewünschten Fliesenarbeiten in Flur, Diele und Küche durch. Da durch Regenschlagwasser die Eingangstüren zum Haus bzw. zum Büro in Mitleidenschaft gezogen waren, entschied der Vorstand, dass entsprechende Vordächer aus Acrylverglasung durch die Fa. HEIM und HAUS aus Duisburg eingebaut werden sollten, was im März 2007 erfolgte.

Die 4 Stützkanthölzer der Terrassenüberdachung sowie die Brüstung waren witterungsbedingt angefault und wurden von der Fa. HOLZTRAUMLAND BUNK aus Höckel mit neuen Lärchen-Kanthölzern bzw. Lärchen-Profilbrettern im September 2007 ersetzt.

Auch eine Erneuerung der Klärgrube aus dem Jahre 1988 wurde erforderlich. Mit Schreiben vom 24. April 2008 teilte der Landkreis Harburg, Abt. Boden/Luft/Wasser, der Forstbetriebsgemeinschaft Folgendes mit: „Auf Ihrem Grundstück werden die häuslichen Abwässer in einer Grube gesammelt und über eine Verrieselung in das Grundwasser oder in ein oberirdisches Gewässer geleitet. Das Grundstück soll in absehbarer Zeit nicht an die zentrale Schmutzwasserkanalisation angeschlossen werden. Nach heutiger Rechts-

Das Forsthaus heute

lage muss eine 'vollbiologische' Kläranlage (Anlage mit Abwasserbelüftung nach DIN 4261 Teil 2) errichtet und betrieben werden. Vorhandene Anlagen sind vom Betreiber diesem Stand der Technik anzupassen. Die neue Anlage soll bis spätestens 24.04.2009 ihren Betrieb aufnehmen." Nach Einholung mehrere Angebote entschied der Vorstand sich für die ASG-Ingenieure aus Jesteburg, die ihr Betriebssystem BIO-SET-VARIO im März 2009 in das vorhandene Dreikammer-Behältersystem installierten. Die Feststellung durch den Landkreis Harburg, dass die Anlage dem Stand der Technik entspricht, erfolgte am 10.06.2009.

Im Oktober/November 2009 führte die Fa. Holger CÖLLEN, Malerbetrieb aus Freetz, Tapezierarbeiten im Büro und Lackierarbeiten an den Fenstern aus. Der Jägerzaun an der Straßenfront „Hindenburgweg" war auch in die Jahre gekommen, und selbst die Eichenpfosten fingen an zu rotten. Die Entscheidung für einen neuen Zaun fiel auf einen NORDIK-ZAUN aus Douglasie 100/85/100/200 cm, 3x8 cm Latten, den im Oktober 2009 die Fa. HOLZTRAUMLAND BUNK aus Höckel aufstellte. Den Anstrich erledigten meine Frau und ich. Die hintere Aufwegung zur Werkhalle bzw. zum Haus Nr. 10 wurde im September 2009 durch die Fa. I-BAU, Behringen, ausgekoffert und mit Splitt-Brechsand 2/5 in einer Stärke von 4 cm aufgefüllt und verdichtet. Im Mai 2010 erneuerte die Fa. KLUTH & SOHN Haustechnik aus Sprötze die Rohrleitungen und Außenzapfstellen an der Werkhalle.

Der Fußboden in den Büroräumen war uneben und knarrte zum Teil, sodass man sich zum Einbau von starkem Eichen-Laminat 28P bzw. PVC-Belag auf dem Eingangspodest entschied. Einschließlich einiger Tapezierarbeiten mit Raufaser wurden diese Arbeiten im September/Oktober 2011 durch die Fa. Holger CÖLLEN aus Freetz ausgeführt.

Es hatte sich herausgestellt, dass der Bankirai-Bretterbelag auf der Außentreppe doch recht glatt und rutschig wurde. Die Fa. Holger CÖLLEN versah im April 2012 dann die Bretter mit rutschfesten Stufen, die geklebt und geschraubt sind.

Die Abdichtung am Schornsteinhals war im Laufe der Zeit undicht geworden, sodass Niederschlagswasser ins Dach gelangte. Die Fa. Nico BROCKMANN, Dachdeckerei aus Buchholz, fertigte im Mai 2012 eine Unterkonstruktion mit Schornsteineinfassung sowie Vordeckung und Eckprofilen aus Metall. Das Ganze wurde dann mit einer Schornsteinverkleidung aus Naturschieferplatten eingefasst. Eine gelöcherte Schornsteinabdeckplatte aus Edelstahl vervollständigte die Maßnahme.

Der vermehrte Einsatz von elektronisch gestützten Geräten und Maschinen führte teilweise zu einem „Kabelsalat" in den Büroräumen. Nachdem auch Kabelrohre an den Schreibtischkombinationen keine rechte Abhilfe schafften, installierte die Fa. Elektro BEECKEN & MEYER aus Seevetal im Mai 2012 aufnahmefähige Kabelkanäle an den Wänden mit den entsprechenden Arbeitsplatznetzverbindungen und einem erforderlichen Überspannungsschutz bei Starkgewittern.

Im Rahmen der Ressourcen- und Energieeinsparung – der Heizölpreis lag im August 2012 bei ca. 0,95 Euro/Liter – hatte der Vorstand den Beschluss gefasst, dass die vorhandene Heizkesselanlage aus dem Jahre 1987 durch einen Heizwertkessel neuester Bauart ersetzt werden soll. Die Fa. DOROW, Heizungsbau aus Schneverdingen führte diese Arbeiten im September 2012 aus. Im Dezember 2012 wurden die alten Dachrinnen und Fallrohre am Forsthaus und Anbau durch neue und breitere von der Fa. Nico BROCKMANN, Dachdeckerei aus Buchholz i.d.N. ersetzt. Des Weiteren soll eine allgemeine energetische Sanierung des des Forstdienstgebäudes erfolgen. Hierfür sind folgende Massnahmen vorgesehen: Erneuerung der Isolierung und des Fußbodenbelages im Spitzboden des Forsthauses und im alten Anbau. Einbau einer isolierten OSB-Plattenwand auf der linken Seite der Pkw-Garage. Einblasen von Isoliertmaterial Zellulose Wärmedämmflocken THERMOFLOC in den Zwischenraum der Hausaußenwände. Die Ausführung erfolgte im Dezember 2012 durch die Fa. ELBE-WESER-Dämmtechnik aus Heeslingen.

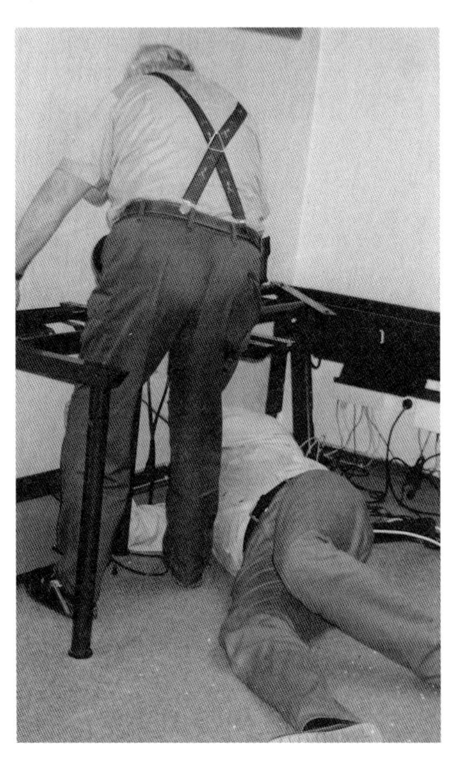

„Kabelsalat"

4. Strukturdaten

Anlässlich der am 19. Juli 1949 stattgefundenen Gründungsversammlung des Forstverbandes HARBURG hatten sich 53 Waldbesitzer eingefunden, die durch Unterschrift mit Angabe der Waldfläche und des aufforstungsfähigen Ödlandes ihre Mitgliedschaft bekundeten. Die genaue Waldfläche anlässlich der Gründungsversammlung ist leider unauffindbar. Interessant ist die Tatsache, dass durch Werbung für den Beitritt in den Forstverband in kurzer Zeit die Mitgliedsfläche erheblich zunahm. Für jede Gemeinde wurde ein Ortsvertrauensmann gewählt, dessen Aufgabe es war, die noch fehlenden Unterschriften von den Waldbesitzern einzuholen, von denen die Bereitschaft zum Beitritt zu erwarten war. Bezirks- und Verbandsförster Kolkmann erstellte dann im Auftrage des Vorstandes entsprechende Listen der jeweiligen Gemeinde mit Angabe des Waldbesitzers, der Wald- und Ödlandfläche sowie des zu entrichtenden Mitgliedsbeitrages. Diese Liste wurde dann dem jeweiligen Ortsvertrauensmann zwecks Eintreibung der Mitgliederbeiträge ausgehändigt, so z.B. an Herrn Albert Kröger, Wiedenhof, für die Ortschaften Lüllau, Wiedenhof, Thelstorf. Der jeweilige Ortsvertrauensmann zahlte dann die Beiträge auf das Konto des Forstverbandes bei der Kreissparkasse in Buchholz, Kto.-Nr. 2986 bzw. der Spar- und Darlehnskasse Jesteburg, Kto.-Nr. 254 – zugleich Mitgliedsnummer – ein. Siehe Anlagen. Mit dem Zeitpunkt der Generalversammlung des Forstverbandes Buchholz am 14. März 1953 beginnend, betrug die:

FWJ	**Mitgliedsfläche/ha**	**Mitglieder**
1952/53	2.066,36	107
1955/56	2.368,91	134
1960/61	2.920,00	142
1965/66	2.988,70	180
1970/71	3.670,63	195
1975/76	4.460,00	246
1980/81	5.400,40	362
1985/86	5.546,40	382
1990/91	5.754,60	410
1995/96	6.036,61	444
2000/01	5.833,94	463
2005/06	6.021,81	495
2010/11	6.290,74	514

Allgemeine Information

Die Forstbetriebsgemeinschaft „Forstverband Jesteburg“ ist eine der 4 im Landkreis Harburg sich befindenden Forstbetriebsgemeinschaften und gehört zum Forstamt Nordheide-Heidmark der Landwirtschaftskammer Niedersachsen. Sie erstreckt sich als langgezogenes Rechteck von der Soltau-Fallingbosteler (Heidekreis) Kreisgrenze bei Wintermoor a.d.Ch. bis zur Hamburger Landesgrenze, wird im Osten durch die Seeve und im Westen durch die Este begrenzt.

Gesamtwaldfläche: 6.290,74 ha
Rechtsform: FBG als wirtschaftl. Verein
Waldbesitzer: 514

KLIMAVERHÄLTNISSE

Wuchsgebiet: Ostniedersächsisches Tiefland
Wuchsbezirk: Hohe Heide

Der Wuchsbezirk „Hohe Heide“ markiert den Übergangsbereich zwischen ozeanisch getöntem Klima in den westlich angrenzenden Gebieten und subkontinental beeinflussten in den ostwärts gelegenen Bezirken. Zu den wesentlichen Merkmalen des Regionalklimas gehören die höheren Niederschläge, verglichen mit den benachbarten Wuchsbezirken. Die Hochlagen „Schwarze Berge“ und „Brunsberg“ wirken als relativer Regenstau zum Westen hin, sodass sie durch den größeren Anteil an Steigungsregen wesentlich mehr Niederschläge empfangen. Oft und teilweise noch sehr spät im Frühjahr auftretende Spätfröste in den Plateaulagen bzw. den Mulden- und Tallagen der stärker reliefierten Gebiete bringen Probleme bei der Holzartenwahl und der anschließenden waldbaulichen Behandlung mit sich.

Flächenverteilung nach Besitzarten in der FBG FV Jesteburg 01.01.2012

GEOLOGISCHE GRUNDLAGEN:

Das Gebiet der FBG FV Jesteburg zeigt ein sehr unterschiedliches geländemorphologisches Bild. Während der nördliche Teil mit den Harburger Bergen stark bewegt ist mit den auf engem Raum wechselnden Tälern, Höhenrücken und Plateaulagen, bleibt der südliche Teil meist eben bis wellig. Ärmere Schmelzwassersande im südlichen Teil und lößsandüberlagerte Geschiebelehme im Norden führten zur Bildung von Heidepodsolen mit mehr oder weniger hoch anstehendem Ortstein bzw. Braunerden und Pseudogleyen mit hoher Dynamik. Vorhandener Mergel wurde in früheren Zeiten von den landwirtschaftlichen Betrieben abgebaut. In den Niederungen der Seeve und Este sind Vorkommen von Moor- bzw. Torfbildung sowie Raseneisensteinlager zu verzeichnen.

Mittlere Niederschlagsmenge im Jahr	730 mm (830 mm = 1973-2011)
Mittlere Niederschlagsmenge Vegetationszeit	330 mm
Mittlere relative Luftfeuchtigkeit	81 %
Mittlere Jahrestemperatur	8,0 Grad C
Mittlere Niederschlagsmenge Vegetationszeit	14,5 Grad C

BAUMARTENVERTEILUNG im Privatwald in Niedersachsen

Stand:	2004
Gesamtwaldfläche:	410.000 Hektar
In FWZ erfasst:	330.000 Hektar Waldfläche

NADELHOLZ

Kiefer	49,1 %	
Fichte	13,4 %	
Douglasie	0,9 %	
Lärche	4,4 %	= 67,8 %

LAUBHOLZ

Eiche	6,5 %	
Buche	5,8 %	
ALh*	1,3 %	
ALn*	18,6 %	= 32,2 %

Die 1-60-jährigen Bestände überwiegen, insbesondere beim Nadelholz, da es sich im Allgemeinen um Betriebe handelt, die nach Beendigung der Heidewirtschaft auf Forstwirtschaft umgestellt haben. Des Weiteren haben die Windwurfkatastrophen von 1955, 1962, 1972, 1990, 1992/93 für einen enormen Substanzverlust gesorgt.

Die Baumartenverteilung in den Privatwäldern der FBG Forstverband Jesteburg hat sich in den letzten 40-50 Jahren durch gezielten Umbau und Baumartenwechsel verändert:

Stand:	1964		2006	
NADELHOLZ				
Kiefer	66,6 %		42,7 %	
Fichte	24,0 %		23,4 %	
Douglasie	1,0 %		3,7 %	
Lärche	0,2 %	= 91,8 %	2,7 %	= 72,5 %
LAUBHOLZ				
Eiche	1,0 %		6,4 %	
Buche	1,0 %		3,4 %	
ALh*	0,4 %		0,5 %	
ALn*	5,8 %	= 8,2 %	17,2 %	= 27,5 %

* Al n = anderes Laubholz mit niedriger Umtriebszeit
Al h = anderes Laubholz mit hoher Umtriebszeit

ALTERSKLASSENVERTEILUNG

0 – 20	Jahre	21 %
21 – 40	Jahre	23 %
41 – 60	Jahre	24 %
61 – 80	Jahre	17 %
81 – 100	Jahre	10 %
100 – 120	Jahre	4 %
Über 120	Jahre	1 %

Baumartenverteilung in unserem Forstverband 1964

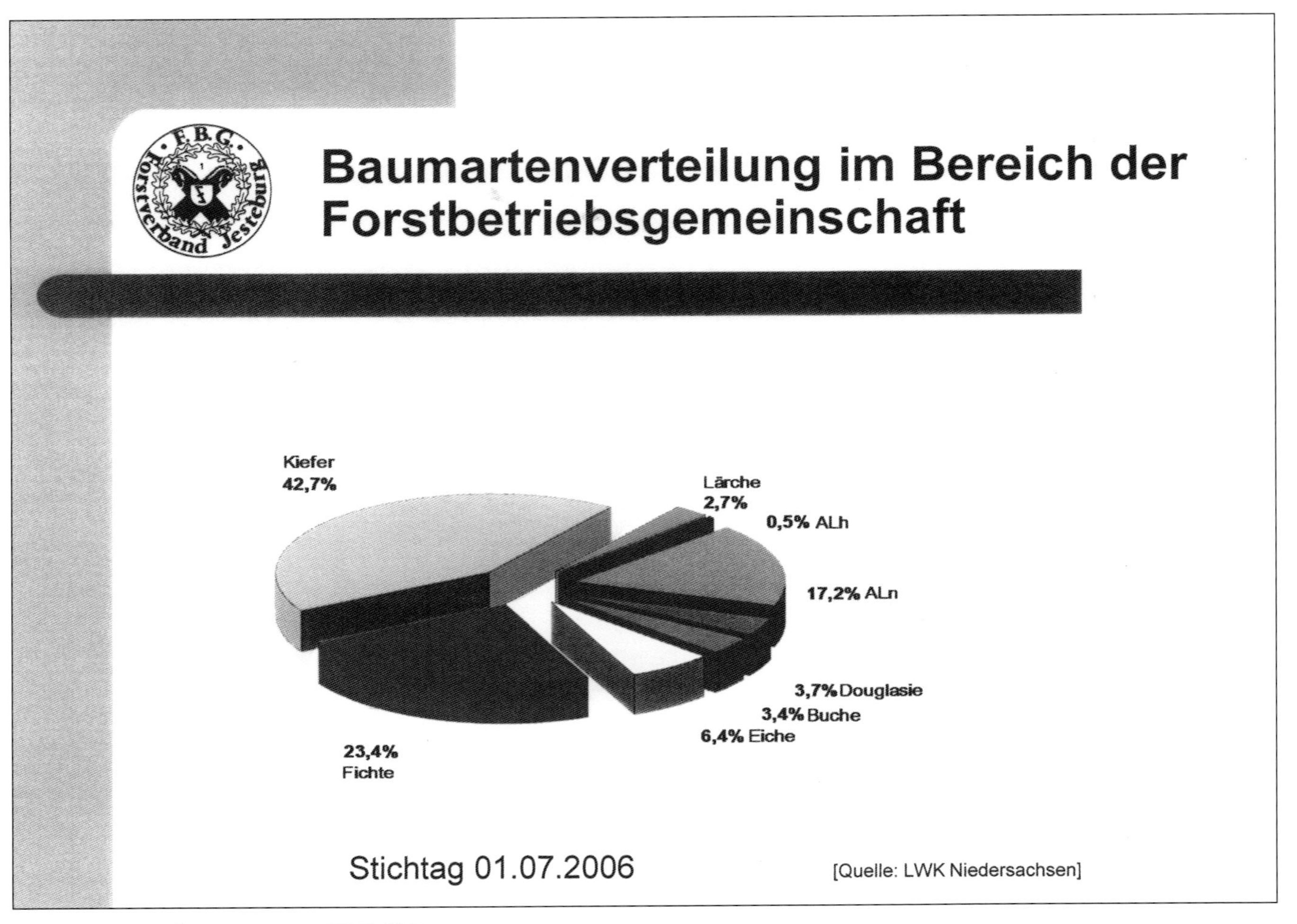

Baumartenverteilung in unserer FBG 2006

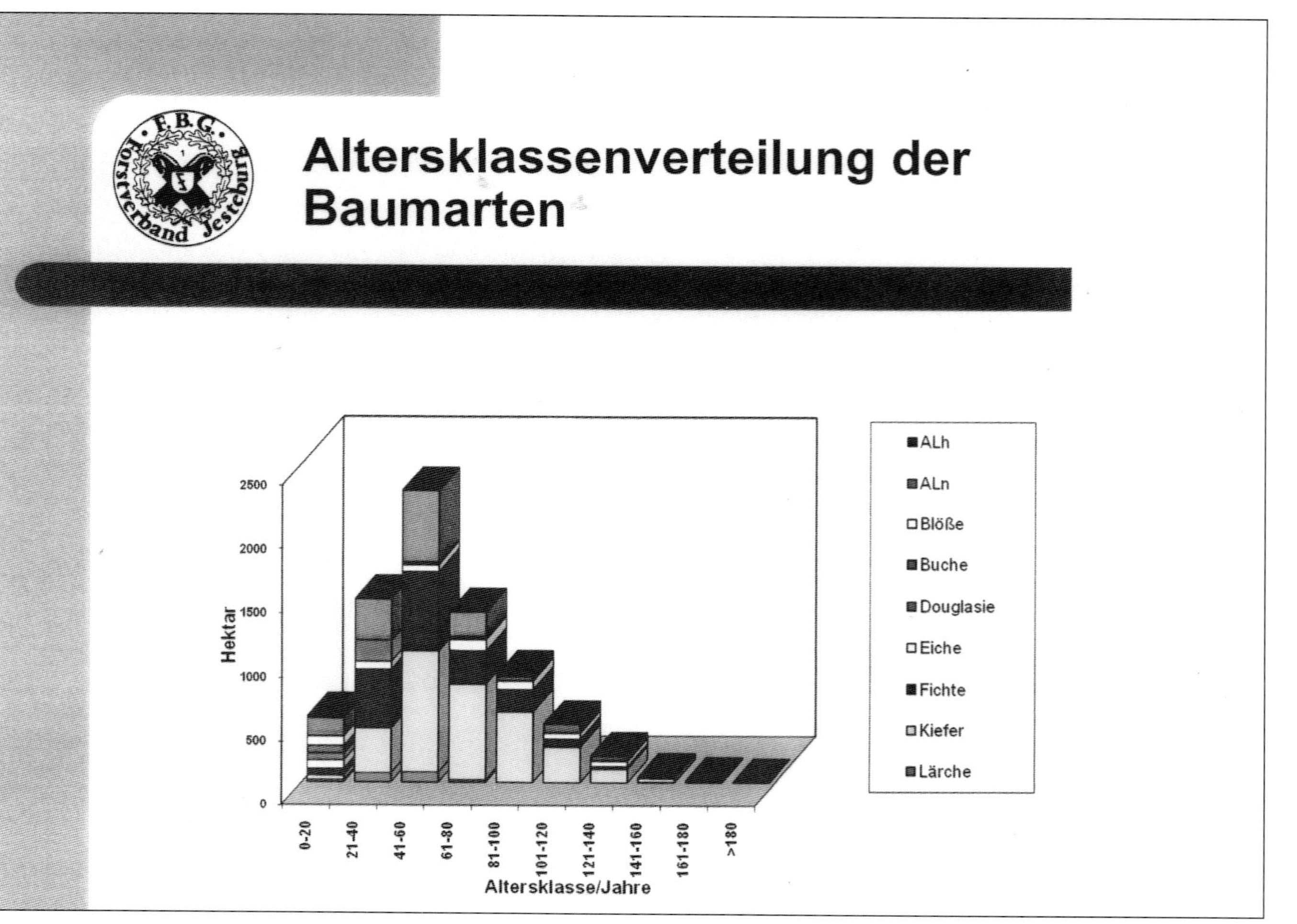

Heutige Altersklassenverteilung in der FBG FV Jesteburg

5. Aufgaben und Leistungen eines Forstverbandes/ einer Forstbetriebsgemeinschaft

In diesem Kapitel wollen wir uns dem Forstverband und der Forstbetriebsgemeinschaft widmen. Welche Aufgaben und Leistungen haben diese Organisationen im Einzelnen zu erfüllen? Näheres erfahren wir dazu in der Satzung.

In § 2 der Satzung des Forstverbandes Harburg vom 19. Juli 1949 in den Abs. 1-2 wird Folgendes angeführt:

„Der Verband bezweckt die Einrichtung und Durchführung einer gemeinschaftlichen, forstmäßigen Bewirtschaftung des Waldes seiner Mitglieder und damit verbunden die Ertragssteigerung des privaten Kleinwaldes sowie die gemeinschaftliche Beschützung der forstwirtschaftlich genutzten Grundfläche durch gemeinschaftliche Anstellung eines eigenen Forstangestellten. Die Eigentums- und Besitzverhältnisse der Mitglieder des Forstverbandes bleiben unberührt.“

Es ging hierbei in erster Linie darum, die drohende staatliche Aufsicht mit den nachfolgenden Sozialisierungsmaßnahmen abzuwehren und den bäuerlichen Wald in eigener Selbstverwaltung forstmäßig zu bewirtschaften. Die Gründungsväter in der Satzung des Forstverbandes Jesteburg e.V. vom 14. März 1953 wurden konkreter. Hier heißt es in § 2 ZWECK und AUFGABEN:

„Der Forstverband hat den Zweck, die allgemeinen landeskulturellen Wohlfahrtswirkungen des Waldes zu steigern und dabei im volkswirtschaftlichen Interesse die Holzerzeugung zu steigern. Dieses Ziel soll u.a. durch folgende Maßnahmen erreicht werden:

1. Bestellung genügend ausgebildeter und befähigter Forstleute für die Betreuung und den Schutz der Wälder,
2. Durchführung von Maßnahmen des Forstschutzes,
3. Vermittlung von Forschungen, Fortschritts- und Erfahrungsergebnissen aus der forstwirtschaftlichen Wissenschaft und Praxis an die Mitglieder durch Veranstaltungen, Vorträge, forstliche Lehrwanderungen usw.

Der Forstverband arbeitet nach den Richtlinien und Weisungen der Landwirtschaftskammer Hannover. In einer Selbstdarstellung des Forstverbandes Jesteburg e.V. vom Juli 1954 wird man noch deutlicher. So heißt es dort:

„Die Leistungen des Forstverbandes für den einzelnen Waldbesitzer sind folgende:

1. Fachliche Beratung bei allen Maßnahmen im Walde.
2. Auszeichnung der Bestände sowie richtige Sortierung und Aufmessung des Holzes durch den Verbandsförster.

3. Unterstützung bei den Holzverkäufen. Gute Preise können nur durch den gemeinschaftlichen Absatz erzielt und gehalten werden. Bei selbständigen Einzelverkäufen der Waldbesitzer wurden selten die gleichen Preise erzielt wie bei solchen, wo der zuständige Forstbeamte mitwirkte. Außerdem gab es dabei viele Fälle, in denen die Bezahlung der Holzkaufgelder nicht ordnungsgemäß erfolgte.
4. Beschaffung von rassisch einwandfreien und guten Forstpflanzen und Samen.
5. Gemeinschaftlicher Einsatz forstlicher Maschinen und Geräte.
6. Durchführung von Notstandsarbeiten bei Ödlandaufforstungen.
7. Hilfeleistung bei Steuerangelegenheiten.
8. Vergabe von Aufforstungsbeihilfen.
9. Gemeinsame preiswerte Waldbrandversicherung.
10. Durchführung forstlicher Lehrwanderungen."

Ohne Zweifel haben sich die Aufgabengebiete in den letzten 50 Jahren zum Teil gravierend verändert, denken wir nur an den technischen Fortschritt bei Maschinen und Geräten für die Waldarbeit sowie in der Geschäftsstelle. Vergleichen wir die heute gültige, am 28.04.2008 letztmalig geänderte Satzung der FBG mit der frühen Fassung, so hat sich der in § 5 festgelegte Aufgabenbereich kaum verändert. Trotzdem sollen sie hier noch einmal aufgeführt werden:

Die FBG hat die Aufgabe, zum Wohle der Allgemeinheit und des einzelnen Mitgliedes die pflegliche, nachhaltige und planmäßige Bewirtschaftung der Waldgrundstücke ihrer Mitglieder zu verbessern, um Nachteile ungünstiger Besitzstruktur, unzureichenden Wegeaufschlusses und mangelhafter Bestockung zu beseitigen und die wirtschaftliche Ertragsfähigkeit des Waldes und seine Dienstleistungen zu steigern, sowie seine Bodenkraft zu erhalten. Dazu gehören insbesondere folgende Aufgaben:

a) Beratung der Mitglieder in allen forstwirtschaftlichen Angelegenheiten.
b) Vermittlung von Forschungs- und Erfahrungsergebnissen aus Wissenschaft und Praxis für die Forstwirtschaft und für den Holzbau in und außerhalb des Waldes.
c) Abstimmung der Betriebspläne, Betriebsgutachten und Wirtschaftspläne sowie der einzelnen forstlichen Vorhaben.
d) Abstimmung der für die forstwirtschaftliche Erzeugung wesentlichen Vorhaben und Absatz des Holzes oder sonstiger Forstprodukte unter Bestehenlassen eines wesentlichen Wettbewerbs auf dem Holzmarkt.
e) Abschluss von Dienstleistungsverträgen zur forstlichen Beratung und Betreuung der Mitglieder nach Maßgabe der zur Verfügung stehenden Möglichkeiten und Mittel.
f) Ausführung der Forstkulturen, Ausgleichsmaßnahmen, Bodenverbesserungs- und Bestandespflegearbeiten einschließlich des Forstschutzes.
g) Planung und Durchführung von ökologischen Maßnahmen zur Wahrung der Belange des öffentlichen Naturschutzes im Rahmen des Bundeswaldgesetzes.

h) Bau und Unterhaltung von Wegen und Holzlagerplätzen.
i) Durchführung des Holzeinschlages, der Holzaufarbeitung und der Holzbringung.
j) Einstellung und Einsatz von Arbeitskräften, Beschaffung und Einsatz von Maschinen und Geräten sowie von Grundstücken für die o.a. Maßnahmen.
k) Bewirtschaftung von Waldflächen durch Abschluss langfristiger Pacht- oder Bewirtschaftungsverträge oder durch Flächenkauf.

Die FBG vermittelt, kauft oder kommissioniert Holz. Im Falle des Kauf- oder Kommissionsgeschäftes übernimmt die FBG die Verwertung. Die FBG wirtschaftet mit dem Ziel der Kostendeckung. Die angestrebten vermögenswerten Vorteile sollen vorrangig ihren Mitgliedern zufließen. Ein Ausspruch von mir als Bezirksförster war, wenn ich danach gefragt wurde, was ich denn so als Förster tue: „Bis hin zur inneren Seelsorge alles, und außer Geld können Sie bei uns alles bekommen!“ Diese Vielseitigkeit bei der forstlichen Betreuungsarbeit ist damit auch das Salz in der Suppe und schafft eine große Vertrauensbasis.

6. Forstwirtschaftliche Vereinigung Nordheide-Harburg und NFS Nordheide Forst Service GmbH

Nachfolgend richten wir unser Augenmerk auf die Forstwirtschaftliche Vereinigung Nordheide-Harburg und die NFS Nordheide Forst Service GmbH. Was genau darunter zu verstehen ist, lesen wir in den entsprechenden Gesetzestexten.

Gemäß § 37 Abs. 1-2 Bundeswaldgesetz heißt es: „Forstwirtschaftliche Vereinigungen sind privatrechtliche Zusammenschlüsse von anerkannten Forstbetriebsgemeinschaften, Forstbetriebsverbänden oder nach Landesrecht gebildete Waldwirtschaftsgenossenschaften oder ähnlichen Zusammenschlüssen einschließlich der Gemeinschaftsforsten zu dem ausschließlichen Zweck, auf die Anpassung der forstwirtschaftlichen Erzeugung und des Absatzes von Forsterzeugnissen an die Erfordernisse des Marktes hinzuwirken.

Forstwirtschaftliche Vereinigungen dürfen nur folgende Maßnahmen zur Aufgabe haben:

1. Unterrichtung und Beratung der Mitglieder sowie Beteiligung an der forstlichen Rahmenplanung;
2. Koordinierung des Absatzes;
3. Marktgerechte Aufbereitung und Lagerung der Erzeugnisse;
4. Beschaffung und Einsatz von Maschinen und Geräten.“

Absatz 2 Punkt 4 wurde am 31. Juli 2010 m.W. v. 6. August 2010 durch das Zweite Gesetz zur Änderung des Bundeswaldgesetzes aufgehoben und durch folgenden ersetzt:
„Vermarktung der Erzeugnisse der Mitglieder.“
Der ehemalige Abs. 4. wurde Abs. 5.
Der § 38 BWaldG besagt:

„Eine Forstwirtschaftliche Vereinigung wird durch die nach Landesrecht zuständige Behörde auf Antrag anerkannt, wenn sie folgende Voraussetzungen erfüllt:

1. Sie muss eine juristische Person des Privatrechts sein,
2. Sie muss geeignet sein, auf die Anpassung der forstwirtschaftlichen Erzeugung und des Absatzes von Forsterzeugnissen nachhaltig hinzuwirken,
3. Ihre Satzung oder ihr Gesellschaftsvertrag muss Bestimmungen enthalten über
   a. ihre Aufgabe,
   b. die Finanzierung der Aufgabe,
4. Sie muss einen wesentlichen Wettbewerb auf dem Holzmarkt bestehen lassen.“

Der Strukturwandel in der Forst- und Holzwirtschaft, einhergehend mit der Notwendigkeit einer kontinuierlichen Rentabilität der Forstwirtschaftsbetriebe, war Anlass zur Gründung von großflächigen Zusammenschlüssen. Hierbei war man davon ausgegangen, dass der Unterabsatz 2 „die Koordinierung des Absatzes“, die Vermarktung, d.h., den VERKAUF von Forsterzeugnissen (z.B. HOLZ) der angeschlossenen Waldbesitzer über die Forstwirtschaftliche Vereinigung bedeuten würde. Unsere Rückfrage beim zuständigen Bundesministerium ergab, dass dies jedoch nicht der Fall sei. Die eigenhändlerische Tätigkeit, in Form des Erwerbs von Holz aus Mitgliedsbetrieben und anschließendem Verkauf in eigenem Namen und für eigene Rechnung ist darin nicht enthalten. Möglich ist lediglich eine „Koordinierung des Absatzes" sowie die „Marktgerechte Aufbereitung und Lagerung der Erzeugnisse". Dass forstwirtschaftliche Vereinigungen als Zusammenschlussform auf höherer Ebene mit der Möglichkeit zur Bündelung auch überregional bedeutender Mengen des Angebotes auf dem Holzmarkt nicht eigenhändlerisch im Verkauf tätig werden dürfen, wurde bei der Entstehung des Bundeswaldgesetzes aus Gründen der Erhaltung des Wettbewerbs festgelegt. Trotzdem haben nach anfänglichen Schwierigkeiten dann die 4 im Landkreis Harburg ansässigen FBGn Egestorf-Hanstedt, Hollenstedt, Jesteburg und Salzhausen am 10. Juni 1991 die Satzung beschlossen und den Antrag auf Anerkennung gestellt, die mit Bescheid vom 26.09.1991 ausgesprochen wurde. In späteren Jahren kamen die FBG FV Stade/Land Hadeln und FBG Osterholz hinzu.

Nicht zu unterschätzen ist die Möglichkeit der Förderung der Verwaltungs- und Personalkosten sowie bei der Beschaffung von Maschinen und Geräten durch öffentliche Mittel. So wurden diverse Großmaschinen wie Harvester, Rückemaschinen, Seilschlepper, Werkstattwagen u.a. mit entsprechender Förderung als Erstinvestition über die Forstwirtschaftliche Vereinigung Nordheide-Harburg angeschafft. Gleichzeitig wurden Maschinenführer und Büropersonal eingestellt.

Nach wie vor bestand der Wille, den Ein- und Verkauf von Holz über eine gemeinsame Vermarktungsstelle in der hiesigen Region vorzunehmen. Da dies nicht über die Forstwirtschaftliche Vereinigung möglich war, hätte eine Forstbetriebsgemeinschaft dies für die übrigen übernehmen können. Hiergegen sprachen personelle und Haftungsgründe. Letztendlich blieb nur der Weg über eine Vermarktungsorganisation als Gesellschaft mit beschränkter Haftung (GmbH). Nach eingehenden Erkundigungen bei bestehenden Organisationen und Besprechungen mit Steuerfachleuten wurde ein Gesellschaftsvertrag für eine GmbH ausgearbeitet und mit den Vorständen der sich beteiligten Forstbetriebsgemeinschaften erörtert.

Zwischenzeitlich wurde am 31. Juli 2010 m.W.v. 6. August 2010 das Bundeswaldgesetz im § 37 Abs. 2 wie folgt geändert:

„Nach Nummer 3 wird folgende Nummer 4 eingefügt: 4. Vermarktung der Erzeugnisse der Mitglieder. Die bisherige Nummer 4 wird die neue Nummer 5.

Damit erübrigt sich eigentlich die Nordheide Forst Service GmbH, da die Forstwirtschaftliche Vereinigung Nordheide-Harburg das Holz ihrer Mitglieder ankaufen und weiter verkaufen darf, was bisher nicht der Fall war. Aus Haftungsgründen sollte meiner Meinung nach jedoch die Rechtsform einer GmbH beibehalten werden.

Selbstdarstellung der Forstwirtschaftlichen Vereinigung Nordheide-Harburg

Die guten Seelen des Büros der Forstwirtschaftlichen Vereinigung Nordheide-Harburg – Wibke Croppenstedt, Heike Busch und Marie Fehling

Norbert Leben, Geschäftsführer der Forstwirtschaftlichen Vereinigung Nordheide-Harburg

7. Forstzertifizierung – PEFC, FSC, RAL

Die Idee der Forstzertifizierung findet ihren Ursprung in der Umweltschutzkonferenz in Rio im Jahre 1992. Nachdem die Bemühungen um eine verbindliche Waldkonvention zum Schutz der Tropenwälder scheiterten, begab man sich auf die Suche nach anderen Wegen, um der Tropenwaldzerstörung Einhalt zu bieten. Ziel der Zertifizierung war die Schaffung eines freiwilligen Marktinstrumentes. Demnach sollten forstliche Produkte, die einer nachhaltigen und ökologisch orientierten Wirtschaft entstammen, mit einem Zertifikat versehen werden. Die Entwicklung der letzten Jahre hat neben einer Reihe von nationalen Ansätzen einen weltweit agierenden Zertifizierungsprozess hervorgebracht, das Forest Stewartship Council (FSC), das bereits zertifiziert. Als Alternative hierzu wurde das Paneuropäische Forstzertifikat (PEFC) entwickelt, das Praxisreife erlangt hat. Das PEFC wird von den großen Landesforstverwaltungen und den meisten Landeswaldbesitzerverbänden favorisiert. In den Diskussionen der Vergangenheit, aber auch noch in heutiger Zeit, spalten sich die unterschiedlichen Interessengruppen in Befürworter des FSC einerseits und Befürworter des PEFC andererseits. Außerdem gibt es nach wie vor eine große Anzahl von Gegnern der Forstzertifizierung.

Der Vorstand der FBG FV Jesteburg befürwortet das Prinzip der Forstzertifizierung grundsätzlich als geeignetes Mittel, um der Tropenwaldzerstörung langfristig entgegenzuwirken. Auf einem zunehmend internationalisierten Holzmarkt muss mitteleuropäisches Holz, das in der Regel auch ohne Zertifizierungsverfahren aus einer nachhaltigen, oft sogar naturnahen Waldbewirtschaftung kommt, für den Verbraucher erkennbar sein. Um die Forstzertifizierung langfristig erfolgreich entwickeln zu können, sind nach Meinung des Vorstandes der FBG Forstverband Jesteburg eine Reihe von Anforderungen zu stellen:

1. Das Prinzip der Zertifizierung baut auf der gezielten Nachfrage der Verbraucher auf. Diese kann sich jedoch nur durchsetzen, wenn die Verwendung der genannten Zertifikate nach nachvollziehbaren und kontrollierbaren Standards erfolgt, deren systematische Kontrolle gegeben ist.
2. Die wirtschaftlichen Auswirkungen der Zertifizierung müssen für den Forstbetrieb absehbar und für diesen finanziell tragbar sein. Da langfristig mit erheblichen Mehrerlösen nicht zu rechnen ist, sind die Kosten für die Zertifizierung möglichst gering zu halten.
3. Ökologische Anforderungen und betriebliche Zielsetzungen müssen in Einklang gebracht werden.
4. Um die Zertifikate auch international vergleichbar zu halten, müssen die nationalen Standards auf einem international vergleichbaren Niveau gehalten werden.
5. Die Produktkette vom Waldbaum zum Regalbrett – Chain of Custody – muss einwandfrei nachvollziehbar und kontrollierbar sein, um Missbrauch vorzubeugen.
6. Die Zertifizierung muss von in jeder Richtung unabhängigen Stellen durchgeführt werden. Dieses bezieht sich auch auf die nachfolgenden betrieblichen Kontrollen.

Aufgrund der hohen inhaltlichen Standards der forstlichen Produktion in Mitteleuropa hat die Zertifizierung hier vornehmlich andere Funktionen. Unter den oben genannten Voraussetzungen kann sie ein geeignetes Marketinginstrument darstellen, um die Verwendung des nachhaltigen und ökologischen Rohstoffes HOLZ auszuweiten. Die Forstzertifizierung wird sich nur durchsetzen, wenn das Prinzip allgemein anerkannt wird. Diese Anerkennung ist nur zu erreichen, wenn ein solches Instrument bekannt ist.

Die FBG Forstverband Jesteburg versteht sich als Betreuungsorganisation des hiesigen Privatwaldes. Satzungsgemäß verfolgt sie ökologische Ziele, die sie jedoch nur unter Berücksichtigung der Belange der wirtschaftenden Waldbesitzer erreichen kann.

Deshalb informiert der Vorstand die Mitglieder umfassend und nicht tendenziös über das hochaktuelle Thema FORSTZERTIFIZIERUNG.

In der LEITLINIE für nachhaltige Waldbewirtschaftung zur Einbindung des Waldbesitzers in den regionalen Rahmen (PEFC-Standards für Deutschland) heißt es:

„Die nachhaltige Waldbewirtschaftung in Deutschland erfolgt in einer Weise, die biologische Vielfalt, die Produktivität, die Verjüngungsfähigkeit, die Vitalität und die Fähigkeit, gegenwärtig und in Zukunft wichtige ökologische, wirtschaftliche und soziale Funktionen auf lokaler und nationaler Ebene zu erfüllen, erhält und anderen Ökosystemen keinen Schaden zufügt." (Definition der Ministerkonferenz zum Schutz der Wälder in Europa).

Auf der 1993 in Helsinki stattgefundenen Ministerkonferenz zum Schutz der Wälder in Europa wurde festgelegt, dass eine nachhaltige Waldbewirtschaftung sich orientiert an:

1. Erhaltung und angemessene Verbesserung der forstlichen Ressourcen und ihr Beitrag zu globalen Kohlenstoffkreisläufen.
2. Erhaltung der Gesundheit und Vitalität von Forstökosystemen.
3. Erhaltung und Förderung der Produktionsfunktion der Wälder (Holz und Nichtholz).
4. Bewahrung, Erhaltung und angemessene Verbesserung der biologischen Vielfalt in Waldökosystemen.
5. Erhaltung und angemessene Verbesserung der Schutzfunktionen bei der Waldbewirtschaftung (vor allem Boden und Wasser).
6. Erhaltung sonstiger sozialökonomischer Funktionen und Bedingungen.

Eine nachhaltige Waldbewirtschaftung dient dem Klimaschutz! Waldbesitzer, die ihre Waldbewirtschaftung an diesem gemeinsamen Ziel der umfassenden Nachhaltigkeit ausrichten, können sich an der PEFC-Zertifizierung beteiligen. Die Dokumentation der nachhaltigen Waldbewirtschaftung erfolgt auf regionaler Ebene auf Grundlage der Indikatorenliste. Die vorliegenden Standards präzisieren die aus den Helsinki-Kriterien abgeleiteten Anforderungen für die praktische Waldbewirtschaftung auf der betrieblichen Ebene. Im Jahre 2012 waren im Bereich der FBG Forstverband Jesteburg nach PEFC zertifiziert:

84% der Waldbesitzer mit 93% der Waldfläche.

An die Waldbesitzer
der FBG Forstverband Jesteburg
16. März 2000

Die Forstzertifizierung

Auf der Suche nach dem richtigen Weg

Sehr geehrte Damen und Herren,

die Idee der Forstzertifizierung findet ihren Ursprung in der Umweltschutzkonferenz von Rio 1992. Nachdem die Bemühungen um eine verbindliche Waldkonvention zum Schutz der Tropenwälder nicht zustande kamen, begab man sich auf die Suche nach anderen Wegen,um der Tropenwaldzerstörung Einhalt zu gebieten.

Ziel der Zertifizierung war die Schaffung eines freiwilligen Marktinstrumentes. Demnach sollten forstliche Produkte, die einer nachhaltigen und ökologisch orientierten Wirtschaft entstammen, mit einem Zertifikat versehen werden. Die Entwicklung der letzten Jahre hat neben einer Reihe von nationalen Ansätzen ein weltweit agierendes Zertifikat, das Forest - Stewartship - Council (FSC) hervorgebracht, das bereits zertifiziert. Als Alternative hierzu wurde das Paneuropäisches Forstzertifikat (PEFC) entwickelt, das Praxisreife erlangt hat. Das PEFC wird von den großen Landesforstverwaltungen und den meisten Landeswaldbesitzerverbänden favorisiert.

In der augenblicklichen Diskussion spalten sich die unterschiedlichen Interessengruppen in Befürworter des FSC einerseits und des PEFC andererseits. Außerdem gibt es nach wie vor eine große Zahl von Gegnern der Forstzertifizierung. Der Vorstand der FBG Forstverband Jesteburg befürwortet das Prinzip der Forstzertifizierung grundsätzlich als geeignetes Mittel, um der Tropenwaldzerstörung langfristig entgegenzuwirken. Auf einem zunehmend internationalisierten Holzmarkt muss mitteleuropäisches Holz, das in der Regel auch ohne Zertifizierungsverfahren aus einer nachhaltigen, oft sogar naturnahen, Waldbewirtschaftung kommt, für den Verbraucher erkennbar sein.

Um die Zertifizierung langfristig erfolgreich entwickeln zu können, sind nach Meinung des Vorstandes der FBG Forstverband Jesteburg eine Reihe von Anforderungen zu stellen:

1. Das Prinzip der Zertifizierung baut auf der gezielten Nachfrage der Verbraucher auf. Diese kann sich jedoch nur durchsetzen, wenn die Verwendung der genannten Zertifikate nach nachvollziehbaren und kontrollierbaren Standards erfolgt, deren systematische Kontrolle gegeben ist.
2. Die wirtschaftlichen Auswirkungen der Zertifizierung müssen für den Forstbetrieb absehbar sein und für diesen finanziell tragbar sein. Da langfristig mit erheblichen Mehrerlösen nicht zu rechnen ist, sind die Kosten für die Zertifizierung möglichst gering zu halten.
3. Ökologische Anforderungen und betriebliche Zielsetzungen müssen in Einklang gebracht werden.

Rundschreiben Forstzertifizierung

4. Um die Zertifikate auch international vergleichbar zu halten, müssen die nationalen Standards auf einem international vergleichbaren Niveau gehalten werden.
5. Die Produktkette vom Waldbaum zum Regalbrett muss einwandfrei nachvollziehbar und kontrollierbar sein, um Missbrauch vorzubeugen.
6. Die Zertifizierung muss von in jeder Richtung unabhängigen Stellen durchgeführt werden. Dieses bezieht sich auch auf die nachfolgenden betrieblichen Kontrollen.

Aufgrund der hohen inhaltlichen Standards der forstlichen Produktion in Mitteleuropa hat die Zertifizierung hier vornehmlich andere Funktionen. Unter den oben genannten Voraussetzungen kann sie ein geeignetes Marketinginstrument darstellen, um die Verwendung des nachhaltigen und ökologischen Rohstoffes Holz auszuweiten. Die Forstzertifizierung wird sich nur durchsetzen, wenn das Prinzip allgemein Anerkennung erlangt. Diese Anerkennung ist nur zu erreichen, wenn ein solches Instrument bekannt ist.

Die FBG Forstverband Jesteburg versteht sich als Ihre Betreuungsorganisation des hiesigen Privatwaldes, die sich u.a. satzungsgemäß das Ziel gesetzt hat, ökologische Zielsetzungen einzufordern, deren Umsetzung jedoch nur mit den Zielen des wirtschaftenden Waldbesitzers zu erreichen ist. Deshalb informiert Sie der Vorstand umfassend und nicht tendenziös über das hochaktuelle Thema „**Forstzertifizierung**".

Mit freundlichem Gruß

gez. D. Cohrs
1. Vors.

ZERTIFIKAT

Auf der Grundlage der Konformitätserklärung Nr. 8044501 der
DQS Deutsche Gesellschaft zur Zertifizierung von Managementsystemen mbH
für die im regionalen Waldbericht der Region Niedersachsen dokumentierte PEFC-konforme Waldbewirtschaftung und der abgegebenen freiwilligen Selbstverpflichtungserklärung ist der Zertifikatsnutzer

FBG "Forstverband Jesteburg"

Hindenburgweg 8/Forsthaus
21244 Buchholz i.d.N. OT Holm-Seppensen

und Ihre Mitglieder berechtigt
Holz aus zertifizierter nachhaltiger Waldbewirtschaftung nach dem deutschen PEFC-System anzubieten. Die Forstbetriebsgemeinschaft und Ihre Mitgliedsbetriebe unterliegen der Überprüfung durch die DQS als unabhängige Zertifizierungsstelle.

Das Zertifikat berechtigt zur

Nutzung des PEFC-Logos

nach der aktuell gültigen Fassung für die Verwendung des PEFC-Logos

Dieses Zertifikat ist gültig bis: 05.11.2005
Zertifikat-Registrier-Nr.: 0421041/023300900002

Der Zertifikatsnutzer ist registriert bei PEFC-Deutschland e.V.

Frankfurt a.M., den 06.11.2000

Marian Frhr. v. Gravenreuth
VORSITZENDER

Dr. Ing. K. Petrick Dipl.-Ing.J.Pärtsch
GESCHÄFTSFÜHRER

PEFC Deutschland e.V.
Danneckerstraße 37
D-70182 Stuttgart

DQS-Geschäftsstellen
August-Schanz-Straße 21, D-60433 Frankfurt am Main
Burggrafenstraße 6, D-10787 Berlin

Zertifizierungsurkunde durch die DQS

Anlage 6

Die Pan-Europäische Forst-Zertifizierung (PEFC)

Merkblatt
für den Waldbesitzer

PEFC

Welches Ziel verfolgt PEFC?

Die Pan-Europäische Forstzertifizierung (PEFC) soll dokumentieren, dass unsere Wälder nachhaltig bewirtschaftet werden. Doch nichts ist so gut, dass es nicht noch verbessert werden könnte – dazu soll PEFC ein Anreiz sein. Zudem soll PEFC dem Image der Forstwirtschaft und vor allem dem Absatz des Rohstoffes Holz zugute kommen. Und alles zu vertretbaren Kosten, so dass jeder Privatwaldbesitzer mitmachen kann.

Ist ein PEFC-Zertifikat wirklich nötig?

Sägewerke, Baumärkte, Zeitungsverlage – die Nachfrage nach Holz aus zertifizierten Wälder steigt stetig. Es ist absehbar, dass in nächster Zukunft der Verkauf von Holz ohne Zertifikat schwierig oder gar unmöglich sein wird. Auch wenn es unwahrscheinlich ist, einen höheren Holzpreis zu erzielen, verlangt der Druck internationaler Holzmärkte rasches Handeln. Wer kein Zertifikat hat, den bestraft der Markt.

Was ist zu tun?

Füllen Sie die „Freiwillige Selbstverpflichtungserklärung" (Anhang IIIa der Systembeschreibung*) aus und senden Sie die unterschriebene Erklärung an PEFC-Deutschland, Ihren Waldbesitzerverband oder Ihr Forstamt. Nachdem Sie die Gebührenrechnung beglichen haben, geht Ihnen das PEFC-Zertifikat, das fünf Jahre gültig ist, zu.

Was kostet die PEFC-Zertifizierung?

Die Gebühren betragen 0,20 DM pro Hektar und Jahr (zzgl.MWSt.). Hinzu kommt ein Betrag von 20,00 DM für die erste Zertifikatserteilung. Der Zahlungsmodus richtet sich nach der Gesamtwaldfläche ihres Forstbetriebes:

- unter 500 ha: fünf Jahre im voraus.
- zwischen 500 und 5000 ha: fünf Jahre im voraus, bei Erteilung einer Einzugsermächtigung jährlich.
- über 5000 ha: jährlicherteilt, sind die Gebühren jährlich.

Es wird für den gesamten Gültigkeitszeitraum von fünf Jahren die Fläche zum Zeitpunkt der Zertifikatsausstellung zugrunde gelegt.

Merkblatt der PEFC für den Waldbesitzer

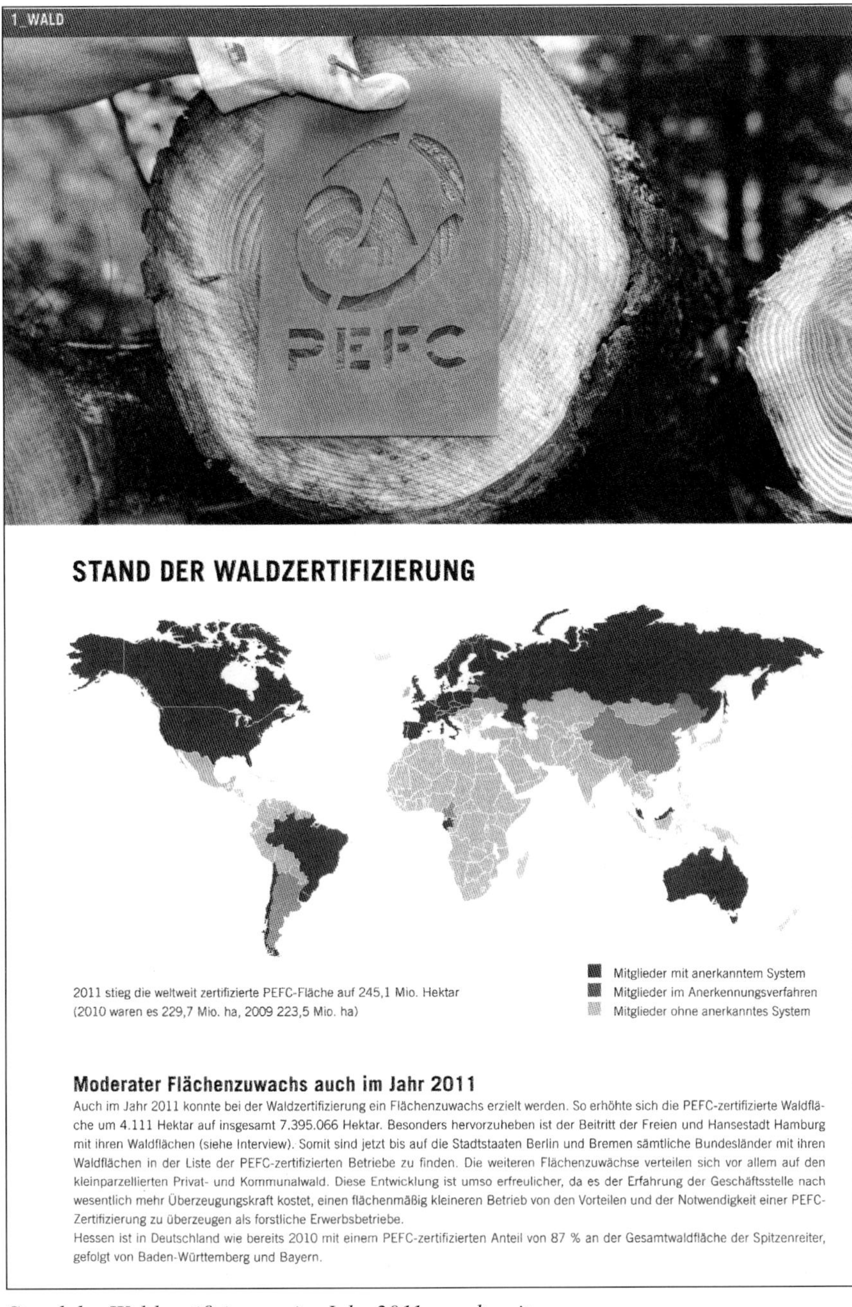
1_WALD

PEFC

STAND DER WALDZERTIFIZIERUNG

2011 stieg die weltweit zertifizierte PEFC-Fläche auf 245,1 Mio. Hektar
(2010 waren es 229,7 Mio. ha, 2009 223,5 Mio. ha)

Moderater Flächenzuwachs auch im Jahr 2011

Auch im Jahr 2011 konnte bei der Waldzertifizierung ein Flächenzuwachs erzielt werden. So erhöhte sich die PEFC-zertifizierte Waldfläche um 4.111 Hektar auf insgesamt 7.395.066 Hektar. Besonders hervorzuheben ist der Beitritt der Freien und Hansestadt Hamburg mit ihren Waldflächen (siehe Interview). Somit sind jetzt bis auf die Stadtstaaten Berlin und Bremen sämtliche Bundesländer mit ihren Waldflächen in der Liste der PEFC-zertifizierten Betriebe zu finden. Die weiteren Flächenzuwächse verteilen sich vor allem auf den kleinparzellierten Privat- und Kommunalwald. Diese Entwicklung ist umso erfreulicher, da es der Erfahrung der Geschäftsstelle nach wesentlich mehr Überzeugungskraft kostet, einen flächenmäßig kleineren Betrieb von den Vorteilen und der Notwendigkeit einer PEFC-Zertifizierung zu überzeugen als forstliche Erwerbsbetriebe.
Hessen ist in Deutschland wie bereits 2010 mit einem PEFC-zertifizierten Anteil von 87 % an der Gesamtwaldfläche der Spitzenreiter, gefolgt von Baden-Württemberg und Bayern.

Stand der Waldzertifizierung im Jahr 2011 – weltweit

Stand der Waldzertifizierung im Forstamtsbereich im Jahr 2012

An PEFC Deutschland gemeldete Fläche: 52.650 Hektar.
Zertifizierte Mitglieder: 2.385 Waldbesitzer.
Zertifizierte Mitgliedsfläche: 46.640 Hektar.
Der Zertifizierungsgrad schwankt zwischen 27 % und 93 %.

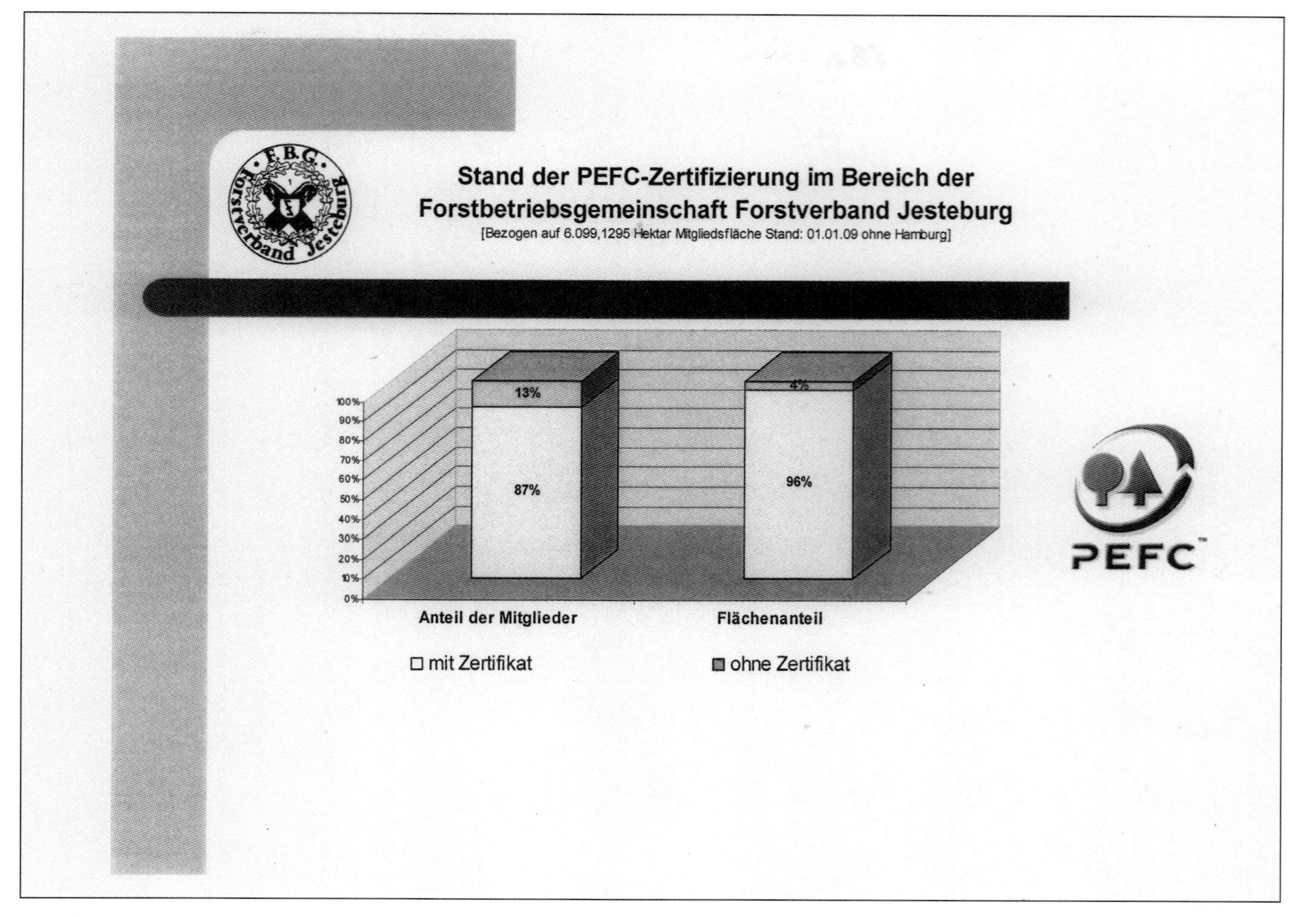

Stand der PEFC-Zertifizierung in der FBG FV Jesteburg am 01.01.2009

8. Finanzierung eines Forstverbandes/ einer Forstbetriebsgemeinschaft

Im Gründungsprotokoll vom 19. Juli 1949 wurde festgelegt, dass für die Besoldung eines Forstbetriebsbeamten von jedem Mitglied ein Flächenbeitrag von 0,25 DM/Morgen Waldfläche und 0,10 DM/Morgen für aufforstungsfähiges Ödland zu zahlen ist. Dies korrespondiert mit § 4 der Satzung für den Forstverband Harburg von 1949.

Hinzu kommen Gelder, die von den Holzkäufern als Vermittlungsgebühr in Höhe von 2 % der Bruttokaufsumme gezahlt werden. Bei Holzverkäufen über das Forstamt Stade der vorl. LWK Hannover zieht dieses die Vermittlungsgebühr ein und erstattet später 1 % an den Forstverband. Tätigt der Forstverband bzw. der einzelne Waldbesitzer selbst den Holzverkauf, so hat der Forstverband die 2 % Vermittlungsgebühr einzuziehen und davon 1 % auf das Bankkonto der Landwirtschaftskammer einzuzahlen. Ab 1951 wurden dann noch Aufmaßkosten in Höhe von 1,00 DM/fm Stammholz/Grubenlangholz bzw. 0,40 DM/rm für Schichtholz vom Waldbesitzer erhoben; diese Mittel verblieben beim Forstverband.

Mit Schreiben vom 19.11.1955 informiert FM Jaeger vom FoA. Stade der LWK Hannover die Vorsitzenden der Forstverbände seines Dienstbezirkes über folgenden Sachverhalt: „Wir sind in der glücklichen Lage, Ihnen die erfreuliche Mitteilung machen zu können, dass die Landwirtschaftskammer ab 1. Oktober 1955 einen Förderungsbetrag in Höhe von 1,5 % der Vermittlungsgebühren gewähren wird. Dieses trifft jedoch nur für die Verbände zu, die einen eigenen Forstbeamten haben. Die Höhe der Erstattung von Vermittlungsgebühren möge bewirken, dass jetzt alle Forstverbände ohne Ausnahme ihre gesamten Holzverkäufe (ohne Kleinverkäufe) über das Forstamt laufen lassen, damit endlich eine einheitliche Abwicklung der ganzen Holzverkäufe sowie eine lückenlose Marktübersicht möglich ist.“ Mit Datum vom 22.01.1957 trifft ein Schreiben des FoA. Stade bei August Henk in Lüllau ein, in dem es heißt:

„Förderungsbetrag für den Forstverband Jesteburg.
Die Forstabteilung der LWK teilt uns unter dem 16.01.1957 mit, dass die Hauptkasse der LWK Anweisung erhalten hat, einen Förderungsbetrag in Höhe von 1.400,00 DM an den dortigen Verband zu überweisen. Es handelt sich um den Förderungsbetrag, der dem Forstverband Hollenstedt zustand. Dieser Betrag soll auf den jährlich von Hollenstedt zu zahlenden Zuschuss an Jesteburg angerechnet werden.“

Im Laufe der Jahre verringerte sich strukturbedingt die Eigenleistung im Walde seitens des Waldbesitzers. Der Forstverband trat immer mehr als Dienstleister für seine Mitglieder auf, was mit einem erhöhten finanziellen Aufwand verbunden war. So mussten Flächenbeitrag und Vermittlungsentgelt ständig angepasst werden, hinzu kam ein Grundbeitrag pro Waldbesitzer und Jahr. Für verbandseigene Maschinen und Geräte wurde eine Leihgebühr angesetzt, und seitens der Forstbaumschulen kamen nicht unerhebliche

Forstverband. Buchholz, den 4. September 49

Herrn

Albert Kröger

Wiedenhof.

Die Gebühren für den Forstverband betragen je Morgen Waldfläche = 0,25 DM., je Morgen Ödlandfläche = 0,10 DM.
Es wird gebeten, die Beiträge gemeindeweise von den Waldbesitzern einzuziehen und auf eines der folgenden Konten bis zum 1. October 49 zu überweisen:
Kreissparkasse Harburg, Zweigstelle Buchholz Nr. 2986 Forstverband
Spar= und Darlehnskasse Jesteburg (Forstverband)
Die Flächen sind auf volle Morgen nach oben abgerundet.

			Waldfläche			Ödlandfläche		
			Morgen	DM	&	Morgen	DM	&
August	Henk	Lüllau	80	20	.	80	8	.
Hermann	Maack		128	32	.	68	6	80
Rudolf	Peters		128	32	.	87	8	70
Rudolf	Rademacher		30	7	50	17	1	70
Albert	Kröger	Wiedenhof	200	50	.	120	12	.
Adolf	Kröger	Thelstorf	76	19	.	160	16	.
Wilhelm	Cohrs		78	19	50	200	20	.
August	Kröger		24	6	.	.	.	.
Emma	Meyer	Lüllau	4	1		20	2	.
Karl	Bartels		12	3	.	.	.	.
Heinrich	Peters		8	2	.	24	2	40
~~Realgemeinde~~			~~4~~	~~1~~	.	.	.	.
		Zusammen:	768	192	.	776	77	60

Jm Auftrage:

[illegible signature]

Einziehung der Beitragsgebühren vom 4. September 1949

Forstverband Jesteburg. Lüllau, den 24.7.1954.

R e c h n u n g

für Herrn H. Maack, Gastwirt. J e s t e b u r g ,
vom Forstverband Jesteburg.

Aufmaßgebühren : Lieferung an

J. Gerken, Lauenbrück.	v. 15.6.53	28,50 DM
Gebr. Cloos,Lüneburg.	v. 30.7.53	16,68 "
ders.	v. 16.9.53	12,23 "
Luchnik,Hamburg.	v. 9.10.53	16,65 "
ders.	v. 22.10.53	9,20 "
H. Voss, Jesteburg.	v. 29. 1.54	6,48 "
H. Aldag, "	v. 29. 1.54	8,70 "
H. Voss, Jesteburg.	v. 2.2.54	14,32 "
Westholz,Munster-Lager.	v. 30.5.54	8,32 "
	Sa. :	121,08 DM

104,40 DM bez. 27.7.54.

Rechnung an H. Maack, Jesteburg, über Aufmaßgebühren vom 24. Juli 1954

Gebrüder Cloos, Kommanditgesellschaft, Duisburg-Ruhrort

GRUBENHOLZBETRIEBE, SÄGE- UND HOBELWERK
(FRÜHER WETZLAR)
GEGRÜNDET 1851

An den
Forstverband Jesteburg e.V.
(24a) Lüllau üb.Buchholz
Krs.Harburg

Drahtanschrift: Holzcloos-Duisburgruhrort
Fernruf: Duisburg 4 37 42/44
Fernschreiber Nr. ~~0862730~~
Konten: 0855 730
Rheinisch-Westfälische Bank AG., Filiale Ruhrort
Postscheck: Essen Nr. 52177

DUISBURG-RUHRORT
Landwehrstraße 18 - Postfach 55

Ihre Abtlg. u. Zeichen	Ihr Schreiben vom	Unsere Abteilung	
		4-P.	28.April 1955

Wir überwiesen heute auf Ihr Konto bei der Spar- und Darlehnskasse Jesteburg

DM 203,94

betr. Aufmassgeb.f.25,27 fm Kie. v.Herm.Westermann, Vaensen	DM	12,65
2% Vermittlungsgeb.v.DM 1.500,07	"	30,--
Aufmassgeb.f.34,72 fm Kie. v.Rudolf Kruse,Buensen	"	17,40
2% Vermittlungsgeb.v.DM 2.025,36	"	40,51
Aufmassgeb.f.64,46 fm Kie. v.Heinz Maack,Jesteburg	"	32,25
2% Vermittlungsgeb.v.DM 3.556,50	"	71,13
	DM	203,94

Überweisung der Aufmaßgebühren von Fa. Gebr. Cloos vom 28. April 1955

Vermittlungsentgelte in die Forstverbandskasse. Für die Bearbeitung von Anträgen auf Gewährung einer Förderung forstwirtschaftlicher Maßnahmen aus Mitteln des GRÜNEN PLANES bzw. des Gesetzes zur VERBESSERUNG DER AGRARWIRTSCHAFT UND DES KÜSTENSCHUTZES, PROLAND und heute ELER (Europäischer Landwirtschaftsfond für die Entwicklung des ländlichen Raumes) in Verbindung mit den jeweiligen Förderrichtlinien des Bundes und der Länder wird seitens der Landwirtschaftskammer und des forstwirtschaftlichen Zusammenschlusses ein Entgelt erhoben. Unter die geförderten forstwirtschaftlichen Maßnahmen fallen: Erstaufforstung, Wiederaufforstung, Umbau von Waldbeständen, Forstschutz, Wegebau, Jungbestandspflege, Waldkalkung, Kompensationskalkung u.a.m.

Außer der Förderung forstwirtschaftlicher Maßnahmen des Einzelwaldbesitzers durch vorgenannte Programme kam es auch zur Zuschussgewährung an die Forstwirtschaftlichen Zusammenschlüsse (FwZ). Die Vermittlung bei Nebennutzungen wie Weihnachtsbäumen und Waldgrün spielten und spielen im hiesigen Forstverband eine untergeordnete Rolle. Weitere Möglichkeiten sind die Vermietung von Wohn- bzw. Lagerraum und Entgelt für das Einziehen der Waldbrand- und sonstiger Versicherungsbeiträge im Namen der Versicherungsgesellschaft. Machte der Flächenbeitrag in den 50er-Jahren noch einen Anteil von 25-30 % der Einnahmen aus, ist er heute auf 7-10 % gesunken. Die Einnahmen aus Aufmaß- und Vermittlungsentgelt, die heute gänzlich der Forstbetriebsgemeinschaft zukommen, machten im Haushaltsjahr 2011 ca. 40 % der Einnahmen aus. Dies zeigt uns aber sehr deutlich, wie stark die Einnahmeseite des FwZ von der jeweiligen Holzabsatzlage abhängig ist! Es erscheint mir aber sehr schwer, wenn nicht unmöglich, in Zeiten schwacher Konjunktur andere Arbeitsfelder aufzutun, um notwendige Einnahmen zu erzielen.

Förderten die Landkreise in den ersten Jahren nach Gründung der Forstverbände diese in Form von jährlichen Zuweisungen zum Haushalt bzw. Bau von Forsthäusern, unterblieb dies ab Mitte der 1960er-Jahre gänzlich. Lediglich nach der Sturmkatastrophe von November 1972 gewährte der Landkreis Harburg den 4 Forstverbänden in seinem Bereich einen Zuschuss von 100.000,00 DM zum Ankauf von 4 mobilen Sägewerken zur weiteren Verarbeitung des angefallenen Holzes, wovon nur 2 angeschafft wurden, die aber effektiver waren. Weiterhin erfolgte eine Zuschussgewährung bei der Kompensationskalkung der Wälder zwecks Abpufferung des Bodens gegen den Eintrag von Luftschadstoffen. Hierfür gebührt dem Landkreis Dank und Anerkennung!

Die nachfolgend abgedruckte ENTGELTORDNUNG der FBG FV Jesteburg vermittelt einen klaren Eindruck über die Möglichkeiten der Einnahmen.

Bei Betrachtung der geschichtlichen Entwicklung der Forstwirtschaftlichen Zusammenschlüsse stellt man fest, dass die Finanzierung schon immer im Argen lag. Im Laufe der Zeit, zuletzt durch Änderung des Bundeswaldgesetzes, wurde eine gesetzlich fundierte finanzielle Förderung der Forstwirtschaftlichen Zusammenschlüsse umgesetzt. Ziel ist es jedoch, dass die FwZ durch Flächenvergrößerung, ggf. Fusion mit benachbarten Forst-

Forstbetriebsgemeinschaft
Forstverband Jesteburg
- Geschäftsstelle -

Hindenburgweg 8
OT. Holm-Seppensen
21244 Buchholz i.d.N.

ENTGELTORDNUNG

Stand: **März 2011**

1.) BEITRAG:

1.1 Grundbeitrag:	25,50 € / Mitglied
1.2 Jahresmitgliederbeitrag:	3,10 € / ha
1.3 Mindestbeitrag:	15,50 € / Jahr

2.) VERSICHERUNGEN:

2.1 Waldbrandversicherung:	1,34 € / ha / Jahr (inkl. Vers.-Steuer)
2.2 Wald-Sturmversicherung:	3,05 € / ha / Jahr (inkl. Vers.-Steuer)
2.3 Waldbesitzer-Haftpflichtversicherung:	1,00 € / ha / Jahr (inkl. Vers.-Steuer)

3.) HOLZBEREITSTELLUNG:

3.1 Aufmassentgelt	0,55 € / rm	Industrie-Energieholz
	1,05 € / rm	Abschnitte (ABS) / Pfähle
	2,55 € / fm	Abschnitte, 3-6m lg
	2,55 € / fm	Laub- u. Nadellangholz
	10,00 € / fm	Laub- u. Nadelwertholz
3.2 Vermittlungsentgelt	5 %	der Nettokaufsumme
3.3 Gemeinkosten FwV Nordheide-Harburg gem. Entgeltordnung	0,35 € / rm 0,51 € / fm	(0,10 € / Srm)

Die Holzbereitstellungsentgelte sind vom Waldbesitzer als Verkäufer zu tragen.
Bei HOLZVERKAUF AUF DEM STOCK sind die o.g. Entgelte (3.1, 3.2 und 3.3) vom Käufer zu tragen.

3.4 Holzsammelscheine für (Brennholzselbstwerber)	10,00 €

4.) VERMITTLUNGSENTGELTE:

4.1 Forstpflanzen die für Fördermaßnahmen durch Angebotseinholung vermittelt werden	10 %	der Nettokaufsumme (zahlt der Käufer)
4.2 Forstpflanzen (sofern nicht 4.1)	20 %	der Nettokaufsumme (zahlt der Verkäufer)
4.3 Sonstiges (Weihnachtsbäume, Schnittgrün)	10 %	der Nettokaufsumme

5.) BEARBEITUNGSENTGELT für Anträge aller Art — 5 % der Beihilfe / Vertragssumme

6.) SPEZIELLE BERATUNG und gutachtliche Tätigkeit, soweit sie nicht in den direkten Aufgabenbereich der LWK gehört — 75,00 € / Std.

7.) FAHRTKOSTENERSTATTUNG

7.1 Pkw	0,30 € / km

8.) LEIHENTGELTE

8.1 Greifzug	6,00 € / Std.
8.2 Motorfreischneider	6,00 € / Std.
8.3 Motorrückenspritze	6,00 € / Std.

9.) ENTGELT FÜR WALDKAT-DATEN

9.1 Kartenauszüge / Bestandesdaten	8,00 € / ha (16,00 € / ha Nichtmitglieder)

Auf alle Beträge/Entgelte kommt die jeweils gesetzliche MwSt.

Entgeltordnung – Stand: März 2011

betriebsgemeinschaften, ab dem Jahre 2016 in die Lage versetzt werden, ihren Haushalt selbst auszugleichen. Da aber die staatliche Förderung gem. § 41 Bundeswaldgesetz vom 02.05.1975 im „Tausch" gegen das Waldbetretungsrecht im Privatwald „erkauft" wurde, erscheint mir ein Wegfall der Förderung als sehr fragwürdig.

9. Leiter des Forstamtes Stade/Nordheide-Küste/ Nordheide-Heidmark

Die seit 1919 bestehende Abt. Privatforst, später Forstabteilung der Landwirtschaftskammer Hannover, konnte mit ihrem geringen Personalstand eine intensive forstliche Beratung und Betreuung der forstlichen Zusammenschlüsse nicht gewährleisten. Es wurde somit erforderlich, der Forstabteilung einen handlungsfähigen Unterbau zu verschaffen. Der Verband Hannoverscher Waldbauvereine und die Landwirtschaftskammer Hannover schlossen ein Abkommen, wonach die LWK Hannover ihre Forstabteilung den Waldbauvereinen hinsichtlich Beratung und Betreuung zur Verfügung stellte. Zu diesem Zweck wurden in der Zeit von 1920-1925 die ersten 5 Forstämter eingerichtet. Das für unser Gebiet zuständige Forstamt Stade wurde 1920 gegründet. Sein erster Leiter war Oberförster, später Forstmeister Otto LÜDECKE, der sich insbesondere durch die Aufforstung der STELLHEIDE im Bereich Hollenstedt in den Jahren von 1930-42 verdient gemacht hat.

Forstmeister Otto Lüdecke

Nachfolger von FM Lüdecke wurde im Jahre 1948 Forstmeister Waldemar HAMANN, dessen großes Verdienst es war, sich mit Nachdruck und Erfolg für die Gründung von Forstverbänden einzusetzen. Seinem schriftlichen Aufruf von 1948 folgend, gründeten sich damals fast alle heute im Bereich des Forstamtes Stade bestehenden Forstverbände.

Im Jahre 1950 tauschte dann FM Waldemar Hamann seinen Dienstposten mit FM Kurt Jaeger und ließ sich als Forstamtsleiter zum Forstamt Uelzen versetzen. Dafür wurde als neuer Leiter des Forstamtes Stade Forstmeister Kurt JAEGER – geboren am 20.04.1903 – von Uelzen nach Stade versetzt, wo er vorerst als Einzelkämpfer im Forstamtsbereich tätig war. Forstmeister Jaeger – zuletzt Oberforstmeister – kümmerte sich fürsorglich um seine Mitarbeiter und die Verbandsförster im Außendienst. So schrieb er im Jahre 1955 in einem Brief an den Vorsitzenden August Henk in Lüllau, dass Herr und Frau Auerbach doch möglichst nicht sofort das neuerbaute Forsthaus in Holm-Seppensen beziehen sollten, da die Feuchtigkeit noch nicht aus den Wänden gewichen wäre und so gesundheitliche Schäden zu befürchten seien! So etwas nenne ich Fürsorgepflicht – vielleicht nachahmenswert für den Dienstherrn der Bezirksförster in heutiger Zeit!!

Forstamt der Lwk. Hannover

Stade, den 30. Juni 1958
Hospitalstr. 1
Fernruf: 30 09

An die
Herren Forstbeamten

Betr.: Betriebsausflug am Freitag, den 4. Juli 1958

Auf unser Schreiben vom 21. ds. Mts. wird Bezug genommen. Im Folgenden der

Tagesablauf

9.30 - 10.00 Uhr	Eintreffen in Bendestorf bei Gastwirt Kurth
10.00 - 12.00 Uhr	Spaziergang der Damen unter Führung von Frau Auerbach nach den Fischteichen im schönen Revier von Hermann Kröger, Lohhof
13.00 - 15.00 Uhr	Gemeinsames Mittagessen im Gasthaus E. Kurth (Gedeck 5,00 DM) und Erholung in den Anlagen
15.00 - 18.00 Uhr	Gemütliches Beisammensein mit Tanz im reservierten Saal in der Konditorei E. Kurth, (auch kl. Spaziergang im Luftkur- u. Filmort Bendestorf).

Anfahrt erfolgt durch Pkw.
Bendestorf ist am besten zu erreichen von der Bundesstrasse 3 am sog. Trelder Berg auf die Strasse Bremen - Hamburg in Richtung Hamburg (Vorsicht, belebte Kreuzung!) bis Steinbeck, dort rechts nach Buchholz abbiegen, weiter über Lüllau nach Jesteburg. Von hier Richtung Harburg bis zur nächsten Strasse links nach Bendestorf im freien Gelände (sh. Wegweiser)!

Wer keinen Pkw. zur Verfügung hat, bitten wir, sich beim Forstamt **telefonisch** zu melden, damit wir für Mitnahme sorgen können.

Haeger

Einladung zum Betriebsausflug der Förster mit Ehefrauen vom 30. Juni 1958

Oberforstmeister Kurt Jaeger

Erst nach Beziehen der Räumlichkeiten in der Harburger Straße 1 in Stade wurden Herr Hannes BRUNSWIG als Büroleiter (kein Forstmann) und Frau Ingeborg KLEEN (1957) von der LWK Hannover als Büroangestellte eingestellt. Später kam noch Frau Traute KALKOWSKI dazu.

Wegen der Weitläufigkeit und waldbaulichen Vielfalt des Forstamtes Stade, bei Kleinstruktur des Waldbesitzes sowie gesundheitlichen Problemen von Oberforstmeister Jaeger, versetzte die LWK Hannover 1965 den FAss. Hans-Joachim MANN – geboren am 20.10.1922 – als Assistent an das Forstamt Stade. FAss. Mann war der Sohn des von 1942-1957 als Abteilungsleiter PRIVATWALD, zuerst bei der Landesbauernschaft und später bei der LWK Hannover, tätige Landforstmeister Richard MANN. Das große Verdienst von FAss., später FM H.-J. Mann ist es, dass er für die Verbandsförster und Angestellten bei den Forstverbänden rechtswirksame Anstellungsverträge und Besoldung in Anlehnung an den BAT erarbeitete und für Forstverbände und Angestellte als verbindlich erklären ließ. Nachfolger von Hannes Brunswig als Büroleiter wurde Bezirksförster Manfred DREWS, der als Bzf.z.A. (zur Anstellung) bereits im Forstamt Stade tätig war. Manfred Drews hatte in der ehemaligen DDR Forstwirtschaft studiert, war als Forstingenieur dort tätig gewesen und ist später mit seiner Frau in die Bundesrepublik Deutschland geflüchtet. Bei der FBG Forstverband Hollenstedt war der Bezirksförster der Landwirtschaftskammer Hannover, Horst GEHRMANN, als Leiter tätig. Als Kollege Gehrmann erkrankte und keinen Außendienst mehr ausüben konnte, versetzte ihn die Landwirtschaftskammer Hannover als Büroleiter an das Forstamt Stade; Kollege Manfred Drews, zwischenzeitlich zum Oberförster befördert, wurde als Bezirksförster nach Rohrsen im Kreise Nienburg/W. versetzt. OFM Kurt Jaeger wurde zum 20.04.1968 we-

Die gute Seele des Forstamtsbüros: Ingeborg Kleen

gen Erreichen der Altersgrenze in den Ruhestand versetzt. FAss. Mann leitete vorübergehend kommissarisch das FoA. Stade, bis mit Wirkung vom 1. Juni 1969 Forstmeister Horst LUBISCH – geboren am 12.07.1927 – von der Forstabteilung der LWK Hannover als Leiter an das FoA. Stade versetzt wurde.

Oberforstmeister Horst Lubisch

Herr FM Lubisch leitete mit viel Engagement „sein" Forstamt und fand mit den Kollegen vor Ort die große Herausforderung in der Bewältigung der Sturmschadenskatastrophe vom November 1972 mit einem Sturmholzanfall von ca. 17 Mill. fm in Niedersachsen sowie die anschließende Wiederaufforstung der Schadensflächen, einhergehend mit einer Flut von Beihilfeanträgen.

Oberforstmeister Horst Lubisch sprach gerne von der jährlichen „Novemberschlacht". Zu diesem Zeitpunkt mussten die neu begründeten Kulturen auf den ehemaligen Windwurfflächen vom Forstamt abgenommen und die Nachweise bei der Forstabteilung der LWK Hannover zwecks Auszahlung rechtzeitig vorliegen. Nur so war gewährleistet, dass die Förderungsbeträge noch in dem Jahr zur Auszahlung kamen.

Büroleiter Forstamtmann Peter Strohauer

Zwischenzeitlich war der Büroleiter Horst Gehrmann in Pension gegangen. Kollege Peter STROHAUER, der im Forstamt Wittingen bei Oberforstmeister Gerd Bosse bisher als z.b.V.-Beamter (zur besonderen Verwendung) tätig war, wurde 1971 an das Forstamt Stade versetzt und mit der Büroleitung beauftragt. Peter Strohauer hatte ebenfalls in der ehemaligen DDR Forstwirtschaft studiert, war als Forstingenieur in einem staatlichen ForstDer aus einer Forstfamilie stammende Ur-Mecklenburger kam mit dem System des realen Sozialismus nicht klar und flüchtete mit seiner Frau in die Bundesrepublik. Bei ihm wurde – im Gegensatz zu vielen anderen Kollegen aus der ehemaligen DDR – die Ausbildung zum Forstingenieur nur als 1. Forstliche Fachprüfung anerkannt. Er leistete die Hilfsförsterzeit mit der 2. Forstlichen Fachprüfung in

Bayern ab. Wir verstanden uns sehr gut und wurden bald enge Freunde. Leider wollte die Landwirtschaftskammer Hannover ihn nicht zum Forstamtsrat befördern, obwohl er ein überdurchschnittlich engagierter Büroleiter war. So entschied sich Peter Strohauer für einen Wechsel, zog mit seiner Frau und Sohn nach Heide (Holstein) und trat in den Dienst der Staatsforstverwaltung Schleswig-Holstein ein. Dort wurde er zum Forstamtsrat befördert und ging in seiner neuen Tätigkeit auf. Leider verstarb er nach einer schweren Erkrankung viel zu früh in seinem neuen Zuhause in Heide.

Die nach dem Ausscheiden von Peter Strohauer unbesetzte Planstelle des Büroleiters im Forstamt Stade wurde aushilfsweise von dem pensionierten staatlichen Kollegen Schnaars aus Elm besetzt. Forstinspektor Reinhard VAGTS, der seinen Vorbereitungsdienst bei der FBG FV Jesteburg abgeleistet hatte, wurde dann zum 1. September 1980 die Planstelle der Büroleitung im Forstamt Stade übertragen. Er wurde jedoch kurzfristig an das Forstamt Nienburg abgeordnet, da dort Hilfe benötigt wurde. Mit Wirkung vom 1. Juli 1981 hat er dann die Dienstgeschäfte in Stade wahrgenommen und sich mit viel Engagement den vielfältigen Aufgaben als Büroleiter eines stark strukturierten Forstamtes erfolgreich gestellt. Sein ruhiges, besonnenes und loyales Auftreten fand Anerkennung bei Vorgesetzten, Kollegen und Waldbesitzern.

Neben seiner Tätigkeit als Büroleiter war die Abwicklung aller forstlichen Fördermaßnahmen ein zusätzliches Arbeitsfeld für ihn. Bei der Abnahme von Förderflächen kam er mit den Kollegen im Außendienst in näheren Kontakt und tauschte dabei die Büroluft mit der frischen Waldluft. Seinem Wunsch, sich der forstlichen Förderung gänzlich zu widmen, entsprach die Landwirtschaftskammer und übertrug ihm diese Aufgabe. Vorerst blieb er in dieser Dienststellung dem Forstamt zugehörig, bis ein separates Förderreferat unter der Leitung von Forstdirektor Stefan Pieper in Hannover eingerichtet wurde. Seinen Dienst als Sachbearbeiter für Förderangelegenheiten übte er jedoch weiterhin von Bremervörde aus.

Forstdirektor Jochen Bartlau

Zum 1. Juli 2012 schied Forstamtsrat Reinhard Vagts vorzeitig aus dem aktiven Dienst bei der Landwirtschaftskammer Niedersachsen aus, um bis zu seinem 65. Lebensjahr an der passiven Altersteilzeit teilzunehmen. Nachfolger von Reinhard Vagts als Büroleiter wurde im Jahre 2005 Forstamtmann Rüdiger Hagedorn, der vom ehemaligen LWK-Forstamt Rotenburg an das LWK-Forstamt Nordheide-Harburg in Bremervörde versetzt wurde.

Nach dem vorzeitigen Ausscheiden von Herrn Hagedorn, übernahm am 1. Januar 2008 Forstamtmann Dirk Israel aus Bremervörde die Büroleiterstelle. Zum 1. Juli 2012 wechselte Herr Israel in die Funktion als antragannehmende Regionalstelle in Bremervörde für die Landkreise Bremervörde, Osterholz, Stade, Cuxhaven und Rotenburg/W. Hierbei ist er Erstprüfer nach den Forstförderrichtlinien der Bewilligungsbehörde der Landwirtschaftskammer Niedersachsen.

Forstamtsrat Reinhard Vagts

Seit dem 1. Dezember 2012 wurde Forstoberinspektor Simon Heins aus Anderlingen mit Wahrnehmung der Büroleitung des LWK-Forstamtes Nordheide-Heidmark in Bremervörde beauftragt. Mit Wirkung ab Januar 2003 wurde Forstoberinspektor Karsten Thomsen an das LWK-Forstamt Nordheide-Harburg in Bremervörde versetzt, um hier die Funktion als Träger öffentlicher Belange auszuüben.

In die aktive Dienstzeit von OFM Lubisch fiel die Umbenennung der Forstverbände e.V. in Forstbetriebsgemeinschaften als wirtschaftlicher Verein gem. § 16 im Sinne des Gesetzes zur Erhaltung des Waldes und zur Förderung der Forstwirtschaft, Bundeswaldgesetz vom 02.05.1975, BGBl.I S. 1.037 in der zurzeit gültigen Fassung. Hierbei war seine fachliche und sachliche Darstellung und Überzeugungskraft anlässlich der Vorstands-

Verabschiedung von Ingeborg Kleen, v.l.: OFM a.D. K. Jaeger – Ingeborg Kleen – FM H. Lubisch

Monika Bartels. Was wäre das Forstamtsbüro ohne sie gewesen?

bzw. Generalversammlungen gefragt, und es nahm viel Zeit in Anspruch. Nach 23-jähriger Tätigkeit wurde OFM Horst Lubisch zum 31. Mai 1992 von der LWK Hannover in den wohlverdienten Ruhestand versetzt, den er seitdem in seinem schön gelegenen Heim in den Auen in Stade genießt.

Vermutlich, um Finanzmittel einzusparen, ließ die LWK Hannover die Stelle des Forstamtsleiters für ein halbes Jahr unbesetzt. Dann versetzte sie Herrn Forstoberrat Jochen BARTLAU – geboren am 01.09.1956 – mit Wirkung ab 01.11.1992 von der Forstabteilung der LWK Hannover an das Forstamt STADE in Stade und beauftragte ihn mit der Forstamtsleitung.

Tatkräftige Unterstützung fand er im Büroleiter FOI Reinhard Vagts und Frau Ingeborg Kleen. Da Frau Ingeborg Kleen als überaus tüchtige Büroangestellte mit Erreichen der Altersgrenze in den Ruhestand ging, stellte die Landwirtschaftskammer Hannover mit Wirkung ab dem 1. Juni 1985 Frau Monika BARTELS als neue Büroangestellte ein.

Im Rahmen ihrer Tätigkeit zeigte Frau Bartels einen unermüdlichen Schaffensdrang und war in ihrer freundlich- fürsorglichen Art immer für jeden da, auch wenn ihre Gesundheit des Öfteren ihr dies nicht leicht machte. Mit Wirkung ab 31.07.2007 beendete sie dann ihre aktive Dienstzeit und trat in die Freistellungsphase/Altersteilzeit bis 31.07.2010. Nach dem Ausscheiden von Frau Monika Bartels übernahm Frau Verena Wagener aus Alfstedt vorübergehend die Planstelle der Büroangestellten. Nachfolgerin wurde Frau Nicola Kerst aus Kutenholz, die vorerst einmal wöchentlich im Forstamtsbüro tätig war; ab März 2012 wurde ihr die Planstelle gänzlich übertragen.

In die Dienstzeit von Herrn Bartlau als Forstamtsleiter fallen mehr oder weniger große Umwälzungen im Bereich der Privatwaldbetreuung. Zum einen wurde das Forstamt von Stade nach Bremervörde ins „Grüne Zentrum“ der Bezirksstelle Bremervörde der Landwirtschaftskammer Hannover verlegt. Zum anderen gab es zunächst die Namensänderung in Forstamt NORDHEIDE-KÜSTE und zuletzt in Forstamt NORDHEIDE-HEIDMARK der Landwirtschaftskammer Niedersachsen mit Sitz in Bremervörde, nachdem die Landwirtschaftskammer Hannover mit der Landwirtschaftskammer Weser-Ems im Jahre 2004 zusammengelegt worden war. Mit der Namensänderung war aber auch die Vergrößerung der Forstamtsfläche verbunden, da benachbarte Forstämter im Rahmen der Verwaltungsreform im Kammerbereich aufgelöst wurden. Letztendlich blie-

Das Forstamts-Team in voller Besetzung
v.l.: Nicola Kerst, FA Dirk Israel, FOI Karsten Thomsen, FOI Simon Heins

ben heute nur noch 5 Forstämter bei der Landwirtschaftskammer Niedersachsen übrig. Die Ausdehnung entspricht mit ihren 11.356 qkm ca. 23 % der Fläche Niedersachsens. Das Bewaldungsprozent schwankt zwischen 8 % an der Küste und bis zu 43 % im Heidekreis – zum Vergleich: Der Waldanteil in Niedersachsen beträgt 24,3 %, in Deutschland 31 %. Das Forstamt Nordheide-Heidmark der Landwirtschaftskammer Niedersachsen mit Sitz in Bremervörde ist mit 28 Bezirksförstereien der kompetente Ansprechpartner für ca. 11.430 Waldbesitzer/innen mit insgesamt rd. 161.000 ha Privat- und Körperschaftswald in den Landkreisen Cuxhaven, Nienburg, Osterholz, Rotenburg/W., Heidmark, Stade, Harburg, Verden, Lüneburg (teilw.) sowie einem nördlichen Teilbereich der Region Hannover. Etwa 8.230 Waldbesitzer/innen mit rd. 108.300 ha Wald sind in 16 Forstbetriebsgemeinschaften (davon eine mit eigenem Forstfachpersonal) und einem Forstbetriebsverband organisiert. In Bad Fallingbostel wurde im Gebäude des ehemaligen Forstamtes Heidmark eine Geschäftsstelle für den dortigen Bereich eingerichtet, die von FOR Thomas AHRENHOLZ geleitet wird. Über eigene Holzvermarktungsorganisationen – zwei Forstwirtschaftliche Vereinigungen sowie drei weitere, übergeordnete Forstbetriebsgemeinschaften und GmbHs – wurden in den vergangenen Jahren im Mittel 400.000 Festmeter Holz pro Jahr vermarktet.

Sechzehn der siebzehn im Forstamtsbereich vorhandenen FBGn haben einen Beratungsvertrag mit der Landwirtschaftskammer Niedersachsen abgeschlossen. Danach übernimmt die Landwirtschaftskammer im Auftrag der Forstbetriebsgemeinschaft für deren Mitglieder die Wirtschaftsberatung und Wirtschaftsbetreuung. Mit der Durchführung ist das Forstamt Nordheide-Heidmark beauftragt; für die Beratung und Mithilfe bei anstehenden forstlichen Maßnahmen werden zwischen 0,5 und 5 Bezirksförster/innen je FBG eingesetzt.

Gleichzeitig stand eine forstpolitische Forderung im Raum, nämlich die Bildung von Forstwirtschaftlichen Zusammenschlüssen im größeren Rahmen, um den Konzentrationen auf der Holzabnehmerseite entgegentreten zu können. Nach einigen Anlaufschwierigkeiten gründeten die vier im Landkreis Harburg ansässigen Forstbetriebsgemeinschaften Egestorf-Hanstedt, Hollenstedt, Jesteburg und Salzhausen im Jahre 1991 gemäß § 38 BWaldG die Forstwirtschaftliche Vereinigung Nordheide-Harburg mit Sitz in Undeloh. Zum Geschäftsführer wurde der Vorsitzende der FBG Egestorf-Hanstedt, Herr Norbert Leben aus Schätzendorf, gewählt. Forstwirtschaftliche Vereinigungen dürfen gem. § 37 Abs. 2 nur folgende Maßnahmen zur Aufgabe haben:

1. Unterrichtung und Beratung der Mitglieder sowie Beteiligung an der forstlichen Rahmenplanung;
2. Koordinierung des Absatzes;
3. Marktgerechte Aufbereitung und Lagerung der Erzeugnisse;
4. Beschaffung und Einsatz von Maschinen und Geräten.

Ein VERKAUF der Erzeugnisse – z.B. Holz – gehörte somit nicht zu den Aufgaben einer Forstwirtschaftlichen Vereinigung, lediglich die KOORDINIERUNG. Doch gerade hiermit sollte ein Gegengewicht zur Konzentrierung auf der Abnehmerseite gesetzt werden. Als eine gangbare Möglichkeit kristallisierte sich die zusätzliche Gründung einer GmbH heraus, um auch das finanzielle Risiko für Vorstand und Geschäftsführung abzusichern. Als Stammkapital zahlte jede der 4 FBGn eine Einlage von 12.500 Euro ein, sodass im Jahre 1999 die NFS Nordheide Forst Service GmbH gegründet wurde.

Der Großteil der FBGn hat sich somit in den vergangenen Jahren zu leistungsstarken Vermarktungsorganisationen zusammengeschlossen, über die u.a. im Jahr rd. 570.000 Festmeter Holz vermarktet werden. Während im westlich gelegenen Wuchsbezirk „Wesermünder Geest" atlantisches Klima mit hoher Luftfeuchtigkeit vorherrscht, markiert der Wuchsbezirk „Hohe Heide" sowie der angrenzende Bereich des Wuchsbezirkes „Ostheide" den Übergangsbereich zu dem subkontinental beeinflussten Klima in den ostwärts gelegenen Bezirken. Die jährliche Niederschlagsmenge beträgt 650-760 mm; schädigende Spätfröste treten bis in den Juni auf. Von den östlichen Heidebereichen bis zur Küste sind alle standörtlichen Verhältnisse vorhanden. Die altdiluvialen Bodenbildungen umfassen das gesamte Spektrum vom armen Flugsand bis zum Geschiebelehm in den Geestbereichen sowie Lehm- und Tonböden in den See- und Flussmarschen. Zudem finden sich umfangreiche Moorgebiete (extremes Hochmoor bis Niedermoor) in Geest und Marsch. Für Teilbereiche des Forstamtes liegt eine flächendeckende Standortkartierung vor, so unter anderem auch für die FBG Forstverband Jesteburg. Die Auswertung der von den hiesigen Forstwirtschaftlichen Zusammenschlüssen durchgeführten Waldinventuren/Forsteinrichtungen ergibt einen:

Vorrat von	150	EFm/ha
Zuwachs von	7,3	EFm/ha/Jahr
Nutzungssatz von	3,7	EFm/ha/Jahr

Die Baumartenverteilung im Forstamtsbereich ergibt:

Eiche	7 %
Buche	3 %
Alh	1 %
Aln	20 %
Fichte	19 %
Douglasie	2 %
Kiefer	44 %
Lärche	4 %

Überaus tüchtiges und engagiertes Forstpersonal in der Fläche erleichtert dem Forstamtsleiter seine Aufgabe. Die enormen Entfernungen in diesem „Riesenforstamt", die bei Wind und Wetter zurückzulegen sind, sind bei der Zeitplanung zu berücksichtigen. Die Teilnahme an Generalversammlungen, Aufsichtsrats- bzw. Vorstandssitzungen nimmt viel Zeit in Anspruch und lässt ein Arbeiten am forstlichen Objekt kaum noch zu. Meines Erachtens nach lässt hier wieder einmal die Fürsorgepflicht des Dienstherrn sehr zu wünschen übrig!

Denen, die meinen, dass im Forstbereich alles immer größer und schneller und damit angeblich besser werden muss, will ich zwei Dinge sagen:

1. „Seien wir nicht einer jener atemlos forthastenden Geldläufer, denen Silberklang Alarm bedeutet. Bald bis Du fünfzig. Noch jung. Aber, wenn Du am Morgen aufwachst, bedenke – schon fünfzig! Und so selten im Walde gewesen! Und so wenig Gutes getan!
2. Es ist ein ernster Fehler unserer Zeit, dass wir nur noch Dinge für den Tag leisten; überall heißt es: rasch, rasch! Das Oberflächliche und Flüchtige wird so zur Gewohnheit, während doch das Wertvolle mühsam errungen sein will. Wir müssen unbedingt wieder große Aufgaben von dauerndem Wert angreifen."

10. Forstliche Ausbildung – BGJagrar LBG-N-B, Forstwirte, Zwischenprüfung, Forstunterricht an den Berufsbildenden Schulen Buchholz, Schulpraktikanten, Forstpraktikanten, Forstinspektoranwärter

Die Zusammenarbeit und Förderung junger Menschen, die sich für die Natur und Umwelt besonders interessierten und deren Berufswunsch sich in den sog. „Grünen Berufen" bewegte, war mir schon frühzeitig ein Anliegen. Als dann nach Aufarbeitung und Verkauf des Windwurfholzes vom Sturm November 1972 etwas Ruhe eintrat, fiel der Entschluss zur Ausbildung von jungen Leuten zum FORSTWIRT bzw. der vorhergehenden wöchentlichen Praxistage im BGJ Agrar-Berufsschulunterricht. Doch zuvor hieß es, selbst noch einmal die Schulbank zu drücken und die Ausbildereignungsprüfung im Bereich Berufs- und Arbeitspädagogik abzulegen. Nach einem halbjährigen BAP-Fernlehrgang mit der Waldarbeitsschule in Bad Segeberg, heute Lehranstalt für Forstwirtschaft, erfolgte ein einwöchiger Intensivkurs, dessen Abschlussprüfung von mir erfolgreich absolviert wurde. Zwischenzeitlich war die Forstbetriebsgemeinschaft als Ausbildungsbetrieb von der Landwirtschaftskammer Hannover anerkannt worden. Wir erwarteten die ersten Bewerbungen, die dann schneller und zahlreicher kamen als erwartet. Für mich galt: „Lehrlinge (Auszubildende) sind Lernende und keine billigen Arbeitskräfte!" Einsatzbereitschaft und Interesse wurden den jungen Leuten kompromisslos abverlangt, ein „Null Bock auf nichts" stand außer Frage. War die Vergütung bei den Auszubildenden zum Forstwirt klar tariflich geregelt, erhielten die Forstpraktikanten eine monatliche Vergütung, die dem 1. Lehrjahr der vorgenannten entsprach, wohlwissend, dass bei der Landesforstverwaltung keine Vergütung erfolgte. In einer Welt, die leider in erster Linie materiellen Dingen nachläuft, ist es meines Erachtens nach falsch, hohe Einsatzbereitschaft zu verlangen, ohne dass diese finanziell honoriert wird! So übertrug sich unsere Freude an der Waldarbeit auch auf die uns anvertrauten jungen Mitarbeiter. Dies bezeugen die Ergebnisse bei den Zwischen- und Abschlussprüfungen, zählten sie doch immer mit zu den Besten des Jahrganges!

Die Zwischenprüfung im anerkannten Ausbildungsberuf FORSTWIRT erfolgte über viele Jahre im Bereich des Forstverbandes Jesteburg für alle Waldbesitzarten. Schon sehr früh haben wir den Kontakt zur Hannoverschen Landwirtschaftlichen Berufsgenossenschaft (HLBG)gesucht. Als erster Technischer Aufsichtsbeamter kam Alfred Nippert aus Barendorf zu uns, und gemeinsam haben wir die Ausrüstung und Arbeitsweise unserer ständigen Waldarbeiter und später auch der Forstunternehmer überprüft. Bei uneinsichtigen Forstunternehmern wie Fa. Siegfried Baden aus Schneverdingen bat ich Herrn Nippert, der meistens bedächtig-väterlich auftrat, doch die Androhung einer Geldstrafe (10.000.00 DM) auszusprechen, wenn die persönliche Schutzausrüstung nicht vorhanden ist und die Unfallverhütungsvorschriften nicht eingehalten werden – das half meistens. Die Ordnung und Sauberkeit in unserer Werkstatt und in dem sog. „Giftraum" in der

„S-O-S“ = Sauberkeit – Ordnung – Sicherheit

Werkhalle wurden jedes Mal von Herrn Nippert hervorgehoben. Seine Fotos, die er davon schoss, wurden überall zwecks Nachahmung gezeigt.

Abgelöst wurde Herr Nippert dann von Hartmut Dunbar aus Hittfeld, der hier Land und Leute kannte und ein begeisterter Reiter war. Er griff schon etwas stärker ein, wenn die persönliche Schutzausrüstung von den Waldarbeitern nicht getragen wurde. In dieser Zeit haben wir unsere Waldarbeiter und die Forstunternehmen zum Tragen der Schutzausrüstung begeistern können und sie davon überzeugt, dass sie damit „ihre Uniform“ tragen. Die „Uniform“ würde den Waldbesuchern ein positives Erscheinungsbild gegenüber ihrer bisherigen verschmutzten und verschlissenen Kleidung vermitteln. Als dritten, bis heute für unser Gebiet zuständigen Technischen Aufsichtsbeamten konnten wir Manfred Petersen aus Rotenburg/W. begrüßen. Herr Petersen gehörte der jüngeren Generation an, ging mit Schwung und Elan an die Arbeit, konnte die Kursteilnehmer schnell begeistern und zur Mitarbeit anregen. Der zweitägige arbeitstechnische Lehrgang für die Berufsschüler im Agrarbereich wurde in jedem Jahr gemeinsam von der Forstabteilung, der Berufsgenossenschaft und uns von der Forstbetriebsgemeinschaft gestaltet. Der theoretische Unterricht mit Filmvorführung über Arbeitsunfälle in der Land- und Forstwirtschaft und Besprechung der Waldarbeitsgerätschaften fand im Saal des Gasthaues ZUR ERHOLUNG in Holm statt. Das gemeinsame Mittagessen richtete die Forstbetriebsgemeinschaft aus. Den praktischen Teil haben wir uns geteilt. Ich machte mit der einen Hälfte der Teilnehmer einen forstlichen Waldbegang im Holmer Gutsrevier, während der Arbeitslehrer der LWK und Herr Petersen mit der anderen Hälfte der Schüler praktische Sägeübungen auf dem Gutshof Holm durchführten. Nachmittags wurde dann die richtige Arbeitsweise beim Fällen von Schwach- und Starkholz unter Einhaltung von Ergonomie und Unfallverhütung gezeigt.

Zwischenzeitlich fusionierte die Hannoversche Landwirtschaftliche Berufsgenossenschaft mit dem Land Bremen zur Landwirtschaftlichen Berufsgenossenschaft Niedersachsen-Bremen. Für Manfred Petersen wird der 14.03.2013 sein letzter Diensttag sein, den er sicherlich mit uns zusammen auf der Generalversammlung der FBG FV Jesteburg verbringen wird. Wir wünschen ihm für seinen Ruhestand alles Gute, vor allem eine bleibende Gesundheit!

Die Lehrgänge fanden großen Anklang, da viele der Schüler im heimischen Betrieb über Waldflächen verfügten oder in Betrieben mit Waldanteil ihre Ausbildung erhielten. Die Landwirtschaftliche Berufsgenossenschaft nimmt seit einiger Zeit nicht mehr an diesen Kursen teil, da sie einen eigenständigen Lehrgang an der DEULA-Schule in Echem abhält. Seitens der Forstabteilung der Landwirtschaftskammer Hannover begleiteten uns die Arbeitslehrer FA Hans Luckmann, FAR Otto-Eduard Weiß mit FWM Manfred Meyer, FAR Albrecht Meyer und heute FA Axel Hartge vom Geschäftsbereich Forstwirtschaft der Landwirtschaftskammer Niedersachsen. Der drastische Rückgang der Auszubildenden in den landwirtschaftlichen Berufen und der Wegfall des BGJ Agrar haben meinen Nachfolger FA Torben Homm veranlasst, heute nur noch einen eintägigen Lehrgang abzuhalten. Hierzu boten sich die Waldflächen des Landkreises Harburg und benachbarter Waldbesitzer, wie z.B. die von Christoph Ohm, Dr. Helmuth Heins, Gerhard Eickhoff u.a., sowie der Forstort AM BRUNSBERG in Sprötze für die Praxis an. Im Jugendferienheim am Brunsberg kann die theoretische Schulung abgehalten und das Mittagessen eingenommen werden. Jeweils begleitet wurden diese arbeitstechnischen Waldbaulehrgänge von den Ausbildungsberater/innen der Kreisstelle Buchholz der Landwirtschaftskammer Niedersachsen, beginnend mit Herrn Karl Heinrich Meyer, es folgte Herr Werner Schröder, und heute Frau Cornelia von Kieckebusch.

AUSZUBILDENDE (Forstwirt)

Karsten Torkler	– Buchholz	1. Okt. 1981	–	30. Sept. 1984
Gerd Hoheisel	– Winsen/L.	1. Aug. 1981	–	31. Mai 1983
John-Markus Nitschke	– Berlin	1. Aug. 1982	–	31. Juli 1984
Carsten Komm	– Buchholz	1. Aug. 1983	–	31. Juli 1985
Rüdiger Prigge	– Wohlesbostel	1. Aug. 1983	–	31. Juli 1985
Michael Kaestner	– Harburg	1. Aug. 1984	–	31. Juli 1986
Stefan Koch	– Holm-Seppensen	1. Aug. 1984	–	27. Juli 1985
	(im Urlaub tödlich überfahren)			
Klaus von Bestenbostel	– Jesteburg	1. Aug. 1985	–	31. Dez. 1987
Sven Policke	– Klein-Wohnste	1. Aug. 1985	–	31. Juli 1987
Anton Müller	– Königsmoor	1. Aug. 1986	–	31. Juli 1988
Axel Hartge	– Northeim	1. Aug. 1986	–	31. Juli 1988
Hans-Peter Hollburg	– Hamburg	1. Aug. 1987	–	31. Juli 1989
Hans-Jürgen Röhrs	– Seppensen	1. Aug. 1987	–	31. Juli 1989
Arne Steiner	– Welle	1. Aug. 1992	–	31. Jan. 1993
	Ausbildung abgebrochen			

per Fax an FoA. Stade der LkH
23.10.96 Ga.

Landwirtschaftskammer Hannover
Kreisstelle im Landkreis Harburg
Parkstr. 29, 21244 Buchholz
Tel. 04181/9304-18 / Fax 9304-24

Buchholz, 18.10.96

Einladung

zum Forstlehrgang für landwirtschaftliche Auszubildende und Praktikanten

In Zusammenarbeit mit der Bezirksförsterei und Forstbetriebsgemeinschaft Jesteburg, der Forstabteilung der Landwirtschaftskammer und der landwirtschaftlichen Berufsgenossenschaft führen wir wiederum einen 2tägigen forstwirtschaftlichen Lehrgang für die Auszubildenden in der Landwirtschaft durch.
Ziel des Lehrganges ist es, den Teilnehmern waldbauliche Kenntnisse zu vermitteln, den Umgang mit den entsprechenden Werkzeugen und der Motorsäge nahezubringen sowie Maßnahmen zur Unfallverhütung eingehend zu erläutern.
Zweckmäßige und wetterfeste Arbeitskleidung ist mitzubringen; ebenfalls Schreibzeug für Notizen.
Die Veranstaltung beginnt am

Donnerstag, den 07. November um 9.00 Uhr
in der Gaststätte „Zur Erholung" in Holm (G. Lohmann, Tel. 04187/6150).

Programm

09.00 Uhr -	Begrüßung und Eröffnung
09.15 - 10.30 Uhr -	Fortwirtschaftl. Verhältnisse des Landkreises Harburg im Vergleich - Forstanteil, Holzartenverteilung usw.
10.30 - 12.00 Uhr -	Vorstellung von Arbeits- und Sicherheitsausrüstungen für die Bestandesbegründung, -pflege und Holzernte
12.00 - 13.00 Uhr -	**Mittagessen**
ab 13.00 Uhr -	Gruppe I - Praktische Unterweisung und Übungen mit der Motorsäge Gruppe II - Waldbegehung zur Aneignung waldbaulicher Kenntnisse
14.30 Uhr -	Gruppenwechsel
16.00 Uhr -	Ende des 1. Tages

Freitag, den 08. November 1996 um 9.00 Uhr

09.00 Uhr -	Treffpunkt Gaststätte „Zur Erholung", Holm Ergänzung und kurze Wiederholung vom Vortag über waldbauliche Kenntnisse (Bestandesbegründung, Holzartenwahl, Schutz und Pflege der Jungbestände, Durchforstungstechniken, Nutzungswert der verschiedenen Holzarten, evtl. praktische Bestandesbegründung)
10.30 Uhr -	Lichbildervortrag und Film der LBG: 1. Forstgerechtes, unfallsicheres Arbeiten im Bestand 2. Aktuelle Unfallereignisse in der Land- u. Forstwirtschaft 3. Film „Wunder Wald" etc.
12.00 Uhr -	**Mittagspause**
13.00 Uhr -	Gruppe I - Praktische Vorführung über forstgerechtes Fällen, Aufarbeiten und Rücken im Nadelholz Gruppe II - Waldbegehung zur Aneignung forstwirtschaftl. Kenntnisse
14.30 Uhr -	Gruppenwechsel
16.00 Uhr -	Ende der Veranstaltung

Mit freundlichen Grüßen

Schröder Ausbildungsberater

Einladung zum Lehrgang für landwirtschaftliche Auszubildende und Praktikanten

Arbeitstechnischer Lehrgang der Auszubildenden, v.l.: FA Uwe Gamradt (Bezfö.) – Hartmut Dunbar – Alfred Nippert (HLBG) – FA Hans Luckmann (LWK)

Ausbildung an der Motorsäge, 1981

Forsttechnischer Lehrgang unter Leitung von FWM Harald Bode und FA Gamradt

Ehemalige Forstpraktikanten und Forstinspektoranwärter anlässlich meiner Verabschiedung im Frühjahr 2006

Hatte ein junger Mensch den Wunsch, „FÖRSTER“ zu werden, reichte nicht mehr der Realschulabschluss; Hochschulabschluss oder Fachabitur, Fachrichtung Forstwirtschaft, sind erforderlich. Vorweg gehen sollte ein forstliches Praktikum von einem, später von 2-mal einem halben Jahr. Hieran schließt sich ein 6-semestriges Forststudium an einer Fachhochschule in der Fachrichtung Forstwirtschaft an. Für uns Norddeutsche kam in erster Linie die Hochschule für angewandte Wissenschaft und Kunst (HAWK) Hildesheim/Holzminden/Göttingen, Fakultät Ressourcenmanagement, infrage.

FORSTPRAKTIKANTEN

Manfred Loos	- Ramelsloh	1. Aug.1976	-	31. Jan. 1977
		1. Jan. 1980	-	30. Juni 1980
Günther von Bünau	- Ottermoor	1. Okt. 1977	-	30. Sept. 1978
Torsten Wismar	- Itzehoe	1. Okt. 1978	-	30. Juni 1980
Uwe Dickel	- Hittfeld	1. März 1978	-	30. Aug. 1978
Manfred Loos	- Ramelsloh	1. Jan. 1980	-	30. Juni 1980
Rüdiger Keul	- Stade	1. Juni 1981	-	31. Juli 1981
Rüdiger Prigge	- Wohlesbostel	1. Aug. 1981	-	28. Febr. 1982
Heinz Meier	- Mienenbüttel	1. Okt. 1981	-	28. Febr. 1982
Klaus Bartling	- Hamburg	1. Febr. 1982	-	31. Jan. 1983
Holger Pinnow	- Klecken	16. Sept. 1981	-	28. Febr. 1982
Caspar Kuhlmann	- Wörme	1. Jan. 1983	-	31. Okt. 1983
Birte Müller	- Klecken	1. April 1983	-	31. Mai 1983
Markus Deinert	- Seppensen	1. April 1985	-	30. Sept. 1985
Oliver Stein	- Bremen	1. Febr. 1985	-	31. Dez. 1986
Heinfried Menke	- Stade	1. Okt. 1985	-	30. Juni 1986
Jens Margull	- Tostedt	1. Nov. 1986	-	30. Juni 1988
Torben Homm	- Flensburg	1. Juni 1999	-	30. Sept. 1999

Diplomarbeiten, die bei der Forstbetriebsgemeinschaft Forstverband Jesteburg geschrieben wurden:

1983 Ditmar Langer – Jesteburg: Waldbewirtschaftung unter Erbringung von Erholungsleistungen in der Forstbetriebsgemeinschaft Forstverband Jesteburg.

1984 Jörg Rosumek – Bremervörde: Wander- und Informationswege für Behinderte im Wald.

1984/85 Heinz Meier – Mienenbüttel: Herrichtung einer Kiesabbaufläche im Landkreis Harburg.

1985 Birte Müller – Klecken: Untersuchungen zur Entwicklung natürlich verjüngter Douglasien bei langjähriger Beschirmung durch den Mutterbestand.

1987/88 Albrecht Meyer – Hermannsburg: Motormanuelle Schwachholzaufarbeitung.

1990 Torsten Thieleke – Buchholz i.d.N.: Vergleichende Untersuchungen der Fasermorphologie und der Darrdichte an 16-20-jähr. Pappelklonen der Sektionen Tacamahaca in verschiedenen Stammhöhen.

1991 Jürgen-Peter Hunger – Stade: Arten- und Biotopschutz im Lehrrevier der Landesjägerschaft Hamburg.

1993 Marc Studt – Hamburg: Die Bedeutung des Naturschutzes für die Bodennutzungsarten Forstwirtschaft und Jagd anhand von ausgewählten Beispielen.

1993/94 Carsten Komm – Buchholz i.d.N: Konzept zur Jugendnaturerziehung der Landesjägerschaft Hamburg.

1994 Ansgar Kurp – Ramelsloh: Untersuchung zur Höhe der mit der Entlohnung im Forstbetrieb verbundenen Kosten am Beispiel der Forstämter Reinhausen (Nds.) und Bad Karlshafen (Hess.)

1997 Ralf Buchmann – Harburg: Kartierung und Bewertung der Vorkommen hügelbauender Waldameisen im Gebiet Holm-Seppensen i.d.N. als Grundlage für die Auswahl von geeigneten Ersatzbiotopen im Fall künftiger Notumsiedlungen.

2004/05 Jörn Pöpke – Sittensen: Die geschichtliche, forstpolitische und wirtschaftliche Entwicklung der Privatwaldbetreuung im Bereich der FBG FV Jesteburg.

2004/05 Arne Holst – Höckel: Die Spätblühende Traubenkirsche – Wirtschaftsbaumart oder Unholz?

FA Hans Luckmann v.d. LWK Hannover beim Fachsimpeln mit Adolf Meyer-Peters, Helmstorf, im Hintergrund rechts Heiner Behr, Buchholz, links „Torten Heini“ (Heinrich Peters, Lüllau)

Unsere Waldbesitzer und Forstleute beim Lehrgang

FORSTINSPEKTOR-ANWÄRTER

Reinhard Vagts	– Deinste	1. Okt. 1979	–	30. Sept. 1980
Andreas Constien	– Uelzen	3. Mai 1982	–	31. Okt. 1982
Jörg Rosumek	– Bremervörde	1. Nov. 1986	–	31. Okt. 1987
Erich Knüppel	– Suhlendorf	1. Nov. 1987	–	31. Okt. 1988
Albrecht Meyer	– Hermannsburg	1. Okt. 1988	–	30. Sept. 1989
Heinfried Menke	– Stade	1. Nov. 1989	–	31. Okt. 1990
Torben Homm	– Flensburg	1. Nov. 2000	–	31. Okt. 2001

Hannoversche landwirtschaftliche Berufsgenossenschaft

\- Technischer Aufsichtsdienst -

3 Hannover, Elkartallee 25, Tel.: Durchwahl 0511/8073249
Vermittlung 0511/80731

Az.: U

F.B.G.
Forstverband Jesteburg
EINGEGANGEN
26. FEB. 1981
Beantw.:
Erl.:

S c h n e l l b r i e f

An: ☐ TAD/A ☐ E-Abschn. ☐ HlAK ☐ HlKK
☐ VB 1-2 ☐ ZV 1-2 ☐ Re ☐ EDV
☐ TAB/BR
☒ Forstbetriebsgemeinschaft Jesteburg
Hindenburgweg 146 / Forsthaus

Betrifft: Unfallschutztechnische Überprüfung
\- Schulung von Sicherheitsbeauftragten -

Zur Sache:
Am 4.3.81 9.00 Uhr ist eine unfallschutztechn. Überprüfung aller in Ihrem Unternehmen beschäftigten Personen u. des gesamten Geräts einschließlich der baul. Einrichtungen vorgesehen.
An der Überprüfung sollten zwecks Schulung die Herren Uwe Garmradt u. Werner Berger teilnehmen. Falls ein Betriebsrat vorhanden ist, ist diesem die Teilnahme zu ermöglichen.
Auf Wunsch kann gleichzeitig eine allgemeine UV-Belehrung (jährl. vorgeschrieben) für alle Mitarbeiter durchgeführt werden.

Im Auftrage

Mit freundl. Gruß

Datum: 25.2.81

Termin:

Ing. (grad.) A. Nippert
Techn. Aufsichtsbeamter
Tel. 04137/247 · Lerchenweg 16
2121 Barendorf

UV 105/75

Anmeldung der HLBG für eine unfalltechnische Überprüfung

Prüfungsbericht und Anordnungen zur Beseitigung sicherheitstechnischer Mängel

Hannoversche landw. Berufsgenossensc
– Techn. Aufsichtsdienst –
Im Haspelfelde 24, 3000 Hannover 1, Tel.

Unternehmer Forstbetriebsgemeinschaft Jesteburg geb. am ____ in ____

Überprüfung am 31.10.91 anwesend Fr

Anschrift OT Hindenburgweg 8, ~~OT~~ Holm Seppensen 2110 Buchholz Krs. WL

Nachprüfung am ____ anwesend ____

Aktenzeichen 3.5.3.0.2.0. TAD .1.2.8.6.3.6.0.8/0.0.0. Ber.-Einh. 385

Tel. ____

Lfd. Nr.	beanstandet Überpr.	beanstandet Nachpr.	Bauliche Einrichtungen	Wohnhaus/Diele Überprüfung	Wohnhaus/Diele Nachprüfung	Scheune/Schuppen Überprüfung	Scheune/Schuppen Nachprüfung	Viehstall Überprüfung	Viehstall Nachprüfung	Schweinestall Überprüfung	Schweinestall Nac
1			Drehbare Tore								
2			Schiebetore/-türen								
3			Erh. Arbeitsplätze (in mehr als 100 cm Höhe)	Forstwirtsch. Maschinen							
4			Wandöffnungen (in mehr als 100 cm Höhe)								
5			Bodenöffnungen (in mehr als 100 cm Höhe)	nicht vorhanden.							
6			Treppen								
7			Gruben/Verkehrswege	Persönliche Körperschutzmittel							
8			Körnersumpf	für alle Beschäftigten ausreichend							
9			Gärfutterbeh./Silo	u. i. ordentl. Zustand vorhanden.							
10			Leitern/Steigeisen								
11			Bod.-Beläge (Fußböden)	307	307	307	307	307	307	307	307
12			Falltür-/Treppenöffnung	Jährlich werden die Mitglieder vom							
13			Ventilator	Forstamtmann Bamradt neu geschult							
14			Elt-Anlagen								

Lfd. Nr.	beanstandet Überpr.	beanstandet Nachpr.	Maschinen und Geräte	Überprüfung	Nachprüfung	Lfd. Nr.	beanstandet Überpr.	beanstandet Nachpr.	Maschinen und Geräte	Überprüfung	Nachprüfung	Lfd. Nr.	beanstandet Überpr.	beanstandet Nachpr.	Maschinen und Geräte
15			Schlepper			33			Hoflader			51			Rückefahrzeu
16			Stalldungstreuer			34			Rübenvollernter			52			Werkstatt
17			Düngerstreuer			35			Sortierm./Förderband			53			Kompressor (D
18			Güllewagen			36			Krane/Lader/Stapler			54			Rasenmäher
19			Kreiselmähwerk			37			Höhen-, Ballenförderer			55			Flüssigkeitsstr
20			Heumaschinen			38			Körnergebl./Trockng.			56			Seile, Rollen, V
21			Presse			39			Förderschn./Elevator			57			Motorsäge
22			Feldhäcksler/Maish.			40			Gebläse			58			Arbeitsstoffe
23			Schlegelm./Mulchgerät			41			Melkmaschine			59			Körperschutzr

Prüfungsbericht der HLBG vom 31.10.1991

HANNOVERSCHE
LANDWIRTSCHAFTLICHE BERUFSGENOSSENSCHAFT

Gesetzliche Unfallversicherung — Körperschaft des öffentlichen Rechts

Der Geschäftsführer

Forstbetriebsgemeinschaft
Forstverband Jesteburg
- Geschäftsstelle -
OT Holm-Seppensen
Hindenburgweg 8

2110 Buchholz i.d.N.

Im Haspelfelde 24
3000 Hannover 1, den 06. Nov. 1989

Fernruf: Durchwahl (05 11) 80 73 481/484
Vermittlung (05 11) 80 73-0

51. 1.1 02 Du/Be
Bei Schreiben bitte angeben

F. B. G.
Forstverband Jesteburg
EINGEGANGEN
09. NOV. 1989
Beantw.:
Erl.:

Gestellung von Schutzkleidung bei der Forstarbeit
hier: Ihr Schreiben vom 31.10.1989

Sehr geehrter Herr Gamradt!

Ihre Anfrage bezüglich der Schutzkleidung für Forstarbeiten beantworten wir gern.

In der Unfallverhütungsvorschrift 1.1 der Hannoverschen landwirtschaftlichen Berufsgenossenschaft ist in § 2 die **Persönliche Schutzausrüstung** behandelt. Danach hat der Unternehmer geeignete Persönliche Schutzausrüstungen zur Verfügung zu stellen und diese in ordnungsgemäßen Zustand zu halten. Dies ist erforderlich, wenn durch betriebstechnische Maßnahmen nicht ausgeschlossen ist, daß die Versicherten Unfall- oder Gesundheitsgefahren ausgesetzt sind.
Der § 10 Abs. 1 der gleichen UVV bestimmt: "Die Versicherten haben alle der Arbeitssicherheit dienenden Maßnahmen zu unterstützen.......
Daraus folgert, daß die Versicherten ebenfalls für den ordnungsgemäßen Zustand der Persönlichen Schutzausrüstungen verantwortlich sind.
Die Schutzkleidung ist dem Versicherten vor Beginn der Forstarbeiten zu stellen und zu erneuern, wenn sie sich nicht mehr in ordnungsgemäßem Zustand befindet. Allgemeingültige, festgeschriebene Zeitabstände, in denen die Schutzkleidung zu erneuern ist, sind wegen der unterschiedlichen Beanspruchung nicht festgelegt worden.

Das KWF empfiehlt allerdings für den Schutzhelm nach DIN 4840 eine Erneuerung nach starker Schlagbeanspruchung bzw. spätestens nach 5 Jahren, da bei ultravioletter Strahlung der Kunststoff altert.

Mit freundlichem Gruß
Im Auftrage
Wiechmann
(Dipl.-Ing. Wiechmann)

Kopie an:
- Gutsverwaltung Holm
- FWM. W.Berger

Konten: Norddeutsche Landesbank Hannover 101 349 900 (BLZ 250 500 00) · Norddeutsche Genossenschaftsbank Hannover 41 119 (BLZ 250 600 00)
Postgiroamt Hannover 31 55-302 (BLZ 250 100 30) · Institutionskennzeichen 1203 9273 2

Schreiben der HLBG vom 6. November 1989 betr. Gestellung von Schutzkleidung

In Zusammenarbeit mit dem Forstamt Nordheide- Küste und der Bezirksförsterei Jesteburg laden wir Ihre/n Auszubildende/n ein zum

Forsttag für Auszubildende

in Holm, 21244 Buchholz
Lohmann`s Landgasthaus
am Mittwoch und Donnerstag, 9. und 10. 12. 2009
9.00 – 16.15 Uhr

Referent: Herr A. Hartge, T. 0171 764 9436
Herr Homm, T. 0171 774 891

Inhalte:
- Arbeits- und Sicherheitsausrüstung für Bestandes-begründung, -pflege und Holzernte
- Grundlagen der Fälltechnik
- Praktische Übungen zur Fälltechnik
- Grundlagen zum Waldbau (Waldbegehung)

Wegen Veränderungen im Geschäftsbereich Forst kann nur teilnehmen, wer Schnittschutzkleidung mitbringen kann, in jedem Fall Sicherheitsschuhe sowie möglichst eigene funktionstüchtige Sägen mit Instandsetzungswerkzeug.
Eine Teilnahmebescheinigung kann ausgestellt werden (Motorsägenarbeit am liegenden Holz).
Gebühr: 40 €/SchülerIn
Für Getränke und Zwischenmahlzeiten ist selbst zu sorgen, da vor Ort nichts gekauft werden kann.

Bitte melden Sie sich bzw. Ihren Auszubildenden verbindlich **bis zum** **Oktober 2009** mit dem
Anmeldeabschnitt an.
Sollte die Mindestteilnehmerzahl nicht erreicht werden, muss das Seminar ausfallen.

BBS Buchholz / Landwirtschaftskammer Niedersachsen 29525 Uelzen, Fax: 0581 8073 155

____

____

____
Absender

Forsttag Bezirksförsterei Jesteburg
Di., 9.+ 10.12.2009 in

Zu dem o.a. Forsttag melde ich meinen Auszubildenden an:

____
Name v. Auszubildender/Auszubildenden, Datum, Unterschrift

C:\Dokumente und Einstellungen\Inka Gamradt\Lokale Einstellungen\Temporary Internet Files\Content.Outlook\BE50IARU\Forsttag 9-12-09- Holm.doc 12.10.2009 08:50:00

Einladung zum Forsttag für Auszubildende am 9. und 10.12.2009

11. Holzeinschlag – Holzvermarktung 1953-2013

Auf den meisten Bauernhöfen unseres Verbandsbereiches gab es nach Ende des Zweiten Weltkrieges relativ viele Arbeitskräfte. Viele Heimatvertriebe und Flüchtlinge hatten hier ein neues Zuhause und Arbeit gefunden. Sehr oft stammten diese aus der Land- und Forstwirtschaft und waren mit den Tätigkeiten im Wald vertraut. Die Arbeiten wurden in den 1950er-Jahren fast ausschließlich manuell ausgeführt. Mit der Zweimann-Schrotsäge mit Dreiecksbezahnung, später mit der Zweimann-Hobelzahnsäge erfolgten die Fällung des Starkholzes, das Gesundschneiden der Stammenden und das Zopfen. Das schwächere Langholz (Grubenlangholz) wurde mit der Bügelsäge gefällt, mit der Axt entastet, gezopft und ggf. zu Stempeln eingeschnitten für den Bergbau.

„Die gute alte Zeit" – war sie wirklich so gut?

Die Reiser- und Derbstangen fällte man mit der Jiri-Säge (benannt nach dem österreichischen Oberförster Jirikowski), die auf Zug arbeitete und „sauscharf" war; ohne Knieschoner waren Verletzungen des Knies oder Oberschenkels vorprogrammiert. Geübte Mitarbeiter fällten dieses Sortiment auch mit der Axt. Das Entasten allen Holzes ging mit der Axt vonstatten, die in den ersten Jahren noch viel zu schwer war (1.200-2.000 g). Erst mit Einführung der Harzer bzw. Iltis-Axt (700-1.000 g) gab es eine spürbare Arbeitserleichterung. Da die abnehmenden Sägewerke bzw. Grubenholzaufkäufer das Holz geschält benötigten, galt die Devise: „Sauberes Entasten ist halbes Schälen!" Das händische Schälen des Holzes war eine kräftezehrende Tätigkeit und, ähnlich wie bei den

Hermann Klockmann aus Lüllau mit selbst eingeschlagenen Fichtenderbstangen

Äxten, musste von uns Forstleuten auf die richtige Wahl des Schäleisens hingewiesen werden. Beim HOLZSCHÄLEN heißt es: „Schweres Holz – leichtes Schäleisen, leichtes Holz – schweres Schäleisen!“ Für das Schälen des Grubenlangholzes und der Derbstangen eignete sich sehr gut das schwere DAUNER-SCHÄLEISEN mit scharfen Seitenkanten zum Nachasten. In Anlehnung an das leichte SOLTAUER bzw. SCHWEDISCHE Schäleisen mit relativ langem Steg und Stiel baute uns Schmiedemeister HEDDER in Volkwardingen ein Schäleisen aus bestem Stahl, mit dem das Schälen richtig Spaß machte. Meister Hedder fertigte später für mich einen langstiegen Reißhaken, der „wie durch Butter“

Motormanuelle Stammholzfällung

in die Rinde eindrang und noch heute vorhanden ist. In erster Linie wurden Sortimente für den hofeigenen Ge- und Verbrauch im eigenen Wald, insbesondere während der arbeitsarmen Zeit in der Landwirtschaft, eingeschlagen und aufgearbeitet, wie z.B. Derb- und Reiserstangen, Pfahlmaterial, Holz für Bretter, Bohlen und Kanthölzer, und vor allem das für den eigenen Herd, aber auch für die Mitarbeiter so wichtige Brennholz. War genügend Zeit vorhanden, dann wurde auch hofseitig das Grubenlangholz eingeschlagen, aufgearbeitet und geschält, tlw. auch gerückt. Mitte bis Ende der 1950er-Jahre kamen die ersten brauchbaren Einmann-Motorsägen (EMS) auf den Markt. Führend war hier die Fa. STIHL mit der Stihl-BLK, die mit einem Schwimmervergaser ausgerüstet war und deshalb eine schwenkbare Schwerteinrichtung hatte für den Schrägschnitt bei Anlage des Fallkerbes. Zum Ende des Jahrzehnts entwickelte die Fa. STIHL die Stihl-Contra mit 125 Kubikzentimeter und 5-6 PS sowie einem Membranvergaser.

Entasten mit Motorsäge – August Weber, Soltau

Zeitgleich zogen die Fa. SOLO mit der Solo-Rex und die Fa. DOLMAR mit der Dolmar CP mit ähnlichen Daten nach. Alle Maschinen waren zwar gut zu handhaben, jedoch relativ schwer. Die Fällarbeit, insbesondere beim starken Laub- und Nadelholz, sowie das Entasten der Starkäste und das Zopfen wurden mit diesen Maschinen erheblich erleichtert. Nicht zu unterschätzen war aber die Verletzungsgefahr mit der Säge, da die Kettensägenzähne furchtbare Risswunden verursachten.

Das anfallende WERTHOLZ von Eiche, Kiefer, Douglasie und Lärche wurde nur mit der Motorsäge gefällt, da beim Einsatz des Harvester mit Druckstellen und damit Wertminderung gerechnet werden muss. Die Entwicklung auf dem Sektor der Forstmaschinen nahm in den 1980er-Jahren einen rasanten Aufschwung, und heute werden sicherlich 95 % der Holzernte- und Rückearbeiten durch Großmaschinen getätigt. Sie sind nicht mehr wegzudenken, ihr Einsatz sollte jedoch klug und bestandes- sowie bodenschonend und standortangepasst unter Wahrung der Waldästhetik erfolgen.

Holzeinschlag in der Zeit von 1954 bis 2012:

FWJ	Mitgliedsfläche/ha	Mitglieder	Festmeter o.R.
1954	2.066,36	107	6.030,40
1955	2.172,46	121	6.158,04
1956	2.368,91	134	4.642,36
1957	2.851,47	141	4.239,45
1958	2.863,02	142	3.854,47
1959	2.880,00	156	2.377,39
1960	2.895,00	162	3.400,00
1961	2.920,00	169	3.200,00
1962	2.932,00	171	3.550,00
1963	2.945,00	174	5.500,00 = Windw.
1964	2.959,00	177	6.400,00 = Windw.
1965	2.968,00	179	4.900,00 = Windw.
1966	2.988,70	180	6.271,00
1967	3.048,75	183	4.783,56
1968	3.105,80	186	5.983,26
1969	3.537,48	185	10.008,01
1970	3.616,88	190	11.254,18
1971	3.670,63	195	11.272,94
1972	3.639,48	192	9.217,95
1973	4.247,44	197	11.942,53
1974	4.306,51	206	36.063,53
1975	4.400,02	226	44.209,42
1976	4.460,00	246	35.290,22
1977	4.626,72	261	28.079,72
1978	4.678,64	268	27.020,19
1979	4.846,60	298	14.518,22
1980	5.135,19	328	16.243,40
1981	5.400,40	362	24.101,93
1982	5.400,41	362	25.549,69
1983	5.545,16	372	20.088,40
1984	5.509,80	377	16.825,00
1985	5.550,02	380	11.997,00
1986	5.546,40	382	14.504,47
1987	5.516,80	390	16.908,26
1988	5.637,28	394	18.132,70

1989	5.654,49	406	17.955,90
1990	5.746,03	410	38.604,06
1991	5.754,60	410	22.219,36
1992	5.890,26	419	16.395,13
1993	5.905,44	423	43.308,16
1994	5.916,22	424	12.067,71
1995	6.002,46	437	27.608,53
1996	6.039,61	444	12.008,03
1997	6.082,44	455	12.369,44
1998	5.821,70	462	14.648,40
1999	5.809,61	461	18.385,51
2000	5.795,54	458	17.706,01
2001	5.833,94	463	14.515,78
2002	5.888,55	467	12.465,51
2003	5.900,88	469	16.822,85
2004	5.924,42	484	20.008,96
2005	6.000,54	495	22.457,23
2006	6.021,81	495	21.788,10
2007	6.142,16	499	27.413,11
2008	6.254,10	499	25.450,73
2009	6.281,25	500	25.718,67
2010	6.251,77	506	30.207,68
2011	6.290,74	514	33.707,86
2012	6.317,15	521	28.250,75

Da liegt ihr nun, ihr einst so hohen Bäume.
Ein kurzes Tun – und aus sind alle Träume.
Der Säge Schnitt, der Axt gezielte Hiebe,
sie wirkten mit, zu löschen alle Triebe,
die euch belebt, wohl mehr als hundert Jahre.
Habt ihr gebebt, zur Erd und Bahre?
Was wissen wir von eurem Innenleben?
Im Waldrevier, was kann dort sein und weben?
Tief andachtsvoll, woll'n wir den Wald betrachten.
Ein jeder soll, in Dankbarkeit ihn achten!
Nur durch den Wald gibt`s für uns Menschen Leben.
Wenn Axtschlag hallt, muss neuen Wuchs es geben.

Autor: unbekannt

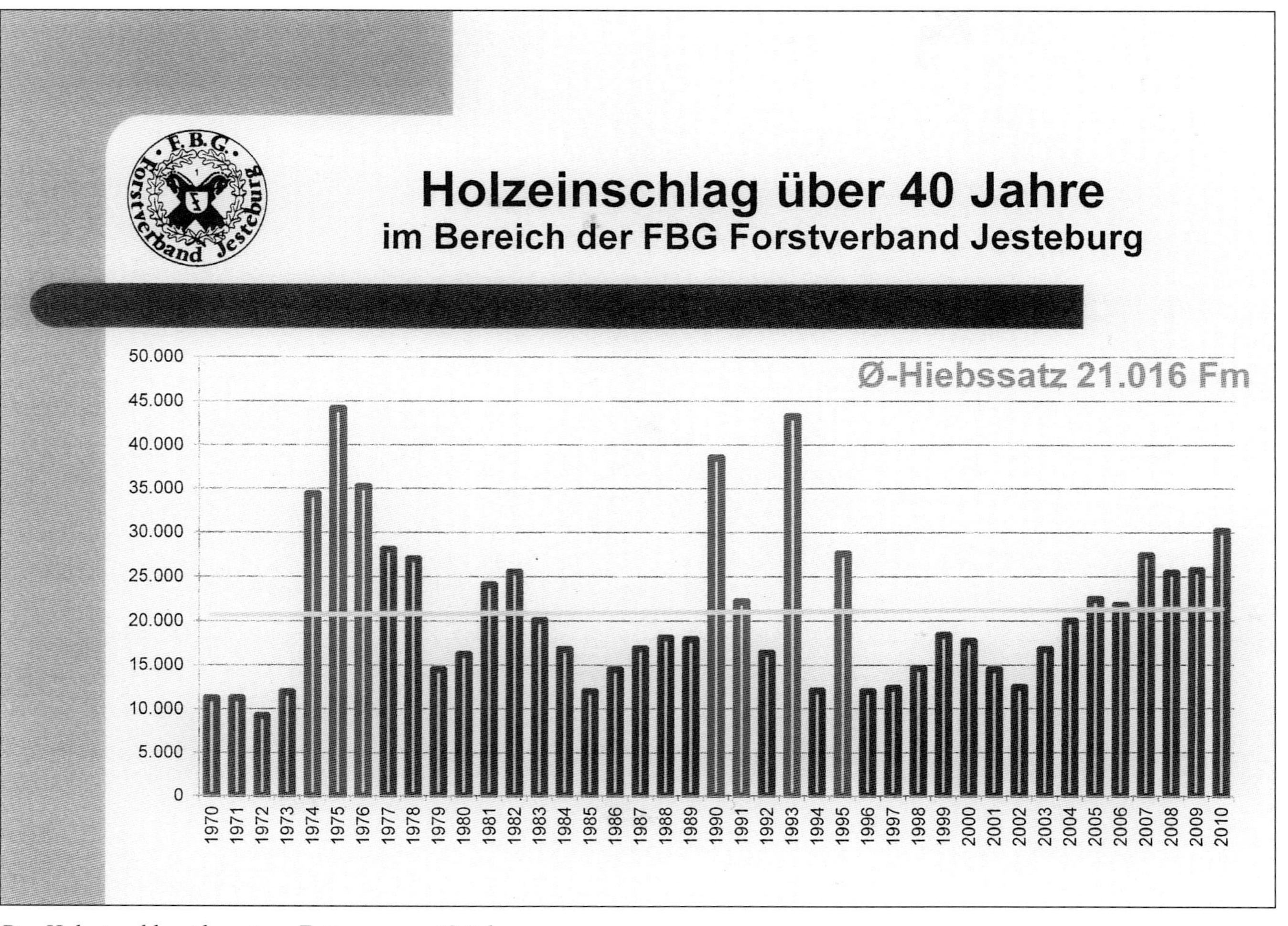

Der Holzeinschlag über einen Zeitraum von 40 Jahren

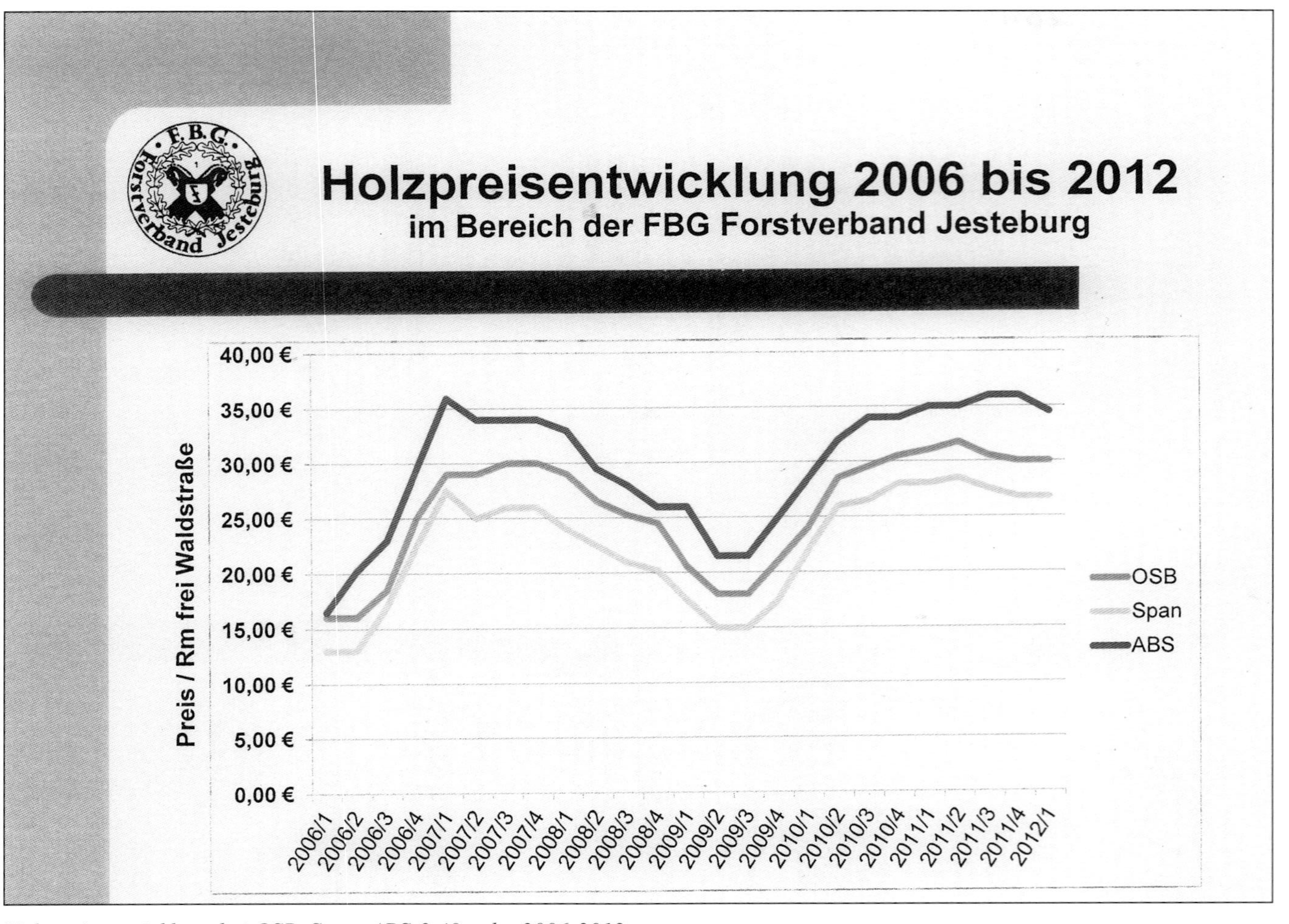

Holzpreisentwicklung bei OSB, Span, ABS-2,40 m lg. 2006-2012

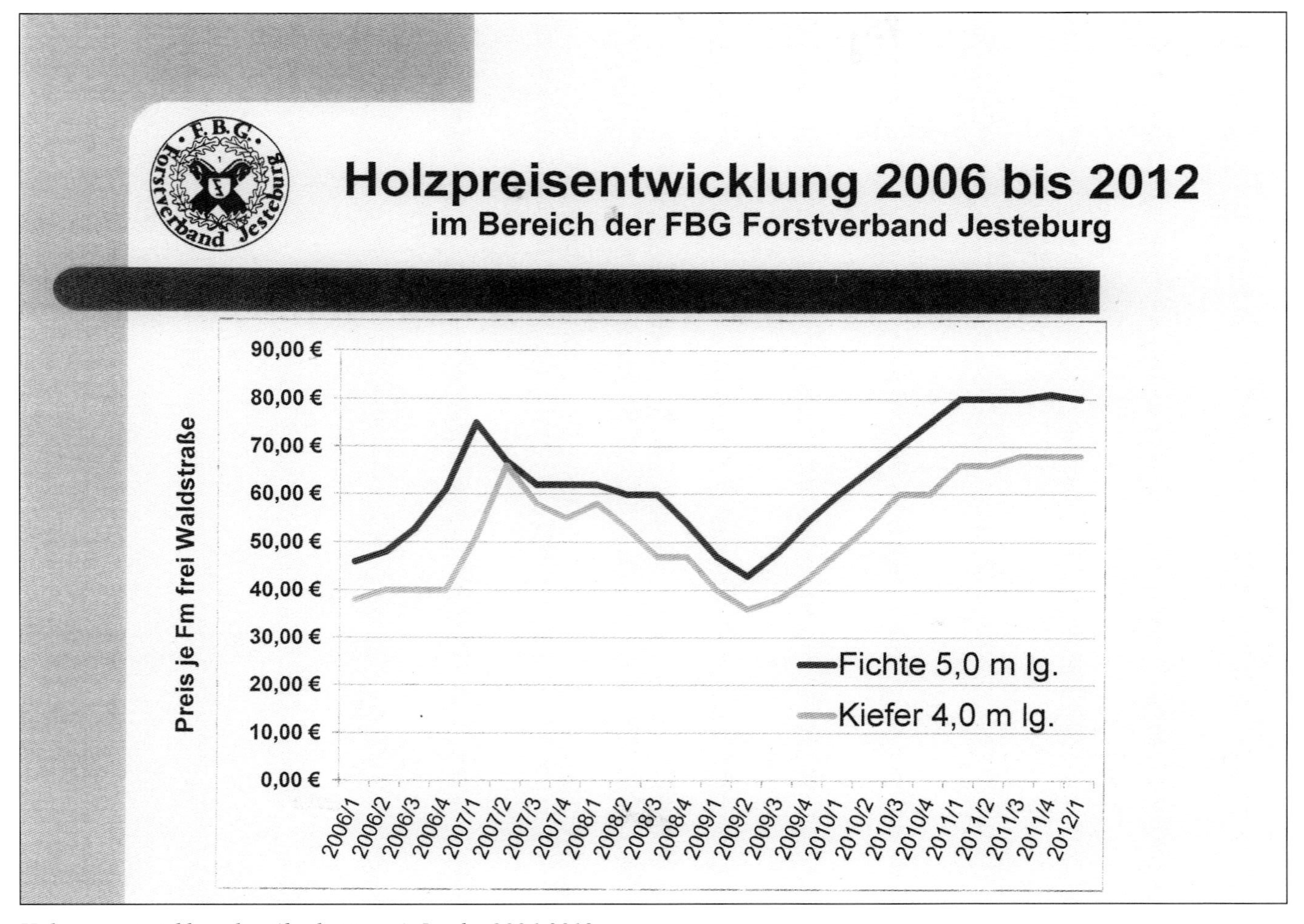

Holzpreisentwicklung bei Abschnitten, 4–5 m lg. 2006-2012

Vorführung des finnischen Vollernters „Makeri“ im FV Stade/Land Hadeln

Peter Konrad, Buchholz, mit FMG Lille bror

Fa. Hapke, Jesteburg, bei der Windwurfaufarbeitung

Kettenharvester der Fa. Martens, Bramstedt, im Stuck/IF Dibbersen, 2004

So sah damals der Holztransport aus, Ehestorf um 1970

In den 1960er-, 70er- und 80er-Jahren wurde die sogen. SELBSTWERBUNG großgeschrieben. Das heißt, Privatpersonen schlugen die vom Bezirksförster ausgezeichneten Bäume – in erster Linie Laubholz – selbst ein und arbeiteten sie zu Brenn- bzw. Kaminholz für den Eigenverbrauch auf. Oftmals wurde auch das Restholz nach Durchforstungen aufgearbeitet, und der Wald sah etwas „sauberer" aus. Es blieben aber immer noch reichlich Totholz und Material für die künftige Humusbildung übrig. Die Selbstwerbung erfolgte meistens am Wochenende, und Familienangehörige und Freunde halfen mit. Oftmals wurden Speisen und Getränke mitgenommen, und so verbrachte die Familie den Tag gemeinsam im Wald. Da zuerst mit der Handsäge, später aber auch mit Motorsäge und Axt gearbeitet wurde, blieben Verletzungen nicht aus. Als Bezirksförster unterstützte ich diese Eigentätigkeit im Walde, sah ich doch darin eine

Heutiges Rücken und Poltern von Kurzholz mit dem Forwarder

Forwarder neuester Bauart

Möglichkeit, Verständnis und Umweltbewusstsein sowie Anerkennung für die Tätigkeit der im Walde Beschäftigten zu fördern. Auf die Einhaltung der Unfallverhütungsvorschriften sowie der wald- und naturschutzrechtlichen Belange wurde mündlich hingewiesen und schriftlich dokumentiert.

Leider gab es Fälle, wo sich Selbstwerber mehr oder weniger stark verletzten und, wahrscheinlich durch anwaltliche Beratung und Versicherungshinweise angeregt, Schadensersatz vom Waldbesitzer und Förster verlangten. Es kam teilweise zu unschönen gerichtlichen Auseinandersetzungen und unverständlichen Urteilen gegen Waldbesitzer und Förster. Dies hat dazu geführt, dass heute in der hiesigen FBG diese Möglichkeit nicht mehr besteht, wofür man Verständnis haben muss; warum sollen sich Waldbesitzer und Bezirksförster die Gefahr einer Regressnahme aussetzen?

Brennholz ist seit ca. 10 Jahren verstärkt gefragt und wird in entsprechenden Mengen als 3 m langes Holz an den Waldweg gerückt, mit einer Plakette versehen, aus der Stapelnummer und Telefonnummer der FBG zu ersehen sind. Holzmenge und Preis können so erfragt werden und eventuell der Kaufwille geäußert werden.

Der Orkan vom 13. November 1972

Eine besondere Herausforderung für Waldbesitzer, Waldarbeiter/Forstunternehmer und Forstleute war die Bewältigung der Sturmschäden vom 13. November 1972:

Es war ein Montag, ich saß ab 8.00 Uhr im Büro am Schreibtisch und verrichtete schriftliche Arbeiten. Die Nachrichten des Vortages sowie die Morgennachrichten kündigten das Heranziehen eines Sturmtiefs aus Nordwest an, teilweise mit Orkanböen. Vorsorglich hatte meine Frau die Badewanne und andere größere Gefäße mit Wasser gefüllt, da bei Stromausfall auch keine Wasserpumpe mehr läuft. Bei Frau Auerbach, in der oberen Wohnung des Forsthauses, war ein größerer Kachelofen mit Herdplatte vorhanden, den sie zwar immer schon entfernt haben wollte; jetzt sollte er sich als sehr wertvolle Wärmequelle und Kochgelegenheit erweisen, da wir Holz und Kohle vorsorglich im Hause hatten. Wir aktivierten einen im Keller aufbewahrten Beistellherd in der Küche, um so unsere Mahlzeiten zubereiten zu können. Unsere jugoslawischen Waldarbeiter waren bei C.F. Tenge-Rietberg in Cordshagen und bei Frido Eisenberg, Handeloh, in den mittelalten Kiefernbeständen mit Durchforstungsarbeiten beschäftigt. Ich blickte aus dem Fenster auf die gegenüberstehenden Fichten unseres Nachbarn und beobachtete, dass sie sich unter den stärker werdenden Sturmböen bedenklich neigten. Über Autotelefon oder Handy verfügten zu der Zeit weder unsere Mitarbeiter noch wir. Ich machte mir Sorgen und fuhr daher zu den Waldarbeitern. Diese waren noch emsig beim Fällen der ausgezeichneten Bäume, obwohl hin und wieder schon eine Kiefer vom Sturm geworfen wurde. Ich ließ die Arbeiten sofort einstellen und schickte die Mitarbeiter nach Hause; sie erreichten mit Mühe und Not ihre Unterkünfte bei Rendel am Pferdekopf. Zwei von ihnen holte ich aus dem Walde von Frido Eisenberg und brachte sie ebenfalls zum Pferdekopf nach Hause. Ich kam selbst auch gerade noch von dort durch den Wald vor den Loh-

In kürzester Zeit wurde die Arbeit von Generationen zerstört.

Fassungslosigkeit macht sich breit!

bergen von Wilhelm Cohrs und Otto Meier unbeschadet im Forsthaus an, als zwischen 10.00 und 11.00 Uhr der Orkan mit seiner ganzen Gewalt über unsere Wälder hereinbrach. Einen Überblick über den entstandenen Schaden konnten wir uns nach Abzug des Sturmstiefs vorerst nicht verschaffen, da alle Wege und Straßen in den Ortschaften durch geworfene oder gebrochene Bäume versperrt waren. Der Strom war ausgefallen, und das Telefon ging auch nur hin und wieder. Wer eine Motorsäge hatte und handhaben konnte sowie Benzingemisch und Kettenöl besaß, der begann mit dem Freisägen von Wegen und Straßen. Besondere Vorsicht war dort geboten, wo sich eventuell abgerissene Stromkabel in dem Gewirr von Ästen und Stämmen befanden. Im Laufe der nächsten 8 Tage haben wir mit unseren Waldarbeitern sowie der Unterstützung von Mitarbeitern der gemeindlichen Bauhöfe, des THW, hiesigen Baufirmen und zuletzt auch der Bundeswehrpioniere aus Buxtehude die Straßen und Wege freigeschlagen.

So konnten die Reparaturfahrzeuge des Überlandwerkes Nordhannover aus Buchholz, die Bundespost und andere Versorgungsfahrzeuge zu den Stellen gelangen, wo Hilfe not tat. Vertreter der Landesforstverwaltung Niedersachsen, der Landwirtschaftskammern Hannover und Weser-Ems und der Katastrophenstäbe hatten sich einen ersten Überblick per Flugzeug verschafft. Am stärksten betroffen war Niedersachsen, aber auch Bremen, Hamburg, Schleswig-Holstein und vor allem das nördliche Mecklenburg-Vorpommern (nach alter Bezeichnung) wiesen teilweise erhebliche Schäden auf. Auch ich bin natürlich losgefahren, um zu sehen, wie stark die hiesigen Privatwälder betroffen waren – es war schon erschreckend und erschütternd, die gepflegten Waldbestände geworfen und zerbrochen vorzufinden! Vielen unserer Waldbesitzer standen beim Anblick ihrer zer-

Ungehemmte Naturgewalten

Erheblicher Schaden durch Stammbruch

Zerstörte Versorgungsleitungen sorgten für Chaos in den Haushalten und Geschäften

Pioniere der Bundeswehr halfen beim Freiräumen der Straßen und Zuwegungen

Pioniere bei der Freiräumung der Wörmer Straße in Handeloh

störten Wälder die Tränen in den Augen, und Resignation machte sich breit. So sagte mir Hermann Klockmann aus Lüllau bei unserer gemeinsamen Besichtigung des Gebietes vor dem Hassel, dass er keinen Handschlag machen würde und alles verrotten sollte! Ich konnte ihn davon überzeugen, dass ihm sicherlich keine Kosten entstehen würden, wenn alle Beihilfen in Anspruch genommen würden; außerdem würde hier eine große Waldbrandquelle entstehen, die sogar der Ortschaft Lüllau gefährlich werden könnte. Heute stocken auf diesen Flächen wuchsfreudige und ertragsstarke, wertvolle Mischbestände. Letztendlich waren es ca. 17 Millionen Festmeter Holz in Niedersachsen, die von diesem Orkan in kaum einer Stunde geworfen bzw. gebrochen worden waren. Im Bereich des Forstverbandes Jesteburg waren es ca. 210.000 fm, wovon allein im Gutsrevier Holm ca. 50.000 fm angefallen waren. Forstunternehmer aus den nicht betroffenen Ländern der Bundesrepublik, aus Österreich und zuletzt aus Schweden und Finnland haben uns bei der Aufarbeitung, Rückung und dem Abtransport des Windwurfholzes geholfen. Leider haben nicht wenige Waldarbeiter und Forstleute ihre Gesundheit bzw. ihr Leben dabei verloren. Der Landkreis Harburg zeigte sich auf unseren Antrag hin sogleich bereit, die 4 im Landkreis vorhandenen Forstverbände mit zusammen 100.000,00 DM zu unterstützen. Mit diesem Geld wurden u.a. zwei mobile Sägewerke angeschafft. Für die Aufarbeitung des Holzes wurde dem Waldbesitzer aus Fördermitteln des Bundes und Landes auf Antrag eine Beihilfe von 10,00 DM/fm gezahlt. Bei überregionaler Vermarktung des Sturmholzes kam ein Betrag von 10-35 DM/fm, gestaffelt nach Entfernung von 200 bis 600 km, hinzu. Dies hatten natürlich auch die Käufer mitbekommen und boten nur noch

Seit dem Orkan im November 1972 wurden auf dem Bahnhof Handeloh 22 222 Tonnen Windwurfholz verladen, das sind 865 Waggons oder ein 20 Kilometer langer Güterzug. *(gila)*

Genau 22222 Tonnen!

Kontaktgespräch der Hauptverlader

gila. Handeloh. Der 865. Waggon mit Windwurfholz wurde jetzt auf dem Bahnhof verladen. Damit verzeichnete die Deutsche Bundesbahn genau 22 222 Tonnen, ein Anlaß, daß sich die Hauptverlader, die Forstbet[illegible]gemeinschaften Egestorf-Hanstedt und Jesteburg mit den Beförderungs- und Verladeexperten der DB, Heinz Klapdohr und Horst Baumgarten, wegen der kontinuierlichen Holzabfuhr zu einem weiteren Kontaktgespräch trafen.

Der erste Waggon war nach der Sturmkatastrophe im November 1972 am 16. Februar 1973 beladen worden. Das wäre bis dato ein 20 Kilometer langer Güterzug (Strecke Egestorf, Undeloh, Welle). Forstoberamtmann Rudolf Beyer zu den HAN: „Bei einem Normaleinschlag von 14 000 bis 18 000 Festmetern pro Jahr im 8800 Hektar großen Bereich der Forstbetriebsgemeinschaft Egestorf-Hanstedt verzeichneten wir 112 000 Festmeter Windbruch."

Forstamtmann Uwe Gamradt von der Forstbetriebsgemeinschaft Jesteburg: „Wir hatten 75 000 Festmeter Windbruch bei einem jährlichen Normaleinschlag von 12 000 Festmetern. Unser Gebiet ist 4000 Hektar groß."

Nur 20 Prozent des Langholzes kann im Inland (Süddeutschland) abgesetzt werden, 80 Prozent ist Export. Hier liegt Rumänien mit einem Gesamtvertrag über die Abnahme von 200 000 Festmetern Windwurf aus der Staats- und Privatforst an der Spitze. Es folgen Dänemark, Schweden, Italien, Holland, Österreich und Belgien. Hauptabnehmer ist die Papierindustrie. Rumänien schickte 70 Waldarbeiter.

Forstoberamtmann Beyer weiter zu den HAN: „Zu 95 Prozent ist der Windbruch aufgearbeitet. Der Inlandsmarkt ist auf Jahre eingedeckt. Wir sind auf den Export weiter angewiesen. Im Land Niedersachsen (Stand 1. Oktober 1974) sind noch 1,8 Millionen Festmeter Windbruch unverkauft, Privatforsten und Staatsforsten zusammengerechnet. Der Normaleinschlag liegt im Jahr bei 1,2 Millionen Festmetern. Die Forstbetriebsgemeinschaft Egestorf-Hanstedt wird die bei der Verladung des Holzes anfallende Rinde auf Heidewanderwegen einbauen."

Export von Windwurfholz per Waggon vom Bahnhof Handeloh

VOR ORT

Notstand im Harburger Bauernwald

■ „Ismene“ vernichtete die Arbeit von Generationen

Ein lokales Ereignis, das in weiten Teilen Niedersachsens völlig unbeachtet blieb, hat im Landkreis Harburg katastrophale Bedeutung. Der Sturm „Ismene“, der am 26. November dieses Jahres südlich der Elbe eine Spur der Verwüstung hinterließ, brachte viele Landwirte um alten, wertvollen Baumstand und damit um den Lohn der Arbeit vieler Generationen. Gemeinsam mit Bezirksförstern der Landwirtschaftskammer Hannover und Mitgliedern der Forstwirtschaftlichen Vereinigung Nordheide, die eine Fläche von 25 000 ha und rund 1 000 Waldbesitzer betreut, war Kerstin Siegmund in Bauernwäldern unterwegs.

Notstand im Wald – nichts anderes fällt dem Betrachter der verheerenden Sturmschäden in der Nordheide ein. Die Gewalt des Sturmes ließ 180 Jahre alte Kiefern wie Streichhölzer brechen. Auf rund 25 000 Hektar Fläche ist der komplette Jahreseinschlag innerhalb kürzester Zeit geworfen worden, wie die Forstfachleute bei einer ersten Einschätzung feststellten. Mehr als 100 000 Festmeter Stammholz liegen am Boden und müssen aufgearbeitet werden.

Wut und Ohnmacht

Wut und Ohnmacht, aber auch Mutlosigkeit waren die Reaktionen der betroffenen Waldbesitzer, die sich nach dem Sturm bei ihren Revierförstern meldeten. „Es ist zum Heulen“, meinte Land- und Forstwirt Reinhard Strich aus Egestorf, der neben 60 ha landwirtschaftlicher Nutzfläche auch 42 ha Wald bewirtschaftet. 400 Festmeter liegen bei ihm am Boden. „Als Waldbauer kann ich das nicht verkraften. Unsere Vorväter haben die Altbestände geschont, für Notzeiten starke Kiefern und Fichten bewahrt. Diese sind jetzt vom Sturm zerstört. Damit ist die Sparkassenfunktion des Waldes dahin. Die Erlöse aus der Landwirtschaft müssen jetzt den Wald stützen.“

Der Land- und Forstwirt, der den Waldbau mit viel Akribie betreibt, war gerade mit der Aufforstung aus dem Sturm des Jahres 1990 fertig. Damals waren besonders Jungbestände betroffen. „Jetzt liegt alles am Boden. 180 Jahre alte Kiefern sind verloren, all die Schweißtropfen umsonst vergossen. Das ist bitter“, meinte Reinhard Strich.

Zweites Standbein

Ähnlich äußert sich Land- und Forstwirt Albert Kröger, der in Lüllau-Wiedenhof 70 ha Wald bewirtschaftet. Mehr als 400 Festmeter, schätzt der Milchviehhalter, liegen nach dem Sturm. „Ich habe keine große Lust mehr am Wald. Alle paar Jahre sind wir mit Sturmschäden dran. Außerdem haben wir mit Schädlingsbefall zu kämpfen. Der Wald war immer unser zweites Standbein, früher die Sparkasse unseres Betriebes. Heute ist daraus ein Zusatzge-

◄ **Albert Kröger, Land- und Forstwirt in Lüllau verlor bei dem Sturm nicht nur viele alte Bäume, sondern auch seinen Maschinenschuppen und dem Miststreuer.**

Was der Sturm vor zwei Jahren in den Harburger Wäldern übrig ließ, verloren die Waldbesitzer Ende November durch „Ismene“. ▼

36 Nr. 51/52, 19. 12. 1992

Auch bei unseren Waldbesitzern waren erhebliche Sturmschäden zu verzeichnen. Nach Beseitigung der Windwurfschäden ging es zügig an die Wiederaufforstung dieser Flächen.

◄ **Land- und Forstwirt Reinhard Strich, Egestorf, hat weit über 400 Festmeter Sturmholz liegen.**

Bezirksförster der LK Hannover besichtigen die Sturmschäden. Von links nach rechts: Detlef Heinrichs, FA Soderstorf; Norbert Leben, Vorsitzender der Forstwirtschaftlichen Vereinigung Nordheide; Heiner Rupsch, FA Undeloh; Uwe Gamradt, FA Jesteburg, und Andreas Ludewig, Geschäftsführer der FWV.

▼ Fotos: Siegmund

schäft geworden. Mir fällt es schwer, den Wald für die nächste Generation zu erhalten."

Norbert Leben, Vorsitzender der Forstwirtschaftlichen Vereinigung Nordheide, muß zur Zeit „viele Tränen trocknen und ein Fünkchen Hoffnung geben." Das fällt angesichts der Schäden im Wald schwer. Deshalb entschloß sich der Zusammenschluß privater Waldbesitzer, im Landkreis Harburg sind 80 Prozent aller Waldflächen in Privatbesitz, zur Offensive. „Der Waldnotstand erfordert öffentliche Hilfe. Die zumeist bäuerlichen Waldbesitzer können die Aufarbeitung des Sturmholzes nicht allein bewältigen. Wir fordern daher eine Vermarktungsbeihilfe, wie sie nach dem Jahrhundertsturm in Jahre 1972 gewährt wurde."

Verheerender Kahlschlag

Zweimal innerhalb von zwei Jahren wurden die Waldbesitzer in einem relativ kleinflächigen Gebiet von den Naturgewalten gebeutelt. Regional verheerender Kahlschlag ist die Folge. Zudem droht weitere Gefahr von erhöhtem Borkenkäferfraß. Die durch Sturmwurf entstandenen Lücken sollen entsprechend der ökologischen Waldbauplanung des Landes Niedersachsen mit Laubholz aufgeforstet werden. „Dies ist nicht möglich, da keine Erlöse aus dem Wald zu erwirtschaften sind. Eine Aufforstung mit Laubholzarten kommt dem Waldbesitzer zu teuer; ein Ausgleich der Kosten aus der Landwirtschaft ist angesichts der angespannten finanziellen Situation der Betriebe nicht möglich", argumentierte Norbert Leben, der in seinem Wald ebenfalls von „Ismene" heimgesucht wurde. „Diesmal liegen die vitalsten Bäume am Boden, die den Böen die beste Angriffsfläche boten."

„In manchen Wäldern ist die Zukunft am Ende", ergänzte Uwe Gamradt von der Bezirksförsterei Jesteburg. „Der Wald braucht jetzt eine Art Stützkorsett aus Laubhölzern, die relativ stabil gegenüber den Naturgewalten sind. Da 93 Prozent des Privatwaldes in unserer Region aus Nadelhölzern besteht, ist die Aufforstung mit Laubholzarten dringend geboten", meinte Heiner Rupsch, Bezirksförsterei Undeloh.

Finanzielle Hilfe

Bei der Aufarbeitung der Sturmschäden müssen die Forstleute viel Überzeugungsarbeit bei den Waldbesitzrn leisten. „Wenn die Aufarbeitung für ihn kostendekkend ist, macht der Landwirt mit. Muß er Geld dazulegen, läßt er das Sturmholz erstmal liegen. Das hat verheerende Folgen für den Wald", ergänzte Norbert Leben.

„Weil die Erlössituation im Wald nicht mehr stimmt, bei Rundholz gibt es zum Beispiel einen Preisverfall durch Überangebote, die Schwachholzaufarbeitung z. B. für die Zelluloseindustrie bringt finanzielle Verluste, ist dringend Hilfe nötig", formulierten die Mitglieder der Forstwirtschaftlichen Vereinigung in einem Forderungskatalog. „Wir fordern Zuschüsse bei der Aufarbeitung von schwachem Holz; eine unbürokratische finanzielle Hilfe für die Verwirklichung eines vitalen Mischwaldes. Naßlagerplätze wie in den Landesforsten vorhanden, oder andere Konservierungsmöglichkeiten, müssen geschaffen werden, um einen weiteren Preisverfall des Rohholzes zu verhindern."

Schnelle Hilfe

Inwieweit ihre Forderungen Gehör finden, wird sich zeigen. Von einer Besichtigung der Sturmschäden durch Dr. Hugold von Behr, Vorsitzender des Hannoverschen Landesforstverbandes, und der Unterstützung der Landwirtschaftskammer Hannover versprechen sich die bäuerlichen Waldbesitzer in der Nordheide schnelle Hilfe. Immerhin liegen weite Teile ihrer Waldflächen im Naturschutzgebiet „Lüneburger Heide", das eine wichtige überregionale Bedeutung für die Umwelt, die Erholung und den Tourismus dieser Region hat.

Nr. 51/52, 19. 12. 1992

KLAUS PETER BRUNS
NIEDERSÄCHSISCHER MINISTER
FÜR ERNÄHRUNG, LANDWIRTSCHAFT UND FORSTEN

3 HANNOVER, den 25. Juni 1973
Calenberger Straße 2
Fernruf 1901

Eing. 10. 7. 1973
Erl. .... 19....

D a n k

an alle, die in den Wäldern Niedersachsens die Folge
der Sturmkatastrophe bewältigen helfen

Die Sturmkatastrophe vom 13. November 1972 hat in niedersächsischen Waldgebieten die seit Menschengedenken schwersten Verwüstungen angerichtet und die in der Forstwirtschaft tätigen Menschen vor ungewöhnlich schwierige Probleme gestellt. Umsomehr bin ich beeindruckt, mit welch zielstrebiger Tatkraft Aufarbeitung und Verwertung der riesigen Sturmholzmengen angefaßt und fortgesetzt worden sind. Die Herausforderung der Katastrophe haben alle im Wald Tätigen mit großer Entschlossenheit, Einsatzfreude und Verantwortungsbewußtsein beantwortet und in vorbildlicher Weise mehr als nur ihre Pflicht getan.

Ihre unermüdliche Arbeit ist bei der dritten Beratung des Landeshaushalts 1973 im Niedersächsischen Landtag unter dem Beifall der Abgeordneten dankbar gewürdigt worden. Diesen Dank gebe ich gerne weiter.

Allen, die in den niedersächsischen Wäldern bei der Bewältigung der Sturmkatastrophe mitarbeiten - Waldbesitzer, Forstbeamte und -angestellte, Waldarbeiter einschließlich der aus den anderen Ländern herbeigeeilten Kräfte - möchte ich persönlich Lob und Anerkennung für die bisherigen Leistungen sagen.

Ich bin sicher, daß auch die weiteren großen Aufgaben mit der gleichen Einsatzbereitschaft gemeistert werden.

K. P. Bruns

Dankschreiben von Landwirtschaftsminister Klaus Peter Bruns vom 25. Juni 1973

Räumung einer Windwurffläche mit Raupe und Reisiggabel im Stuck des Int.-Forst Dibbersen

Maschinell geräumte Windwurffläche

Flächenräumung mit Schlepper und Reisiggabel durch Verbrennen, Fa. August Weber – Soltau bei Schnackenburg in Wiedenhof, 1971

Pflanzplatzvorbereitung mit TTS-Gerät

Preise von 20-30,00 DM/fm, was wir im Allgemeinen akzeptieren mussten. Von der Exportbeihilfe haben unsere Waldbesitzer ca. 60 % des Gesamtvolumens des Forstamtes Stade in Anspruch genommen. Alles in allem waren es mehrere Millionen DM an Beihilfen, die wir für unsere Waldbesitzer beantragten und erhielten. Hierbei war natürlich ein Ausgleich des Substanz- und Wertverlustes im Walde nicht möglich.

Flächenvorbereitung für Unterbau, Gutsforst Holm, Abt. 128

Nach 2-3 Jahren war der größte Teil der Schäden beseitigt, und es konnte an die Wiederaufforstung der Flächen gedacht werden. Wir hatten rund 1.000 ha Windwurffläche wiederaufzuforsten. Die Förderrichtlinien sahen hierfür eine Zeit von 4 Jahren vor. Aus dem Europäischen Ausrichtungs- und Garantiefond wurden für Mitglieder der Forstbetriebsgemeinschaften 30 % und von Bund und Land 50 % (im Verhältnis 60 : 40) an Zuschuss gewährt. Für Nichtmitglieder kamen nur nationale Mittel zum Tragen.

Die Fördersummen betrugen je Hektar:

für Laubholzkulturen bis 3.500 DM,
für Mischkulturen bis 2.000 DM,
für Fichtenkulturen bis 1.200 DM,
für Kiefernkulturen o.a. Ndh. bis 2.000 DM.

Um möglichst jeden betroffenen Waldbesitzer in den Genuss dieser Aufforstungsbeihilfe kommen zu lassen, haben wir Flächenvorbereitungsmaßnahmen durchgeführt, von denen ich heute Abstand nehmen würde. Vorgeführt im Landeswald, wurde später auch bei uns das Abschieben des Reisigs und der Stubben mit Raupen propagiert. Dass wir hierbei den besten humosen Oberboden in 60 m auseinanderliegende Wälle schoben, hatte keiner vorher bedacht, drängte doch die Zeit wegen der für 4 Jahre gewährten Beihilfe. Weil 1975 eine starke Trockenperiode herrschte und viele Kulturen einen Teil- bis Totalausfall aufwiesen und nachgebessert werden mussten, verlängerte man die Beihilfegewährung auf bis zu 8 Jahre. Jetzt wandten wir wieder unsere altbewährten Verfahren mit dem Einsatz von Waldpflugstreifen bzw. Kulla-Gerät an: Das bereits ziemlich vermorschte Reisig und die Stubben wurden vorsichtig in kleine Wälle geschoben. Bei diesen Verfahren blieb der Humus auf der Fläche, und zwischen den Waldflugstreifen bzw. Kulla-Pflanzlöchern blieb genügend Äsungsfläche für das Wild, sodass der Verbiss längst nicht mehr so stark war. Unsere Pflanzfrauen, verstärkt durch Forstunternehmer, haben bei der Wiederaufforstung Hervorragendes geleistet, wovon heute die ertragreichen, gemischten Jungbestände Zeugnis ablegen. Unsere Hoffnung ist, dass diese Mischbestände besser gegen künftige Katastrophen gewappnet sind, müssen wir doch in Anbetracht der nicht mehr zu leugnenden Klimaveränderung weltweit mit orkanartigen Stürmen rechnen.

Weitere Windwürfe hatten wir im Herbst 1990 und November 1992 bis Februar 1993 zu verzeichnen, die jeweils ca. 50.000 Festmeter Schadholz brachten. Hatte sich der Holzpreis im Jahre 1989 hervorragend entwickelt, so führten diese bundesweiten Sturmkatastrophen in kürzester Zeit zum Preisverfall.

Holzvermarktung

Auf die Vermarktung des anfallenden Holzes seit Gründung des Forstverbandes Jesteburg bin ich bereits an anderer Stelle eingegangen. Hier möchte ich unsere Beteiligung an den Wertholzverkäufen einmal darstellen. Die Landesforstverwaltung Niedersachsen ist seit jeher federführend bei den Holzversteigerungen und den Submissionen von Laub- und Nadelwertholz. Privatwaldbesitzer und kommunale Forstverwaltungen können sich daran beteiligen. So haben wir unsere Kiefern- und Lärchenaltholzbestände nach Wertholz durchgesehen und wurden zum Teil fündig. Die Hofverwaltung Wörme hatte in den 1930er-Jahren einige Abteilungen Forstfläche vom Staatlichen Forstamt Langeloh als Ausgleich dafür bekommen, dass die Familie von Hörsten ihren Besitz für die Anlage des Truppenübungsplatzes Bergen-Hohne hergeben musste. Die ca. 130-jährigen Kiefern waren teilweise wertholzhaltig, und nach Einverständnis des Besitzers wurden diese Kiefern eingeschlagen. Erdstammstücke in Längen von 3,50-6,00 m wurden abgetrennt, vermessen und ein Losverzeichnis zusammengestellt. Wichtig ist hierbei, dass die Lose homogen zusammengestellt werden, d.h., gleiche Längen und Stärken gehören zusammen. Sauberes Rücken des Holzes ist Voraussetzung. Per Lkw haben wir das Holz zum gemeinsamen Lagerplatz im Forstamt Oerrel gefahren. Durch die Zentralstelle für Holzversteigerungen der Landesforstverwaltung wurde dann ein Losverzeichnis erstellt und dieses den kompetenten Holzkäufern zugesandt; es konnte aber auch angefordert werden. Die Käufer sahen sich das Holz an und machten sich Gedanken über den Preis, den sie bei der Holzversteigerung als Höchstpreis bieten wollten. Die Holzversteigerung für das nördliche Niedersachsen fand im Gasthaus Rieckmann in Bispingen statt, die Lose wurden mit einem Ausgebotspreis angeboten, und die Käufer boten durch Handzeichen. Hierbei war festzustellen, dass manche Lose weit über Ausgebot beboten wurden, andere dagegen erzielten noch nicht einmal das Ausgebot. War der Preis zu niedrig, konnte auch das Los zurückgezogen werden. Unsere Lose von Kiefernwertholz aus der Gutsverwaltung Holm und der Hofverwaltung Wörme erzielten im Durchschnitt 280,00 DM/fm und wurden von der Fa. Hofmann aus Nordhessen ersteigert. Im Freihandverkauf hätten wir diesen Preis nicht erzielt. Mit den Kollegen des Forstamtes Stade haben wir uns später diese Firma angesehen, die Fenster und Türen herstellte. Es zeigte sich hier, dass Wertholz seinen Preis hat und sich unsere umfangreichen Ästungsmaßnahmen beim Laub- und Nadelholz auszahlen und später einmal durch hohe Preise honoriert werden.

Absicherung von Schichtholzpoltern an öffentlichen Wegen

Ausreichend große Holzlagerplätze sollten vorhanden sein, um problemlosen Holztransport zu gewährleisten

Vorschriftsmäßig geschältes und gerücktes Nadel-Langholz

Kiefern-Wertholz aus Holm und Wörme im hessischen Sägewerk Hofmann

Einschlag von Eichen-Wertholz auf dem Riepshof

... zum Verkauf bereit

Holzpreisbericht

der Abt. Forstwirtschaft der Landwirtschaftskammer Hannover,
Hannover, Alte Celler Heerstr. 51

1.1.1959 bis 31.1.1959

Holzart	Güte-kl.	Stärke-kl.	verk. Menge fm	Mittel-preis je fm in DM	% d.MZ.
Eichen-Stammholz	B	3b	21,-	11o,--	11o
		4		145,--	1oo
		5		162,--	9[illegible]
Buchen-Roll.		A/B	8o,- rm	26,--	12o
Pappel-Stammholz	A	5/7	5,- fm	1o5,--	81
	B	2a	54,--	35,--	87
		2b	1o6,--	44,--	88
		3a	3o,--	52,--	87
		3b	12,--	62,--	89
		4	16,--	76,--	85
		5	13,--	81,8o	74
-Faserh.		B	213 rm	14,--	
Fichten-Stammholz	B	1a	11 rm	66,7o	23o
		1b	29 rm	75,9o	
		2a	22 rm	85,1o	
		2b	4 rm	92,--	
Forstamt Celle					
Eichen-Stammholz	B	1a	72,-	4o,--	115
		1b		4o,--	115
		2a		45,--	113
		2b		56,6o	94
		3a		7o,7o	88
		3b		76,7o	76
		4		94,--	65
		5		117,5o	65
		6		15o,--	75
Kiefern-Stammholz	B	1a	2852,-	49,95	2oo
		1b		59,5o	213
		2a		71,88	211
		2b		83,16	2o8
		3a		92,--	196
	C	2o% unter B-Preis.			
Fichten-Stammholz	B	1a	47o,-	59,2o	2o4
		1b		72,21	219
		2a		82,85	221
		2b		89,59	224
		3a		94,78	211
	C	2o% unter B-Preis			
Kiefern-Grubenholz		6-7 cm Ø	789,-	27,--	1oo
		8-9 cm Ø		37,4o	138
		1o-14 " "		43,22	16o
		1[illegible]		46,--	153

Holzpreisbericht der Abt. Forstwirtschaft der LWK Hannover für Januar 1959

12. Erstaufforstungen – Wiederaufforstungen – Windschutzanlagen – Pflanzfrauen – Forstbaumschulen

Erstaufforstungen

Hatte man während und besonders nach dem Zweiten Weltkrieg, der unsägliches Leid über die Menschheit gebracht hatte, jeden Flecken Erde genutzt, um ausreichend Nahrungs- und Futtermittel zu erzeugen, so zeigte es sich doch recht bald, wo hier die Grenzen lagen. Für die Aufforstung sogenannter ÖDLANDFLÄCHEN stellte das Land Niedersachsen ab 1952 aus dem Landeshaushalt Aufforstungsbeihilfen zur Verfügung, um möglichst schnell den durch Kriegseinwirkungen verursachten Substanzverlust am Holzvorrat im Walde auszugleichen. Als Beihilfesatz galt ein Betrag von 80,00 DM/ha bei der Hauptholzart Kiefer, und 160,00 DM/ha bei Fichte und allen übrigen Holzarten. Die Anträge erhielten die Bezirksförster Kolkmann und später die Verbandsförster Auerbach und Flach. Sie waren in doppelter Ausfertigung und mit dem ausgefüllten Vordruck über die Berechnung der Gesamtkosten beim Forstamt Stade der LWK Hannover einzureichen. Das Forstamt Stade empfahl die Düngung bzw. Kalkung der Flächen – in seinem Düngeempfehlungsschreiben vom 24.03.1956 heißt es:

„Bei reiner Kiefernkultur eine Gabe von 4 Ztr/ha Thomasmehl, 3 Ztr./ha Kupferkalk und Einbringen mit leichtem Gerät vor Pflanzung. Ende Mai/Juni als Kopfdüngung 2 Ztr./ha Ruhrmontan (Stickstoff) zwecks Vorbeugung gegen Schüttepilzbefall. Bei Mischkulturen: Nach Pflügen der Streifen KALKUNG über die ganze Fläche mit 80 Ztr./ha Kalkmergel. Düngung der Kulturstreifen vor Pflanzung mit 5 Ztr./ha Thomasmehl und 3 Ztr./ha Kupferkalk. Ende Mai/Juni als Kopfdünger mit 2 Ztr./ha Ruhrmontag oder 2 Ztr./ha Kalkammonsalpeter.“

Zwecks Stickstoffanreicherung der Böden wurde die Aussaat von ca. 4 kg/ha Dauerlupine empfohlen, wobei eine vorherige Impfung mit Knöllchenbakterien (Nitragin, Azotogen und vor allem Radicin) erfolgen sollte. Von den in der Zeit von 1953-1962 aufgeforsteten 447,30 ha waren 267,25 ha Ödland, für das die Waldbesitzer Aufforstungsbeihilfen erhielten. Der größte Teil dieser Flächen wurde hofseitig mit eigenen Pflügen und Fräsen oder den verbandseigenen Waldstreifenpflügen vorbereitet und meistens mit dem schnellwachsenden Nadelholz aufgeforstet. Standen keine Klemmspaten zur Verfügung, wurde mit dem gewöhnlichen Gartenspaten gepflanzt. So berichteten u.a. Hermann Becker aus Dibbersen, Heinrich Behr aus Buchholz, Helmut Martens aus Sprötze und Wilhelm Busch aus Groß Todtshorn bei der Begehung des eigenen Waldes mit Verbandsförster Gamradt stolz von diesen geleisteten Eigenarbeiten.

Nach dem Zweiten Weltkrieg wurde in der Bundesrepublik Deutschland im Verlauf der 1950er-Jahre ein Förderprogramm für die Landwirtschaft unter dem Schlagwort „GRÜNER PLAN“ durchgeführt, das durch staatliche Subventionen finanziert wurde.

Viele unserer eiszeitlich entstandenen, unterschiedlichen Böden weisen in etwa 50-70 m Tiefe eine mehr oder weniger nährstoffreiche Lehmschicht auf. Mit gewöhnlichen landwirtschaftlichen Geräten kam man an sie nicht heran, und die dort lagernden Nährstoffe standen den Ackerbaupflanzen nicht zur Verfügung. Ein Vollumbruch hätte hier Abhilfe schaffen können, war aber meistens zu kostenaufwendig. Diese und andere, schwer zu bewirtschaftende Flächen standen dann für eine Erstaufforstung zur Verfügung. Der Kreisverband Harburg e.V. des Niedersächsischen Landvolkes bemerkt in einem Schreiben vom 19. Juni 1957 an die Vorsitzenden und Verbandsförster der Forstverbände über die Aufforstung nicht rentabler landwirtschaftlicher Nutzflächen:

„Im Gebiet der Deutschen Bundesrepublik sind zahlreiche Flächen vorhanden, die infolge ihrer geringen Bodenqualität oder ihrer ungünstigen Lage (Hanglage) für eine landwirtschaftliche Nutzung nicht rentabel sind. Diese Flächen können dem Hof nur dadurch nutzbar gemacht werden, dass sie aufgeforstet werden. Auf diese Weise kann erreicht werden, dass wenigstens in der nächsten Generation durch die Holznutzung eine Existenzverbesserung bzw. -sicherung des Hofes stattfindet. Die Aufforstung kann wohl in allen Fällen mangels genügender Kapitalkraft der Hofbesitzer aus eigener Kraft nicht durchgeführt werden. Da auch der Grüne Plan Mittel für die genannten Zwecke nicht vorsieht, muss versucht werden, im Wege einer Sonderaktion die Bereitstellung der öffentlichen Mittel durch verlorene Zuschüsse oder durch zinslich tragbare Kredite zu erreichen."

Um eine möglichst flächendeckende Gleichbehandlung bundesweit zu erreichen, wurde im Rahmen des Grünen Planes die „Gewährung eines Bundeszuschusses zur Förderung forstlicher Vorhaben im Rahmen der Maßnahmen zur Verbesserung der Agrarstruktur" aufgelegt. Hiermit konnte jetzt die Aufforstung von Grenzertragsboden und Ödland sowie die Umwandlung von Niederwald in Hochwald gefördert werden.

In Reinbeck bei Hamburg hatte sich im Jahre 1947 die FORSCHUNGSSTELLE FÜR FLURHOLZANBAU der Lignikultur, Gesellschaft für Holzerzeugung außerhalb des Waldes e.V. unter der Leitung von Prof. Dr. Dr. h.c. Hubert Hugo Hilf gegründet. Aus ihr ging die spätere Gesellschaft für Pappelanbau und Lignikultur unter Leitung von Forstmeister Freyenhagen hervor, die in den 1980er-Jahren in Gesellschaft zur Förderung schnellwachsender Baumarten in Norddeutschland e.V. umbenannt wurde. Langjähriger Vorsitzender war Forstdirektor Dr. Günther Lüdemann aus Eutin/SH. Im Jahre 2007 wurde er durch Ministerialrat Dr. Peter Röhe aus Uelitz/MV abgelöst. Für die Beratung des Anbaues und der Pflege von Pappeln und Baumweiden sandte die Gesellschaft für Flurholzanbau ihren Mitarbeiter Herrn Wöhler zu den jeweiligen Förstern und Waldbesitzern, damit Fehler möglichst vermieden wurden. Herr Wöhler warb für ein Abonnement der von der Gesellschaft herausgegebenen Fachzeitschrift DIE HOLZZUCHT und hinterließ bei der Beratung ein Probeexemplar. Die Forschungsstelle hatte sich im eigenen Institut und anliegenden Freilandversuchen zur Aufgabe gemacht, die Anzucht und den Anbau der verschiedenen Wald- und Kulturpappeln im und insbesondere außerhalb des Waldes zu fördern. Großes Augenmerk legte man auch auf den Anbau von Baumweiden. In Zusammenarbeit mit dem Pappelhof Reinbeck, der Pappelbaumschule Schulze Buschhoff in Münster-Handorf und Hans Th. Schadendorf in Bönningstedt-Ellerbek wurde der Pappenanbau im Bereich des Forstverbandes Jesteburg auf geeigneten Standorten vorangetrieben. Die TEMMING Holz AG aus Glückstadt finanzierte vielfach die Pappelkultur und wollte in 20-30 Jahren das Holz erwerben und die Kosten nebst Zinsen abziehen.

Deutschland besaß das Zündwarenmonopol über die Marken WELTHÖLZER und HAUSHALTSWARE, die aus dem Holz von Schälpappeln gefertigt wurden. Das Zündwarenmonopol in Deutschland geht zurück auf das 1930 durch den Reichstag erlassene Zündwarenmonopolgesetz. Aufgrund dieses Gesetzes durften Zündhölzer im Deutschen Reich und in der Folge auch in der Bundesrepublik Deutschland nur von der DEUTSCHEN ZÜNDWAREN-MONOPOLGESELLSCHAFT vertrieben werden. Den deutschen Herstellern wurden bei der Einrichtung des Monopols Produktionskontingente zugeteilt; Exporte oder die Neugründung von Unternehmen waren nicht erlaubt. Das Monopolgesetz entstand auf Betreiben des schwedischen Industriellen IVAR KREUGER, der an Deutschland, wie auch an 16 andere Länder, im Austausch dafür hohe Kredite zu günstigen Bedingungen vergab. Das Deutsche Reich war damals durch die Weltwirtschaftskrise und die Reparationszahlungen aufgrund des verlorenen Ersten Weltkrieges geschwächt. Die Reichsregierung einigte sich mit Kreuger schließlich auf eine Anleihe in Höhe von 500 Millionen Reichsmark; die Laufzeit betrug 53 Jahre, also bis 1983. Der Zinssatz belief sich auf 6%. Am 28. Januar 1930 verabschiedete der Reichstag mit 240 zu 143 Stimmen bei 7 Enthaltungen und einer ungültigen Stimme das Zündwarenmonopolgesetz, das tags darauf ausgefertigt und am 30. Januar im Reichsgesetzblatt verkündet wurde. Zu diesem Zeitpunkt hatte Kreuger durch Dumpingmethoden für seine Zündhölzer einen Marktanteil von etwa 65 % erreicht. Eine weitere Steigerung schien allerdings aufgrund der Konkurrenz durch russische Billigzündhölzer ohne Monopolstellung kaum möglich. Als Nachfolgestaat des Deutschen Reiches übernahm die Bundesrepublik Deutschland nach dem Zweiten Weltkrieg auch das Zündwarenmonopol. Die Reichsanleihe wurde komplett zurückgezahlt und das Zündwarenmonopol erst zum vorgesehenen Termin (16. Januar 1983) aufgehoben. Daraufhin fielen die Preise um ein Drittel. Die Zündholzfabrik in Lauenburg/Elbe zahlte im Jahre 1959 für schälfähiges Pappelholz, Güteklasse A, einen Preis von 110,00 DM/fm, was einen gewaltigen Erlös darstellte. In den 1950er-Jahren ging der Spruch um: „Pflanze bei der Geburt deiner Tochter einen Hektar Pappeln an, und in 20-30 Jahren hat sie mit dem Erlös ihre Aussteuer zusammen!“ Leider traf das schon in den 1970er-Jahren nicht mehr zu, und die Preise sanken um 50-70 %.

Waldbesitzer wie Hermann Kröger – Lohof, Leopold Meyer – Itzenbüttel, Peter Uhlen –Jesteburg, Friedrich Becker – Helmstorf, Heinz Dallmann – Kampen, Arthur Peters – Bendestorf, Marie Wöhler – Jesteburg, Albert Kröger – Wiedenhof, Karl von Hörsten – Wörme, Lucie Wille – Welle, Reinhold Rundt – Kampen, Elisabeth Detjen – Steinbeck, pflanzten in der Zeit von 1955-63 in Eigenregie unter Anleitung von Förster Auerbach,

Förster Flach und gemeinsam mit den Waldarbeitern des Forstverbandes Jesteburg ca. 2.000 Pappeln und Baumweiden. Bei Leopold Meyer aus Itzenbüttel war die Aufforstungsfläche eine ehemalige Grünlandfläche an der Seeve gegenüber dem Bahnviadukt, sie wurde im Jahre 1962 von der Temming Holz AG aus Glückstadt begründet. Es handelte sich um 370 Stck. Pop. Regenerata Deutschland, 180 Pop. Gelrica und 110 Stck. Graupappeln, 2j.v. 200/250. Am besten gediehen die Regenerata, die im Jahre 2007 geerntet wurden und Mittendurchmesser von fast einem Meter aufwiesen. Leider wurden sie nicht geästet, brachten aber trotzdem einen guten Erlös von 60-70 Euro/fm für die Güteklasse A. Die Graupappeln vertrugen die vernässten Flächen nicht und starben zum Teil ab. Die alte Pappelweisheit „Die Pappel will ins Wasser sehen, aber nicht im Wasser stehen!“ bewahrheitete sich wieder einmal. Gute Pappelstandorte sind auch weizenfähig!

Eine zweite Anbauwelle von Pappeln und Baumweiden war in den Jahren 1967-69 zu verzeichnen. 1.280 Pappeln und 230 Baumweiden wurden unter Anleitung von Revierförster Gamradt bei den Waldbesitzern Willi Hagemann – Reindorf, Julius Müller – Seppenser Mühle, Kirchengemeinde Jesteburg – Jesteburg. Hermann Cordes – Seppensen, Peter Uhlen – Jesteburg, August-Wilhelm Jagau – Reindorf, Hermann Kröger – Lohof, Georg Becker – Helmstorf, Gustav Menk – Bendestorf, gepflanzt. Ein Großteil dieser Pappeln und Baumweiden lieferte die Firma Hans. Th. Schadendorf aus Ellerbek. Sie pflanzte diese auch mit einer eigenen Kolonne unter Leitung des aus der DDR geflüchteten Revierförsters Malzahn, der später Büroleiter beim Forstamt Hamburg wurde. Herr Gamradt traf ihn manchmal schlafend in seinem Unimog an, da er für Aushub der Pflanzen, Anlieferung und fachgerechte Pflanzung verantwortlich zeichnete und so kaum zum Schlafen kam. Peter Uhlen pflegte seine Pappeln, die im ehemaligen Hausgarten an der Seeve auf einem bestens geeigneten Standort stockten, mit bewundernswerter Hingabe. So löste er Volldünger in warmem Wasser aus und begoss damit die Baumscheibe der einzelnen Pappeln und Baumweiden (Pop. Grandis bzw. Sal. Godesberg, 2jv.200/250, Pflanzjahr: 1968). Guter Standort, das „ziehende“ Wasser der Seeve sowie die entsprechenden Pflegemaßnahmen (Wertästung bis 8 m hoch) veranlassten diese Pappeln zu einem enormen Wachstum und Wertzuwachs. Viele Exkursionen und Besichtigungen haben wir hier durchgeführt und erfolgversprechende Pappelwirtschaft zeigen können.

Mitte der 1980er-Jahre herrschte bei der EU in Brüssel die Meinung vor, dass zu viele Nahrungsmittel im europäischen Raum erzeugt werden, damit keine auskömmlichen Preise mehr zu erzielen seien und hier Einschränkungen vorgenommen werden müssten. So wurde ein Förderprogramm aufgelegt, das dem Landwirt, der seine landwirtschaftlichen Flächen aufforstete, eine Aufforstungsbeihilfe in Höhe von 50-80 % der Kosten – abhängig von der Kulturart – gewährte (siehe nebenstehende Tabelle mit Stand von 1992). Für den Nutzungentgang kam zusätzlich eine für 20 Jahre geltende Aufforstungsprämie hinzu. Die Höhe der Aufforstungsprämie wurde folgendermaßen definiert: Wenn Acker- oder Grünlandflächen, die vom Antragsteller in den beiden der Aufforstung vorangegangenen Jahren als Acker- oder Grünlandflächen selbstbewirtschaftet und mit mindestens 20 % Laubholzanteil aufgeforstet wurden, jährlich bis zu 600,00 DM je Hek-

Forstamt d. Lwk. Hann.

Stade, den 18. März 1959
Hospitalstr. 1
Ruf: 30 09

An die

Herren Waldbesitzer mit Einzelrevieren,
Herren Vorsitzenden u. stellvertr. Vorsitzenden der Forstverbände u.
Herren Revierförster der Forstverbände

Betr.: Neues Pflanzverfahren

Das neue Pflanzverfahren mit der sog. Wiedehopfhacke ist leider erst jetzt bekannt gemacht worden. Trotzdem kann es vielleicht noch in diesem Frühjahr teilweise zur Anwendung kommen. Die Arbeitsweise mit der Wiedehopfhacke ist ausserordentlich zeit- und kostenersparend bei dem Setzen von verschulten Pflanzen. Dem Vernehmen nach soll es überall in den Staatsforsten eingeführt werden.

Herr Gehrmann hat gestern an einem Lehrgang dieser Art teilgenommen und wird das Pflanzverfahren

am M o n t a g, d. 23. M ä r z 1959

auf der Kulturfläche vorführen. Wenn auch die Zeit drängt, dürfte es für jeden Forstverbandsangestellten im Interesse der Waldbesitzer Pflicht sein, zwecks Rationalisierung der Kulturarbeit sich mit diesem Gerät und seiner Anwendung genauestens vertraut zu machen.

Treffpunkt: Z e v e n, Platz vor dem Landvolkhaus
um 10 Uhr am Montag, d. 23. März 1959

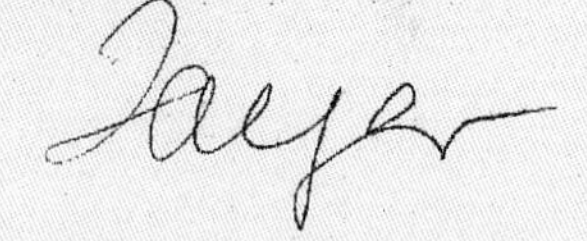

Das neue Pflanzverfahren mit der Wiedehopfhaue wird vorgestellt, März 1959

Forstamt S t a d e
der Landwirtschaftskammer Hannover
Akt.Z.: 6 - 711/o2
M/KL.

216 Stade, d. 15. 2. 1967
Harburgerstr. 12
Tel.: o4141/3oo9

An die
Herren Forstbeamten der Forstverbände
Stade/Land Hadeln, Harsefeld, Wesermünde, Bremervörde, Zeven,
Hollenstedt und Jesteburg

Betr.: Förderung forstlicher Vorhaben aus Mitteln des Grünen Plans
hier: Hergabe der Anträge mit Kostenvoranschlägen für Frühjahrsaufforstungen 1967

Bezug: 1.) Unser Rundschreiben vom 7.1o.1965 - VII 711/o2 - M/Kl. Abschn. 1
2.) Unsere kürzliche Rückfrage bei der Lwk Hannover, Abt. Forstwirtschaft

In unserem o.g. Rundschreiben hatten wir darum gebeten, die Kostenvoranschläge für die Frühjahrsaufforstung 1967 entweder zum 15.11.66, zum 1.2.67 oder zum 1.4. 1967 nach hier einzureichen; bisher haben wir bereits einige Voranschläge hier vorliegen, wovon die zuerst abgegebenen aus den Überhangmitteln des RJ 66 bereits bewilligt wurden.
Wie eine kürzliche Rückfrage bei der Abt. Forstwirtschaft in Hannover ergab, werden - im Hinblick auf die etwas schwierige Finanzlage - häufig nur gewisse Teilbeträge freigegeben, welche dann diejenigen Forstämter bekommen, welche kurzfristig fertig bearbeitete Anträge vorlegen können; Forstämter, welche in der Abwicklung zu langsam sind, gehen hierbei bekanntlich häufig leer aus oder erhalten die Mittel schließlich erst sehr viel später.
Da wir auch eine gewisse Zeit brauchen, um die Anträge abgabereif zu bearbeiten bitten wir Sie deshalb nochmals dringend im Interesse Ihrer Waldbesitzer, schon jetzt möglichst viel Anträge mit Kostenvoranschlägen nach hier zu geben, wobei Sie sich nicht unbedingt an die o.g. Abgabetermine zu halten brauchen.

Feste Zusagen können den Aufforstungswilligen natürlich noch nicht gemacht werden und wer von den Waldbesitzern sicher gehen will, sollte erst die Bewilligung seines Antrages abwarten bevor er mit der Aufforstung beginnt.

Im Auftrage:
i.V.
[Unterschrift]

Schreiben des FoA. Stade vom 15.01.1967 betr. Förderung forstlicher Vorhaben aus Mitteln des Grünen Planes

Vorbereitung der Erstaufforstung von Grünland des Gutsforsts Holm. Spritzung mit Roundup

Tiefpflügen mit Raupe in dem Gutsforst Holm

Tiefpflügen mit Schlepper in dem Gutsforst Holm

Maschinelle Pflanzung durch Fa. Priebe-Visselhövede

tar bis zu einer durchschnittlichen Ertragsmesszahl (Bodenpunkte) von 35, darüber hinaus bis zu 15,00 DM für jeden nachgewiesenen zusätzlichen Bodenpunkt, höchstens 1.400,00 DM/ha, das wären dann 88 (!) Bodenpunkte.

Da es sich hier um die Förderung einer nicht mehr rückgängig zu machenden Nutzungsänderung handelte, sich teilweise Probleme mit Nachbarn wegen Wurzelkonkurrenz, Beschattung u.a. abzeichneten, war die Resonanz in unserem Raum nicht allzu groß. Trotzdem haben wir nicht unerhebliche Flächen im Raum Holm, Handeloh, Todtshorn, Steinbeck und Eckel aufgeforstet. Allgemein wurde vorher ein Vollumbruch von 40-60 cm Tiefe vorgenommen, um Orterde- bzw. Ortsteinschichten zu durchbrechen. Nach Ablagerung des Bodens wurden dann mit der großen, vierreihigen Pflanzmaschine der Fa. Priebe aus Visselhövede diese Flächen bepflanzt. Sie wiesen kaum Ausfälle auf. Wenn möglich, besäten wir die Flächen vor oder nach Pflanzung mit ca. 40-50 kg Winterroggen zum Schutz gegen Sonne, Wind und Frost – mit herausragendem Erfolg. Ein Teil des ausfallenden Korns wurde von den Mäusen als Wintervorrat gesammelt, verhinderte damit Fraßschäden an den Forstpflanzen. Im nächsten Jahr lief wieder weniger Roggen auf, sodass es zu keiner Verdämmung kam.

Ein anderer Grund, warum von dieser Fördermaßnahme weniger Gebrauch gemacht wurde, war darin zu sehen, dass für die Ersatzaufforstung von wegen Baumaßnahmen gerodeter Waldflächen Acker- bzw. Wiesenflächen zur Verfügung stehen mussten. Hierfür erhielt der Grundeigentümer einen Betrag von 3,50 EUR/qm; das Geld kam umgehend, und er brauchte keine langzeitige Vorfinanzierung vornehmen. Die Sicherung der Kultur gegen Wildschäden war in beiden Fällen erforderlich und wurde durch den Bau von Wildschutzzäunen erreicht.

WIEDERAUFFORSTUNG

In der ersten Zeit nach Gründung des Forstverbandes war der Kleinkahlschlag von 0,5-2,0 ha allgemein verbreitet. Das anfallende Reisig wurde vom Waldbesitzer mit seinen z.T. zahlreichen Mitarbeitern als Brennholz geworben oder mit einem Buschhäcksler zerkleinert und verheizt. Im Bremervörder Raum, wo ich vor meiner Zeit in Jesteburg als Revierförster tätig war, wurde das gesamte Reisig zu sogenanntem „Stackbusch" in Längen von ca. 2,50 m aufgebunden. Verwendung fand es für die Verbauung zur Uferbefestigung der tideabhängigen Flussbereiche Norddeutschlands. Der Bremervörder Ostehafen galt als der größte Stackbuschhafen Norddeutschlands. Nachdem billiges Gas und Heizöl bzw. Strom das Heizen mit festen Brennstoffen abgelöst hatten, wurde das Reisig mit großen Reisiggabeln am Schlepper in Wällen zusammengeschoben und verbrannt. Die Kulturfläche musste „nach alter deutscher Art" sauber und ordentlich aussehen. Dass hierbei ein Großteil des zukünftigen Humus verloren ging, wurde dabei vergessen. Aus Zeitmangel, aber auch aufgrund der Rüsselkäfergefahr, ließ man diese Freifläche zwei bis drei Jahre brachliegen. Erst dann erfolgten Bodenvorbereitung und Aufforsten in der Gewissheit, dass sich in den alten Stubben kein Rüsselkäfer mehr vermehren und die junge Kultur befallen konnte. Gepflanzt wurde im gekoppelten Verfahren, das heißt, eine Person führte den Spaten, und die andere setzte die Forstpflanze ein. Als Arbeitsgerät dienten die verschiedenen Ausführungen des Klemmspatens, für größere Pflanzen mit starkem Wurzelballen eignete sich der Junacksche Hohlspaten am besten. Die Verwendung der Wiedehopfhaue im Einmannverfahren fand im Forstverband Jesteburg keinen rechten Zuspruch, wurde hier und da aber eingesetzt.

Probleme ganz anderen Ausmaßes waren nach den verheerenden Sturmschäden der Jahre 1955, 1962, 1968, 1972, 1976, 1990, 1992-93 zu bewältigen. Nach Aufarbeitung des Holzes aus Flächenwürfen lag so viel Stubben- und Reisigmaterial auf der Fläche, dass nur ein bodenschonendes Zusammenschieben in Wälle als richtige Maßnahme infrage kam. Leider dauerte es eine gewisse Zeit, bis die Maschinen entsprechend mit Reisiggabeln ausgerüstet waren und die Fahrer die richtige Technik beherrschten. Wir haben alle lebensfähigen Bäume und Sträucher so weit es ging belassen, um den jungen Pflanzen später etwas Sonnen- und Frostschutz zu bieten.

War noch ein gewisser Bestockungsgrad an stehendem Holz vorhanden, so wurde er natürlich belassen, um den Vorratsverlust nicht noch mehr zu erhöhen. Die Maschinenfahrer wurden zu einer besonders schonenden Arbeitsweise verpflichtet, damit möglichst keine Wurzeln und Stämmw beschädigt wurden. Auf größeren Freiflächen wurden die Wälle mit einem Abstand von ca. 60 m angelegt. Bei den späteren Kulturen zeigte es sich, dass im mittleren Drittel dieser Fläche am meisten Humusboden abgeschoben wurde und zu den Wällen hin am wenigsten. Förster Gamradt pflegte hier den Ausdruck „Hän-

Wiederaufforstung in Cordshagen-West, Abt. 209, 217, aufgeforstet 1975/76, Aufnahme vom Mai 1981

gebauchwirkung" zu gebrauchen, da die Höhe der Bäume von der Mitte aus zu den Wällen hin immer mehr zunahm, denn hier waren der nährstoffreiste Boden und am meisten Feuchtigkeit vorhanden.

Eine andere Tatsache führte leider zu Maßnahmen, die aufgrund von Zeitmangel durchgeführt wurden und bei ausreichender Zeiteinteilung nicht passiert wären. Die Wiederaufforstung der Sturmschadensflächen – speziell nach November 1972 – wurde dankenswerterweise von EU, Bund und Land gefördert. Das entsprechende Gesetz hierfür wurde jedoch auf vier Jahre befristet. Um möglichst alle Sturmschadensflächen rechtzeitig in Kultur zu bringen, wurde zu der Maßnahme gegriffen, die uns am schnellsten zum Erfolg führte, und das war nun einmal das Abschieben der Flächen mit Raupen. Um noch schneller ihr Ziel zu erreichen, haben viele Kollegen und Waldbesitzer das restliche stehende Holz mit abgeräumt. Hohe Ausfälle in den neubegründeten Kulturen durch den Hitzesommer 1975 führten zu notwendigen Nachbesserungen und damit zu Zeitverlust. Hierauf wurde die Frist um ein Jahr verlängert. Im Bereich der FBG FV Jesteburg hatten wir ca. 1.000 ha Sturmschadensfläche in Kultur zu bringen. Die Einsicht, dass diese Wiederaufforstung in vier Jahren nicht zu bewerkstelligen war, verlängerte letztendlich den Zeitraum auf acht Jahre. Hervorragende Arbeit leisteten bei den Räumarbeiten drei Maschinenfahrer der Fa. Irrgang aus Behringen, die sich zu wahren Spezialisten entwickelt hatten. So vielfältig die Windwurfschäden und ihre Beseitigung auch waren, boten sie doch die Möglichkeit, die künftigen Wälder anders zu gestalten. Es wurde jetzt verstärkt auf die Unterschiedlichkeit der Standorte geachtet, wo es möglich war, wurde vor der Pflanzung eine Standortkartierung vorgenommen. Um die zukünftigen Waldbestände standsicherer und weniger anfällig gegen Schadinsekten zu gestalten, wurden standortgerechte Mischbestände aus Laub- und Nadelholz begründet. Waldinnen- und außenränder bepflanzten wir mit verschiedenen, möglichst frühzeitig blühenden Straucharten wie Schlehe, Vogelbeere, Schneeball u.a. Vielerorts hätte standgemäß mehr Laubholz gepflanzt werden können, doch konnten zum einen die Baumschulen diesen unerwarteten Bedarf an Laubhölzern nicht decken, und zum anderen war die Förderung auf 4 Jahre begrenzt. Wir konnten also nicht warten, bis in den Baumschulen ausreichend Laubholz nachgezogen war. Im Allgemeinen wurden Forstpflanzen von den Baumschulen geliefert, die für die hiesigen Wuchsgebiete geeignet waren. Einen Reinfall erlebten wir jedoch bei der Douglasie mit der Herkunft Shuswap Lake, die zwar in den ersten Jahren hervorragend wuchs und frosthart war. Nach 10-15 Jahren wurde sie jedoch schütte, zeigte kein richtiges Wachstum, wurde von Wurzelpilz und Hallimasch befallen und starb vielfach ab. Besonders betroffen hiervon waren Wiederaufforstungsflächen im Bereich der FBG Forstverband Stade/Land Hadeln, wo ganze Bestände kurzfristig abstarben. Glücklicherweise kam der größte Teil der Douglasien aus geeigneten Herkünften und zeigt bis heute gute bis hervorragende Wuchsleistungen. Bei der Küstentanne waren alle Lieferungen aus geeigneten Herkünften des pazifischen Küstengebirges der USA.

Die Aufforstungs-, Umbau- und Unterbauflächen

Jahr	Aufforstungsfläche/ha	geförderte Fläche/ha
1954	57,50	23,00 = Ödland
1955	66,00	34,25 = Ödland
1956	66,00	35,75 = Ödland
1957	44,25	26,00 = Ödland
1958	41,95	28,45 = Ödland
1959	38,90	20,30 = Ödland
1960	35,40	21,50 = Ödland
1961	31,30	25,00 = Ödland
1962	66,00	53,00 = Ödland
1963	46,50	46,50 =Windw. 62
1964	20,70	20,70 = Windw. 62
1965	87,50	87,50 = Windw. 62
1966	94,60	94,60 = Windw. 62
1967	32,50	32,50 = Windw. 62
1968	21,00	21,00 = Windw. 62
1969	21,70	9,80
1970	20,00	12,00
1971	26,55	1,90
1972	28,00	14,40
1973	20,00	14,00
1974	00,00	00,00
1975	204,10	204,10 = Windw. 72
1976	208,03	208,03 = Windw. 72
1977	277,30	277,30 – Windw. 72
1978	66,90	66,90 = Windw. 72
1979	102,35	102,35 = Windw. 72
1980	114,30	114,30= Windw. 72
1981	34,10	34,10
1982	37,05	37,05
1983	31,35	29,05
1984	27,00	20,10
1985	18,70	16,40
1986	20,35	14,50
1987	15,95	12,75
1988	34,15	18,20

1989	24,00	19,40
1990	12,50	07,60
1991	22,10	14,20
1992	53,40	53,40
1993	28,90	28,90
1994	59,90	59,90 = Windw. 92
1995	116,70	116,70= Windw. 92
1996	22.50	20,10
1997	10,50	05,50
1998	13,50	07,00
1999	81,30	74,70
2000	8,00	3,70
2001	7,80	7,80
2002	28,85	14,00
2003	26,30	14,20
2004	20,80	13,05
2005	00,00	00,00
2006	1,32	1,32
2007	8,21	5,05
2008	36,88	34,28
2009	20,72	12,67
2010	12,37	6,84
2011	30,09	11,42
2012	19,17	7,13

WINDSCHUTZANLAGEN/FELDGEHÖLZE

Die Ackerfluren waren in den 1950-60er-Jahren noch kleinstrukturiert, wiesen eine jährlich wechselnde Fruchtfolge auf, und waren meistens von breiten Feldrainen bzw. Hecken begrenzt. Einzelbäume, aber auch kleine Feldgehölze wurden toleriert und lockerten das Landschaftsbild auf; zudem boten sie vielen Tieren und Pflanzen einen artgerechten Lebensraum. Sicherlich war die Bewirtschaftung der Ackerfluren nicht immer ganz leicht, da Bäume zu umfahren waren und keilige Flächen ein oftmaliges Wenden erforderten. Für das Niederwild wie Hase, Kaninchen, Rebhuhn, Wachtel, wie auch die bodenbrütende Vogelwelt bot sich hier ein günstiger Lebensraum. Mit der Durchführung großräumiger Flurbereinigungsverfahren verschlechterte sich der Lebensraum drastisch. Hecken und Raine sowie Einzelbäume wie auch ganze Feldgehölze wurden hierbei beseitigt. Wurde durch die Flächenzusammenlegung und einer damit verbundenen großflächigen Bewirtschaftung die Arbeit des Landwirtes erleichtert, veränderte sich die Landschaft doch merklich. Die großen Flächen waren Sonne und Wind ungeschützt ausgesetzt. Auf den leichteren Böden des Südbezirkes traten nach intensiver Sonneneinstrahlung im Frühjahr/Frühsommer, verbunden mit stärkeren Ostwinden, Verwehungen des Oberbodens auf, die sich bis hin zu Sandstürmen entwickelten. Wenn man dann von Handeloh kommend nach Welle fuhr, war der Ort oftmals kaum zu sehen. Ähnlich war es mit den Flächen von Hermann Kröger und Hermann Bruns aus Handeloh zwischen Handeloh und Höckel. Um hier Abhilfe zu schaffen, habe ich den beiden Bauern empfohlen, Windschutzhecken bzw. Benjeshecken anzulegen. Hermann Bruns verweigerte sich, denn er befürchtete Lagerschäden im Getreide entlang der Hecken und ein verstärktes Auftreten der Euterfliege beim Milchvieh. Sein Nachbar Hermann Kröger jedoch war mit meiner Empfehlung einverstanden, und nach Antragstellung und Bewilligung der Maßnahme legten die Pflanzfrauen des Forstverbandes 3-5-reihige Windschutzstreifen an. Deren Einzäunung gegen Wildverbiss und Fegeschäden führte Hermann Kröger mit seinen Mitarbeitern selbst durch. An anderer Stelle legte der Arbeitskreis Naturschutz von der Samtgemeinde Tostedt unter der Leitung von Reinhard Kempe aus Höckel sogen. Benjeshecken in modifizierter Form an. Das heißt, 2 Reihen gepflanzter Laubbäume und Sträucher wurden mit dem Reisigmaterial ummantelt. Der Anwuchs- bzw. Aufwuchserfolg dieser Hecken war hervorragend, und schon bald konnte Hermann Kröger an seinen Ackerflächen eine Beruhigung des Oberbodens bei starken austrocknenden Ostwinden feststellen. Bei den modifizierten Benjeshecken dauerte der Erfolg etwas länger, denn nicht alles herbeigebrachte Reisigmaterial schlug schnell aus, und es dauerte seine Zeit, bis die gepflanzten Sträucher blühten und fruchteten. Wichtig war auch, dass durch diese Hecken eine Vernetzung der Biotope erfolgte und den verschiedenen Tierarten eine

Windschutzhecke

Windschutzhecke mit „Pflanzgeist“

Windschutzhecke mit Zaun in Ehestorf

Wanderung ermöglicht wurde. Von der Anlage von Feldgehölzen haben wir im Allgemeinen Anstand genommen, da sie zur Verinselung führen und ohne Vernetzung wenig Sinn machen. Eine Hecke soll „unten dicht und oben licht“ sein. Damit dies immer erreicht wird, ist ein „Auf-den-Stock-setzen“ alle 10-15 Jahre notwendig, wobei die Hecke immer nur stückweise zurückgesägt wird. Windschutzanlagen haben wir im ganzen Verbandsgebiet angelegt, verstärkt aber im südlichen Gebiet, da hier die Böden sandiger sind und deshalb stärker zur Winderosion neigen.

Zum Teil wurde auch eine wegebegleitende Bepflanzung durchgeführt, da die öffentlichen Wege in der Feldmark, die eine Breite von 1,5-3 hannoversche Ruten aufweisen, das sind ca.

Modifizierte Benjeshecke bei Hermann Kröger in Handeloh

Windschutzhecke in vollendeter Form – unten dicht und oben licht!

7,00-14,00 m, im Laufe der Zeit von den Bauern bis auf eine Breite von 3-4 m zusammengepflügt wurden. Dies war insbesondere im Raum Buchholz, Sprötze, Reindorf, Dibbersen, aber auch in anderen Gemeinden der Fall. Bei Aussiedlung landwirtschaftlicher Betriebe und der Anlage von Güllelagerungsstätten wurde oftmals von der Genehmigungsbehörde eine Begrünung mit Hecken gefordert und durchgeführt. Auch von Seiten der Landesjägerschaft Niedersachsen und des Landkreises Harburg wurden Förderprogramme für die Anlage von Hecken, Hegebüschen und Feldgehölzen aufgelegt, die von uns auch in Anspruch genommen wurden. Alle diese Windschutzpflanzungen sind betriebswirtschaftlich und ökologisch sinnvoll und verschönern unsere Landschaft, besonders in der Herbstzeit.

UNSERE PFLANZFRAUEN 1964-1978

In den ersten Jahren nach Gründung des Forstverbandes Jesteburg waren ausreichend Arbeitskräfte auf den Höfen beschäftigt, die das Pflanzen bei Aufforstungen durchführten. Wie bereits an anderer Stelle erwähnt, kam es in den nächsten Jahrzehnten zur „Landflucht", und die Kollegen Auerbach und Flach führten die Aufforstungen mit den Waldarbeitern und teilweise deren Frauen und Kindern durch. Ab Beginn der 1960er-Jahre fanden sich dann einige Frauen in Jesteburg und Hanstedt bereit, als sogen. „Kulturfrauen" die Pflanzarbeiten zu übernehmen. Mit dem forstverbandseigenen VW-Bus wurden sie morgens von Förster Flach und später von mir von zu Hause abgeholt und abends wieder nach Hause gebracht. Als „Chefin" erwies sich Adelheid Richers aus Hanstedt als die richtige Person, die ihre Kulturfrauen im Griff hatte und sich gegebenenfalls auch durchzusetzen wusste. Einige der Frauen hatten es finanziell nicht nötig, diese Arbeit zu verrichten, doch sie hatten Freude und Spaß daran. Animiert von den Pflanzfrauen, aber auch von sich aus brachten die Waldbesitzer etwas Hochprozentiges auf die Kulturfläche, damit der „Pflanzgeist" beschworen wurde und die Pflanzen richtig anwuchsen. Einige Baumschulen schickten mit ihren Pflanzenlieferungen gleich etwas „Stoff" mit – so war es bei der Fa. Emmerich aus Celle eine Flasche Ratzeputz, deren Etikett mit der Aufschrift „Beim Pflanzen wärme dich, ein Gruß von Willy Emmerich" versehen war. In späteren Jahren wurde aus dem 2. Frühstück so gegen 9.30 Uhr ein „Sekt-Frühstück", da abwechselnd von den Frauen etwas mitgebracht wurde – einen Grund fand man immer!

Wir gießen gerne mal `n Schluck
in unsere Kehlen rein,
das gibt den Geistern einen Ruck,
nur prima muß er sein!

Der Kahlschlag bei dem Interessentenforst Seppensen im Forstort „Am Thomasdamm" sollte im Frühjahr 1968 auf Waldpflugstreifen mit 1j. Kiefernsämlingen und 2j. Fichtensämlingen aufgeforstet werden. Da wir erst im späten Frühjahr dazu kamen und zwischenzeitlich eine sonnige und von frischen Ostwinden austrocknende Witterung eingetreten war, pflanzten wir die Forstpflanzen mit dem Keilspaten in den „Mull". Der Vorsitzende Arnold Meyer, „Kassbur", und ich als Förster hatten kaum Hoffnung auf ein Anwachsen. Doch nach knapp 2 Wochen setzte anhaltender Regen ein, und die Pflanzung wurde eine der bestgelungensten Kulturen und Bestände!

Bei der Wiederaufforstung der Sturmschadensflächen bei C.F. Tenge-Rietberg in Cordshagen im Jahre 1975/76 pflanzen unsere Kulturdamen in das zwar vermorschte, aber noch vorhandene Reisig hinein. Hierbei passierte es, dass abends ihre Perlonstrümpfe zerrissen waren, worauf mich die Damen natürlich hinwiesen. Ich fuhr am nächsten Tag nach Buchholz und kaufte 30 Paar Perlonstrümpfe, was bei den Verkäuferinnen großes Erstaunen hervorrief!

Wilhelm Cohrs mit Pflanzfrauen am „Reitplatz" in Thelstorf

Wie sehr diese Frauen mit ihrer Pflanztätigkeit verbunden waren, zeigte die Tatsache, dass sie im Sommer und Herbst alleine oder mit Familienanhang losfuhren und sich die Kulturen ansahen. Kauften meine Frau Karin und ich bei Dittmer in Hanstedt ein und trafen eine Pflanzdame, so wusste diese oftmals besser, wie die und die Kultur stand als ich als Förster. Wohl dem, der mit solchen Mitarbeitern seine Arbeit ausführen darf.

Unsere Kulturfeste fanden im Forsthaus oder bei einer der Damen statt und waren ausgiebig und feuchtfröhlich; der Pflanzgeist müsste doch auch im Nachhinein noch belebt

Wilhelm Cohrs bringt Wasser zum Tauchen der Pflanzen

Adele Rieckmann und Elsa Schlumbohm beim Pflanzentauchen

Wiederaufforstung einer Windwurffläche

Die wohlverdiente Frühstückspause im Schutzwagen

werden, damit die Kulturen wuchsen! Frau Herma Menk, die gebürtig aus Holland stammte, hatte eine sehr schöne Stimme. Zu vorgerückter Zeit saß sie auf den oberen Treppentufen zum Obergeschoss und brachte uns allen ein Solo, das mit entsprechendem Beifall und Trunk geehrt wurde. So passierte es einmal, dass ich, der ebenfalls etwas Alkoholisches zu sich genommen hatte, nicht mehr den Bus fahren wollte, um die Frauen nach Hause zu bringen. Wir riefen das Taxiunternehmen Egon Meyer aus Holm-Seppensen an. Es dauerte gar nicht lange, da hatten die etwas angeheiterten Damen unseren Egon so weit, dass auch er nicht mehr fahren konnte. Hilfe kam dann von Egons Frau, die mit etwas säuerlicher Miene die Pflanzfrauen heimkutschierte und dann ihren Egon bei uns abholte. Unsere Damen wurden im Laufe der Zeit älter, und es kam, wie es kommen musste. Nach und nach blieb eine nach der anderen zu Hause oder ging einer anderen Tätigkeit nach, bei der sie nicht immer der oftmals schlechten Witterung ausgesetzt war. Ende der 1980er-Jahre mussten wir dann auf Unternehmereinsatz umschalten und fanden in der Fa. Priebe aus Visselhövede unter Führung der energischen Frau Priebe einen guten Ersatz. Von den zahlreichen Pflanzfrauen aus Jesteburg und Hanstedt leben heute nur noch wenige. Aber selbst heute sind sie noch an den von ihnen gepflanzten Waldbeständen interessiert und besuchen diese hin und wieder.

Wiederaufforstung einer Abtriebsfläche in dem Interessentenforst Ehestorf

Waldbesitzer Jürgen Kohrs mit „Pflanzgeist", daneben Sohn Henning

Voranbau unter Überhaltkiefern

Zum Kulturfest bereit

Die Namen unserer „Kulturdamen“:

Adelheid Richers	– Hanstedt = die „Chefin“
Frau Helga von Felde	– Hanstedt
Frau Renate Jonas	– Hanstedt
Frau Martha Huse	– Jesteburg
Herr Adolf Huse	– Jesteburg
Frau Ursel Hüner	– Hanstedt
Frau Martha Manet	– Hanstedt
Frau Erna Mangler	– Hanstedt
Frau Herma Menk	– Hanstedt
Frau Magdalene Müller	– Hanstedt
Frau Anita Peper	– Hanstedt
Frau Olga Plüschke	– Jesteburg
Frau Adele Rieckmann	– Schätzendorf
Frau Christa Röhrs	– Hanstedt
Frau Elsa Schlumbom	– Hanstedt
Frau Erika Schütt	– Hanstedt
Frau Lya Stegen	– Hanstedt

Unsere Pflanzfrauen, Bürodamen und Försterfamilie sowie FWM Kupfer beim Kulturfest

Das Pflanzerlied

(Melodie: „Mein Vater war ein Wandersmann")

In jedem Jahr zur Frühlingszeit
Da hält uns nichts im Haus
Dann fahren wir, sei's noch so weit
Zum Fuhrenpflanzen raus.

Kommt Förster Gamradt angebraust
Mit seinem Omnibus
Heißt es: nun hurtig aus dem Haus,
denn sonst gibt es Verdruß.

Ja, unser lieber Förstersmann
Ist freundlich und auch gut
Drum pflanzen wir für 'n Forstverband
Mit frischen frohem Mut.

Zwickt auch vom letzten Winter noch
Manch einer ein Wehweh,
Sie tun es mit ins Pflanzenloch
Und rufen laut „Juchhe!"

Es werden Pflanzen eingesetzt
In endlos langen Reih'n,
auch wird mal 'n Bauer aufgehetzt,
„begossen" wollen sie sein.

Wir gießen gerne mal 'n Schluck
in unsere Kehlen rein,
das gibt den Geistern einen Ruck
Nur prima muss er sein.

Zum Wärmen sind zwei Hosen schön,
Doch musst du mal ins Gras,
Vergiss nicht beide auszuziehen,
Sonst wird die eine nass.

Entsteht auch mal ein Wortgefecht,
Doch das kommt selten vor,
Dann geben wir der Klara recht
Und sagen's ihr im Chor:

„Wozu soll'n wir denn streiten,
Dazu sind wir nicht da,
Denn sie soll uns ja leiten
So – as du meenst Berta!"

Das Pflanzen ist ja nun vorbei –
Zum Abschied in ihr Haus,
Lud uns Frau Gamradt heute ein
Zum Schmaus und kühlen Wein.

Bevor es wieder Winter wird,
Werden wir vielleicht bestellt.
Zum Pflanzen sind wir gern bereit –
Wir brauchen Weihnachtsgeld.

„Pflanzfrau" aus der Heide mit Pfeife!

Die Forstbaumschulen

Für die Wiederaufforstung der durch Kriegseinwirkungen und Reparationshiebe entstandenen Kahlflächen, aber auch für die Heide- und Ödlandflächen sowie unrentable Ackerflächen benötigten die Waldbesitzer Saat- bzw. Pflanzgut. Im Staatswald und in größeren Privatforstverwaltungen waren eigene Saatkämpe von alters her vorhanden. In einigen Fällen hatten auch Forstverbände sich entschieden, einen Pflanzkamp einzurichten. Der Forstverband Jesteburg hatte frühzeitig mit der Forstbaumschule August Fleege aus Halstenbeck (Holstein) geschäftliche Verbindung aufgenommen und bezog von dort eine große Menge seiner Forstpflanzen. Damit die Forstbaumschulen über ausreichend Saatgut aus anerkannten Beständen verfügten, fragte das Forstamt Stade der LWK Hannover im September 1955 bei Revierförster Auerbach an, wie der Zapfenbehang in den guten Kiefern- und Fichtenbeständen sei und ob geerntet werden könne. Aus der hiesigen Gegend bezog man Forstpflanzen aus der Baumschule Pengel am Trelderberg und von der Baumschule E. Störger aus Tostedt.

Die vorläufige Landwirtschaftskammer Hannover hatte im Januar 1950 mit dem Landesverband Niedersachsen der Forstsamen- und Forstpflanzenbetriebe e.V. eine Vereinbarung getroffen, die eine Verbilligung der Forstpflanzen um 5 % vorsah. Die Bestellung musste aber durch die Forstdienststellen der Landwirtschaftskammer erfolgen, da diese eine Vermittlungsprovision in Höhe von 2 % bekam. So wurde Kiefernsamen zum Preis von 48,00 DM/kg angeboten, wobei der Waldbesitzer nur 40,00 DM zahlen sollte – die 8,00 DM Differenz galten als Beihilfe des Forstamtes für den Waldbesitzer. In einem Schreiben der vorl. Landwirtschaftskammer Hannover vom 28. Oktober 1953 wird eindringlich darauf hingewiesen, dass bei der Beschaffung von Forstpflanzen und Saatgut grundsätzlich darauf zu achten ist, dass beides aus anerkannten Beständen und der richtigen Herkunft bzw. Standortsrasse stammt. Forstmeister Lücke vom Staatlichen Forstamt Harsefeld zog selbst geeignete Schwarzpappeln der Sorte Pop. robusta und bot diese über das Forstamt Stade an. Mit Schreiben vom 5. November 1956 weist das Forstamt Stade seine Verbands- und Bezirksförster darauf hin, dass die v.d. Wense'sche Forstverwaltung in Ellerbruch bei Basbeck, Krs. Land Hadeln, noch 80.000 Stck. 2j. Fichtensämlinge, 10.000 Stck. 2j. Sitkafichtensämlinge und 10.000 Stck. 2-3j. jap. Lärchen zu 90 % des Listenpreises zu verkaufen hat. Seitens der Landwirtschaftskammer Hannover in Zusammenarbeit mit dem Zen-

Pflanzmaschine der Fa. Priebe, Visselhövede, im Einsatz

tralverband der Forstbaumschulen wird ein zweiseitiges Merkblatt über die Behandlung der Forstpflanzen erarbeitet und ausgegeben.

Selbst im Jahre 1958 erhielt Revierförster Auerbach noch die Anfrage vom Forstamt, ob in seinem Bezirk Kiefernszapfen gesammelt werden sollen. Wenn ja, würde man die neuesten Bestimmungen über Organisation, Durchführung und Kontrolle zusenden. Im Ammerland hatten Waldbesitzer in den eigenen Pflanzgärten u.a. die Westamerikanische Hemlocktanne angezogen und boten 4j.v.30/60 Pflanzen zum Preis von 260,00 DM pro 1.000 Stck. bei 3 % Skonto an. Im östlichen Niedersachsen hatten sich mehrere Forstbaumschulen angesiedelt. So bezogen wir Pflanzen von Fa. H. Rathe aus Wietze-Steinförde, von Fa. Willy Emmerich aus Celle und vor allem von Fa. Ernst Siemer in Wittingen. Leider kam es bei der Fa. Siemer in den 1980er-Jahren zu einem Saatgut-Skandal größten Ausmaßes, da minderwertiges Saatgut – in erster Linie Eichen und Buchen – ausgesät und als hochwertiges Pflanzmaterial verkauft wurde. Wie verheerend sich dies auswirken kann, haben wir an einer Buchenaufforstung bei Paul Schütte in Tötensen erlebt. Nach 6 Jahren Standzeit zeigte sich eine Verbuschung der Krone, und selbst durch heftigstes Schneiden vonseiten Paul Schütte zeigte sich kein stammförmiges Wachstum. Der Bestand musste leider gemulcht werden, ohne dass Schadensersatz geleistet wurde. Wie heißt es so schön: „Neue Besen kehren gut!“ Und mit meiner Übernahme der Leitung des Forstverbandes Jesteburg im Jahre 1966 brachte ich auch die Forstbaumschule Max Ostermann aus Halstenbek als Forstpflanzenlieferant mit ein. Bereits in meiner Lehrzeit bei der Frhr. von Schröderschen Forstverwaltung in Bliestorf, Krs. Hzgt. Lauenburg, hatte ich Max Ostermann kennen und schätzen gelernt. Er ist Erfinder der Einlagerung von Forstpflanzen in Kühlhäusern, um dem frühzeitigen Austreiben entgegenzuwirken und so die Pflanzzeit verlängern zu können. Die Fa. Ostermann hat unter der bewährten Lei-

Forstpraktikant Klaus Bartling bei der Zapfenernte einer Koreatanne

Reife Zapfen der Koreatanne

tung des Eigentümers Joachim Pein und seines Geschäftsführers Kuphalt den harten Verdrängungswettbewerb – Gewährung von 50 % Rabatt, teilweise sogar mehr – zwar überlebt, konnte jedoch nicht die Rücknahme großer Pachtflächen zwecks Bebauung verhindern. Trotz Vorhandensein von großen Sortier- und Lagerhallen verkleinerte man den Betrieb. Seit 2009 führt Frau Imke Bunk im bewährten Stil die Forstbaumschule und beliefert unsere Waldbesitzer mit sehr guten Forstpflanzen.

Im Forstverband Bremervörde e.V. lieferte die Fa. Richard Oldenburg aus Rellingen Forstpflanzen an die dortigen Waldbesitzer. Richard Oldenburg hatte eine relativ kleine Baumschule, arbeitete vielfach noch händisch ohne den überzogenen Einsatz von Chemie und lieferte bestes Material. Um nicht nur an einen Lieferanten gebunden zu sein, kam Fa. Oldenburg bei uns mit ins Geschäft. Bevor der Elbtunnel gebaut wurde, mussten alle Fahrzeuge aus Halstenbek und Rellingen über die ehemalige Ost-West-Straße in Hamburg und dann über die Elbbrücken zu uns in die Nordheide fahren. Richard Oldenburg hatte immer einen Magenbitter mit an Bord, er war tatsächlich magenkrank und musste später auch daran operiert werden. Unklar war mir nur, ob er vor oder nach der verstärkten Einnahme von Magenbitter krank wurde! Da seine Kinder die Forstbaumschule nicht fortführen wollten und ein starker Verdrängungswettbewerb eingesetzt hatte, löste er Ende 1980 seine Firma auf. Kurz vor Hollenstedt wurde um 1980 herum die Forstbaumschule Ralf Lüdemann ansässig, die nach einigen Anlaufschwierigkeiten heute ein gut gehendes Unternehmen ist. Unsere Waldbesitzer beziehen nur in geringem Umfang von dort Pflanzen, da sie, wie gesagt, mit unseren bisherigen Lieferanten zufrieden sind und entsprechend versorgt werden.

Titelseite des Kataloges der Forstbaumschule Ostermann

13. Jungwuchs-, Dickungs- und Bestandespflege

Aufforstungen, wie auch aus natürlicher Ansamung hervorgegangener Jungwuchs (Naturverjüngung), müssen im Wirtschaftswald regelmäßig und richtig gepflegt werden. Die Sämlinge und Jungpflanzen dieser Entwicklungsstufe gehören noch der Krautschicht, bestenfalls bereits der Strauchschicht an und stehen somit in einem harten Lebenskampf. Ohne Hilfe ist ihre Erhaltung weitgehend dem „Zufall" überlassen. Ein Bäumchen aus guter Qualität, in der gewünschten Artenmischung und Struktur und aufgebauten Dickung erhalten wir daher nur bei einer zweckmäßigen Jungwuchspflege. Ausschlaggebend für die waldbaulichen Maßnahmen auf dieser untersten Entwicklungsstufe des Waldes ist nicht das, was beseitigt, sondern das, was geschützt und gepflegt werden muss. Hierbei ist ein besonderes Augenmerk auf den Schutz der GIPFELKNOSPE zu richten. Was an jungen, noch kleinen und schwachen Waldbäumchen hochkommen will und soll, darf nicht den rascher wachsenden und wuchernden Forstkräutern und Gräsern preisgegeben werden. Nasser bzw. abtauender Schnee legt sich auf diese überwuchernden Pflanzengewölbe, und unsere Forstpflanzen verkrümmen oder ersticken. Das Gras sollte vor der Samenreife und wenn nötig im Herbst noch einmal geschnitten werden, damit keine allzu dicken Grasfilze vorhanden sind, in denen sich die Mäuse gerne aufhalten und wintertags zu Schaden gehen können. Besonders zu schützen ist der Jungwuchs vor Stauden, Schlinggewächsen, Adlerfarn und Weichhölzern, vor Brombeeren, vor dem wilden Hopfen, dem würgerischen Geißblatt und insbesondere vor der alles überspinnenden Waldrebe (Leibundgut, Hans: Die Waldpflege, S. 89ff).

Zu den angeflogenen Weichlaubhölzern soll gesagt werden: Hüten wir uns vor dem häufigen Fehler des frühen und gänzlichen Aushiebes der Weichlaubhölzer. Wir vergeben dadurch den Vorteil des Frost- und Sonnenschutzes, der Erhaltung der Bodenfrische und der Verbesserung des Waldbodens durch die beigemischte Laubstreu. Ein kleiner Teil von Weiden sollte übrigens als Wildäsung, Augen- und Bienenweide zur weiteren Samenbildung so lange wie möglich geschont werden. Hier wird des Guten gerne zu viel getan, was ökologisch nicht erforderlich ist und ökonomisch nur Geld kostet. Weichlaubhölzer wie Birken, Weiden, Aspen, Vogelbeere u.a.m. schneidet oder schlägt man nicht kurz über dem Wurzelhals ab, sondern etwa in Hüfthöhe. Die stehengebliebenen Stämmchen sind oftmals ein „Blitzableiter" für den fegenden Rehbock und schlagen im nächsten Jahr wieder aus. Sie produzieren somit organische Substanz, die wiederum gerne vom Wild geäst wird. Schlägt oder schneidet man das bedrängende Weichholz ganz dicht über dem Boden ab, so treibt der Stubben oftmals viele neue Schößlinge aus, und die Arbeit beginnt von vorn. Hinzu kommt, dass dieses Verfahren ergonomisch leichter ist. Unsere Pflegearbeiten sollten möglichst nicht in der ersten Hälfte der Vegetationsperiode stattfinden, da die frischen Triebe besonders der Nadelbäume dann noch zart und zerbrechlich sind und somit schnell beschädigt werden können. Vorgenannte Pflegearbeiten in den Jungwüchsen wurden früher gerne vom „geländegängigen Altenteiler" durchgeführt, der manchmal seinen Enkel mitnahm und so frühzeitig das Interesse am Wald bei ihm weckte.

Auch hier hat leider die Spezialisierung auf den Höfen dazu geführt, dass die Pflegemaßnahme nicht mehr hofseitig erfolgen kann, sondern von Mitarbeitern der Forstbetriebsgemeinschaften oder forstlichen Dienstleistern durchgeführt werden muss. Zum überwiegenden Teil sind die Waldbesitzer auch nicht mehr in der Landwirtschaft tätig und widmen die Wochenenden der Familie.

In der Phase der DICKUNG, also jener Entwicklungsstufe, in der sich die brust- bis mannshohen Bäumchen dicht zusammenschließen, setzt ein intensiver gegenseitiger Wettbewerb um den Wuchsraum ein. Hier geht es vorerst darum, offensichtlich schlecht geformte oder sonst wie unerwünschte Bestandesglieder der Oberschicht, welche bessere bedrängen, zu entfernen. Sobald die gut Veranlagten deutlicher zu erkennen sind, werden sie in einer guten Verteilung nötigenfalls vorsichtig begünstigt. Die heutige Dickungspflege unterscheidet sich von den einstigen „Reinigungshieben" dadurch, dass nicht mehr Jagd auf alles Schlechtwüchsige und für den zukünftigen Bestand Unerwünschte gemacht, sondern sorgfältig auslesend vom Guten ausgegangen und dieses gefördert wird. Auch bei der Dickungspflege soll jeder Eingriff überlegt auf das Pflegeziel ausgerichtet erfolgen, und nicht schematisch.

Am stärksten unterscheidet sich die heutige Waldpflege von der einstigen bezüglich der Behandlung der STANGEN- und BAUMHÖLZER. Bis zur Wende des 20. Jahrhunderts wurde durch den Aushieb der abgestorbenen und unterdrückten Bäume hauptsächlich „Totengräberdienst" geleistet, durch eine negative Auslese das relativ Schlechte ausgemerzt und in die Unter- und Mittelschicht der Bestände eingegriffen. Dann fand, ausgehend von der Schweiz unter dem Einfluss ENGLERS, die Hochdurchforstung Eingang in die Handlungsweise von Forstleuten und Waldbesitzern. Diese schont den dienenden Nebenbestand und begünstigt durch Aushiebe in der Oberschicht die wertvollen Einzelbäume und Baumarten. Die systematische positive Auslese besteht in der Auswahl und der höchsten Qualitätsförderung dienenden Begünstigungen der BESTEN in einer immer strengeren Prüfung. Das Ertragsvermögen des Bestandes wird zunehmend auf diese konzentriert (Leibundgut, Hans: Die Waldpflege, S. 104 ff.). Mit der einstigen Jagd auf die Minderwertigen wurde den besten Gliedern der Bestockung höchstens zufällig geholfen und die Qualität der Bestände nur scheinbar verbessert. Die heutige AUSLESEDURCHFORSTUNG wirkt dagegen tatsächlich qualitäts- und wertsteigernd. Diesen waldbaulichen Notwendigkeiten nachzukommen, haben wir uns stets dadurch bemüht, dass die eingesetzten Mitarbeiter gut ausgebildet waren und klare Arbeitsaufträge erhielten. Dies gilt sowohl für die manuelle Arbeit als auch für den Einsatz von Großmaschinen bei der Holzernte, dem wir uns heute nicht mehr verschließen können.

Einige Bemerkungen zum AUSZEICHNEN der Waldbestände:

Es gab einmal eine Zeit, in der das Auszeichnen der Waldbestände „zu der vornehmsten Tätigkeit der Försters" zählte! Die zu pflegenden Bestände wurden mit dem Reißhaken oder dem Beil im Sommer/Herbst in Ruhe und mit Muße ausgezeichnet. Hierdurch wurden die Bestände geformt und auf ihre spätere Nutzung vorbereitet. Sicherlich hatte jeder Förster hierbei seine spezielle „Handschrift", doch die Grundzüge der jeweiligen Zeit ähnelten sich.

So wurde früher mit dem Reißhaken ausgezeichnet.

Weit sichtbares Auszeichnen mithilfe des Beils

Die heute übliche Art des Auszeichnens mit Sprayfarbe

Die farbliche Grenzmarkierung der Waldflächen ist unbedingt notwendig.

PEFC-konforme Markierung der Rückegassen

Im Winterhalbjahr erfolgte dann der Holzeinschlag, beim Stammholz das Schälen sowie das Aufmessen und Rücken des Holzes. Je nach Bedarf fuhr der Käufer sein Holz zur weiteren Verarbeitung bis zum Frühjahr/Frühsommer aus dem Walde ab. Blieb Stammholz doch etwas länger am Abfuhrplatz liegen, so war die Borkenkäfergefahr durch das Schälen ausgemerzt. Besonders mit dem verstärkten Aufbau der Holzwerkstoff- und Zellstoffindustrie, die das ganze Jahr über mit Holz versorgt sein musste, fing die Zeit des ganzjährigen Holzeinschlages an. Dabei durfte an die Feldmühle nur frisches Holz geliefert werden. Das Stammholz wurde nicht mehr im Walde per Hand, sondern im Sägewerk maschinell geschält. Das begrüßten unsere Waldarbeiter natürlich, denn das manuelle Schälen war eine harte und ungeliebte Tätigkeit. Zu der Zeit, als der Einschlag von Waldarbeitern händisch vorgenommen wurde, schaffte der Förster die Auszeichnungsarbeiten gerade noch. Dies änderte sich grundlegend mit dem Einsatz von Vollerntemaschinen ab Ende der 1970er-Jahre. Der Harvester leistet die Arbeit von ca. 8-10 Waldarbeitern, trotzt schlechtem Wetter und kann dank seiner ausreichenden Beleuchtung selbst in der Dunkelheit eingesetzt werden. Der Einsatz der Harvester wurde besonders bei und nach der Aufarbeitung des Windwurfholzes aus dem November 1972 vorangetrieben. Diese Maschinen werden in Skandinavien, von wo sie zu uns kamen, von Fachleuten gefahren, die so ausgebildet sind, dass sie keine ausgezeichneten Bestände benötigen, teilweise die waldbaulichen Verhältnisse auch einfacher sind. In letzter Zeit müssen sie sogar eine „Green Card" besitzen, aus der zu ersehen ist, dass sie ökologisch geschult sind. Dieses Können und Wissen ist bei den meisten unserer Harvester-Fahrer nicht oder nur bedingt vorhanden, daher kommt es auch heute noch zu Schäden und Zerstörungen im Waldökosystem. Da auch unsere Bevölkerung verstärkt sensibel auf diese Waldbehandlung reagiert, werden teilweise unseriöse und unschöne Artikel in der örtlichen Presse veröffentlicht. Angeheizt wird dieses noch durch ein hohes Maß an Unkenntnis bis hin zur Dummheit.

Das vorherige Auszeichnen der Bestände im Bereich der FBG FV Jesteburg ist nach wie vor gängige Praxis. Damit eine hohe Qualität der Auszeichnungstätigkeit gewährleistet wird, setzt der jeweilige Bezirksförster seit längerer Zeit forstlich ausgebildete Hilfskräfte mit ein. So lernte ich Mitte der 1990er-Jahre über Carsten Komm, der im FoA. Gifhorn eine Bezirksförsterei leitete, den Dipl.-Forstingenieur Matthias Kiefer kennen, der trotz guter Benotung nicht in den Forstbetriebsdienst übernommen wurde. Seine Frau Kerstin dagegen wurde von der Nds. Landesforstverwaltung übernommen. Herr Kiefer gründete ein Forstunternehmen und war sehr viel bei Waldbesitzern der FBG FV Jesteburg mit Holzeinschlag, Pflanzarbeiten, Zaunbau, Wertästung u.a.m. tätig. Ich lernte ihn schätzen und fragte, ob er gewillt sei, beim Auszeichnen mitzuhelfen. Er war sofort einverstanden. Wir besprachen die Vorgehensweise und Stärke des Eingriffs bei den jeweiligen Beständen und fertigten eine Kopie von der Revierkarte. Die Grundsätze der naturnahen Waldbewirtschaftung waren ihm geläufig, und so war und ist er bis heute eine wertvolle Stütze bei den Auszeichnungsarbeiten. Wir wissen alle, dass man nicht von morgens bis abends, tagein, tagaus auszeichnen kann, denn darunter leidet die Qualität der Maßnahme. Diese Hilfskräfte müssen auch anderweitig eingesetzt werden. Die Auszeichnung erfolgt heute mittels Farbspraydose und muss so deutlich ausgeführt sein, dass der Maschinenfahrer problemlos die zu fällenden Bäume erkennen kann, auch bei belaubtem Unterbau. Zusätzlich erfolgt die auch von der PEFC-Zertifizierung geforderte farbliche Markierung der Rückegassen, die mindestens einen Abstand von 20 m aufweisen müssen. Bei nicht ausgezeichneten Beständen braucht der Maschinenführer mehr Zeit für die Aufarbeitung. Dadurch sinkt sein Verdienst, die Sorgfalt der Arbeit leidet, und Beschädigungen im Bestand bleiben nicht aus.

Freistellung der Kultur mit der Motorsense

Seitens des Bundes und der Länder gewährte Fördermittel zur Verbesserung der Struktur in den Jungbeständen wurden regelmäßig für den Waldbesitzer beantragt und gelangten zur Auszahlung. Speziell diese Förderung – Erstattung von bis zu 50 % der anerkannten förderungsfähigen Kosten – sollte als „Hilfe zur Selbsthilfe“ des Waldbauern gesehen werden; doch wo keine hofeigenen Arbeitskräfte zur Verfügung stehen, kann sie auch nicht umgesetzt werden. So übernahmen die Mitarbeiter des Forstverbandes bzw. die eingesetzten Forstunternehmer diese überaus notwendige Aufgabe, und mithilfe der Erlöse aus der Maßnahme bzw. aus ande-

Jungbestandspflege im Laubholz

ren Einnahmen des Waldes/Betriebes wurde die Restfinanzierung getätigt. Im Jahre 1985 wurden 15 Anträge für eine Bestandespflegefläche von 145,00 ha gestellt, die mit zusätzlichen 46.260,00 DM gefördert wurden. Dagegen waren es im Jahre 1990 nur 4 Anträge mit 19,7 ha und 5.980,00 DM Fördersumme, da zu dieser Zeit der Holzmarkt auf Hochtouren lief und wir sehr stark mit dem Holzeinschlag beschäftigt waren. Im Jahre 1990 kam es dann zu verheerenden Sturmwürfen im südlichen Teil Deutschlands. Bei uns belief sich die Windwurfmenge auf ca. das 1,5 -Fache des jährlichen Einschlages. Nach Aufarbeitung der Windwurfmengen aus 1992-93 kam es wieder zur verstärkten Tätigkeit in der Bestandespflege, da der Holzmarkt gesättigt war. Für 11 gestellte Anträge mit 120,1 ha Pflegefläche im Jahre 1994 wurde eine Fördersumme von 54.850,00 DM zur Verfügung gestellt und an die Waldbesitzer ausgezahlt. 1998 waren es 12 Anträge mit 135,8 ha und einer Fördersumme von 69.060,00 DM, 2002 dagegen nur noch 4 Anträge mit 16,5 ha und 4.372,00 DM Fördersumme.

Die Liebe zum Wald und die Freude an der Waldpflege müssen beim BETRIEBSLEITER beginnen. Von ihm soll die Arbeitsfreude ausgehen und von den FÖRSTERN auf die MITARBEITER übergreifen, denn erst wenn sie sich als notwendiges Glied in der Kette der waldbaulichen Organisation fühlen, können sie in der Waldarbeit Befriedigung und nicht bloß Beschäftigung finden. Wenn auch immer mehr Motoren und Maschinen im Wald verwendet werden, dürfen wir gerade im Waldbau den „Faktor Mensch“ nicht unterschätzen. Unsere Mitarbeiter sind keine Maschinen, sondern Lebewesen mit einem Geist und einer empfindlichen Seele. Sie sind nicht Halb- oder Vollautomaten und benötigen nicht bloß materielle Energiequellen zum Antrieb; sie brauchen Interesse und Freude an der Arbeit, wofür wir nicht weniger Verantwortung tragen als für einen gerechten Lohn.

WALDPFLEGE BEDEUTET VOR- UND FÜRSORGE – FÜR WÄLDER UND MENSCHEN.

14. Wertästung

In den ersten Jahren nach Ende des Zweiten Weltkrieges lag das Augenmerk des Waldbauern und der betreuenden Forstleute auf Erfüllung der zu liefernden Holzmengen an die Bevölkerung, insbesondere in den Großstädten bzw. den Reparationsauflagen an die Siegermächte. Hinzu kam, dass mit dem jetzt knappen und damit wertvollem HOLZ kriegsbedingte Schäden an und auf den Höfen behoben werden konnten bzw. notwendige Anschaffungen vorgenommen wurden. Nach Gründung des eigenen Forstverbandes Anfang der 1950er-Jahre erfolgte zwangsläufig die Wiederaufforstung der Kahl- bzw. Ödland- und Heideflächen, wenn sie nicht einer landwirtschaftlichen Nutzung zugeführt wurden, teilweise in Form von Siedlerstellen für Heimatvertriebene und Flüchtlinge. Es ging darum, sehr schnell Holz zu erzeugen, um den steigenden Bedarf decken zu können. Der Flurholzanbau mit Pappel, Baumweide und Erle hatte in dieser Zeit Hochkonjunktur. Jetzt setzte sich die die Ästung der Pappel als Pflegemaßnahme und zur Schaffung von Wertholz durch. Der Verkauf von schälfähigem, also astreinem Pappelstarkholz an die Zündholzfabrik in Lauenburg/Elbe Ende der 1950er-Jahre erbrachte einen Festmeterpreis von 100-130,00 DM! Deutschland besaß zu der Zeit noch das Zündholzmonopol = Marke WELTHÖLZER. In diese Zeit fiel auch die Wertästung einiger Douglasien- und Lärchenbestände unter Federführung von Revierförster Flach, so in Höckel, Lüllau und Sottorf.

Geästete Douglasie im „Stuck“ des Interessentenforst Dibbersen. Im Hintergrund geästete Küstentanne

Der Wert und die Verwendbarkeit von Holz hängen zum einen von der jeweiligen Holzart, dem Durchmesser, dem Jahrringaufbau und der zur Verfügung stehenden Menge ab, zum anderen aber auch von der Anzahl, dem Durchmesser und Verteilung der Äste am und ganz besonders im Schaft. Ästigkeit erschwert die Bearbeitung – z.B. das Schleifen und Hobeln –, führt zu einem inhomogenen Holzaufbau und vermindert oftmals die Ästhetik des Furnier- und Schnittholzes. Die Festigkeitseigenschaften können bei gewissen Verwendungen vermindert werden. Es soll jedoch nicht unerwähnt bleiben, dass gesunde Äste im Holz erst das Schöne und Lebendige des Holzes ausmachen, denken wir nur an die Möbel der Fa. Ikea, die Wand- und Deckentäfelungen aus Zirbelkiefer von Pensionen und Gasthäusern in Österreich und Bayern mit ihrer ansprechenden Holzmaserung.

Welche Holzarten sollten geästet werden? Hierbei muss unterschieden werden zwischen den Holzarten, die natürlich ihre toten Äste schnell verlieren (Totastverlierer) und jenen, bei denen die natürliche Astreinigung sehr langsam läuft (Totasterhalter). Bei den Erstgenannten reicht im Allgemeinen die waldbauliche Standraumregulierung, um Wertholz zu erzeugen. Bei den Nadelhölzern, der Wildkirsche, der Pappel und der Birke ist eine Ästung erforderlich. Dieses Wissen um die Ästungsnotwendigkeit einiger Holzarten zwecks Wertholzerzeugung ist nicht neu, schon vor über 100 Jahren hatten Forstleute und Waldbesitzer dies erkannt. Genauso lange beschäftigt man sich mit der richtigen Technik des Arbeitsverfahrens, den passenden Geräten sowie dem Zeitpunkt der Ästung. Mit dieser forstlichen Pflegemaßnahme will ich erreichen, dass im Laufe der nächsten Jahrzehnte genügend astfreies Holz heranwächst. Je früher die Ästung einsetzen kann, desto mehr astreines Holz kann zuwachsen, desto höher ist der Erfolg der Maßnahme. Ein nennenswerter Totastbereich hat sich im unteren Schaftbereich dann ausgebildet, wenn ein BHD von mindestens 10-15 cm („Bierdeckelgröße") erreicht worden ist. Für die Überwallung der Aststümpfe erfordert es weitere 2-5 cm, sodass mit der Bildung von astreinem Holz bei einem BHD von 15-20 cm gerechnet werden kann. Es ist nicht verkehrt, auch ältere, geeignete Bäume zu ästen, wenn ein Zieldurchmesser gesichert ist, bei dem noch 2/3 des jetzigen Durchmessers an astreinem Holz zuwachsen kann. Damit die Abkapselung der Aststümpfe problemlos erfolgen kann, sollten Trocken- und Grünäste nicht stärker als 5 cm sein. Die Überwallungsgeschwindigkeit ist eine Funktion der Vitalität des Einzelbaumes. Die Ästungshöhe richtet sich nach der Baumart, der Wüchsigkeit und den entstehenden Kosten. Im Allgemeinen strebt man eine Ästungshöhe von 6 m an, wobei diese Höhe in 2-3 Stufen erfolgen soll. In Rotwildgebieten ist dies der Fall, wo zuerst eine Höhe von ca. 2,50 m geästet wird, damit Schälschutzmaßnahmen angebracht werden können. Hochastungen bis zu 10 m mit Spezialleitern, Hubwagen o.ä. scheitern meistens an den hohen Kosten. Man hat errechnet, dass ein Erdstammstück von 14 % der Baumlänge – bei einer Baumhöhe von 30 m wären das 4,20 m – ca. 50 % des gesamten Baumholzwertes darstellt. Mit der Wertästung ist immer eine gezielte Förderung der geästeten Stämme verbunden, d.h., die Kronen müssen entsprechend freigestellt werden. Bei Douglasie, Kiefer sowie eur. und jap. Lärche gehen wir von 100 Stck./ha zu ästender Bäume aus, hingegen bei Fichte, Wildkirsche und Birke von 130-150 Stck./ha.

Die Wertästung sollte so durchgeführt werden, dass mindestens 50 % der Baumlänge als produzierende Krone bleibt. Kleinere Kronen führen zur Schwächung des Baumes, eventuell setzt der Baum um, und es kann zu unerwünschten Jahrringsprüngen kommen. Lediglich bei der Wildkirsche sollte in der Jugend eine Verkleinerung der Krone auf ca. 25 % erfolgen, damit der Leittrieb gerade nach oben wächst und keine Stammverformungen passieren, wozu die Kirsche neigt.

Eine farbliche Markierung der zu ästenden Bäume ist nur bei der ersten Festsetzung erforderlich, da die Ästung noch nach 100 Jahren zu erkennen ist und die Waldästhetik gewahrt bleibt. Die Trockenästung kann das ganze Jahr über erfolgen, wobei es in der Saftzeit leicht zu Rindenverletzungen kommen kann. Wegen diesem Risiko hat man lange eine Ästung in der Vegetationszeit gemieden. Es hat sich jedoch gezeigt, dass die im Rahmen der Überwallung und des Wundabschlusses erforderlichen Umstellungen im Zellstoffwechsel der betroffenen Zellpartien während der Vegetationszeit schneller ablaufen, sodass heute unmittelbar vor oder während der Vegetationszeit geästet wird. Bei der Douglasie verbietet sich eine Ästung außerhalb der Vegetationszeit, da ansonsten ein Befall mit Phomopsis pseudotsugae erfolgt, was zum Absterben führen kann. GRÜNÄSTUNG bei Douglasie und Tanne/Küstentanne zwecks Schmuckreisiggewinnung im November/Dezember sollte nur unter Belassung von 10-20 cm langen Aststummeln erfolgen, die später nachgeästet werden müssen. Die Fichte kann das ganze Jahr über problemlos grüngeästet werden, soweit keine Rinden- bzw. Stammverletzungen verursacht werden.

Die manuelle Ästung erfolgte mit der Dauner Handsäge mit flachem Bügel bis 2-2,5 m Höhe. Die nächste Stufe wurde mit einer 3,5 m und die letzte mit einer 5 m langen Holzstange durchgeführt, an der die Dauner Ästungssäge mit einer Tülle befestigt war. Da der Transport der 5 m langen Holzstangen schwierig war, erfand man Leichtmetallstangen zum Zusammenstecken. Heute verfügen wir über leichte Teleskopstangen aus Kunststoff, die selbst bei 6 m Höhe nicht durchbiegen. War die Bezahnung in der ersten Zeit die „fortlaufende Dreiecksbezahnung“, besitzen wir heute Spezialsägen, sogenannte Blattsägen, teilweise mit Rückenverstärkungen gegen Verkantung und Bruch, die „auf Zug arbeiten“. Eine davon ist die bekannte Hengst'sche Säge bzw. die Sandvik-Bushman-Stangensäge. Alle diese Sägen verfügen über ein hochgehärtetes Sägeblatt, ein Nachschärfen ist im Allgemeinen problematisch. Wichtig ist, dass die Sägeblätter möglichst jeden Abend, besonders bei Grünästen, vom anhaftenden Harz gesäubert werden.

Nachdem ich die Leitung des Forstverbandes Jesteburg übernommen hatte, folgte eine verstärkte Ästungstätigkeit. Ich setzte meine Erfahrungen, die ich bei der Frhr. von Schröderschen und Graf von Westphalenschen Forstverwaltung sowie im Forstverband Bremervörde e.V., wo u.a. Pappel-Versuchsflächen vorhanden waren, gewonnen hatte, zielstrebig um. Die Ästung von Douglasie, Küstentanne, Ahorn und Wildkirsche gehörte bei den beiden erstgenannten Forstverwaltungen zur generellen Waldbauvorgabe. Hier wurden selbst die jungen Eichenbestände mit dem schweren Dauer-Schäleisen an einer 3-5 m langen Holzstange von den Wasserreisern befreit. Teilweise

Einschnitt unseres astfreien Ki-Wertholzes aus Holm

wurde die Wertästung mit 50 % der Kosten aus öffentlichen Mitteln gefördert. Das sollte ein Anreiz für den Waldbesitzer sein, diese wertschaffende Tätigkeit in Eigenarbeit durchzuführen. War dies, aus welchen Gründen auch immer, nicht möglich, wurden verbandsangestellte Mitarbeiter oder Forstunternehmer eingesetzt. Forststudenten, die in den Semesterferien sich gerne etwas dazuverdienen wollten, ästeten viele Kiefernbestände im Bereich der Gutsforst Holm. Sicherlich war die Anzahl von 300-500 Stck./ha nach heutigen Erkenntnissen etwas zu hoch, doch im Rahmen einer notwendigen Durchforstung entnommene, geästete Kiefern bringen bereits nach 30-40 Jahren qualitativ hervorragende Nutzholz-Abschnitte. In den Wiederaufforstungsflächen des Sturmes vom November 1972 bzw. 1992/93 mit einem Ausmaß von rd. 1.000 ha wurden konsequent alle Douglasien, Küstentannen, eur. u. jap. Lärchen sowie gutveranlagte Kiefern bis auf 6 m Höhe geästet. Bei Wildkirsche, Ahorn und Eiche lässt die Wertästung noch etwas zu wünschen übrig, und es besteht Nachholbedarf. Einer der ersten Douglasienbestände, die während der Dienstzeit vom Kollegen Flach bis auf 4 m Höhe und während meiner Zeit dann bis auf 6 m Höhe geästet wurden, befindet sich im Besitz von Harald Matthies in Höckel, im Forstort Hamburger Berg. Zu erwähnen ist auch Hans-Heinrich Kröger aus Vaensen, der die Douglasien, Küstentannen und Lärchen in den Forstorten Königsgrund und Am Kleckerwald mit seinem Bruder und Freunden bis auf 6 m Höhe selbst geästet hat. Ebenfalls in Eigenregie ästete Gustav Otten in Sottorf die bereits vor dem Sturm 1972 unter Altkiefern gepflanzten Douglasien. Ewald Behr als Vorsitzender des Interessentenforst Buchholz hatte in der Abt. 16B im Suerhop 1950 jap. Lärchen (wahrscheinlich Hybridlärchen) und zusammen mit Oberförster Flach 1966 Douglasien pflanzen lassen. Auch hier zeigt sich ein hervorragendes Wachstum, leider wurde die Ästung versäumt. Größere geästete Bestände finden wir in der Gutsverwaltung Holm und bei Dieter Maiweg in Cordshagen-West. Im Jahre 1967 hatte ich bei Werner Hartmann in Dangersen in der Abt. 9N einen grobastigen Kiefernbestand durchforsten lassen, bis auf einen Schirm von 0,4 Bestockungsgrad. Diese Fläche wurde im Frühjahr 1968 mit 3j.v.20/40 Douglasien und Küstentannen auf Waldpflugstreifen unterbaut und gegen Wildverbiss und Fegen gezäunt. Die heute 49j. Küstentannen und Douglasien wurden bis auf 6 m Höhe geästet und zeigten so einen enormen Zuwachs, dass ich von Forstpraktikanten den Brusthöhendurchmesser kluppen und die Höhe messen ließ. Auf einer Revierkarte wurden die nummerierten Bäume eingetragen. Die Leistungsklasse liegt bei beiden Holzarten heute bei 15. Des Weiteren stocken bis auf 6 m Höhe geästete Douglasien, Küstentannen und Lärchen u.a. bei Marcus Meier im Forstort Vor den Lohbergen, bei Hermann Klockmann und Renate Kröger aus Lüllau bzw. Wiedenhof im Forstort Hassel. Teils in Eigenarbeit, teils von unseren Mitarbeitern durchgeführt, finden sich Ästungsbestände im Forstort Stuck des RV Interessentenforst Dibbersen. Im gesamten Bereich des Forstortes Am Kleckerwald wurde bei den Waldbesitzern Dieter und Giesela Parl, Ralf Stege und Martin Schröder sowie Hans-Heinrich Peters in Eickstüve geästet. Diese Aufzählung muss unvollständig bleiben, da in allen Beständen, die nach dem Sturm von 1972 aufgeforstet wurden, eine Wertästung stattfand.

Diese Vorgehensweise wird von meinem Nachfolger, Herrn FA Torben Homm, genauso gesehen und umgesetzt, auch wenn es heute keine öffentlichen Fördergelder mehr für die Wertästung gibt, was sehr zu bedauern ist.

Erlen-Wertholz aus dem Walde von Wilhelm Cohrs – Thelstorf. Käufer: Fa. Niermann – Hannover

Geästete Wertholzkiefer

15. Forstschutz

Borken- und Rüsselkäfer, Wildschaden, Sturmschaden, Trocknis, Neuartige Waldschäden, Waldbrand.

Die Wälder im Bereich der FBG FV Jesteburg blieben nicht von Forstschädlingen verschont. Ein Hinweis hierfür ist der einstige Name der heutigen Waldklinik Jesteburg, er lautete „Waldsanatorium RÜSSELKÄFER". Noch heute ziert ein eiserner Rüsselkäfer den Eingang der Klinik. Wie kam es zu dieser Namensgebung? Lesen wir, was der HEIMATSPIEGEL vom 20. Mai 1950 darüber berichtet:

„Im Juli 1911 entstand auf dem Jesteburger Hundsberg am westlichen Rande des Ortes ein größerer Waldbrand. Wanderer hatten am offenen Feuer abgekocht, sich sorglos gelagert und nicht auf das Feuer geachtet. Rasch fraß es um sich, nahm Besitz von der Heide und dem Baumbestand. Hellauf loderten die Flammen, fraßen sich schnell weiter, im trockenen Unterholz reichlich Nahrung findend. Feuerhörner gellten, schnell rückten die Wehren an, das Feuer zu bekämpfen. Der Wind frischte auf, Feuergarben vor sich hertreibend, in Richtung Dorf Itzenbüttel. Bald war das Dorf vom Feuer erreicht, und vier Häuser gingen in Flammen auf. Die Waldungen zwischen dem Hundsberg, Jagen eins und zwei des Kleckerwaldes und des Itzenbütteler Bauernwaldes waren vernichtet. 1912 wurde durch die königliche Forstverwaltung bereits mit der Neuaufforstung begonnen. Kiefern wurden gepflanzt, dazu einige Stücke mit Fichten. Völlig unerwartet hatte sich der große braune Rüsselkäfer kalamitätsartig in den Stubben der Waldbrandfläche vermehrt und begann mit seinem Vernichtungsfraß der jungen Kiefern und Fichten. Die Forstverwaltung ließ flache Gruben und Gräben anlegen, unten breiter als oben. Grüne Kiefernzweige und Kienholzspäne kamen als Lockfutter hinein. Man machte es sich zunutze, dass der Rüsselkäfer nur bei Sonnenschein seine Flüge unternimmt, bei Regenwetter und bei Nacht jedoch nur am Boden kriecht. In den frühen Morgenstunden wurde den Gruben die Beute entnommen. Haumeister Johann Salowsky sammelte mit seinen Waldarbeitern die Rüsselkäfer in große Gefäße, in denen sie mit kochendem Wasser übergossen und damit getötet wurden. An einem Sonntagmorgen wurden allein über ein Zentner Käfer gefangen, für die 70 Pfennige pro Kilo von der Forstverwaltung bezahlt wurden. Haumeister Salowsky war damals Eigentümer eines größeren Waldgrundstückes, das auch aufgeforstet wurde. Er suchte um Erlaubnis nach, um auf diesem idyllisch gelegenen Platz alkoholfreie Getränke in einer „Waldklause" auszuschenken, kamen doch damals bereits die ersten Wanderer in diese Gegend."

Hermann Löns hatte in seinen Büchern und Schriften die Schönheit der Heide besonders hervorgehoben, nachdem vorher Reisende die Lüneburger Heide als öde und grausige Sandwüste dargestellt hatten. Es entstand im Frühjahr 1912, aus Schwartenholz erbaut, unten mit Feldsteinen ausgelegt, eine Schänke, die er den Namen „WALDSCHÄNKE ZUM RÜSSELKÄFER" gab. Bereits 1913 verkaufte er die Waldschänke an Wilhelm Buhr, den Inhaber des bekannten Gasthauses in Jesteburg. Der Verkehr wuchs, die Wochendhäuschen („Heidehäuser") entstanden auf den mehr oder weniger bewaldeten Höhen der Heidelandschaft. Als Hochzeitsgeschenk bekam die Waldungen und die Waldschänke „Rüsselkäfer" Buhrs Tochter Anneliese, als sie die Gattin des Maurermeisters Heinrich Aldag wurde. 1926 baute dieser ein schönes großes Steinfachwerkhaus. Der „Werwolf", in dem sich die Hamburger Wochenendhausbesitzer vereinigten, wählte den „Rüsselkäfer" zu seinem Verkehrslokal. Die Zeit verging, aus der Waldschänke wurde in den Kriegsjahren 1939-1945 ein Reservelazarett. Als das Ehepaar Aldag am 1. Januar 1948 wieder die Geschäfte übernahm, war aus dem ehemaligen Ausflugslokal und dem Kriegslazarett eine Lungenheilanstalt geworden, das „Waldsanatorium Rüsselkäfer".

1951 übernahmen Sohn Hans Hinnerk Aldag und seine Frau Gerda, geborene Albrecht, die Heilstätte. Weitere Umbauten erfolgten, die TBC ging ab 1970 infolge neuer Forschungen und Heilmethoden drastisch zurück. Über eine physikalische Therapiebehandlung, Behandlung neurologisch-orthopädischer Erkrankungen, führte der Weg zur heutigen Rehabilitationsklinik für neurologisch-neurotraumatologisch und orthopädisch Erkrankte. Hinnerk Aldags Sohn, Dr. Hans-Heinrich Aldag, wurde 1988 Geschäftsführer und 1992 Miteigentümer der Klinik. Im Jahre 2012 wurden ca. 180 Patienten von ca. 300 Mitarbeitern betreut. Die Waldklinik Jesteburg genießt einen landesweit sehr guten Ruf. Soweit unser kurzer geschichtlicher Rückblick, der mit einer Rüsselkäferplage im Jahre 1911 begann.

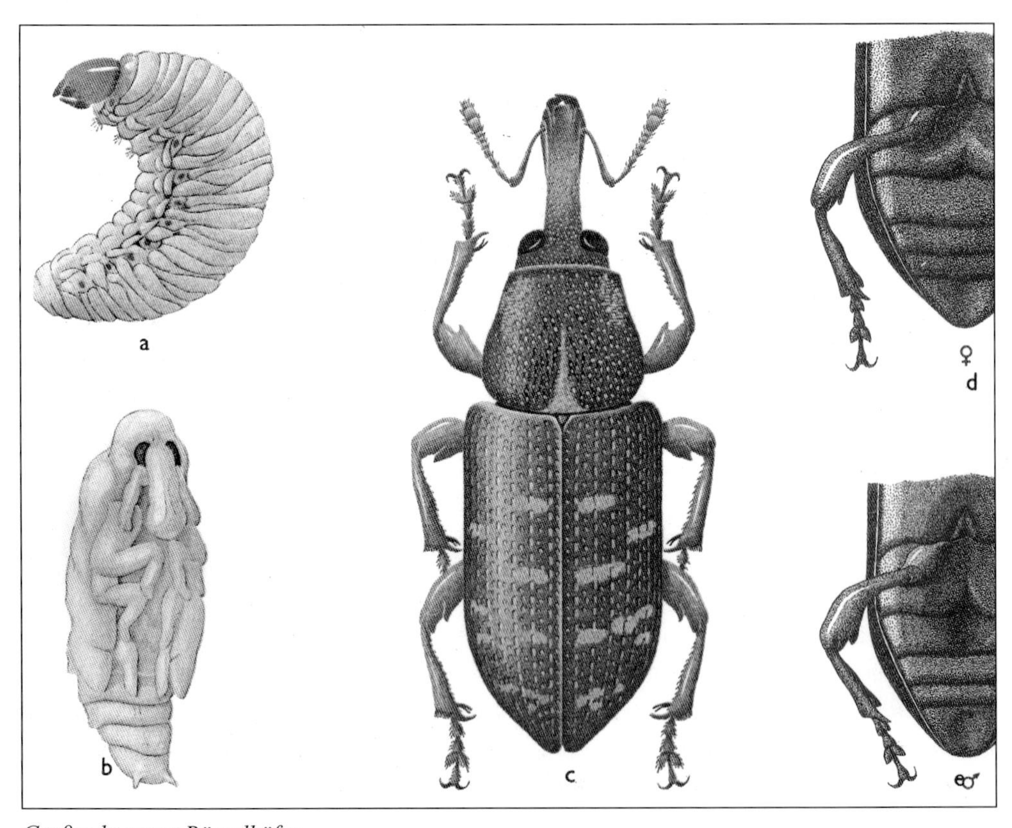

Großer brauner Rüsselkäfer

Fraßbild der jungen und alten Rüsselkäfer

Doch auch in späteren Jahren trat der Rüsselkäfer mehr oder weniger stark auf, da im Rahmen der Kahlschlagwirtschaft immer wieder frische Stubben für die Vermehrung des Rüsselkäfers geschaffen wurden. Der Käfer hat im Allgemeinen eine 2-3j. Generation, das heißt, der Jungkäfer erscheint nach Eiablage über Larven- und Puppenstadium im Frühsommer des 3. Jahres. So geschah es auch im Jahre 1975 auf den wiederaufgeforsteten Windwurfflächen aus 1972: Plötzlich schädigte der Rüsselkäfer die Neuaufforstungen so stark, dass Nachbesserungen nötig wurden. Als kurzfristige Maßnahme blieb nur der Einsatz von Insektiziden wie DiDi-Tan-Ultra bzw. Gusation, wobei selbst bei diesen Mitteln die 5-fache Dosierung gegenüber einer normalen, z.B. bei Borkenkäfern, erforderlich ist, um den Rüsselkäfer abzutöten. Als vorbeugende Maßnahme wurde der oberirdische Teil der Forstpflanzen von den Kulturfrauen in einer Mittellauge getaucht, und man ließ das Mittel antrocknen, bevor gepflanzt wurde.

Ähnliches ist von den rindenbrütenden BORKENKÄFERN zu berichten. Stets infolge von Windwurfkalamitäten ist nach ca. 3 Jahren mit einer kalamitätsähnlichen Vermehrung der Borkenkäfer (Buchdrucker und Kupferstecher) zu rechnen, speziell wenn regenarme, trockene Jahre folgen. Vorgenannte Borkenkäfer befallen fast ausschließlich die Fichte. Nach den Windwürfen von 1955, 1962, 1972, 1992-93 bestätigte sich dies, und es mussten erhebliche Anstrengungen unternommen werden, um den Befall in Grenzen zu halten. Ein gewisser Anfall von Käferholz ist jedoch unvermeidbar.

10 NORDHEIDE/SEEVETAL Freitag, 14. Mai 1993

Borkenkäfer macht Forstamt Sorgen

Die Schädlinge breiten sich an den umgestürzten Bäumen immer weiter aus

Im Kampf gegen den Borkenkäfer wurden bereits 120 Fallen aufgestellt.

Unter der Baumrinde hat sich der Schädling eingenistet. Fotos: eh

Von **Uwe Hansen**

Buchholz. Das große Aufräumen in den Forsten in und um Buchholz nach den großen Windbruch-Schäden, die vor allem der Tornado vom August und der Sturm vom November letzten Jahres hinterlassen haben, hat begonnen. Doch leicht hat es dabei Forstbetriebsgemeinschaft „Forstverband Jesteburg" nicht.

Von Fischbek bis Welle hat die Forstgemeinschaft insgesamt 6000 Hektar Wald zu betreuen. Davon 75 Hektar für die Stadt und Stadtwerke Buchholz. Und da sind die Schäden nach dem Tornado, der am 9. August 1992 über das Stadtgebiet fegte und sich dann teilte, sowie nach dem Herbststurm vom 24. November am schlimmsten, wie die umgestürzten Bäume im Stadtpark und an der Bendestorfer Straße sowie im südlichen Sprötze, nördlichen Holm-Seppensen und anderen Waldgrundstücken zeigen.

Nach den Windbrüchen scheint der schlimmste Feind des Waldes – als Folge der immer noch anhaltenden Schadensbereinigung der Sturmschäden aus dem Jahre 1990 – jedoch erst anzurücken: Der Borkenkäfer und andere Wald-Schädlinge (vor allem Buchdrucker und Kupferstecher). Sie nämlich haben durch das in

Fortsetzung Seite 11

Lebensbedingungen des Borkenkäfers

Der Borkenkäfer gehört zu den gefährlichsten Schadinsekten der Forstwirtschaft. Er ist ein Sekundarschädling, daß heißt, er bevorzugt besonders gern kränkelnde und absterbende Bäume als Lebensraum.

Beim Vorhandensein besonders günstiger Lebens- und Vermehrungsbedingungen – wie zum Beispiel umgestürzte Bäume – kann er durch Massenvermehrung zum Primärschädling werden.

Er befällt dann auch gesunde Bäume und bringt sie zum Absterben. Er bevorzugt in erster Linie zur Vermehrung trockenes und warmes Wetter in der Vegetationszeit und stört damit den Wasserhaushalt der Bäume. (eh)

Bodenverhältnisse begünstigen Windbruch

Es zeigt sich immer wieder, daß Bäume nach Rodungen von Bauflächen völlig anderen Windverhältnissen ausgesetzt sind und diesen nicht standhalten können. Dieses Problem wird noch durch die in und um Buchholz herrschenden Bodenverhältnisse – eine relativ dünne Oberbodenschicht auf Sand – verstärkt.

Die Bäume wurzeln hier nur im Oberbodenhorizont. Da zwischen den einzelnen Bodenhorizonten keine starke Verbindung herrscht, sind insbesondere die Flachwurzler wie Fichte, Birke und Rotbuche windbruchgefährdet.

Der Eingriff ist schwerwiegend. (eh)

Der Borkenkäfer macht uns Sorgen

Teilweise wurden im Bereich der FBG FV Jesteburg bis zu 200 Käferfallen aufgestellt, die mit entsprechenden Pheromonbeuteln beschickt und kontrolliert werden mussten. Die Fallen dürfen weder zu weit noch zu dicht an die Bestandesränder der Fichten aufgestellt werden. Durch die Pheromone angelockt, sollen die Käfer über die Schlitze in die Fallen fliegen. Kommen zu viele Käfer oder steht die Duftwolke zu hoch, dann fliegen die Käfer vorbei und befallen direkt die Bestände. In neuester Zeit stellt man Fangholzstapel auf, die ebenfalls mit Pheromonbeuteln bestückt, aber auch begiftet sind. Eine enge Zusammenarbeit mit der Niedersächsischen Forstlichen Versuchsanstalt hat uns viele An-

Forstamt läßt die Wälder aufräumen

Nach den schlimmen Windbrüchen ist der Borkenkäfer der „Feind“ der Bäume

Fortsetzung von Seite 10

drei Jahren nicht abgeräumte Massenvermehrungsmaterial große Kulturen entstehen lassen, die jetzt die Wälder in Gefahr bringen, abzusterben.

Forstamtmann Uwe Gamradt aus Holm-Seppensen und Hermann Becker als Erster Vorsitzender der Forstgemeinschaft haben bereits bei den Kommunen aus dringenden Forstschutzgründen Alarm geschlagen und Zuschüsse für die alsbaldige Aufarbeitung der Windbruchschäden gefordert. Von Niedersachsen kann nämlich keine Hilfe erwartet werden.

„Die Schwachholzsortimente aus den Windwürfen lassen sich nicht mehr kostendeckend aufarbeiten“, sagen Gamradt und Bekker. „Durch einen katastrophalen Preis- und Absatzverfall insbesondere auf dem skandinavischen Zellstoff- und Papiermarkt sowie durch die Einfuhr osteuropäischer Billighölzer erzielen die hiesigen Waldbesitzer Mindererlöse, die die Land- und Forstwirtschaft nicht mehr aus privaten Mitteln bei dem großen Bedarf der aufzuräumenden Wälder tragen können“, ist das Argument von Uwe Gamradt.

Viel zu lange bleibt das Holz aus Windbrüchen im Wald liegen – weil die Käufer fehlen.

Pro Festmeter Holz 100 Mark weniger Erlös

Für einen Festmeter wird derzeit 100 Mark weniger Erlös erzielt als vor den Windbruchzeiten. Uwe Gamradt hat derzeit trotzdem 25 Waldarbeiter im Einsatz, um die verbliebenen Waldbestände vor größerem Schaden zu bewahren und damit Schutz- und Erholungsfunktion der hiesigen Wälder weiterhin zu gewährleisten.

Ob ihm das gelingt, das weiß er selbst nicht abzuschätzen. „Wichtig ist jetzt der schnelle Verkauf des Holzes und dessen Abfahren aus den Wäldern. Nur so ist zu erreichen, daß den Schädlingen das Vermehrungsmaterial nicht mehr zur Verfügung steht“, sagt Uwe Gamradt.

Allein im Kampf gegen den Borkenkäfer sind prophylaktisch 120 Fallen mit Duftstoffen als Lockmittel in den Wäldern aufgestellt, die Tausende von Schädlingen wegfangen und ihren Bestand verringern. Aber im Grunde ist das bei der sich in den letzten drei Jahren gebildeten Vielzahl der Kulturen nur ein Tropfen auf den heißen Stein. Uwe Gamradt: „Das Aufräumen in den Wäldern muß forciert werden.“

Für die im Buchholzer Stadtpark umgestürzten 25 Bäume wurde bereits Ersatz gepflanzt.

Als Folge von Windbrüchen sieht es derzeit in den Wäldern des Landkreises Harburg ziemlich übel aus. Die Forstwirtschaft hat bei den Aufräumungsarbeiten alle Hände voll zu tun. Foto: eh

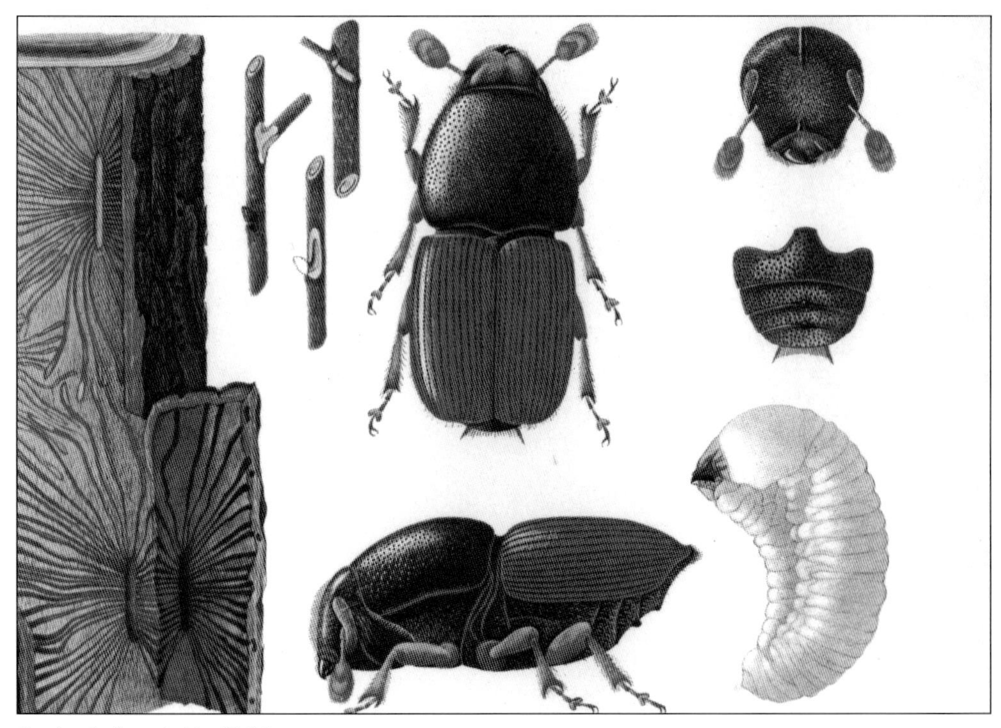

Borkenkäfer mit Fraßbild

Befall einer Fichte durch Borkenkäfer (Buchdrucker und Kupferstecher)

Borkenkäferfalle der neuesten Generation

regungen gebracht. Hier war es im Besonderen Herr Georg Watzek, mit dem uns ein freundschaftliches Verhältnis verband und von dessen hohen Erfahrungsschatz wir profitieren konnten. Leider verstarb er nach einer schweren Erkrankung im Oktober 2010, was uns sehr betroffen gemacht hatte. Mit ihm zusammen haben wir das Verbrennen des Reisigs durchgeführt, das Abdecken mit Folien, Fangbäume geschlagen, plätzeweise geschält und partiell begiftet u.v.a.m.

Eine saubere Forstwirtschaft ist aber immer noch die beste Maßnahme, um u.a. nicht durch Borkenkäferkalamitäten hohe Substanz-und Wertverluste erleiden zu müssen. Bei dem KIEFERN-BORKENKÄFER sind an erster Stelle der Große und Kleine Waldgärtner zu nennen, die diesjährige Triebe befallen und das Mark aushöhlen, sodass sie (sogen. Absprünge) bei stärkerem Wind abbrechen und einen nicht zu unterschätzenden Zuwachsverlust darstellen.

Speziell wenn ungeschältes Rundholz über längere Zeit im Walde oder am Waldrand liegt und nicht abgefahren wird, vermehren sich die Käfer in der Rinde. Der später ausfliegende Jungkäfer verursacht dann bei seinem „Reifungsfraß“ den Schaden. Zeitweise trat auf den etwas schwächeren Kiefernstandorten der KIEFERNBASTKÄFER auf. Dies führte zum Absterben von Kiefern und zur Entstehung von lückenhaften Beständen. Das Auftreten der KIEFERNKNOSPENTRIEBWICKLER war nur sporadisch, führte dann aber zu erheblichen „Posthornbildungen“ in den jungen Kiefernbeständen. Die Wespe legt ihr Ei in den Grund der Terminalknospe, die später von der Larve ausgehöhlt wird

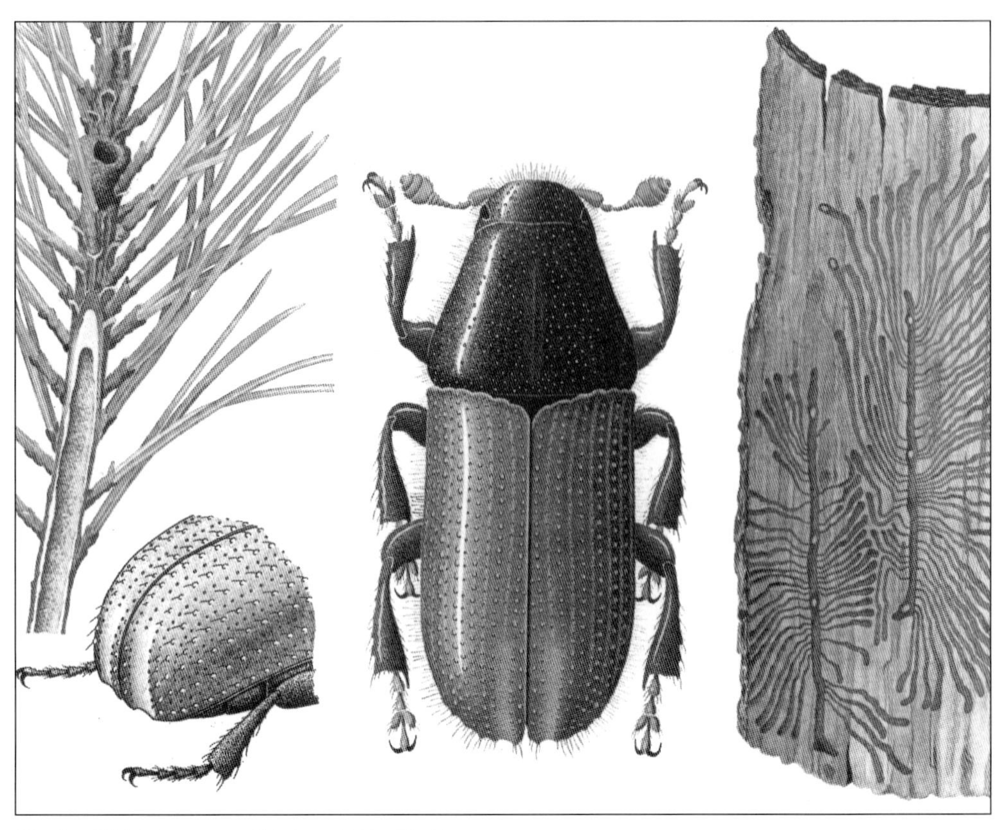

Großer Waldgärtner an Kiefer mit Fraßbild

und abstirbt. Einer der Seitentriebe übernimmt dann die Führung, und es kommt zu der Verformung des Stammes.

Mitte der 1950er-Jahre vermerkte Herr Flach einen starken Befall der Fichtenbestände durch die FICHTENBLATTWESPE, deren Raupe die Nadeln von innen her aussaugt. Teilweise, u.a. in den „Förstertannen“ bei Dibbersen, wurden Gegenmaßnahmen durchgeführt, z.B. das verstärkte Aufhängen von Meisennistkästen sowie das Belassen von Höhlenbäumen als Nistmöglichkeit. Doch eine nasse Witterung sorgte zum Glück dafür, dass der Befall in Grenzen blieb und erlosch. Später haben wir für die biologische Forstschädlingsbekämpfung im gesamten Forstverbandsgebiet Nistkästen mit verschieden großen Einflugslöchern aufgehängt. Wir erhielten dabei Unterstützung von örtlichen Naturschutzverbänden, freiwilligen Gruppen wie „Freunde von Forst und Heide“ im Büsenbachtalgebiet und Schulklassen. Mit diesen habe ich auch natürliche Nisthilfen hergestellt und angebracht.

Als Pilzerkrankung ist die KIEFERNSCHÜTTE zu nennen, die in den teilweise großen Kiefernreinbeständen erheblichen Schaden anrichtete. Sie wurde mit einer Kupferkalkbrühe („Bordelaiser Brühe“) mit mehr oder weniger gutem Erfolg bekämpft. Feuchtwarme Sommer und windgeschützte Lage der Bestände begünstigten die Ausbreitung dieses Pilzes. Auf ehemaligen Laubstandorten, die jetzt mit Nadelholz bestockt waren,

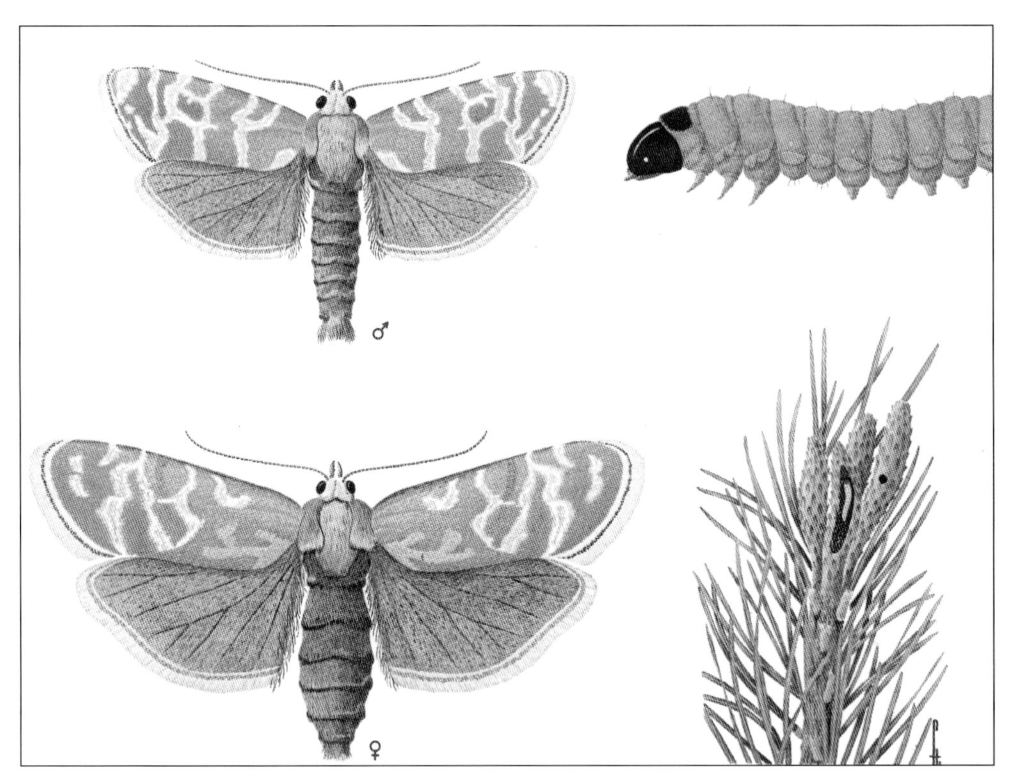

Falter und Raupenfraß

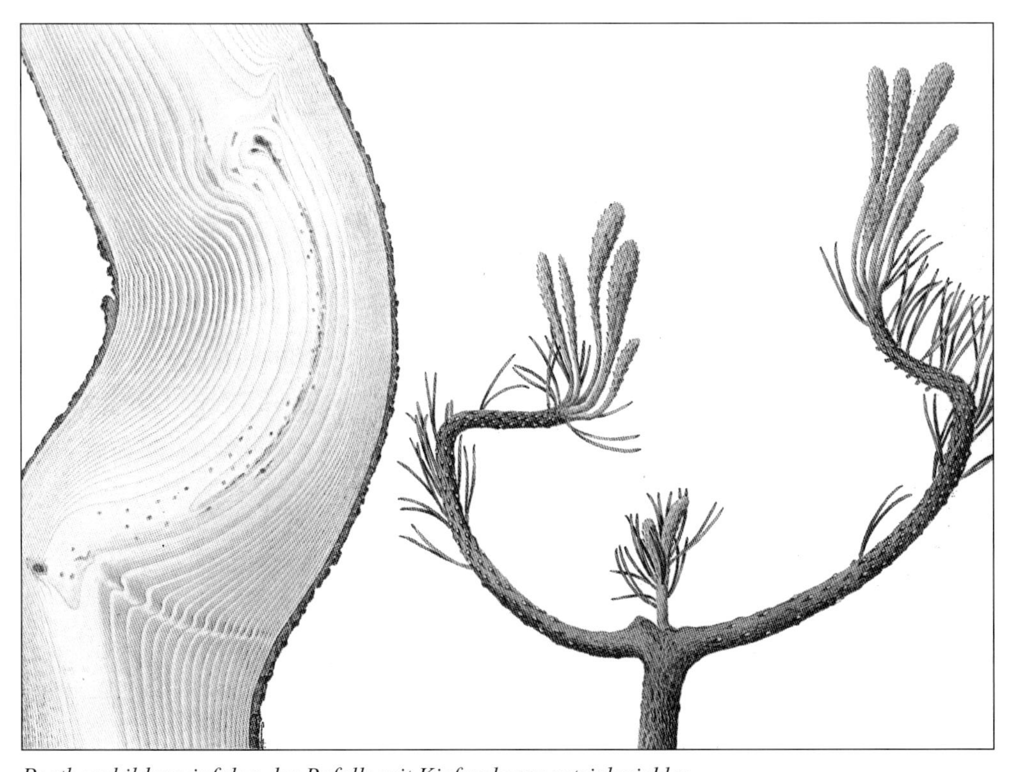

Posthornbildung infolge des Befalls mit Kiefernknospentriebwickler

Nistkasten für den Star

kam es sporadisch zum Auftreten des HALLIMASCH, der ca. 15j. Bestände zum Absterben brachte, so u.a. im Realverband Interessentenforst Ehestorf. Die ROTFÄULE als spezifische Krankheit der Fichte tritt bis heute in fast allen Fichtenbeständen auf. Erstaufforstungen auf ehemaligen landwirtschaftlich genutzten Flächen mit Fichte oder Sitkafichte weisen verstärkt Rotfäulebefall auf. Die Sitkafichte neigt sogar zum flächenhaften Absterben nach ca. 30 Jahren auf diesen Standorten, da sich noch nicht genügend waldtypisches Mykorrhiza im Boden gebildet hat. Wurden die Fichten vom Rotwild geschält, so setzte sich die Rotfäule unter- und oberhalb der Schälstelle im Stamm fort, der Stammfuß blieb meistens

Herstellen von Nisthilfen mit Schulkindern

Rotfäulebefall an Fichte

Bespritzen von Fichten-Stammholz gegen Borken- und Nutzholzbohrerbefall

gesund. Dies brachte oftmals Verdruss beim Sägewerker, der solches Holz z.B. von uns aus dem Revier Cordshagen gekauft hatte. Beim Sägen der Stämme zeigten sich dann die faulen Stellen, die wir beim Aufarbeiten und Vermessen nicht bemerkt haben konnten, da das Stammende von weißer Farbe war. Es hat sich gezeigt, dass die Bäume am Bestandesrand im Allgemeinen nicht befallen sind, ansonsten ist sie auf allen Standorten anzutreffen.

Waren in einem Bestand mehr als 40 % der eingeschlagenen Fichten rotfaul, so konnte der Waldbesitzer einen Antrag auf

Kalamitätsnutzung infolge höherer Gewalt stellen. Hiervon haben wir des Öfteren Gebrauch gemacht, so z.B. bei Hermann Kröger vom Lohof bei Jesteburg, wo in einem Bestand an der Kreisstraße 73 % der Stämme rotfaul waren und gesundgeschnitten werden mussten! In den Jahren ab 2005 vermerkten wir ein verstärktes Auftreten des WURZELSCHWAMMES, speziell in den Fichtenbeständen, aber auch andernorts. Unserer Meinung nach ist dies eine Folge der nicht mehr zu leugnenden Erderwärmung. Der Pilz ist seit alters her im Boden, findet jetzt ideale Wuchsbedingungen, und es kommt zu den Absterbeerscheinungen. Dies sollte aber keineswegs ein Beweggrund sein, alle Fichtenbestände zu eleminieren! Die von unserem hiesigen Wild verursachten Schäden hielten sich im Allgemeinen in tolerierbaren Grenzen. In den 1950-1960er-Jahren war der Besatz an Kaninchen gewaltig. Speziell in Wiedenhof, Itzenbüttel, aber auch Todtshorn und Handeloh waren die an den Wald grenzenden Felder bis in eine Tiefe von 30-50 m weit kahlgefressen. Auch die Forstkulturen litten unter dem Verbiss, so u.a. auch in den Aufforstungen von Hermann Frommann und Ernst-August Albers aus Dibbersen und dem Interessentenforst Emsen im Forstort „Förstertannen". Durch das Auftreten der Myxomatose Ende der 1950er-Jahre wurde nach und nach der Besatz fast ausgerottet. Heute gibt es nur noch Restvorkommen. Nicht unbeträchtlich ist der Verbiss von Rehwild und Hase, wird aber durch unseren Waldumbau mit vermehrter Äsung gemindert. Das in einigen Revieren im Südteil des Forstverbandsgebietes auftretende Rotwild verursacht punktuell beträchtliche Schlag-, besonders aber Schälschäden an fast allen Baumarten. Hierbei ist die Sommerschälung weitaus schädlicher: Das Rotwild zieht lange, saftige Rindenstücke ab, da es wegen fehlender Schneidezähne im Oberkiefer die Rinde nicht abbeißen kann. Hier schlagen dann zwei Herzen in meiner Brust – die des Jägers und die des Forstmannes! Wir haben Abhilfe durch Grüneinband versucht, der Erfolg war mäßig. Was sich bewährt hat, war die Arbeit mit dem Rindenhobel. Wichtig hierbei ist der richtige Zeitpunkt; es muss mindestens 20 Grad warm sein, der ausgeübte Druck auf den Rindenhobel darf nicht zu stark sein, damit das Harz fließt und die Druckrillen verfüllt. Unser Forstverbandsgebiet wurde auch von den NEUARTIGEN WALDSCHÄDEN (Waldsterben) erfasst. Im Kapitel über die Kompensationskalkung sind wir ausführlich darauf eingegangen.

Von mehr oder weniger großen WALDBRÄNDEN wurden die hiesigen Wälder natürlich auch heimgesucht. Unvorsichtigkeit seitens Waldbesitzer beim Verbrennen von Reisig oder Stroh auf benachbarten Ackerflächen, aber auch Rauchen und Lagerfeuer von Waldbesuchern führen zu Waldbränden. So passierte es einem Mitarbeiter von Werner Hartmann in Dangersen, der etwas Stroh auf einem abgeernteten Kornfeld verbrennen sollte, dass ihm das Feuer weglief, als plötzlich der Wind stark auffrischte. Er konnte es nicht mehr aufhalten, fuhr los, um Hilfe zu holen (Handys hatte man zu der Zeit noch nicht!). Das Feuer breitete sich rasend schnell aus und erreichte einen im Vorjahr getätigten Kahlschlag. Das vorhandene Reisig war knochentrocken, und das Feuer lief über die ganze Fläche. Die inzwischen eingetroffene Feuerwehr konnte verhindern, dass das Feuer

Bodenfeuer im Wald am Pulverbach in Holm-Seppensen

Löschen des Bodenfeuers

Unsere Helfer in der Not – die Freiwillige Feuerwehr

Nachlöschen des Waldrandes – FFW Holm in den Lohbergen

über den „Königsgraben“ in den Staatswald Stuvenwald lief. Kommentar des Mitarbeiters: „Jetzt haben wir die Arbeit des Reisigverbrennens auf dem Kahlschlag gespart!“

Oftmals entstanden die Brände entlang der Eisenbahn, da die Lokomotiven noch mit Kohle heizten und der Funkenflug aus dem Schornstein ganz natürlich war. So vernichtete ein von der Eisenbahn verursachter Waldbrand große Bestände von Wilhelm Cohrs – Thelstorf und Lieselotte Meier aus Bliedersdorf in dem Forstort „Vor den Lohbergen“. Wie bereits erwähnt, kam es 1911 zu dem großen Waldbrand zwischen Jesteburg und Itzenbüttel durch Unvorsichtigkeit beim Abkochen seitens Hamburger Wanderer. Im Trockenjahr 1959 waren im Landwirtschaftskammerbereich Hannover mehrere hundert Waldbrände entstanden, die einen Gesamtschaden von ca. 3,3 Millionen DM verursachten. Ganz besonders aber im heißen und trockenen Jahr 1975 kam es zu großflächigen Bränden, so zwischen Büsenbachtal und Handeloh, wo Unterstützung durch Bergepanzer der Bundeswehr aus Fischbek angefordert werden musste, um Schneisen um die Brandflächen zu schlagen. Bei diesem Waldbrand wurden ca. 15 ha Privat- und 5 ha Staatswald vernichtet.

Einige unserer Waldbesitzer hatten kurz nach Gründung des Forstverbandes eine Brandversicherung für ihre Nadelwaldflächen bei der Provinzial abgeschlossen. Nach den großen Waldbränden im Trockensommer 1959 in der Göhrde und einigen kleinen Bränden im hiesigen Raum schaltete sich August Henk mit weiteren Vorstandsmitgliedern ein und fragte bei der Gladbacher Feuerversicherung wegen eines Angebotes an. Auf der Generalversammlung des Forstverbandes am 12. März 1960 im Hotel Kurth in Bendestorf hielt Bezirksdirektor Sasse von der Gladbacher Feuerversicherung unter Tagesordnungspunkt 6 einen Vortrag über Waldbrandversicherung und unterbreitete den anwesenden Waldbesitzern einen Kollektiv-Waldbrandversicherungsvertrag. Dadurch, dass es sich um einen Kollektivvertrag handelt, ist der Beitrag im Verhältnis zu anderen Versicherungen erheblich geringer. Die anwesenden Waldbesitzer unterzeichneten die ausgeteilten Fragebögen, und der Versicherungsschutz wurde mit Wirkung zum 1. März 1960 gewährt. Der Gladbacher Versicherungsgesellschaft sollte später eine Aufstellung über die Altersklassen der Waldbestände des Forstverbandes übersandt werden. Alle nicht anwesenden Mitglieder des Forstverbandes sollten durch Rundschreiben informiert und zum Beitritt bewegt werden. Leider konnte man sich damals nicht zu einer einheitlichen Versicherungshöhe entschließen, und so gab es drei verschiedene Höhen. Teilweise wurden auch nur die Nadelwaldflächen versichert. Dies führte zu einem hohen Verwaltungsaufwand bei der Rechnungsstellung durch die Versicherungsgesellschaft.

Nachdem ich 1966 die Leitung des Forstverbandes übernommen hatte, war die Änderung dieser Angelegenheit eine meiner ersten Maßnahmen. Mit Eintritt in den Forstverband Jesteburg war von jetzt an auch der Beitritt zur Waldbrandversicherung verbunden, und zwar für die Gesamtwaldfläche – Laub- und Nadelholz –, sodass sich hierdurch noch einmal der Beitrag verringerte, die Versicherungshöhe aber anstieg. Bis heute wird der Versicherungsbeitrag von der FBG FV Jesteburg mit dem Mitgliedsbeitrag eingezogen und in einer Summe an die Versicherungsgesellschaft abgeführt. Hierfür erstattete

GLADBACHER
FEUERVERSICHERUNGS-AKTIEN-GESELLSCHAFT · LEBENSVERSICHERUNG AKTIEN-GESELLSCHAFT
VERSICHERUNGEN ALLER ART

BEZIRKSDIREKTION HANNOVER
Postscheckkonten: Feuerversicherung: Hannover 708, Lebensversicherung: Hannover 9445
Bankverbindungen: Feuerversicherung: Dresdner Bank AG., Hannover, Lebensversicherung: Dresdner Bank AG., Hannover

An den

Forstverband Jesteburg
z. Hd. des Herrn
Vorsitzenden
H e n k

L ü l l a u
ü. Buchholz
Kr. Harburg

HANNOVER, den 20. April 1960
Windmühlenstraße 1
Briefadresse: Hannover, Postfach
FERNRUF NR. 20584
Sa/K

Waldbrandversicherung
- Forstverband Jesteburg -

Sehr geehrter Herr H e n k !

Wir nehmen Bezug auf das heute mit Ihnen geführte Telefongespräch und wiederholen unsere Bitte, uns die bisher für den Versicherungsvertrag mit dem Forstverband ermittelte Flächen-Grundlage aufzugeben. Wir wollen Ihnen daraufhin einen Versicherungsschein zur Verfügung stellen; evtl. folgende Nachmeldungen sollen in einem Nachtrag zu diesem Versicherungsschein erfaßt werden.
Da unsere Offerte an den Forstverband Jesteburg nach Ihrer Mitteilung in Verlust geraten ist, wiederholen wir nachstehend das Wesentliche daraus. Versichert gelten sollen:

1.) die Bestände im Alter von 1 - 30 Jahren zum Vollwert mit DM 800,- Kulturkosten und DM 800,- Bodenbruttowert,

2.) die Bestände im Alter von 31 - 40 Jahren mit einem Kulturkostenbetrag von DM 800,- zuzügl. 3 % Zinseszinsen,

3.) Bestände über 40 Jahre mit dem reinen Kulturkostenbetrag von DM 800,-.

Nachstehende Zahlenbeispiele veranschaulichen die Entschädigungshöhe in verschiedenen Altersstufen der Bestände:

Bestandesalter	Entschädigungen je ha
5	1.056,-
10	1.344,-
15	1.696,-
20	2.096,-
25	2.544,-
30	3.088,-
35	2.248,-
40	2.608,-
üb. 40	800,-.

b.w.

GLADBACHER
Feuerversicherungs-A.G. Vorsitzer des Aufsichtsrates: Karl Haus
Vorstand: Dr. jur. Heinrich Feuerhake, Dr. rer. pol. Paul Imberg, Peter Hebben (stellv.), Paul Kesselhut (stellv.)
Lebensversicherung A.G. Vorsitzer des Aufsichtsrats: Karl Haus. Vorstand: Dr. phil. Paul Beck, Dr. jur. Heinrich Feuerhake, Paul Kesselhut (stellv.)

Schreiben der Gladbacher Feuerversicherung an August Henk vom 20.04.1960

Die für diese Versicherungsform vereinbarte Jahresprämie je ha beläuft sich einschl. Steuer auf DM 1,5o.

Wir hoffen, Ihnen mit diesen Ausführungen gedient zu haben.

Der Unterzeichner wird i.ü. die nächste Gelegenheit wahrnehmen,um Ihnen erneut einen Besuch abzustatten.

Wir verbleiben

mit freundlichem Gruß

G L A D B A C H E R
Feuerversicherungs-Aktien-Gesellschaft
Bezirksdirektion Hannover

Lasse

die Colonia Versicherungsgesellschaft – heute AXA –, die diese Branche übernommen hatte, der FBG ein Vermittlungsentgelt. Die bis vor einigen Jahren vom Land Niedersachsen gezahlte Förderung in Höhe von 50 % des Beitrages ging direkt an die Versicherungsgesellschaft, sodass wir nur die andere Hälfte überweisen brauchten. Heute hat das Land Niedersachsen sich bereit erklärt, anstelle der 50%igen Förderung den jeweiligen Waldbrandschaden in voller Höhe gemäß Versicherungsbedingungen zu erstatten und regelt alles Weitere mit der Versicherungsgesellschaft direkt.

Von WINDWURFSCHÄDEN blieben auch wir nicht verschont. So verheerten orkanartige Stürme im Jahre 1955, 1962, 1972, 1978, 1990, 1992-93 die hiesigen Wälder. Wir sind an anderer Stelle darauf eingegangen.

KALAMITÄTEN - seit 1953

1954	Starkes Auftreten der Fichtenblattwespe. Als Gegenmaßnahme wurde das verstärkte Aufhängen von Meisen-Nistkästen empfohlen.
1955	Windwurf und -bruch im Bereich des Forstamtes Stade. Angaben liegen zwischen 50-100.000 fm.
1956	Wiederum starker Befall durch die Fichtenblattwespe.
1956	Warnung vor drohenden Schäden durch Engerlingsfraß (Maikäfer)
1957	Flächiges Auftreten der Kiefernschütte, besonders in den Jungwüchsen. Als Gegenmaßnahmen wurde das Spritzen mit Kupferkalkbrühe, sogen. „Bordelaiser Brühe“, empfohlen.
1957	Starker Befall der Sitkafichte, der Blaufichte und tlw. der Fichte durch die Sitkalaus.
1958	Starker, aber regional begrenzter Befall der Fichten durch zahlreiche Harzrüssler im Raum Dibbersen/Nenndorf („Förstertannen“). Schneebruch in den jungen Nadelholzbeständen.
1959	Sehr heißes und trockenes Wetter im Frühsommer/Sommer. Großflächige Waldbrände im Bereich der Göhrde und Südheide, sowohl im Staats- wie auch im Privatwald. Schaden: ca. 3,3 Mill. DM im Kammerbereich. Trocknisschäden in den jungen Kulturen, tlw. Totalausfall.
1959/69	Behandlung von ca. 40 ha Kiefernkulturen/-dickungen in Cordshagen und Welle gegen Schüttepilzbefall durch Fa. Biesterfeld, Hamburg. Kosten: 109,00 DM per Hektar.
1962	12., 16./17. Februar 1962 = große Flutkatastrophe in Hamburg und Umgebung. Zahlreiche Opfer an Menschenleben und Tieren. Sturm bis Orkanstärke über Niedersachsens, Hamburgs und Schleswig-Holsteins Wälder. Ca. 13.000 fm Schadholz im Bereich des Forstverbandes Jesteburg. Normaleinschlag im FoA. Stade = 54.000 fm/Jahr, geschätzter Sturm-Holzanfall ca. 78.000 fm. Nach einem Jahr waren im Forstamt 113.000 fm aufgearbeitet.

1967 Windwurf in Niedersachsen mit lokaler Bedeutung ca. ein Jahreseinschlag in unserem Bereich, zu viel, weil seit 1966 starke wirtschaftliche Rezession – Preise liegen am Boden!

1969 Heißer Sommer mit kleineren Waldbränden und tlw. Ausfall in den Kulturen.

1972 13. November 1972 – in nicht mehr als 2 Stunden am Vormittag des 13. November wurden ca. 17. Mill. Festmeter Holz geworfen bzw. gebrochen. Das Hauptschadensgebiet lag in Niedersachsen, Schleswig-Holstein, Hamburg und dem nördlichen Mecklenburg-Vorpommern in der DDR. Im Gutsrevier Holm waren es ca. 35.000 fm (auf 615 ha), im übrigen Forstverbandsgebiet ca. 74.000 fm. Wiederaufforstungsfläche in Größe von ca. 1.000 ha. Nach Aussage von schleswig-holsteinischen Waldbesitzern, die gerade ihre Schadflächen aus 1962 aufgearbeitet hatten, würden wir auch ca. 10 Jahre benötigen, was sich später bewahrheitete!

1974/75 Starker Befall durch Buchdrucker und Kupferstecher infolge des hohen Nahrungsangebotes, tlw. Geschwisterbruten.

1975 Ungewöhnlich heißes und niederschlagsarmes Wetter im Frühjahr und Sommer. Bedingt durch die Wetterlage und dem vorhandenen Reisig auf den Windwurfflächen kam es zu Waldbränden größten Ausmaßes. Den Reigen begannen wir im Bereich der FBG FV Jesteburg oberhalb des Büsenbachtales in Richtung Hengsthoop-Handeloh. Im Staats- und vor allem im Privatwald verbrannten ca. 15 ha, trotz des Einsatzes von Räumpanzern aus Hamburg-Fischbek, die wir gegen den Willen von FOR W. Wiebalck, dem Leiter des staatlichen Forstamtes Rosengarten, angefordert hatten.

1975/76 Starkes Auftreten des Großen braunen Rüsselkäfers in den Windwurfaufforstungen, besonders in Cordshagen und Reindorf.

1878/79 Starke Schneefälle und -verwehungen, teilweise Sturm und sibirische Kälte. Jeglicher Straßen- und Bahnverkehr kam zum Erliegen.

1990 Orkanartige Stürme, die besonders in den südlichen Ländern Deutschlands großen Schaden anrichteten. Bei uns lag die aufzuarbeitende Schadholzmenge bei ca. 40.000 fm.

1992/93 Wieder suchten Stürme und Orkane unsere Wälder in der Zeit Nov. 1992 bis Febr. 1993 heim, die Schadholzmenge belief sich auf ca. 50.000 fm.

Die Große Waldbrandkatastrophe vom Sommer 1975

Fehlende Winterfeuchtigkeit, früh einsetzende, austrocknende Ostwinde im Frühjahr und fehlende Niederschläge im Sommer, verbunden mit heißen Winden und desolater Stabsführung, führten im Frühjahr/Sommer 1975 zu einer der größten Waldbrandkatastrophen in Niedersachsen. Der Tod von fünf Feuerwehrmännern, die mit ihrem Tanklöschfahrzeug in dieser Flammenhölle waren, ist zu beklagen. Ein Auszug aus dem Bericht von Klaus Luttermann aus dem Jahre 1981 zeigt das ganze Ausmaß dieses Waldbrandes auf:

KLAUS LUTTERMANN

DIE GROSSE WALDBRAND-KATASTROPHE

1981

efb-Verlag

Auszug aus dem Bericht von Klaus Luttermann von 1981

durch weitreichenden Funkenflug neue Nahrung suchte, auch den Kanal. Obwohl man das kaum für möglich gehalten hatte, da sich längs des Kanals noch Freiflächen hinziehen.
Abermals drehte der Wind und die Flammen kamen plötzlich auf die Ortschaft Stüde zu. Liefen auf die Stelle zu, an der die Einsatzleitung aktiv war. Die Menschen standen vor den Häusern und auf den Wegen, sahen die gräulichschwarze Rauchfront auf sich zukommen, hinter der die Sonne nahezu verschwand. Wieder mußten Vorsorgemaßnahmen vervollständigt werden. Eintreffende Wehren wurden sofort südlich von Stüde bereitgestellt; zusätzliche Wehren per Funk abgerufen oder umdirigiert. Man legte am Waldrand eine Beregnungsleitung und hielt die erreichbare Zone naß. Ein besonders dicht am Waldrand gelegenes Haus wurde mit einem Löschfahrzeug zusätzlich abgesichert. Weitere Tanklöschfahrzeuge standen in Reserve bereit. Aber ehe die Flammen heran waren, drehte der Wind abermals. So atmeten auch die Besitzer der Ferienhäuser auf, die sich schleunigst auf eine Flucht vorbereitet hatten.
Im Laufe des Nachmittags waren auch Wehren aus Wolfsburg und Fallersleben zur Stelle. Ein Löschzug aus Uelzen mußte auf der Hinfahrt umdirigiert werden, da bei Sprakensehl ebenfalls ein kleinerer Waldbrand gemeldet wurde. In dieses Durcheinander der Einsatzbestimmungen von eintreffenden und abzulösenden Wehren (Leitung: stellvertretender Kreisbrandmeister Möhle und Katastrophenschutz-Sachbearbeiter Thimm) platzte eine traurige Nachricht. Kreisbrandmeister Friedrich Meyer aus Wahrenholz (46) erlag auf der Fahrt zum Einsatzort einem Herzinfarkt.
Akute Gefahr drohte gegen 16.45 Uhr dem Torfwerk bei Platendorf, nachdem die Flammen westlich des Kanals nicht gehalten werden konnten. Mehrere Löschzüge waren bemüht, es vor den Flammen zu retten. Immer wieder gab es neue Brandherde; noch war nicht im entferntesten daran zu denken, das Feuer unter Kontrolle zu bringen. Auch in den Abendstunden blieb die fatale Situation unverändert. Oberkreisdirektor Wandhoff: „Jetzt geht das Feuer ins Moor." Über dem Platendorfer Moor wurde der Himmel dunkelrot. Viele Schaulustige waren auf den Beinen. Rauchschwaden zogen über Platendorfer Hausdächer und hüllten einige Gebäude ein. Vorsorglich wurde der Sanitätszug des Deutschen Roten Kreuzes abgerufen. Das DRK übernahm außerdem die Verpflegung der Einsatzkräfte. Über 1000 Helfer, so schätzte man in diesen Stunden nur, waren im Einsatz.
Erste Zahlen wurden bekannt. Vorerst sprach man von einer 120 Hektar großen Schadenfläche, die vollends vernichtet wurde. Wer konnte zu diesem Zeitpunkt etwas über die Schadenshöhe aussagen? Die Wolfsburger Kriminalpolizei hatte noch keine Ermittlungsergebnisse vorliegen und schloß Brandstiftung wie Fahrlässigkeit nicht aus.
In den Nachtstunden fraß sich das Feuer weiter durch das Große Moor in westliche, aber auch südwestliche Richtung. Der Wind flaute ab. „Aber am Morgen kommt er wieder auf," befürchtete man. An der nördlichen Flanke (Stüde–Mathildenhof) konnte das Feuer gehalten werden. Ebenso im Osten wie im Süden (östlich des Kanals).
Auch am Sonnabend (9. August) hielt der Kampf der Hilfskräfte gegen die Flammen weiter an. Der Wind lebte wieder auf und trieb den Helfern den beißenden Rauch in die Augen. Hinzu ka

mann, der in Richtung Bundesstraße 188 unterwegs war. Die Landstraße Leiferde – Ettenbüttel sowie die Bundesstraße 188 mußten gesperrt werden. In den Mittagsstunden schlugen die Flammen bereits in nordwestlicher Richtung über die Straße.
Inzwischen teilte das Polizeikommando (Polizeieinsatzleitung – PEL) in Lüneburg mit, daß sich die Zahl der größeren sowie mittleren Flächenbrände mittlerweile von bisher sieben auf über fünfzehn erhöht hatte. Gegen 13 Uhr wurde auch ein Großbrand bei Queloh im Landkreis Celle bekannt. Über 4000 Hilfskräfte waren bereits in den Nachmittagsstunden im Einsatz. Wie sich die Helfer auf die einzelnen Brandgebiete, insbesondere für dieses Gebiet verteilten, konnte niemand sagen. Auch die Einsatzleitung in Stüde konnte keine genauen Angaben mitteilen; die örtlichen Einsatzleiter hatten in diesen Stunden der schwierigen Lagebestimmung keine Zeit, sich um die Feststellung derartiger Zahlen zu bemühen.

Nach diesem Brand sowie dem Großfeuer im Landkreis Celle trat um 16.30 Uhr ein Katastrophenstab der Bezirksregierung in Lüneburg unter Vorsitz des Regierungspräsidenten Dr. Rainer Frede zusammen. Katastrophenalarm für den Regierungsbezirk wurde ausgelöst. Um 18 Uhr wurden für den Landkreis Gifhorn vier Feuerwehrbereitschaften als Ablösung für die bisherigen Einsatzkräfte angefordert. Davon sollte eine Bereitschaft nach Meinersen kommen. Eintreffend am Montag um 8 Uhr. Ein größerer Krisenstab des Innenministeriums Niedersachsen trat am frühen Nachmittag zusammen.
Am frühen Nachmittag drangen die Flammen in breiter Front auf die Ortschaft Meinersen zu. Gleichzeitig bemühte man sich, die südliche und nordwestliche Flanke in den Griff zu bekommen. Der Wind drehte ständig und die Gefahr, daß Einsatzkräfte mit Tanklöschfahrzeugen und sonstigem Gerät eingeschlossen werden könnten, stieg ständig. Hubschrauber bemühten sich ununterbrochen, die Einsatzkräfte von einem Umschlagen der Flammenwände zu unterrichten. Zudem hatten Tanklöschfahrzeuge untereinander Funkkontakt und warnten sich, soweit möglich, gegenseitig.
In dieser Flammenhölle und Glutlandschaft kamen an diesem Tage nahe Meinersen fünf Feuerwehrmänner ums Leben, die zur nachbarschaftlichen Hilfeleistung ausgerückt waren. Sie befanden sich mit ihrem Tanklöschfahrzeug (TLF 8) in einer schmalen Schneise, als der Wind umschlug und die Flammenfront ein Entkommen nahezu unmöglich machte. Wenig später waren sie von den Flammen eingeschlossen. Es war der bisher schwerste Schicksalsschlag für die Freiwilligen Feuerwehren, der in die Annalen eingehen wird. Ein Mitglied der Einsatzleitung: „Alle Rettungsversuche kamen zu spät, weil wir wegen der enormen Hitzeentwicklung auch mit unseren Hubschraubern nicht mehr an die Eingeschlossenen herankommen konnten."

men ungewohnt – dennoch stellte es sich ziemlich rasch auf die herbeigeschafften Futterraufen um.
Man kann sich kaum vorstellen, daß man zuvor im Pansen und in den Gescheiden eines erlegten Alttieres lediglich Wasser und feine Holzkohleteilchen fand – eine schwärzliche Brühe. Das Wild war teilweise bereits stark abgemagert und fand an Äsung nur verbrannte umrinde.
Die spontanen Futterspenden sind dabei erwähnenswert, zumal sie nicht immer nur aus der Jägerschaft kamen. Aber auch Geldspenden gingen verstärkt schon vor Einrichtung eines Hilfsfonds ein. Wenig später zeigten sich beim Wild die ersten Erfolge. Die Verstörungen verliefen sich nun nach und nach. Das Wild stand nicht mehr apathisch in den kahlen Beständen, sondern begann zu ziehen. Es nahm auch wieder die Dekkung an, wie man in den Randgebieten feststellen konnte. Dann begann es, auch auf Felder auszuweichen, wo in Rübenschlägen genügend Äsung gegeben war.
Der Waidmann spricht davon, daß „zum Futtersack auch die Büchse" gehört. Speziell in den ersten Wochen der Ruhe bewies sich diese Weisheit, die von der Bevölkerung eigentlich (warum?) nie gern gehört wurde. Die Umstellung auf Fütterungen bereitete manchen Tieren Verdauungsschwierigkeiten. Zu den Hegemaßnahmen des Waidmannes gehört auch, daß er das kranke Wild streckt und dem gesunden Wild somit den notwendigen Biotop erhalten kann.

Die Dunkelziffer des endgültig verendeten Wildes bezeichnet man als sehr hoch. Von Niederwild fand man kaum Reste. Es kommt hinzu, daß das Schwarzwild im Brandgebiet herumzog und nach Fallwild suchte. So fand man von verendeten Kälbern letztlich nur noch die Läufe und Teile der Decke. Erschrekkend dezimiert wurde auch die Vogelwelt. Die zunächst als übertrieben abgetanen Äußerungen, wonach die „Vögel unmittelbar vor der Flammenwand wie Steine zu Boden fielen" fanden ihre Bestätigung.
Letztlich – die Ruhe für das Wild war zumindest in den Randgebieten schon am folgenden Wochenende dahin. Wahre Heerscharen von Schaulustigen, so gesehen an der B 191 zwischen Eschede und Hornshof sowie an der Kreisstraße zwischen Eschede und Oldendorf, zogen heran und bevölkerten auch die aschebedeckten Waldwege. Teilweise unvorschriftsmäßig geparkte Wagen, die den Verkehrsfluß erheblich behinderten, fanden bei den Ordnungshütern allerdings wenig Beachtung. Die Polizei regelte, wie ich in der Tageszeitung lesen konnte, vorrangig den Verkehr.

16. Wildbestand und Jagd im Forstverbandsgebiet

Einhergehend mit der Vielfältigkeit der Standorte im Bereich des Forstverbandes Jesteburg ist auch der Wildbestand zu sehen. Wie überall hat sich auch hier ein starker Strukturwandel in der Landwirtschaft und seiner Bewirtschaftung vollzogen. Die Vielseitigkeit in Bezug auf Frucht und Fruchtfolge ist einer gewissen Monotonie gewichen. Relativ kleine Schlagflächen mit dazwischen liegenden Rainen und Hecken und stetig wechselnder Fruchtfolge wurden in den letzten 40 Jahren abgelöst von großen, einförmigen Schlägen, die eine kostengünstige Bewirtschaftung erlauben. Schwere, schnellfahrende Wirtschaftsmaschinen lassen Bodenbrütern und Nesthockern keine Chance zum Flüchten. Immer höhere Anforderungen an die Quantität und Qualität der landwirtschaftlichen Erzeugnisse führen zur Beseitigung der Begleitflora in Form von Wildkräutern und -gräsern. Der verstärkte Anbau von Futter- und Silomais, einhergehend mit öfteren Mastjahren bei Eiche und Buche und wärmeren Wintern, lassen den Schwarzwildbestand unkontrolliert anwachsen. Die Bejagung des Schwarzwildes in diesen Mais-Dschungeln ist sehr schwierig und oftmals nicht ungefährlich. Neuerdings helfen die Bejagungsschneisen in den Maisschlägen etwas, nachdem geklärt wurde, dass für diese Flächen auch die Förderbeträge gezahlt werden.

Im Waldbau hat sich dagegen ein Umdenken in Richtung naturnahe Bewirtschaftung durchgesetzt, und die Anwendung von Pestiziden ist auf ein Minimum gesenkt. Äsungs- und Deckungsmöglichkeiten und damit verbesserte Rückzugsgebiete sind in ausreichender Größe entstanden und milderten die Wildschäden auf den landwirtschaftlichen Flächen ab. Flächendeckende Kompensationskalkung führte u.a. zu einem enormen Kräuter- und Graswuchs in den Beständen und damit zu einer Verbesserung der Äsungs- und Deckungsverhältnisse. Weiterhin nahm die Anzahl der Blütenpflanzen zu, sodass die Insektenwelt davon profitierte und die Vogelwelt über ausreichend Nahrung verfügte. Den Hardlinern unter den Pflanzensoziologen ist diese Entwicklung sicherlich nicht ganz in ihrem Sinne, doch scheinen hier die Vorteile zu überwiegen.

ROTWILD kommt in einigen Revieren im Südteil des Forstverbandes als Standwild vor. Es wird hier nachhaltig bejagt, um eine angepasste Alters- und Geschlechterstruktur zu erreichen. Der Tatsache, dass Rotwild ein Rudeltier ist, muss Rechnung getragen werden – „ein bisschen Rotwild" geht nicht! Schäden durch Verbiss, Schälen und Schlagen sind natürlich vorhanden, sind aber zu tolerieren, wenn man den Bestand nicht ausufern lässt. Förster Thies aus Cordshagen berichtete immer gerne, dass Anfang der 1950er-Jahre ca. 150 Stück Rotwild in dem dortigen Gebiet bis Wintermoor hin standen. Die Schäden in den Fichtenbeständen bis hin zum Weller Friedhof waren dementsprechend groß und teilweise noch heute zu sehen.

DAMWILD tritt sporadisch im Raum Welle, Todtshorn, Otter auf und ist meist Wechselwild aus dem Lauenbrücker Vorkommen. Ähnlich verhält es sich mit dem Auftreten des Damwildes im Rosengarten, das aus dem Hollenstedter Raum einwechselt und da-

Schälschaden an Fichte durch Rotwild

bei wahrscheinlich auch Autobahnbrücken annimmt. Dem Wunsch einiger hiesiger Jäger, in dem Raum Welle-Tostedt-Buchholz einen Damwildbestand aufzubauen, muss insofern widersprochen werden, weil das Damwild, besonders in der Brunftzeit, sehr aktiv ist und es zu vermehrten Wildunfällen auf den sehr stark und schnell befahrenen Bundesstraßen 3 und 75 kommen würde. Zum anderen verursacht das Damwild starke „Lagerschäden" in den Getreideschlägen, und der Verbiss sowie Fegeschäden im Wald sind auch nicht zu unterschätzen.

Das SCHWARZWILD:

In den Wirren des Zweiten Weltkrieges, als viele Forstleute und Jäger zum Wehrdienst eingezogen waren, vermehrte sich das Wild – insbesondere das Schwarzwild – unkontrolliert und ging entsprechend zu Scha-

Ein glücklicher Erleger mit seinem Damhirsch

den. Nach dem Kriege jagten die Besatzungsmächte zwar verstärkt, doch bevorzugt Rot-, Dam- und Rehwild. Die Landbevölkerung fing so manches Wildschwein in Saufängen, um zu überleben. Die Wilderei aus Not mit Saufedern und Hunden, wie auch mit Schlingen und Waffen, war zwar strengstens verboten, doch wo kein Kläger, da auch kein Richter, und der Hunger herrschte überall vor und tat weh! Mit Übergabe der Jagdhoheit durch die britische Militärbehörde an deutsche Behörden kehrte wieder eine geordnete Jagdausübung zurück. In den 1960er- und 1970er-Jahren hatten wir im Forstverbandsbereich Schwarzwild als Standwild in den Teilen, wo zusammenhängende Staatswaldflächen vorherrschten. Im und um den Rosengarten, den Stuvenwald, den Lohbergen war es anzutreffen, wie auch in den Wäldern des Gutes Holm und Cordshagen. Die großflächigen Dickungen der Wiederaufforstungen nach dem Orkan vom November 1972 führten zu einem sprunghaften Anstieg des Schwarzwildes. Teilweise wurde auch in den einzelnen Revieren das heimisch gewordene Schwarzwild nur schwach oder gar nicht bejagt – man wollte es doch nicht wieder ausrotten. Fütterungen im großen Stil wurden vielerorts durchgeführt, obwohl keine Notzeit herrschte. Wie oft sind wir Förster z.B. beim Auszeichnen auf Futterstellen gestoßen, wo hängerweise Brot und Brötchen, Bananen aus dem Hamburger Hafen, Kartoffeln, Rüben u.a.m. ausgebracht waren. Diese verbreiteten insbesondere in den Sommermonaten einen bestialischen Gestank. Im Walde sehen wir das Schwarzwild ja gerne, da es durch das Brechen den Waldboden auflockert, Schadinsekten und Mäuse als Fraß aufnimmt und so zu einer natürlichen Waldverjüngung beiträgt. Hingegen sind die Wühl- und Fraßschäden im Grünland, auf Hackfruchtflächen wie Kartoffeln und Zuckerrüben wie auch in Getreide- und Maisschlägen teilweise von ruinösem Ausmaß und müssen erstattet werden. Um einen reifen Keiler von 6-7 Jahren heranwachsen zu sehen und vielleicht auch zu strecken, wurde das LÜNEBURGER MODEL als Bewirtschaftungsmaßnahme in Kraft gesetzt; heute wird es verdammt. Wie bereits erwähnt, haben der großflächige Anbau von Futter- und Silomais sowie

Sauen sind an sich tagaktiv und gehen bis in unsere Vorgärten

OFM Wiebalck überreicht Rudolf Wendt den Bruch

warme Winter und Eichelmasten in kurzen Abständen den Schwarzwildbestand in die Höhe schießen lassen. Selbst Frischlingsbachen führten Nachwuchs, und das Auftreten von Schweinepest wurde stark begünstigt. In den waldnahen Randgebieten von Dörfern und Städten geht heute noch das Schwarzwild zu Schaden, und so mancher gut gepflegte Rasen in Buchholz, Holm-Seppensen oder Vahrendorf wurde in ein Chaos verwandelt.

Für unsere wehrhaften Sauen gibt es keinen Zaun, den sie nicht hochheben oder überwinden können. Sie schlagen Hunde in die Flucht, und die meisten Menschen haben selbst mehr Angst vor ihnen als umgekehrt. Ein Telefonanruf erreicht Förster Gamradt am Sonntagmittag. Eine Frau fragt: „Ich bin mit meinem Hund hier auf einem Weg am Pferdekopf, und vor uns steht ein Wildschwein. Ist das nicht gefährlich?“ Meine Antwort: „Für wen!?“ Die Wildschweine gelten als Hauptüberträger der Schweinepest und anderer Erreger auf Hausschweine. Aufgrund des Vordringens der Wildschweine bis in die Siedlungsgebiete, stieg die Ansteckungsgefahr für Hauschweinbestände enorm an und brachte manch einen Schweinezüchter an den Rand des Ruins. Mußte er doch bei Verdacht auf Schweinepest vorsorglich seinen gesamten Bestand keulen lassen. Erst revierübergreifende, gut organisierte Ansitz-Drückjagden brachten hier Abhilfe. Wir können heute sagen, dass das Schwarzwild im gesamten Forstverbandsbereich vorkommt und eine kontinuierliche Bejagung waidmännischer Art vonnöten ist, soll der Bestand und damit der Wildschaden nicht ausufern. Hinzu kommen noch die Schäden an Material und Gesundheit durch vermehrte Verkehrsunfälle mit Schwarzwild.

Das REHWILD tritt als Kulturfolger im gesamten Bereich des Forstverbandes in ausreichender Anzahl auf. Körper- und Gehörngewicht sind sehr stark von der Bodengüte des jeweiligen Standortes abhängig. So zeigt es sich in jedem Jahr auf der Trophäenschau in Tostedt, dass z.B. Rehwild aus Lindhorst oder Winsen/L. um mehrere Kilo schwerer ist und stärkere Gehörne aufweist. Das Rehwild gehört zu den sogen. „Schlüpfern" und lebt gerne im Waldrandbereich, wo genügend nährstoffreiche Knospenäsung vorhanden ist. Ernährungstechnisch gehört es zu den Konzentratselektierern und ist damit ein Nascher. Hierdurch kommt es zu Verbissschäden an jungen Forstpflanzen, d.h., das Rehwild beißt die nährstoffreichen Terminal- und Seitenknospen ab, was zu Zuwachsverlusten und Stammverformungen bis hin zum Absterben führen kann. In den vielen Waldwohngebieten innerhalb unseres Forstverbandsbereiches findet das Rehwild beste Deckungs- und Äsungsmöglichkeiten. Da es hier auch gesetzt wird, kennt es den Trubel und hat höchstens Probleme mit den vielen Hunden auf den Grundstücken. Hinzu kommt, dass die Bewohner das „liebe Bambi" im Winter gerne mit Leckerbissen aller Art füttern, sich aber wundern, wenn es im Frühjahr und Sommer die frischgepflanzten Stiefmütterchen, Rosen, Tulpen u.a. über Nacht ratzeputz äst. Die schnelle Umwandlung von deckungsreichen Einständen in kleinparzellierte Bauflächen bringen für Rehwild und andere Tierarten gravierende Probleme mit sich. Da jeder Neubürger bei uns sein Grundstück meistens sofort einzäunt, kommt es leicht zu Verletzungen bzw. Verkehrsunfällen, wenn die Rehe flüchten.

Ein alter, knuffiger Bock

Nun noch einige Bemerkungen zum NIEDERWILD:

Der HASE:

Die kleinflächige Landwirtschaft in den Jahren 1950 bis Ende 1970 mit ihrer wechselnden Fruchtfolge, den Rainen zwischen den Schlägen und vor allem den langsam arbeitenden Maschinen und Geräten waren dem gesamten Niederwild zum Vorteil. Der Einsatz von Pestiziden und das Ausbringen von Gülle waren damals zu teuer und kaum bekannt. Lediglich ungünstige Witterungsverhältnisse machten dem Hasen zu schaffen. Gerne erinnern wir uns an die großen Hasenstrecken anlässlich der jährlichen Treibjagd zum Beispiel in Groß Todtshorn, wo abends mindestens 120 Hasen auf der Strecke lagen. Wenn

Detlef Cohrs mit Sohn Matthias und Jagdaufseher Lorenz Friedrichs beim Hochsitzbau

Jagdfreund Wilfried Knief mit DD Aika bei der Wildfütterung

Noch ist die Strecke gering, doch es folgen noch viele Treiben

Unser Hase in pflanzenreicher Wiese

heute 15 Hasen erlegt werden, ist man schon zufrieden. Im obligatorischen Kessel zwischen Buchholz und Reindorf erlegten wir früher stetsf 15-20 Hasen. Heute finden wir dort nur noch eine monotone Ackerfläche, wo lediglich hochgezüchteter Salat in kurzem Anbauwechsel angebaut wird und die Fläche eingezäunt ist. Leidliche Strecken werden noch in den Grünlandrevieren zwischen Winsen und Hamburg erzielt. Teilweise sind die Hasenbestände im Wald höher als auf den ausgeräumten großflächigen Ackerfluren. Doch auch hier stellen wir ein Phänomen fest: Sieht man im Frühjahr auf den im und am Walde liegenden Grünlandflächen relativ viele Hasen, besonders während der Rammelzeit, so zeigt es sich in jedem Jahr, dass die herbstliche Hasenstrecke nur mäßig ist. Überall wird einem dies bestätigt, doch keiner weiß eine plausible Antwort darauf.

Das WILDKANINCHEN:
Bei dieser Wildart müssen wir einen gravierenden Rückgang feststellen, bis hin zum gänzlichen Erlöschen der Besätze. Hier war es in erster Linie die Ende der 1950er-Jahre von Frankreich kommende Viruserkrankung MYXOMATOSE (Kaninchenpest), die die Besätze dahinraffte. Die Übertragung des Virus findet am häufigsten durch stechende, blutsaugende Insekten wie Stechmücken und Flöhe statt. Auch durch direkten Kontakt von Tier zu Tier durch Beschnuppern und Schleimhautkontakt kommt es zur Erkrankung – bei den in Großfamilien lebenden Kaninchen damit vorprogrammiert. Das ursprünglich aus Südamerika stammende Myxomatosevirus ist in ganz Mitteleuropa verbreitet. Nach einer Inkubationszeit von drei bis neun Tagen treten die ersten Symtome auf. Beim akuten Verlauf der Krankheit treten Schwellungen und Entzündungen im Bereich der Augenlider, des Mauls, der Lefzen, der Ohren und des Genitalbereiches auf. Nach 10-14 Tagen endet die Krankheit meistens mit dem Tod. Beim chronischen Krankheitsverlauf treten vermehrt Pusteln auf. Eine Heilung ist in Einzelfällen möglich. In manchen Fällen erholt sich das Kaninchen wieder, trägt die Seuche jedoch weiterhin in sich. Dies erklärt auch, dass sich gut entwickelnde Bestände plötzlich wieder erlöschen. Ende der 1960er-Jahre waren die Kaninchenbesätze z.B. in Wiedenhof, Itzenbüttel, aber auch Groß Todtshorn so gewaltig, dass die ersten 40-50 m eines Kornfeldes entlang von Waldflächen fast hundertprozentig abgeäst waren. Bei den Treibjagden drehten die Jagdhunde teilweise durch, weil die Kaninchen überall waren. Die Jagdhunde wussten nicht, welches Kanichen sie zuerst fassen sollten. Heute kommt es nur noch sporadisch vor und wird kaum noch bejagt.

Der ROTFUCHS war und ist überall verbreitet, wurde früher jedoch weitaus stärker bejagt als heute, da sein Balg gutes Geld brachte. Nachdem militante Tierschützer Pelzträgerinnen mit Farbe besprühten und eine Kampagne gegen das Tragen von Tierfellen ins Leben riefen, fiel der Preis für Rauchwaren drastisch, und der Beruf des Kürschners starb fast aus. Als Überträger der Tollwut, des Fuchsbandwurmes und der Räude sollte der Fuchs stark bejagt werden, wobei auf eine Begasung der Baue verzichtet werden muss, damit keine sich mit im Bau befindende Dachse getötet werden. In den letzten Jahren ist die Nachfrage nach Fuchsbälgen erfreulicherweise wieder angestiegen, so dass eine sinnvolle Verwertung gegeben ist. In Niederwildrevieren kann ein zu hoher Fuchsbesatz zu Verlusten bei den Bodenbrütern, wie

Jungfüchse am Bau

auch bei anderem Jungwild führen. Als Mäusevertilger besonders im Wald sehen wir ihn jedoch gerne, und der Rückgang des Hasen ist wohl kaum ihm anzulasten.

Der Besatz an DACHSEN hat sich in den letzten 20 Jahren erfreulich entwickelt, aber auch hier mit einem lachenden und einem weinenden Auge. Als Allesfresser reicht seine Speisekarte von Regenwürmern und Insekten über Wühlmäuse und pflanzliche Kost, selbst Aas verschmäht er nicht. Zum Leidwesen der Jäger frisst er aber auch Junghasen und plündert die Gelege von Rebhuhn, Fasan und Ente. Meister Grimbart, wie er volksmundlich genannt wird, gehört einfach mit in Wald und Flur und sollte waidmännisch bejagt werden.

Der WOLF:

Seit dem Wegfall der innerdeutschen Grenze im Jahre 1989 sind auch die uralten Wolfspässe gen Westen wieder passierbar. Nachdem in der Lausitz ca. 13 feste Vorkommen des Wolfes, teilweise mit Nachkommen, bestätigt wurden, konnte auch im Raume Winsen/L. und auf dem Truppenübungsplatz Bergen-Hohne das Vorkommen des Wolfes, bei Bergen bereits mit Nachwuchs, sicher festgestellt werden. Der Wolf unterliegt nicht dem Jagdrecht, sondern dem Naturschutzrecht und ist damit streng geschützt. Es wird sich zeigen, wie klug die Jägerschaft, aber auch die Bevölkerung mit diesem „alten Neubürger" umgeht, oder ob ein Chaos daraus wird – wir werden es erleben!

Eine nicht geahnte Entwicklung müssen wir bei WASCHBÄR und MARDERHUND zur Kenntnis nehmen. Fast in allen Revieren unseres Forstverbandsgebietes sind diese nachtaktiven Raubtiere anzutreffen, der erste wurde „importiert", der andere wanderte von Osten her ein. Sie vermehren sich in ungeahnter Schnelligkeit und müssen stark bejagt werden, da sie eine Gefahr für unsere heimische Tierwelt darstellen.

Zu unseren MARDERN kann gesagt werden, dass der Baummarder in größeren Waldungen mit Althölzern, wo er entsprechende Höhlen zwecks Aufzucht der Jungen findet, in angepasster Zahl vorkommt, jedoch ganzjährig geschont ist. Der Stein- oder Hausmarder hat sich hingegen gewaltig vermehrt und stellt als nächtlicher Ruhestörer in den Dachgewölben der Wohnhäuser eine Belästigung dar, einhergehend mit den verursachten Schäden an den Dämmungen und Leitungen. Des Weiteren hat er sich oftmals auf das Zerbeißen von Motorkabeln der geparkten Autos spezialisiert, was zu ungeahnten Schäden bzw. Unfällen führen kann. Man vermutet, dass das Reviermarkieren im Motorraum von Autos zu Aggressionen von Artgenossen führt, die dann die Kabel zernagen.

Die Bejagung mit Kastenfalle bzw. Schwanenhals ist bei diesem klugen Tier sehr langwierig und führt nur selten zum Erfolg. Das Vergrämen mittels Menschenhaare, Mottenkugeln, Musik u.ä.m. ist auch nur von kurzer Dauer.

Iltis, Hermelin und Mauswiesel sind flächendeckend und zahlreich vorhanden, sind jedoch ganzjährig geschont.

Erholsame Pause am Feuer für Jäger und Treiber, Treibjagd am Riepshof

Zum Vorkommen des FEDERWILDES ist zu sagen:
Der FASAN war kein heimisches Wild und wurde vor allem zu Jagdzwecken ausgesetzt. Entweder holten sich die hiesigen Jäger die jungen ausgeschilderten Fasane von der Fasanerie in Mittelstendorf bei Soltau oder besorgten sich befruchtete Eier, die von eigenen Hühnern ausgebrütet wurden. Nach einer Gewöhnungszeit in einer Voliere entließ man sie dann in deckungsreiche Teile des Revieres. Aber nicht überall fanden die jungen Fasane die benötigte tierische Eiweißnahrung, da entweder keine blühenden Kräuter oder bachähnliche Strukturen vorhanden waren. Die Prädatoren wie Fuchs, Habicht und verwilderte Hauskatze konnten meistens nicht entsprechend dezimiert werden, sodass die Ausfälle groß waren. Finanzielle Anreize seitens der Landesjägerschaft wurden zwar in Anspruch genommen, brachten aber nicht die gewünschten Erfolge. Entlang der Elbe von Winsen bis Hamburg, wo noch strukturreiche Grünlandflächen und vielfach Obstanbaugebiete vorherrschen, finden wir noch einen ansehnlichen Bestand, der auch bejagt werden darf.

Noch schlechter als dem Fasan erging es dem REBHUHN. Die strukturreichen Ackerschläge mit verschiedenster Fruchtfolge, erhaltene Raine mit genügend Altgras und Sandwege/-flächen zum Hudern des Gefieders haben sich in den letzten 40 Jahren fast gänzlich verabschiedet. Wo langjährige Brachflächen, wie zum Beispiel in Handeloh und Itzenbüttel, wo sich genügend blühender Krautwuchs einstellte und damit tierische Eiweißnahrung und Sämereien ausreichend vorhanden waren, erholten sich Restbestände und zeigen erfreulichen Zuwachs. Vor 40-50 Jahren jagten wir in den krautreichen Kartoffel- und Rübenschlägen erfolgreich auf Rebhühner, doch heute wird das Kartoffelkraut noch im grünen Zustand chemisch behandelt, damit es abstirbt und möglichst gleichgroße Kartoffeln geerntet werden können. Wo nur wenige Ketten vorhanden sind, verzichten die Jäger auf eine Bejagung, damit diese Wildart nicht gänzlich auf die Rote Liste gesetzt werden muss.

Als Kulturfolger und –nutzer können wir die WILDENTEN und WILDGÄNSE bezeichnen. Die unbegradigten Flussläufe von Este, Seeve, Wümme, Oste und Aue mit angrenzenden, teilweise brachgelegten Grünlandflächen bieten gute Lebens- und Nahrungsbedingungen für Wildenten und teilweise auch den Graugänsen. Ähnlich ist es bei den zahlreichen Fischteichen verschiedenster Größe und den kleineren Seen, wie dem Bendestorfer Mühlenteich, dem Lohofer See und der Holmer Teichanlage mit den beiden großen Waldseen mit zusammen ca. 300 Morgen. Die Kanadagans und in letzter Zeit die unverträgliche Nilgans vermehren sich sehr stark und sollten entsprechend bejagt werden.

Ebenfalls zu den Gewinnern können wir die RINGELTAUBE zählen, die überall im Forstverbandsgebiet anzutreffen ist. War sie um 1900 für Hermann Löns noch eine seltene Jagdbeute, seltener als zum Beispiel das Birkhuhn, so wird sie heute teilweise schon zum Plagegeist für Garten- und Gemüsebau oder der Landwirtschaft. Konnten wir den rufenden Tauber im Frühling bejagen und nach der Getreideernte auf den Stoppelfeldern, so ist die Jagdzeit heute derartig verkürzt, dass sich riesige Taubenschwärme gebildet haben. Begründet wird die Verkürzung der Jagdzeit seitens des Naturschutzes damit, dass die Ringeltaube bereits im März mit dem Brutgeschäft beginnt und noch im September bei günstiger Witterung Nestlinge vorhanden seien. Dies ist sicherlich richtig, doch hat sich die Ringeltaube trotz längerer Bejagung in früheren Zeiten eher stark vermehrt, als dass ein Rückgang zu verzeichnen ist.

Im Bereich der FBG Forstverband Jesteburg gibt es ca. 45 Eigenjagdbezirke und 27 Gemeinschaftsjagdbezirke. Die meisten Eigenjagdbezirke werden vom Grundeigentümer und Familienangehörigen sowie Freunden und Gästen bejagt. Bei den gemeinschaftlichen Jagdbezirken erfolgt die Nutzung im Allgemeinen durch Verpachtung des Jagdausübungsrechtes an Dritte. Alle Grundbesitzer einer land-, forst- und fischereiwirtschaftlichen Fläche unter 75 ha gehören per Gesetz einer Jagdgenossenschaft an, die eine Körperschaft des öffentlichen Rechts ist. Vertreten wird die Jagdgenossenschaft vom Jagdvorstand, der ein Jagdkataster der Flächen zu führen hat. Abgestimmt wird nach Mehrheit der Fläche und der Besitzer. Die Verpachtung erfolgt entweder meistbietend auf einer öffentlichen Versammlung

Beim Schüsseltreiben – v.l.: Fritz Molsen, H.-J. Peters – „ierst de Piep in 'n Brand, un denn ..., Günter Tepp

oder als Submission in schriftlicher Form mit einem Eröffnungstermin, an dem die Bieter teilnehmen dürfen. Im Pachtvertrag zwischen Jagdgenossenschaft und Jagdpächter wird unter anderem auch die Regelung des Wildschadens festgeschrieben. Eine Zahlung von Wildschaden an landwirtschaftlichen Erzeugnissen ist obligatorisch, wogegen die vermehrten Wildschäden im Walde bisher kaum einen Ausgleich fanden, was in Anbetracht hoher bzw. zu hoher Wildstände in einigen Revieren nicht mehr hingenommen werden kann; man denke an das Damwildvorkommen im Gebiet der Stellheide!

Das jagdliche Interesse der beim Forstverband Jesteburg angestellten Forstmänner war unterschiedlich intensiv. Da die Jagdausübung im Forstverbandsdienst nicht zu den Dienstaufgaben gehört, wie es z.B. im Staats- und Großprivatwald der Fall ist, war man auf Einladungen angewiesen. Diese wurden auch ausgesprochen, und sowohl Kollege Auerbach als auch Kollege Flach nahmen an den Treibjagden sowie an kleinen Stokel- und Enten- wie Taubenjagden teil. Zu einer überzogenen Jagdausübung konnte es jedoch nicht kommen, da die vielfältigen Aufgaben der Privatwaldbetreuung nur wenig Zeit dafür hergaben. Die forstliche Ausbildung von jungen Menschen lag mir sehr am Herzen, wobei ich natürlich auch das Thema Jagd behandelte. Hier war es Wilhelm Cohrs aus Thelstorf, der mir kostenlos den Lohbergenteil seiner Eigenjagd überließ. Es herrschte dort zwar relativ viel Publikumsverkehr, besonders morgens und abends, wenn die Hunde ausgeführt wurden, doch das Wild hatte sich daran gewöhnt. Mit den jungen Kollegen haben wir dann aus diesem Gebiet ein kleines, schmuckes Revier mit den verschiedensten jagdlichen Einrichtungen gemacht, und so mancher hat dort seinen ersten Bock erlegt. Nach Übernahme der forstlichen Betreuungstätigkeit für das Gutsrevier Holm bot Herr Jürgen Kohrs mir auch jagdliche Möglichkeiten in den Lohbergen, später in der Schierhorner Heide an, wovon ich auch Gebrauch gemacht habe. Nach Rücksprache mit dem Jagdherrn Jürgen Kohrs konnte ich auch unsere jungen Kollegen mitnehmen, um sie an die waidgerechte Jagdausübung heranzuführen. Als sich die Möglichkeit bot, die Eigenjagd Riepshof I (erster Eigentümer war Carl Albrecht) pachten zu können, habe ich zugegriffen und sie bis 2005 bejagt. Jetzt konnte ich viele Dinge selbst entscheiden, ohne vorher fragen zu müssen, und die jungen Kollegen bzw. Jagdfreunde waren mehr auf den Hochsitzen als ich selbst, der ich währenddessen am Schreibtisch zu tun hatte. Dankend erwähnen möchte ich hierbei Wilfried Knief aus Sieversen, der durch seinen vorzeitigen Ruhestand bei der Fa. Blohm und Voss in Hamburg über ausreichend Zeit verfügte und auch genügend Ausdauer besaß. Das Vorkommen von Schwarzwild nahm damals am Riepshof rasant zu, und Schäden in der Landwirtschaft traten verstärkt auf. Wilfried hat so manche Nacht gesessen und dabei richtig „Strecke gemacht", da er morgens ausschlafen konnte, ich aber meinen Dienst verrichten musste.

In den 1980-90er-Jahren habe ich dann acht Jahre lang als Präsident den Bund Deutscher Jagdaufseher e.V. geführt, und ich denke, das sehr erfolgreich. Für seine jagdliche Gastfreundschaft möchte ich dankend Gerd Meister aus Buchholz erwähnen, mit dem ich viele Jahre zusammen bei meinen schwedischen Jagdfreunden auf Elch gejagt habe. In seinem Revier Sodersdorf darf ich mich jederzeit jagdlich betätigen, natürlich in seinem

Einvernehmen. So war es mir vergönnt, in der Brunft am 2. Oktober 2008 einen starken Kronenzwölfer zu erlegen.

Abschließend kann gesagt werden, dass im Bereich der FBG FV Jesteburg ein den landschaftlichen und landeskulturellen Verhältnissen angepasster artenreicher und gesunder Wildbestand vorhanden ist. Die Hege wird im Allgemeinen so durchgeführt, dass Beeinträchtigungen einer ordnungsgemäßen land-, forst- und fischereiwirtschaftlichen Nutzung, insbesondere Wildschäden, möglichst vermieden werden. Das Verhältnis zwischen Bauer und Jagdpächter ist harmonisch, Auswüchse sind überall zu finden und sollten zum Wohle des Wildes in ordentlicher und anständiger Form beigelegt werden.

Großzügiger Jagdherr Gerd Meister und dankbarer Erleger

Pause bei der Elchjagd in Schweden

Am erlegten Elch – zwar kein Vollschaufler, aber …

Meine Jagdfreunde vom Orden „Der silberne Bruch", Drückjagd in Heiligengrabe

17. Kompensationskalkung

In den 1920er-Jahren, verstärkt nach dem Zweiten Weltkrieg, hieß es: „DER WALD BRAUCHT KALK!" Worum ging es: Die durch menschliche Misswirtschaft devastierten Böden zeigten keine Wuchskraft mehr, und sowohl landwirtschaftliche Nutzpflanzen wie auch die Bäume ließen stark im Ertrag nach. Mit der Zufuhr von Kalk verschiedenster Herkunft sollte ein Zuwachs erreicht werden. Bei der heutigen KOMPENSATIONSKALKUNG geht es jedoch um etwas anderes, denn Kompensation heißt Ausgleich. Wenn wir dem verstorbenen und weltweit geachteten Nobelpreisträger Prof. Dr. Konrad LORENZ glauben, und alles spricht dafür, dass man ihm glauben muss, dann hat die von dem Wahn, alles sei machbar, befallene Menschheit nur noch eine Chance, dem selbstinszenierten Inferno zu entrinnen: durch „Teilkatastrophen"! Auf den Wald übertragen, ließe sich seine Theorie etwa so interpretieren: Erst wenn der Wald mindestens eines kompletten Bundeslandes zur dürren Ruine wird und die Lunge jedes dritten Neugeborenen zerfressen ist, besteht die Aussicht, dass die an den Hebeln der Macht Sitzenden den Mut aufbringen, die Hebel endlich nach der anderen Seite zu legen. Beim GAU von Tschernobyl im April 1986 sah es einmal so aus, doch in der Zwischenzeit haben wir uns an die Auswirkungen jener Katastrophe gewöhnt und empfinden sie gar nicht mehr als solche, auch wenn hin und wieder in den Medien über die Ungeheuerlichkeit dieses Unfalls und seiner Folgen berichtet wird. Unsere Energiepolitik, wie die der übrigen Welt, hat sich nicht wesentlich geändert. Erst der Reaktorunfall in Fukushima/Japan am 11. März 2011, der durch ein starkes Erdbeben und einen darauffolgenden Tsunami verursacht wurde, brachte ein Umdenken hin zu regenerativen Energien, welche auch nicht ohne Probleme sind – siehe verstärkten Maisanbau und Verarmung der Landschaft. Die ersten besorgniserregenden Meldungen über eine neue, rätselhafte Erkrankung von Waldbäumen sorgte Ende der 1970er-Jahre für ein Raunen im papiernen Blätterwald. Vor allem die Weißtanne sollte hiervon betroffen sein. Prof. Dr. Bernhard ULRICH aus Göttingen wies ernsthaft darauf hin und alarmierte die zuständigen Ministerien. Doch die Ignoranz war groß, schließlich sei die Tanne im bundesdeutschen Wald nur von lokaler Bedeutung, und die Qualität des Tannenholzes gegenüber dem der Fichte ließe sowieso zu wünschen übrig. Zudem sorge die Tanne nur für Disharmonie zwischen Förstern und privaten Jägern, weil sie mit ihrem Geschmack ganz unnötig die Rehe zum Verbiss provoziere. Und bei den entwaldeten, kahlen Höhen des Erzgebirges war klar, dass es von der hausgeförderten Braunkohle herkomme und ein Problem der Tschechen und der Sachsen sei. Warum sollte die bundesdeutsche Industrie für den Dreck der Kommunisten mit Umweltschutzmaßnahmen bezahlen? Der deutsche Wald sterbe primär am Dreck, den die Nachbarn über die Grenze schicken. Die Schwarzwaldhöhen würden von den Franzosen geschädigt, und Österreicher und Tschechen versauen die Alpen. Dass auch der Dreck unserer Industrie bei entsprechenden Winden die Wälder unserer Nachbarn in Mitleidenschaft zieht, wollte keiner wahrhaben. Nationale Alleingänge seien nicht zielführend, die Lösung kann nur im EWG-Raum liegen. Alle Autos müssen mit einem Kat versehen werden. Zu Anfang der 1980er-Jahre stellte man jedoch fest, dass unsere Kiefern-, Fichten- und Tannenwälder bereits so viele Nadeln abgeworfen hatten, dass dies selbst dem arglosesten Wanderer auffallen musste. Das neue Wort hieß WALDSTERBEN. Schnell wurden von zuständigen Dienststellen Kurzlehrgänge über das Erkennen des Waldsterbens mit seinen jeweiligen Schadstufen einberufen, und jeder wollte Informationen haben. Hier soll aber bemerkt werden, dass die Bezeichnung „Waldsterben" an sich irreführend ist, korrekterweise müsste man von IMISSIONSCHÄDEN sprechen. Auch der Name „neuartige Waldschäden", der oft in den Medien und bei der Gewährung von Fördermitteln verwendet wird, ist unkorrekt, weil Immissionsschäden keineswegs neuartig sind, vielmehr schon im vergangenen Jahrhundert und früher an Waldbäumen nachzuweisen waren. Auf alten Postkarten ist heute noch leicht zu erkennen, dass Fichten und Tannen zwischen Bodensee und Berchtesgaden damals teilweise schon so schütter in der Benadlung waren, dass sie nach heutigen Kriterien durchaus in die Schadstufe 3 fallen würden. Mit dieser Feststellung sollen die Waldschäden und vor allem ihre Ursachen keineswegs verharmlost werden! Es wurde intensiv geforscht, und es zeichnete sich ab, dass die Ursachen der „neuartigen Waldschäden" komplexer Natur sind. Als sicher gilt inzwischen, dass Schwefeldioxid (SO_2), Stickoxide (NO_x) und Kohlenwasserstoffe (HC) zu den Verursachern der Waldschäden gehören. Verantwortlich für die Emission sind wir alle, wobei von Industrie und Verkehr der größte Teil freigesetzt wird. Stickoxide und Kohlenwasserstoffe bilden unter dem Einfluss von UV-Strahlen Photooxidantien, die weit ins Land getragen werden können. Zu diesen gehört das bodennahe Ozon (O3), das in Verbindung mit säurehaltigem Regen oder Nebel zu Nährstoffauswaschungen in der Pflanze führt. Äußere Zeichen dieses Prozesses sind Nadel- und Blattvergilbungen. Der intensive Einbau von Filteranlagen in den fossile Brennstoffe wie z.B. Braun- und Steinkohle verfeuernden Anlagen hat zwischenzeitlich dazu geführt, dass der Ausstoß von schwefliger Säure um über 60 % zurückgegangen ist. Vermutlich aus politischen Gründen weniger ins Gespräch gebracht wurde das durch den bakteriellen Abbau von Harnstoff und Eiweiß in der Landwirtschaft in ungeheuren Mengen entstehende gasförmige Ammoniak (NH_3). So wurde festgestellt, dass in einigen Gebieten bis zu 70 kg Stickstoff pro Hektar und Jahr in die Wälder eingetragen wird. Die Auswirkungen dieses Stickstoffeintrages sind vielschichtig. Einerseits geraten alle Pflanzen in Bedrängnis, die stickstoffarme Standorte bevorzugen. Andererseits explodiert die stickstoffliebende Flora geradezu. Die stickstoffliebenden Pflanzen, wie z.B. die Himbeere, werden wiederum vom Rehwild bevorzugt. Mit einem steigenden Nahrungsangebot und gleichzeitig geringerem Energieaufwand zur Nahrungsfindung steigt die Nachwuchsrate des Wildes. Die meisten Wildtiere investieren nämlich Energieüberschüsse gleich wieder in Fortpflanzung. Damit aber steigt der Druck auf Pflanzenarten, die das Wild besonders gerne äst, wie etwa die Tanne oder die Eiche. Verstärkte Bejagung ist jetzt angesagt, doch unterbleibt sie im Allgemeinen, da das Wild selten oder erst im Dunkeln aus den äsungsreichen Einständen austritt. Bewegungsjagden – auch über Jagdbezirksgrenzen hinweg – sind aufwendig und nicht überall durchführbar (z.B. revierdurchschneidende Straßen). Die sogen. Nadelholzmonobestände galten mit einem Mal als labil und mussten mit Laubholz unterpflanzt werden. Jedoch zeigte es sich, dass nach einigen Jahren auch die Laubbäume wie Buche und Eiche zu kränkeln anfingen, nachdem sie lange keine Krankheitserscheinungen zeigten. Was mit und durch die Luft auf den Wald niederrieselt, das bleibt ihm auch erhalten. Ein Teil der gasförmigen bzw. mit den Niederschlägen herangetragenen Schadstoffe fällt gleich bis auf den Waldboden durch – dies insbesondere bei den gewollt stufig aufgebauten naturnahen Beständen mit ihrem „rauen“ Kronendach. Was sich auf Bäumen und Bodenpflanzen ablagert, schwemmen Regen, Schmelzwasser und Nebel in den Boden, und was in die Zellen der Blätter und Nadeln eindrang, kommt mit diesen irgendwann ebenfalls auf die Erde herunter. Hauptsächlich durch den Eintrag von Schwefel versauern unsere Waldböden, wobei durch den Einbau von Filtern in den Industrieanlagen in letzter Zeit ein erfreulicher Rückgang zu verzeichnen ist.

Eine Aufgabe des Waldes ist es, mit der Luft und mit Niederschlägen eingetragene Säuren in seinem Boden abzupuffern und somit ihr Eindringen ins Grundwasser zu verhindern. Doch in einigen Landesteilen sind die Böden inzwischen so sehr mit Säuren gesättigt, dass diese das Grundwasser bzw. Quellwasser belasten. Um dieser Belastung der Wälder bzw. des Grundwassers entgegenzuwirken, haben sich die Waldbesitzer aller Besitzarten zur KOMPENSATIONSKALKUNG entschieden. Im Programm der Nds. Landesforstverwaltung heißt es dazu: „Waldkalkung – keine Medizin für den kranken Wald, aber Schutz vor weiterer Versauerung und damit ein Beitrag der Forstwirtschaft zum Überleben des Waldes.“ Da die Kalkung mit erheblichen Kosten für den Privatwaldbesitzer verbunden ist, er aber nicht allein für den Schadstoffeintrag, der seinen Wald schädigt, verantwortlich gemacht werden kann, erging der Ruf nach staatlicher Förderung. Dies wurde höheren Ortes anerkannt und ein Förderprogramm „Kompensationskalkung immissionsgeschädigter Waldbestände“ aufgelegt. Anfangs wurden die angemessenen Kosten mit bis zu 60 %, heute bis zu 90 % gefördert, wobei die Mehrwertsteuer nicht förderfähig ist. Ausgenommen waren hierbei Moor- und Heideflächen sowie andere naturschutzwürdige Flächen. Als zuständiger Bezirksförster war ich jedoch der Meinung, dass ähnlich wie im öffentlichen Wald, sprich Staatswald, wo einschließlich MwSt. alle Kosten aus Steuermitteln übernommen wurden, dies auch für den Privatwald gelten müsse. Es ist doch schon Schaden genug, wenn das Eigentum des Privatwaldbesitzers von der Allgemeinheit durch Schadstoffeintrag beeinträchtigt wird. Entsprechende Anträge an den Landkreis bzw. die Gemeinden zur Übernahme der restlichen Kosten wurden über alle Parteigrenzen hinweg einstimmig genehmigt. Somit stand einer flächendeckenden Kompensationskalkung mit 3 Tonnen Kalk pro Hektar nichts mehr im Wege. Lediglich zwei unserer Waldbesitzer verweigerten aus grundsätzlichen Erwägungen heraus diese Maßnahme. Im staatlichen Forstamt Rosengarten fiel die Entscheidung zur Durchführung der Kalkung schneller, da die Mittel aus dem eigenen Haushalt zügig bewilligt wurden. Wir jedoch mussten erst für jeden Waldbesitzer über aufwendige Antragstellung die Freigabe der Mittel und der Maßnahme beantragen. Die örtliche Inaugenscheinnahme der Kalkung in den Wäldern des Forstamtes Rosengarten hatte zum Ergebnis, dass ich einen anderen Weg wählen wollte. Der mit Bodenfahrzeugen ausgebrachte erdfeuchte

Ausbringen des Kalkes durch Verblasen

Dolimitkalk klebte bis hoch hinauf an den Baumschäften, und dichtere Bestände waren kaum zu bearbeiten. Die Wege waren teilweise sehr zerfahren und weite Transportstrecken zu überwinden.

Intensive Erkundigungen führten uns dann mit der Fa. Vereinigte Kreidewerke Dammann (VKD) und ihrem Verkaufsleiter Herrn Thomas Anckerholdt in Lägerdorf/Holstein zusammen, die einen weicherdigen Kreidekalk GRANUPHOS mit Magnesium und weicherdigem Phosphat = 70 % $CaCO_3$, 10-15 % $MgCO_3$, 3 % P_2O_5 in granulierter Form anbot. Ein gemeinsames Treffen mit Herrn Anckerholdt und Herrn Walter Koopmann in unserer Geschäftsstelle in Holm-Seppensen und einer Besichtigung des Kalkwerkes und der Herstellung des Granulates in Lägerdorf bei Itzehoe bestärkte uns darin, mit diesen beiden Herren zusammenzuarbeiten. Vorgesehen waren 3 Tonnen/ha, die vom Hubschrauber ausgebracht werden sollten. Die Hubschrauberfirma Walter Koopmann , heute KMN koopmann helicopter GmbH, in Sommerland bei Elmshorn, hatte Erfahrung im Ausbringen dieses Kalkes auf landwirtschaftlichen Flächen. Später konnten wir uns selbst von dem fliegerischen Können von Herrn Koopmann überzeugen, wenn er metergenau das granulierte Material mit seinem Kreiselstreuer, der unter dem Hubschrauber hing, ausbrachte. Für mich bedeutete der Einsatz des Hubschraubers eine große logistische Herausforderung. Es musste jeweils ein geeigneter Platz zum Anfahren des Materials mit schweren Lastkraftwagen bei jedem Wetter gefunden werden. Zum anderen sollte dieser Platz das Beladen, besonders aber das An- und Abfliegen problemlos ermöglichen, Hochspannungsleitungen sollten nicht vorhanden sein. Er durfte auch

Ausbringen des Kreidekalkes GRANUPHOS per Hubschrauber im Jahre 1987

nicht zu weit von den Waldflächen entfernt liegen, die bestreut werden sollten; nach ca. 1,5-2,0 Minuten musste der Hubschrauber zurück sein, sollte ein wirtschaftliches Arbeiten gewährleistet werden. Die Tatsache, dass die vollständige Finanzierung geklärt war, ermöglichte ein Überfliegen, ohne auf Besitzgrenzen achten zu müssen. Das ersparte mir viel Zeit und Arbeit bei der Erstellung des Kartenmaterials, nach dem Herr Koopmann flog. Die Ausbringung des granulierten Materials ließ zum einen eine optische Kontrolle für uns und den Waldbesucher zu und ermöglichte auch ein Auszählen des Granulates per Quadratmeter. Hierbei ergab sich eine Ausbringungsmenge von 2,80-3,30 Tonnen pro Hektar. Genauer geht es kaum! Wie so oft war auch diese Maßnahme von einem gewissen Ärger begleitet, da sich Waldbesucher beschwerten, dass sie Kalkkörner abbekommen hätten. In Bendestorf klagten Hausbesitzer über Kalk auf ihren Terrassen und verlangten Schadensersatz. Wir haben dann die örtliche Presse mit eingeschaltet, die einen Bericht über die erforderliche Ausbringung des Kalkgranulates veröffentlichte und darauf hinwies, dass das Betreten des Waldes unterlassen werden sollte, wenn der Hubschrauber gesichtet wurde.

Die Kosten beliefen sich auf rd. 700,00 DM/ha bei Hubschraubereinsatz und granuliertem Kalk. Da die gesamte Finanzierung der Kalkungsmaßnahme garantiert war, den Waldbesitzern also keine Kosten entstanden, nahmen bis auf zwei Eigentümer alle teil.

Genügend Platz zum Landen ist erforderlich

18. Forstliche Standorterkundung/Standortkartierung

Die STANDORTKARTIERUNG dient folgenden Zielen: Zum einen soll über eine genaue Kenntnis der Leistungsfähigkeit der Böden die wirtschaftlich und ökologisch richtige Baumartenwahl erleichtert werden. Zum anderen sollen Bodenanalysen Aufschluss darüber geben, ob und in welchem Ausmaß Düngungs- und Bodenbearbeitungsmaßnahmen erforderlich werden. Schließlich sollen Versauerungen der Oberböden aufgrund saurer Depositionen erkannt und Maßnahmen zur Verhinderung des Fortschreitens dieser Bodenverschlechterung genannt werden. In Anbetracht der nicht mehr zu leugnenden Klimaveränderung (Erhöhung der Jahresmitteltemperatur, jahreszeitliche Verschiebung der Niederschläge, Häufung von Trockenperioden und Stürmen etc.) kommt einer standortgerechten BAUMARTENWAHL immer größere Bedeutung zu. Doch bereits im Jahre 1848 hatte der forstliche Altmeister Professor Friedrich Wilhelm Leopold PFEIL seinen vielzitierten, quellenmäßig aber nicht belegten Ausspruch: „Fraget die Bäume, wie sie wachsen. Sie werden euch besser belehren, als Bücher dies tun!" geäußert. In einer dienstlichen Mitteilung von Forstmeister Jaeger/FoA. Stade vom 4. August 1960 an die Revierförster der Forstverbände heißt es: „Jedem verantwortungsbewussten Forstmann und Forstwirt ist verständlich, dass Fehler im Waldbau nur vermieden werden können, wenn die Eigenschaften des Bodens auch in der Tiefe genau bekannt sind."

Die Standortaufnahmen in den Privatwaldbesitzungen im Bereich der Bezirksförsterei Jesteburg, LWK-Forstamt Stade, erfolgte durch die Forsträte i.A. RENNER, SCHMIDT und WOLF, durch den Diplom-Geologen PRIGGE und durch Assessor des Forstdienstes DAMMANN. Die Außenarbeiten wurden (mit Unterbrechungen) von April 1991 bis Februar 1995 durchgeführt. Die insgesamt kartierte Fläche beträgt 7.984 ha. In den Randbereichen sind dabei Flächen der angrenzenden Forstbetriebsgemeinschaften enthalten. Die Kartierung basiert auf den Richtlinien „Forstliche Standortaufnahme", die Standorttypen wurden nach den Kriterien „Geländeökologischer Schätzrahmen zur forstlichen Standortaufnahme im niedersächsischen Flachland" ausgeschieden und abgegrenzt. Fachlich betreut wurden die Arbeiten durch den Leiter des Standortkundlichen Beratungsdienstes des Niedersächsischen Forstplanungsamtes, Herrn Forstdirektor WACHTER.

Das kartierte Gebiet im Bereich der Forstbetriebsgemeinschaft Forstverband Jesteburg erstreckt sich von Neu-Wulmstorf und Harburg im Norden über Buchholz i.d.N., Jesteburg, Handeloh und Otter bis Königsmoor und Todtshorn im Süden. Die Flächenausdehnung beträgt in Nord-Süd-Richtung ca. 30 km, in Ost-West-Richtung im Norden ca. 12 km und im Süden ca. 18 km. Das Relief wird von einem markanten warthestadialen Endmoränenzug geprägt, der sich von den Schwarzen Bergen über den Stuvenwald und die Lohberge erstreckt und seine Fortsetzung in den Wilseder Berg-Staffeln erfährt. Die Höhenlagen reichen von 110 bis 155 m über NN in den Schwarzen Bergen und bis zu 35 bis 40 m über NN in Königsmoor. Die das Kartiergebiet durchziehenden

Abflusssysteme entwässern meist nach Norden zur Elbe hin (Seeve und Este), zum Teil aber auch nach Südwesten zur Aller (Wümme). Das Relief ist besonders im Norden für Flachlandverhältnisse stark ausgeprägt. Das kartierte Gebiet ist, seiner wechselvollen geologischen Geschichte entsprechend, von großer bodenkundlicher Vielfalt. Der Anteil an reicheren Substraten ist weitaus größer als in den meisten Gebieten der Lüneburger Heide. Der Norden wird im Bereich der Schwarzen Berge durch weichseleiszeitliche Sandlößüberlagerungen geprägt. Der Stuvenwald zeichnet sich durch flächiges Auftreten von Geschiebelehm aus, während die Lohberge überwiegend aus Sand (Geschiebedecksand und Schmelzwassersand) bestehen. Das Königsmoor und die das Gebiet durchziehenden Bach- und Flussniederungen bauen sich aus holozänen (nacheiszeitlichen) Wasserablagerungen auf.

Die von Norden (Drenthe-Stadium der Saale-Eiszeit) und Nordosten (Warthe-Stadium der Saale-Eiszeit und Weichsel-Eiszeit) vorrückenden Gletscher, von denen man heute annimmt, dass sie 1000 bis 2000 m hoch waren, übten auf den Untergrund, auf dem sie sich bewegten, einen enormen Druck aus. Sie schrammten und hobelten dabei selbst sehr hartes Gestein ab, nahmen es in ihrem Fuße auf, wo sie es zu einem Brei sehr unterschiedlicher Körnung zerrieben, oder schoben es vor sich her. Je nach Mächtigkeit des Eises und dem Widerstand des unebenen Unterbodens, auf dem sie sich bewegten, entstanden dabei sehr unterschiedliche Druckverhältnisse. Der Gletscher selbst war keine homogene Masse, sondern von zahlreichen Rissen zerklüftet, untertunnelt und örtlich von sehr unterschiedlicher Mächtigkeit. Entsprechend dieser Drucke, die vom Gletscher ausgeübt wurden, ergaben sich Zonen hohen Druckes und andere, in denen sich dieser Druck wieder ausglich.

Ein derart unterschiedlicher Druck schuf am Grunde des Gletschers eine ebene, mehr oder weniger wellige Landschaft, während an seiner Stirn je nach seiner Schubkraft und der Stärke der Schmelzwasserschüttung mehr oder weniger markante Wälle aufgebaut wurden. Dabei kam sowohl in der Grundmoräne als auch in der Endmoräne Material aller Korngrößen zur Ablagerung, das von feinstem Zerreibungston bis zu Findlingsblöcken reichte. Mit dem Hervorstürzen der Schmelzwasserbäche aus den Gletschertoren und den zahllosen großen und kleinen, vor der Stirn des Gletschers vagabundierenden Schmelzwasserbächen wurde ein Teil des Moränenmaterials wieder fortgetragen. Das beste Beispiel für die sehr unterschiedliche Transportkraft dieser Wässer bildet innerhalb der glazialen Serie die Einheit von Sander und Urstromtal. In unmittelbarer Nähe des Gletschers flossen infolge großer Geländeneigung die Bäche sehr schnell und waren daher in der Lage, Kies, Grobsand und sogar Schotter und mittelgroßes Geröll mit sich zu tragen. Mit der Entfernung vom Gletscher wurde das Gelände flacher und die Mengen Wasser verteilten sich mehr, sodass allmählich nur noch immer feineres Material transportiert werden konnte. In den Urstromtälern schließlich konnte lediglich noch Feinsand aus dem Schmelzwasser ausfallen, während die feine Flusstrübe bis ins Meer abgeführt wurde. Dieser Prozess erklärt den erst grob-, dann immer feinkörnigeren Aufbau der Sander mit zunehmender Entfernung vom Gletscherrand und die sehr einheitliche Fein-

Forstbetriebsgemeinschaft "Forstverband Jesteburg"
Geschäftsstelle

An die

WALDBESITZER der FORSTBETRIEBSGEMEINSCHAFT

" FORSTVERBAND JESTEBURG "

Hindenburgweg 8 / Forsthaus
OT. Holm-Seppensen
2110 BUCHHOLZ i.d.N.
Fernsprecher: (0 41 87) 233

Sprechtage:
Mo. und Do. 8–12 Uhr

Ihr Zeichen | Ihre Nachricht | Unser Zeichen Ga/Ko | Buchholz/Holm-Seppensen, den 15.1.199

Betreff

Standortkartierung für den Privatwald im Landkreis Harburg durch die Forstabteilung der LkH

h i e r : Auftragserteilung.

Sehr geehrte Damen und Herren,

die Orkanschäden vom Jan./Feb. 1990 haben auch in den Privatwäldern im Landkreis Harburg erhebliche Schäden angerichtet und deutlich gezeigt, wie wichtig ein Waldbau auf ökologischer Grundlage ist.
Die Nichtbeachtung " des Eisernen Gesetzes des Örtlichen " hat sich stellenweise dermaßen gerächt, daß ganze Waldflächen zerstört sind.
Voraussetzung für eine ökologisch optimale Forstwirtschaft ist eine Standortkartierung, die die natürlichen Grundlagen Klima, Boden, Wasserhaushalt und Vegetation analysiert und daraus Kriterien für die Wahl der anzubauenden Holzarten herleitet.
Im Hinblick auf notwendige waldbauliche Maßnahmen gegen Waldschäden soll die Standortkartierung auch über notwendig werdende Düngemaßnahmen und Berücksichtigung der Bodeneigenschaften und der möglichen Grundwasserbelastung Auskunft geben.

Die forstliche Standortkartierung stellt somit eine wesentliche Entscheidungshilfe für einen auf ökologischer Grundlage fußenden Waldbau dar.
Durch diese Grundlagendaten wird eine Basis für die künftige waldbauliche Planung geschaffen, die dem Waldbesitzer und dem ihn beratenden Forstmann eine Hilfestellung bieten soll, die ökologisch richtige Holzart auf den dazu geeigneten Standorten anzubauen.

Die forstliche Standortkartierung in Niedersachsen benutzt ein zweistufiges oder auch regionales Verfahren. Das bedeutet, daß der

./.

Bankverbindung: Spadaka Jesteburg, Kto.-Nr.: 300 254 300 und 300 254 301 (BLZ 240 629 78)

Das Rundschreiben der FBG an ihre Waldbesitzer betr. Standortkartierung vom 15.01.1991

sandauffüllung der Urstromtäler. Schmelzwasser hat also einerseits eine stark die Moränenlandschaft nivellierende Wirkung, indem bei fehlender Vegetation sich die Erosion ungehemmt auswirken konnte, andererseits eine stark selektierende und sortierende Wirkung in dem ursprünglich vom Gletscher unsortierten Material.

Man kann sich vorstellen, dass von 2000 m hohen Gletschern Fallwinde erheblicher Stärke herabstürzen und dass mit den klimatischen Veränderungen allgemein in einer vegetationslosen oder –armen Gegend mächtige Stürme auftraten. Selbst bei großer Windgeschwindigkeit aber kann dieser nur noch relativ feines Material, etwa die Feinsandfraktion (und noch weniger große Körner) forttragen, keinesfalls mehr Schotter, Kies oder gar große Steine. Die in pleistozänen Landschaften vorhandenen äolischen Sedimente sind daher einheitlich entweder aus Fein- bis Staubsand aufgebaut (Flugsanddecken, Dünen) oder aus Schluff (Sandlöß). Sie zeugen damit von der besonders stark sortierenden Wirkung des Windes.

Eine jährliche Bodenuntersuchung der landwirtschaftlichen Flächen ist für die meisten Landwirte obligatorisch, hingegen fand in früheren Zeiten eine Standortkartierung im Walde kaum statt. Zugegebenermaßen gestaltet sich dies im Walde weitaus schwieriger als auf dem Acker. Den Bauern interessieren die obersten 30-40 cm Bodenschicht, und er kann gezielt Bodenbearbeitung, Düngung etc. vornehmen, wobei er Hilfe von der zuständigen Landwirtschaftlichen Forschungs- und Untersuchungsanstalt, ein Unternehmen der Landwirtschaftskammer Niedersachsen, erhält. Aufgrund der Erfahrungen aus den großen Wiederaufforstungen nach dem Sturm von 1972 verstärkte sich der Wunsch nach einer flächendeckenden Standortkartierung bei uns. Nach langwierigen Verhandlungen mit der Landwirtschaftskammer Hannover bzw. dem Ministerium wurden dann die Mittel bereitgestellt.

Forstrat Renner im Bodeneinschlag

Die Wurzeln der Waldbäume gehen teilweise mehrere Meter tief in die Erde, holen Wasser und Nährstoffe aus dieser Tiefe und verankern den Baum im Boden. Bei gezieltem Vorgehen heißt dies, dass im Raster von 300 m ein Bodeneinschlag bis zu 2,50-3,00 m Tiefe mithilfe eines Baggers angelegt werden muss. Dazwi-

Mächtiger Geschiebelehm – typischer Laubholzstandort

schen findet dann zur Verdichtung der Ergebnisse im Raster von 100 m eine Abbohrung mit dem Pürkheimer Bohrstock bis zur Tiefe von 1,00-1,50 m statt. Beim Bodeneinschlag begibt sich der Standortkartierer in den Einschlag hinein und untersucht das vor ihm stehende Bodenprofil mit seinen verschiedenen Horizonten. Hier geht es darum: Wie stellt sich die Durchwurzelung dar, bis in welche Tiefen gehen die Wurzel? Sind Verdichtungsschichten in Form von Orterde, Ortstein oder Tonbänder vorhanden, in welcher Tiefe liegen sie? Welche geologischen Grundelemente bilden den Boden, hat in Vorzeiten im Oberboden eventuell eine landwirtschaftliche Nutzung stattgefunden? Sind Steine vorhanden, in welchen Schichten befinden sie sich und zu was verwittern sie? Ein ganz wichtiger Punkt ist die Wasserführung im Profil und vor allem die Wasserspeicherfähigkeit der Substrate.

Eine chemische Untersuchung der einzelnen Bodenschichten auf den Gehalt an Nährelementen hat zu erfolgen. Bei einigen Moorstandorten ist eventuell ein Auspumpen des Einschlags erforderlich. Bodeneinschläge von besonderer bzw. außergewöhnlicher Bedeutung bleiben so lange offen, bis eine Besichtigung durch den fachlichen Berater erfolgt ist. Hiernach werden sie wieder eingeebnet, es sei denn, sie sollen ständig offen bleiben, um bei Waldbegängen als Anschauungsobjekt zu dienen. Es sind somit noch heute einige mehr oder weniger gut erkennbare Bodeneinschläge in den Privatwäldern vorhanden. In solchen Fällen ist für eine entsprechende Einfriedigung zu sorgen, damit der Waldbesitzer nicht wegen Verletzung der Verkehrssicherungspflicht in den Regress genommen werden kann, falls jemand hier zu Schaden kommt.

Allgemein wurde erwartet, dass der Waldbesitzer die Bodeneinschläge nach Auswertung einebnen sollte. Da er aber nicht wusste, wann dies der Fall war und auch in den seltensten Fällen die Lage des Bodeneinschlages kannte, haben wir davon abgesehen und diese Aufgabe dem Standortkartierer übertragen. Übereifrige Waldbesucher griffen oftmals zum Telefon und wollten uns davon überzeugen, dass Terroristen und ähnlich gesinnte Mitmenschen hier Material oder Diebesgut lagerten bzw. Anschläge vorbereiteten. Wir konnten sie meistens beruhigen. Hatten wir bzw. die Kartierer die Bodeneinschläge mit farbigem Trassierband gesichert, konnten wir diese gar nicht so schnell erneuern, wie Vertreter aus der Jägerschaft und besorgte, „ordnungsliebende" Waldbesucher diese entfernten. Erst aufklärende Artikel in der örtlichen Presse brachten Abhilfe und Ruhe.

Abnahme der Standortkartierung im Revier Hartmann in Dangersen. v.l.: Minist.-Rat Kehding, FA Gamradt, FOR Bartlau, im Bodeneinschlag: FR Renner

Fachsimpelei zwischen Minist.-Rat Keding und FA Gamradt

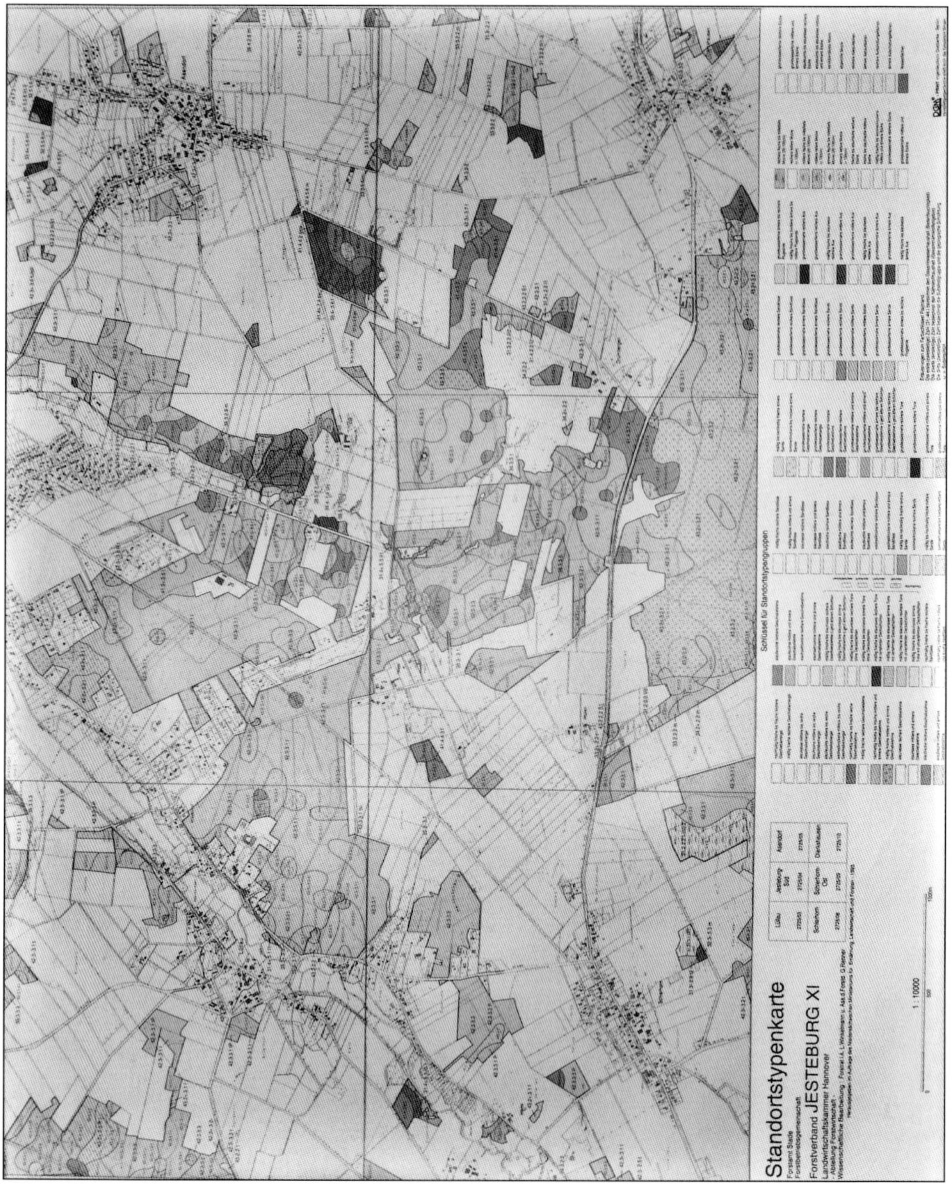

Standortstypenkarte
Forstamt Stade
Forstbetriebsgemeinschaft
Forstverband JESTEBURG XI
Landwirtschaftskammer Hannover
- Abteilung Forstwirtschaft -
Lüllau
Jesteburg Süd
Asendorf
Schierhorn
Schierhorn Ost
Dierkshausen
1 : 10000
Schlüssel für Standortstypengruppen

19. Waldzustandserfassung/Forsteinrichtung

„Die Holzerzeugung im Bauernwald der Heide ist mangelhaft, die Verhältnisse sehen gebietsweise sogar trostlos aus. Wie die Dinge zahlenmäßig liegen, lässt sich bei der Gemengelage der Eigentumsflächen und der Parzellen, deren verschiedene Größe und dem häufigen Wechsel der Bestockung sehr schwer schätzen." Diese einleitenden Zeilen schrieb Karl Wagenknecht in seiner Untersuchung „Die Verbesserung des Bauernwaldes in der Lüneburger Heide" im Jahre 1941. Die Bestockungsverhältnisse des Privatwaldes der Heide waren bis in die 1950er-Jahre hinein wirklich trostlos. Heideaufforstung, kriegsbedingte Überhiebe und Reparationshiebe der Nachkriegszeit standen einer geregelten Forstwirtschaft entgegen. Wagenknecht schrieb weiter: „Die Lösung des Problems hat die genaue Kenntnis des derzeitigen Waldzustandes zur Voraussetzung. Überhaupt ist bei den großen Dienstbezirken der für den Bauernwald zuständigen forstlichen Vollzugsbehörden eine ordnungsgemäße forstliche Bewirtschaftung ohne brauchbares Karten- und Schriftwerk schlechterdings nicht möglich." (Wagenknecht, Karl: Die Verbesserung des Bauernwaldes in der Lüneburger Heide, S. 84 bis 88). Seine Untersuchung kann als Beginn einer flächendeckenden Waldinventur des Privatwaldes in Niedersachsen angesehen werden. Mithilfe der dort entwickelten Methodik wurde eine Erstinventur im Jahre 1948 im Landkreis Uelzen durchgeführt.

Vorausschauende, zukunftsorientierte Waldbesitzer unseres Forstverbandes, wie z.B. Otto Kröger sen., Wörme, Karl von Hörsten, Wörme, Wilhelm Cohrs, Thelstorf, Arnold Meyer, Seppensen und natürlich August Henk, Lüllau, hatten kurz nach Gründung des Forstverbandes Jesteburg im März 1953 ihre Aufträge zur Erstellung eines Forstbetriebsgutachtens über den Forstverband Jesteburg über das Forstamt Stade an die vorläufige Landwirtschaftskammer Hannover, Abt. Privatforst, zwecks Ausführung gesandt.

Mit der Durchführung der Arbeiten wurde Forstmeister Loesener beauftragt, der im Laufe der nächsten Jahre zahlreiche fundierte Forstbetriebsgutachten zur Zufriedenheit der Waldbesitzer erstellte.

Zwischenzeitlich hatten die Finanzämter für 1957/58 den Versand von Fragebögen zwecks neuer Einheitsbewertung angekündigt. Hier erbot sich nun Herr Forstassessor Hans Duhme zwecks Erstellung von vereinfachten Forstgutachten für die neue Einheitsbewertung des Waldes an und erhielt auch entsprechende Aufträge. Da seine Arbeit für die vereinfachten Gutachten – siehe Anlage – naturgemäß weitaus schneller verlief als die des Herrn Loesener, der weitaus intensivere und vielgestaltigere Angaben zu ermitteln hatte, führte dies teilweise zu Missstimmungen bezüglich der Kosten. Diverser Schriftverkehr zwischen Beteiligten und Dienststellen sowie ein gemeinsames Gespräch führten zur Klärung und allgemeiner Zufriedenheit. Eine kleine Episode bezüglich Herrn Forstassessor Hans DUHME sei hier erwähnt:

„Forstassessor Hans Duhme war der holden Weiblichkeit sehr zugetan und legte auf sein Äußeres großen Wert, man könnte auch sagen, er war eitel. Leider ließ im Laufe der Jahre

Durchschrift

Vorläufige
Landwirtschaftskammer Hannover
Abt. Privatforst

Hannover, den 16. Okt. 1953
Alte Celler Heerstr. 51. IV.
Tel. 2 63 53

VII 310

Herrn
Otto Kröger,
W ö r m e , Krs. Harburg

Betr.: Forstbetriebsgutachten.

Wir bestätigen Ihren Auftrag auf Aufstellung eines Forstbetriebsgutachtens, der uns mit Schreiben vom 6.ds.Mts. durch den Forstverband Jesteburg zugeleitet wurde. Wir sind gern bereit, diesen Auftrag durchzuführen. Da uns jedoch bereits eine größere Anzahl älterer Anträge vorliegt, wird uns eine Aufstellung des Gutachtens für Sie erst im kommenden Frühjahr möglich sein. Erforderlichenfalls bitten wir unter Hinweis auf Ihren Antrag und dieses Antwortschreiben Fristverlängerung beim Finanzamt zu beantragen.

Unser Gutachter braucht zu gegebener Zeit eine neue Lichtpause der Katasterkarte und einen gültigen Flächenauszug aus dem Liegenschaftsbuche des Katasters, beides die Forstflächen betreffend. Ohne diese Unterlagen, die Sie nach Gebrauch zurückerhalten, kann er die erforderlichen Erhebungen nicht durchführen. Wir bitten, beides rechtzeitig beim Katasteramt zu beschaffen.

Wie aus dem Schreiben des Forstverbandes Jesteburg hervorgeht, hat man Ihnen einen Kostensatz von etwa 5,- DM je ha für die Aufstellung des Forstbetriebsgutachtens genannt. Wir bemerken hierzu, daß wir uns grundsätzlich bei der Auftragserteilung auf die Höhe der Kosten nicht festlegen können, weil wir im wesentlichen im Anhalt an unsere Selbstkosten abzurechnen pflegen. Je nach der Schwierigkeit und der Dauer der erforderlichen Arbeiten sind die Forstbetriebsregelungskosten im Einzelfalle verschieden. Wir glauben kaum, mit einem Satz von 5,- DM je ha auskommen zu können.

Im Auftrage:
gez. v. Meding

Durchschrift
an den Forstverband Jesteburg
in L ü l l a u , Krs. Harburg
mit der Bitte um Kenntnisnahme.
Im Auftrage:

Auftragsbestätigung der Abt. Privatforst an Herrn Otto Kröger, Wörme, vom 16.10.1953

LANDWIRTSCHAFTSKAMMER
HANNOVER
Abt. Privatforst

HANNOVER, den 19. März 1955
Alte Celler Heerstr. 51
Fernruf 2 63 51/53, 6 65 61
Bankkonten:
Landesgenossenschaftsbank
Bankhaus Rudolf Löhr

Akt.-Z.: VII 31o/3

Herrn
Waldbesitzer August H e n k

L ü l l a u
Kreis Harburg

Betr.: Forstbetriebsgutachten.
Ihr Schreiben vom 2.3.1955.

Durch Rückfrage bei Herrn Forstmeister Loesener haben wir inzwischen festgestellt, dass der Entwurf für das für Sie bestimmte Forstbetriebsgutachten bis 25. ds.Mts. hier vorgelegt werden wird. Vor Anfang April wird es uns daher beim besten Willen nicht möglich sein, Ihnen das Ergebnis der Forstbetriebsregelung mitzuteilen.

Wir bedauern sehr, dass dies nicht eher möglich ist. Angesichts der sehr grossen Zahl an Aufträgen ist eine schnellere Fertigstellung jedoch leider nicht möglich.

Im Auftrage:

Schreiben der Landwirtschaftskammer Hannover, Abt. Privatforst vom 19. März 1955 an August Henk, Lüllau, i. S. Forstbetriebsgutachten

sein Kopfhaarwuchs nach und zeigte gewisse „Fehlstellen". Doch was war zu tun? Nach einer Zeit des Nachdenkens kam er zum Ergebnis, dass sich der Verlust des Hauptschmuckes während der dienstlichen Tätigkeit ergeben hatte. Somit zählt doch das Kopfhaar mit zur dienstlichen Voraussetzung; denn bei der Prüfung der körperlichen Eignung hatte man ja auch darauf geachtet, dass er keinen Kropf, keine Augenfehler, keine krumme Wirbelsäule etc. haben durfte. Schnell entschlossen ließ er eine sehr gute Perücke – natürlich aus Menschenhaar – anfertigen und war zufrieden. Die Rechnung schickte er zwecks Begleichung an die Forstkleiderkasse. Hier erklang ein vielstimmiges Lachgebrüll, denn so etwas hatte man noch nicht erlebt – eine Perücke als Teil der forstlichen Dienstkleidung! Keiner der Bediensteten der Forstkleiderkasse fühlte sich entscheidungsberechtigt, und so wurde die Rechnung an das zuständige Ministerium zwecks Entscheidung der Zahlungsanweisung gesandt. Auch hier bog man sich vor Lachen, anerkannte jedoch die Genialität des Tuns. Meines Wissens nach wurde entschieden, dass die eine Hälfte der Kosten von der Kleiderkasse, die andere vom Träger des – hoffentlich – einmaligen Kopfschmuckes zu tragen sei mit gleichzeitigem Beschluss, dass der Träger ab sofort zum PERÜCKENBOCK befördert wurde. Forstassessor Duhme trug es mit Fassung und Würde und leitete später erfolgreich das staatliche Forstamt Peine!"

Gemäß § 1 des Bundeswaldgesetzes als Rahmengesetz für die Waldgesetzgebung der Länder ist jeder Waldbesitzer verpflichtet, seinen Wald im Sinne einer ordnungsgemäßen Forstwirtschaft („gute fachliche Praxis") zu bewirtschaften. Unstrittig ist das Kernstück einer ordnungsgemäßen Forstwirtschaft: die nachhaltige Sicherung der Nutz-, Schutz- und Erholungsfunktionen. D.h., die Führung eines Forstbetriebes muss so angelegt sein, dass der Wald dauernd und optimal seine vielfältigen Leistungen für gegenwärtige und künftige Generationen erbringen kann. Jede Aktivität, die im Walde zukunftsorientiert wirken will, kommt ohne eine langfristige Planung, die durch mittel- und kurzfristige Zwischenprüfungen kontrolliert, korrigiert und aktualisiert wird, nicht aus. Voraussetzung jeder sinnvollen Planung ist jedoch die Erfassung der Gegebenheiten, des derzeitigen Zustandes also. Vor jeder PLANUNG muss eine INVENTUR stehen. Die im Eigentum des Landes Niedersachsen stehenden Wälder besitzen diese Inventuren als sogen. Forsteinrichtungen seit der Mitte des 19. Jahrhunderts. Sie werden heute einheitlich durch das Nds. Forstplanungsamt bearbeitet. Geregelte Forstwirtschaft setzt gerade im kleinparzellierten Privatwald die Kenntnis der Eigentums- und Bestockungsverhältnisse voraus. Für die den Privatwald betreuenden Forstämter und Bezirksförstereien ist dieses Wissen wichtigste Beratungsgrundlage.

Anfänglich wurden die Forstbetriebsgutachten – bei Forstflächen ab 100 ha sprach man von Forstbetriebswerken – für den Zeitraum von 20 Jahren erstellt, jedoch mit einer Zwischenprüfung nach 10 Jahren (siehe Anlage Revier Cordshagen, Frau Ilse Kindt).

Aufgeteilt waren diese Forstbetriebswerke in:

- Erläuterungsbericht/Geschichte des Revieres
- Flächenverzeichnis
- Kontrollbuch, Abschnitt A
- Betriebsplan

Der Betriebsplan setzte sich zusammen aus:

- Forstort – mit Jagen, Distrikt, Abteilung
- Flächengröße in Hektar und Ar
- Bestandesbeschreibung
- Bodenbeschreibung
- Hauptholzart: Durchschnittsalter, Bestockungsgrad in Zehntel, Mittelhöhe, Ertragsklasse
- Fläche nach Ertragsklassen
- Fläche nach Altersklassen
- Holzart mit Derbholzvorrat in fm o.R., pro Hektar und im Ganzen
- Nebennutzung und Hauptnutzung pro Hektar und im Ganzen
- Bemerkungen, Wirtschaftsmaßnahmen

Seitens der Waldbesitzer bestand in den ersten Jahren nach dem Zweiten Weltkrieg eine große Aversion gegenüber dem Finanzamt, da diese sich der Forstbetriebsgutachten ebenfalls bedienten und ihre steuerlichen Begehrlichkeiten daraus formulierten. Mit aus diesem Grunde wurden leider die Ertragsklassen seitens Gutachter/Waldbesitzer herabgestuft und die wirkliche Leistungskraft der Bestände in ein falsches Licht gerückt. Wie wichtig jedoch die Forstbetriebsgutachten sein konnten, zeigte sich nach der Windwurfkatastrophe vom November 1972. Nachdem wir einen einigermaßen klaren Überblick über die Schäden hatten, erstellte ich für jeden betroffenen Waldbesitzer eine Voranmeldung der Windwurfschäden gem. § 34b EStG und reichte diese beim zuständigen Finanzamt Buchholz id.N.ein. Nach Besichtigung der Windwurfschäden durch den Sachverständigen der OFD. Hannover erstellte die FBG auch die Abschlussmeldung für die jeweiligen Waldbesitzer. Frido Eisenberg aus Handeloh, dessen Waldflächen u.a. besonders stark geschädigt waren, erzählte mir später, dass diese Steuerersparnis so hoch war, dass er davon die gesamte Heizungsanlage in seinem Bauernhaus begleichen konnte!

Glücklicherweise wurde dies bei der letzten Einheitsbewertung mit begleitender Steuergesetzgebung berücksichtigt, sodass heute die wahren Leistungsklassen und Vorräte benannt werden können. Es waren letztendlich kleine Grenzstreitigkeiten beim Holzeinschlag bzw. anderen forstlichen Maßnahmen, die den Ausschlag gaben, dass ich mich als zuständiger Förster um eine flächendeckende Forsteinrichtung für den Bereich der FBG Forstverband Jesteburg einsetzte. Hierbei sollten jedoch weiterhin Forstbetriebsgutachten für den einzelnen Waldbesitzer erstellt werden.

Die Gutsforsten HOLM und CORDSHAGEN verfügten über Forstbetriebswerke, die laufend fortgeschrieben wurden. Für die 23 Realverbandsforsten mit 386,12 ha Waldfläche

Erläuterungen beachten!
Finanzamt
Steuer Nr.
Betrieb **Forst**
Eigentümer Heinz Maack
Jesteburg

K a l a m i t ä t s- n u t z u n g e n 1)
im Forstwirtschaftsjahr 19.../... 2)
oder
Landwirtschaftsjahr 19.59/..60

V o r a n m e l d u n g 3)

Holzbodenfläche des Forstbetriebes bzw. forstwirtsch.Fläche ..20,0. ha
jährl. Abnutzungssatz nach Betriebsplan von 1.10.55 ...41.. fm
bzw. geschätzt .... fm 4)
durch ....
(Name des Schätzers)
Isteinschlag bis zum Eintritt des Schadens ..---.. fm 5)

Lfd. Nr.	Waldort Abtlg. Unterabteilg	Bestandsflächengröße ha	Flächenanteile d. Holzarten (Stand bei Eintritt des Schadens, in 10tel)	Bestandesalter (Stand bei Eintritt des Schadens, Jahre)	Bonitäten der Holzarten	Schadensursache Zeitpunkt des Schadenseintritts Art des Schadens	Geschätzte Höchstgröße der reinen Schadensfläche ha	Geschätzte Höchstgröße der Schadensmenge Derbholz und Reisholz (m. R.) fm
	2	3	4	5	6	7	8	9
1	Jesteburg 2 e1 2 f	1,6	Fichte	32	III/IV	Rotfäule (über 90 % rotfaul)	1,0	120 fm

Verwendete Ertragstafeln Laubholz .... von ....
.... von ....
.... von ....
Nadelholz Fichte... von Wiedemann (mäßige Durchforstg)
.... von ....
.... von ....

Jesteburg..., den 29. Dez. 1959
W. Maack
....
(Unterschrift d. Antragstellers

Kalamitäts-Voranmeldung gem. § 34b EStG von Heinz Maack, Jesteburg

sah das Realverbandsgesetz die Bewirtschaftung nach Wirtschaftsplänen vor. Wir hatten dafür gesorgt, dass Forstbetriebsgutachten vorhanden und fortgeschrieben wurden. Nach längeren Verhandlungen mit Herrn Dr. Bochert von der Forstabteilung der Landwirtschaftskammer Hannover wurde aufgrund eines akzeptablen Angebotes ein Vertrag über die Ersteinrichtung bzw. Fortschreibung von Forstbetriebsgutachten für eine Waldfläche von ca. 4.000 ha im Bereich der FBG FV Jesteburg geschlossen. Durch den Orkan vom November 1972 waren auch die meisten Privatwälder im Bereich unserer Forstbetriebsgemeinschaft mehr oder weniger geschädigt. Diese Tatsache führte dazu, dass die Waldbesitzer schneller ihre Unterschrift für die Gutachtenerstellung gaben, trotzdem war es eine enorme Belastung für mich als Verbandsförster. In der Zeit von 1976-1980 wurden dann rd. 4.000 ha Privatwaldflächen neu eingerichtet bzw. fortgeschrieben. Was uns die Forstabteilung der Landwirtschaftskammer Hannover dabei schuldig blieb, ist die versprochene Waldbesitzkarte über den gesamten Bereich der FBG.

In den 1990er-Jahren hatte sich die Landwirtschaftskammer Hannover mit ihrer Forstabteilung die Aufgabe gestellt, in ihrem Betreuungsgebiet eine flächendeckende Waldinventur durchzuführen. Es kam hinzu, dass das Land Niedersachsen nur noch dann den Forstbetriebsgemeinschaften eine finanzielle Förderung zukommen lassen wollte, wenn die Fläche der 1-40-jährigen Waldbestände prüfbar nachgewiesen werden konnte. Auf diese Finanzmittel konnten die meisten Forstlichen Zusammenschlüsse zwecks Haushaltsausgleichs nicht verzichten.

Die technischen Möglichkeiten der Elektronik machten auch vor der Forsteinrichtung nicht halt, sodass in Zusammenarbeit zwischen Landwirtschaftskammer Hannover und der Fa. ARC- GreenLab GmbH mit Sitz in Berlin ein Datenmanagement für den Privatwald in Form des WALDKAT 95 und WALDKAT 95-Karte als leistungsfähige Datenbank-Software erarbeitet wurde. Hiermit konnten alle für Waldinventur und Forsteinrichtung benötigten Sachdaten erfasst und verwaltet werden.

Da sich noch nicht alle hiesigen Waldbesitzer der FBG Forstverband Jesteburg angeschlossen hatten, sollten die luftbildinterpretierten Waldinventurdaten gemarkungsweise erfasst werden. Die Gemarkung stellt die Grundeinheit des Katasters dar, somit benutzt die flächendeckende Waldinventur die Gemarkung als grundlegende Erhebungseinheit. Hierbei wird das forstliche Waldeinteilungsnetz flächendeckend über die Gemarkung gelegt. Die Unterabteilung ist Buchungseinheit. Die Grenze der Unterabteilung muss mit der Flurstücksgrenze zusammenfallen, da sonst der Besitzzusammenhang nicht gewahrt wird. Die Aufnahme der Besitzverhältnisse und der Waldstruktur sowie die darauf aufbauende, objektive Nutzungsplanung erfolgt auf der Gemarkungsebene. Da der Besitzzusammenhang durch das forstliche Einteilungsnetz gewahrt bleibt, können Betriebswerke und Betriebsgutachten für jeden Einzelwaldbesitzer erstellt werden.

Unter Federführung der FBG FV Jesteburg und in Absprache mit Herrn FD R. Bädke als Referatsleiter FORSTEINRICHTUNG wurde zu einer Sitzung der FBG'n Hollenstedt, Salzhausen und Jesteburg für den 5. Juli 1993 im Hotel JESTEBURGER HOF in Jesteburg

Forstbetriebsgemeinschaft
Forstverband Jesteburg
– Geschäftsstelle –

An die

Waldbesitzer in der

Forstbetriebsgemeinschaft

" Forstverband Jesteburg "

Hindenburgweg 8/Forsthaus
OT. Holm-Seppensen
2110 BUCHHOLZ i.d.N.
Fernsprecher: (0 41 87) 233

Sprechtage:
Mo. und Do. 8–12 Uhr

Bankverbindung:
Spadaka Jesteburg,
Kto.-Nr.: 300 254 300 und
300 254 301
(BLZ 240 629 78)

Ihr Zeichen | Ihre Nachricht | Unser Zeichen Ga/Ko | Buchholz/Holm-Seppensen, den 12.11.1990

Betreff
Forstbetriebsgutachten
h i e r : Erstellung bzw. Fortschreibung von Forstbetriebsgutachten

Sehr geehrte Damen und Herren,

nach § 1 des Bundeswaldgesetzes als Rahmengesetz für die Waldgesetzgebung der Länder ist jeder Waldbesitzer verpflichtet, seinen Wald im Sinne einer ordnungsgemäßen Forstwirtschaft zu bewirtschaften.

Unstreitig ist das Kernstück einer ordnungsgemäßen Forstwirtschaft die nachhaltige Sicherung der Nutz-, Schutz- und Erholungsfunktionen, d.h. die Führung eines Forstbetriebes muß so angelegt sein, daß der Wald dauernd und optimal seine vielfältigen Leistungen für gegenwärtige und künftige Generationen erbringen kann.

Jede Aktivität, die im Walde zukunftsorientiert wirken will, kommt ohne eine langfristige Planung, die durch mittel- und kurzfristige Zwischenprüfungen kontrolliert, korrigiert und aktualisiert wird, nicht aus.
Voraussetzung jeder sinnvollen Planung ist jedoch die Erfassung der Gegebenheiten, des derzeitigen Zustandes also.

Vor jeder Planung muß eine Inventur stehen.

Die im Eigentum des Landes Niedersachsen stehenden Wälder besitzen diese Inventuren als sogen. Forsteinrichtungen seit der Mitte des vorigen Jahrhunderts. Sie werden einheitlich für alle Landesforsten und die von der Landesforstverwaltung betreuten Körperschaften durch das Nds. Forstplanungsamt bearbeitet.

Für den Privatwald in Niedersachsen erfolgt dies durch die Forstabteilung der Landwirtschaftskammer in Hannover bzw. Oldenburg.

Unser Rundschreiben in obiger Sache vom 12.11.1990, 2 Blatt

Hermann Hartmann
(Vor- und Zuname)
Dangersen - Dorf 17
(Anschrift)
2110 Buchholz
(Telefon)
04181 17805

22/6 19 92

F. B. G.
Forstverband Jesteburg
EINGEGANGEN
24. JUNI 1992
Beantw.:
Erl.:

An die
Landwirtschaftskammer Hannover
-Forstabteilung-
Johannsenstraße 10
3000 HANNOVER

über

EIGENBETEILIGUNG:
10,00DM/ha

das Forstamt Stade der LKH
Albert-Schweitzer-Straße 19
2160 STADE

über

Forstbetriebsgemeinschaft Forstverband Jesteburg
Hindenburgweg 8/Forsthaus
2110 BUCHHOLZ/HOLM-SEPPENSEN

Betr.: Auftragserteilung für die ~~Erstellung~~/Fortschreibung eines Forstbetriebsgutachtens.

Zum Stichtag .... beantrage ich für meinen ca. 39,7 ha großen, im Gemeindebezirk Dibbersen gelegenen Wald, die Erstellung/Fortschreibung eines Forstbetriebsgutachtens.

Katasterlichtpausen und Liegenschaftsauszüge nach dem neuesten Stand:

(X) a.) liegen bei mir vor
( ) b.) bitte ich, in meinem Auftrage und auf meine Kosten durch die Abteilung Forstwirtschaft der LKH zu bestellen.

Es ist mir bekannt, daß mit den Arbeiten erst begonnen werden kann, wenn die Katasterunterlagen vollzählig zur Verfügung stehen.

Hartmann
(Unterschrift)

Hermann Hartmann aus Dangersen erteilt am 22.06.1992 den Auftrag zur Fortschreibung seines Forstbetriebsgutachtens

eingeladen. Die FBG Egestorf-Hanstedt hatte im Alleingang bereits für ihren Bereich eine Waldzustandserfassung erstellen lassen.

TAGESORDNUNG:

- Eröffnung und Begrüßung durch FD Bädke
- Besprechung über Vorgehensweise und Vollzug der Waldinventur
- Beschlussfassung und Auftragserteilung
- Finanzierung der Waldinventur
- Allgemeine Verbandsangelegenheiten
- Verschiedenes

Nach eingehender Erörterung aller Sachpunkte, vor allem der Kosten für die Waldinventur, verblieben die Vorstände dergestalt, dass jeder Vorstand für sich das Thema noch einmal gründlich erörtern wollte und die Landwirtschaftskammer eine genaue Kostenermittlung erstellt.

Mit Datum des 1. August 1993 wurde zu einer weiteren Besprechung über die Erstellung einer Waldinventur für den 6. August 1993 im JESTEBURGER HOF geladen. Hier nun wurde der gemeinsame Beschluss gefasst, eine flächendeckende, luftbildgestützte Waldinventur zum Preis von 15,00 DM/ha plus gesetzlicher MwSt. durch die Forstabteilung der Landwirtschaftskammer Hannover erstellen zu lassen. Richtigerweise wurde hierfür ein GESCHÄFTSBESORGUNGSVERTRAG zwischen der LWK Hannover, Abt. 5 (Forstwirtschaft) und der Forstwirtschaftlichen Vereinigung Nordheide-Harburg über die Durchführung einer Waldzustandserfassung des Nichtstaatswaldes abgeschlossen. Hierbei ist die FBG Egestorf-Hanstedt ausgeschlossen, weil sie eine flächendeckende Waldzustandserfassung vorliegen hat.

Im Jahre 2005 stand eine Fortschreibung bzw. neue Waldinventur an. Nach meinem Ausscheiden aus dem aktiven Dienst der Landwirtschaftskammer im Dezember 2005 bot sich für die Forstbetriebsgemeinschaft die Möglichkeit, mich für die Betreuung der durchzuführenden Waldinventur mit Stichtag 2006 zu gewinnen. Neben der Ansprache und Abstimmung mit den Waldbesitzern war es notwendig, die Taxatoren auf der Fläche intensiv einzuweisen und in tagelangen Gesprächen über die jeweiligen Gegebenheiten zu informieren. Herr FA Homm, der seinerzeit mit den vielen neuen Aufgaben des für ihn immer noch neuen Revieres zu tun hatte, war dankbar, dass ihm diese zeitintensive Arbeit abgenommen wurde und man auf meine Ortskenntnis zurückgreifen konnte. Erstmals wurden hierbei auch Waldflächen auf dem Staatsgebiet der Freien und Hansestadt Hamburg gutachtlich erfasst, die von der FBG FV Jesteburg forstlich betreut werden. Mit der Landwirtschaftskammer wurde ein Preis von 18,00 Euro/ha zuzüglich gesetzlicher Mehrwertsteuer vereinbart. Somit wurde eine Waldinventur geschaffen, bei der heute 239 Waldbesitzer mit einer Verbandsfläche von 77 % über ein Forstbetriebsgutachten bzw. 185 Waldbesitzer mit einer Fläche von 70 % über ein gültiges Forstbetriebsgutachten verfügen.

Im Vergleich der Ergebnisse der Waldinventur von 1996 zu 2006 zeigt sich, dass sich die Holzartenverteilung im Hauptbestand kaum verändert hat. Beim gesicherten Nachwuchs jedoch verschieben sich die Ergebnisse wie folgt:

Fichte	1996	=	39,7 %	2006	=	39,5 %
Kiefer	1996	=	4,2 %	2006	=	1,9 %
Douglasie	1996	=	10,2 %	2006	=	10,4 %
Lärche	1996	=	1,9 %	2006	=	1,8 %
Eiche	1996	=	24,2 %	2006	=	20,2 %
Buche	1996	=	7,9 %	2006	=	15,4 %
ALh	1996	=	1,1 %	2006	=	0,7 %
ALn	1996	=	10,7 %	2006	=	10,0 %

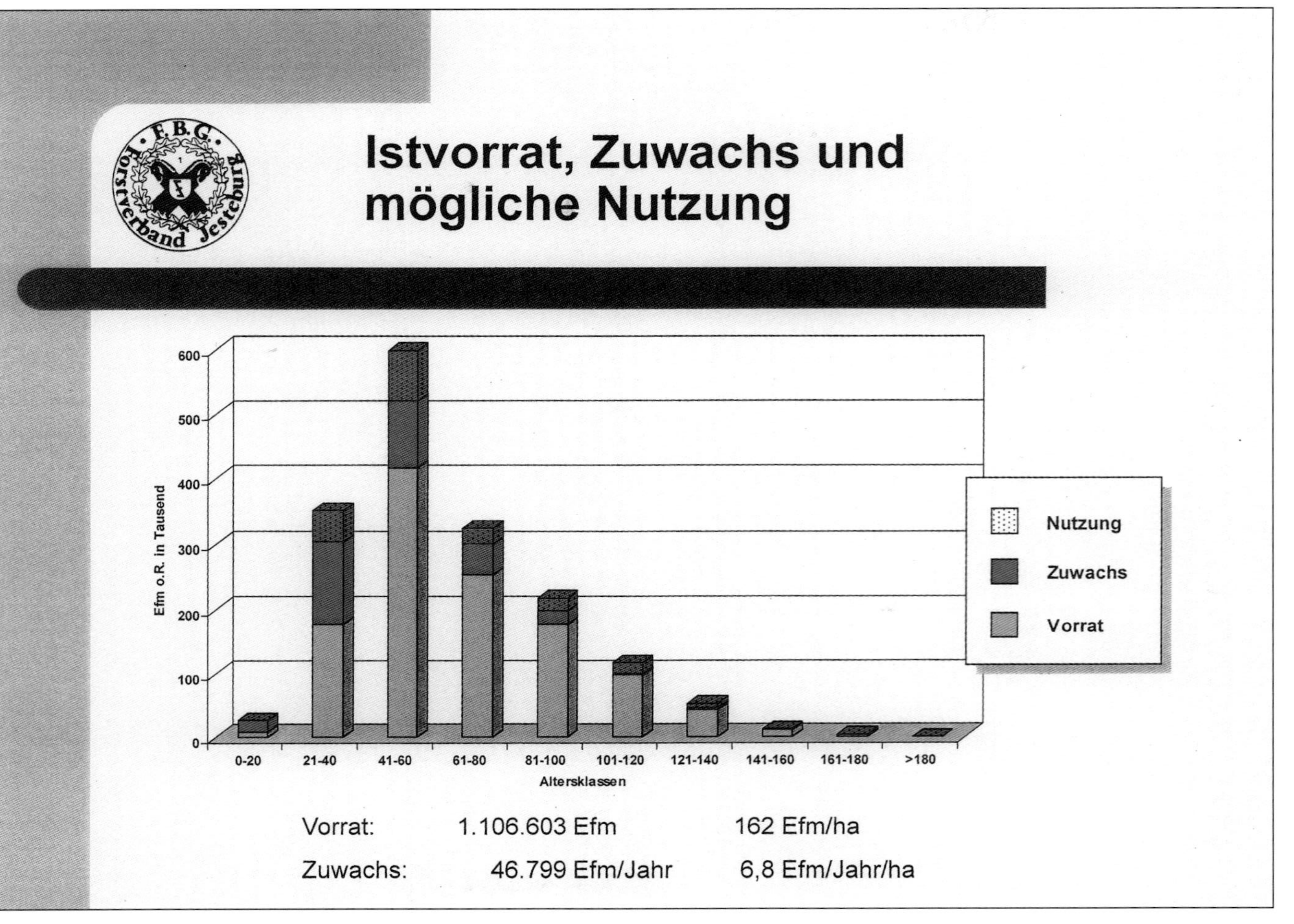

Istvorrat, Zuwachs und mögliche Nutzung in der FBG FV Jesteburg

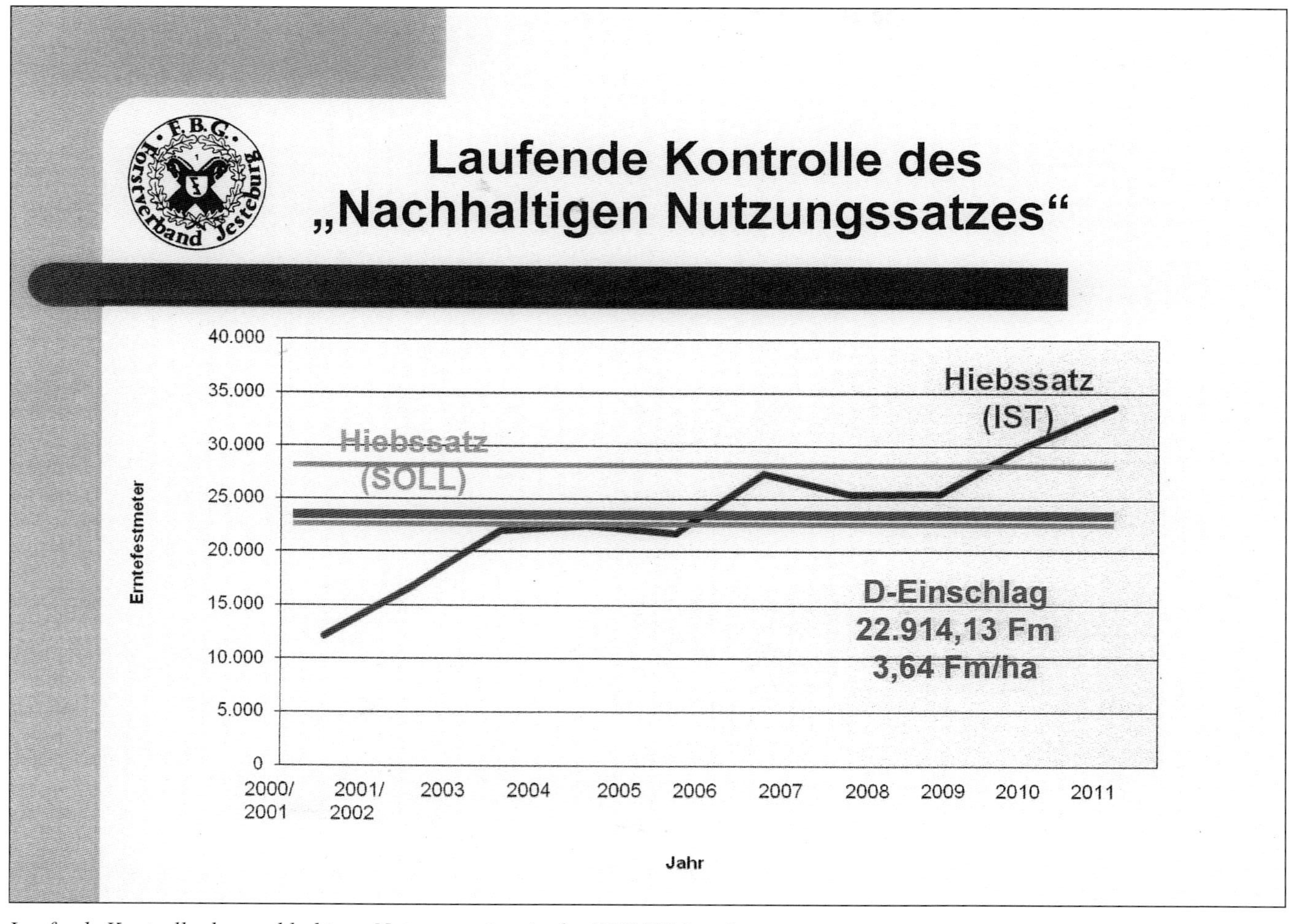

Laufende Kontrolle des nachhaltigen Nutzungssatzes in der FBG FV Jesteburg

Forstbetrieb
Dieter Maiweg
Betriebs-Nr.: 0904028204

Im Mühlenkamp 2
44892 Bochum

Forstbetriebsgutachten

Erstellt durch die Landwirtschaftskammer Niedersachsen
Abteilung Forstwirtschaft

Stichtag:	01.07.2006
Taxator:	Bock
Gültigkeit:	10 Jahre
Forstbetriebsfläche:	138,32 ha
Forstamt:	Nordheide-Küste
Bezirksförsterei:	Jesteburg
Forstbetriebsgemeinschaft:	Jesteburg

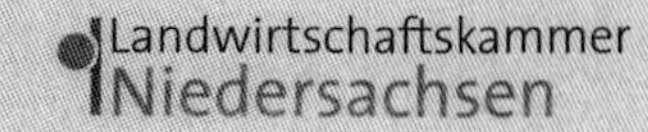

Forstbetriebsgutachten von D. Maiweg, Bochum, Revier Cordshagen-West, vom 01.07.2006

Waldbesitzer- und Bestandesverzeichnis

- Waldbesitzer 0904028204 -

Abt. 218

Gemarkung 031363 **Abt./Uabt.:** 218 A **Waldbesitzer:** Maiweg, Axel **BK** 1 **BT** 70

Bestandes-Grunddaten										Vorrat		Vornutzung					Zielnutzung				Kultur			Pflege			
BE/UF	BS	FL-Anteil %	Fläche ha	Baum-art	Alter i.D. Jahre	SP +/-	LK	Best-grad	WK	je ha Efm o.R.	i.g. Efm o.R.	DS	Zahl Dfg.	Fläche ha	je ha Efm o.R.	i.g. Efm o.R.	DS	Fläche ha	je ha Efm o.R.	i.g. Efm o.R.	Art	Fläche ha	BZT	DS	Fläche Pfl./L. ha	DS	Fläche Astg. ha
1	1	100	6,72	Ki	80		6	0,8	3	186,8	1255,3	2	1	6,72	18,0	121,0											
1	2	50	3,31	Dgl	22		11	0,8	2	23,8	157,6													1	3,3	1	3,3
1	2	25	1,66	Bu	21		6	0,8	3															2	1,7		
1	2	10	0,66	Ei	21		5	0,8	3	0,2	1,3													2	0,7		
1	2	5	0,33	ELä	21		7	0,8	2	2,1	13,9													1	0,3	1	0,3
1	2	5	0,33	KTa	22		11	0,8	2	2,4	15,9													1	0,3	1	0,3
1	2	5	0,33	Bi	18		5	0,8	3	0,5	3,3													2	0,3		
1	2		0,10	Ki	18		7	0,8	3	10,2	1,0													2	0,1		

Bestandesfläche in ha – **Summe:** 6,72 | Vorrat i.g.: 1448,3 | Vornutzung i.g.: 121,0 | Zielnutzung i.g.: | KulturFl: | PflegeFl: 6,7 | 4,0

Gemarkung 031363 **Abt./Uabt.:** 218 A **Waldbesitzer:** Maiweg, Axel **BK** 1 **BT** 70

Bestandes-Grunddaten										Vorrat		Vornutzung					Zielnutzung				Kultur			Pflege			
BE/UF	BS	FL-Anteil %	Fläche ha	Baum-art	Alter i.D. Jahre	SP +/-	LK	Best-grad	WK	je ha Efm o.R.	i.g. Efm o.R.	DS	Zahl Dfg.	Fläche ha	je ha Efm o.R.	i.g. Efm o.R.	DS	Fläche ha	je ha Efm o.R.	i.g. Efm o.R.	Art	Fläche ha	BZT	DS	Fläche Pfl./L. ha	DS	Fläche Astg. ha
2	1	100	2,43	Ki	60		6	0,6	3	123,6	300,3	3	1	2,43	14,0	34,0											
2	3	60	1,46	EbEs	12		5	0,3	5	1,3	3,2																
2	3	40	0,97	Bi	16		5	0,3	4	1,2	2,9																

Bestandesfläche in ha – **Summe:** 2,43 | Vorrat i.g.: 306,4 | Vornutzung i.g.: 34,0 | Zielnutzung i.g.: | KulturFl: | PflegeFl:

Gemarkung 031363 **Abt./Uabt.:** 218 A **Waldbesitzer:** Maiweg, Axel **BK** 1 **BT** 70

Bestandes-Grunddaten										Vorrat		Vornutzung					Zielnutzung				Kultur			Pflege			
BE/UF	BS	FL-Anteil %	Fläche ha	Baum-art	Alter i.D. Jahre	SP +/-	LK	Best-grad	WK	je ha Efm o.R.	i.g. Efm o.R.	DS	Zahl Dfg.	Fläche ha	je ha Efm o.R.	i.g. Efm o.R.	DS	Fläche ha	je ha Efm o.R.	i.g. Efm o.R.	Art	Fläche ha	BZT	DS	Fläche Pfl./L. ha	DS	Fläche Astg. ha
3	1	100	3,33	Ki	80		6	0,7	3	174,3	580,4	3	1	3,33	15,0	50,0											
3	2	65	2,16	Dgl	27		12	1,0	2	70,6	235,1	1	1	2,16	45,0	97,4								3	2,2	1	2,2
3	2	10	0,33	KTa	27		12	1,0	2	10,9	36,3	1	1	0,33	45,0	15,0								3	0,3	1	0,3
3	2	5	0,17	Bi	19		5	1,0	4	0,7	2,3													1	0,2		
3	2	5	0,17	ELä	26		7	1,0	2	4,2	14,0	1	1	0,17	5,0	0,8								3	0,2	1	0,2
3	2	5	0,17	Ei	26		5	1,0	3	0,8	2,7													1	0,2		
3	2	5	0,17	Fi	27		11	1,0	3	4,0	13,3	1	1	0,17	40,0	6,7								3	0,2		
3	2	5	0,17	Bu	27		6	1,0	3															1	0,2		

Bestandesfläche in ha – **Summe:** 3,33 | Vorrat i.g.: 884,1 | Vornutzung i.g.: 169,8 | Zielnutzung i.g.: | KulturFl: | PflegeFl: 3,3 | 2,7

HB-Fläche:	**12,48 ha**
NHB-Fläche:	0,00 ha
SFL-Fläche:	0,00 ha
FB-Fläche:	**12,48 ha**

Ausdruck vom *10.01.2013* *Seite 1 von 1*

Bestandesblatt der Abt. 218A aus Forstbetriebsgutachten von D. Maiweg, Bochum, Revier Cordshagen-West

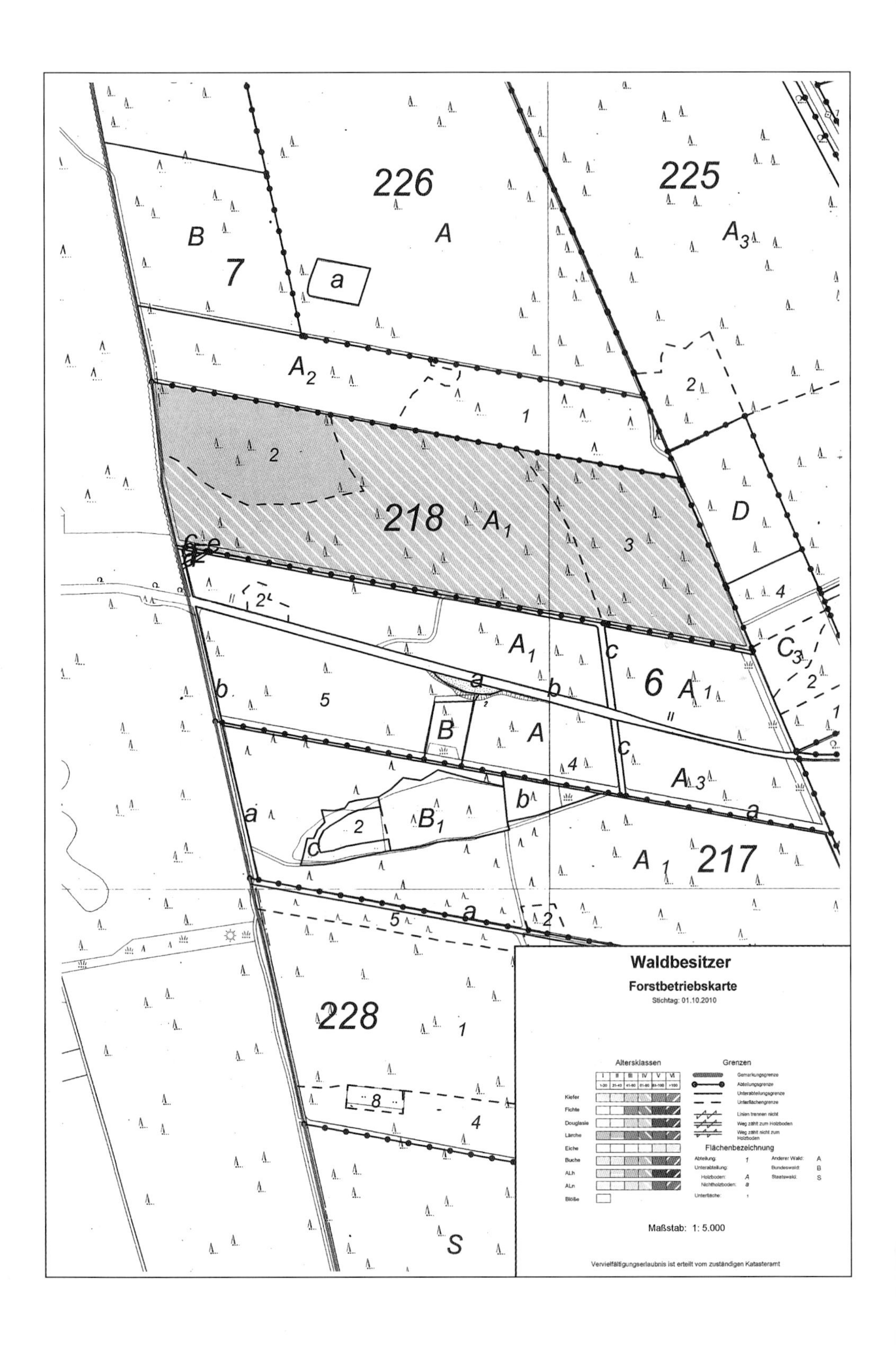
226
225
7
218
6
217
228
Waldbesitzer
Forstbetriebskarte
Stichtag: 01.10.2010
Altersklassen
I II III IV V VI
1-20 21-40 41-60 61-80 81-100 >100
Kiefer
Fichte
Douglasie
Lärche
Eiche
Buche
ALh
ALn
Blöße
Grenzen
Gemarkungsgrenze
Abteilungsgrenze
Unterabteilungsgrenze
Unterflächengrenze
Linien trennen nicht
Weg zählt zum Holzboden
Weg zählt nicht zum Holzboden
Flächenbezeichnung
Abteilung: 1
Unterabteilung:
Holzboden: A
Nichtholzboden: a
Unterfläche: 1
Anderer Wald: A
Bundeswald: B
Staatswald: S
Maßstab: 1: 5.000
Vervielfältigungserlaubnis ist erteilt vom zuständigen Katasteramt

20. Forstwirtschaftliche Förderung

Neben der Aufhebung des Gemeinbesitzes (Allmende) und der Neuverteilung (Verkopplung) der Felder war die Ablösung von den grundherrschaftlichen Lasten (Bauernbefreiung) das dritte wichtige Standbein der Agrarreform des 19. Jahrhunderts. Diese Reformen zogen sich ungefähr bis zum Beginn des letzten Viertels des 19. Jahrhunderts für unsere Gegend hin. Der jetzt über seinen eigenen Grundbesitz verfügende Bauer ging mit vorausschauendem Willen und Tatkraft an die Aufforstung von Heide- und Ödlandflächen heran. Bis in die letzten Jahrzehnte des 19. Jahrhunderts hielten die meisten Heidebauern am Eigeninteresse für ihre gewohnte Heidewirtschaft fest, d.h., die Heide wurde in erster Linie als Schafweide genutzt, neben der Gewinnung von Heidstreu und Plaggen sowie Honig und Wachs. Der preußische Forstmann Heinrich Christian BURCKHARDT hatte im Jahre 1861 zur Gründung eines „Lüneburgschen Forstvereins“ aufgerufen „zu Nutz und Frommen derer, die nach uns den väterlichen Boden bauen“, 115 Grundherren und Bauern wurden sogleich Mitglieder. Trotzdem waren es fast nur staatliche Aufforstungen des Domanialgrundbesitzes in den Jahren 1833-1852, wo eine jährliche Waldzunahme um 2.350 ha im Lüneburgschen zu verzeichnen war. Hieran folgte eine kurze Zeit der Waldabnahme bis hin zur Zerstörung ganzer Waldgebiete, um mit dem Holzerlös die Ablösung der bäuerlichen Weideberechtigungen zu bezahlen. Im Jahre 1866 wurde dann Hannover durch Annexion preußische Provinz. Obwohl die preußischen Verwaltungen den Heidebauern kostenlos Holzsamen und Pflanzmaterial zwecks Aufforstung der Heideflächen zur Verfügung stellten, wurde nur wenig Gebrauch davon gemacht. Burckhardt berichtet, dass der preußische Staat in der Zeit von 1840-1865 eine Million Taler für Heideaufforstungen ausgegeben hatte, aus denen neue Wälder entstanden seien. Die vier Jahrzehnte von 1861-1900 wurden der Höhepunkt des Eichenanbaues – meistens aber nur auf staatlichen Flächen – in Niedersachsen!

EIGENBETRIEBLICHE FÖRDERUNG DER WALDBESITZER

Bei den Bauern dauert bekanntlich die „forstliche Keimruhe“ etwas länger an. Es gingen dann wichtige Anstöße für kleine Grundbesitzer zur privaten Aufforstung vom „Gesetz betreffs Schutzwaldungen und Waldgenossenschaften von 1875“ aus. Durch Beschluss des hannoverschen Provinziallandtages von 1875 erhielten Waldgenossenschaften, Kommunen und Private eine Aufforstungsbeihilfe zu billigem Zins, teilweise sogar als verlorener Zuschuss. Es folgten jetzt mehrere Jahrzehnte gleichmäßigen Ansteigens der Waldfläche um durchschnittlich etwas mehr als 2.000 ha/jährlich von 1875-1900 im Heidebereich. In dieser Zeit verschiebt sich das Schwergewicht der Aufforstungen vom Staat auf die Körperschaften und private Grundbesitzer. In diese Zeit fallen auch viele Heideaufforstungen im Bereich der heutigen FBG Forstverband Jesteburg unter Zuhilfenahme von staatlicher Forstbetreuung und Überlassen von Saat und Pflanzmaterial. Der Magdeburger Kaufmann Richard Toepffer erwarb im Raum Lopau, der Senator Fritz Beindorff in Auermühle größere Heideflächen; beide Käufer wandelten sie in Wald um und schufen sich damit wertvolle Waldgüter. Von 1900-1913 sank die jährliche Aufforstungsfläche auf rd. 900 ha, es begann jedoch zu dieser Zeit auch die Anlage von größeren Truppenübungsplätzen im Heidebereich. In den Kriegs- und Nachkriegsjahren 1914-1920 machte die Aufforstungstätigkeit verständlicherweise kaum Fortschritte. Holz wurde in den Wirren der Nachkriegsjahre zu einem wertbeständigen Sachgut, und die Neigung des Bauern zur Aufforstung von Grenzertragsböden wurde angeregt. Den Ausschlag gab der Entwurf eines Forstkulturgesetzes für Preußen, das für den Privatwald Staatsaufsicht, Aufforstungszwang und Einschlagskontrolle vorsah. Darauf reagierten die sonst eher bedächtigen Niedersachsen blitzartig. Allein im Bezirk Lüneburg entstanden in kürzester Zeit 47 Waldbauvereine, die eine lebhafte Aufforstungstätigkeit entfalteten und in Verbindung mit den Waldbesitzerverbänden erreichten, dass der Gesetzentwurf von 1927 fallengelassen wurde. Zwar erlahmte daraufhin diese Aktivität, auch wegen der durch russische Dumping-Einfuhren fallenden Holzpreise; als jedoch unter dem nationalsozialistischen Regime neue Maßnahmen zur zwangsweisen Ödlandaufforstung vorbereitet wurden, belebte sie sich erneut. So wurde der Zeitraum von 1920 bis 1939 zum Höhepunkt der Heideaufforstungen. Der jährliche Zugang an Waldflächen war mit 4.842 ha doppelt so hoch wie die bisherigen Höchstergebnisse. Dieser Aufschwung ist fast ganz von der privaten Forstwirtschaft getragen worden!

In den Jahren von 1939 bis 1948 stockten begreiflicherweise die Aufforstungen. Mit Gründung der Forstverbände ab 1948 setzte dann wieder eine erneute Tätigkeit ein, unterstützt durch staatliche Fördermaßnahmen, sodass bis 1960 ein Waldzugang von rd. 10.000 ha im Privatwald der Landwirtschaftskammer Hannover zu verzeichnen war. Hier wurde besonders die Aufforstung von ÖDLAND vorgenommen und mit Landesmitteln in Höhe von 80,00 DM/ha bei Hauptholzart KIEFER und 160,00 DM/ha bei Hauptholzart FICHTE u.a. gefördert.

Am 3. April 1948 wurde vom Kongress der Vereinigten Staaten von Amerika der sogenannte MARSHALLPLAN – benannt nach dem damaligen amtierenden US-Außenminister und späteren Friedensnobelpreisträger des Jahres 1953 George C. Marshall – mit einem Volumen von 12,4 Milliarden Dollar verabschiedet und am selben Tag von US-Präsident Harry S. Truman in Kraft gesetzt und sollte vier Jahre dauern.

Offiziell nannte man den Plan EUROPEAN RECOVERY PROGRAM (ERP) und war ein großes Wirtschaftswiederaufbauprogramm der USA, das nach dem Zweiten Weltkrieg dem an den Folgen des Krieges leidenden Westeuropa zugutekam. Es bestand aus Krediten, Rohstoffen, Lebensmitteln und Waren.

Für das Programm gab es drei Gründe:

- Hilfe für die notleidende und teilweise vom Hunger bedrohte Bevölkerung des durch den Krieg zerstörten Europas,
- Eindämmung der Sowjetunion und des Kommunismus sowie
- Schaffung eines Absatzmarktes für die US-amerikanische Überproduktion

Abgelöst wurde die Landesförderung Mitte der 1950er-Jahre durch das Bundesprogramm GRÜNER PLAN, der vorerst nur die Ödlandaufforstung förderte. Der Aufruf des Niedersächsischen Landvolkverbandes zur Ermittlung der nicht rentablen landwirtschaftlichen Nutzflächen zwecks Aufforstung ergab für den Bereich des Forstverbandes Jesteburg im Jahre 1957 eine Fläche von 112 ha. Da der Grüne Plan hierfür keine Mittel vorsah, versuchten die zuständigen Stellen eine Förderung in Form einer Sonderaktion zur Bereitstellung von öffentlichen Mitteln in Gang zu bringen.

Der Deutsche Bundestag verabschiedete das „Gesetz zur Verbesserung der Agrarstruktur nach den Richtlinien des Bundesministeriums für Ernährung, Landwirtschaft und Forsten vom 31. August 1959".

Hiernach wurden gefördert:

- die Aufforstung von Grenzertragsböden/Ödland
- die Umwandlung von Niederwald in Hochwald
- Anlage von Schutzpflanzungen

Für Kiefernkulturen betrug die Förderung	250,00 DM/ha
Für Fichtenkulturen betrug die Förderung	350,00 DM/ha
Für Nadel-Mischkulturen betrug die Förderung	600,00 DM/ha
Für Laubholzkulturen betrug die Förderung	900,00 DM/ha

Die Kosten für Einzelschutz bzw. Zaun waren in den vorgenannten Sätzen mit enthalten. Eine Förderung der Sicherung der Kultur sahen die Richtlinien noch nicht vor.

Von dieser Fördermöglichkeit machten viele der hiesigen Waldbesitzer Gebrauch. Gemäß Sammelantrag vom 01.02.1960 waren es 17 Waldbesitzer, die im Frühjahr 1960 zusammen 26,5 ha aufforsteten und dafür die entsprechende Förderung erhielten. Die Bearbeitung der Anträge und Erstellung von Kostenvoranschlag und Kostennachweis nebst Rechnungs- bzw. Eigenleistungsnachweis erfolgte durch die Verbandsförster Auerbach und Flach. Die Prüfung und Weiterleitung an die Forstabteilung der LWK Hannover führte dann das Forstamt Stade aus.

Im Februar 1962 ereignete sich dann der Windwurf in den hiesigen Wäldern mit rd. 13.000 fm Schadholzanfall. Nach Aufarbeitung dieser Holzmengen – es waren letztendlich 16.800 fm Windwurfholz geworden – ging es vorrangig an die Wiederaufforstung der Schadensflächen in einer Größe von 302,80 ha. Sie konnte 1967/68 durch mich als neuen Verbandsförster und den Mitarbeitern und Mitarbeiterinnen abgeschlossen werden. Zur Förderung der Wiederaufforstung hatte das Land Niedersachsen einen gesonderten „Fördertopf" ins Leben gerufen, da diese Maßnahme die geschädigten Waldbesitzer überfordert hätte.

Mit Wirkung zum 03.09.1969 trat das Gesetz über die Gemeinschaftsaufgabe „Verbesserung der Agrarstruktur und des Küstenschutzes" (BGBl. I, S. 1573) in Kraft. Durch das Land Niedersachsen wurden die entsprechenden Förderbestimmungen, zzt. in der Fassung des Gem. RdErl. vom 16.01.1973 – Nds. MBl. S. 120 als „Besondere Bewirtschaf-

Anlage zum Sammelantrag des Forstverbandes .... v: ....

K o s t e n v o r a n s c h l a g

des Waldbesitzers Hermann Becker in Dibbersen

Bankkonto: Kreissparkasse Buchholz Nr 934

Kulturfläche: 1.- ha. Kulturort: am [illegible]

Bodenvorbereitung und -bearbeitung

Flächenräumung auf ....ha je .... DM = ...DM

Waldpflugstreifen mit/ohne Untergrund-
lockerung auf ....ha je .... DM = ...DM

Vollumbruch auf 1.- ha je 160 DM = 160.- DM

Tellern auf ....ha je .... DM = ...DM

Herstellung von:

...... lfdm. Hackstreifen je .... DM = ...DM

...... Stck. Pflanzplätzen je .... DM = ...DM

...... Stck. Pflanzlöchern je .... DM = ...DM

Düngung, berechnet nach der gedüngten
Teilfläche/ Gesamtfläche

von 1.- ha

10 Ztr. Mischkalk je 4.- DM = 40.- DM

10 Ztr. Thomasmehl je 5.- DM = 50.- DM

...... Ztr. .... je .... DM = ...DM

Sonstige Entwässerung pp. .... = ...DM 250.- DM

Pflanzungs- und Aussaatkosten

8500 Stck. 3j. v. Fi. je Tsd. 85.- DM = 722,50 DM

3000 Stck. 3j. v. Fi. je Tsd. 50.- DM = 150.- DM

...... Stck. ...... je Tsd. .... DM = ...DM

...... ha Saat je ha .... DM = ...DM 872,50 DM

Pflanzen- und Samenkosten

lt.vorgelegter und überprüfter Rechnung ....DM

Gesamtkosten =========DM

Dibbersen, den 28.12.1959

Für die Richtigkeit:

Kostenvoranschlag von Hermann Becker, Dibbersen, vom 28.12.1959

LANDWIRTSCHAFTLICHE RENTENBANK

An den Forstverband Jesteburg e.V.
z Hd v. Herrn August Henk
Lüllau Nr.5
über

FRANKFURT (MAIN), den 24.2.1961
Postfach 2869
Hochstraße 2 (am Eschenheimer Turm)

Forstamt Stade
der LWK Hannover Jaeger 27/II.61.

S/Fo -6-2846 III./Me.

Forstamt Stade
d. Lwk. Hannover
Eing.: 27. FEB. 1961
Az.: .... Anl.:

S t a d e
Hospitalstr. 1

Betr.: Förderung forstlicher Vorhaben
Antrag vom 28.12.60 auf Bewilligung eines Bundeszuschusses

Auf Ihren Antrag bewilligen wir einen Bundeszuschuß für die
bis zur Höhe von

Aufforstung von Grenzertragsböden / Ödland:

mit ha	5,75	Fichtenkulturen	DM	2.012,50
mit ha	13,25	Kiefern Mischkulturen / Douglasien / Kiefern /		7.950,--
	1,--	Lärchen und andere Nadelhölzer	DM	600,--
mit ha		Laubholzkulturen	DM	

Umwandlung von Niederwald in Hochwald:

mit ha	Fichtenkulturen	DM	
mit ha	Mischkulturen / Douglasien / Kiefern / Lärchen und andere Nadelhölzer	DM	
mit ha	Laubholzkulturen	DM	

Trennung von Wald und Weide durch Anlage einer eingezäunten Lichtweidefläche von ha DM

Anlage von Schutzpflanzungen DM

Insgesamt bis zur Höhe von DM 10.562,50

Den Zuschuß werden wir auszahlen, nachdem uns die aufsichtsführende Fachdienststelle die ordnungsgemäße und vollständige Durchführung der Maßnahme unter Angabe der entstandenen Kosten bestätigt hat. Soweit die Durchführun einer Schutzpflanzung bestätigt wird, sollen außerdem die Rechnungen für Pflanzen, Zäune und Einzelschutz in einfacher Ausfertigung miteingereicht werden.

LANDWIRTSCHAFTLICHE RENTENBANK

i. V. Krüger Wiebermann

ANLAGE
291

Telefon: Sammel-Nr. 20741 u. 27109, 27209 · Telegramm-Adresse: Rentenbank · Fernschreiber: 0411414, 0412055
Girokonto: Landeszentralbank Frankfurt (Main) Konto-Nr. 4/1101 · Postscheckkonto: Frankfurt (Main) Nr. 5550

Bewilligung des Sammelantrages vom 28.12.1960

Forstamt Stade

L i s t e
zum Antrag vom 1. 2. 196o (St) 2
auf Bewilligung eines Bundeszuschusses zur Förderung forstwirtschaftlicher Vorhaben im Rahmen der Maßnahmen zur Verbesserung der Agrarstruktur nach den Richtlinien des Bundesministeriums für Ernährung, Landwirtschaft und Forsten vom 31. August 1959.

Lfd. Nr.	Name u. Wohnort des Antragstellers		Aufforstungsfläche Laubholz ha	Kiefer Douglas Mischkultur ha	Fi.od.Lä. Kultur ha	veranschlagt Kosten DM
1.	Friedrich Becker Kreis Harburg	- Helmstorf	1,-		ausgeführt	1.oo4,-
2.	Minna Diercks Kreis Harburg	- Vaensen		2,- ausgeführt		2.66o,-
3.	Adolf Beecken Kreis Harburg	- Plumühlen		2,5 ausgeführt		3.2o5,-
4.	Hinrich Hastedt Kreis Harburg	- Harmstorf		1,-		1.797,5
5.	Dora Kröger Kreis Harburg	- Vaensen		1,5 ausgef.		1.84o,5
6.	Hermann Henk Kreis Harburg	- Lüllau		1,25 ausgef.		1.62o,-
7.	Elisabeth Detjen Kreis Harburg	- Steinbeck			ausgef. 1,25	1.65o,-
8.	Peter Meyer Kreis Harburg	- Seppensen		1,5		1.5o5,-
9.	Albert Meyer Kreis Harburg	- Welle		2,- ✓		1.41o,-
1o.	Rudolf Aldag Kreis Harburg	- Buchholz			1,25	1.6oo,-
11.	Wilhelm Matthies Kreis Harburg	- Sprötze			1,- ✓	1.78o,-
12.	Otto Kröger Kreis Harburg	- Wörme		1,75		1.616,-
13.	Hermann Heins Kreis Harburg	- Sprötze			7,5	4.ooo,-
14.	Heinz Dallmann Kreis Harburg	- Kampen	1,-			1.oo8,-
			2,-	13,5o	11,-	26.696,-

Nachtrag Frühjahr 1960
W. Bahlburg. Inzelburg 1.- 0,75 ausgef.
Georg Hanns, Klecken 1,- 26,50 ha.
H. Dallmann Kampen 10 50 Pfd. Pappe, Roterle (Windschutz)

bitte wenden

Liste zum Sammelantrag vom 01.02.1960 für eine Aufforstungsbeihilfe

Forstverband: **Jesteburg e.V.** ... zum Sammelantrag . . St . . 1963

Kreis: **Harburg** Zusammenstellung der Aufforstungs-XXXXXXXXXXvorhaben

Konto: **Spadaka Jesteburg** 254 XXXXXXXXXXXXXXXXX / Ödland / XXXXXXXXXXXXXXXXXXXXXX

Lfd. Nr.	Genaue Anschrift der Antragsteller Name	Wohnort	Kulturfläche Fi ha	Ki ha	Mi ha	Lbh. ha	Vorauss. Gesamtkosten DM	Beantragter je ha DM	Zuschlag %	Zuschuß insgesamt DM	Wirkliche Gesamtkosten DM	ausgezahlter Zuschuß DM
1.	**Meyer, Leopold**	**Itzenbüttel**				2,5	3,200,-	900		2,250,--	2.971,30	2250
2.	**Schröder**	**Rudolf**			1,--		2.132,--	600		600,--	1.800,--	600
		Sa:			1,--	2,5	5.332,--			2.850,--	4.771,30	2850
	Claus Rehn	Buchholz										612,50

Ausbezahlt am 6.4.64

Zusammenstellung der Aufforstungsvorhaben von Ödland aus 1963

Nds. MBl. Nr. 16/2003

2.1.3 Zuwendungsvoraussetzungen

2.1.3.1 Die Zuwendung muss bei der Förderung waldbaulicher Maßnahmen in Jungbeständen (Nummer 2.1.1.4) und bei der Wertästung mindestens 250 EUR je Antrag, bei allen übrigen Maßnahmen mindestens 1000 EUR je Antrag betragen.

2.1.3.2 Die sachgemäße Erstellung, die Pflege, der Schutz der geförderten Anlagen und eine tragbare Wilddichte müssen gewährleistet werden.

2.1.3.3 Bei Maßnahmen nach Nummer 2.1.1 ist eine ausreichende Waldbrandversicherung für die geförderte Fläche nachzuweisen. In Laubholzgebieten, in denen ein Waldbrandrisiko nicht besteht, kann die Bewilligungsbehörde Ausnahmen zulassen. Die Bewilligungsbehörde und die antragsannehmende Dienststelle sind beauftragt, die Pflege einschließlich Schutz und Nachbesserung der Kulturen zu überwachen und dem Antragsteller die erforderlichen Auflagen zu erteilen.

2.1.3.4 Der Einsatz chemischer Mittel wird nur in begründeten Ausnahmefällen gefördert.

2.1.4 Art und Höhe der Zuwendung

Zur Berechnung des Investitionszuschusses sind nachstehend Zuschussbeträge (Pauschalen) für Teilmaßnahmen festgesetzt, die in ihrer Summe die Gesamtzuwendung der geförderten Maßnahme ergeben (VV Nummer 2.2.2 zu § 44 LHO). Dabei liegt als Zuwendungsanteil an den Gesamtkosten rechnerisch zugrunde

— bis zu 90 v. H. bei Naturverjüngungsverfahren,

— bis zu 85 v. H. bei Erstaufforstung, Wiederaufforstung, Umstellung auf naturnahe Waldwirtschaft und Nachbesserung, wenn es sich um reine Laubbaumkulturen oder Laubbaumkulturen mit einer Beimischung bis zu 20 v. H. Nadelbäumen handelt;

— bis zu 70 v. H. bei Erstaufforstung, Wiederaufforstung, Umstellung auf naturnahe Waldwirtschaft, wenn es sich um Mischkulturen mit einem Laubbaumanteil mit mindestens 30 v. H. oder Tannenkulturen handelt,

— bis zu 60 v. H. für waldbauliche Maßnahmen in Jungbeständen und Wertästung,

— bis zu 50 v. H. bei Erstaufforstung, Wiederaufforstung und Nachbesserung, wenn es sich standortbedingt um reine Nadelbaumkulturen handelt.

Nach Feststellung der ordnungsgemäßen Ausführung berechnet die antragsannehmende Dienststelle die Höhe des Investitionszuschusses der bewilligten Maßnahmen. Bei nicht aufgeführten Maßnahmen sind die Beträge für vergleichbare Maßnahmen zugrunde zu legen. Die Förderhöchstbeträge dürfen nicht überschritten werden.

Bei Maßnahmen auf abgrenzbaren Teilflächen ist bei der Anwendung flächenbezogener Pauschbeträge die bearbeitete Fläche maßgeblich. Eine kartenmäßige Darstellung der bearbeiteten Teilflächen ist dem Bewilligungsvorgang beizufügen.

Beträge zur Herleitung der Förderung der Gesamtinvestition bei der Bestandesbegründung und -pflege

	Maßnahme (einschließlich Material)		Kulturen einer Nadelbaumart	Mischkulturen bis zu	Laubbaumkulturen
2.1.4.1	Vorarbeiten (nur bei Maßnahmen nach Nummer 2.4)				
	Planungsunterlagen und Karten	EUR/Antrag	20	20	20
	Standortuntersuchungen und Analysen	EUR/ha	65	65	65
2.1.4.2	Maßnahmen gemäß den Nummern 2.1.1.1 bis 2.1.1.5, 2.4.3 und 2.4.4				
2.1.4.2.1	Flächenvorbereitung				
	— Teilflächenvermessung bei Kulturen	EUR/ha	25	35	45
	— Flächenräumung				
	a) einfach = normale Beseitigung von Schlagabraum oder starkem Bewuchs	EUR/ha	100	145	165
	b) erschwert = wie Buchstabe a, zusätzliche Beseitigung unverwertbaren Aufwuchses oder vorbeugende Maßnahmen gegen starken Konkurrenzbewuchs	EUR/ha	155	215	260
	c) schwierig = wie Buchstabe b, aber statt „oder" = „und"	EUR/ha	205	285	350
	— Stöcke entfernen oder schneiden	EUR/ha	390	540	660
2.1.4.2.2	Bodenbearbeitung und Düngung				
	— Standortuntersuchungen und Analysen	EUR/ha	40	55	65
	— Vollumbruch je 10 cm Tiefe	EUR/ha	35	50	65
	— Baggerarbeiten, Dämme Romè	EUR/ha	260	365	440
	— andere Verfahren	EUR/ha	105	150	180
	— Meliorationsdüngung	EUR/ha	135	185	225
	— Hilfspflanzendecke	EUR/ha	65	90	115
	— Pflanzplatzvorbereitung	EUR/Tsd.	205	305	360

343

Beträge zur Herleitung der Förderung der Gesamtinvestition bei der Bestandesbegründung und –pflege gem. Nds. MBl. Nr. 16/2003

Nr.	Maßnahme (einschließlich Material)			Kulturen einer Nadelbaumart		Mischkulturen bis zu		Laubbaum-kulturen	
2.1.4.2.3	Pflanzung (einschließlich Material) von			manuell	maschinell	manuell	maschinell	manuell	maschinell
	Ki	1+0	EUR/Tsd.	110	80	160	105	195	130
	Ki	1+1	EUR/Tsd.	155	115	200	155	245	
	Fi	2+0	EUR/Tsd.	240	230	325	310	400	385
	Fi	2+1	EUR/Tsd.	315	295	420	375	515	465
	Fi	2+2	EUR/Tsd.	420		510		625	
	alle übrigen Nadelbäume	2+0	EUR/Tsd.	335	310	450	410	550	500
		verschult	EUR/Tsd.	445	395	595	535	730	655
	Ei/Bu/Alh	1+0	EUR/Tsd.	255		365	240	435	290
	Ei/Bu/Alh	2+0	EUR/Tsd.	385		545	460	660	560
	Ei/Bu/Alh	verschult	EUR/Tsd.	490		690	565	865	690
	leichte Heister	<1,50 m	EUR/Stück	1,00		1,50		2,00	
	Heister 2 × verschult	>1,50 m	EUR/Stück	4,00		5,50		6,50	
	Hybridpappeln	verschult	EUR/Stück					2,50	
	Erlen und sonstige Aln	1+0	EUR/Tsd.	280	280	405	405	495	495
	Erlen und sonstige Aln	1+1	EUR/Tsd.	385	385	555	555	675	675
	Wildlinge	—	EUR/Tsd.	280	280	340	340	385	385
	Straucharten	verschult	EUR/Tsd.	580	580	825	825	1005	1005
2.1.4.2.4	Pflege der Erstaufforstungen während der ersten fünf Jahre			1. Teilbetrag	2. Teilbetrag	1. Teilbetrag	2. Teilbetrag	1. Teilbetrag	2. Teilbetrag
			EUR/ha	100	560	145	765	175	920
2.1.4.2.5	Zaunbau*)	Geflechthöhe							Naturverjüngung
	Rotwild/Damwild	(ab 1,80 m)	EUR/lfdm	2,30		3,30		3,80	4,00
	Rehwild	(ab 1,50 m)	EUR/lfdm	1,80		2,30		2,80	3,00
	Zusätzlich Kaninchenschutz		EUR/lfdm			0,50		0,75	0,80
	Einzelschutz (Fegen)		EUR/Stück	0,50		0,75		1,00	1,10
	Einzelschutz bei Heisterpflanzung**)		EUR/Stück			1,00		1,50	2,00

*) Die Zaunbauförderung schließt die Verpflichtung zum Abbau des Zaunes nach Aufforderung durch die antragsannehmende Dienststelle ein.

**) Bei Heisterpflanzung erfolgt keine Zaunbauförderung.

2.1.4.3 Waldbauliche Maßnahmen in Jungbeständen gemäß Nummer 2.1.1.4

- Protzenaushieb im über fünfjährigen Jungwuchs bis zu 55 EUR/ha,
- Feinerschließung bis zu 60 EUR/ha,
- Reihenentnahme in stammzahlreichen Fichten- und Kiefernbeständen bis zu 75 EUR/ha,
- Jungbestandespflegemaßnahmen:

	Maßnahme ohne Derbholz-aufarbeitung	Maßnahme mit Derbholz-aufarbeitung
Edellaubholz aus Naturverjüngungen (Edellaubholz-anteil > 60 v. H.) bis zu EUR/ha	400	200
Laubbaum mischungen (Mischungs-anteil > 20 v. H.) bis zu EUR/ha	300	150
sonstige Nadel- und Laubbaum-bestände bis zu EUR/ha	250	125

- Bei kostengünstigeren Z-Baumorientierten Pflegemaßnahmen — insbesondere im Edellaubholzbereich —, sollen je nach Alter und Standort eine Anzahl von 80 bis 120 Z-Baumanwärter/ha begünstigt werden. Wird diese Zahl aufgrund ungünstiger Bestandesverhältnisse nicht erreicht, sind die Flächensätze im Verhältnis der Anzahl der tatsächlich begünstigten Z-Baumanwärter zur Sollzahl zu reduzieren.
- Für Maßnahmen zur Verbesserung der Struktur in durch Naturereignisse geschädigten Jungbeständen kann ein Erschwerniszuschlag gewährt werden, wenn die Maßnahme im gleichen oder dem Schadereignis folgenden Jahr durchgeführt wird. Er beträgt für mittlere Schäden bis zu 120 EUR/ha, für schwere Schäden bis zu 230 EUR/ha.

2.1.4.4 Für Wertästungen von ästungsbedürftigen Laub- und Nadelbaumarten wird ein Zuschuss von

- bis zu 0,25 EUR/lfdm bei einer Ästungshöhe von 3,5 m und
- bis zu 0,45 EUR/lfdm bei einer Ästungshöhe von 3,5 bis 6 m gewährt.

2.1.5 Anweisungen zum Verfahren

2.1.5.1 Bei Erstaufforstungen ist im Antragsverfahren die Mitwirkung des Landkreises oder der kreisfreien Stadt erforderlich (§ 9 Abs. 1 NWaldLG i. V. m. dem RdErl. vom 25. 5.

tungsgrundsätze" herausgegeben. Zu den forstlichen Maßnahmen im Sinne dieser Förderungsgrundsätze gehören:

- die Vorarbeiten,
- die Aufforstung von landwirtschaftlichen Grenzertragsböden, von Brachflächen und Ödland,
- die Umwandlung von Nieder- und sonstigem Stockausschlagwald sowie Umbau von ertragsschwacher Bestockung in standortgemäßen Hochwald,
- die Wertästung,
- die Trennung von Wald und Weide,
- die Anlage von Schutzpflanzungen und Feldgehölzen, ausschließlich der Gehöfteinbindungen.

Die Förderhöhe betrug:

AUFFORSTUNGEN		
Vorarbeiten:		
bis zu 80 % der förderfähigen Kosten, jedoch nicht mehr		20,00 DM/ha
Laubholzkulturen:		
mit einer Beimischung von bis zu 20 % Nadelholz	bis zu	35,00 DM/ha
Mischkulturen:		
mit bis zu 20 % Beimischung anderer Holzarten z. Hauptholzart	bis zu	2.000,00 DM/ha
Fichtenkulturen	bis zu	1.200,00 DM/ha
Für zusätzliche Bodenmelioration oder Düngung zusätzlich	bis zu	1.200,00 DM/ha
WERTÄSTUNG:		
bis 6 m Höhe	bis zu	200,00 DM/ha
TRENNUNG VON WALD UND WEIDE	bis zu	2.000,00 DM/ha
ANLAGE VON SCHUTZPFLANZUNGEN UND FELDGEHÖLZEN		
Zweireihig für 1.000 m	bis zu	4.800,00 DM
Dreireihig für 1.000 m	bis zu	5.300,00 DM
Vierreihig für 1.000 m	bis zu	5.700,00 DM

Alle vorgenannten Beihilfen sind Förderungen im Sinne des § 264 StGB und können strafrechtliche Folgen nach sich ziehen, falls sich der Verdacht auf Subventionsbetrug bei Nachweis von falschen Angaben bewahrheitet. Der Antragsteller ist vom Betreuungspersonal eindringlich darauf hinzuweisen und hat gegebenenfalls ein gesondertes Formular zu unterzeichnen. Mit diesen erhöhten Fördersätzen haben wir ca. 50,00 ha Umbau- und Windwurfflächen aus dem Jahr 1967 in Kultur bringen können.

Durch die am 13. November 1972 über Niedersachsen hereinbrechende Naturkatastrophe wurden bekanntlich ca. 17 Mill. Festmeter Holz geworfen bzw. gebrochen. Im Bereich der FBG FV Jesteburg entstand dadurch eine Wiederaufforstungsfläche von ca. 1.000 ha. Für die Wiederaufforstung dieser enormen Schadflächen – es war nur Niedersachsen betroffen – galten die Besonderen Bewirtschaftungsgrundsätze zur Förderung waldbaulicher und sonstiger forstlicher Maßnahmen aufgrund des GAK-Gesetzes gem. RdErl. v. 19. Juli 1973.

Zusätzlich bevollmächtigte die FBG FV Jesteburg, vertreten durch den Vorstand gem. § 26 BGB, mit Vollmachtserklärung vom 12.03.1974, das Nds. Ministerium für Ernährung, Landwirtschaft und Forsten (ELUF) für das Vorhaben „Wiederaufforstung der durch den Orkan vom 13.11.1972 zerstörten Waldlandschaft im Raum der FBG FV Jesteburg" einen Antrag auf Beteiligung des Europäischen Ausrichtungs- und Garantiefonds für die Landwirtschaft – Abt. Ausrichtung – in ihrem Namen zu stellen. Das Nds. Ministerium f. ELUF hatte den Förderzeitraum für die Wiederaufforstung der Windwurfflächen vom November 1972 auf 4 Jahre begrenzt. Das bedeutete für die Waldbesitzer und uns zwei betreuenden Förster der FBG FV Jesteburg, dass jedes Jahr rd. 250 ha Schadflächen in Kultur gebracht werden mussten. Schon seit Übernahme der Leitung des Forstverbandes Jesteburg hatte ich gefordert, dass eine flächendeckende Standortkartierung und Forsteinrichtung zu erstellen sei, da diese unabdingbar für eine qualitativ sehr gute Beratung und Betreuung der Waldbesitzer sind. Leider scheiterte dies bis dato immer wieder an den fehlenden Finanzmitteln. Waldbesitzer Hermann Hartmann aus Dangersen fragte im Jahre 1969 bei mir an, ob er für seinen 39 ha großen Wald etwas Gutes tun könne, er hätte ein gutes Betriebsergebnis in der Landwirtschaft erzielt und wolle das Geld lieber in seinen Wald stecken als es zum Finanzamt zu tragen. Zufälligerweise hatten die beiden Dipl.-Forstwirte Pieper und Hinrichs bei uns vorgesprochen und wegen einer Beschäftigung nachgefragt, um die Zeit bis zum Referendarium zu überbrücken. Beide hatten sich der Standorterkundung verschrieben, und so war man sich schnell einig. Hermann Hartmann hatte im Herbst eine flächendeckende Kartierung, die besagte, dass 60 % seiner Waldfläche edellaubholzfähig sei, obwohl zurzeit gutes Nadelholz darauf stockte.

Wie bereits an anderer Stelle erwähnt, setzte sich die Erkenntnis durch, dass für die standortgerechte Wiederaufforstung der großen Windwurfflächen eine Standortkartierung Voraussetzung sein sollte. Das Nds. Landwirtschaftsministerium stellte sodann im Einvernehmen mit dem Nds. Finanzministerium die entsprechenden Haushaltsmittel ein, und die Standortkartierung der Privatwaldflächen Norddeutschlands begann, und zwar dort, wo die stärksten Schäden aufgetreten waren.

FÖRDERUNG DER FORSTWIRTSCHAFTLICHEN ZUSAMMENSCHLÜSSE

Bereits in den ersten Jahren nach Gründung der Forstverbände zeigte sich, dass Schwierigkeiten bei der Aufstellung eines ausgeglichenen Haushaltes auftraten. So suchte man nach zusätzlichen Einnahmequellen neben dem Flächenbeitrag. Für die Vermittlung der Holzverkäufe stellte man ab 1954 2 % des Holzpreises den Holzkäufern in Rechnung, der Waldbesitzer zahlte ein Entgelt für das Aufmessen des Holzes durch den Verbandsförster. Hinzu kam eine Vermittlungsgebühr in Höhe von 2 % für Forstpflanzenkäufe, die mit den Forstbaumschulen vereinbart wurde. Ab Mitte der 1950er-Jahre wurde das Forstamt Stade so mit Büropersonal ausgestattet, dass die Holzverkaufsverträge für Stamm- und Grubenholz über das Forstamt gingen und dort erstellt wurden. In diesen Fällen wurde die 2%ige Vermittlungsgebühr an die Landwirtschaftskammer Hannover vom Holzkäufer erstattet. Hiervon erhielten die Forstverbände zuerst 1 %, später 1,5 % als sogenannten Förderungsbetrag zurück. Zogen die Forstverbände die Vermittlungsgebühr ein, so musste 1 % davon an die Landwirtschaftskammer abgeführt werden. August Henk als Vorsitzender des Forstverbandes Jesteburg war um dessen Finanzierung sehr bemüht und versuchte überall Geldmittel zu bekommen. Da, wie bereits erwähnt, im Bereich des Forstverbandes Hollenstedt ein Bezirksförster, Revierförster Horst Gehrmann, der Landwirtschaftskammer seinen Dienst tat, forderte August Henk einen finanziellen Ausgleich von der Landwirtschaftskammer, da der Forstverband Jesteburg seine zwei Forstangestellten selbst finanzieren musste. Die Landwirtschaftskammer teilte daraufhin schriftlich mit, dass seitens des Forstverbandes Hollenstedt pro Jahr die Hälfte des dortigen Flächenbeitrages, ca. 1.400,00 DM, an den Forstverband Jesteburg zu entrichten sei. Der waldfreundliche Landkreis Harburg unterstützte finanziell die in seinem Bereich liegenden Forstverbände in den ersten Jahren, ab ca. 1964 unterblieb dies.

Aus Mitteln des Grünen Planes wurden Ende der 1950er-Jahre bis Mitte der 1960er-Jahre entsprechende Mittel für den Haushaltsausgleich zur Verfügung gestellt. Sie sahen eine Förderung bis zu 40 % der nachgewiesenen, angemessenen Kosten vor. Da verschiedene Forstverbände hiermit nicht auskamen, wurde ihnen auf Antrag ein Zuschuss bis zum Haushaltsausgleich gewährt. Kollege Ralf Sübert vom Forstverband Wesermünde und ich sahen darin eine Ungleichbehandlung, da diejenigen, die mit aller Kraft versuchten, einen ausgeglichenen Haushalt vorzulegen, benachteiligt wurden. Auf unsere anwaltlich unterstützte Eingabe bei der Landwirtschaftskammer Hannover hin wurde dieses revidiert und nur noch bis zu 40 % gewährt. Mit Änderung des Bundeswaldgesetzes im Mai 1975 wurde in § 41 die Förderung der Forstwirtschaft und damit auch der Forstwirtschaftlichen Zusammenschlüsse festgeschrieben. Die einzelnen Bundesländer gaben hierzu entsprechende Richtlinien heraus, für Niedersachsen galten die „Richtlinien für die Förderung forstwirtschaftlicher Maßnahmen im Lande Niedersachsen" gem. Runderlass vom 15. August 1988 mit eingearbeiteten Änderungen von 1990, 1991, 1992, 1993.

Die Förderung umfasst im Rahmen der Gemeinschaftsaufgabe „Verbesserung der Agrarstruktur und des Küstenschutzes" (GAK):

- Waldbauliche Maßnahmen
- Forstwirtschaftliche Zusammenschlüsse (FwZ)
- Forstwirtschaftlichen Wegebau
- Aufforstungsprämie
- Maßnahmen auf Grund neuartiger Waldschäden
- Im Rahmen von Landesmaßnahmen:
- Versicherungsschutz gegen Waldbrandschäden

- Forstfachliche Betreuung (ergänzende Förderung der FwZ)
- Sonstige forstwirtschaftliche Investitionen

Die Förderung der Forstwirtschaftlichen Zusammenschlüsse – FBG Forstverband Jesteburg – umfasst:
- Erstinvestitionen
- Kosten der Verwaltung und Beratung

Als Erstinvestition gilt:
Die erstmalige Beschaffung von Geräten, Maschinen und Fahrzeugen, die für die nachstehend aufgeführten forstlichen Betriebsarbeiten bestimmt und geeignet sind:
- Kulturvorbereitung und Bearbeitung sowie Düngung
- Saat und Pflanzung sowie Pflanzenanzucht
- Schutz und Pflege der Kulturen, der Bestände und des Rohholzes
- Wegebau und Wegeinstandhaltung

Fällen, Entrinden, Entasten, Sortieren, sonstige Bearbeitung und Verarbeiten einfachster Art (z.B. Fertigung von Pfählen, Verarbeitung zu Brennholz, Räucherspänen, Hackschnitzel u.ä. – nicht jedoch Herstellung von Schnittholz und sonstigen holzwirtschaftlichen Erzeugnissen), Bringen und Rücken sowie Transportieren des Rohholzes

Die erstmalige Beschaffung von Fahrzeugen (Kleintransporter oder Kombiwagen) für den Transport von Waldarbeitskräften, Geräten, Werkzeugen, Maschinen und Hilfsstoffen zum und vom Arbeitsort sowie die erstmalige Beschaffung von beweglichen Schutzhütten und Waldarbeiterschutzwagen

Die erstmalige Anlage von Holzaufarbeitungs- und Lagerplätzen sowie Holzhöfen einschließlich geeigneter technischer Einrichtungen, die das Verarbeiten von Holz einfachster Art ermöglichen. Holzlagerstreifen im Lkw-Ladebereich befestigter Wege sind bevorzugt zu fördern

Die erstmalige Erstellung von Betriebsgebäuden (Unterstellräume für Maschinen und Geräte, Fahrzeuge und Hilfsstoffe, Werkstätten, Hütten in Pflanzgärten).

Die Höhe der Zuwendung zu den Kosten für Erstinvestitionen beträgt 40 % der förderungsfähigen Kosten. Bei baulichen Maßnahmen können dabei unbare Eigenleistungen, soweit sie anhand prüfungsfähiger Unterlagen nachgewiesen werden, bis zu 15 % der anerkannten Bausumme als förderungsfähige Aufwendungen berücksichtigt werden.

Für Kosten der Verwaltung und Beratung gilt Folgendes:
Maßstab für die Zuwendung sind die im Haushaltsausschuss nachgewiesenen Personal- und Sachkosten. Werden Personalkosten für Beschäftigte geltend gemacht, die auch Aufgaben der Betriebsführung wahrnehmen, so können höchstens 15 % der geltend gemachten Gesamtkosten als förderungsfähig anerkannt werden.

Die Höhe der Zuwendung zu den Kosten der Verwaltung und Beratung beträgt in den ersten zehn Jahren 40 %, in den folgenden fünf Jahren 30 % und für weitere fünf Jahre

20 % der förderungsfähigen Kosten. Maßgebend ist der Zeitpunkt der erstmaligen Förderung von Verwaltungs- und Beratungskosten nach dem Gesetz über Forstwirtschaftliche Zusammenschlüsse bzw. dem Bundeswaldgesetz. Im Anschluss an die Förderung nach Absatz 1 kann die 20%ige Bezuschussung weitergewährt werden, soweit der FwZ waldbauliche Aufgaben wahrnimmt und solange er überdurchschnittlich mit Beständen bis zu 40 Jahren ausgestattet ist. Als überdurchschnittlich gilt ein Anteil von mehr als 40 % der Holzbodenfläche des Antragstellers, da als Umtriebszeit im Flächenmittel der FwZ 100 Jahre zugrunde gelegt werden. Ist die Förderung eines FwZ beendet, kann dieser nicht noch einmal gefördert werden. Abweichend von o.a. Bezuschussung beträgt der Fördersatz für Kosten der Verwaltung und Beratung im Beitrittsgebiet in den Jahren 1994 und 1995 bis zu 80 %, in den Jahren 1996 bis 1998 bis zu 60 % und in den Jahren 1999 bis 2000 bis zu 40 % der förderungsfähigen Kosten.

Im Laufe der Jahre wurde die EU-kofinanzierte Förderung gemäß ProLand-Richtlinie durch die derzeit gültige ELER-Richtlinie (Förderung der Entwicklung des ländlichen Raums durch den Europäischen Landwirtschaftsfonds) abgelöst, der für die Zeit von 2007 bis 2013 Gültigkeit hatte. Bei der Förderung des Waldbesitzes ist es kaum zu Veränderungen gekommen, im Bereich der Forstwirtschaftlichen Zusammenschlüsse kam es jedoch zu notwendigen Umstrukturierungen. Grundsätzlich stellt die Förderung der Forstwirtschaftlichen Zusammenschlüsse eine Anschubfinanzierung dar (Hilfe zur Selbsthilfe), um diese künftig auslaufen zu lassen. Voraussetzung für die Gewährung dieser Förderung ist das Erreichen einer Mindestgröße des Zusammenschlusses. In unserem Bereich waren zunächst 5.000 ha Mitgliedsfläche im Jahre 2007, 10.000 ha im Jahre 2010 und letztendlich 15.000 ha ab dem Jahre 2013 erforderlich. Aus diesem Grund kam es in den letzten Jahren zu immer engeren wirtschaftlichen Beziehungen mit den benachbarten Forstwirtschaftlichen Zusammenschlüssen.

FORSTFACHLICHE BETREUUNG

Die sogen. FFB ist eine reine Landesförderung des Landes Niedersachsen gem. RdErl. des ML vom 05.05.1999. Gefördert wird die angemessene forstfachliche Betreuung des FwZ angehörenden und von der LWK betreuten mittleren und kleinen Waldbesitzes in Niedersachsen. Zuwendungsempfänger sind die FwZ. Voraussetzung für die Zuwendung ist, dass für den Förderungszeitraum eine angemessene forstfachliche Betreuung durch eigenes Forstfachpersonal oder durch Betreuungsvertrag mit einer LWK sichergestellt ist. Als Forstfachpersonal gelten Angestellte, denen nach den Bestimmungen der LWK eine entsprechende Berufsbezeichnung des höheren oder gehobenen Forstdienstes verliehen worden ist. Die Zuwendung wird als Festbetragsfinanzierung vorgenommen. Die Bemessung der Zuwendungshöhe je Hektar Waldfläche erfolgt nach der Leistungsfähigkeit der im Besitz der Mitglieder des FwZ befindlichen Waldbestände. Als Weiser werden der durchschnittliche Gesamtzuwachs, der Nutzungssatz, das Verhältnis von Stamm- zu Industrieholz, die Fläche und ggf. die Zahl der Mitglieder herangezogen. Die Höhe des Zuschusses beträgt bis zu 10 DM/ha, in Gebieten mit schwacher Forststruktur bis zu 15 DM/ha. Die Berechnung des Zuschusses erfolgt durch die Bewilligungsbehörden unter Berücksichtigung der Strukturdaten. Der Zuschuss darf die vom Zuwendungsempfänger für die forstfachliche Betreuung aufgewendeten Ausgaben nicht überschreiten. Die Zuwendungsempfänger haben der betreuenden Dienststelle durch überbetriebliche Waldinventuren, Forstbetriebsgutachten oder sonstige anerkannte Erhebungen die geforderten Daten nachzuweisen. Hilfsweise können auch Daten aus der Bundeswaldinventur herangezogen werden.

21. Umstellung auf naturnahe Waldbewirtschaftung

Kurzes Repetitorium für Forstleute und Waldbesitzer:

„Der Kahlschlag scheint nur rationell im ökonomischen Gefäll,
verschwägert der Monokultur, dient er dem Umschlag und Handel …
jedoch der Haushalt der Natur, er wehrt sich, – Antwort ist der Wandel,
aus dichter Fülle in dünne Zeile, der Kiefernsteppenlangeweile.

Willst Sinn und Herz Du Dir erfrischen, so musst Du die Bestände mischen.
Die Mischung schafft dann auch die Dauer, sie schlägt, lässt Du Dir Zeit, zu Buch –
die Arbeit ist zunächst wohl sauer, doch merke dies: im Vollumbruch,
(ob Eberswalde warnt und unkt), hast Du den sicheren Ausgangspunkt.

Ob Ahorn, Buche, Birke, Kiefer, ob schlank der Anfang, ob ein schiefer
Hang zur Romantik – dies ist klar: der Krumme muss dem Geraden weichen!
Es warten zwischen enger Schar, stolz ringbemalt, die Zukunftseichen,
und in Etagen lehrt der Baum die Theorie vom Lebensraum.

Oh Menschlein, wann erkennst Du wohl, den Dauermischwald als Symbol!
Auch Deiner Seel, ob alt, ob jung – dass sie zum wahren Ziel beflügelt,
bedarf auch sie der Läuterung, und war sie erst noch recht geigelt, entfaltet sie sich frei und froh, im Geist von Hohenlübbichow.“

von Theodor Heuss –
Eintragung ins Gästebuch von Hohenlübbichow bei einem Besuch am 09.06.1941

HOLZ war seit alters her ein nachwachsender, vielseitig verwendbarer und benötigter Rohstoff. Seit seiner Sesshaftwerdung hat der Mensch das Waldbild stetig verändert. Schon zur Römerzeit war etwa ein Viertel der Waldfläche gerodet. Die große Rodungsperiode erfolgte etwa in der Zeit von 700-1300 n. Chr. Zum Ende des 15. Jahrhunderts dehnte sich die landwirtschaftliche Nutzung bis in die Bergwälder aus. Mit dem fortschreitenden Sesshaftwerden der Bevölkerung stieg der Bedarf an Siedlungs- und Ackerland. Immer größere Rodungsflächen schnitten in das Waldland ein und drängten es in die abgelegenen und für den Ackerbau weniger geeigneten Teile des Landes zurück. Kriege, Hungersnöte und Krankheiten wie z.B. die Pest führten zur Entvölkerung ganzer Landstriche, die Höfe bzw. Dörfer „fielen wüst“, und der Wald eroberte sich diese Flächen zurück. Umfangreiche Rodungen gab es jedoch noch im 19. und 20. Jahrhundert, die dazu beitrugen, dass der Wald auf seine heutige Ausdehnung von rd. einem Drittel der Landesfläche zurückgedrängt wurde.

Mit der Zunahme der Bevölkerung und dem Aufblühen der Städte und des Handels im Hochmittelalter nahmen Bergbau, Metallverhüttung, Salzsiederei und Glasherstellung ein Ausmaß an, dem der Wald vielerorts nicht mehr standhalten konnte. Großflächige Waldvernichtungen wie beispielsweise in der Lüneburger Heide oder dem Harz und eine zunehmende Verlichtung der Wälder waren die Folge. Die sich abzeichnende HOLZNOT veranlasste die Grundherren in der ersten Hälfte des 16. Jahrhunderts zum Erlass erster Forstordnungen, in denen Rodeverbot und die Pflicht zur Aufforstung festgelegt sowie der Vieheintrieb in den Wald reglementiert wurden. Mit dem Ende der feudalen Ordnung und damit verbundenen Jagdprivilegien kam es Anfang des 19. Jahrhunderts zur Neuordnung der Eigentumsverhältnisse. Erst Mitte des 19. Jahrhunderts besserten sich die Rahmenbedingungen für den Wald grundlegend. Die Kohle löste das Holz als Energieträger zusehends ab. Die beginnende Industrialisierung und die Verbesserung des Transports durch die Eisenbahn erhöhte die Nachfrage nach Holz und machte eine zielgerichtete Forstwirtschaft attraktiv. Das Aufblühen der Naturwissenschaften und eine fachliche Ausbildung des Forstpersonals verbesserten die Voraussetzungen für den Wiederaufbau des Waldes. Die ausgedehnten Heide- und Ödlandflächen wurden überwiegend mit Kiefer und Fichte wiederaufgeforstet, und zwar zunächst aus folgendem Grund: Die Aufforstung der freiliegenden, zum Teil devastierten Flächen mit anspruchsvollen und empfindlichen Baumarten wie Buche und Eiche war mit immensen Schwierigkeiten verbunden, und es fehlten die notwendigen Mengen an Pflanz- bzw. Saatgut. Auch wurden die Bucheckern zwecks Ölherstellung gesammelt, und die Eichelmast diente dem Wild bzw. dem Schweineeintrieb. Später wurden die Nadelhölzer auch wegen ihrer besseren Wuchsleistung bei höherer Nutzholzausbeute bevorzugt. Zudem musste sich die auflebende Forstwirtschaft am Markt orientieren, und dieser wies einen wachsenden Bedarf an Kiefern- und Fichtenholz bei steigenden Preisen auf. Es entstanden großflächig gleichaltrige Wälder aus meist nur einer Baumart: sogenannte Altersklassenwälder. Um einen gleichbleibenden Holzertrag zu sichern (das Prinzip der NACHHALTIGKEIT), wurde zu Beginn des 19. Jahrhunderts das Modell des „Normalwaldes“ entwickelt, bei dem alle Altersklassen gleichmäßig vertreten sein sollten. Dieses Modell entsprach dem damaligen Ordnungssinn und war durch die schematische Anwendung einfach zu handhaben und zu kontrollieren. Das Normalwaldmodell war entscheidend für den Wiederaufbau der mitteleuropäischen Wälder. Die Forstwirtschaft hatte als erster Wirtschaftszweig die NACHHALTIGKEIT zur Grundlage des Wirtschaftens erklärt, der kursächsische Oberberghauptmann Hans Carl von Carlowitz wies schon 1713 darauf hin, dass nicht mehr Holz genutzt werden dürfe, wie nachwächst. Doch das Waldbild hatte sich grundlegend verändert: Um 1800 bestand der mitteleuropäische Wald zu etwa zwei Dritteln aus Laubbäumen und einem Drittel aus Nadelbäumen. Am Ende des 19. Jahrhunderts hatte sich dieses Zahlenverhältnis umgekehrt. Die Mittel- und Niederwaldbewirtschaftung, bei der die Brennholzerzeugung im Vordergrund stand, wurde abgelöst durch den schlagweisen Hochwald. Der Hochwald besteht zumeist aus gleichaltrigen Reinbeständen, die durch Kahlschlagverfahren geerntet und durch Kunstverjüngung wiederbegründet werden. Einer der deutlichsten Kritiker dieser Entwicklung war Karl GAYER, Professor für Waldbau in München. In seinem 1886 erschienenen Buch „Der gemischte Wald“ kritisiert er: „Das Nadelholz an sich und als bevorzugter Gegenstand unserer heutigen Produktion ist es also nicht, was Bedenken erregen könnte; wohl aber die maßlos unterstützte Verbreitung desselben und die fast sichere Aussicht auf ein zu erwartendes, alle anderen Holzarten mehr ausschließendes Auftreten einiger weniger Arten – der Kiefer und Fichte – in reinem Bestandswuchse!" (Gayer, Dr. Karl: Der gemischte Wald, S. 20). Gayer verurteilte auch den sich aus dem Altersklassenwald ergebenen KAHLSCHLAGBETRIEB wegen des, wie er schreibt, radikalen Eingriffs in die LEBENSGEMEINSCHAFT WALD. Stattdessen forderte er den ungleichaltrigen und gemischten Wald mit kleinflächigen, natürlichen Verjüngungsprozessen. Gegen Ende des 19. Jahrhunderts häuften sich die Katastrophen durch Schnee- und Eisbrüche, Sturmwürfe und Insektenkalamitäten in den ausgedehnten Fichten- und Kiefernwaldungen. Der Mahnruf „Zurück zur Natur" mit der Forderung nach naturgemäßeren Wäldern wurde immer häufiger geäußert. In Norddeutschland brachte vor allem der Eberswalder Waldbau-Professor Alfred MÖLLER mit seinem 1922 erschienenen Buch „Der Dauerwaldgedanke. Sein Sinn und seine Bedeutung" Bewegung in das waldbauliche Denken. Der Wald solle als ORGANISMUS gesehen werden, in dem ein Teil von dem anderen abhängt. Die Gedanken Möllers wurden jedoch von den Nationalsozialisten missbraucht, was die Dauerwaldbewegung lange diskreditierte. Nach dem Zweiten Weltkrieg befanden sich die Wälder durch kriegsbedingte Zerstörung und Übernutzungen in einem katastrophalen Zustand. Die Besatzungshiebe der Folgejahre hinterließen zusätzlich erhebliche Kahlflächen. Wieder musste der Wald großflächig neu begründet werden, und wieder geschah es überwiegend mit Nadelholz. Als Reaktion auf die besatzungsbedingten Übernutzungen des Waldes und um die zerstörten Wälder wieder aufzubauen, gründete sich 1947 in Bad Honnef die SCHUTZGEMEINSCHAFT DEUTSCHER WALD als erste Bürgeraktion unseres Landes. Schon Anfang der 1950er-Jahre forderte sie eine größere Naturnähe und warnte vor der zunehmenden Verfichtung der Mittelgebirge. Im Jahre 1950 erfolgte dann der Gründungsaufruf der ARBEITSGEMEINSCHAFT NATURGEMÄSSE WALDWIRTSCHAFT (ANW). Er wendete sich – geprägt durch den Dauerwaldgedanken – gegen den Altersklassenwald als Zielvorstellung. Die Grundsätze der Waldbewirtschaftung, die die ANW vertritt, wurden nur von wenigen Forstleuten und Waldbesitzern, die als Außenseiter von der Mehrheit belächelt wurden, beachtet und angewandt. Heute finden sie sich in fast allen waldbaulichen Leitlinien der Staats- und Kommunalwaldbewirtschaftung, wobei der Grundgedanke im Privatwald zu suchen und zu finden ist. Wie kam es zu diesem Wandel? Die wirtschaftliche Lage des Waldes und damit das Verständnis von Forstwirtschaft hat sich im Laufe der Zeit grundlegend verändert: Bis in die Mitte des 19. Jahrhunderts diente der Wald überwiegend der Eigenbedarfsdeckung und brachte damit so gut wie keine direkten Einnahmen. Erwähnt werden müssen jedoch die großen Holzlieferungen aus den Waldbeständen Süddeutschlands. Die Fugger hatten sich das Monopol der Flößerei auf den größeren Flüssen bewahrt und flößten große Mengen an Nadelholz, aber auch an Eichen für den Schiffsbau in Richtung Nordsee. Mit Aufkommen der Eisenbahn wurde das Holz ein handelbarer Rohstoff, der Wald wurde zur Einnahmequelle. Seit 1955 jedoch nehmen die Gewinne aus der Forstwirtschaft, bedingt vor allem durch die Konkurrenz anderer Roh- und Baustoffe sowie dem Preisdruck auf dem internationalen Holzmarkt, kontinuierlich ab. Konnte man 1950 von einem Kubikmeter Holz noch 60 Arbeitsstunden bezahlen, waren es 1989 noch etwa zwei und 1993 kaum noch eine Stunde. Keine Marktordnung – wie etwa bei der Landwirtschaft – schützt die Forstwirtschaft. Auch die Möglichkeiten der Rationalisierung durch Maschineneinsatz sind bei den Besitz- und Standortverhältnissen in Deutschland begrenzt.

Um die Ertragslage zu verbessern, sieht man heute folgenden Ansatzpunkt: Produktion von wertvollem Starkholz in betriebssicheren Beständen und Verminderung des Umfanges an teuren und risikoreichen Pflanzungen und Jungwuchspflegemaßnahmen. Und genau das gehört auch zur Methode der naturgemäßen Waldwirtschaft. Hermann KRUTZSCH (1950) definierte den naturgemäßen Wirtschaftswald als „ein horst-, gruppen- und truppweise ungleichaltrig aufgebauter, gemischter Wald aus standortgemäßen Holzarten und –rassen, dessen Vorrat sich in gütemäßig bester Verfassung auf günstiger Höhe befindet". Die naturgemäße Waldwirtschaft orientiert sich nicht an dem fiktiven Normalwaldmodell des Altersklassenwaldes, sondern an den Entwicklungsabläufen im Naturwald. Die Erforschung von Naturwäldern bildet daher die wissenschaftliche Grundlage der naturgemäßen Waldwirtschaft. Was sind Elemente der naturgemäßen Waldwirtschaft? Grundlage ist eine Dauerbestockung von standortgemäßem Mischwald. Durch seine Standortangepasstheit und sein dauerhaftes Vorhandensein schützt und erhält dieser Wald seinen natürlichen Standort. Der strukturreiche Mischwald weist eine artenreiche Tier- und Pflanzenwelt auf und ist damit gegen Störungen z.B. durch Schadinsekten sehr widerstandsfähig. Der kleinflächige, ungleichaltrige Aufbau ermöglicht Nutzung, Erziehung und Walderneuerung in einem Zuge. Die Oberschicht schafft Stabilität und damit Betriebssicherheit durch vitale Einzelbäume (im Gegensatz zum Altersklassenwald, bei dem die Stabilität vor allem auf dem Nachbarschutz der Bäume untereinander basiert). Durch die Halbschattenwirkung erfolgt im Kampf um das Licht eine Vitalitäts- und Qualitätsauslese der darunterliegenden Mittelschicht bei gleichzeitigem Wertzuwachs. Die Mittelschicht stellt die Reservehaltung. In der Unterschicht schließlich vollzieht sich die nach Möglichkeit natürliche Verjüngung des Waldes. Daher sind ständig pflegende Entnahmen erforderlich, um die Dosierung der Lichtzufuhr im Bestand zu steuern. Die Nutzung in der Oberschicht erfolgt in der Regel einzelstammweise, zumeist wenn eine bestimmte Zielstärke erreicht ist. Bei jeder Nutzung werden die Auswirkungen auf die Mittel- und Unterschicht abgeschätzt und gegebenenfalls gleichzeitig regulierende Maßnahmen in diesen Bereichen durchgeführt. Der stetige, ungestörte Produktionsablauf erhält so ein gesundes Waldklima und verbessert die Bodenkraft des Standortes. Um auf geeigneten Standorten lichtbedürftigen Baumarten wie der Eiche eine Chance zur Verjüngung zu geben, ist auch eine gruppenweise Entnahme von Altbäumen möglich.

Jede Form nachhaltiger Forstwirtschaft ist wegen der extensiven Bewirtschaftung und der umweltfreundlichen Produktion des nachwachsenden Rohstoffes HOLZ grundsätzlich positiv zu bewerten. Der naturgemäß bewirtschaftete Wald zeichnet sich jedoch darüber hinausgehend aus durch:

Uwe Gamradt
Forstamtmann
Hindenburgweg 8/Forsthaus
OT. Holm-Seppensen
2110 Buchholz i. d. N.
Tel. 04187-233

NATURGEMÄßE / NATURNAHE W A L D W I R T S C H F T

Ziele - Grundsätze - Erfahrungen

Das Modell des schlagweisen Altersklassenwaldes, das zweihundert Jahre lang die Forstwissenschaft und die forstliche Praxis bestimmt hat, ist inzwischen durch ein alternatives Konzept z.T. ersetzt worden; dem Modell einer ökologisch orientierten Waldwirtschaft.
Vor kurzem noch weithin belächelt und als querköpfige Spinnerei einiger weniger Waldbesitzer und Forstleute abgetan, ist die naturnahe Waldwirtschaft in den letzten Jahren zum obersten Ziel sowohl privater Waldbesitzer, als auch einiger Staatsforstverwaltungen erklärt worden und bestimmt zunehmend die betriebliche Zielsetzung im kommunalen und privaten Wald.

Das Konzept ist keineswegs neu. Seit Karl Gayers richtungsweisendem Buch " Der gemischte Wald" aus dem Jahre 1886 gibt eine anhaltende Diskussion darüber, wie der Wald naturgetreu bewirtschaftet werden könne und was die Vorteile dieses Verfahrens sind.

Krutzsch und Weck haben 1935 mit ihrer Veröffentlichung von " Die Naturgemäße Waldwirtschaft" den Begriff geprägt, der 195o von den Gründern der "Arbeitsgemeinschaft Naturgemäße Waldwirtschaft " (ANW) übernommen wurde und bis heute gebräuchlich ist.

Z I E L E

Die Grundidee naturgemäßer Waldwirtschaft liegt in der ganzheitlichen Betrachtung des Waldes als dauerhaftes, vielgestaltiges, dynamisches Ökosystem. Ziel der Bewirtschaftung ist es, durch Nutzung der in Waldökosystemen ablaufenden Prozesse und der in ihnen wirksamen Kräfte die ökonomische und ökologische Leistungsfähigkeit des Waldes zu optimieren.
Besondere Bedeutung kommt dabei dem Erkennen des natürlichen Selbstregulationsvermögens der Lehensgemeinschaft Wald zu, das zum Aufbau stabiler und wertvoller Wälder genutzt werden soll.

Im Unterschied zum schlagweisen Altersklassenwald sind die verschiedenen, für die Stetigkeit des Waldökosystems erforderlichen Entwicklungsstadien nicht räumlich und zeitlich voneinander getrennt, sindern in derselben Wirtschaftseinheit neben- und übereinander angeordnet, so daß der potenzielle Wuchsraum optimal genutzt wird.

G R U N D S Ä T Z E

Eine naturgemäße Bewirtschaftung befolgt mindestens vier zentrale Grundsätze:

1. SCHONENDER UMGANG MIT DEM STANDORTPOTENTIAL

Zum Schutz und der Erhaltung der Produktionskraft der Waldböden wird grundsätzlich auf Kahlschlag verzichtet, die Ganzbaumnutzung unterlassen sowie unpflegliche Rücke-und Bodenbearbeitungsverfahren vermieden. Eine stammweise Nutzung reduziert die Störung der Stoffkreisläufe auf ein Minimum und erhält zudem das Waldinnenklima.

2. STANDORTGEMÄßE BAUMARTENWAHL

Grundlegend für die Sicherung der Standortkräfte und eine risikoarme Produktion ist eine standortgemäße Baumartenwahl.
Dabei sollen Baumarten der natürlichen Waldgesellschaften in lokal angepaßten Herkünften mit einem möglichst hohen Anteil an der

.../ 2

Ziele – Grundsätze – Erfahrungen

Bestockung beteiligt sein.

3. BAUMARTENMISCHUNG

Entsprechend der Standortkartierung sollten laubbaumreiche Mischbestände das anzustrebende Ziel sein.
Solche Mischungen ergeben produktive, strukturreiche Bestockungen, die sich normalerweise aus Naturverjüngungen erneuern lassen.

4. EINZELSTAMMWEISE PFLEGE UND NUTZUNG

Die permanente einzelstammweise Auslese und Vorratspflege führt je nach Standortkraft und Lichtökologie der Baumarten allmählich zu einer gemischten, stufigen, ungleichaltrigen und strukturreichen Dauerbestockung.
Pflege, Nutzung und Walderneuerung sollen stets auf gleicher Fläche zur gleichen Zeit stattfinden.
Eingriffe erfolgen in relativ kurzen Intervallen mit mäßiger Stärke und orientieren sich am qualitativen und funktionellen Wert eines jeden Baumes.
Der qualitative Wert des Einzelbaumes wird durch den Kulminationspunkt seines wirtschaftlichen Wertes bestimmt, abhängig von Dimension, Schaftform und Gesundheitszustand. Der funktionelle Wert des Einzelbaumes wird durch seine Aufgabe als Mischungs- und Strukturelement sowie durch seinen ökologischen Wert bestimmt.

E R F A H R U N G E N

In Forstbetrieben, die langjährig nach diesen Grundsätzen wirtschaften, können im Vergleich zu konventionell bewirtschafteten Betrieben folgende Erfahrungen gewonnen werden:

WALDBAU:

- höhere Starkholzanteile bei Vorrat, Zuwachs und Nutzung,
- Walderneuerung vermehrt durch Naturverjüngung,
- verringertes Risiko durch biotische und abiotische Schäden,
- verbesserter Schutz des Nachwuchses vor Frost, Hitze, Wind und Konkurrenzvegetation,
- qualitätsfördernde Erziehung des Nachwuchses unter Schirm bei geringerer Stammzahl.

BETRIEBSWIRTSCHAFT:

- langfristig erhöhte Eträge durch verbesserte Vorrats-und Nutzungstruktur und verringertes Betriebsrisiko,
- Minderung des Aufwandes bei der Holzernte (geringere Schwachholz-, höhere Starkholzproduktion), der Walderneuerung (Naturverjüngung) sowie bei Schutz und Pflege des nachwachsenden Waldes (biologische Automation).

SOZIALFUNKTIONEN:

Naturgemäße Bewirtschaftung ermöglicht vielfältige Gestaltung der Schutz-und Erholungsfunktionen des Waldes und dient vorbildhaft der Umweltvorsorge.

WILDBEWIRTSCHAFTUNG:

Naturgemäße Waldwirtschaft erfordert zwingend waldverträgliche Schalenwilddichten, die die Verjüngung aller Hauptbaumarten auf der Gesamtfläche des Waldes jederzeit ohne Zaunschutz ermöglichen.

- eine weitgehende Kontinuität des Ökosystems
- ein Gleichmaß des Stoffkreislaufes
- die Stetigkeit von Wasserhaushalt und Kleinklima
- die Erhaltung einer standortangepassten Genressource durch Naturverjüngung
- Struktur- und Artenvielfalt durch Mehrschichtigkeit, Stufung und Mischung.

Die naturgemäße Waldwirtschaft ist ein ökonomisches Verfahren, das darauf abzielt, viel Holz von bester Qualität mit möglichst geringem Aufwand zu produzieren. Aufgrund der Stabilität der Einzelbäume kann ein Teil der Bäume bis zum natürlichen Verfall – mit all den positiven Wirkungen für die Artenvielfalt – erhalten werden. Auch seltenere Mischbaumarten mit unterlegenerer Wuchsdynamik wie z.B. Elsbeere oder Speierling können so entsprechend gefördert werden.

Seit Mitte der 1970er-Jahre bedrohen die sogen. „neuartigen Waldschäden" die Lebensgrundlagen der Waldökosysteme. Hiervon sind auch die naturgemäß bewirtschafteten Wälder betroffen, da sich in den stufig aufgebauten Wäldern die Einwirkungen der Immissionen wegen der rauen Oberfläche erhöhen. Auch ist zu beobachten, dass gerade die Bäume am meisten geschädigt sind, die andere überragen oder freistehen. Allerdings stehen den naturgemäß bewirtschafteten Wäldern mehr Reserven an Nachwuchs zur Verfügung, sodass sich die Schäden kleinflächiger auswirken und besser ausgeglichen werden können.

Nach den Prognosen der sich abzeichnenden Klimaveränderungen wird es nicht nur durchschnittlich wärmer werden, sondern es wird auch häufiger Trockenperioden geben, und die Anzahl heftiger Stürme wird zunehmen. Der von der naturgemäßen Waldwirtschaft angestrebte vertikal gestaffelte, kleinflächig gemischte Wald stabilisiert das Waldökosystem und gibt ihm eine größere Elastizität bei Störungen. Bei den sich aufgrund des Klimawandels langfristig ändernden Konkurrenzverhältnissen der Baumarten untereinander erhält der standortangepasste Mischwald dem Waldbesitzer einen gewissen Handlungsspielraum, und die Naturverjüngung mit ihrer breiteren Genressource verbessert die Chancen einer natürlichen Anpassung an die sich ändernden Umweltbedingungen.

In Süddeutschland sind der Kahlschlag und die Kunstverjüngung durch das Wirken von Professor Karl Gayer seit 100 Jahren kein Regelverfahren mehr. Die ältesten und besten Beispiele naturgemäßer Waldwirtschaft finden sich in den Großprivatwäldern südlich des Mains. Auch dem Gründungsaufruf der Arbeitsgemeinschaft Naturgemäße Waldwirtschaft von 1950 sind damals überwiegend Vertreter des Privatwaldes gefolgt. Heute vertreten auch kommunale und staatliche Verwaltungen – nicht zuletzt aufgrund ökonomischer Zwänge – eine naturnahe Waldwirtschaft, bei der Kahlschläge vermieden, die natürliche Verjüngung gefördert und stufige und ungleichaltrige Waldbestände aufgebaut werden. Immer mehr setzt sich die Erkenntnis durch, dass die ökologische Ausrichtung des Waldbaus langfristig auch ökonomisch richtig ist. Allerdings vollzieht sich der

Umbau des Altersklassenwaldes in naturnahe Waldbestände in vielen kleinen Schritten und bedarf daher viel Geduld und Zeit.

Als ich im Jahre 1966 die forstliche Betreuung des Forstverbandes Jesteburg übernahm, war der Kahlschlag mit anschließender künstlicher Wiederaufforstung und eine Kultur- bzw. Jungbestandspflege, bei der alles, was nicht Hauptbaumart war, herausgehauen wurde, der Regelfall. Die Waldbesitzer waren in der Mehrzahl im Hauptberuf Landwirt, und die Wirtschaftsweise des rationalisierten Landbaues wurde auf den Wald übertragen. Alles, was z.B. den Roggen, die Kartoffel oder Zuckerrübe konkurrierend behinderte, wurde zum „Unkraut" und musste entfernt werden; ähnlich verfuhr der Waldbesitzer mit seinem Walde, und angeflogene Weide, Vogelbeere, Faulbaum und andere Weichlaubhölzer fielen der Axt oder Säge zum Opfer. Anstatt diese Nebenbaumarten mit der Schere oder Heppe in Bauchhöhe einzukürzen – was auch ergonomisch viel leichter war –, schnitt man sie kurz über der Erde ab, sodass in wenigen Jahren aus dem Stock statt wie bisher ein Schössling jetzt viele herauswuchsen und die Arbeit von neuem begann.

Aus meinen Erfahrungen ist zu berichten:
„Im Laufe der Jahre hatte ich meine BIRKENFEINDE wie Friedrich Rischmüller aus Eckel, Heino Kahnenbley aus Beckedorf, Rudolf Schröder aus Vahrendorf, Bäcker Heinrich Behr aus Buchholz u.a., alle überaus interessierte Waldbauern, erkannt. Und da der Prophet im eigenen Land nicht viel gilt, habe ich mir meinen ANW-Freund Privat-Oberforstmeister Wolf-Heinrich von GADOW, Forstamtsleiter bei der Erbgroßherzoglich-Oldenburgische Forstverwaltung in Lensahn/Holstein, zu Hilfe geholt. Anlässlich einer

Interessierte Waldbesitzer lauschen den Worten von OFM von Gadow – 3. von links

Im Revier Parl – Buensen, es geht immer noch um Birken, Vogelbeeren & Co

Exkursion von Cordshagen bis Vahrendorf wurde über das Für und Wider von Birke und Co. diskutiert. Herr von Gadow – eine stattliche Erscheinung von fast 1,90 m Größe und nur Mecklenburger Platt sprechend – sagte, dass die Birke kein forstliches Unkraut, sondern die AMME des Waldes sei. Sie ist frosthart und verträgt extreme Hitze, sie besiedelt als Erste die Freifläche und bildet schnell einen Vorwald, in dessen Schutz andere Holzarten gedeihen können. Peitschen tut sie nur auf der Freifläche, wo der Wind herankommen kann, die Freifläche/den Kahlschlag wollen wir künftig aber vermeiden.

Nach einer Treibjagd in seinem Wald bemerkte Leopold Meyer aus Itzenbüttel beim Schüsseltreiben etwas kopfschüttelnd: „Uns Förster lött nu all Vogelbeern planten!“ Jetzt hörte er von Herrn von Gadow, wie wichtig die Eberesche/Vogelbeere mit ihrem sich schnell umsetzenden Laub für den Boden sei und Insekten sowie Vogelwelt von der Blüte und Frucht zehren. Es waren im Grunde meine Worte und Argumente, die jetzt aber von jemand anderem kamen – und sie wirkten! Beim abschließenden Abendbrot sagte dann Heino Kahnenbley aus Beckedorf: „Ja, wenn man das alles so sieht, dann müssen wir doch nicht alle Birken, Weiden etc. heraushauen.“ So hatte dieser Tag uns Forstleute in unserer Meinung bestätigt und die Waldbesitzer zum Nach- und Umdenken veranlasst – ein erster und kleiner Schritt hin zur naturnahen Waldbewirtschaftung. Viele kleine Flächen entstanden aus Windwurf, Käferschaden, Schnee- und Eisbruch o.a., die zurückgestellt oder sogar vergessen worden waren. Sie hatten sich selbst entwickelt, und es waren teilweise hervorragende Sukzessionsflächen daraus geworden, die zu zeigen es sich lohnte. Sagte ein Waldbesitzer, so etwas geht in meinem Walde nicht, dann führte

Mischbestände mit wertvollem Starkholz

Fast schon plenterwaldartiges Gefüge

man ihn zu solchen Flächen – und nichts war überzeugender als das Beispiel!

So zerstörerisch und waldvernichtend die großen Windwurfkatastrophen auch waren, haben sie doch schneller zu einem Waldumbau geführt, als wir es im Normalfall getan hätten. Immens wichtig war die richtige Einschätzung der Güte des Standortes, da eine flächendeckende Standortkartierung noch nicht vorlag. Meine „bunten Gamradtschen Mischungen“ bei der Wiederaufforstung der Sturmflächen aus 1972 wurden teilweise belächelt, teilweise von höherer Stelle aus kritisiert. Ich hatte u.a. das von Professor Gayer schon 1886 herausgegebene Buch „Der gemischte Wald“ aufmerksam studiert und war zu dem Entschluss gekommen, viele Baum- und Straucharten zu pflanzen, wenn der Standort dies zuließ. Die Anlage von ausreichend breiten Waldaußen- und Waldinnenrändern war mir hierbei sehr wichtig, bestehend aus möglichst frühblühenden und fruchttragenden Laubbäumen zweiter Ordnung bzw. Sträuchern. Beim Schwarzdorn sollte auf genügend Abstand zum nächsten Weg oder Acker geachtet werden – möglichst 3 m –, da er sonst mit seiner starken Wurzelbrut diesen Freiraum sofort erobert und es zu Meinungsverschiedenheiten mit den benachbarten Bauern kommen kann. Das Nachbarrechtgesetz des jeweiligen Bundeslandes sollte hierbei beachtet werden. Neuntöter und Raubwürger werden es uns danken, wenn wir Dornensträucher anpflanzen, haben sie doch wieder einen ihnen zusagenden Lebensraum. Auch wir Menschen können uns an dem aus den reifen Beeren gekochten Gelee erfreuen, und ein guter Schlehenlikör lässt sich auch daraus herstellen, wenn man es denn kann!

Freistellen im Revier und fließend Wasser – was will man mehr?

Worauf unbedingt geachtet werden muss, ist das Belassen von Freistellen in den Beständen, damit zum einen die wärmenden Sonnenstrahlen Einlass in das Waldesinnere haben und wärme- und lichtliebende Pflanzen und Tiere hier einen Lebensraum vorfinden. Im Naturwald finden wir auch genügend Freistellen, nicht jeder Quadratmeter muss bestockt sein!

Man muss feststellen, dass sich in den letzten 60–70 Jahren in der Forstwirtschaft ein Denken und Handeln in Dekaden breit gemacht hat. Waren es Ende der 1940er-, Anfang der 1950er-Jahre die Pappeln und Baumweiden, die forciert angebaut wurden, so ist es zu Beginn des 21. Jahrhunderts die Rotbuche. Jeder Kiefern- bzw. Fichtenbestand, egal auf welchem Standort er stockt, wird mit der Buche unter- bzw. vorangebaut, hin und wieder mit Douglasie gemischt. Sieht man sich diese Bestände nach kurzer Zeit an, hat die Buche alles ausgedunkelt, es wächst kein Kraut noch Halm mehr darunter. Alle sind verwundert, dass das Wild an anderer Stelle verbeißt und fegt. Wovon sollen diese armen wald-, besser holzackerbewohnenden Geschöpfe denn auch leben? Sie gehören nun einmal zum Wald, und es kann doch nur heißen: „Wald und Wild, nicht Wald vor Wild oder gar Wild vor Wald!“ Und der spätere Erfolg gab mir recht, indem heute auf diesen Flächen ein artenreicher, gesunder und wertvoller Mischwald stockt, der das vom Waldbesitzer entgegengebrachte Vertrauen in meine Handlungsweise voll rechtfertigt!

Fast alle Durchmesserstufen vorhanden

Exkursion der ANW Niedersachsen im Revier Peters, Eickstüve

ANW-Exkursion im Revier Arn. Meyer in Seppensen – „in der Höllenschlucht“

Hans-Christian Hildebrandt aus Langeloh mit starker Wertholzkiefe

Wer trödelt denn da wieder?

ANW-Exkursionsteilnehmer am Bodeneinschlag

ANW-Teilnehmer und OFM Dr. Günter Millahn im Wald der Hofgemeinschaft Wörme in den Lohbergen

22. Waldarbeiter, Forstunternehmer, Nordheide Forstservice GmbH und Forstwirtschaftliche Vereinigung Nordheide-Harburg

Der im Allgemeinen zu einem vielseitigen landwirtschaftlichen Betrieb gehörende Wald war ein Betriebszweig, in dem man vorrangig im Winterhalbjahr mit den eigenen Arbeitskräften tätig wurde. Ausgenommen waren eventuell im Frühjahr das Pflanzen junger Bäume sowie der Zaunbau, der oftmals auch erst im Sommer zwischen Heu- und Getreideernte ausgeführt wurde. Vorrangig schlug der Waldbauer – meistens auf Vorrat, damit es abtrocknete – Brennholz für den eigenen Bedarf bzw. als Deputat für die hofeigenen Mitarbeiter ein und fuhr es zum Hof ab. Ähnlich verhielt es sich mit Sondersortimenten für den Hofbedarf, wie z.B. Nadelholzstangen aller Stärken für Baugerüste, Bohnenstangen, Zaunmaterial, Reuterstangen für die Heugewinnung u.v.a.m. Das Holz wurde im Winter geschlagen, später gerückt und im Laufe des Sommers/Herbstes abgefahren. Sollte eine bauliche Maßnahme vorgenommen werden, so ging im Allgemeinen der Vater/Großvater mit dem Zimmermeister in den Wald und suchte zielgerichtet die Bäume aus; eine einzelstammweise Nutzung, wie wir es bei der naturnahen Bewirtschaftung wünschen, fordern und auch durchführen. Größere Grubenholzschläge wurden ebenfalls mit hofeigenen Arbeitskräften vorgenommen, wobei das Schälen oftmals im Akkord an die Mitarbeiter bzw. deren Familien vergeben wurde, die dies in ihrer Freizeit erledigten. Beim Einschlag von größeren Mengen an Bauholz boten sich sehr oft die hiesigen Sägewerker mit ihren Mitarbeitern an, die im Winterhalbjahr weniger im Baugewerbe zu tun hatten.

Mit Beginn der sogen. Landflucht der Arbeitskräfte in die Industriezentren Mitte der 1950er-Jahre erfolgte ein Umdenken. In der Landwirtschaft setzte die Rationalisierung in Form von Mechanisierung, Maschineneinsatz bzw. Spezialisierung ein, um den Arbeitskräftemangel aufzufangen. Die wachsende Bau- und Holzindustrie forderte eine kontinuierliche Lieferung des Rohstoffes Holz über das ganze Jahr hinweg. Hier setzte nun die Dauerbeschäftigung von Waldarbeitern und einigen Kulturfrauen ein. Teilweise machten sich in den 1960er-Jahren die ersten Waldarbeiter bzw. Forstleute, die nicht wieder im Forstdienst einen Arbeitsplatz gefunden hatten, selbstständig und gründeten Forstunternehmen. So denken wir an die in Wintermoor ansässige und heute vom Sohn geführte Firma von Franz EBERHARTER, der zwecks Aufarbeitung des Windwurfes von 1962 aus Österreich nach Niedersachsen gekommen war und hier sesshaft wurde. Von den einheimischen Forstunternehmen seien Fa. August WEBER aus Bassel, später Soltau und Fa. Hans-Heinrich POSSEL aus Buchholz mit ihren Mitarbeitern genannt – Hans-Heinich Possel war zuvor direkt beim Forstverband angestellt gewesen. Willy Narjes aus Wolterdingen und seine Freunde Petersen, Röhrs und Landversich aus Gröps, Krs. Soltau, schlugen 1964 die Trasse von Holm-Seppensen nach Holm, damit die heutige K 28 geradliniger verlief. Später haben sie so manchen vom Sturm 1962 aufgerissenen Bestand im Kahlschlagverfahren begradigt und hierbei eine vorbildliche Schlagordnung hingelegt, um das Schälen des Holzes zu erleichtern. Was sie partout nicht mochten, war das Spalten des 1 m langen starken Holzes zu Scheiten; lieber quälten sie sich mit den schweren Stücken ab und setzten sie in Bänke auf. Die Mitarbeiter der Fa. Joachim. EICKERT aus Undeloh, von der dieses Holz gekauft wurde, mussten deshalb vor dem Rücken das Holz erst spalten, da sie es per Hand auf den Lkw auf- und in Lüneburg abladen mussten. Fa. Eickert hatte schon zu Zeiten meines Kollegen Flach 1 m langes Nadel-Industrieholz und später auch andere Sortimente gekauft.

Bei der Aufarbeitung des Sturmholzes vom November 1972 haben uns verschiedene Einschlags- und Rückeunternehmen aus Österreich tatkräftig geholfen. Zu erwähnen ist die Fa. Josef LIEMBACHER aus dem Triebental in der Steiermark/Österreich. Josef Liembacher kam mit arbeitsamen, aber auch trink- und sangesfreudigen Burschen, teilweise aus den hintersten Winkeln der Tauernberge. Hängengeblieben als Einziger in unserer Gegend ist Franz KONRAD, dessen deutsche Frau nicht mit nach Österreich wollte. Zuerst war er direkt beim Forstverband Jesteburg beschäftigt, nachdem Fa. Liembacher nach Österreich zurückgekehrt war. Später machte er sich selbstständig und baute mit seinen nachgekommenen Brüdern Karl und Peter ein florierendes Forstunternehmen auf, das bis heute Bestand und sein Domizil auf dem Lohof bei Jesteburg hat. Von der C.F. Tenge-Rietbergschen Verwaltung aus Bielefeld kamen Peter Stolzlechner und Adolf Raunigg aus Südtirol, um bei der Aufarbeitung des Windwurfes in Cordshagen zu helfen. Leider fielen sie des Öfteren aus, da sie zu gerne Karten spielten und dabei oftmals für mehrere Tage „versackten". Sehr fleißig war dagegen Hermann Huber aus Tirol, der als Forstunternehmer mit seinen Mitarbeitern Leonhard Fischer und Johann Langbrandner auf dem Riepshof in einem alten Häuslingshaus wohnte und gute Arbeit lieferte. Erstaunlich war jedes Mal, wohin er im Walde mit seinem vollbeladenen Mini Cooper fuhr, ohne sich festzufahren!

Da seine Familie einen Bauernhof mit Ferienwohnungen bewirtschaftete, ging er mit seinen Mitarbeitern 1974 wieder zurück nach Tirol. Frau Gertrud Meyer hat ihn mit ihrem Mann später einmal besucht und dort ihren Urlaub verbracht.

Weitere, teilweise wilde Einschlagsfirmen aus Baden-Baden, Holland und England boten ihre Dienste an und mussten oftmals nach kurzer Zeit wegen schlechter Arbeitsqualität und übermäßigem Alkoholgenuss sowie mehr aber weniger miserabler Arbeitsmoral entlassen werden. Hatten wir bereits vor dem Sturm vom November 1972 versucht, über die Fa. Ove ZELL in Hamburg Absatzmöglichkeiten nach Schweden aufzubauen, entwickelte sich dies nun schneller als gedacht. Die schwedische Holzindustrie hatte nicht geglaubt, dass in Norddeutschland so viel Holz vorhanden wäre. Auf ihren Urlaubsfahrten gen Süddeutschland und Österreich hatten die Schweden lediglich kümmerliche Kiefernbestände entlang der Autobahn nach Hannover gesehen. Sie merkten jedoch auf, als von einer Schadholzmenge in Höhe von 15-17 Mill. Festmeter in Niedersachsen die Rede war. Schnell waren gut ausgebildete schwedische Waldarbeiter mit Rückemaschinen für Kurzholz ab 2 m Länge hier, und wir alle waren erstaunt über den Arbeitsfortschritt. Gleichzeitig kamen die schwedischen Holzeinkäufer, und der Export des Industrieholzes bzw. der Nutzholzabschnitte in Längen von 3-6 m per Eisenbahn und Schiff von Hamburg und Bremen nahm seinen Anfang. Die Grenzbehörden der DDR machten oftmals erhebliche Schwierigkeiten am Grenzübergang Büchen/Lauenburg und beanstandeten die Verdrahtung des Holzes auf den Waggons. Hierdurch kam es zur Zahlung von hohen Standgeldern, da die DDR-Grenzbeamten die Waggons für eine Weiterfahrt nicht vorher freigaben.

Beim Forstverband waren zeitweise 15-18 deutsche und fremdländische Waldarbeiter in einem sozialversicherungspflichtigen Arbeitsverhältnis ständig beschäftigt. Bezogen die Waldarbeiter in früheren Zeiten ihren Lohn vom jeweiligen Waldbesitzer, der eine vom zuständigen Verbandsförster errechnete und erstellte Lohnberechnung bekam, so stellte ich dieses System um. Meiner Meinung nach gebot dies die Fürsorgepflicht den Mitarbeitern gegenüber, damit sie pünktlich ihren Lohn erhielten. Arbeitgeber war jetzt der Forstverband, der im Auftrage und für Rechnung des jeweiligen Waldbesitzers handelte, und die Waldarbeiter erhielten vom Forstverband ihren Lohn. Die Lohn- und Kirchensteuer wurde vom Forstverband an das zuständige Finanzamt, die Sozialversicherungsbeiträge an die jeweilige Krankenkasse abgeführt. Urlaubsgeld, Werkzeuggeld, Lohnfortzahlung etc. ergaben sich aus dem jeweiligen Tarifvertrag. Die Lohnsteuer- und Sozialversicherungskarten wurden vom Forstverband geführt und die jeweiligen Daten eingetragen, desgleichen verfuhr man mit den Lohnbüchern.

Mit der seinerzeit für den Forstverband zuständigen Landkrankenkasse für den Landkreis Harburg in Buchholz hatte ich so manchen Strauß auszufechten. Wussten wir doch schon im Voraus, dass der in Handeloh wohnende, ständig beim Forstverband beschäftigte Waldarbeiter Otto R. frühzeitig für die zweite Hälfte September Urlaub beantragte und sich dann mit 100%iger Sicherheit für die ersten zwei Wochen im September krank meldete und auch den entsprechenden „gelben Zettel" vom Arzt hereinreichte. Wer ihn dann in dieser Zeit antraf, konnte von Kranksein nichts bemerken, werkelte er doch auf seinem Grundstück unentwegt herum. Die an die Landkrankenkasse herangetragene Bitte, Herrn R. vom Vertrauensarzt untersuchen zu lassen, wies die LKK mit dem Hinweis ab: „Wollen Sie schlauer sein als der Arzt?" Ich konnte dies zwar bejahen, da ich ja schon ein halbes Jahr vorher wusste, wann Herr R. krank sei, aber es nützte nichts, und so wiederholte sich dieses Spiel in jedem Jahr von Neuem!

Im Jahre 1968/69 waren die ersten jugoslawischen Waldarbeiter des Forstunternehmers DIEDRICHS aus Osterode/Harz im Bereich des Forstverbandes Jesteburg tätig. Die ersten kamen aus Montenegro aus den Bergen, hatten Gummigaloschen und dünnes Zeug an und froren wie die Schneider im Winter 1969. Wir hatten sie auf der Hühnerfarm von Albers in Lüllau untergebracht, der einige Stallgebäude ausgebaut hatte. Weil es kalt war und Schnee lag, wurde das aus dem Walde mitgebrachte Holz in der Küche gespalten und dann ordentlich eingeheizt. Hierdurch bedingt lief zuletzt das Wasser von den Wänden, da der Putz noch nicht richtig getrocknet war; der Geruch in der Wohnung war entsprechend. Die meisten der jugoslawischen Waldarbeiter waren muslimischen Glaubens und aßen kein Schwein. Entweder ernährten sie sich von Eiern aus der Hühnerfarm oder kauften sich Hühner, die abgelegt hatten, was letztendlich zu teuer wurde. Frau Albers hatte sich bereit erklärt, den Waldarbeitern morgens ein Frühstück zu reichen. Sie hatte natürlich nicht damit gerechnet, dass sie keine Schweinewurst anbieten durfte. So kam nur der Verzehr der hausgemachten Marmelade infrage. Kam ich zu ihnen in den Wald, dann hörte ich des Öfteren von Mustafa: „Chef, in Lüllau haben wir die reinste 'Marmuladenfabrik'!" Wir machten dann gemeinsam ausfindig, dass in Buchholz und Jesteburg einige Geschäfte des Öfteren Dosenrindfleisch aus NATO-Vorräten anboten. Die Lagerzeit war überschritten, die Dosen mussten aus den Regalen der Lagerhäuser z.B. in Frankreich entfernt werden und wurden günstig abgegeben. Die Qualität war noch sehr gut, und unsere jugoslawischen Mitarbeiter deckten sich tüchtig damit ein, zumal es weitaus günstiger als heimisches Rind- bzw. Schaffleisch war. Was war es jetzt für ein Geschmause in der Mittagspause, wenn alle um das Lagerfeuer saßen, die halbgeöffnete Dose am Stock über das Feuer hielten und sich ordentlich stärkten – das Leben war wieder lebenswert, und keiner dachte mehr an die „Marmuladenfabrik" in Lüllau.

Später haben wir dann selbst über das Arbeitsamt Buchholz jugoslawische Mitarbeiter angeworben. Mit Fehim Calaković und Nuro Pepić hatten wir hervorragende Waldarbeiter, die nur einige Jahre hier tätig sein wollten, um dann wieder in die Heimat zurückzukehren. Die politischen und wirtschaftlichen Entwicklungen im Heimatland führten jedoch dazu, dass viele von ihnen noch heute hier tätig sind bzw. als Rentner mit ihren Familien hier leben. Einige gingen aber doch zurück oder wechselten zum Forstverband Egestorf-Hanstedt, wo Söhne und Enkel noch heute tätig sind und Harvester, Rückemaschine oder Rückeschlepper fahren.

Im Jahre 1970 waren vorübergehend Sahit Murić, Abit Murić, 1971-1972 Hilmo Musina, Fehim Musina, Halil Musina, Smail Musina, Ibrahim Musina und Adem Djerlek beim Forstverband Jesteburg beschäftigt. Zu uns stießen dann 1971-1972 die Brüder Mehdija Kosuta, Feric Kosuta, Avdullah Kosuta, Bayram Kosuta sowie Idriz Ramicević aus Kroatien, die auf dem Pferdekopf bei Familie Rendel in den dortigen Ferienwohnungen lebten. Mehdija Kosuta war ein ruhiger und kluger Mann, der seine Mitstreiter immer im Griff hatte und später zur Frhr. Kniggeschen Forstverwaltung in den Deister ging. Für das Gutsrevier Holm konnten wir dann durch Verbindung mit der Familie Rendel zwei Waldarbeiter aus Slowenien anwerben, und zwar Ivo Makvić und Esad Mehmedagić. Ivo Makvić ließ seine Frau und den Sohn nachkommen, der die Grundschule in Holm-Seppensen besuchte. Alle drei gingen später zurück nach Slowenien, da der Junge eine Hochschule besuchen sollte. Die Frau von Esad Mehmedagić half im Landgasthof ZUR ERHOLUNG bei Familie G. Lohmann in Holm in der Küche. Heute soll das Ehepaar Mehmedagić im Schwarzwald leben und noch Kontakt zur Familie Lohmann haben. Die Rendels waren deutschstämmige Bürger aus Slowenien, mussten nach 1945 ihre Heimat gezwungenermaßen verlassen und führten die ehemalige Gastwirtschaft „Zum Blauen Peter" auf dem Pferdekopf am Büsenbachtal, deren Schankraum aus der Messe eines ehemaligen Schiffes stammte. Von großem Vorteil war, dass sie die serbokroatische Sprache fließend beherrschten und so übersetzen konnten, wenn es nötig wurde. Ich hatte natürlich den Ehrgeiz, diese Sprache zu erlernen, und so lernten die Waldarbeiter von mir und ich von ihnen, einer vom anderen – der eine deutsch, der andere serbokroatisch. Dobro jutro sumar, kako ste – Guten Morgen Förster, wie geht's Dir? Dobro – gut, a kako ste vi – wie geht es selbst? Dobro – gut.

Einer der ersten Forstwirtschaftsmeister, die an der Waldarbeitsschule in Münchehof ihre Prüfung ablegten, war Wolfgang Kupfer, der am 22. November 1977 bei uns eingestellt wurde. Herr Kupfer erregte immer großes Aufsehen, wenn er im Winterhalbjahr sein tägliches Bad im Seppenser Mühlenteich nahm, teilweise schlug er sich dafür ein Loch in das Eis des Sees. Er schied im Oktober 1978 beim Forstverband Jesteburg aus, da er sich beruflich verändern wollte und auf eine der nordfriesischen Inseln ging. Von März 1978 bis Februar 1980 waren Hans-Heinrich Possel und sein Vater Alfred Possel beim Forstverband Jesteburg als Waldarbeiter beschäftigt. Beide zeichneten sich durch handwerkliches Können aus und haben in der Maschinenhalle die Werkbänke und anderes errichtet.

C.F. Tenge-Rietberg aus Bielefeld hatte in Betzendorf bei Amelinghausen gleichzeitig mit Cordshagen noch einen weiteren land- und forstwirtschaftlichen Betrieb gekauft. Die Familie Träbert war dort in der Land- und Forstwirtschaft beschäftigt, hatte aber nicht das ganze Jahr über zu tun. So stellte der Forstverband Jesteburg für die Arbeiten im Revier Cordshagen im Oktober 1980 Michael Träbert und seinen Bruder Hartmut aus Betzendorf als Waldarbeiter ein. Im Juli 1981 kam dann noch Hans-Georg Henning aus Betzendorf dazu. Die Brüder schieden im Februar 1983, Hans-Georg Henning im Dezember 1983 aus. Ernest Harrison und Detlef Husmann aus Betzendorf verstärkten in der

Hans-Heinrich und Alfred Possel mit Forstpraktikant Uwe Dickel

FWM Harald Bode mit Auszubildenden

Forstwirt Gerd Hoheisel mit Auszubildenden

Zeit von Oktober bis November 1980 und vom April bis September 1981 das Team aus Betzendorf. Reinhard Teschner aus Eckel war von August 1980 bis April 1981 als Waldarbeiter beim Forstverband Jesteburg und Franz Wedemeyer aus Jesteburg von Februar bis Juli 1981 beschäftigt.

Alexander Liebe aus Buchholz war in der Zeit von April bis November 1983 als Forstwirt hier tätig.

Harald Bode aus Holm-Seppensen war als Berufssoldat bei der Bundeswehr beschäftigt und absolvierte bei der FBG FV Jesteburg ab Mai 1981 im Rahmen der Berufsförderung

Forstwirt Michael Kaestner und FI-Anwärter Albrecht Meyer

durch die Bundeswehr erfolgreich seine Ausbildung zum Forstwirt. Nach einigen Jahren Tätigkeit als Forstwirt legte er die Forstwirtschaftsmeisterprüfung ab.

Seine Hauptaufgabe bestand dann in der Betreuung der Auszubildenden für den Beruf „Forstwirt“, von denen zeitweise bis zu 5 männliche Jugendliche ihre Ausbildung hier erhielten. Die Ausbildung von weiblichen Bewerbern musste unterbleiben, da u.a. keine entsprechenden doppelten sanitären Einrichtungen vorhanden waren. Gleichzeitig war Harald Bode mit zuständig für die Durchführung der Zwischenprüfung, die im Bereich der FBG FV Jesteburg jährlich stattfand.

Im September 1988 schied Herr Bode aus den Diensten der FBG aus. Nachfolger wurde Forstwirtschaftsmeister Thomas Meyer aus Seppensen. Er war ebenfalls Berufssoldat gewesen, durchlief seine Ausbildung zum Forstwirt im Revier von Dr. Sulzer in Sauensiek und war als Forstwirtschaftsmeister von Juli 1989 bis Mai 1996 hier tätig. Der Berufsjäger Olaf Brunke aus Garlstorf übte von Januar bis April 1992 die Tätigkeit als Forstwirt bei der FBG Forstverband Jesteburg aus.

Sebastian Pfitzner aus Hamburg wurde im Februar 1993 als Forstwirt eingestellt und stellte im September 1993 die Tätigkeit bei der FBG ein, weil ihm die Arbeit zu schwer war. Ähnlich verhielt es sich mit Silvio Schär aus Langenrehm, der hier von November 1994 bis Oktober 1995 beschäftigt war. Peter Hunger aus Stade übte von Dezember 1993 bis September 1994 die Tätigkeit als Forstwirt bei der FBG aus. Als letzte ständig beschäftigte Forstwirte waren bei der FBG FV Jesteburg der Berufsjäger Stefan Lissner aus Wesel und Forstwirt Heiko Salzwedel aus Gehren, Krs. Uecker-Randow, angestellt.

Herr Lissner wurde im Januar 1995 eingestellt, schied im Januar 2001 aus und fand als Forstunternehmer eine Beschäftigung. Heiko Salzwedel begann im August 1997 seine Tätigkeit bei der FBG und schied im Dezember 2000 aus, um im heimatlichen Gehren ein eigenes Forstunternehmen zu gründen, mit dem er noch heute erfolgreich tätig ist. Bis heute hält er die Verbindung zur FBG FV Jesteburg aufrecht.

Als eine der Folgen ständig voranschreitender sog. „Rationalisierung“ durch Technisierung und Mechanisierung der Arbeiten im Walde ist die Tatsache anzusehen, dass die Waldarbeiter mit manueller, händischer Arbeit nicht mit den Leistungen der Großma-

Stefan Lissner mit Auszubildenden bei Hochsitzbau – Birkenkanzel im Revier D. Maiweg in Cordshagen-West

schinen konkurrieren konnten. War schon das Aufsetzen von 1 m langem Industrieholz eine sehr schwere körperliche Belastung, so bedeutete das Zusammenziehen der jetzt 3 m lang auszuhaltenden Holzstücke zu Raubeugen eine kaum zumutbare Knochenarbeit. Ähnlich verhielt es sich mit dem Schälen des Nadelstammholzes. Zwar war das gute und saubere Entasten der Stämme Voraussetzung für leichteres Schälen, doch gegen Großschälmaschinen im Walde konnte der beste Waldarbeiter nicht ankommen. Selbst beim Einschlag von Starkholz entwickelte die Industrie entsprechend starke Vollernter (Harvester). Laub- und Nadelwertholz fiel – wenn überhaupt im Betrieb vorhanden – nur sporadisch an, wo der Einsatz dieser Maschinen unangebracht war. Die guten Forstwirte entschieden sich meistens für die Anmeldung eines eigenen Forstgewerbes, um so breiter gefächert ein ausreichendes Einkommen zu erwirtschaften. Einige haben sich zu Spezialisten für Problemfällungen in Waldwohngebieten ausbilden lassen bzw. sind auch im GaLaBau tätig. Heute sind direkt bei der FBG FV Jesteburg keine Waldarbeiter mehr angestellt, und eine forstliche Ausbildung findet ebenfalls nicht mehr statt.

Die anfallenden Holzeinschlagsarbeiten werden seitdem zum überwiegenden Teil von Forstunternehmern mit Harvester und Rückemaschinen ausgeführt. Begonnen haben wir mit den schwedischen Brüdern Lars und Gunnar ANDERSSON aus Lidhult am Bolmen. Sie fuhren eine Halbraupen-Rückemaschine mit Metallbändern und schimpften über unseren Sand, der mehr Ketten abschmirgeln würde als das felsige Gelände in Schweden. Beide waren hochintelligente Männer, Gunnar studierte später in Lund, wo meine Familie und ich die Brüder besuchten. Im Auftrage der schwedischen Käuferfirmen MP-Bolagen und Nordia Holzexport halfen verschiedene schwedische Unternehmer bei der Windwurfaufarbeitung. Einige von ihnen wurden später von den schwedischen und deutschen Finanzämtern gesucht, da sie ihre Steuern nicht entrichtet hatten.

Forstunternehmer Johann HASSLER sen. aus Hambostel bei Soltau war mit seinen drei Söhnen 1973 aus Kärnten gekommen, um im Raume Soltau-Fallingbostel das Windwurfholz mit aufzuarbeiten. Nach einigen Jahren ging der Senior zurück nach Kärnten. Sein Sohn Hans Hassler konnte das Anwesen in Hambostel erwerben, gründete ein eigenes Forstunternehmen und beschäftigte 2-3 seiner Brüder. Von der händischen Holzaufarbeitung ging man bald über zum Einsatz eines Harvester und einer Rückemaschine. Johann Hassler, der in der ersten Zeit fast ausschließlich bei uns beschäftigt war, war für seine überaus korrekt aufgesetzten Schichtholzpolter bekannt. Sie waren so gerade, dass man „daran vorbeischießen" konnte. Leider bezahlten die Käufer hierfür nicht mehr! Um nicht so weite Anfahrtstrecken zu haben, wurde der Arbeitseinsatz mehr auf die Waldgebiete um Hambostel herum beschränkt, obwohl Fa.Hassler nach Auflösung von staatlichen Forstämtern heute wieder im Bereich der Lohberge und des Stuvenwaldes tätig ist.

Mit eines der ersten Forstunternehmen, die hier tätig waren, sind die Gebrüder Franz, Karl und Peter KONRAD aus Asendorf bzw. Buchholz i.d.N. Ursprünglich aus der Steiermark/Österreich stammend, haben sie hier in der Nordheide mit ihren Familien eine bleibende Heimstätte gefunden. Mit Peter und Karl Konrad hatten wir die ersten engagierten Forstunternehmer, die nach langem Suchen mit unserer Hilfe in Schweden die ersten für hiesige Verhältnisse brauchbaren Kleinharvester der Marke FMG Lillebror erwarben. Lediglich Peter Konrad hat mit seiner Frau Christine, die lange Jahre im Forstverbandsbüro beschäftigt war, den Heimweg angetreten, um in der Steiermark und anderswo mit eigener Holzeinschlagsfirma tätig zu sein. Sein großes Interesse und Verständnis für Forstmaschinen und seine überzeugende Innovation haben ihm sehr schnell das Vertrauen der Forstmaschinenhersteller in Schweden und Finnland eingebracht, mit denen er noch heute engen Kontakt pflegt.

Johann Hassler, Hambostel, an der Rückemaschine

Vorgesehen waren diese Maschinen für die Erst- bis Drittdurchforstungen unserer Nadelholzjungbestände, verfügten über einen Arbeitsarm von bis zu 7 m und sollten Ersatz sein für den Waldarbeiter bei der kräftezehrenden Aufarbeitung des 3 m langen Industrieholzes bzw. der 2,5-5 m langen Nutzholzabschnitte. Hierbei war ein Gassenab-

Forstunternehmen Franz und Karl Konrad am Lohof bei Jesteburg

stand von 15 m erforderlich, und die Gassenbreite blieb im Rahmen. Die Entwicklung ging jedoch einen anderen Weg, und heute wird selbst stärkstes Stammholz mit entsprechend motorstarken, großrahmigen und schweren Harvestern aufgearbeitet. Inwieweit hierbei bestands- und bodenschonend im naturnahen Wald gearbeitet werden kann, sei einmal dahingestellt. Zwischenzeitlich hat sich das Forstunternehmen Franz und Karl Konrad umgestellt auf Problemfällungen und Baumpflegearbeiten für private und öffentliche Auftraggeber. Hinzu kommt die Herstellung von Kaminholz in den Werkhallen auf dem Lohof bei Jesteburg unter Ausnutzung der Abwärme aus der Hackschnitzelheizanlage zu Trocknungszwecken. Mit diesem Blockheizkraftwerk werden alle Anlagen des Lohofs mit Wärme versorgt. Am eigentlichen Lohofbetrieb sind heute Karl und Franz zu je einem Drittel und Heiner Kröger ebenfalls zu einem Drittel beteiligt. Karl Konrad hat sich dort im Jahre 2011/12 ein hübsches Fachwerkhaus erbaut. Die im Jahre 2012 umgesetzte Idee eines RuheForstes Jesteburg als Begräbniswald im alten Laubholzwald in der Nähe der Seeve zeigt wieder einmal die Innovationsfähigkeit von Franz und Karl Konrad.

Mit Fa. Hermann STUBBE aus Fallingbostel – Hermanns Bruder ist Rechtsanwalt in Hamburg-Hausbruch und bewirtschaftete die dortigen hofeigenen Waldflächen, bis er sie vor einigen Jahren an die Landesforstverwaltung Hamburg verkaufte – hatten wir einen soliden Partner. Dankend müssen wir noch heute den Einsatz von Hermann Stubbe beim Rücken von ca. 1.000 fm Langholz in der Fischbeker Heide erwähnen, wo uns leider die FBG Egestorf-Hanstedt in Stich ließ. Nachdem sie ca. 500 fm Stammholz von insgesamt 1.500 fm gerückt hatte, wurde die Maschine abgezogen, um anderörtig tätig zu werden. Das es sich bei der Fischbeker Heide um ein Naturschutzgebiet handelt, musste das Holz spätestens im Mai eines jeden Jahres gerückt sein. Hier hat uns Fa. Hermann Stubbe aus der Patsche geholfen, wofür wir ihr noch heute zu Dank verpflichtet sind. Die Einweisung der Forstunternehmer und Waldarbeiter erfolgte in folgender Weise: Nachdem mit dem Waldbesitzer die durchzuführenden Arbeiten in seinem Walde besprochen waren, erfolgte die Einweisung mit Revierkartenausschnitt und schriftlich festgelegter Sortimentsaushaltung durch mich als zuständigen Bezirksförster sowie ab 2006 durch meinen Nachfolger Bezirksförster Torben Homm in altbewährter Weise. Die Abrechnung der Holzwerbungs- und Rückekosten geschah und geschieht noch heute in der Geschäftsstelle der FBG FV Jesteburg, sodass der Unternehmer zeitnah sein Geld bekommt.

Konrad Zenke, später Konrad Merta aus Holtorfsbostel war Forstingenieur in der ehemaligen DDR und von dort in die BRD geflüchtet. Als Forstwart beschäftigte ihn die Forstverwaltung Bötersheim, Besitzer war Dominik von Rogister, heute sein Sohn Thilo. Um sich zusätzlich Geld zu verdienen und mit Einverständnis seines Dienstherrn, war Konrad Zenke zeitweise Ende der 1960er-, Anfang der 1970er-Jahre als Unternehmer beim Forstverband Jesteburg beschäftigt. In erster Linie war er beim Einschlag von Rammpfählen in der Länge von 5 m bis 18 m tätig, deren Lieferung an die Fa. Hinrich Rave, Hamburg, später an Heinrich Tepker, Hademarschen, ging und oftmals kurzfristig erfolgen musste. Des Öfteren war Konrad Zenke bereits morgens um 4 Uhr im Walde und hatte bis 9 Uhr die gewünschte Anzahl an Rammpfählen fertig, sodass sie vormittags gerückt werden konnten, nachdem ich sie aufgemessen hatte. Die Kronen arbeitete er dann zu anderer Zeit auf. Später baute er sich das Forstunternehmen Merta / Zenke KG in Holtorfsbostel auf, das heute vom Sohn geführt wird und selbstverständlich mit Vollernter und Rückemaschine ausgerüstet ist. Sein Betätigungsfeld ist in erster Linie die FBG FV Hollenstedt, er hat in letzter Zeit seinen Wirkungsbereich auch in die Kreise Stade/Land Hadeln, Wesermünde und Osterholz ausgedehnt.

Lobo-Gerät (Lochbohrmaschine) in Arbeit

Die Fa. TOMO GALIC aus Schneverdingen hatte sich spezialisiert auf den Einsatz des Lobo-Gerätes, mit dem Pflanzlöcher unter Zugabe von 300 g Kalk vorbereitet wurden. Dieses zwar etwas teure Pflanzverfahren hat sich sehr bewährt, da kaum Ausfälle zu verzeichnen sind. Sein Aufgabenbereich wurde später und wird noch heute von dem Lobo-Gerät der FBG Egestorf-Hanstedt übernommen.

In der Mitte Leif Olsson und Mitarbeiter beim jährlichen Weihnachtsbaumschlagen

Das Forstunternehmen Matthias KIEFER aus Wriedel ist seit Mitte der 1990er-Jahre bei Waldbesitzern der FBG FV Jesteburg mit Holzeinschlags-, Pflanz-, Zaunbau-, Ästungsarbeiten u.a. tätig und zeichnet sich durch eine hohe Qualität in der Durchführung seiner Arbeiten aus. Mit der Fa. Leif Ollsson zusammen hat Matthias Kiefer eine Rückemaschine gekauft, um rechtzeitig das aufgearbeitete Holz aus den Beständen zu bekommen. In den letzten Jahren hat er an den Ausschreibungen der Nds. Landesforstverwaltung für die Bucheckernsaatgutgewinnung teilgenommen und meistens auch den Zuschlag bekommen, da man sich auch hier von seiner Zuverlässigkeit überzeugt hatte.

Das Forstunternehmen Leif OLLSSON aus Lintzel kam aus Südschweden und hat sich zu einem schlagkräftigen und verlässlichen Partner entwickelt. Es verfügt über gute Maschinen, sehr gute Mitarbeiter und führt einen Großteil der Holzeinschlagsarbeiten in der FBG FV Jesteburg durch. Spezialität von Leif Ollsson ist der Einschlag in bzw. über Unterbau, wo er wie kaum ein anderer schadlos die Arbeit verrichtet. Unterstützt wird er durch das Rückeunternehmen von Heribert Otto aus Krebeck, der mit seinem Wohnwagen und der Rückemaschine dem Harvester von Leif Ollsson auf der Ferse bleibt.

Bei den vielfältigen Rückearbeiten hat uns in Stoßzeiten auch der Forstbetrieb Frank TONNDORF aus Loxstedt tatkräftig unterstützt. Überaus zuverlässlich und einsatzbereit zu jeder Zeit und Stunde hat sich das Forstunternehmen Dieter HOLST aus Freetz erwiesen. Unterstützt wird Dieter Holst von Tochter Jasmin, die heute noch gekonnt die Kurzholzrückemaschine fährt, fachmännisch (-fraulich) die Polter anlegt und den Arbeitsplatz sauber hinterlässt. So manch einer unserer Waldbesitzer bekam große Augen, wenn er in seinem Wald nach dem Rechten sah und statt einen Mann eine junge, hübsche Frau erblickte, die aus der Rückemaschine ausstieg! Mit seinem Rückeschlepper

FA Torben Homm mit Forstunternehmern

Vorsitzender Detlef Cohrs mit FWM Olav Mindermann vom Gut Holm im angeregten Gespräch

hat Dieter Holst bereits sehr viel Stammholz hier bei uns an abfuhrfähige Wege gerückt und gepoltert. Selbst fast ausweglose Situationen weiß er in seiner ruhigen Art zu meistern und ist meines Erachtens in jeder Hinsicht ein Vorbild für andere.

Günter Schneider aus Hamburg-Harburg war als ständiger Waldarbeiter in der hamburgischen Revierförsterei Eißendorf angestellt. Mit seinem Kollegen Franz Erler führte er in genehmigter Nebentätigkeit für den Forstverband Jesteburg in den nördlichen Privatwäldern forstliche Arbeiten aus. Später gründete er mit Sohn David und Tochter Sina, die eine Forstwirt-Ausbildung absolviert hatte, ein eigenes Forstunternehmen. Sohn David erkrankte dann und konnte nur noch sporadisch im Walde tätig sein, obwohl er gerne im Walde arbeitete. Tochter Sina, heute verheiratete Kleist, führt dieses Unternehmen von Alvesen aus mit Unterstützung vom Vater weiter und ist für die Waldbesitzer unserer FBG tätig. Ihre umsichtige Arbeitsweise, besonders in der Kulturpflege und bei der Ästung, führte dazu, dass Kollege Hollmichel von der hamburgischen Revierförsterei Hausbruch sie ebenfalls gerne beschäftigt. Mit dem Forstunternehmen Johan RIECKMANN aus Stelle ist noch ein weiteres Kleinunternehmen bei uns tätig und führt verstärkt die Pflanzarbeiten durch. Gleichzeitig hat sich Herr Rieckmann mit seinen zwei Mitarbeitern auf Arbeiten im Garten- und Landschaftsbau spezialisiert und ist uns bei der Notumsiedlung von Ameisennestern sehr behilflich.

Felix SANDER, Sohn des Holmer Fischmeisters Thomas Sander, hatte den Beruf des Forstwirtes erlernt und war eine Zeitlang bei der Gutsverwaltung in Holm beschäftigt. Sein Interesse für forstliche Kleinmaschinen führte dazu, dass ihn die Fa. Jürgen Groffmann, Forstgerätestelle in Lüllau, zur Unterstützung einstellte. Heute führt er ein eigenes Forstunternehmen mit einigen Mitarbeitern und hat sich insbesondere auf den Zaunbau im Walde eingearbeitet. Hinzu kommen Tätigkeiten im GaLaBau in den hiesigen Waldwohngebieten.

Unser Vorstandsmitglied Siegfried BEHR führt zusammen mit seinem Sohn ein Unternehmen, das sich mit Baumpflege, Baumchirurgie, Problemfällung, Stubbenfräsung und Großbaumpflanzung befasst und seinen Sitz im Gewerbegebiet Vaenser Heide in Buchholz hat. Die Winterlinde auf dem forstverbandseigenen Gelände wurde u.a. von Fa. Behr im Kronenbereich entlastet und ein Schwungseil eingebaut.

Die Baumpflege und Baumchirurgie liegt beiden besonders am Herzen, und man kann sagen, dass Siegfried Behr auf diesem Gebiet ein gefragter Spezialist ist, der oft und gerne als Gutachter nachgefragt wird. Die heute sehr stark in den Vordergrund gestellte Verkehrssicherungspflicht macht eine ständige Überwachung von Bäumen auf Pilzbefall und sonstiger Schädigung in der Nähe von öffentlichen Wegen und Plätzen für den Besitzer erforderlich, und Fachleute wie Siegfried Behr können hier mit Rat und Tat Hilfe leisten.

Die Fa. HEINRICH HAUSCHILD, Lohnunternehmen und Kulturbau GmbH aus Rosengarten, verfügt u.a. über PS-starke Schlepper mit Mulchgerät, mit denen arg verunkrautete bzw. mit viel Grobreisig versehene Flächen für eine Bepflanzung vorbereitet werden.

Baumdienst Siegfried Behr bei einer Problemfällung

Zusammengeschobene Stubbenwälle auf Windwurfflächen haben wir von der Firma mulchen lassen und damit Rückegassen erhalten. Zugewachsene Wege und Schneisen lassen sich mit diesen Geräten wieder auf entsprechende Breite bringen. Mit seinen eigenen Waldflächen ist Heinrich Hauschild Mitglied in der FBG FV Jesteburg, außerdem verfügt seine Frau über einen ideellen Anteil am Realverband Interessentenforst Otter.

Mit der Fa. OTTO und Jens THIEMANN GMBH, Erdbau und Landschaftspflege aus Hamburg-Fischbek, steht der FBG FV Jesteburg ein Unternehmen zur Verfügung, das sich besonders auf die Pflege von Heideflächen spezialisiert hat. War Fa. Thiemann bereits in der Vergangenheit vielfach in dem hamburgischen Teil der Fischbeker Heide erfolgreich tätig, so dehnen sich diese Arbeiten heute, nachdem die militärische Nutzung beendet wurde, auf ein Gebiet von ca. 300 ha aus. FA Homm hat in den letzten Jahren zahlreiche Einsätze von Fa. Thiemann auf dem hamburgischen und niedersächsischen Teil der Fischbeker Heide als Landschafts- bzw. Naturschutzgebiet geleitet. Braucht man Kartoffelsteine zur Ausbesserung von zerfahrenen Sandwegen, so ist die Fa. Thiemann immer eine gute Adresse.

Die FBG Egestorf-Hanstedt hatte sich schon sehr früh unter der Führung von FAR Rudolf Beyer zu einem Maschinenstützpunkt entwickelt, da in den 1950/60er-Jahren sehr große Heideflächen aufgeforstet wurden. Einige dieser Maschinen, wie z.B. das Lobo-Gerät, die Waldpflüge u.a., stehen den Waldbesitzern in der Forstwirtschaftlichen Verei-

Forstunternehmer am Feuer – Weihnachtsbaumschlagen bei Hermann Kröger in Handeloh

nigung noch heute zur Verfügung. Nach Bildung der Forstwirtschaftlichen Vereinigung Nordheide-Harburg in Verbindung mit der Nordheide Forst Service GmbH wurden gemeinsam Großmaschinen angeschafft. So erfolgt heute ein Teil des Holzeinschlages mit dem eigenen Harvester und der entsprechenden Rückemaschine. Ein Klemmbankschlepper für das Rücken des Langholzes steht ebenfalls zur Verfügung. Gefahren werden diese Maschinen von gut ausgebildeten Mitarbeitern, die bei der FwV angestellt sind. Eine laufende Schulung dieser Mitarbeiter, auch auf dem Gebiet der Ökologie, ist in der heutigen Zeit, in der der Waldbesucher sehr kritisch geworden ist, vonnöten.

Die Koordinierung des Einsatzes der sich im Eigentum der FBG Egestorf-Hanstedt als auch der Forstwirtschaftlichen Vereinigung Nordheide-Harburg befindlichen Forstmaschinen, lag zuerst in den Händen von Forsthauptsekretär Hermann EHRHORN aus Ollsen. Seit seinem Eintritt in den Ruhestand, wird diese Aufgabe einschließlich Wartung und Reparatur sowie Bedienung des Versorgungsfahrzeuges von Dirk SCHMIDT aus Schwindebeck wahrgenommen.

EINIGE ANEKDOTEN

Forstmeister KURT JAEGER war als Leiter des Forstamtes Stade der Landwirtschaftskammer Hannover oft dienstlich in unserem Forstverband tätig. Sein Rauhaardackel war stets mit dabei und trug bei nassem Wetter Schmutz und Feuchtigkeit mit ins Haus, wenn er bei Waldbesitzern oder Verbandsförstern weilte, die ihn z.B. zum Mittagessen eingeladen hatten. In späteren Jahren litt er an einem Bandscheibenvorfall und ruhte sich nach dem Essen gerne etwas aus. Bei einem Dienstbesuch im Revier Cordshagen bat er den Kollegen Ernst Thies um einen Ruheplatz. Bereitwillig stellte das Ehepaar Thies ihr Schlafzimmer zur Verfügung. Da nachmittags der Reviergang fortgesetzt werden sollte, schaute Ernst Thies nach Verlauf einer angemessenen Ruhezeit ins Schlafzimmer: Da lag FM Jaeger in einem Bett, und sein Dackel räkelte sich wohlig im anderen! Ob der Dackel Flöhe hatte, entzieht sich meiner Kenntnis.

Kollege HELLMUTH FLACH besaß zuerst nur den Führerschein für Kleinkrafträder und versah seinen Dienst mit einem Motorrad. Nach einem Waldbegang in dem Interessentenforst Bendestorf lud ihn der Vorsitzende Gustav Menk zu einem Stärkungstrunk ein, der sich wohl etwas ausdehnte. Revierförster Flach machte sich zu später Stunde auf den Heimweg, den Dorfpolizisten von Jesteburg kannte er persönlich gut, und der Straßenverkehr war zu Anfang der 1960er-Jahre auch noch gering. Alles ging gut, bis er nach Thelstorf kam. Da zog mit einem Male das Motorrad vom Sandweg nach rechts weg, er gab vor Schreck noch mehr Gas und brauste die hohe Böschung hinauf. Ein weiterer Lenkversuch führte zum Steckenbleiben auf dem Acker. Hellmuth Flach war Brillenträger, verlor bei diesem Manöver die Brille und suchte jetzt ohne recht sehen zu können nach ihr. Nachdem er sie dann endlich gefunden hatte, stellte er fest, dass ein Brillenglas fehlte. Für einen alten Einzelkämpfer kein Problem, die Brille wurde umgekehrt aufgesetzt, die beiden Bügel wurden unter die Dienstmütze geklemmt, und die restliche Wegstrecke bis zur Wohnung wurde problemlos bewältigt. Wir haben beide oftmals herzhaft über diesen „Ritt" gelacht, wenn wir an dieser Stelle in Thelstorf vorbeikamen.

Wie an anderer Stelle bereits erwähnt, waren unsere PFLANZFRAUEN aus Jesteburg und Hanstedt nicht abgeneigt, wenn es um die „Belebung des Pflanzgeistes" ging. Wurde anfangs der Waldbesitzer animiert bzw. die Forstbaumschule brachte Entsprechendes mit, nach dem Motto „Beim Pflanzen wärme dich – ein Gruß von Willi Emmerich" (Forstbaumschule aus Celle), so gab es in späteren Jahren schon ein Sektfrühstück im Wald. Fuhr ich abends die Damen mit dem VW-Bus wieder nach Hause, war manchmal ihr Gang etwas unsicher geworden, und die wartenden Ehemänner wurden stürmisch begrüßt. Das Ergebnis war dann ein säuerlicher Gesichtszug, besonders der jüngeren Semester, und ich machte mich möglichst schnell aus dem Staube. Meines Wissens hat aber keine Ehe darunter gelitten.

Eine Begebenheit möchte ich noch erwähnen, die mehr ernsthaften als lustigen Charakter hat. Der Forstunternehmer St. aus Bispingen arbeitete mit zwei Kollegen aus Welle im Holzeinschlag bei Wilhelm Matthies in Groß Todtshorn im Forstort „Groten Sanden".

Der ca. 18 ha große, 20-35-jährige Kiefernbestand war aus Naturverjüngung entstanden und von guter Qualität. Ich hatte den Bestand ausgezeichnet, und es wurde 1 m langes Industrieholz aufgearbeitet und aufgesetzt. Allgemein setzte man in solchen Beständen 1-2 rm Stapel auf. In ca. 60 cm Höhe wurde ein Holzstück so gestapelt, dass es etwa 10 cm nach vorne hervorragte. Beim wöchentlichen Aufmessen wurde die fortlaufende Nummer mit dem Nummerierhammer vorgeschlagen und oben ein Stück Holz quergelegt. Hierdurch konnte schon von weitem gesehen werden, dass dieser Stapel bereits aufgemessen war. Der Forstunternehmer St. und seine Mitarbeiter arbeiteten eigenartigerweise in dem gesamten Waldstück, und beim Aufmessen musste man zu den weit entfernten Stapeln laufen. Das in jeweils einer Woche aufgearbeitete Schichtholz wurde von mir vermessen, ins Nummerbuch eingetragen und die Abrechnung erstellt. Jeden Freitag trafen wir uns dann in dem Gasthaus ZUR BUCHE in Todtshorn, der Unternehmer erhielt seinen Scheck und wir alle Korn und Bier! Später wurde das Schichtholz von einem anderen Unternehmer bzw. der Fa. J. Eickert aus Undeloh aus dem Bestand gerückt und in großen Bänken am Lkw-fähigen Weg aufgesetzt. Bei der Abnahme und Vermessen dieser Holzbänke mit dem Käufer Joachim Eickert stellten wir fest, dass diese Menge nicht mit der von mir im Bestand aufgemessenen übereinstimmte, sie war viel geringer! Es hätte sogar mehr sein müssen, da bei jedem Stapel ein sogen. „Übermaß" von 4 % üblich ist. Leider war dieser Forstunternehmer dem Alkohol zugetan und fuhr am Tage so seine 3-4 Gastwirtschaften an, während seine Mitarbeiter arbeiteten. Durch Denunzion verlor er dann bald seinen Führerschein und war nicht mehr für unsere Waldbesitzer tätig. Später erhielt ich von einem seiner Mitarbeiter einen Anruf mit der Bemerkung, dass er mir sagen könnte, warum das Aufmaß nicht stimmte. Der Forstunternehmer hatte, nachdem freitags abgerechnet worden war, eine dünne Scheibe vom Holzstück mit der eingeschlagenen Nummer abgesägt und das obenauf liegende Holzstück wieder gerade eingelegt. So wurden manche Stapel mehrmals vermessen, und die Menge konnte natürlich nicht stimmen. Die Holzscheiben hatte er zuerst in eine am Bestandesrand verlaufende Stubbenreihe geworfen, wo meine Frau und ich auch welche fanden. Später hat er sie dann mitgenommen. Diese Aussage ließ ich mir dann schriftlich bestätigen, und wir zeigten den Forstunternehmer wegen Betruges und Urkundenfälschung an. Auch hier bewahrheitet sich einmal mehr der Ausspruch: „Vertrauen ist gut – Kontrolle ist besser!"

23. Unsere Geschäftspartner – Sägewerker – Holzhändler

Unsere Waldbauern bezogen alles Holz, was sie benötigten, aus dem eigenen Wald, wenn er über diese Sortimente verfügte. Andernfalls tauschten sie mit demjenigen, der sie hatte. In erster Linie benötigte die Hofstelle, eventuell mit den Häuslingen, eine nicht unbeträchtliche Menge an Brennholz, das wintertags in der arbeitsärmeren Zeit eingeschlagen und nach Hause gefahren wurde. War der Neubau des Dachstuhles, eines Überstandes, eines Stalles oder Schuppens vorgesehen, so ging der Hofbesitzer mit dem Zimmermeister in seinen Wald, und gemeinsam suchten sie die Bäume aus, die zum einen in das erforderliche Sortiment passten, zum anderen aus waldpflegerischen Gründen entnommen werden konnten. Hierbei nahm man sich die nötige Zeit! Der Wald diente also in erster Linie der Selbstversorgung, waren doch unendlich viele Dinge auf einem Bauernhof früher aus Holz hergestellt. Gefertigt wurden Erbsbusch, Besenreisig, Tomaten- bzw. Bohnenstangen, Zaunpfähle und -latten, Heureuterstangen, Stiele aller Art, Wagendeichsel, Gerüst- und Koppeltorstangen bis hin zum Bauholz, und wenn möglich wurden sie wiederverwandt. Holzverkauf im größeren Umfang fand nur statt, wenn Barmittel zur Abfindung oder Aussteuer benötigt wurden, Baumaßnahmen anstanden, Schulden zu tilgen waren oder anderweitige Verpflichtungen es erforderlich machten. Waren im Jahre 1966 noch ca. 20 örtliche Sägewerke im Forstverbandsbereich tätig, finden wir im Jahre 2013 nicht ein einziges mehr. An örtlichen und entfernter gelegenen Sägewerken und Holzhandlungen waren vorhanden:

Sägewerk Holz-Ruser in Bornhöved
Sägewerk Schlumbohm in Brackel
Sägewerk Meyer-Breloh in Breloh
Sägewerk Otto Heins in Buchholz
Sägewerk Fritz Meyer (Gerd Heitmann) in Eckel
Sägewerk Heinrich Harling in Eversen
Sägewerk Thömen (Holsten & Rogge)in Fintel
Sägewerk Peter Aldag in Fleestedt
Sägewerk Hermann Heuer in Hanstedt
Wassersägemühle in Holm
Sägewerk Georg Wiese in Holm-Seppensen
Sägewerk Hinrichs (Eichen-Fachwerkbau) in Hörpel
Sägewerk Wilhelm Bahlburg in Jesteburg
Sägewerk Heins in Kakenstorf
Sägewerk Gebrüder Voß in Klecken
Sägewerk Wilms in Klecken
Sägewerk Hinrich Rave in Marxen
Sägewerk Gebr. Bösch in Revenahe
Sägewerk Diedrich Oelkers in Sottorf

Sägewerk Hermann Abraham in Sprötze
Sägewerk Heinrich Buhr in Sülze
Sägewerk Behrens & Meyer in Tostedt
Sägewerk Alfred Mencke in Wintermoor a.d.Ch.
Klausner Nordic Timber, jetzt Ilim Nordic Timber, in Wismar
Sägewerk Johann Trochelmann in Wohnste
Vereinigte Aluminium Werke (VAW) –Stade (Birken-Erlen-Stammholz)
Stielfabrik Möhlmann in Tewel
Fa. Heggenstaller in Uelzen

Sägewerk/Holzhandlung Gbr. Cloos in Duisburg-Ruhrort
Sägewerk/Holzhandel Fa. Heinr. Tepker in Hanerau-Hademarschen
Holzhandlung Wilhelm Augustin jun. in Harsefeld
Holzhandlung Paul Bünz in Heiligenstetten
Holzhandlung Walo in Hodenhagen
Holzhandlung Herbert Gall in Klecken
Holzhandlung Johann Dreyer in Lauenbrück
Holzhandlung Johann Gehrken in Lauenbrück
Holzhandlung/Leiterbau Brendel in Moorburg
Holzhandlung Wolfgang Eggers in Neuenkirchen
Holzhandlung Günter Helmbach in Ratzeburg
Holzhandlung Hinrich Feldmeyer in Rotenburg i. Hann./heute Wümme
Holzhandlung Joachim Eickert in Undeloh
Holzhandlung Harpener Bergbau

Ihren Rohholzbedarf deckten sie aus Einkäufen im Staats- bzw. Klosterkammerwald und teilweise auch im bäuerlichen Privatwald. Sägewerke wie z.B. Georg WIESE in Holm-Seppensen, Otto HEINS in Buchholz, Peter ALDAG in Fleestedt u.a. beschäftigten Mitarbeiter, die früher als Waldarbeiter tätig waren. Wenn im Winter witterungsbedingt oder mangels Aufträge keine Zimmereiarbeiten ausgeführt werden konnten, wurde von diesen Mitarbeitern bei einigen Waldbauern das Stammholz eingeschlagen, aufgearbeitet und geschält, tlw. auch mit eigenen Pferden oder Traktoren gerückt. Abgerechnet wurde entweder direkt, oder man schaltete den Bezirks- oder Verbandsförster ein. Mit der Fa. Gebrüder CLOOS KG, Grubenholzbetriebe, Säge- und Hobelwerk aus Duisburg-Ruhrort, hatte der Forstverband Jesteburg seit 1953 sehr gute Geschäftsbeziehungen. Fa. Cloos, mit ihrem örtlichen Einkäufer Herrn Ide, war eine der großen Grubenlangholzkäufer für den norddeutschen Raum, neben der Fa. Harpener Bergbau und Fa. Walo, die mehr im westlichen bzw. östlichen Teil von Niedersachsen tätig waren. Für den sich im Wiederaufbau befindenden Kohle- und Erzbergbau wurden Unmengen an Kiefern- und Fichten-Stempel zum Abtäufen der Stollen benötigt. Aus einem Holzverkaufsvertrag von Walter Iding aus Itzenbüttel vom 16. November 1954 an Fa. Cloos über Kiefern-Grubenlangholz, geschält und gerückt, können wir die damals gezahlten Preise ersehen:

Für Stärkeklasse 1a (10-14 cm Mittendurchmesser) waren es 54,00 DM/Festmeter, für 1b (15-19 cm Mittendurchmesser = 62,00 DM/fm und für 2a (20-24 cm Mittendurchmesser) = 70,00 DM/fm. Für den Nettoerlös von 80-90 fm verkauften Ki-Grubenlangholz konnte man sich einen VW-Export-Pkw im Jahre 1956 kaufen! Bei Werbungs- und Rückekosten von ca. 8,00-10,00 DM/fm blieb für den Waldbesitzer ein überaus zufriedenstellender Erlös über! Fa. Cloos war dem Forstverband Jesteburg sehr zugetan und zeigte sich besonders beim Bau des Forsthauses in Holm-Seppensen großzügig, zu dem es einen verlorenen Zuschuss in Höhe von 5.000,00 DM beisteuerte und außerdem noch ein zinsloses Darlehen zur Überbrückungsfinanzierung gewährte.

Die 1966 noch vorhandenen ca. 20 Sägewerke im Forstverbandsbereich wurden im Allgemeinen mit dem Holz der jeweils umliegenden Waldbesitzer beliefert. Reichte dies nicht aus, so wurde im Staatswald zugekauft bzw. umgekehrt.

Die Zaunbaufirma Herbert GALL aus Klecken war der Haus- und Hofkäufer von Fichtenstangen aller Stärken aus dem Walde von Heinrich Peters in Eickstüve. Kam jemand zu ihm ins Büro, so langte er nach kurzer Zeit hinter seinen Schreibtisch, holte die Buddel hervor, und es musste erst ein Begrüßungsschluck genommen werden, bevor das Geschäftliche besprochen wurde. Die Holzhandlung Wolfgang EGGERS in Neuenkirchen – örtlicher Holzeinkäufer war Herr Benno Günnel aus Hösseringen – war ein solider und solventer Geschäftspartner. In erster Linie kaufte er 1 m langes Nadelschichtholz von unseren Waldbesitzern.

Ein gutes Geschäft war in den 1960-70er-Jahren der Absatz von Nadelholz-Rammpfählen. An erster Stelle stand hier die Fa. Hinrich RAVE aus Hamburg, später Marxen, mit dessen Geschäftsführer Klaus Never ein sehr gutes Handeln war. Hinrich Rave war nicht verheiratet und ein großer Gönner des Fußballclubs Hamburger SV, wo er kein Spiel als Zuschauer ausließ. Auf Fa. Rave wurde ich durch den Holzfuhrmann Willy Schütt aus Ovelgönne aufmerksam, und wir handelten per Telefon fast ein ganzes Jahr lang zusammen, erfolgreich für beide Seiten, bevor Klaus Never und ich uns bei einer Tasse Kaffee persönlich kennenlernten. Die Fa. Rave erwartete pünktliche Lieferung mit entsprechender Maßhaltung und Qualität. Dafür wurde jede Rechnung innerhalb einer Woche mit 2 % Skonto bezahlt. Auf meinen Hinweis, dass sich Rundholzverkauf und Skontoabzug gemäß forstlicher Auffassung nicht vertragen würden, entgegnete Klaus Never mit der Bemerkung: „Ihr Forstleute habt eben von kaufmännischen Dingen wenig oder keine Ahnung!“ In einem späteren Gespräch erklärte er mir, dass die 2 % Skonto ausreichen würden, um gegebenenfalls die Zinsen bei Inanspruchnahme eines Kredites zahlen zu können. Gleiches hörte ich von Herrn Schneider aus Buchholz, der einen Baustoffhandel in der Steinstraße führte und alle Rechnungen in bar bezahlte bei Einbehaltung von 2 % Skonto. Nach dem Tode von Hinrich Rave erhielt der bisherige Geschäftsführer Klaus Never die Holzhandlung, da Hinrich Rave kinderlos geblieben war. Klaus Never zog mit dem Geschäft von Hamburg nach Marxen, wo es bereits ein kleines Sägewerk und einen großen Rundholzlagerplatz für die Rammpfähle gab. Er baute das Geschäft weiter aus und erweiterte es auf den Bereich von Rohholzwaren aller Art. Nach seinem altersbedingten Ausscheiden übernahm seine Tochter diesen Bereich und führt es mit ihrem Mann bis heute. Später kam die Fa. Heinrich TEPKER aus Hademarschen-Hanerau hinzu, die ebenfalls Rammpfähle, aber auch Laub- und Nadelstammholz sowie Industrieholz kaufte. Firmeninhaber Johannes Tepker legte ein gleiches Geschäftsgebaren an den Tag, wie wir es von Fa. Rave gewöhnt waren. Er war ein überaus harter Verhandlungspartner, wenn es um den Preis ging, stand dann aber dazu, es konnte kommen, was da wollte.

Von den zahlreichen Holzkäufern, an die wir das Windwurfholz vom 13. November 1972 verkauften, sollen nur drei namentlich erwähnt werden: Zum ersten ist es die Fa. FICKLER aus Egg a.d. Günz, die große Mengen an Kiefernstammholz aus dem Windwurf 1972 per Waggon nach Italien exportierte. Hierdurch erhielt der Waldbesitzer zusätzlich 35,00 DM/fm als Exportbeihilfe, neben den 10,00 DM/fm als Aufarbeitungshilfe, da das Holz über die 600 km geforderte Entfernung hinweg verkauft worden war. Probleme hatte die Firma Fickler ständig mit den italienischen Zöllnern, die am Grenzübergang Cartier di Cairate ihre Waggons einfach auf ein totes Gleis fahren ließen und von ihr Standgeld forderten. Auf der anderen Seite der Grenze waren die Langholzfahrer sauer, weil kein Holz kam. Unsere Waldbesitzer haben ihr Holzgeld aber immer bekommen.

Ein weiterer, langjähriger Geschäftspartner war die Fa. NORDIA, Hamburg, mit ihrem Geschäftsführer Frank Rosenthal, der heute mit seiner Frau in Salzhausen im Ruhestand lebt. Mit seinem Freund Kurt Antskog aus Stockholm hatte er Holzwaren aus Schweden und Finnland nach Deutschland exportiert. Antskog war gebürtiger Finne und sprach ausgezeichnet deutsch. Schwedische Forstunternehmer, die nach Niedersachsen gekommen waren, um bei der Windwurfaufarbeitung zu helfen, machten uns auf Kurt Antskog als Käufer aufmerksam, und nachdem er sich das Holz hier angesehen hatte, wurde es per Bahn nach Schweden exportiert. Bezahlt wurde per Auslandsscheck, den wir auf ein Extrakonto bei der Sparkasse in Holm-Seppensen einlösten. Ein gewisses Problem entstand bei der Zahlung der MwSt., da man der Meinung war, dass auf Exportholz keine MwSt. zu zahlen sei. Rückfragen beim Finanzamt brachten uns nur ein Achselzucken. Um hier über eine saubere Abwicklung zu verfügen, baten wir Frank Rosenthal darum, doch in Deutschland eine entsprechende Filiale einzurichten, was dann auch geschah. Da im Raume Syke bei Bremen bereits eine Fa. Nordholz tätig war, in Schweden die Firmen Sydved und Västved sich mit dem Holzeinkauf beschäftigten, suchten wir lange nach einem entsprechenden Firmennamen und kamen letztendlich auf „Nordia“. Die Geschäftsstelle war in Hamburg angesiedelt und wurde von einem Büroleiter und zuletzt 3 Sekretärinnen geführt. Die Abnahme des an Lkw-fähiger Straße/Weg gepolterten, 3 m langen Nadelholzes erfolgte mit Wilhelm Linder, später noch mit Björn Nyman, beide aus Varberg (Südschweden) stammend. Der Transport aus dem Walde zu den Bahnstationen erfolgte durch die Firma Jan PALMBERG, die zuletzt mit 7 Lkw-Zügen tätig war. Jan Palmberg stammte aus Mora/Dalarna (Schweden) und wurde hervorragend durch seine Lebensgefährtin Margareta Jansson unterstützt, die überhaupt die „gute Seele“ des Unternehmens war. Jan Palmberg und Margareta Jansson wohnten bis zuletzt in einem hübschen Haus in Buchholz am Seppenser Mühlenweg. Wer sie besuchen wollte, der brauchte noch nicht einmal die Hausnummer wissen, sondern nur dem Geruch folgen. Speziell im August/September feierte Jan gerne, und dann kam eine typisch schwedische Delikatesse auf den Tisch – Surströmming! Ein Ostseehering, der roh und gesalzen in eine runde Blechdose eingelegt wurde und darin über mehrere Monate garte. Öffnete man eine solche Dose, so entströmte ihr ein bestialischer Gestank! Richtigerweise werden die Dosen in einem Eimer mit kaltem Wasser geöffnet, um den Geruch aushalten zu können. Nach Wässern des Fisches wurde er mit frischen Kartoffeln oder auf Knäckebrot mit Zwiebelringen serviert – einfach köstlich für den, der es mag. Die Einnahme von mehreren Aquavit o.ä. war dabei ein Muss! Jan Palmberg und Margareta Jansson hatten 1973/74 einen Teil des alten Buchholzer Güterbahnhofes gekauft und diesen entsprechend umgebaut. Es waren gewaltige Mengen an Windwurfholz, später aus normalem Holzeinschlag stammend, die dort per Eisenbahn nach Schweden verladen wurden. In der zweiten Hälfte der 1990er-Jahre beendete Fa. Nordia ihre Geschäftstätigkeit, und Jan Palmberg ging mit seiner Margareta zurück nach Schweden. Dort handelten sie weiter mit Holz und importierten aus Lettland Rohware für die schwedische Papierindustrie. Gleichzeitig betrieben sie ein Hotel an der lettischen Ostseeküste. Leider erlag Jan Palmberg dann in jungen Jahren einem Schlaganfall, da er in Lettland nicht schnell genug in ein Krankenhaus mit entsprechender Ausstattung gebracht werden konnte.

Wie bereits erwähnt, hatte sich 1973 in Syke bei Bremen die Fa. NORDHOLZ niedergelassen, um bei der Aufarbeitung des Windwurfholzes im nordwestlichen Niedersachsen, in erster Linie im Staatswald, zu helfen und gleichzeitig dieses Holz aufzukaufen und nach Schweden bzw. Finnland zu exportieren. Inhaber der Firma war Werner von Seydlitz, der in Vetlanda/Schweden die Fa. MP-Bolagen AB sein eigen nannte, die vorrangig hochwertige Edelmetalleinfassungen von Küchen fertigte. Später nahm Werner von Seydlitz Geschäftsverbindung zur Waldmärkerschaft Uelzen auf. Abgenommen und vermessen wurde das Holz im Walde von Richard Aström, der in Buchholz wohnte. Obwohl er ja bei der „Konkurrenz" beschäftigt war, unterhielt Richard freundschaftliche Verbindung zu Jan Palmberg und Margareta, und man traf sich des Öfteren. Bei so einem Treffen war ich anwesend und wurde von Richard Aström angesprochen, warum eigentlich von uns der Fa. Nordholz kein Holz angeboten würde. Meine Entgegnung, dass es doch heißt, dass Fa. Nordholz nur Holz aus dem Staatswald kaufen würde und die Waldmärkerschaft eine Ausnahme wäre, verneinte er energisch. So nahm ich Verbindung zu Werner von Seydlitz auf, es kam zu einem Treffen und wir wurden uns dahin einig, künftig Nadelindustrieholz an Fa. Nordholz zu liefern. Hieraus wurde eine langjährige Geschäftsverbindung zum Vorteil beider Seiten. Werner von Seydlitz gehört zu den ehrbaren Kaufleuten, für die das gegebene Wort gilt! Vereinbarte Preise wurden strikt bis zur Vertragserfüllung eingehalten, auch wenn der Preis sich zwischenzeitlich nach unten veränderte. Genauso erwartete er von uns die Erfüllung von vereinbarten Holzmengen, selbst wenn der Preis angestiegen war. Da die Wasserfracht immer noch die kostengünstigste ist, hatte Werner von Seydlitz sowohl in Bremen als auch in Hamburg entsprechende Verladestellen in den dortigen Häfen langfristig angemietet und entsprechend eingerichtet. Aus diesem Grunde hatte ich den nördlichen Teil des Forstverbandsgebietes für Fa. Nordholz, den südlichen für Fa. Nordia vorgesehen. Für Fa. Heinrich Tepker aus Hademarschen hatte ich die Gutsverwaltungen Holm und Cordshagen vorgesehen. Dadurch kam es nicht zu Verwechslungen bei der Holzabfuhr, wie in anderen Gebieten, wo an einem Abfuhrweg Holz von mehreren Käufern lagerte. In den Jahren 1979-84 ließ Werner von Seydlitz drei Carrier mit Namen „Werner", „Büffel" und „Bison" von einer schwedischen Werft bauen. Dies waren rechteckige Stahlbehälter, deren eine Seitenwand erheblich höher ausgerichtet war und die von Hochseeschleppern an Trossen gezogen wurden. Das Fassungsvermögen betrug ca. 10.000 Raummeter Holz. Mittels der höhergezogenen Seitenwand sollte die Windkraft auf See genutzt werden, und damit weniger Treibstoffverbrauch des Hochseeschleppers beim Ziehen. Noch heute betreibt MP-Bolagen Hafenanlagen in Rostock und Ueckermünde, von wo aus u.a. diese Carrier auf die Reise nach Schweden geschickt werden. Kollege Rudolf Beyer als Geschäftsführer des Forstverbandes Egestorf-Hanstedt hatte Schwierigkeiten mit seinen dänischen Abnehmern, von denen einer sogar in die Insolvenz gegangen war. Auch hier kam es durch unsere Vermittlung zur Aufnahme von geschäftlichen Verbindungen mit der Fa. MP-Bolagen, die später durch Geschäftsführer Norbert Leben erfolgreich fortgesetzt wurden.

Die Betriebsaufgabe der kleineren bis mittleren Sägewerke hielt in den 1970er-Jahren an, und das Entstehen großer bis sehr großer Sägewerk- und Holzbearbeitungsbetriebe setzte ein. Diese Marktlücke erkennend, fragte der aus der Schweiz stammende Andreas HÜNERFAUTH, der zeitweise auf dem Demeterhof in Wörme im Walde tätig war, was ich von einem MOBILEN SÄGEWERK halten würde. Mir war bekannt, dass im süddeutschen, vor allem aber im österreichischen, schweizerischen und besonders im skandinavischen Raum dieserart kleine Sägewerke sehr beliebt waren. Sie waren gedacht für den Einschnitt von kleinen Mengen an Rundholz, in erster Linie für den Eigenbedarf, direkt im Wald oder auf dem Hof. So brauchte das Holz nicht über weite Wege zum nächsten Sägewerk transportiert und die Schnittware wieder abgeholt werden. Des Weiteren konnten der Waldbesitzer und seine Mitarbeiter selbst mit Hand anlegen, Schnittholz, Sägespäne und Seitenware mussten nicht herangefahren werden. Als umweltbewusster Mann kaufte Herr Hünerfauth als Erstes eine Mobilsäge mit Gasantrieb der Fa. Canadian Saw Ind. Diese brachte aber nicht genügend Leistung, der Vergaser fror leicht ein, und damit war keine Schnitt- und Maßhaltigkeit gewährt – das zu lose Sägeband verlief und führte zu schiefer Schnittware. Die danach von ihm angeschafften amerikanischen Blockbandsägen mit Benzinmotor sind stärker, halten den Schnitt, sind maßig und verfügen über einen ausreichenden Arbeitsfortschritt. Weitere gute mobile Sägen besitzen Fa. Kramer aus Tostedt-Wüstenhöfen und Fa. Klaus Böhling aus Rotenburg/W., der eine Kreissäge betreibt.

Sägewerke wie Harling in Eversen, Meyer in Breloh, Buhr in Sülze, Bösch in Revenahe bzw. Holtmeyer in Narthauen waren gezwungen, ihre Betriebe auf die Technik der Profilzerspaner bzw. skandinavischen Schnellschnittsägen umzustellen. War bis dato un-

Blockbandsäge der Fa. Andreas Hünerfauth, Sprötze

ser waldbauliches Ziel die Erzeugung von wertvollem Starkholz mit entsprechend hohem Preisniveau, mussten wir jetzt feststellen, dass Holz mit einem Mittendurchmesser von 14-30 cm bevorzugt wurde. Hatte ein normales Vollgatter, wie es z.B. noch bei der Fa. R. Zahlmann in Wintermoor a.d.Ch. in Betrieb ist und von der Fa. Müller-Scheeßel hergestellt wurde, einen Vorschub von 5-10 m/Minute, je nach Holzart, Stärke und eingehängten Sägeblättern, verfügen kreissägebetriebene Einschnittstraßen heute einen solchen von 120-150 m/Minute. Dass hierbei ein enormer Unterschied bei den Einschnittkosten festzustellen ist, dürfte klar sein und bedeutet für viele kleine Unternehmen das Aus. Einer der Ersten war Claus RUSER, der 1972 auf dem freien Acker an der B 404 bei Bornhöved ein Sägewerk mit einer Blockbandkreissäge für schwaches bis mittelstarkes Fichten-Langholz aufbaute, das 1974 mit dem Einschnitt begann. 1982 wurde alles auf den neuesten technischen Stand gebracht und das Online-Verfahren mit elektronischer Vermessung als Profilzerspanerlinie eingeführt. Im Jahre 1990 kam dann die Abschnittslinie und 1993 die Starkholzlinie mit Bandsägeneinschnitt hinzu. Heute werden ca. 175.000 fm pro Jahr eingeschnitten.

Die FBG Forstverband Jesteburg mit ihrer Geschäftsstelle, in Zusammenarbeit mit der Forstwirtschaftlichen Vereinigung Nordheide-Harburg und der forstfachlichen Leitung von Bezirksförster FA Torben Homm, pflegt heute geschäftliche Beziehungen mit folgenden Holzkäufern:

Laub- und Nadelindustrieholz in Längen von 2-3 m Herstellung von OSB-, MDF-, HPL- und HWD-Span- bzw. Faserplatten für die Holzwerkstoffindustrie werden von der Fa. BOKELMANN Holz GmbH, Lüneburg, übernommen, des Weiteren Waldhackschnitzel. Die Fa. HERMANNSSON Holz GmbH aus Undeloh kauft ebenfalls die o.a. Sortimente, hinzukommen Nadelholz-Abschnitte in Längen von 4-6 m. Die DSHwood ist die Holzvermarktungsgesellschaft der dänischen Waldbesitzer und hat ihren deutschen Sitz in Lüneburg. Nadelholz-Abschnitte in den Standardlängen sowie Laubstammholz sind ihr Einkaufssortiment. Kiefern-Langholz und Ki-Abschnitte sind das Haupteinkaufssortiment von HMS HOLZINDUSTRIE HAGENOW GmbH in Hagenow. Von der Anfuhrentfernung her sind wir gerade noch im akzeptierten Bereich. Die ZELLSTOFF STENDAL ist ein Unternehmen der MERCER International Group und ist Hersteller von gebleichtem Langfaserzellstoff, dem Faserstoff, der in der Papierindustrie zu Fein- und Druckpapieren oder hochwertigen Hygienepapieren verarbeitet wird. Der Zellstoff wird zudem als Verstärkungsfaser bei der Wiederverarbeitung von Altpapier eingesetzt. Die Produktionskapazität beträgt rund 645.000 Tonnen NBSK Marktzellstoff jährlich. Aus unserem Bereich kauft die ZS Nadel-Industrieholz in Längen von 3 m. Die PFEIFER GROUP INTERNATIONAL hat unter anderem einen Geschäftssitz in Uelzen und ist Nachfolger der ehemaligen Fa. ANTON HEGGENSTALLER. Einkaufssortiment ist das 2,50 m lange Nadel-Palettenholz für die Herstellung von Paletten und Palettenklötze aus Sägespänen. Seit kurzem hat sich am Hafen in Uelzen die Fa. BIEN-HOLZ mit einem Sägewerk angesiedelt und ca. 24 Mill. Euro investiert, um damit auch 500 Arbeitsplätze zu schaffen.

Kurz nach dem Wegfall der innerdeutschen Grenze und Wiedervereinigung waren es die österreichischen Brüder Klausner, die in Wismar am Ostseehafen ein großes Sägewerk mit der Bezeichnung KLAUSNER NORDIC TIMBER GmbH Co. KG zur Herstellung von standardisierten Schnittholzprodukten errichteten. Gedacht war, dass in erster Linie aus den ehemaligen Sowjetstaaten das Nadelholz importiert werden sollte, da der Wassertransport der kostengünstigste ist. Vergessen wurde dabei, dass die Infrastruktur der dortigen Länder noch sehr zu wünschen übrig lässt und sowohl bei starkem Frost, bei hoher Schneelage als auch bei Tauwetter kein Holz angeliefert werden kann. Aus diesem Grunde konnten wir Kiefern-Abschnitte an Fa. Klausner liefern, Fichten-Abschnitte übernahm das Werk in Thüringen. Mit dem Werksmaß hatten wir dabei keinerlei Probleme, jedoch bei der Güteklassensortierung, die nicht akzeptiert werden konnte!

Mit Firma Heinrich HOLTMEYER aus Narthauen konnte ich in den 1970er-Jahren in Geschäftsverbindung treten und muss sagen, dass es ein angenehmes Miteinander war. Seit 1921, mit einer Sägemühle beginnend, befindet sich das Unternehmen in einer Hand. Es baute 1952 das erste richtige Sägewerk auf. Heinrich Holtmeyer, wie auch heute noch sein Sohn Gerhard bzw. Enkel Stefan, gehörte zum Typ des „ehrbaren Hamburger Kaufmanns" und stand zu seinem Wort. Zwischenzeitlich zu einem schlagkräftigen, modernen Sägewerk geworden, mit Hobel- und Trocknungsanlagen versehen, kauft die Fa. Holtmeyer fast alles Nadel-Stammholz aus unserem Bereich auf. Kollege Homm hatte während seiner Zeit in der FBG FV Zeven ebenfalls mit Fa. Holtmeyer Geschäftsverbindung aufgenommen und konnte diese von Jesteburg aus fortsetzen. Wenn auch das Holzgeld unverzüglich für den Waldbesitzer angewiesen wird, besteht bei den Waldbesitzern Unverständnis darüber, dass das gekaufte Holz über mehrere Jahre im Walde verbleibt, bevor es abgefahren wird. Den Sinn dieser Philosophie habe auch ich bis heute nicht begriffen, da die Qualität des Holzes bei so langem Verbleib im Walde leidet! Für Qualitätsminderung, Beschädigung oder Diebstahl haftet nach Übergabe des Holzes an den Käufer nicht mehr der Verkäufer, sondern das Risiko geht voll auf den Käufer über. Die rechtzeitige Behandlung gegen rinden- bzw. holzbrütende Käfer erfolgt seitens des Käufers.

Einen nicht zu unterschätzenden Anteil der Holzvermarktung im Bereich unserer FBG stellt der Energieholzmarkt dar: Während meiner Dienstzeit wurden rd. 500 rm Brennholz an Kleinabnehmer verkauft, zuzüglich einer jeweils gleichhohen Menge an Kaminholz, das von verschiedenen Waldbesitzern in Eigenregie abgesetzt wurde bzw. Selbstwerbung durch den Verbraucher. Im Jahre 2008 waren es 7.468 rm, im Jahre 2009 = 4.187 rm, im Jahre 2010 = 5.349 rm, im Jahre 2011 = 5.867 rm und bis Ende November 2012 = 6.512 rm, die per Waldstraße in Längen von 3 m verkauft wurden. Der Preis belief sich im Jahre 2012 bei Birke auf 30,00 €/rm, bei Eiche auf 35,00 €/rm und bei Buche auf 40,00 €/rm zuzüglich 7 % MwSt. und 2 % Skontogewährung bei Zahlung innerhalb von 14 Tagen. Bedingt durch die ständig steigenden Preise bei Gas und Öl ist eine Tendenz nach oben festzustellen. In wieweit diese Mengen nachhaltig zur Verfügung stehen, muss die Waldinventur zeigen. Wie bereits erwähnt, erfolgten das Aufmaß, die Holzlistenerstellung und weitere vorbereitende Angaben für die Rechnungserstellung seitens des Be-

Werkseitig geschälte, stärkeklassensortierte Nadelholzabschnitte, vollautomatisiertes Sägewerk im Elsass, Exkursion des FoA. Stade

zirksförsters bzw. der Büroangestellten der FBG FV Jesteburg. Diese werden dann per Datenbank an die Geschäftsstelle der Forstwirtschaftlichen Vereinigung Nordheide-Harburg in Undeloh geschickt, wo die Rechnungserstellung und der Zahlungsverkehr abgewickelt werden. Die Auszahlung der Holzwerbungskosten und sonstigen Lohngelder an die Forstunternehmer, wie auch des Holzkaufgeldes an den Waldbesitzer, erfolgt jedoch seitens der Geschäftsstelle der FBG FV Jesteburg.

Abfuhr von Kiefernlangholz per Lkw aus dem Walde von Marcus Meier in Holm-Seppensen

24. Waldbesitzer berichten

Walter Werner – Metzendorf

Seit April 1963 bewirtschafte ich unseren landwirtschaftlichen Betrieb in Metzendorf, leider hatten wir keinen Wald dabei, obwohl ich gerne im Walde gearbeitet habe. So hatte mir in den 1970er-Jahren Oberförster Gamradt vom Forstverband Jesteburg die Möglichkeit geschaffen, in dem Interessentenforst Beckedorf Buchen einzuschlagen. Vorausgegangen war selbstverständlich ein Gespräch zwischen dem Vorsteher des Interessentenforsts, Heino Kahnenbley aus Beckedorf, und Oberförster Gamradt über den beabsichtigten Holzeinschlag. Der Bestand wurde vom Förster ausgezeichnet, und ich begann mit dem Einschlag. Das Holz wollte ich zum Eigenverbrauch nehmen, aber auch einen Teil als Kaminholz für den Verkauf an Privatkunden verwenden. Nach entsprechender Aufklärung durch den Verbandsförster beschaffte ich mir die zu der Zeit vorgegebene persönliche Schutzkleidung. Meinen landwirtschaftlichen Schlepper hatte ich im Walde mit dabei, um eventuell aufgehangene Buchen runterzuziehen. Die Tatsache, dass ich allein im Walde eine nicht gerade ungefährliche Arbeit verrichtete, machte mir weniger Kopfzerbrechen. Eine Hilfsperson war entweder nicht dafür zu begeistern oder war zu teuer. Über Funkgeräte oder Handy verfügten zu dieser Zeit die wenigsten, einige Forstspezialschlepper waren bereits mit einer sogen. „Totmannschaltung ausgerüstet", um bei Gefahr die Arbeitsgeräte abzuschalten. Durch diese Tätigkeit im Walde angeregt, verbunden mit den vielfältigen Waldbegegnungen anlässlich von Treib- und Drückjagden, an denen ich teilnahm, wuchs der Wunsch, einen eigenen Wald zu besitzen und zu bewirtschaften. Diese Gelegenheit bot sich mir, als sich im Jahre 1982 Frau Martha Wohler aus Metzendorf von ihrem Wald trennen wollte. Nach einigen Verhandlungen war ich dann stolzer Waldbesitzer über 7,2 ha Laub- und Nadelwald in der Gemarkung Metzendorf, angrenzend an den Forstort „Sunder" der Revierförsterei Klecken des Staatlichen Forstamtes Rosengarten. Dass mein Wald auf einem guten Standort stockte, war daran ersichtlich, dass das umliegende Ackerland über eine Bodengüte von 40-70 Bodenpunkte verfügte und die jungen, mittelalten und älteren Bestände ein gutes bis sehr gutes Wachstum zeigten. In der beim Forstverband Jesteburg vorhandenen flächendeckenden Standortkartierung fand ich die Bestätigung hierfür: Es handelte sich zum einen um den Standorttyp 40. 4.9. 1, das sind sehr frische und nachhaltig frische, ziemlich gut nährstoffversorgte Standorte aus mächtigen Sandlössen mit

Sandunterlagerung. Standorttypengruppe: 14.11 = Reichere, frischere Sandlösse ohne Wasserüberschuss. Potentiell natürliche Waldgesellschaft: Flattergras-Buchenwald. Zum anderen handelte es sich um den Standorttyp 41. 4.9. 1, das sind frische und vorratsfrische, ziemlich gut nährstoffversorgte Standorte aus mächtigen Sandlössen mit Sandunterlagerung. Standorttypengruppe: 14. 11 = Reichere, frischere Sandlösse ohne Wasserüberschuss. Potentiell natürliche Waldgesellschaft: Flattergras-Buchenwald. All dieses wurde mir bei einem Waldbegang mit Oberförster Gamradt vom Forstverband Jesteburg bestätigt. Bei diesem ersten Waldbegang erfuhr ich vieles über das Wuchsverhalten der einzelnen Baumarten, ihre Standortansprüche und Pflege sowie Verwendung. Hingewiesen wurde ich auch darauf, dass es sehr schade sei, dass die wüchsigen Douglasien und jap. Lärchen noch nicht geästet seien. Bis zu einer Höhe von mindestens 6 m sollten die Äste stammglatt abgesägt werden, damit astfreies Wertholz in den kommenden Jahrzehnten zuwächst. Mein Vertrauen zum Verbandsförster Gamradt gipfelte darin, dass ich mit meinen Waldflächen im Mai 1983 Mitglied in der FBG Forstverband Jesteburg wurde und dies bis heute nicht bereut habe – aus dem anfänglichen Vertrauen entwickelte sich eine bis heute währende Freundschaft. Unmissverständlich wurde mir erklärt, dass mein Eigentum in keinster Weise durch die Mitgliedschaft im Forstverband beeinträchtigt wird. Das letzte Wort darüber, ob eine Maßnahme in meinem Walde durchgeführt wird oder nicht, entscheide ganz allein ich selbst. Da ich natürlich in meinem Wald die Arbeiten allein machen wollte, wurden lediglich die Bestände vom Verbandsförster ausgezeichnet, nachdem wir gemeinsam entschieden hatten, in welchen Beständen Pflegearbeiten erforderlich sein würden. Das von mir eingeschlagene und aufgearbeitete Stammholz habe ich mit dem Verbandsförster zusammen aufgemessen. Die Erstellung der entsprechenden Holzlisten erfolgte dann im Büro des Forstverbandes, genauso wie die Rechnungserstellung an den Holzkäufer und die spätere Auszahlung des Holzkaufgeldes. Verkäufer war selbstverständlich ich, da der Forstverband nur die Vermittlung des Kaufgeschäftes durchführte, wofür ein Vermittlungsentgelt zu zahlen war. Das anfallende Schichtholz sowie andere Sortimente wurden vom Forstverband vermessen und mit dem Holzkäufer abgenommen und mit einer Stapelnummer sowie Firmenzeichen versehen. Da die Bewirtschaftung im Forstverband Jesteburg kahlschlagfrei im Sinne des Dauerwaldgedankens erfolgte, gab es auch keine Flächen für die Pflanzung. Der Wald sollte sich selbst verjüngen, was natürlich nur mit den Holzarten möglich ist, die vorhanden sind und bereits Samen tragen. Leider blieb mein Wald nicht von Naturkatastrophen verschont: So kam es 1990 und 1992/93 zu nicht unerheblichem Windwurf und -bruch, mit späterem Borkenkäferbefall. Diese ungewollten Freiflächen boten uns die Möglichkeit, sie mit Holzarten aufzuforsten, die noch nicht in meinem Walde wuchsen, wie Buche, Ahorn, Kirsche und auch Küstentanne. An den Rändern pflanzten wir verschiedenartige Sträucher, deren Blüten den Insekten dienen sollten und diese dann der Vogelwelt, um so natürliche Feinde gegen eventuell auftretende Schadinsekten im Walde zu haben. Der ästhetische Anblick dieser blühenden und fruchtenden, im Herbst sich wunderschön verfärbenden Waldränder erfreute so manchen Waldbesucher. Die Rahmenbedingungen in der Landwirtschaft erforderten immer größere Einheiten, und ich pachtete Ackerflächen in der erreichbaren Umgebung an. Hierdurch unterblieb zu meinem Bedauern die geliebte Arbeit im eigenen Wald, bis auf die Bereitstellung von Kaminholz für meine alte Kundschaft im Winterhalbjahr, die jedoch auf dem Hof stattfand. Das erforderliche Holz kaufte ich als 3 m langes Schichtholz von der FBG FV Jesteburg und ließ es mir auf den Hof fahren. Oder ich zersägte es in handliche Stücke und fuhr es mit eigenen Fahrzeugen an. Hinzu kam, dass man älter wurde, so manches „Zipperlein“ sich einstellte und gerne öfter mal „Fofftein“ gemacht und zur Jagd gegangen wurde. Erfreulich ist, dass die Holzpreise in den letzten Jahren beträchtlich gestiegen sind, sodass der Wald für seinen Eigentümer eine recht gute Rendite bringt, die hoffentlich anhält.

Nachdem Bezirksförster Uwe Gamradt Ende 2005 nach über 40-jähriger forstlicher Betreuungsarbeit hier bei uns in den wohlverdienten „Unruhestand“ ging, übernahm Bezirksförster Torben Homm sein Dienstamt und setzt in erfreulicher Weise die Betreuungsarbeit wie bisher fort. Auch mit ihm findet eine vertrauensvolle Zusammenarbeit statt. Heute werden alle Arbeiten in meinem Wald von der FBG FV Jesteburg mit ihren Forstunternehmen durchgeführt. Der technische Fortschritt ist auch an der Forstwirtschaft nicht vorbeigegangen, und der Einsatz von Vollerntemaschinen und Rückezügen ist gängige Praxis. Die Bestände werden nach wie vor vom forstlichen Betreuungspersonal ausgezeichnet. Käufer meines Holzes ist die Forstwirtschaftliche Vereinigung Nordheide-Harburg, die ihre Geschäftsstelle in Undeloh hat, die das Holz über Sammelverträge an Großsägewerke, Holzwerkstoffindustrie und Zellstofffabriken weiterverkauft. Mein Holzgeld bekomme ich weiterhin von meiner Forstbetriebsgemeinschaft, die auch die Werbungskosten an die Forstunternehmer zahlt und sich unaufgefordert um meinen Wald kümmert. Im Rückblick kann ich sagen, dass der Erwerb von Waldflächen richtig war, auch wenn heute der Wald nicht mehr in dem Rahmen „die Sparkasse“ des Bauern ist, wie vielleicht vor 70-80 Jahren. Neben der Nutzfunktion für den Waldbesitzer sind die Schutz- und Erholungsfunktionen gleichbedeutend hoch angesiedelt. Mangeln tut es meiner Meinung nach an der Wertschätzung unserer von uns Waldbesitzern durch unser Tun und Handeln bzw. Unterlassen geschaffenen schönen Umwelt durch die städtische, leider aber auch ländliche Bevölkerung. Den Männern des Vorstandes sowie den betreuenden Förstern und dem Büropersonal spreche ich meinen Dank aus für ihre opferbereite Tätigkeit zum Wohle der Waldbesitzer und der Allgemeinheit bis heute und zukünftig. Meine Mitgliedschaft in der FBG FV Jesteburg habe ich nie bereut, gratuliere zum 60-jährigen Bestehen und wünsche diesem Forstwirtschaftlichen Zusammenschluss, dass er auch weiterhin im bisherigen Rahmen für den bäuerlichen Privatwald tätig ist.

Walter Werner

Hans-Joachim Becker – Dibbersen, 1. Vorsitzender

Als erster Vorsitzender der beiden Realverbände Forstinteressentenschaft I Dibbersen (Schliepenberg) und Forstinteressentenschaft II Dibbersen (Stuck) sowie landwirtschaftlicher Privatwaldbesitzer, bin ich mit der FBG Forstverband Jesteburg sehr stark verbunden. Ich gratuliere zum 60-jährigen Jubiläum und wünsche uns weiterhin eine erfolgreiche Zusammenarbeit! Realgemeinden sind auf die mittelalterlichen deutschen Flurverfassungen zurückzuführen. Diese schrieben vor, dass alle mit einer Hofstätte und Grundeigentum im Dorfe ansässigen Bauern ein gemeinsames Nutzungsrecht an der „gemeinen Mark" hatten. Rechtlich wurden die unterschiedlichen altrechtlichen Verbände aber erst durch das Realverbandsgesetz, das am 20. November 1969 in Kraft gesetzt wurde. Verstaubten Strukturen und alternden Mitgliedern versuchen wir mit Anpassungsfähigkeit und dem Blick in die Zukunft zu begegnen.

Als Körperschaft des öffentlichen Rechts müssen wir uns staatlichen Kontrollen unterwerfen: Kassenberichte werden der Verwaltung vorgelegt, jede Mitglieder- und Vorstandsveränderung bedarf der Mitteilung an die politische Gemeinde als Aufsichtsbehörde und beim Grundbuchamt. Dennoch werden Realverbände ehrenamtlich und basisdemokratisch geführt. Hier kann jedes Mitglied in der Abstimmung über jede Maßnahme im Wald mitbestimmen. Wir sind nicht gezwungen, Organisationen wie dem Forstverband beizutreten, sehen dieses aber als zwingend notwendig an, um arbeitswirtschaftlich wie auch ökonomisch den Fortbestand unserer Forstinteressenschaft zu sichern.

Von den ehemals 15 Bauern der beiden Realgemeinden in Dibbersen sind heute nur 3 Landwirte im Vollerwerb, 11 Mitglieder gehen anderen Berufen nach – sind aber ebenso begeistert dabei, unseren Wald zu pflegen. Das Auszeichnen der Bestände, Durchforstung, Rücken, Aufmaß sowie Vermarktung wird in unserem Gemeinschaftswald dem Forstverband übertragen, der dann die geeigneten Lohnunternehmer einsetzt. Bei den Neuanpflanzungen wird nach der gemeinsamen Planung das Vorbereiten der Flächen sowie Pflanzung und evtl. Zaunbau durch den Forstverband Jesteburg an Unternehmer vergeben. Da kommt die Frage auf: Was gibt es da denn noch für uns zu tun? In den letzten 20 Jahren haben wir in unserem Wald ca. 14 ha (ein Drittel) Neuanpflanzungen angelegt. Die Flächen sind zum einen durch Kalamitäten (Windwurf, Stammfäule, Borkenkäfer) und zum anderen durch Waldaufwertung in Form von Unterbaumaßnahmen mit Laub- und Nadelholz entstanden (wir hatten fast ausschließlich Nadelwald). Diese Neuanpflanzungen müssen in den ersten Jahren freigeschnitten werden, dann geläutert, und in den ersten Abteilungen sind wir auch schon bei der Wertholzästung. Ferner kümmern wir uns um die Zuwegung: Waldschneisen sind freizuschneiden und auszubessern, und Wildzäune brauchen auch nicht ewig stehen. Wir haben einen Wald mit guten jährlichen Zuwächsen übernommen und möchten diesen auch an die folgenden Generationen weitergeben.

Dem Forstverband Jesteburg, und hier der Familie Gamradt sowie unserem heutigen Bezirksförster Torben Homm, kommt bei unseren Realverbänden eine besondere Rolle zu: Werden Maßnahmen kalkuliert, können wir in den Versammlungen mit einer verlässlichen Kosten- und Finanzierungsanalyse rechnen. Mögliche Beihilfen und deren Bedingungen werden abgewogen, die dann auch ohne Abzüge eingehen. Die fachliche Kompetenz von Uwe Gamradt und Torben Homm spiegelt sich vor allem in unseren Beständen wider: Wir haben versucht, unseren Wald nachhaltig für zukünftige Markt- und Klimaveränderungen zu stärken. Mittlerweile wachsen neben den Hauptholzarten Fichte und Kiefer jetzt auch Buche, Eiche, Douglasie, Lärche, Küstentanne sowie Ahorn und Kirsche in unserem Wald.

Bei unseren Arbeitseinsätzen fehlt es oft an geeigneten Werkzeugen, die ohne Wenn und Aber vom Forstverband gestellt werden. Kommt man dann zur Abholung in Holm-Seppensen bei den Gamradts auf den Hof, merkt man erst, wie eng die ganze Familie, aber auch FA Torben Homm, mit dem Verband verwurzelt ist. Hier gibt es keine festen Dienstzeiten, jeder erteilt gerne Auskunft und fühlt sich auch für alles zuständig. Der Forstverband Jesteburg wird nicht verwaltungstechnisch geführt, sondern persönlich – das ist seine Stärke!

Hans-Joachim Becker
1. Vorsitzender RV Forstinteressentenschaft Dibbersen I und II

Die erforderlichen waldbaulichen Maßnahmen werden im Forstort „Stuck“ des RV Interessentenforst Dibbersen vor Ort besprochen und darüber in der Versammlung abgestimmt.

V.l.: Hermann Frommann, FA i.R.Uwe Gamradt, FA Torben Homm, Hermann Stöver, Carsten Stöver, Heinrich Frommann, Günther Gerken, Stefan Gummert

Ein gemischter, stufiger Wald entsteht im Schliepenberg des RV Int.-Forst Dibbersen

Dieter Maiweg – Bochum-Langendreer, Revier Cordshagen-West

Im Ortsteil Langendreer der nordrhein-westfälischen Stadt Bochum ansässig, bewirtschafteten meine Frau und ich mit unseren beiden Söhnen einen 80 ha großen viehlosen Landwirtschaftsbetrieb, der im Jahre 2016 sein 750-jähriges Bestehen feiert. Es handelt sich in erster Linie um gute bis sehr gute Ackerböden, auf denen Weizen, Wintergerste und Raps angebaut wird. Durch den Ausbau der Intercity-Strecke Bochum-Köln waren wir gezwungen, größere Ackerflächen zu verkaufen. Ein Zukauf von Flächen in unserer Gegend war nicht möglich, unsere Suche in Schleswig-Holstein blieb ebenfalls erfolglos, und der Weg nach Mecklenburg-Vorpommern war zu dieser Zeit noch durch die innerdeutsche Grenze versperrt. Ein von uns beauftragter Makler fand dann in der Nordheide einen Forstbetrieb, der zum Verkauf anstand. Zum 1. Juli 1980 kaufte ich dann von C.F. Tenge-Rietberg aus Rietberg bei Bielefeld den westlichen Teil des ehemaligen Forstgutes Cordshagen in der Größe von 117 ha. Es handelte sich um ein Aufbaurevier der ersten Waldgeneration, das außerdem noch durch die Windwurfkatastrophe vom November 1972 arg gebeutelt war. Bei Übernahme waren alle Schadflächen bereits durch den Vorbesitzer wieder in Kultur gebracht worden. Als Mitglied des Forstverbandes Jesteburg, ab 1976 Forstbetriebsgemeinschaft Forstverband Jesteburg, hatte er sehr eng mit diesem zusammengearbeitet. Seiner Empfehlung, die Mitgliedschaft in der Forstbetriebsgemeinschaft Forstverband Jesteburg fortzusetzen, bin ich selbstverständlich gefolgt, waren meine waldbaulichen Kenntnisse zu dieser Zeit doch noch begrenzt. Da es sich um einen arrondierten Forstbesitz über 75 ha handelte, verfügte ich jetzt über einen Eigenjagdbezirk, was mir als Jäger natürlich sehr zupass kam. Sehr gerne erinnere ich mich an den ersten gemeinsamen Waldbegang mit Forstamtmann Uwe Gamradt, der die FBG FV Jesteburg leitete. Über große Flächen des Revieres konnten wir hinwegsehen, waren sie doch erst in den Jahren 1975-76 wiederaufgeforstet worden. Angetan war ich über die Vielfalt der gewählten Baumarten und den breiten Waldschneisen. FA Gamradt erklärte mir, dass dies aus Gründen der Waldbrandverhütung, des Aufbaues tiefbeasteter Waldmäntel als Windschutz und als Verwendung von Wildäsungsflächen bewusst so erfolgt ist. Durch die beiden Waldwiesen des Revieres fließt die Este, die jedoch nicht das ganze Jahr über Wasser führt. Alle nicht vom Sturm geworfenen mittelalten bis älteren Hölzer hatte FA Gamradt stehen gelassen, um später einmal erhöhte Vorräte zu haben. Die Erstaufforstung dieser ehemaligen Heideflächen durch Bauern aus Welle und Kampen war Anfang des neunzehnten Jahrhunderts begonnen worden, um den Sandverwehungen der umliegenden Äcker entgegenzuwirken.

Der Namensgeber des Revieres, Eduard Cord, kaufte um 1920-1930 in der sogen. „Kamperheide" größere Heideflächen auf, die dann von einer Halstenbeker Baumschule aufgeforstet wurden. Die Forstortsbezeichnung „Auf dem schwarzen Berge" weist auf den anmoorigen, schwarzen Sand im Oberboden hin, der bei Trockenheit fürchterlich staubt und sich bei Nässe wie Schmierseife verhält. Ein Befahren mit Pkw, besonders aber mit Lkw wird dadurch sehr erschwert. Um auch mal für längere Zeit mit meiner Familie hier weilen zu können, mietete ich von Familie Albers aus Welle ihr altes Bauernhaus an der Bergstraße.

Die Zeit verging, die Bestände wuchsen heran, das Wild mehrte sich, und ich konnte mit meiner Familie und meinen Jagdfreunden herrliche Tage im neuen Revier verbringen. FA Uwe Gamradt hatte sich bereiterklärt, die Aufgabe des bestätigten Jagdaufsehers für mein Revier zu übernehmen, damit für einen ständigen Jagdschutz gesorgt war und verunfalltes Wild von der stark befahrenen Bundesstraße 3 geborgen werden konnte, wenn ich nicht anwesend war, was ja die meiste Zeit des Jahres der Fall war. Unter seiner umsichtigen und erfolgreichen jagdbetrieblichen Tätigkeit ist das Revier mit seinen jagdlichen Einrichtungen, Wildäsungsflächen und Pirschwegen sowie Wildbestand zu einem Vorbildrevier geworden. Waldameisenhege und Vogelschutz werden bei ihm großgeschrieben und sind beachtenswert. Forstlich haben wir auf unseren Waldbegängen die notwendigen Pflegemaßnahmen besprochen, die dann auch so umgesetzt wurden; in den ersten Jahren noch von ständigen Waldarbeitern des Forstverbandes und Pflanzfrauen, heute von Forstunternehmern. Durch die erfolgten Ästungen von Kiefer, Lärche, Douglasie und Küstentanne erhöhte sich der Wert der jungen Bestände beträchtlich. Jungwuchspflege, Erstdurchforstungen und sich kontinuierlich wiederholende Durchforstungen haben zum besseren Wachstum und damit zum Vorratsaufbau beigetragen, der im Jahre 2006 etwa 162 Vorratsfestmeter/ha betrug. Eine große Unterstützung durch den Forstverband erhielt ich, als es um den Bau des Hauptabfuhrweges von der Todtshorner Straße ausgehend bis zum Holzlagerplatz hinter der Abt. 210 ging. Die Antragstellung für die Gewährung von öffentlichen Mitteln für den forstlichen Wegebau, alle Vorarbeiten und Ausschreibungen sowie spätere Einweisung und Überwachung erfolgten seitens des Forstverbandes, bis hin zur Endabnahme des Wegebauprojektes. Ähnliches kann ich von der Kompensationskalkung berichten, die im Jahre 1985/86 per Hubschraubereinsatz im ganzen Revier erfolgte, bis auf die Flächen, die aus Naturschutzgründen nicht behandelt werden sollten. Durch die Wirkung des weicherdigen, granulierten Kreidekalkes erfolgte ein starkes Wachstum u.a. von Himbeere und sonstigen Kräutern in allen Beständen, sodass die Insekten- und Vogelwelt, wie auch das Wild und sogar der Mensch (Beerensammeln) mit davon profitierten. FA Gamradt hatte sich unermüdlich bemüht, die Kosten der Kompensationskalkung für uns private Waldbesitzer möglichst auf Null zu fahren, was ihm auch gelungen ist. Durch Förderung seitens Bund/Land sowie Landkreis und Gemeinden wurden alle Kosten von diesen übernommen. Die Gewährung der sogenannten „Umweltbeihilfe" in ungefährer Höhe der zu zahlenden Mehrwertsteuer durch die Samtgemeinde Tostedt veranlasste mich, diesen Betrag in Höhe von ca. 15.000 DM für forstliche Maßnahmen im Revier zur Verfügung zu stellen. FA Gamradt war der Ansicht, dass wir in der Abt. 218a eine Versuchsunterbaufläche mit den verschiedensten Holzarten vornehmen sollten, um zum einen zu sehen, welche Holzarten wie auf diesen Standorten gedeihen. Zum anderen würden wir zusätzliche Deckung für das Wild schaffen. Nach Anlage von Waldpflugstreifen wurden im Jahre 1988 Fichten, Küstentannen, Douglasien, eur. Lärchen, Rotbuchen, Hainbuchen, Roteichen, Stieleichen, Winterlinden, Vogelkirschen, nord. Mehlbeeren, Spitzahorne und verschiedene Straucharten mit dem Hohlspaten gepflanzt. Gegen eventuellen Wildverbiss und Fegeschäden wurde die Fläche in einer Größe von 4,5 ha mit einem Schutzzaun aus doppelt verzinktem Knotengeflecht 160/23/15 versehen. Der Erfolg war vielversprechend, denn Küstentanne und Douglasie wie Rotbuche und Roteiche zeigen ein hervorragendes Wachstum. Winterlinde und Spitzahorn wachsen mittelmäßig, denn ihnen wie auch der Vogelkirsche fehlen die notwendigen Nährstoffe und Frische im Boden. Alles in allem war es aber einen Versuch wert! Zwischenzeitlich wurde der Wildschutzzaun abgenommen und das zu geschlossene Kronendach im Rahmen einer Hochdurchforstung aufgelockert. Durch diese Maßnahme angeregt, wurde der ca. 48 Jahre alte Kiefernreinbestand in der Abt. 228a in Größe von 6,46 ha nach einer vorhergehenden Durchforstung, ebenfalls auf Waldpflugstreifen, im Frühjahr 1995 auf 5,81 ha mit 3j.v.20/40 Douglasien, Küstentannen, 2jv.30/60, eur. Lärchen, 2j.v.50/80, Rotbuchen, Roteichen, Stieleichen, Winterlinden und Sträuchern unterbaut, aber ohne Wildschutzzaun. Da hier der Standort durch seine Hangneigung etwas frischer und nährstoffreicher ist, können wir von einem guten Wachstum sprechen und haben auch hier das Kronendach nachgelichtet. Jedoch wurden die Küstentannen in jedem Winter stark verbissen, bis sie mit dem Terminaltrieb aus dem Bereich des Wildäsers herausgewachsen waren. Fegeschäden wurden durch verstärktes Kambiumwachstum ausgeglichen bzw. Seitenäste entwickelten sich zu Terminaltrieben. Sehr stark verbissen wurde die Stieleiche und stark gefegt die eur. Lärche, sodass es zu kleineren Fehlstellen kam, die jedoch durch anfliegende Weichlaubhölzer ausgefüllt wurden. Rotbuchen, Roteichen und Winterlinden wiesen kaum Schäden auf. Aufgrund des jährlichen Laubabfalls zeigt sich bereits jetzt schon eine gewisse Bodenverbesserung. Verschiedentlich stellten wir das Vorkommen von bis zu einem Meter langen, starken Ringelnatterweibchen fest, die hier ihr Winterquartier genommen hatten.

Zwischenzeitlich habe auch ich das Rentenalter erreicht und den land- und forstwirtschaftlichen Betrieb an meinen Sohn verpachtet. Da er jedoch auf dem nach der Wende nördlich von Waren/Müritz in Mecklenburg-Vorpommern erworbenen größeren Landwirtschaftsbetrieb gefordert ist, betreuen heute die beiden Ruheständler Maiweg und Gamradt weiterhin den Forstbetrieb Cordshagen-West in forstlicher und jagdlicher Hinsicht. Mit Herrn FA Torben Homm als Nachfolger von FA Uwe Gamradt ist offiziell die forstliche Betreuung meines/unseres Forstbetriebes in seine Hände übergegangen. Auch mit ihm findet eine harmonische und angenehme Betreuungsarbeit statt, wobei er gerne die Unterstützung durch seinen Vorgänger in Anspruch nimmt, da dieser durch seine jagdwirtschaftliche Tätigkeit öfters im Revier weilt.

Zum 60-jährigen Jubiläum der FBG Forstverband Jesteburg spreche ich allen Verantwortlichen in Vorstand, Betreuung und Geschäftsstelle meinen Glückwunsch, verbunden mit dem Dank für die vorbildliche forstliche Betreuung aus, und ich denke, dies namens aller Waldbesitzer unseres Forstverbandes tun zu dürfen.

Dieter Maiweg

Eng verbunden mit der Geschichte der FBG Forstverband Jesteburg sind die FORSTGÜTER HOLM und CORDSHAGEN

DAS ADLIGE GUT HOLM

Die Geschichtsschreibung erwähnt im Jahre 1428 einen Horneburger Mann namens Henneken Harteken, der „to deme Holme" saß und 1449 einen Hof in Garstedt kaufte, den seine Söhne 1476 für 54 Mark Lüneburgisch an Lukke von Weyhe zu Bötersheim verkauften. 1450 wird ein Ort Tom Holle, 1497 Thom Hollenn erwähnt, sowie 1561 Thom Hollen. Christoph von Hodenberg (1520-1588) war Hauptmann in Scharnebeck und Winsen/L. Er schaffte sich im Jahre 1567 ein adliges Gut in Holm, nachdem er die dortigen 3 Bauern, die alle „Winsener Männer" waren, ausgesiedelt hatte und sich mit dem neugeschaffenen Gut Holm von den Herzögen von Braunschweig und Lüneburg belehnen ließ. Umgesiedelt wurden die Bauern Warnecke Hartken nach Asendorf, Hans Matthies nach Höckel und Titke Martens nach Tangendorf. Christoph von Hodenberg gab den Auftrag zum Bau der Holmer Gutskapelle. Sein Sohn Wilhelm von Hodenberg war Amtmann zu Medingen und Oldenstadt und sollte das Gut an die verwitwete Herzogin Dorothea von Braunschweig und Lüneburg übergeben, da es ihrer Meinung zu ihrem Leibgute gehörte. Herzogin Dorothea, die u.a. 20 „Hexen" in Winsen foltern und verbrennen ließ, hatte sich mit dem ganzen landsässigen Adel überworfen und fand nirgends Unterstützung, sodass das Gut bei den von Hodenbergs verblieb. 1617 wurde Wilhelm von Hodenberg Hofmarschall in Celle und erwarb 1623 noch das Hauptgut Lindhorst des Lieblingsfeindes Doroteas, Fritz von dem Berge. Wilhelm von Hodenbergs Gattin, Ilse von Marenholtz, erbte später das Gut Schwachhausen bei Celle. 1635 verstarb Wilhelm von Hodenberg, und sein Schwiegersohn, der spätere Statthalter von Celle, Friedrich Schenck von Winterstedt, aus schwäbischem Adel, übernahm die Gutsherrschaft in Holm und Lindhorst. Ihm folgte sein Sohn Georg Wilhelm Schenck von Winterstedt, Hauptmann von Dannenberg, Lüchow und Hitzacker. Für die folgenden 150 Jahre trat folgende Regelung ein: Der Erstgeborene der Familie erbt das Hauptgut Schwachhausen, während dem nachfolgenden Bruder die Güter Holm und Lindhorst zur Verfügung stehen. Da keiner dieser Brüder männliche Erben aufzuweisen hatte, kehrten beide Güter nach einer gewissen Frist zur Hauptlinie zurück. 1662 finden wir einen Zweitgeborenen, Friedrich Ludwig Schenck von Winterstedt, auf Holm ansässig, der mit Sybille Catharina von Estorff verheirat war. Der preußische Kammerherr Georg Ludwig Freiherr Schenck von Winterstedt war in den Jahren 1715-1721 in Holm nachweisbar. Im Jahre 1715 wurde auf Holm Carl Ludwig Freiherr Schenck von Winterstedt geboren und war von 1740-1762 anwesend. Er war Schatz- und Landrat und baute das Gutshaus und die Mühle neu auf. Er liegt in Hittfeld im Erbbegräbnis bestattet. Verheiratet war er mit Caroline Wilhelmine Gräfin von der Schulenburg, die sich 1749 von ihm scheiden ließ. Die Befragungsprotokolle des Ehescheidungsprozesses sind so komisch, verwirrend, anrührend bis erschreckend, dass Regisseur Ingmar Bergman sie sofort umsetzte in dem Film „Szenen einer Ehe". Im Siebenjährigen Krieg 1756-1763 wurde das stille Holm zum

Kriegsschauplatz, und die Wassermühle ging 1757 in Flammen auf. Carl Ludwig Freiherr Schenck von Winterstedt ließ sie im Jahre 1758 sofort wieder aufbauen, was die Inschrift am Mahlwerk noch heute bezeugt.

Als nächsten Holmer Gutsherrn finden wir den jüngeren Bruder des Mühlenerbauers, den Obristen Georg Wilhelm Freiherr Schenck von Winterstedt, geboren 1720, in Holm ab 1772-1798 ansässig. Er war verheiratet mit Christiane Charlotte Lucia Gräfin von Rantzau, die 1780 in Holm verstarb. Als Inhaber der niederen Gerichtsbarkeit musste er sich mit dem Tun der „kundigen Frau“ in Holm auseinandersetzen: Sie konnte Augenkrankheiten kurieren und daher leicht in den Verdacht des „Hexentums“ geraten. Da aus seiner Ehe nur 3 Töchter hervorgingen, fielen die Güter Holm und Lindhorst an Carl Christian Ludwig Freiherr Schenck von Winterstedt, der 1769 in Celle geboren wurde und 1827 in Straßburg starb. Er schlug die Militärkarriere ein, heiratete bürgerlich und hielt sich vorwiegend in Lindhorst auf. Ab 1799 wird das Gut Holm an den Celler Bürgermeister Dr. Schulze und danach an Johann Heinrich Rusch verpachtet. Mit Carl Christian Ludwig endet fast die Dynastie der Schenck zu Winterstedt in Holm und Lindhorst: Er musste 1818 nach Straßburg emigrieren, weil er sich als Ritterschaftsdeputierter der Lüneburger Landschaft beim Aufbau einer Hilfstruppe Napoleons beteiligte. Als französischer Obrist geriet er 1812 in der Schlacht bei Borodino in russische Gefangenschaft und lernte den General Kutusow kennen. Seine Anfrage nach Entlassung aus der Gefangenschaft auf Wiedereinstellung in die hannoversche Armee endet mit der Gefangennahme. Am 17.09.1814 wird ihm das Urteil wegen Hochverrats präsentiert: lebenslange Haft, Verlust des Adelstitels und Konfiskation des Vermögens. Das Gnadengesuch seiner Tochter Charlotte beim Prinzregenten in England brachte nur die Aufhebung der Konfiskation und Beibehaltung des Adelstitels für sie. Schatzrat Christian Ludwig Friedrich Freiherr Schenck von Winterstedt aus dem Haupthause hatte noch einmal alle Güter der Familie vereinigt. Sein einziger Sohn Carl Georg Friedrich Freiherr Schenck von Winterstedt, geboren 1787, war in Brüssel 1815 als hannoverscher Rittmeister an den Folgen seiner Verwundungen aus der Schlacht bei Waterloo verstorben. Nach dem Tode von Schatzrat Christian Ludwig Friedrich im Jahre 1838 zog die königliche Regierung das Gut Holm mit allen Rechten trotz Protest der 3 unverheirateten Töchter des Verstorbenen ein – schließlich lauteten die Lehnsverträge von 1567, dass nur die männliche Erbfolge Gültigkeit hatte. Damit endete die Ära der Schenck von Winterstedt auf Gut Holm.

Das nun der Landesherrschaft gehörende Gut wurde 1801 an Johann Heinrich Rusch verpachtet, der 1838 verstarb. Sein Sohn Dietrich Heinrich Peter Rusch übernahm als Pächter das Gut. Das bürgerliche Zeitalter in Holm beginnt eigentümlicher Weise mit einem klangvollen Adelsnamen, nämlich Viktor Graf von Alten zu Wilkenburg, der von 1800 bis 1879 lebte und 1853 mit seinem Bruder zusammen von der Landesherrschaft mit Gut Holm belehnt wurde. Er erreichte, dass Holm per Erlass der Regierung vom Lehnsgut zum Allodialgut und damit Privateigentum wurde. Eigentlicher Besitzer war ab dem 1. Oktober 1853 Otto Uhde, der das Gut von Graf von Alten zu Wilkenburg gekauft hatte. Aus dieser Zeit, nämlich 1859, lautet ein amtlicher Bericht, dass Holm 14 Wohnhäu-

Gutshaus Holm

ser und 148 Einwohner zählt. Kurz vor 1861 verkaufte Uhde das Gut Holm an den aus Hamburg-Ottensen stammenden Tabakfabrikanten Heinrich Knauer. Dieser ließ das Gutsgebäude und die Gutskapelle restaurieren, 1861 ein großes Stallgebäude und 1874 die Sägemühle an der Seeve errichten, die im Jahre 1978 wegen Baufälligkeit abgerissen werden musste. Im Jahre 1889 verkaufte Heinrich Knauer das Gut Holm an Wilhelm Franck, der das Gut bereits als Pächter bewirtschaftete, da Knauer sich meistens in Hamburg aufhielt. Franck geriet in wirtschaftliche Schwierigkeiten und musste in den Jahren 1901-1902 einen Teil des Gutes mithilfe der Magdeburger Rentenbank verkaufen. Ackerland und Wiesen wurden in 15-20 Morgen große „Rentengüter" auf 18 Bauern aufgeteilt. Diese hatten nur einen Teil in bar zu zahlen, der Rest sollte in 60 Jahren in Raten abgezahlt werden. Somit gab es nach 334 Jahren Gutsherrschaft wieder freie Bauern in Holm, die teilweise anderen ländlichen Berufen nachgingen und oftmals in Not gerieten, da zu der Zeit meistens die Großfamilie die Regel war und bis zu 3 Generationen auf dem Hof lebten. Trotz dieses Verkaufes musste Wilhelm Franck 1904 auch den verbliebenen Teil von Gut Holm verkaufen. Erwerber war der aus Osnabrück stammende, vermögende Kaufmann Johannes Eggemann. Er ging zügig an die Umgestaltung des Gutes heran. So wurde das schlichte Wohnhaus 1905 durch vorgeblendetes Fachwerk, einen Turmbau und einen leicht wilhelminisch wirkenden Portalvorbau umgestaltet.

Hinzu kamen ein zweistöckiges Beamtenhaus mit angebautem Viehstall und eine gewaltige, aus behauenen Stämmen errichtete Scheune. Gegenüber der Mühle ließ er ein massives Wohnhaus erbauen, das 1975 abgerissen wurde. Nach Aufforstung der in der

Gemeinde Schierhorn liegenden weniger ertragreichen Acker- und Heideflächen sowie Ankauf der Waldflächen des „Weseler Holzes" von der königlichen Oberförsterei Sellhorn erhielt sein Besitz mit ca. 2.400 Morgen den Charakter eines Waldgutes. Südlich des Gutes in Richtung Inzmühlen ließ er eine ca. 300 Morgen große Teichanlage für die Fischzucht anlegen. Zwar versorgte Johannes Eggemann einen Teil der Rentengüter durch Einbau von Generatoren in die Wassermühle mit elektrischem Strom. Trotzdem kam es zu Prozessen mit der örtlichen Bevölkerung und Ärger, da er die bisher zugestandenen Privilegien – Betstunden in der Kapelle, Weihnachtsbescherung der Holmer Kinder u.a.m. – abschaffte. Die Schule in Holm wurde in der ersten Hälfte des 18. Jahrhunderts eingerichtet und durch den Gutsherrn unterhalten, wobei in späteren Jahren auch staatliche Zuschüsse gewährt wurden. Da Eggemann diese Kosten nicht mehr tragen wollte, stellte er 1924 den Antrag, die Holmer Schule mit der in Schierhorn zu vereinigen. Die Holmer Bevölkerung war darüber dermaßen erbost, dass sie mit Datum vom 25. Oktober 1924 einen Antrag auf Umwandlung des Gutsbezirkes in eine Landgemeinde beim Oberpräsidenten stellte. Erst nachdem am 15. August 1925 ca. 10 qm Decke mit Balken in der Wohnküche einstürzten, wurde die Behörde tätig, und am 1. Oktober 1925 wurde per Erlass der Gutsbezirk Holm in eine Landgemeinde umgewandelt. Die Auswirkungen der Inflation trafen natürlich die Holmer genauso wie überall im deutschen Lande. Im Jahre 1927 wurden dann alle Rentengüter zur Stromversorgung an die Überlandwerke Nord-Hannover angeschlossen. 1930 legte man zusammen mit der Gemeinde Schierhorn zwischen beiden Ortschaften einen Friedhof an, da die Verstorbenen bisher in Jesteburg beigesetzt werden mussten. Für die Betreuung seines beträchtlichen Forstbesitzes stellte Johannes Eggemann 1927 den zuletzt bei der von Knyphausenschen Forstverwaltung in Lütetsburg beschäftigten Revierförster Hellmuth Flach ein, der bis 1932 dort tätig war. Während seiner Dienstzeit wurden die Ackerflächen der heutigen Abt. 165-169, 178-184 aufgeforstet. Die Schicksalswege von Hellmuth Flach sollten sich am Ende des Krieges noch einmal in Holm kreuzen, da seine Frau mit den drei Töchtern – der Sohn Hans war im Krieg gefallen – von Brandenburg nach Lüneburg und dann nach Holm geflüchtet war, wo sie Anfang der 1930er-Jahre schon einmal gewohnt hatte. Kurze Zeit später erschien dann auch ihr Mann in Holm, wo er vorerst Wohnung und Arbeit fand. Gutsherr Johannes Eggemann, der sich die meiste Zeit in Osnabrück aufhielt, hatte über ein Zeitungsinserat einen gewissen Herrn Peters kennengelernt und diesen eingestellt. Peters hatte sich als Detektiv ausgegeben und sollte in Abwesenheit von Eggemann die Überwachung und rechtliche Verteidigung des Besitzes übernehmen. Seine Anschuldigungen den Holmern gegenüber waren haltlos, da er die Taten selbst verübte. Für Gutsherrn Eggemann war es der größte Reinfall, denn Peters erwies sich als Verbrecher und wurde bei einem Prozess, zu dem er als Hauptbelastungszeuge geladen war, selbst verhaftet und für frühere Untaten auf 6 Jahre ins Gefängnis gesteckt. Fast alle Personen, denen Johannes Eggemann sein Vertrauen schenkte, haben ihn hinters Licht geführt und betrogen: Seine langjährige Haushälterin hatte sich als Frau Stricker ausgegeben, stand 12 Jahre in seinen Diensten und genoss volles Vertrauen. Da erschien eines Tages ein aus dem Zuchthaus entlassener Sträfling namens Dobrikat, der seine Mutter suchte! Die größte Ent-

Friedrich A. H. Kohrs, Gutsbesitzer von 1938-1974

täuschung war jedoch sein langjähriger Duzfreund Rechtsanwalt Dr. Müller aus Tostedt. Er war mit seiner „Familie" oft bei Eggemanns zu Gast, nahm an allen Jagden und Familienfeiern teil und galt als Freund des Hauses. In einem Brief schrieb er Eggemann, dass er sich auf der Flucht in die Schweiz befände, um nicht verhaftet zu werden. Er bat ihn um Verzeihung, weil er ihn belogen hatte. Er hätte nie eine Familie gehabt, die Dame, die er als seine Frau vorgestellt hatte, war eine entfernte Verwandte mit ihrem Kind. Die von Eggemann an ihn überwiesenen 40.000,00 Mark hätte er nicht der Gerichtskasse zukommen lassen, sondern selbst verbraucht. Wie später in der Tagespresse zu lesen war, hatte Dr. Müller sich in einen millionenschweren Betrug zum Schaden einer Siedlungsgesellschaft verstrickt gehabt; was waren dagegen schon die 40.000,00 Mark seines vermögenden Freundes Johannes?! Einen Strafantrag hat Eggemann nie gestellt. Der Gutsbesitz sollte nicht von seinem verschwenderisch lebenden Sohn Hans verschleudert werden. Daher verkaufte er das Gut Holm an den Kaufmann Friedrich Kohrs (1901-1974), der einer alten Heidjer-Familie aus Wietzendorf bei Soltau entstammte. Der Sohn von Johannes Eggemann wurde Ende des Krieges 1945 in Bardowick von marodierenden Polen erschossen, weil er ihnen nicht sein Fahrrad aushändigen wollte.

Dem Revierförster Flach folgte ab 1932 der Förster Wernecke bis zum Jahre 1940. Zwischen ihm und dem neuen Gutsherrn Friedrich Kohrs harmonierte es nicht, und es kam zur Entlassung. Nachfolger von Förster Wernecke wurde ab 1940 Förster Presslinger, der aber kränkelte und verstarb. Revierförster Wilhelm Wetzel hatte im Frühjahr 1945 seine Heimat in Hinterpommern kriegsbedingt

Revierförster Willi Wetzel, Holm – langjähriger Kassenführer des Forstverbandes

verlassen müssen und fand in Holm eine neue Heimat, wo er die freigewordene Försterstelle von Friedrich Kohrs übertragen bekam. Viele der heutigen älteren Jäger im Umfeld von Holm wurden von „Opa Willi" ausgebildet und erhielten ihren ersten jägerischen Schliff! Nach Aussage alter Holmer verbesserte sich das Verhältnis zwischen den Holmern und der neuen Gutsherrschaft eingehend – so fanden u.a. wieder alle 4 Wochen Gottesdienste in der Gutskapelle statt. Der neue Gutsherr betrieb wieder Landwirtschaft und vergrößerte den Milchviehbestand erheblich, sodass ein Melker eingestellt werden musste. Es wurden Holmer als Mitarbeiter auf dem Gut eingestellt, und Friedrich Kohrs ließ mehrere Wohnhäuser für diese erbauen. Auch er wurde zum Wehrdienst eingezogen und kehrte erst 1947 aus der Gefangenschaft zurück. Vielen Heimatvertriebenen und Flüchtlingen hat er nach dem Kriege Wohnung, Arbeit und Sicherheit gewährt, war seit 1952 selbst über 20 Jahre lang Mitglied im Gemeinderat und hat sich als Bürgermeister der Gemeinde Holm große Anerkennung erworben. Der Ausbau und die Begradigung der Kreisstraße von Holm-Seppensen über Handeloh zur B 3 bei Welle wurde dann im Jahre 1958 zum Streitapfel. Oberkreisdirektor Dr. Dehn aus Winsen/L. und Richard Heuer, dem Seppenser Bürgermeister und Vorsitzenden des Gemeindetages des Landkreises Harburg, führten Gespräche mit Friedrich Kohrs, der aber „sein" Holm davor bewahren wollte, dass die gewachsenen Strukturen durch das Moderne beseitigt wurden. Der Weg von Holm nach Inzmühlen war nach der Schneeschmelze beziehungsweise nach starken Regenfällen kaum passierbar, ähnlich war es mit dem Weg nach Wörme. Als der Holmer Gemeinderat im November 1963 beim Landkreis um einen Zuschuss für den Ausbau der 1,5 km langen Strecke nach Inzmühlen anfragte, lehnte dieser ab. Wenn sie jedoch dem Verlauf der Kreisstraße über Holm nach Inzmühlen zustimmten, würden ihnen überhaupt keine Baukosten entstehen. Der Rat tagte und entschied im Oktober 1964, gegen die Stimme des Gutsherrn, dass die Kreisstraße so verlaufen sollte, wie es der Landkreis verlangte. Leider musste hierbei ein Teil der Eichenallee, die rechts und links der ehemaligen Pflasterstraße verlief, eingeschlagen werden, Reste sind noch heute vorhanden.

Nicht unerwähnt bleiben darf die ca. 300 Morgen große Fischzuchtanlage, die um 1903-1904 von Eggemann angelegt und vollendet wurde. Ein Großteil dieser Anlage befand sich an den Seiten des großen Waldteiches mit Verbindung zum Holmer Moor, wo noch heute der Verlauf der ehemaligen Wassergräben zu sehen ist. In erster Linie wurden Forellen gezüchtet. Später erfolgte die Erweiterung mit Bau eines Fischerhauses entlang der Seeve bis zum Ort hin. Fischmeister war damals Herbert Kohlhof, der im Jahre 1932 zusammen mit Förster Hellmuth Flach von Herrn Eggemann auf Druck der NSDAP und/oder der Loge (Eggemann war Mitglied im weltweiten Freimaurerbund) entlassen wurde. In der Folgezeit soll ein Herr Luttmer, der auf dem Gutshof arbeitete, die Anlage mehr oder weniger betreut haben. Jedenfalls war ein Teil der Teiche zugewachsen, als um 1947 der aus dem Sudetenland stammende Fischmeister Willi Tetztke seinen Dienst auf Gut Holm begann. Zu Tetztkes Zeiten wurde vermehrt auf die Anzucht von Karpfen umgestellt, die als Setzkarpfen oder Speisekarpfen verkauft wurden. Zu Beginn der 1950er-Jahre musste Bauer Peters in Wörme aus finanziellen Gründen seinen Heidebesitz im

Büsenbachtal verkaufen. Der Hamburger Makler Stoph versuchte aus dem ganzen Areal ein Wochenendgebiet zu machen, was nur bedingt gelang. Da schaltete sich der Holmer Gutsherr Friedrich Kohrs ein und wollte das ganze Heidegebiet zwecks Aufforstung und Arrondierung seines Besitzes kaufen. Jetzt war es der Landkreis Harburg, der nur den Ankauf des nordwestlichen Teiles in einer Größe von rd. 47 ha zustimmte. Die Restfläche erwarb der Landkreis, wies dieses als Landschaftsschutzgebiet aus, um die Schönheit der Heidefläche mit durchfließendem Büsenbach für die Nachwelt zu erhalten. In den Jahren 1953-1956 ließ Friedrich Kohrs seinen Teil mit Kiefern, Fichten und Lärchen aufforsten, heute ist es die Abt. 191, Forstort „Vor den Lohbergen".

Im Jahre 1973 ging Willi Tetztke in den Ruhestand, und sein ehemaliger Lehrling Thomas Sander übernahm als Fischmeister die Teichwirtschaft. Er widmete sich voll und ganz der Karpfenzucht, versuchte aber auch die Anzucht von Schlei, Hecht, Wels und Weißfisch, was außer bei Wels recht gut gelang. Der vermehrte Bestand an Kormoranen in den letzten 10 Jahren führte jedoch zu erheblichen Verlusten. Ein Abschuss wurde nur bedingt durch den Landkreis erlaubt. Durch die teilweise weniger intensive Bewirtschaftung der Teichanlage tauchten nach und nach viele seltene Pflanzen- und Tierarten auf. So unter anderem der Fadenenzian, die Armleuchteralge, der Zwergflachs, mehrere Sonnentauarten, der Sumpf-Bärlapp; heute wachsen dort wohl an die 50 Pflanzenarten, die auf der Roten Liste vermerkt sind. Thomas Sander führte viele Experten auf dem Gebiet der Pflanzensoziologie aus ganz Deutschland, die ihre große Freude über diese botanischen Seltenheiten zum Ausdruck brachten. Selbst See- und Fischadler sind zu beobachten, und Rohrweihe wie Rohrdommel können als Brutvogel angesehen werden. Ein ansehnlicher Bestand an Entenarten sowie Grau- und Kanadagans sind Standvögel. Neuerdings ist auch die Nilgans da, die jedoch nicht gerne gesehen wird, da sie sehr unverträglich ist und oftmals das Brutgeschäft der anderen Wasservögel stört. Die gesamte Teichanlage wurde als Naturschutz- und FFH-Gebiet (Fauna-Flora-Habitat) ausgewiesen. Am 1. Juli 2010 verpachtete dann Friedrich Kohrs' Sohn, Gutsherr Jürgen Kohrs, die Teichanlage für 30 Jahre an den Verein Naturschutzpark Lüneburger Heide (VNP), der sogleich die angeflogenen Fichten im Bereich des Weselbaches entfernen ließ. Eine Bepflanzung offener Flächen mit standortgemäßen Laubhölzern, u.a. Stieleichen, ist vorgesehen. Ab dem 1. August 2010 wechselte auch Fischmeister Thomas Sander in den Dienst des VNP und will seinen Nachfolger noch einarbeiten, da er in Kürze in den wohlverdienten Ruhestand gehen wird.

Eine kleine Episode soll hier nicht verschwiegen werden:

„Revierförster Willi Wetzel besaß keinen Führerschein und versah seinen Dienst zu Fuß oder mit dem Fahrrad. Die Verlohnung der Holmer Waldarbeiter unterlag ihm, und so holte er das benötigte Bargeld von der Sparkasse in Holm-Seppensen. Ich befand mich in der Sparkasse, als Willi Wetzel mit umgehangenen Drilling – er war ja schließlich im Dienst, und dazu gehörte nun einmal der „Drilling für alle Fälle" –, eintrat und „Geld holen" wollte, um den Waldarbeitern ihren Lohn auszahlen zu können. Man stelle sich diese Situation einmal heute vor! Doch damals (1967) war es noch ganz normal, wenn der Förster die Sparkasse mit Jagdgewehr betrat."

1966 vollendete RF Wetzel sein 65. Lebensjahr und ging in Rente. Die Stelle wurde ausgeschrieben und Revierförster Bernd Jaeckel eingestellt. Bernd Jaeckel wollte alle Kiefernbestände im Hauptrevier möglichst schnell kahlschlagen und maschinell neu aufforsten, da seiner Meinung nach alle von schlechter Qualität wären! Aus diesen Beständen wurden später Rammpfähle und Wertholz geerntet! Auch mit der Holmer Bevölkerung kam er nicht zurecht und erschoss alle Katzen und Hunde, die sich außerhalb ihres Zuhauses aufhielten, was zu viel Verdruss und Ärger führte. Nach eineinhalb Jahren trennte sich Friedrich Kohrs von RF Jaeckel, und Nachfolger wurde ab 1970 der Oberforstwart Alfred Hoffmann, der von der Gräfl. von Walderseeschen Forstverwaltung aus Waterneversdorf in Holstein kam. Oberforstwart Hoffmann erlebte den Orkan im November 1972 hautnah mit und hat sich der Herausforderung zur Beseitigung der Sturmschäden aufopferungsvoll gestellt. Alles in allem waren es rd. 36.000 fm Holz, die aufgearbeitet und vermarktet werden mussten, wobei sich die geschäftlichen Verbindungen von Friedrich Kohrs nach Dänemark und Schweden als vorteilhaft erwiesen. Friedrich Kohrs war seit Gründung der FBG Forstverband Jesteburg im Jahre 1953 stv. Vorsitzender und Kassenführer, was aber RF Wetzel erledigte. Mit seiner Forstfläche von 550 ha war er dem Forstverband angeschlossen und zahlte einen Anerkennungsbeitrag pro Jahr. So wurde ein Teil des Windwurfholzes zusammen mit dem Holz anderer Waldbesitzer per Eisenbahn durch den Forstverband u.a. nach Schweden bzw. Italien exportiert. Die Wiederaufforstung der rd. 160 ha durch den Sturm verursachten Freiflächen erfolgte dann ebenfalls mit den Kulturfrauen des Forstverbandes bzw. Unternehmerfirmen. Hierbei kam es zu einer freundschaftlichen und erfolgreichen Zusammenarbeit zwischen Gutsherrn, OFW Hoffmann und mir als Verbandsförster. Nach dem Tode von Friedrich Kohrs übernahm im Jahre 1974 sein Sohn Jürgen Kohrs das Gut Holm als Rechtsnachfolger und zog von Tötensen nach Holm. Alfred Hoffmann, eine stattliche Erscheinung, erkrankte dann im Jahre 1976 an Rückenmarkskrebs, dem er am 13. Januar 1977 im Krankenhaus in Buchholz erlag. Er wurde in Lütjenburg in seinem geliebten Holstein begraben. Ich, Forstamtmann Uwe Gamradt, hatte während der Krankheit von Alfred Hoffmann seinen Dienst mit übernommen und mich schnell in die forstlichen Örtlichkeiten und Verhältnisse des ziemlich geschlossenen Waldgutes eingefunden. Nach dem Tode vom Kollegen Hoffmann fragte Jürgen Kohrs bei mir an, ob ich die forstliche Betreuung seines Waldbesitzes mit übernehmen wolle. Ich stimmte dem zu, und Holm wurde Vollmitglied in der FBG FV Jesteburg. Beim Gut Holm waren bis zu 6 ständige Waldarbeiter beschäftigt, deren Verlohnung von mir mit übernommen wurde. Lediglich die Geldanweisung und die Überweisung der Lohn- bzw. Kirchensteuer ans Finanzamt bzw. die Sozialbeiträge an die Krankenkasse wurden vom Büro in Hamburg erledigt. Nach Wiederaufforstung der Windwurfflächen ging es an die Pflege dieser Kulturen. Gutsherr Jürgen Kohrs war des Öfteren von Oberforstmeister Wilken Wiebalck, den Leiter des staatlichen Forstamtes Rosengarten, zur Jagd eingeladen und sah die dortigen Bestände, die im Sinne einer naturgemäßen Waldwirtschaft bewirtschaftet wurden. Ich war, wie Oberforstmeister Wilken Wiebalck, ebenfalls Mitglied in der ANW und Verfechter dieser kahlschlaglosen Wirtschaftsweise, ich setzte diese Gedanken bereits bei den Waldbesitzern der FBG FV Jesteburg um. So waren der Gutsherr und ich als betreuender Förster uns sehr schnell darüber einig, dass dieses auch fortan im Gutsrevier Holm so geschehen sollte. Einer der Holmer Waldarbeiter, Wilhelm Berger, ließ sich dann zum Forstwirtschaftsmeister ausbilden und fand auch als solcher nach erfolgreicher Ablegung der Prüfung wieder Einstellung in Holm. Leider erkranke er und musste im Jahre 1975 mit 56 Jahren in den vorzeitigen Ruhestand treten. Im Februar 2010 verstarb er dann in Holm.

In den nächsten zwei Jahrzehnten hieß es, je nach Absatzlage die Durchforstungen in den mittelalten und älteren Beständen in einem gewissen Rhythmus vorzunehmen – die Durchforstung muss so oft erfolgen, wie der Bestand an Jahrzehnten hat! Die aufwachsenden Jungbestände galt es zu pflegen, wobei gute Naturverjüngung anderer Baumarten bzw. angeflogene Weichhölzer angenommen und belassen wurden, es sei denn, sie bedrängten die Wirtschaftsholzarten zu stark. Dann wurden sie lediglich in Bauchhöhe eingekürzt, sodass der stehenbleibende Teil weiterhin organisches Material bilden konnte und ggf. als „Blitzableiter“ für den fegenden Rehbock diente. Bei einem erdnahen Abhieb der Weichhölzer muss damit gerechnet werden, dass aus dem Stubben im nächsten Jahr mehrere Schößlinge treiben, sodass in Kürze noch mehr Arbeit zu verrichten ist. Diese Arbeitsweise war außerdem ergonomisch von Vorteil, da mit geradem Rücken gearbeitet werden konnte. Ich war und bin ein Verfechter der ÄSTUNG, da meiner Meinung nach Wertholz zu allen Zeiten Absatz und gute Preise findet. So ließ ich u.a. in den Kiefernabteilungen 101–109 und 111–116 von Forststudenten die wertvolleren Bestandesglieder bis auf 6 m Höhe farblich mit einem Punkt markieren und ästen. Die Markierung erfolgte in 1,3 m Höhe und immer nach innen in den Bestand, sodass der Waldbesucher nichts davon sah – dies sollte der Waldästhetik dienen! Später wurden dann die Douglasien, Lärchen und Küstentannen im ganzen Revier in einer Stückzahl von 150–200 Stck. pro Hektar bis auf 6 m Höhe geästet. Begonnen wurde die Maßnahme bei einem Brusthöhendurchmesser in Bierdeckelstärke, und dies in Stufen. Wichtig dabei war, dass stets 50 % der Baumhöhe als lebendige Krone belassen wurde, damit genügend Zuwachs erfolgte. Finanziert wurde die Maßnahme durch öffentliche Fördermittel in Höhe bis zu 50 % der anerkannten Kosten, den Rest musste der Waldbesitzer tragen. Leider ist diese Förderung in späteren Jahren ersatzlos gestrichen worden, da es sich nach Meinung der EU bei dieser Maßnahme um eine Wertsteigerung handelte, die nicht gefördert werden kann!? Ab dem 1. Mai 1994 war der aus Egestorf stammende Matthias Pantelmann als Forstwirtschaftsmeister auf dem Holmer Gut beschäftigt und beendete seinen Dienst zum 31.12.2001, um eine Tätigkeit beim VNP anzutreten.

Da der Absatz der Waldprodukte künftig sehr stark von der Möglichkeit einer ganzjährigen Holzabfuhr abhängen würde und die Fahrzeuge immer größer und schwerer wurden, musste man sich mit dem Gedanken des Wegebaues im Walde auseinandersetzen. Nachdem für diese Maßnahme eine öffentliche Förderung in Höhe von bis zu 70 % der

Jürgen und Anne Kohrs, Gutsbesitzer von 1974-2012

anerkannten Kosten möglich war, wurde dieser Gedanke in die Tat umgesetzt. So wurde der Hauptabfuhrweg im Zentralrevier, der Birkenweg, bis hin zum Weg von Böhrings Acker bis zur Blauen Bohne und weiter bis an die Weseler Straße in sandwassergebundener Bauweise hergerichtet. Später kam der Mittelweg im Weseler Holz mit Seitenwegen und zwischen den Abt. 111 und 116 hinzu. Im Park war es der Mittelweg vom Hof zur Weiher Straße. Mit Forstoberinspektor Torben Homm, meinem Nachfolger, baute Gutsherr Jürgen Kohrs den Weg vom großen Ölteich bis zum Fischerhaus aus. Als Letztes fehlt noch der Ausbau des Hauptabfuhrweges im Forstort „Schierhorner Fuhren“ der Abt. 101-109. Seit dem 1. Dezember 2001 ist Forstwirtschaftsmeister Olaf Mindermann aus Dorfmark auf dem Gut Holm angestellt und betreut die Forsten und den Jagdbetrieb. Die Zusammenarbeit mit Herrn Mindermann war für mich und auch für meinen Nachfolger Torben Homm stets konstruktiv und von gegenseitiger menschlicher Anerkennung geprägt. Besonders am Herzen lag und liegt Olav Mindermann die Ausbildung von Selbstwerbern an der Motorsäge, die sehr intensiv und konsequent von ihm durchgeführt wird. So haben auch meine Frau Karin, Frau Marie Fehling von der FwV Nordheide-Harburg, Frau Jasmin Holst aus Freetz, die Lebensgefährtin meines Nachfolgers und ihre Nachbarin im Herbst 2012 einen entsprechenden Motorsägenlehrgang bei ihm erfolgreich absolviert. Der theoretische Teil erfolgte hier bei uns im Forsthaus, die Praxis im Holmer Gutsrevier.

Friedrich Kohrs, Gutsbesitzer seit Juli 2012

Anerkennung für unsere Bemühung, den Gutsforst Holm im Sinne der Grundsätze einer naturgemäßen Waldwirtschaft zu führen, erhielten wir bei der Jahresexkursion der ANW im Juli 1998. Die teilnehmenden Waldbesitzer und Forstleute fanden zustimmende Worte und waren von unseren wertschaffenden und ästhetischen Maßnahmen sehr angetan. Grund genug, im bisherigen Sinn und Umfang weiterzumachen. In Zusammenarbeit mit dem Buchholzer Geschichts- und Museumsverein willigte Jürgen Kohrs 1975 ein, dass die sich in seinem Besitz befindliche Wassermühle vollständig durch den Verein renoviert wird und den Mahl- sowie Backbetrieb wieder aufnimmt. Des Weiteren sollten in den neuen Räumen kulturelle Veranstaltungen stattfinden. In den Jahren 2002–2003 wurde dann in Zusammenarbeit mit der Wasser- und Naturschutzbehörde sowie der Stadt Buchholz und dem hiesigen Sportfischerverein eine Fischwanderhilfe (Fischtreppe) am Mühlenwehr errichtet. Das Forstgut Holm verfügt über eine lückenlose Forsteinrichtung der letzten 80 Jahre. Als von Seiten der EU von den Mitgliedsländern verlangt wurde, die Erzeugung von Lebensmitteln zu beschränken und landwirtschaftliche Nutzflächen aufzuforsten, kam Jürgen Kohrs dieser Aufforderung nach. In den Jahren von 1988 bis 1992 wurden rd. 40 ha Acker- und Grünland tief gepflügt und mit der Pflanzmaschine von Fa. Priebe aus Visselhövede mit Laub- und Nadelhölzern sowie Sträuchern am Rande aufgeforstet, die heutigen Abt. 185, 186, 187, 188, 189. Die Maßnahme wurde mit einer Erstaufforstungsbeihilfe und einer Erstaufforstungsprämie für die nächsten 20 Jahre gefördert. Die Stürme aus 1990 und 1992-1993 verursachten auch hier Schäden, die sich aber im Rahmen hielten und deren Freiflächen zügig aufgeforstet wurden. Im Jahre 2006 übernahm Forstinspektor Torben Homm als Bezirksförster die Bezirksförsterei Jesteburg und die forstlichfachliche Leitung der FBG FV Jesteburg und damit auch die forstliche Betreuung des Gutes Holm. Ein Besitzwechsel fand zum 1. Juli 2012 statt, als Gutsherr Jürgen Kohrs das Gut Holm an seinen Sohn Friedrich als Rechtnachfolger übergab. Auch er wird künftig in enger Zusammenarbeit mit der FBG FV Jesteburg den Forstbetrieb nachhaltig bewirtschaften, im Sinne seines Vaters und dem Gedankengut der ANW. Das Forstgut Holm hat im Jahre 2012 eine Größe von 666,29 ha Forstbetriebsfläche.

DAS FORSTGUT CORDSHAGEN

Der Hamburger Schifffahrtsdirektor Gottfried Eduard Christian CORDS (1870-1934) gehörte mit zu den ersten Freunden der Lüneburger Heide. Es fiel genau in die Zeit, in der Hermann Löns die Schönheit der Heide beschrieb, der Egestorfer Pastor Bode und Landrat Ecker aus Winsen/L. versuchten, den Wilseder Berg und den Totengrund vor Spekulationen zu retten, als Eduard Cords im Jahre 1908 begann, Ödlandflächen in der sogen. „Drögen Heide" bei Welle im Landkreis Harburg aufzukaufen. Mithilfe einer holsteinischen Forstbaumschule und dem Einsatz erheblicher finanzieller Mittel begann er diese Flächen zu kultivieren und mit Kiefern, Fichten, Lärchen und Laubholz aufzuforsten.

Einige Abteilungen wurden auf Pflugstreifen mit Kiefern, Fichten und eur. Lärchen besät. Hierzu nahm man Weinflaschen, mischte das Saatgut im Verhältnis 70 % Kiefern, 20 % Fichten und 10 % Lärchen, hielt mit dem Zeigefinger die Flaschenöffnung etwas

Gutsgründer Eduard Cords

zu und säte. Wenn sich die Gelegenheit bot, kaufte Eduard Cords von Bauern aus Handeloh, Welle und Wintermoor bereits bestehende Waldbestände, teilweise auch Ländereien hinzu. Die Bauernhöfe hatten sich durch die Ablösungs- und Verkopplungskosten aus den Jahren 1860-1880 stark verschuldet und nahmen gerne das Geld für diese für sie nutzlosen Flächen. Gastwirt Christoph Wille aus Welle, dessen Sohn Christoph jun. noch heute über Waldflächen im südlichen Weller Gemeindebereich verfügt, hatte mit Eduard Cords auch über den Ankauf dieser Flächen verhandelt. Bei Nennung des Kaufpreises wurde man sich jedoch nicht einig, da Christoph Wille der Betrag nicht hoch genug war, was wiederum Eduard Cords verwunderte. Später stellte sich heraus, dass der eine den preußischen Morgen (2.553 qm) und der andere den althannoverschen Morgen (2.621 qm) zugrunde gelegt hatte. Im Jahre 1922 ließ Cords ein Herrenhaus mit anschließendem Verwalterhaus und Wirtschaftsgebäuden errichten.

Nach und nach kamen weitere Wirtschaftsgebäude hinzu, u.a. eine ca. 60 m lange Scheune. Für die Betreuung seines Forstbesitzes hatte Eduard Cords schon 1918 einen Förster namens Witte eingestellt, der zuerst mit im Gutshaus wohnte. Wintermoor a.d.Ch. war bei der Förster- und Jägerschaft als Wilderernest verrufen, da die Schwarzgänger dafür bekannt waren, sehr schnell von der Waffe Gebrauch zu machen, um der Festnahme zu entgehen. Förster Witte hatte in seinem Revier Schlingen gefunden und verstärkte seinen Jagdschutz. Er wartete in einem Versteck, und es kam ein ihm bekannter bewaffneter Mann aus Wintermoor, der sogar als Waldarbeiter auf dem Forstgut tätig war, um die Schlingen zu kontrollieren. Förster Witte rief ihn an und wurde sofort von ihm beschossen. Glücklicherweise ging der Schuss fehl, Förster Witte schoss in Notwehr zurück und

Das heutige Gutshaus Cordshagen

Das ehemalige Forsthaus Cordshagen

verletzte den Mann tödlich. Er bekam für seinen Einsatz vom Reichsjägermeister Hermann Göring den Ehrenhirschfänger verliehen, doch die Wintermoorer schworen Rache und drohten, ihn und seine Familie auszulöschen. Hartnäckig hält sich aber auch das Gerücht, Liebschaft und Eifersüchteleien hätten eine Rolle gespielt, und Witte hätte einen Nebenbuhler beseitigt. Förster Witte wechselte nach Südniedersachsen in die Nähe von Osnabrück. Kurze Zeit nach seinem Dienstantritt stieß er auf 2 Wilderer, die er ebenfalls in Notwehr erschoss!

1938 ließ Eduard Cords auf dem Gutsgelände ein Forsthaus erbauen. Hier wohnte ab 1939 der Förster Ernst Thies, der Sohn eines Müllers aus Elmshorn war und im Forstgut 33 Jahre lang bis zu seiner Pensionierung im Jahre 1972 treu seinen Dienst versah. Nach seinem Tode im Jahre 1976 lebte seine Frau weiterhin im Forsthaus, zog aber 1978 nach Ahrensburg in eine eigene Wohnung. Eine Zeitlang wohnte sie noch bei ihrer Tochter, bevor sie dann in ein Ahrensburger Pflegeheim ging, wo sie im November 1997 verstarb. Eingebettet in das Revier ist ein künstlich angelegter, ca. 9 Morgen großer See unterhalb des Gutshofes, der sich im Estebett befindet und von Quellen aus dem umliegenden Moorgebiet gespeist wird. Fisch- und Perlmuschelzucht wurde zeitweise mit mehr oder weniger Erfolg betrieben. Bedingt durch den Krieg, wo die meisten Männer zum Wehrdienst eingezogen waren, und der waffenlosen Zeit für die Jägerschaft bis 1954, hatte sich das Wild trotz vorkommender Wilderei stark vermehrt. Förster Thies, mit dem ich ein sehr freundschaftliches Verhältnis pflegte, erzählte mir begeistert, dass zu Beginn der 1950er-Jahre im Bereich von Cordshagen-Wehlen rd. 150 Stück Rotwild gestanden haben. Dies erklärt auch die großen Schlagschäden und besonders die Schälschäden in den Beständen bis hin an den Rand des Dorfes Welle. So sahen die ca. 50 ha großen Fichtenbestände im Zentralrevier verheerend aus. Im westlichen Teil des Revieres, in der sogen. Kamper Heide, hatte man während der NS-Zeit ein Munitionsdepot angelegt. Deshalb erfolgte kurz vor Kriegsende 1945 ein starker Beschuss durch Kampfflugzeuge der Alliierten, bei dem rd. 450 Morgen des Waldes, in erster Linie im östlichen Revierteil, zerstört wurden. Diese Flächen wurden bald wieder aufgeforstet und dienten z.B. 1953 als einer der Exkursionspunkte beim Waldbegang der Mitglieder des Forstverbandes Buchholz, die in der anschließenden Generalversammlung im Gasthaus Wille in Welle am 14. März 1953 die Gründung des Forstverbandes Jesteburg beschlossen. Eduard Cords übte als Schifffahrtsdirektor seine Arbeit in Hamburg aus, konnte somit sein land- und forstwirtschaftliches Gut nicht von dort aus bewirtschaften und setzte einen Pächter für die Landwirtschaft ein. Erster Pächter war ein junger Mann, Otto Fuchs, ein Student aus Süddeutschland, der nicht aus der Landwirtschaft stammte und etwa von 1926-1929 auf Cordshagen war. Er war unternehmungslustig, hatte 1923 Liesbeth Wille aus Welle, eine Tochter des „Smeds-Hofes", geheiratet und gründete in Handeloh ein kleines Gasthaus. Sein Sohn Siegfried erweiterte im Laufe der Jahre dieses Gasthaus zu dem heutigen imposanten HOTEL FUCHS, das heute von seinem Sohn Markus geführt wird. Otto Fuchs verstarb im Sommer 1938 in Harburg an den Folgen eines Verkehrsunfalles.

Eduard Cords verbrachte gerne seine Wochenenden und Ferien mit seiner Frau und den beiden Töchtern in Cordshagen. Mit den Handwerkern der Umgebung, die viel für ihn arbeiteten, verstand er sich gut, wovon Tischler Otto Müller aus Welle mir gerne vorschwärmte. Auf Otto Fuchs folgte eine Reihe von Verwaltern, die leider vielfach in die eigene Tasche wirtschafteten, als für den Gutsbetrieb zu sorgen. Eduard Cords verstarb im Jahre 1934. Seine Tochter Ilse war mit dem Arzt Dr. Ernst Kindt aus Ahrensburg verheiratet und verpachtete 1937 die Landwirtschaft in Größe von 241 Morgen an Hermann Müller aus Tellmer bei Lüneburg. Den Forstbetrieb behielt sie für sich und ließ ihn von Förster Thies ab 1939 betreuen. Zum Ausgleich alter Verbindlichkeiten aus den Jahren der Verwalter sowie zur Regelung einer Erbangelegenheit mit ihrer Schwester verkaufte sie im Jahre 1937 200 Morgen Wald an den Hannoverschen Klosterfond. Die jungen Waldbestände brachten noch keinen nennenswerten Ertrag, und so verpachtete Frau Ilse Kindt das Jagdausübungsrecht an den Industriellen Carl Ritscher von Hamburg-Moorburg.

Carl Ritscher war später in Sprötze mit seinen Fabrikanlagen ansässig, wo u.a. die bekannten RITSCHER TRAKTOREN hergestellt wurden. In Inzmühlen, direkt an der Seeve, hatte er sich ein größeres Wochenendhaus als Jagdhaus bauen lassen, von wo aus er in sein geliebtes Jagdrevier fuhr. Im Jahre 1970 verstarb Carl Ritscher, war 33 Jahre lang Pächter des Revieres Cordshagen und hatte sich einen guten Namen als Jäger und Heger erworben.

Hermann Müller galt als gut wirtschaftender Bauer, beschäftigte Weller Mitarbeiter auf dem Hof und war bis 1964 Pächter der Cordshagener Landwirtschaft. Frau Cords wohnte als Witwe seit 1934 mit einer Hausdame im Herrenhaus, das nach ihrem Tode im Jahre 1954 an Erwin Parzour für 10 Jahre verpachtet wurde, der dort Sonntagsgäste bewirtete. Das Jahr 1964 brachte einschneidende Änderungen in die Besitzverhältnisse des Forstgutes Cordshagen: In Bremen-Neuland hatte der dort ansässige Bauer Hermann Plate erhebliche Flächen für Autobahnbau und Stadterweiterung abgeben müssen und suchte einen neuen Betrieb. Er war auf Cordshagen aufmerksam geworden, und die Verhandlungen gestalteten sich bereits 1962 für ihn positiv. Da der Pächter Parzour auf Einhaltung seines Pachtvertrages bis 1964 pochte, fand die Hofübergabe in einer Größe von rd. 250 Morgen Acker, Grünland und Garten erst zu diesem Zeitpunkt statt. So ging nach 56 Jahren der landwirtschaftliche Teil des Forstgutes in andere Hände über. Den Forstbetrieb bewirtschaftete Frau Ilse Kindt weiterhin in Eigenregie. Hermann Plate war ein tüchtiger Bauer, der mit eigenem Vieh und Gerätschaften das Gutsanwesen vorbildlich bewirtschafte. Ich habe oftmals die aufrichtige Gastfreundschaft im Plate'schen Hause genießen dürfen. Durch Ankauf von land- und forstwirtschaftlichen Flächen der Weller Bauern konnte er den Betrieb auf 81 ha vergrößern, womit er sich auch eine Eigenjagd schuf. Leider verstarb Hermann Plate 1981 im Alter von 54 Jahren an einem Herzinfarkt, und sein Sohn Dieter übernahm als Dipl.-Ing. agrar den Betrieb. Mit Wirkung zum 1. Juli 1983 brachte er seinen Betrieb in die Bostelmann KG in Todtglüsingen ein, die Ackerbau im großen Umfang betrieb. Er schied persönlich im Jahre 1989 aus diesem Betrieb aus, war mehrere Jahre als Angestellter tätig und gründete im Jahre 1999 einen eigenen kleinen Industriebetrieb. Heute bewirtschaftet er seine land- und forstwirtschaftlichen Flächen wieder selbst.

Im Jahre 1970 verkaufte Frau Kindt ihren Forstbetrieb in der Größe von 378 ha an C.F. Tenge-Rietberg in Rietberg bei Gütersloh. Die Betreuung erfolgte durch den Forstverband Jesteburg e.V., der von mir geleitet wurde. In Zusammenarbeit mit Forstamtmann Weber, der den Forstbetrieb in Rietberg betreute, nahm ich die Bewirtschaftung dieses Forstgutes auf. Eine scharfe Durchforstung der vom Rotwild stark geschälten Fichtenbestände ging einher mit der Umwandlung der nicht standortgemäßen, einförmigen Fichtenbestände, von Osten her beginnend. Der Orkan vom November 1972 beschädigte auch die Bestände in Cordshagen, und es war eine Holzmenge von ca. 10.000 fm aufzuarbeiten. In erster Linie traf es die Kiefernbestände, da die Fichtenbestände über einen bis zum Erdboden reichenden Waldmantel verfügten, der den Sturm über sich hinweggleiten ließ. Erst dahinter zerstörte der Sturm alles. Eduard Cords hatte klugerweise die Abteilungsschneisen in einer Breite von 20-30 m angelegt, zum einen aus Feuerschutzgründen und zum anderen als Äsungsflächen fürs Wild. Die Wiederaufforstung der Windwurfflächen mit standortgemäßen Laub- und Nadelhölzern in den Jahren 1975-1979 wurde mit öffentlichen Mitteln gefördert. C.F. Tenge-Rietberg verkaufte im Jahre 1980 diesen Besitz in zwei Teilen, die Bundesstraße 3 als Grenze wählend.

Der ÖSTLICHE Teil in Größe von 242 ha wurde von Dr. Joachim Schmidt, der als Facharzt Mitbesitzer einer Nierendialyseklinik in Hannover war, erworben. Er wollte hier seinen Kindheitstraum verwirklichen und als Öko-Bauer Landwirtschaft betreiben. Durch Ankauf und Tausch vergrößerte er die landwirtschaftliche Nutzfläche auf zuletzt 80 ha. Im Jahre 1984 ließ er ein repräsentatives Wohnhaus und umfangreiche Wirtschaftsgebäude in Fachwerkausführung erbauen, dem im Jahre 1986 noch eine große Halle folgte. Später kamen noch eine Bäckerei und Schlachterei mit entsprechenden Kühlanlagen hinzu. In wirtschaftlich guten Zeiten waren bis zu 7 Mitarbeiter, neben dem Eigentümer, auf dem Betrieb beschäftigt. Er erlangte die Anerkennung als „Ökohof GmbH" und verkaufte seine Produkte in einem Ladengeschäft in Harburg. Muttertierhaltung mit Angusrindern und umfangreiche Geflügelhaltung kamen hinzu. Die Oberfinanzdirektion Hannover hatte nach einer Betriebsprüfung angedroht, den Forstbetrieb als „Liebhaberei" und nicht als Wirtschaftsbetrieb einzustufen. Dies führte dazu, dass Dr. Joachim Schmidt, der die Wirtschaftsführung tätigte – ansonsten war der Betrieb auf den Namen seiner Frau grundbuchlich eingetragen – auf den Gedanken kam, einen größeren Holzeinschlag durchzuführen. Damit wollte er den Beweis erbringen, dass der Forstbetrieb doch ein Wirtschaftsbetrieb sei. Es sollten alle Fichtenbestände in einer Größe von fast 50 ha eingeschlagen werden, was später dann auch erfolgte. Der Forstbetrieb war mit Übernahme Mitglied in der FBG FV Jesteburg. Ich versuchte Dr. Schmidt von diesem Vorhaben abzubringen und wies darauf hin, dass man ja vereinbart hatte, den Betrieb im Sinne des Dauerwaldgedankens kahlschlagfrei zu führen. Außerdem bestimme das Waldgesetz, dass Kahlflächen in einer angemessenen Zeit, hierunter verstand man 3 Jahre, wieder aufzuforsten sind, was wieder erhebliche Mittel in Anspruch nehmen würde. Trotz umfangreicher Bemühungen meinerseits gelang es nicht, diesen großen Kahlschlag zu verhindern. Die Durchführung übernahm die Dänische Heidegesellschaft, und das Holz wurde von Fa. Holz Ruser aus Bornhöved gekauft. Ein entsprechender Holzvorverkaufsvertrag lag vor. Die spätere Wiederaufforstung durch Dr. Schmidt zog sich über Jahre hin und gelang mehr oder weniger. 1994 erkrankte Dr. Schmidt schwer, musste den Hofbetrieb mehr oder weniger einstellen. Infolge eines späteren Betriebsunfalles wurde seitens der landwirtschaftlichen Berufsgenossenschaft ein Berufsverbot ausgesprochen. Die landwirtschaftlichen Flächen wurden an den Demeterbetrieb Wörme bzw. an Landwirt Andreas Masuth aus Klein Todtshorn verpachtet. Den Forstbetrieb bewirtschaftete Dr. Schmidt mit einem Forstunternehmer zusammen allein, da er aus der FBG FV Jesteburg nach Unstimmigkeiten ausgetreten war und damit einem Ausschluss seitens des Forstverbandes zuvorkam. Zum 1. Juli 2012 wurde der gesamte Forstbesitz an den Hannoverschen Klosterfond verkauft. Das Wohnhaus mit Wirtschaftsgebäuden und den verbliebenen landwirtschaftlichen Flächen erwarb die Klosterkammer nicht, es steht weiterhin zum Verkauf an.

Den WESTLICH der B 3 liegenden Forstteil in Größe von rd. 117 ha kaufte 1980 der Landwirt Dieter Maiweg aus Bochum. In späteren Jahren konnte ein angrenzendes Waldstück in Größe von 21,68 ha von Liesbeth Bammann aus Elstorf erworben werden, die heutige Abt. 228. Damit hat das Revier eine Forstbetriebsfläche in Größe von 138,32 ha, wovon 131,03 ha Holzbodenfläche und 7,29 ha Nichtholzbodenfläche sind. Der Eigenjagdbezirk, den Dieter Maiweg selbst bejagt, hat heute eine Größe von 165,5 ha, da die fremdbesitzenden Waldparzellen innerhalb des Eigenjagdbezirkes in Größe von 32,02 ha von ihm angepachtet wurden. Die Abt. 210 in Größe von 4,84 ha wurde jagdpachtmäßig dem Gemeinschaftsjagdbezirk Kamperheide zugeschlagen, um die gesetzlich geforderte Mindestgröße für einen GJB zu gewährleisten. Dieter Maiweg wurde sogleich Mitglied in der FBG FV Jesteburg, und es besteht seitdem ein freundschaftlich-kameradschaftliches Verhältnis zwischen Waldbesitzer und mir, aber auch mit meinem Nachfolger FA Torben Homm. Dieter Maiweg bewirtschaftete in Bochum, Ortsteil Langendreer, einen viehlosen landwirtschaftlichen Betrieb, kaufte nach der deutschen Wiedervereinigung einen landwirtschaftlichen Betrieb in Alt Schönau bei Waren in Mecklenburg-Vorpommern, der vom Sohn Axel als Dipl.-Ing. agrar bewirtschaftet wird. Mit Vollendung des 65. Lebensjahres wurde die Verpachtung des gesamten Betriebes zum 01.01.2010 an Sohn Axel erforderlich, weil sonst die Bauernrente nicht gezahlt wird. Da Dieter Maiweg passionierter Jäger ist, im Vorstand in seinem Heimathegering ein Ehrenamt bekleidet, bejagt er den EJB Cordshagen-West selbst. Von ihm wurde ich zum Jagdaufseher ernannt und vom Landkreis Harburg amtlich bestätigt, sodass der Jagdschutz im Revier gewährleistet ist. Schwarzwild, Rehwild, Dachs, Fuchs und anderes Niederwild ist Standwild, Rotwild und Damwild überwindet in letzter Zeit kaum noch die stark befahrene Bundesstraße 3, meistens wird es dabei überfahren. Erfreulich ist das Vorkommen von Steinkauz, Schwarz-, Grün- und Buntspecht, hin und wieder kommt der Wendehals vor. Brutvögel sind Turteltaube, Schnepfe, Baumfalke und Mäusebussard. Hin und wieder lässt sich der Kranich, von seinem Brutgebiet im Naturschutzgebiet Otterer Moor kommend, auf den Wildäckern nieder, um nach Würmern zu suchen und den Kirrmais aufzunehmen. Bei einem Ansitz hatte ich folgendes Erlebnis: Ich saß in einer Kanzel am Wildacker im Revier Cordshagen-West, als ich einen Schatten über mir wahrnahm und ein Kranich auf dem Wildacker landete. Er sicherte eine ganze Zeit, um dann mit seinem Schnabel die runden Holzscheiben, die zum Abdecken des ausgelegten Kirrmaises dienten, aufzurichten und wegzurollen. So kam er problemlos an den Mais heran – lögenhaft tau vertellen, aber wahr! Es fehlte natürlich einmal wieder die Kamera, die im Auto lag!

Bei Übernahme des Forstbetriebes im Jahre 1980 durch Dieter Maiweg waren alle Windwurfflächen aufgeforstet und ca. 5-7 Jahre alt, es hieß jetzt Pflegemaßnahmen zu ergreifen. So wurden in den kommenden Jahren zu stark bedrängende Weichhölzer eingestutzt und Kiefernprotzen herausgeschlagen. Später angelegte Unterbauten – Abt. 218, 225 – mit verschiedenen Laub- und Nadelhölzern wurden gezäunt, wuchsen prächtig heran, und der Zaun konnte nach ca. 10 Jahren abgebaut werden. Die meisten Aufforstungen/Unterbauten wurden zaunlos begründet, wobei in dieser Zeit ein verstärkter Jagddruck auf den Wildbestand ausgeübt wurde. Mit Erreichen eines Stammdurchmessers von 10-15 cm in 1,30 m Höhe wurden Douglasien, Lärchen, Küstentannen und Kiefern bis auf 6 m Höhe geästet, um später einmal Wertholz zu erzielen. Eduard Cords, der Begründer vom Forstgut Cordshagen, hatte mit seinem Förster Witte bzw. später mit Förster Thies bereits Versuche mit anderen Baumarten unternommen. So ließ er in der heutigen Abt. 225 C im Jahre 1912 in einer Größe von 0,58 ha Roteichen pflanzen, die heute eine gute Stammform aufweisen und befriedigende Wuchsleistungen zeigen. Im Jahre 1935 wurden dann auf 1,7 ha im südlichen Teil der Abt. 209 B Douglasien und Weißtannen gepflanzt, die ebenfalls gut wuchsen, jedoch sehr stark vom Rothirsch zerschlagen wurden, sodass oftmals ehemalige Seitenäste die heutigen Stämme bilden, es sind aber auch einige Kernwüchse vorhanden. Der westliche Teil der Abt. 210 wurde mit Rotbuche und jap. Lärche (wahrscheinlich Hybridlärche) bepflanzt. Auch hier waren zuerst starker Verbiss sowie Schlag- und Fegeschäden zu bemerken, sodass die Buchen noch heute kaum Stammform aufweisen. Die Lärchen hingegen haben sich durchgesetzt und zeigen einen guten Zuwachs, wobei teilweise Grobastigkeit zu verzeichnen ist, da der Engstand in der Jugend fehlte. Im südlichen Teil der Abt. 209 waren es Roteiche und nordische Mehlbeere, wobei die letzte, am Bestandesrand stockend, stark von den Roteichen bedrängt wird. Sieht man sich die Standorte genauer an, so ist festzustellen, dass wahrscheinlich bereits damals eine Bodenuntersuchung stattgefunden hat, da es sich hier um Böden handelt, die tonig-lehmige Schichten im Untergrund aufweisen. In der Abt. 208 A2 versuchte es Förster Thies auf 0,58 ha mit der Sitkafichte, um Deckung für das Schwarzwild zu schaffen. Die Sitkafichten weisen einen enormen Zuwachs auf, wurden leider aber auch vom Rotwild geschädigt, sodass heute nur wenige gutgeformte Kernwüchse vorhanden sind. Man muss den damaligen Waldbesitzern bereits einen forstlichen Weitblick bescheinigen, auch ohne flächendeckende Standortkartierung. Bei den ersten Läuterungen und

Durchforstungen erfolgte „Minderheitenschutz", d.h., gutgeformte Laubhölzer aller Arten sowie Sträucher wurden begünstigt und gefördert. Alle forstlichen Maßnahmen wurden bzw. werden zwischen Dieter Maiweg und mir, später mit FA Homm, anlässlich eines Waldbeganges besprochen, festgelegt und dann dem betreuenden Förster überlassen; Vertrauen gegen Vertrauen! Die Bestände wuchsen heran, und Waldbesitzer wie betreuender Förster fragten sich, wie einmal das anfallende Holz gelagert und abgefahren werden kann. Man kam zu dem Ergebnis, dass der Bau eines Hauptabfuhrweges selbst für schwerste Lkw notwendig sein würde. So erfolgte die Planung für den Neubau, beginnend von der Todtshorner Straße, entlang der Abt. 209, 217 zur Abt. 210, dahinter sollte ein Holzlagerplatz entstehen. Aufgrund des Gesetzes über die Gemeinschaftsaufgabe „Verbesserung der Agrarstruktur und des Küstenschutzes" werden forstwirtschaftliche Maßnahmen gefördert, wozu auch der forstwirtschaftliche Wegebau zählt. Im Jahre 2002 wurde dann der Antrag mit Kostenvoranschlag auf Förderung über das Forstamt Stade bei der Landwirtschaftskammer Hannover eingereicht. Angebote von mindestens 4 Firmen wurden eingeholt. Nach Bewilligung der Förderung und Auftragserteilung baute dann die Fa. i-Bau Behringen einen sandwassergebundenen Weg auf einer Länge von 921 m und einen Holzlagerplatz in der Größe von 50 m x 25 m. Die Verschleißschicht bestand aus einer ca. 8 cm starken Glensanda-Schicht, ein feingekörntes Granitgemisch. Eine Wegeschranke verhinderte das frühzeitige Befahren bzw. Bereiten des Weges. Das entsprechende Dachprofil mit seitlichen Spitzgräben sorgte für Wasserabfluss und Abtrocknung des Wegekörpers. Die Kosten beliefen sich auf 102.245,00 Euro, an Förderung wurden 68.120,00 Euro gezahlt. Das sind ca. 70 % der anerkannten Kosten, da die MwSt. nicht förderfähig ist. Zwischenzeitlich konnte man sich von der Richtigkeit der Baumaßnahme überzeugen, da die Holzlagerung und Holzabfuhr problemlos vonstattengeht. Die angrenzenden Waldbesitzer profitieren heute mit von dieser Lager- und Abfuhrmöglichkeit, die ihnen von Dieter Maiweg gegen Säuberung von Holzplatz und Weg nach der Abfuhr gestattet wird, obwohl sie sich nicht an der Finanzierung des Eigenanteils der Kosten beteiligt haben.

Im Jahre 1985 wurden 113 ha Waldfläche vom Hubschrauber aus als Kompensationskalkung gegen den Schadstoffeintrag behandelt. Die Kosten beliefen sich auf 713,00 DM/ha, wovon 80 % als Förderung seitens Bund und Land erfolgten. Des Weiteren haben sich der Landkreis Harburg sowie die Landgemeinden beteiligt. Durch diese Kompensationskalkung war u.a. ein starkes Wachstum von Waldhimbeere und anderen Gräsern und Blühkräutern festzustellen, wovon Insekten- und Vogelwelt sowie das Wild sehr profitierten. Den Pflanzensoziologen ist diese Entwicklung der Bodenflora sicherlich nicht recht, doch der Vorbeugung gegen Bodenversauerung sollte in diesem Fall Vorrang eingeräumt werden.

Die das Revier durchfließende, leider nicht das ganze Jahr über wasserführende Este, wird beidseitig von 2 Wiesen eingerahmt. An mehreren Stellen habe ich Gruppen von Kopfweiden gepflanzt, die ein sehr gutes Wachstum zeigen und bereits mehrmals geköpft werden mussten. Die Zweige haben wir dem Wildpark Lüneburger Heide als natürliche

Äsung für das Elchwild u.a. gegen Abholung zur Verfügung gestellt. Im Revier verstreut befinden sich gesetzlich geschützte Biotope gem. § 30 BNatSchG bzw. § 28a NNatG, die selbstverständlich aus der Nutzung genommen wurden. Viele Bestände wurden im Laufe der Zeit mit den verschiedensten Laub- und Nadelhölzern unterbaut und weisen überall ein gutes Wachstum auf. Ameisenhege und Vogelschutz werden auch in diesem Revier mit Erfolg praktiziert.

25. Forstwirtschaftlicher Wegebau

Der Absatz unserer im Wald erzeugten Produkte aller Besitzarten, in erster Linie von Holz, wird künftighin ganz entscheidend vom Zustand des vorhandenen Wegenetzes abhängen! Die Anlieferung des Holzes zu den Ladeplätzen erfolgt heute im Allgemeinen durch starkmotorige und schwere Rückefahrzeuge mit 700 mm breiter Niederdruckgummibereifung, gegebenenfalls mit aufgelegten gummierten Laufketten. Hierbei müssen wir mit ca. 12-15 t Eigengewicht und ca. 25 t im beladenen Zustand rechnen. Bei den Vollerntemaschinen (Harvester)beträgt das Gewicht ca. 25-27 t. Mit unseren landläufigen Waldwegen bekommen diese Fahrzeuge ernste Schwierigkeiten, insbesondere bei nasser Witterung. Von der bisherigen Rückearbeit mit hofeigenen Schleppern werden wir uns verabschieden müssen, da diese Maschinen den rauen Anforderungen im Walde nicht gewachsen sind. Die oft geforderte Rückearbeit mit Pferden im Walde kann nur die Ausnahme bleiben. Zum einen haben wir es hierbei mit einem zu geringen Arbeitsfortschritt zu tun, zum anderen muss das mit Pferdekraft an den Weg gerückte Holz anschließend mit einem Kranfahrzeug zu großen Einheiten gepoltert werden. Die Langholz- und Schichtholzfahrer wollen ihr Fahrzeug möglichst an einem Polter vollladen und nicht von Kleinpolter zu Kleinpolter vorziehen. Bei der Lieferung des Holzes an die weiterverarbeitenden Betriebe wie Sägewerke, Paletten- und Holzwerkstoffwerke u.ä. werden heute moderne Großraumlastzüge mit einem Eigengewicht von ca. 20 Tonnen und ca. 40 Tonnen im beladenen Zustand eingesetzt. Die Länge eines solchen Lastzuges beträgt im beladenen Zustand bis zu 24 m, was bei Kurvenradien, Wendemöglichkeiten etc. be-

Bestandesschonende Rücken mit Pferd durch Kay Stolzenberg – heute nur noch die Ausnahme

dacht werden muss. Diese Züge sind mit leistungsfähigen Spezialladevorrichtungen ausgerüstet, um schnell und wirtschaftlich be- und entladen zu können.

Die Erschließung der Wirtschaftswälder durch Wege, die von Lkw befahren werden können, bringt Wertvorteile bei der Vermarktung und erhöht die Wirtschaftlichkeit der Forstwirtschaft. Eine Verbesserung des Kundendienstes durch die jederzeitige und unmittelbare Zugriffsmöglichkeit des Verbrauchers auf das gekaufte Holz führt zur ungehinderten Bedarfsdeckung und einer gleichmäßigen Auslastung des Transportsystems durch den Käufer. Der Erschließung von Waldflächen mit Wirtschaftswegen sind vom Aufwand her klare wirtschaftliche Grenzen gesetzt, dies insbesondere im kleinstrukturierten Privatwald. Der Erschließungsgrad von Forstflächen wird nach Menge der je Flächeneinheit vorhandenen Weglängen bemessen und als WEGEDICHTE bezeichnet. Zwar stehen abnehmenden Rückekosten bei verbesserter Erschließung der Waldflächen steigende Aufwendungen für die Wege gegenüber, doch wird dies durch die verbesserte Einnahmesituation kompensiert.

Eine staatliche Förderung zur erstmaligen Befestigung von Wirtschaftswegen sieht die Gewährung von Zuschüssen in Höhe von bis zu 70 % der beihilfefähigen Kosten vor. Die Erstbefestigungskosten sind primär von der Wahl des Bauverfahrens, Art und Menge des Baustoffes sowie dessen Anfuhrentfernung abhängig. Auf die Wirtschaftsfläche bezogen hängen sie zusätzlich von der Wegedichte ab.

Unter Wegebefestigungen sind bautechnische Maßnahmen zu verstehen, die dazu geeignet sind, neu zu schaffende Wege für eine bestimmte Verkehrsanforderung befahrbar zu machen oder auch bereits bestehende Wege in ihrer Tragfähigkeit zu verbessern. Diese bautechnischen Maßnahmen umfassen:

- den Aufhieb der Trasse, die Vorentwässerung,
- das Herstellen eines Planums,
- die Entwässerung und Verbesserung des Untergrundes,
- den Einbau von Sauberkeits- und Frostschutzschichten,
- das Aufbringen, Verdichten und Profilieren des Oberbaues,
- die Entwässerung der Fahrbahnoberfläche,
- die Schaffung seitlicher Vorfluteinrichtungen,
- die Errichtung von Kunstbauten sowie Nebenanlagen (z.B. Holzlagerplätze).

Bei den Arten der Fahrbahnbefestigung unterscheidet man solche ohne Bindemittel, mit bituminösen Bindemitteln, mit Beton und mit Pflaster. Die Herstellungskosten der vorgenannten Arten steigen in der Reihenfolge ihrer Aufzählung. Aus Gründen der Wirtschaftlichkeit, der mechanischen Beanspruchbarkeit und der leichten maschinellen Unterhaltung kommen für den Wirtschaftsweg im Wald grundsätzlich Befestigungsformen ohne Bindemittel infrage. In Gebieten mit hohen Niederschlägen und auf Wegeteilstrecken mit starkem Gefälle können bituminöse Deckschichten wirtschaftlicher sein. Bei der BAUSTOFFWAHL werden mit Rücksicht auf die Kosten der Herstellung und Unterhaltung von Befestigungen örtlich vorhandene, kostengünstige, möglichst kornabgestufte Materialien bevorzugt. Die sogenannten „forstlichen Einfachbauweisen“ haben sich daraus entwickelt. Sie führen bei tragbaren Investitionen und Unterhaltungskosten zu verkehrstechnisch voll befriedigenden Wegebefestigungen.

Wichtig ist eine ständige WEGEPFLEGE, die Verschleißerscheinungen entgegenwirken kann. Die Abnutzung der Fahrbahn zeigt sich in der Weise, dass der sog. Abrieb je nach Korngröße verstaubt, verspritzt oder zur Seite geschleudert wird. Das weggespritzte Grobmaterial häuft sich auf der Bankette an und bildet mit wucherndem Gras und Kraut einen Wulst, der einen seitlichen Wasserabfluss verhindert. Das Niederschlagswasser verbleibt in den entstandenen Geleisen. Bei der Holzabfuhr von seitlich des Weges gelagertem Holz fallen Holzstücke, Rinden-, Laub- und Nadelabfälle auf die Fahrbahn und schädigen sie.

WEGEBESCHÄDIGUNGEN treten glücklicherweise nur selten auf und können durch Manöver, Überschwemmungen und zu schnelles Fahren von schweren Fahrzeugen oder beim Holzrücken entstehen. Die Aufgabe der WEGEUNTERHALTUNG besteht darin, dass dem ständigen Abnutzungsvorgang entgegengewirkt wird. Es muss eine ebenflächig-geneigte bzw. ebenflächig-gewölbte und dichte Fahrbahnoberfläche erhalten bzw. wiederhergestellt werden. Damit wird das Eindringen von Niederschlagswasser in die Fahrbahn verhindert, und Radstöße werden abgefedert. Die bauliche Erhaltung und Funktionsfähigkeit von Banketten, Wasserabflussvorrichtungen, Kunstbauten u.a.m. gehört ebenfalls zu den Unterhaltungsarbeiten. Für eine ausreichende Fahrbahnabtrocknung ist Sorge zu tragen, d.h., ein genügend weiter Aufhieb der Trasse und das Freihalten von überwachsenden Ästen und Gebüsch sowie Jungwuchs muss gewährleistet sein. Auch müssen die mechanische Beseitigung des Graswuchses von der Fahrbahn und dem Seitenraum sowie das Reinigen der Wegefläche von Abfall sichergestellt sein (siehe Grandjot / Künneth – Waldwirtschaft, Kap. Walderschließung, 1978).

Vor und in den ersten Jahren nach dem Zweiten Weltkrieg holte der Waldbauer sein Bau-, Werkstoff- und Brennholz unter Zuhilfenahme von Pferde-/Ochsenkraft und Holzwagen/Schlitten auf den vorhandenen Schneisen oder Sandwegen aus den Beständen. Wo bereits motorgetriebene Zugmaschinen (DEUTZ-BULLDOG, RITSCHER-SCHLEPPER u.a.) vorhanden waren, wurden diese eingesetzt. Oberförster Flach berichtete, dass Heinrich Meyer vom Riepshof Ende der 1950er-Jahre zwei weitere Schlepper von Otter holen musste, damit das Holz über die Weide an der RIEPSHOFER LOHE gerückt werden konnte. Hierbei drückten die Räder den Oberboden bis zu 60-70 cm tief ein, darunter befand sich eine feste Tonschicht. Ähnliches hörte ich von Hans-Jürgen Peters aus Schillingsbostel, wenn er Holz aus dem Viehorn holen wollte, einem Forstort, in dem u.a. die Wümme entspringt. Einige Sägewerke, die in erster Linie Starkeichen einschnitten, verfügten über zweirädige Rückekarren mit einer sehr starken Zange und Drehwinde, die rückwärts über den starken Eichenstamm gefahren wurden. Der damit am starken Ende

So sehen die meisten Wege nach dem Rücken bzw. der Holzabfuhr aus

Erfahrene Maschinenfahrer sind unbezahlbar, hier: Manfred Decker

Eine ausreichend breite Wegetrasse ist erforderlich

Der humose, nicht tragfähige Oberboden muss abgetragen werden

Muldenkipper und Planierraupe für das Grobplanum

Füllsand wird angefahren

Das wichtigste Gerät ist der Grader

Verteilung des Füllsandes

Auf- und Abtrag zur Wegenivellierung

Eine frostsichere Füllsandhöhe ist notwendig

Auftrag der Verschleißschicht aus Glensanda

Beiderseitige Spitzgräben werden angelegt

Ausreichendes Festwalzen mit Rüttelwalze

Zur Wasserabführung sind Wegedurchlässe einzubauen

Kollege FAR Rudolf Beyer von der FBG Egestorf-Hanstedt beim Wegebaulehrgang

Die geförderte Forstwegebaumaßnahme wird abgenommen. Hier: Sachbearbeiter FAR Vagts und Bezirksförster FA Gamradt

6. August 2003 — Tostedter Anzeiger

Der Wald als Wirtschaftsbetrieb

Spagat zwischen Ökonomie und Ökologie: Wegebau-Projekt im Cordshagener Forst

WELLE. Durch den Cordshagener Forst zwischen der B 3 und Todtshorn schlängelt sich ein noch unbefestigter Weg als weißes Band durch den Wald. Kieslader donnern mit ihrer schwerer Fracht über diese Strecke, schwere Planiermaschinen ebnen das unbefestigte Material. Aus der unberührten Natur vergangener Tage, wird so ein „natürlicher" Wirtschaftsbetrieb - in einem Spagat aus Ökologie und Ökonomie.

Auf einer Länge von rund 2.500 Metern soll in naher Zukunft eine Straße durch den Wald entstehen. Dafür wird der Mutterboden abgetragen, frostsicherer Füllsand verarbeitet, Naturstein als Fahrdecke genommen und ein Profil für den Wasserablauf in die seitlichen Gräben angelegt. Eine Konstruktion, auf der später Lastwa[illegible] die schweren Holzstämme zu jeder Jahreszeit aus dem Wald abtransportieren.

„Der Holzmarkt wird mittlerweile von der Käuferseite bestimmt, damit wir Holz absetzen können, brauchen wir diesen Weg", so Bezirksförster Uwe Gamradt von der Forstbetriebsgemeinschaft Jesteburg. Die Konkurrenz aus Ost-Europa und die Lieferpläne der Holzwerke nötigen zu dieser Baumaßnahme.

Dabei ist Uwe Gamradt aus ökologischen Gründen gegen eine Abholzung im Sommer. Doch der wirtschaftliche Druck zwingt ihn dazu. „Wir suchen uns dann Ecken aus, die nicht ganz so sensibel auf die Abholzung reagieren", betont Gamradt.

Im ersten Schritt wird nun eine Strecke von 1.000 Meter Länge planiert und ein großer Wendeplatz angelegt, auf dem die Stämme auf die Lastwagen aufgeladen werden. Der weitere Ausbau soll spätestens in zwei Jahren erfolgen. Grund: momentan mangelt es an den finanziellen Mitteln.

„Die Erträge aus dem Wald sind sehr gering", sagt Reinhard Vagts vom Forstamt Stade. Deshalb werden verschiedene Maßnahmen wie die Bestandspflege, Umbaumaßnahmen oder der Wegebau mit öffentlichen Geldern bezuschußt.

Mit schwerem Gerät wird die Straße durch den Cordshagener Wald gebaut. Die beiden Förster Uwe Gamradt (l.) und Reinhard Vagts begutachten die Arbeiten **Foto: mh**

Das Problem: Es handelt sich dabei um eine „Co-Finanzierung". Konkret bedeutet dies: Wenn das Land Niedersachsen, keine Zuschüsse bewilligt, fließen auch keine Gelder aus Brüssel. Dabei sind dort die Töpfe prall gefüllt - ganz im Gegenteil zu den Kassen des Landes Niedersachsens. Folge: die „Co-Finanzierung" von 70 Prozent der Gesamtkosten aus öffentlichen Mitteln wird immer unwahrscheinlicher.

„Ich intensiviere jetzt die Versuche, Gelder von den Kommunen zu bekommen", sagt Uwe Gamradt. Angesichts deren finanzieller Lage ein fast aussichtsloses Unterfangen. Und der in der Forstbetriebsgemeinschaft organisierte Waldbesitzer ist auch nicht in der Lage, das gesamte Investitionsvolumen alleine zu tragen. Kostet die Umbaumaßnahme doch zwischen 35 Euro bis 50 Euro pro Meter. Der Ausbau ist notwendig, denn die Gebühren, die der Waldbesitzer für die Abholzung und die Organisation des Abtransportes zahlt, ist die Haupteinnahmequelle der Forstbetriebsgemeinschaft. Davon werden Projekte zur Durch- und Aufforstung bezahlt.

Die Straße hat aber nicht nur wirtschaftlichen Nutzen: Spaziergänger und Radfahrer können die Piste ebenfalls befahren, um die angrenzende und unberührte Natur in dem Wald in vollen Zügen genießen zu können.

Die Aufklärung der Öffentlichkeit über Maßnahmen im Wald ist wichtig

angehobene Stamm wurde dann meistens noch mit Pferdekraft aus dem Wald gezogen. Im Jahre 1970 erlebte ich selbst diese Schwierigkeiten beim Holzeinschlag und Rücken im „Brook“ in der Nähe des Gasthauses „Knick“, als die Mitglieder des RV Int.-Forst Otter Starkeichen einschlugen und mit eigenen Schleppern rückten.

Zerfahrene Wege mit einhergehender Gleisbildung wurden bei trockener Witterung mit einem Wegehobel glatt gezogen. Hierbei wurde die Seitenbankette jedoch immer höher, und das den Wegekörper aufweichende Niederschlagswasser konnte nicht ablaufen. Sogen. seitliche „Wasserabschläge“ sorgten zwar vorübergehend für Abhilfe, waren jedoch sehr bald wieder zugeschlämmt. Teilweise griffen die betroffenen Waldbesitzer zur Selbsthilfe und bauten „Knüppeldämme“, um auf diesen das Holz aus dem Walde zu holen. Das Einbringen von Bauschutt, Kartoffelsteinen u.a.m. zeigte nur mäßigen Erfolg und führte in späteren Jahren zu Auseinandersetzungen mit den Naturschutzbehörde. Die Einstellung der Naturschutzbehörde zum Einbringen von Kartoffelsteinen hat sich in den letzten Jahren positiv geändert. In den 1970er- und 1980er-Jahren setzte dann im bäuerlichen Wald der hiesigen Gegend ein genereller „Forstwirtschaftlicher Wegebau“ ein, der bis heute anhält. Hierbei wird dem Bau von HAUPTABFUHRWEGEN mit Lagerplatzmöglichkeiten Vorrang gegeben, um eine möglichst große Waldfläche zu erschließen; gleichzeitig verteilen sich die Investitionskosten auf mehrere Schultern.

Die Einbindung beteiligter Gemeinden ist ebenfalls eine Möglichkeit der Kostenminimierung für den einzelnen Waldbesitzer. Die Bearbeitung der Anträge für eine öffentliche Förderung des Forstwegebaues erfolgt über den jeweiligen Bezirksförster der Landwirtschaftskammer Niedersachsen in Zusammenarbeit mit dem Forstamt Nordheide-Heidmark in Bremervörde; für den Bereich der FBG FV Jesteburg ist es heute Herr Forstamtmann Torben Homm.

26. Exkursionen, forstliche Weiterbildung, Ausfahrten

Die Vorstandsmitglieder der FBG Forstverband Jesteburg und die betreuenden Bezirksförster erkannten recht früh die Notwendigkeit von der Weiterbildung der Mitglieder, und dies möglichst am praktischen Objekt. So war der Gründungsversammlung im Jahre 1953 eine forstliche Exkursion vorangegangen, und zwar im Walde von Frau Ilse Kindt in Cordshagen sowie in Waldflächen anderer Waldbesitzer im Raume Welle-Höckel. Forstmeister Jaeger vom Forstamt Stade erläuterte die erfolgten Saaten bzw. Pflanzungen und wies eindrücklich auf die notwendige Beimischung von Laubhölzern wie Weißerle, Roteiche und Traubenkirsche (!) hin. Durch den jährlichen Laubabfall würde es zu einer Bodenverbesserung kommen, des Weiteren zur Verminderung der Waldbrandgefahr und Schadinsektenvermehrung. Es wurde aber auch festgestellt, dass an einigen Stellen der Anbau der Fichten besser hätte unterbleiben sollen, da diese einen schlechten Wuchs zeigten und von Moos überzogen waren. Generell sollte einer Aufforstung eine Standorterkundung mittels Anlage von Bodeneinschlägen und entsprechender Begutachtung vorausgehen.

Auf der Generalversammlung des FV Jesteburg im Januar 1956 sprach Oberforstmeister von MEDING über Möglichkeiten zur Hebung des Waldertrages. Er wies darauf hin, dass über den Weg der richtigen waldbaulichen Behandlung, der Rationalisierung, des kommerziellen Holzangebotes und -verkaufs und des richtigen Zeitpunktes der Holznutzung (Starkholz, Wertholz) eine Erhöhung des Ertrages aus dem Walde zu erreichen sei. Man war bemüht, zu den staatlichen Forstämtern gute Nachbarschaft zu pflegen, und so begleitete Forstmeister Böckelmann vom Forstamt Langeloh im Jahre 1956 eine Exkursion im Forstverbandsbereich. Er hob besonders die gelungenen Aufforstungen von Karl Albers aus Buchholz hervor. Für den 20. Februar 1959 um 14.00 Uhr war die Generalversammlung ins Hotel Kurth in Bendestorf anberaumt. Von 14-16 Uhr wurden die Waldbestände von Herbert Schmidt („Baumwoll-Schmidt“) aus Jesteburtg besichtigt, bevor die eigentliche Generalversammlung stattfand. Im Rahmen seines Tätigkeitsberichtes schildert Verbandsförster Flach auf dieser Versammlung, dass besonders in seinem Südbezirk die Wildschäden an den Kulturen erheblich sind und plädiert für eine stärkere Bejagung. Leopold Meyer aus Itzenbüttel dankt Förster Flach für seine klaren Worte und gibt einen Ausspruch von Forstmeister Jüttner – Forstamt Rosengarten – zum Besten: „Es sind nicht sehr viele bösartige Böcke dabei, aber wenn einer da ist, der die Douglasien kaputt macht, wer dann nicht schießt, dem zieh ich die Ohren lang!“ Dass die Waldbauern auch für internationale Themen zu begeistern waren, zeigt die Filmvorführung auf der GV am 12. März 1960 im Hotel Kurth in Bendestorf über Anbau, Pflege und Behandlung von KAFFEE in Costa Rica. Trotz der durch das Wild verursachten Schäden an den Forstkulturen, war man jagdlichen Themen gegenüber aufgeschlossen. So wurde am 17. März 1962 in Frommanns Hotel in Dibbersen der Farbfilm „Der Weiße vom Rundhof“ gezeigt. Bei diesem Farbfilm konnte nicht nur einem Jäger, sondern auch einem Laien das Herz höherschlagen. Die Tierwelt und Natur bot sich in einer wunderbaren Pracht in holsteinischer Landschaft dar. Der Anblick eines weißen Damhirsches war für alle ein Erlebnis. Im Sommer 1968 war die Wingst mit ihren starken Douglasien und dem Wasserwerk in Dobrock unser Ziel. 1969 konnten wir unter Führung von Forstamtsrat Heinz Ruppertshofen die herrlichen Waldlandschaften um Mölln herum bestaunen und waren von der dortigen Ameisenhege tief beeindruckt. Ab 1970 haben wir dann in dem einen Jahr eine Exkursion im eigenen Forstverband und im anderen eine Ausfahrt in die entfernteren Gegenden unserer Heimat unternommen. Nachdem ein Großteil des Windwurfholzes vom November 1972 aufgearbeitet und vermarktet worden war, wurde wieder eine Sommerausfahrt eingeplant. Sie führte uns 1975 nach Lonau in den Harz. 100-jährige Douglasienanbauten mit teilweise gewaltigen Durchmessern und Höhen, eine Eingewöhnungsvoliere für Auerwild, interessante Stauseen und die Adlerwarte haben wir uns angesehen und intensive Fachgespräche mit dortigen Forstleuten und Waldbesitzern geführt. Bis zum heutigen Tage hat der FBG Forstverband Jesteburg an dieser Gepflogenheit festgehalten, die unterschiedlichsten Örtlichkeiten angefahren und die verschiedensten Themenbereiche behandelt.

Nach Kalamitäten wie z.B. Sturmwurf interessierte den FBG Forstverband Jesteburg selbstverständlich die Technik der schnellen Holzaufarbeitung, Abfuhr und Lagerung mehr als etwa die Wertästung. Länderübergreifende Geschäftsverbindungen führten bald zum gegenseitigen Besuch und dem Kennenlernen der dortigen Wirtschaftsweise. So ist es nicht verwunderlich, dass mit den skandinavischen Waldarbeitern auch die entsprechenden Großmaschinen wie Vollernter (Harvester) und Rückemaschine (Forwarder) bei uns erfolgreich Einzug hielten und nicht mehr wegzudenken sind. Auf Einladung von Herrn Werner von SEYDLITZ, Inhaber der Fa. MP-BOLAGEN AB in Vetlanda, besuchten der Vorstand und die Geschäftsführung unserer FBG und der benachbarten FBG Egestorf-Hanstedt einschließlich der Ehefrauen1978 die schwedische Holz- und Forstmesse ELMIA in Jönköping. Dieser Besuch erweiterte unseren forstlichen Horizont erheblich. War für uns ein Jahreseinschlag von 20.000-30.000 fm Rundholz pro FBG schon eine gewaltige Herausforderung, so war dies nichts im Gegensatz zum Verbrauch eines Zellstoffwerkes in Schweden, das täglich 6.000-7.000 fm Holz verarbeitete. Im Jahre 1988 fuhren der Vorstand und die Geschäftsführung mit Ehefrauen zum Wildpark Eekholt in Schleswig-Holstein.

Adolf Meyer-Peters auf der Salzhalde in Gorleben

Waldbegang mit Dieter Parl und Sohn in seinem Wald in Buensen

Kaffee und Kuchen nach dem Waldbegang in Buensen

Auf Einladung von Werner von Seydlitz besuchten der Vorstand und die Geschäftsführung mit Ehefrauen MP-Bolagen in Vetlanda

August-Wilhelm und Edith Jagau, Hermann und Erika Becker in Vetlanda

Auf der Hackschnitzelanlage in Ystad

Auch die Geselligkeit sollte nicht zu kurz kommen, und so wurden im Anschluss an die Generalversammlung oftmals Tanzveranstaltungen durchgeführt. Ein gewisser „Nachholbedarf" der Kriegs- und Nachkriegsjahre sorgte für sehr gute Beteiligung, und viele Teilnehmer konnten gleich vom Hotel Buhr in Jesteburg am Morgen in den heimischen Stall zum Füttern und Melken gehen, bevor sie zum Ausschlafen in die Federbetten kamen.

Der Zusammenhalt in den Dörfern wurde groß geschrieben, und gegenseitige Hilfeleistung war an der Tagesordnung. Leider hat sich dies heute vielfach ins Gegenteil verschoben, da es kaum noch eine dörfliche Struktur gibt und sich eine gewisse Kälte im menschlichen Miteinander ausgebreitet hat. Gerne erinnern sich unsere Waldbesitzer mit ihren Frauen an die sehr gut besuchte und gelungene Jubiläumsveranstaltung anlässlich des 25-jährigen Bestehens des Forstverbandes Jesteburg im Jahre 1978 im Hotel ZUM LINDENHOF in Nenndorf. Unter den Klängen der Kapelle von Jonny Kröger wurde tüchtig das Tanzbein geschwungen. Eine ähnlich gute Beteiligung konnten wir bei der Festveranstaltung zum 50. Jahrestag der FBG FV Jesteburg im Jahre 2003 im Schützenhaus in Dibbersen verzeichnen, auch wenn nicht mehr getanzt wurde.

Die Mobile Waldbauernschule der Landwirtschaftskammer Hannover, in Zusammenarbeit mit unserem Forstverband und der Hannoverschen Landwirtschaftlichen Berufsgenossenschaft – heute Landwirtschaftliche Berufsgenossenschaft Hannover-Bremen –, war in jedem Jahr zu Gast bei uns. Sowohl unsere Waldbesitzer als auch die Auszubildenden in der Forstwirtschaft und die BGJ Agrar-Schüler wurden hier über waldbauliche

Waldbesitzer bewiesen Weitblick

Forstbetriebsgemeinschaft Jesteburg feierte 50-jähriges Bestehen – Dank an Bezirksförster Gamradt

Der Vorsitzende Detlef Cohrs skizzierte die Entwicklung der Forstwirtschaft seit den 50er-Jahren.

Von Carsten Weede

Dibbersen. Wer den Wald vor lauter Bäumen nicht sieht, dem fehlt es an Durch- und Weitblick. Wer aber den Wald ständig im Blick hat, ihn hegt und pflegt, und sich sogar Gedanken darüber macht, was Enkel und Urenkel davon haben, wenn er heute Bäume pflanzt, der handelt weitsichtig.

Vor genau 50 Jahren haben ein paar Dutzend vorausschauende Waldbesitzer im Gasthaus Wille in Welle den Forstverband Jesteburg gegründet. Zum Vorsitzenden wurde der Bauer August Henk aus Lüllau gewählt. Mit einem Festakt in der Schützenhalle in Dibbersen haben jetzt 160 Mitglieder und Freunde der Forstbetriebsgemeinschaft Forstverband Jesteburg den runden Geburtstag gefeiert. Heute betreut die Forstbetriebsgemeinschaft nach Angaben ihres Vorsitzenden Detlef Cohrs 470 Waldbesitzer mit 5898 Hektar Waldfläche.

In seiner Festrede skizzierte Cohrs die rasanten Veränderungen in der Forstwirtschaft der vergangenen 50 Jahre. Als sich die Waldbesitzer 1953 zusammenschlossen, wurden Bau- und Grubenholz noch an die örtliche Sägerei oder Zimmerei verkauft. Diese Betriebe sorgten meist für die Abfuhr der Stämme.

Das Aufarbeiten und Rücken des Holzes erledigten Arbeiter, die meist ganzjährig auf den Höfen der Waldbesitzer beschäftigt waren. Feuer- und Buschholz, das sie nicht selbst brauchten, konnten die Waldbesitzer damals in der Nachbarschaft verkaufen. Cohrs: „Mit der Verringerung der Arbeitskräfte auf den Bauernhöfen kamen mehr und mehr Waldarbeiter zum Einsatz, die vom Förster eingesetzt wurden."

Der Vorsitzende der Forstbetriebsgemeinschaft, Detlef Cohrs (links), sein Stellvertreter Helmut Martens (zweiter von rechts) und Forstamtmann Uwe Gamradt begrüßen Jürgen Maack (rechts) aus Lindhorst. Foto: cw

Die „große Wende" in der Forstwirtschaft sei für ihn an einem Datum festzumachen: Nach dem Sturm vom 13. November 1972 lagen zigtausend Bäume am Boden. „Wir wussten nicht, wie wir angesichts der schmalen Personaldecke mit dieser Katastrophe fertig werden sollten."

Die Rettung sei damals in Form von schwedischen Waldarbeitern gekommen: „Durch moderne skandinavische Holzverwertung wurden wir wieder Herr der Lage." Das Holz aus den hiesigen Wäldern wurde damals überwiegend nach Schweden exportiert. Dadurch änderte sich alles: Aufarbeitung, Sortimentsbildung, Vermarktung und Abtransport.

„Unsere Handelspartner formierten sich zu immer größeren Konzernen. Sie fordern von uns große einheitliche Partien, die möglichst aus einer Hand angeboten werden sollen."

1991 schlossen sich daher die vier Forstbetriebsgemeinschaften aus dem Landkreis Harburg zur Forstwirtschaftlichen Vereinigung Nordheide-Harburg mit Sitz in Buchholz zusammen. Vorsitzender ist seither Norbert Leben aus Schätzendorf. Der frühere Bundeswehroffizier wurde 1999 auch zum Geschäftsführer der damals gegründeten Nordheide Forst Service GmbH bestellt, die seither für den gemeinsamen Holzverkauf zuständig ist.

Damit hatte Cohrs den Brückenschlag von der Vergangenheit zur Gegenwart vollzogen. Dass die Forstbetriebsgemeinschaft „heute ein „moderner und leistungsstarker Dienstleistungsbetrieb ist", sei insbesondere „der Tatkraft und dem unermüdlichen Einsatz" des Bezirksförsters Uwe Gamradt zu danken. „50 Jahre Forstbetriebsgemeinschaft Forstverband Jesteburg sind gleichzeitig 37 Jahre Uwe Gamradt. Am 1. Oktober 1966 begann er seinen Dienst bei uns", sagte Cohrs und bedankte sich im Namen aller Waldbesitzer bei dem Forstamtmann und seiner Frau Karin, die Geschäftsführerin der Forstbetriebsgemeinschaft ist.

Beim Empfang

und arbeitstechnische Fragen unterrichtet, einschließlich Unfallverhütung bei der Waldarbeit. Praktische Übungen mit der Motorsäge wurden im Walde durchgeführt. Ein Film über Unfallverhütung bei der Waldarbeit mit anschaulichen, tatsächlich stattgefundenen Unfällen rundete das Bild ab. Nach wie vor sollte alles darangesetzt werden, dass auch die zwischenmenschlichen Beziehungen unserer Waldbesitzer sowie Mitarbeiter und Geschäftspartner erhalten und gepflegt werden.

„DER WALD EIN SEGEN, WO GOTT IHN SCHUF,

DEN WALD ZU PFLEGEN, EIN SCHÖNER BERUF."

27. Forstliche Öffentlichkeitsarbeit, Natur- und Umweltschutz, Zusammenarbeit und Mitgliedschaft in NGO's

Die Zeiten, in denen sich Waldbesitzer und Förster vor „ihren" Wald stellten und keinen hereinließen, sind lange vorbei! Mehr Freizeit durch kürzere oder flexiblere Arbeitszeiten oder Verlagerung des Arbeitsplatzes in den häuslichen Bereich führen zur vermehrten Inanspruchnahme der Landschaft, des Waldes, der Natur. So besagt § 14 Abs. 1 des BWaldG (Bundeswaldgesetz vom 25.06.2001): „Das Betreten des Waldes zum Zwecke der Erholung ist gestattet. Das Radfahren, das Fahren mit Krankenfahrstühlen und das Reiten im Walde ist nur auf Straßen und Wegen gestattet. Die Benutzung geschieht auf eigene Gefahr. Dies gilt insbesondere für waldtypische Gefahren." Im § 23 NWaldLG Abs. 1-2 (Niedersächsisches Gesetz über den Wald und die Landschaftsordnung vom 21.03.2002) heißt es: „Jeder Mensch darf die freie Landschaft betreten und sich dort erholen. (...) Nicht betreten werden dürfen: Waldkulturen, Walddickungen, Waldbaumschulen sowie Flächen, auf denen Holz eingeschlagen wird. Äcker in der Zeit vom Beginn ihrer Bestellung bis zum Ende der Ernte. Wiesen während der Aufwuchszeit und Weiden während der Aufwuchs- und Weidezeit".

Dass wir sorgsam und pfleglich mit unserer Umwelt umgehen und Achtung vor der Schöpfung haben sollten, hat bereits der bekannte Heidedichter und Waidmann Hermann LÖNS mit folgenden Worten angemahnt:

Höret
Es gibt nichts Totes auf der Welt,
hat alles seinen Verstand,
es lebt das öde Felsenriff,
es leht der dürre Sand.

Laß deine Augen offen sein,
geschlossen deinen Mund,
und wandle still, so werden dir
geheime Dinge kund.

Dann weißt du, was der Rabe ruft,
und was die Eule singt,
aus jedes Wesens Stimme dir
ein lieber Gruß erklingt.

Der Glaube an die menschliche Machbarkeit und Beherrschbarkeit auf allen Gebieten führt zu einer Entfremdung von der Natur. Dass in der natürlichen Umwelt das Leben eng mit dem Tod verbunden ist, dass das eine das andere bedingt, will man nicht akzeptieren. Slogans wie „BAUM AB – NEIN DANKE!" sind in, doch der Dachstuhl des eigenen Hauses soll natürlich aus Holz sein. Wobei dieses Holz selbstverständlich nur aus nachhaltig, naturnah bewirtschafteten Wäldern kommen darf, zertifiziert und dabei auch möglichst preisgünstig zu sein hat. Die Notwendigkeit, dass der Waldbesitzer auch Geld aus seinem Wald erwirtschaften will und muss, wird nur widerwillig anerkannt. Gerne hinterlassen Waldspaziergänger ihren Abfall im Walde, ist er doch für alle da. Die Tatsache, dass es Landes-, Kommunal-, Kirchen-, aber auch Privatwald gibt, weiß der städtische Waldbesucher nicht oder will es nicht wissen. Dies hat die FBG frühzeitig erkannt, und der Vorstand, insbesondere aber das forstliche Betreuungspersonal des Forstverbandes Jesteburg, haben sich der forstlichen Öffentlichkeitsarbeit angenommen. Waldführungen mit Kindergärten, Schulen und Jugend-Vereinen mache ich heute noch gerne und sehe darin eine Möglichkeit, die Menschen schon frühzeitig an ihre schöne Umwelt heranzuführen. Mit Erwachsenengruppen bin ich vielfach unterwegs gewesen und habe dabei so manche schöne Erfahrung gemacht, auch wenn ich oftmals erschüttert über die Unkenntnis einfachster natürlicher Dinge war. Dia- und Filmvorträge wurden vor Jägerschaften oder anlässlich von Generalversammlungen der Forstverbände gehalten. Auch in Alten- und Seniorenwohnstätten waren wir präsent.

Ein weiteres Interessenfeld von mir ist die WALDPÄDAGOGIK. In den letzten 30 Jahren haben wir maßgeblich an der Einrichtung von 6 WALDKINDERGÄRTEN im Forstverbandsbereich mit engagierten PädagogInnen und den jeweiligen Trägern der Kommunen mitgewirkt. Die hohe Akzeptanz und Resonanz, einhergehend mit einer langen Warteliste, lassen manchen Frust mit Behörden, Gemeindemitgliedern u.a. vergessen. Beginnend mit dem Naturkindergarten Buchholz e.V. unter dem Vorsitz von Martina Lehmann und der Leitung von Petra Carlstedt mit ihren „Waldkindern" konnten im Waldkindergarten Bendestorf-Harmstorf „die kleinen Waldlinge" unter Leitung von Nicole Rössner und Erzieherin Antje Schröder ihren Wald erkunden und bei ganz schlechtem Wetter im Schutzwagen unterkommen. Der Jesteburger Waldkindergarten mit seinen „Waldwichteln" fand ein sehr schönes Waldgebiet bei der Sandkuhle am Lohof. Dort entdecken die Kinder mit ihren Betreuerinnen tolle Sachen und fertigen Schönes aus den natürlichen Materialien des Waldes an. Im Waldkindergarten Seppensen sind die „Füchse" zu Hause, die ihren Schutzwagen in einem Waldstück der Familie Müller in der Nähe des Mühlenbaches stehen haben. Der evangelische Waldkindergarten Sprötze „am Höllenschluchtweg" fand große Unterstützung durch die Gemeinde mit ihrer Bürgermeisterin Frau Annegret Schuur. Im Wald am Höllenschluchtweg fühlen sich die Kinder wohl. Der Waldkindergarten Wurzelzwerge e.V. im Bereich Hittfeld wollte sich gerne in den dortigen Privatwäldern etablieren. Leider entsprachen die Anfahrts- und Parkmöglichkeiten nicht den gesetzlichen Anforderungen. Es konnte aber ein schönes Waldgebiet im Staatswald des Forstamtes Rosengarten, Forstort „Sunder", gefunden werden, wo sich die

„Wurzelzwerge“ noch heute wohlfühlen und allgemeine Unterstützung durch den staatlichen Kollegen Burchard Scholz von der Revierförsterei Kleckerwald genießen. Bis heute bin ich fasziniert und glücklich, wenn ich bei meinen Waldbesuchen von den kleinen Waldfreunden schon von weitem als Förster erkannt und mit strahlenden Gesichtern und großem Hallo empfangen werde. Vieles haben sie dann von ihren täglichen Erkundungen und Entdeckungen zu erzählen. So passiert es nicht selten, dass ich von jungen Leuten angesprochen und gefragt werde: „Können Sie sich noch an mich erinnern? Wissen Sie noch – dort im Kleckerwald im Waldkindergarten?“

Weiterhin habe ich mich mit meinen jungen Kollegen, die einen Teil ihrer Ausbildung hier genossen, intensiv um die Waldjugendspiele bemüht. Das Lehrerkollegium der Grundschule Jesteburg am Moorweg war sofort damit einverstanden, dass wir mit den dortigen Kindern Waldjugendspiele durchführen, nachdem ich ihnen den Ablauf dargestellt hatte. So fand am 20. Juni 1995 eine solche Veranstaltung im Walde hinter dem Sanatorium Rüsselkäfer statt. Hier nun ein Ausschnitt aus den Harburger Anzeigen und Nachrichten:

„Auf dem von Fachleuten ausgearbeiteten Parcours ging es nicht nur um das Abfragen von Wissen. Mindestens genauso wichtig war für die jungen Leute das Arbeiten im Team.

Aktuelle Reportage

Im Waldkindergarten ist jeder Tag ein Abenteuer

Es ist kurz nach halb neun Uhr morgens, als die kleine Truppe vom Waldparkplatz aus losmarschiert. Die Stimmung ist gut, denn im Waldkindergarten von Buchholz in der Nordheide ist jeder Tag ein Abenteuer. Ob Regen oder Sonnenschein – die Jungen und Mädchen sind immer mit Begeisterung unterwegs.

Hier dürfen die Kinder sich schmutzig machen

Nach 20 Minuten haben Sozialpädagogin Petra Carlstedt und Erzieherin Jennifer Jackstell mit den Kindern ihr Ziel erreicht: Den Lagerplatz mit Bauwagen, Chemieklo, einem Gartentisch und etlichen kleinen Stühlen, die der Förster aus Baumstümpfen gesägt hat.

Bei schlechtem Wetter dient der hölzerne Bauwagen als gemütlicher Unterschlupf

Ob Sturm, Regen oder Sonnenschein – die Mädchen und Jungen sind immer mit Begeisterung unterwegs

Revierförster Gamrath, Betreuerin Petra Carlstedt und die „Waldkinder“

Nach dem Frühstück, das die Kinder in ihren Rucksäcken mitgebracht haben, wird beraten, was unternommen wird. „Besonders beliebt ist eine im Wald gelegene Sandkuhle, in der man herrlich buddeln und toben kann“, erklärt Petra Carlstedt. Aber auch der nahe gelegene Schweinestall ist ein begehrtes Ziel. „Dort stinkt es so schön“, meint der vierjährige Hendrik.

Aber auch sonst bietet der Wald tolle Möglichkeiten. Die Kinder sammeln Moos für Bastelarbeiten, suchen Stöcker zum Schnitzen und turnen auf gefällten Bäumen herum.

Über alles wollen sie genau Bescheid wissen

„Die Kleinen wissen genau, was sie dürfen und was nicht“, erklärt Jennifer Jackstell. Niemand knickt bewusst Pflanzen, bricht Zweige von den Bäumen oder zertrampelt Ameisen. Und jeder bleibt in Rufweite.

An diesem Tag wartet eine besondere Überraschung auf die Kinder. Förster Gamrath kommt vorbei. Mit ihm durch den Wald zu streifen, ist aufregend, denn er weiß über alles etwas zu erzählen: Über Tannenzapfen, Blätter oder Eidechsen und andere Tiere. „Die Kinder interessieren sich wirklich für alles“, sagt Förster Gamrath, „das ist faszinierend. Sie verhalten sich hier im Wald beispielhaft, zerstören nichts, lassen nichts zurück. Wären alle Erwachsenen so, hätte ich weniger Sorgen.“

Die vierjährige Natalie findet, wie alle Kinder hier, immer etwas Interessantes im Wald

Im Wald können sie ihre Fantasie ausleben

Nach einem Imbiss geht es mittags wieder zurück zum Parkplatz, wo die Mütter warten. Mit glänzenden Augen erzählen die Kinder, was sie an diesem Tag alles gesehen und erlebt haben.

„Es ist toll, wie die Kinder bei der Sache sind“, bestätigt Petra Carlstedt. „Hier im Wald können sie ihre Fantasie kreativ ausleben und sich spielerisch entfalten.“ **Anna Wiese**

Waldkindergarten Buchholz, Betreuerin Petra Carlstedt mit ihren „Waldkindern“

Die einzelnen Gruppen versuchten mit Eifer die Aufgaben zu lösen: Das ist eine Birke – Birken haben eine weiße Rinde. Eifrig stapften fünf Mädchen durch den Wald, blieben vor einzelnen Bäumen stehen und betrachteten sie aufmerksam und versuchten, sie zu bestimmen. Ihr Ergebnis trugen sie in eine Liste ein. Baumbestimmung ist eine klassische Aufgabe bei den Waldjugendspielen, an denen die fünf Schülerinnen gestern Morgen im Wald hinter der Klinik „Rüsselkäfer" in Jesteburg teilnahmen."

Als forstlicher Leiter des Forstverbandes Jesteburg hatte ich in Zusammenarbeit mit Klaus Schmidt vom staatlichen Forstamt Rosengarten einen Parcours mit Fragen rund um den Wald ausgearbeitet. Neben Artenbestimmungen von Tieren und Pflanzen mussten die Schüler der zwei dritten und zwei vierten Klassen der Grundschule Jesteburg, die sich in 16 Kleingruppen aufgeteilt hatten, auch Fragen zum Verhalten im Wald und zu biologischen Zusammenhängen beantworten. An 16 Stationen, die mit Mitarbeiterinnen aus dem Forstverbandsbüro und Eltern besetzt waren, war je eine Frage zu beantworten. „Ich hätte selbst so meine Probleme mit der Aufgabe an meiner Station gehabt", sagte Ingrid Tschense, die den Posten mit der Kraut- und Grasbestimmung übernommen hatte. Insgesamt war Isabel Dalecki-Kröger, Lehrerin der Klasse 4b, über das Wissen der kleinen Waldläufer angenehm überrascht: „Mich hat gefreut, wie sich die Schüler dem Problem gestellt haben. Sie haben sich zusammengehockt und so lange diskutiert und zusammengetragen, bis sie zu Lösungen kamen." Die vierten Klassen hatten viele Themen auch schon im Unterricht behandelt. Für die Drittklässler waren die unterschiedlichen Erfahrungen des Einzelnen im Team umso wichtiger. Durch Beobachtung, Nachdenken und Reden konnten viele Gruppen beachtliche Ergebnisse erzielen. Das eigentliche Ziel der Waldjugendspiele ist allerdings nicht, Waldwissen im Abhakverfahren zu erfragen und Sieger zu ermitteln, sondern die Begegnung mit dem Wald und die Sensibilisierung für die Natur. Bei strahlendem Wetter hatten Lehrer und Veranstalter das Gefühl, diesem Ziel recht nahe gekommen zu sein. „Uns hat das ganz viel Spaß gemacht", sagte auch Jessica Groh aus der „Uhu-Gruppe" gut gelaunt. Dann schmiss sie mit ihren Freundinnen Fichtenzapfen auf einen frischen Pferdeäpfelhaufen und freute sich riesig, als hunderte von dicken schwarzen Brummern aufgeschreckt davonflogen. „Solche Aktionen außerhalb der Schule sollte man viel öfter in den Schulalltag einbauen", sagte Isabel Dalecki-Kröger. Auch ich hielt derartige Angebote für wertvolle Ergänzungen zum Schulalltag. Sie führten zur aktiven Auseinandersetzung mit der Umwelt und förderten das Umweltbewusstsein und die Verantwortung für die Natur. „Ich möchte die Waldjugendspiele in Jesteburg zu einem festen Termin werden lassen", war mein Kommentar.

Einige Jahre hat dies geklappt, dann aber führten mangelndes Interesse seitens der Lehrerschaft, hohe schulische Anforderungen und starke dienstliche Inanspruchnahme von uns Förstern dazu, dass keine Waldjugendspiele mehr abgehalten wurden – schade! Ähnliches haben wir mit der Grundschule in Holm-Seppensen erlebt. Großangelegte Waldjugendspiele, wie es die Schutzgemeinschaft Deutscher Wald e.V. in Hamburg mit mehreren Tausend Schülern veranstaltet, bedürfen einer hohen Logistik und haben bei uns keinen Anklang gefunden. Herr Dr. Klaus Hamann als Vorsitzender des Kreisverbandes

Waldjugendspiele mit den 3.und 4. Klassen der Grundschule Jesteburg

Harburg der SDW Niedersachsen e.V. hat dies an der Jugendherberge in Handeloh versucht, der Erfolg war mäßig.

Seit 1980 veranstalte ich den „Tag des Baumes" auf dem Gelände des Hamburger Land- und Golf-Clubs Hittfeld e.V. in Emmelndorf mit großem Erfolg. Bei bzw. nach dem Pflanzvorgang des „Baumes des Jahres" gebe ich ausführliche Erklärungen über diese Holzart. Während meines Rundganges über den Golfplatz berichte ich von den erfolgten forstlichen Maßnahmen auf dem Gelände. Musikalisch begleitet wird unser Rundgang von der Hittfelder Bläsergruppe unter der Leitung von Walter Werner aus Metzendorf.

Traditionsgemäß findet am zweiten Sonnabend im Dezember eines jeden Jahres das „Weihnachtsbaumschlagen" der Mitglieder des Rotary Clubs HAMBURG-HAFENTOR mit der ganzen Familie statt. Entweder sind wir in einer der Weihnachtsbaumkulturen unserer Waldbesitzer wie Jan Meyer – Itzenbüttel, Hermann Kröger – Handeloh oder Marcus Meyer – Bliedersdorf oder bei Bernd Oelkers in Klauenburg. Für ein zünftiges Lagerfeuer mit Punschkessel und Fliederbeersaft war ich immer verantwortlich, natürlich gab es auch Pfefferkuchengebäck u.ä. Den Abschluss bildete das gemeinsame Erbsen- oder Kartoffelsuppe-Essen im idyllisch gelegenen Gasthaus SEPPENSER MÜHLE, wo weihnachtliche Geschichten erzählt und gesungen wurde.

Mit großem Erfolg setzt mein Nachfolger, Herr Forstamtmann Torben Homm, die Teilnahme an den jährlichen Veranstaltungen von „Jugend aktiv e.V." in Jesteburg fort. Hierbei handelt es sich um verschiedenartigste Veranstaltungen während der Sommerferien für Kinder, die nicht in Urlaub fahren können. Unter dem Thema „Mit dem Förster in den Wald" findet unsere jährliche Veranstaltung großen Anklang und hat meistens die höchste Teilnehmerzahl. Nach einer Waldbegehung, bei der viel in der Natur zu entdecken ist, und der üblichen Frühstückspause im Wald geht es zum Lohof. Dort werden zu zweit Nistkästen gebaut, die einen Brennstempel bekommen und von den Teilnehmern mit nach Hause genommen werden können.

Tag des Baumes

Die Natur unseres Golfplatzes – von der Heide zur Parklandschaft

Heute kaum vorstellbar, dass große Teile unseres Golfplatzes zu Zeiten unserer Großeltern noch Heideflächen waren, wo die Emmelndorfer Bauern ihr Vieh weiden ließen, ihre Bienen stationierten und vor allem ihre Plaggen stachen, die als Streu und Dünger unentbehrlich waren. Das Wappen unserer Heimatgemeinde Emmelndorf führt Heide im Schilde ebenso wie unser Golfclub in seinem ursprünglichen Namen „Hamburger Land- und Golf-Club in der Lüneburger Heide".

▶▶▶ Ortsbürgermeister Werner und die Hittfelder Jagdhornbläser

▶▶▶ Forstamtman Uwe Gamradt

Warum gibt es heute keine Heide mehr bei uns? Die Antwort weiß Forstamtmann Uwe Gamradt, der unseren Club seit 1966 forstfachlich begleitet und berät: „Heide ist Teil natürlicher Sukzession und heute nicht mehr zu halten. Sie wird ohne Beweidung und Abplaggen wieder zu Wald. Pionierpflanzen auf den devastierten, nährstoffarmen Böden sind zunächst Birke und Weide, bevor Buche und Eiche das landschaftstypische Bild unseres Laub-Mischwaldes prägen."

Einmal jährlich anlässlich des „Tag des Baumes" erläutert Uwe Gamradt auf anschauliche Weise kenntnis- und anekdotenreich Fauna und Flora unserer Anlage. Auf eindringliche Weise macht er deutlich, wie wichtig Platz, Licht, Luft und Sonne für die Entwicklung einer gesunden Wald-Ästhetik sind. Immer wieder eindrucksvoll, wie er auch dem letzten Skeptiker deutlich macht, welchen Mindestabstand welche Bäume benötigen, um sich unbedrängt in Breite und Höhe artgerecht entwickeln zu können. Und warum folgerichtig immer wieder mit Augenmaß ausgeholzt werden muss, „um die Tiefenwirkung des Endmoränenreliefs zu erhalten und keine Wände aufzubauen."

Man sieht die Schönheit des Platzes, seine Fauna und Flora, mit ganz anderen Augen und viel mehr Verständnis für die forstwirtschaftlichen Belange, so der einhellige Tenor der Teilnehmer. Bei der Veranstaltung wird traditionell der jeweilige Baum des Jahres gepflanzt, und zum Ausklang gibt es eine zünftige Erbsensuppe im Clubhaus.

„Tag des Baumes" mit dem Hamburger Land- und Golf-Club Hittfeld e.V. in Emmelndorf

Weihnachtsbaumschlagen des Rotary Clubs Hamburg-Hafentor

Zu zweit werden die Nistkästen genagelt

Herr Braasch setzt den Brennstempel an ...

Die heißbegehrten HOT DOGS werden serviert

Die Teilnahme des Forstamtes Stade mit einem eigenen Stand an der jährlichen landwirtschaftlichen Ausstellung in Tarmstedt war im Laufe der Zeit ein Selbstgänger geworden. Wenn auch die Ausstellungsstücke auf dem Stand überwiegend von der FBG FV Jesteburg bzw. von mir stammten, haben sich die meisten Kollegen des Forstamtes am Auf- und Abbau sowie Standdienst beteiligt. Ein Anziehungsmagnet war in jedem Jahr für Jung und Alt das Formicarium mit den Ameisen bzw. die Zecken unter dem Mikroskop.

Vonseiten der FBG Forstverband Jesteburg wurden im Rahmen unserer forstlichen Öffentlichkeitsarbeit ebenfalls Ausstellungen organisiert, oder wir nahmen bei anderen Veranstaltungen daran teil.

Mit der Buchholzer Ortsgruppe des NABU e.V., die FBG FV Jesteburg ist Mitglied im NABU, habe ich, genau wie mein Nachfolger Herr Homm, ein gutes Verhältnis, auch wenn wir in einigen Fachfragen nicht immer einer Meinung sind. Sehr erfolgreich ist die Zusammenarbeit bei der Fledermaushege. Vonseiten des NABU werden potenzielle Standorte für die Aufhängung von Fledermauskästen ausgesucht, wir sprechen daraufhin den entsprechenden Waldbesitzer an und bitten um Erlaubnis. Die Aufhängung der Kästen erfolgt dann vom NABU oder gemeinsam mit uns. Das Ergebnis der jährlichen Kontrolle und Reinigung wird in eine Datenbank eingetragen. Dem jeweiligen Waldbesitzer überbringen wir dann in schriftlicher Form diese Ergebnisse. So manche Fledermausart wurde dabei wiederentdeckt, von der man glaubte, dass sie hier gar nicht mehr vorkomme. Wenn wir den Tieren und Pflanzen einen entsprechenden Lebensraum anbieten, dann bleiben sie auch!

Kollege Karsten Thomsen und Forstwirt Heiko Salzwedel beim Standdienst in Tarmstedt

Meine Frau Karin und ich am Stand des Forstverbandes in Holm-Seppensen

Das FoA. Stade, heute Nordheide-Heidmark, ist als einer der Träger öffentlicher Belange sehr stark mit eingebunden, bei der Planung und Durchführung im Bereich Wohn- und Straßenbau, Leitungsbau aller Art, Ausweisung von Schutzgebieten u.v.a.m, wenn hiervon Privatwaldflächen des Dienstbezirkes betroffen sind. Das bedeutet die Teilnahme an Besprechungen, Ortsterminen, Stellungnahmen usw., natürlich im Einvernehmen mit dem Forstamt. Die Ortskenntnisse von uns Förstern werden gerne in Anspruch genommen, womit wir manche Fehlentscheidung positiv für unsere Grundeigentümer beeinflussen konnten.

Mit dem Arbeitskreis Naturschutz (AKN) der Samtgemeinde Tostedt unter Leitung von Reinhard Kempe wurden Entkusselungsarbeiten in den hiesigen Heideflächen durchgeführt.

Unter der fachkundigen Leitung von Dr. Ludwig Tent aus Tostedt, dem AKN und dem NABU Buchholz e.V. sowie der finanziellen Unterstützung der Edmund Siemers-Stiftung vom Neddernhof bei Sprötze wurde u.a. die Este in großen Teilbereichen renaturiert, indem Steinlager die Fließgeschwindigkeit veränderten und mehr Sauerstoffeintrag erfolgte.

Die Artenvielfalt, Schönheit und Gesundheit unserer Umwelt, ob im Kleinen oder Großen, ist von uns zu erhalten, ggf. zu vermehren, aber keinesfalls zu zerstören oder gar zu vernichten. Häuptling Seattle sagt in seiner berühmten Rede:

„Denn das wissen wir, die Erde gehört nicht den Menschen, der Mensch gehört zur Erde – das wissen wir!"

Das Leben des Waldes verläuft in vier Phasen: Die Begründungs-, die Aufwuchs-, die Optimal- und die Zerfallsphase. Mir scheint, dass wir in unserer hochzivilisierten, heutigen Technikwelt das Verständnis für das Natürliche fast verloren haben. Über Tod und Vergehen sprechen wir lieber gar nicht, wir verdrängen es, wir verbergen es – wollen möglichst nichts damit zu tun haben. Doch das Sterben, der Zerfall gehört mit zum Wald und ist oftmals Voraussetzung für den Neubeginn. Viele Pflanzen, Pilze, Algen, Flechten und Tiere sind gebunden an diese Phase des Waldlebens und -vergehens, können ohne sie nicht sein. So sollten wir Forstleute und Waldbesitzer Platz haben für knorrige Solitärbäume und anderen Einzelschöpfungen der Natur und uns daran erfreuen. Vielleicht sollten wir einmal daran denken, eher einen Pfad oder Weg zu verlegen als dafür einen alten Baum oder Totholz wegen der – oftmals übertriebenen – Verkehrssicherheitspflicht zu opfern.

Die Zusammenarbeit mit dem BUND (Bund für Umwelt und Naturschutz Deutschland), Greenpeace oder World Wide Fund for Nature (WWF) gestaltet sich etwas schwieriger, da in manchen Fachfragen die Meinungen doch erheblich voneinander abweichen. Waldbesitz muss auch einen Gewinn bringen dürfen, wenn er dauerhaft gepflegt werden soll!

Es geht darum, die Rechte der Natur gegen die angemaßten Ansprüche einer ins Unverhältnismäßige angewachsenen Menschenmasse zu schützen (Zitat: Gespräche mit Goethe).

Trasse der Gasleitung von Russland nach Holland, hier bei Vaensen

Freiwillige Helfer bei Entkusselungsarbeiten am Pferdekopf im Büsenbachtal

Bachrenaturierung durch Steinlager

Spinngewebe im Altweibersommer – ein unvergleichliches Kunstwerk!

Wunderschöne Fruchtkonsolen eines Porling-Pilzes an einer Roteiche

Totholz lebt! Die alte Buche – Lebensraum für viele

Wo gibt es sie noch in unseren Wirtschaftswäldern – die Urwaldriesen von einst?

Eine filigrane Schöpfung der Natur

Vielfältige Verwendung des nachwachsenden, umweltfreundlichen Rohstoffes HOLZ

28. AUSBLICK

Die vorliegende Chronik ist im RÜCKBLICK in Ehrfurcht und Achtung vor den Männern der ersten Stunde, als GEGENWARTSAUFNAHME nicht ganz ohne Stolz auf das Geschaffene und Erhaltene und als ZUKUNFTSGEDANKE in Verantwortung gegenüber künftigen Generationen geschrieben worden. Unsere überaus schnelllebige Zeit mit einer kaum aufnehmbaren Fülle an Eindrücken lässt uns allzu schnell Gewesenes vergessen. Das, was unsere Altvorderen geschaffen und geleistet haben, ist es jedoch wert, dass es Verpflichtung für uns heute sein sollte, dies dankbar anzuerkennen und in bleibender Erinnerung zu behalten – auch für kommende Generationen.

Johann Wolfgang von Goethe ermahnt uns weiterhin:

„Die Natur versteht keinen Spaß. Sie ist immer wahr, immer ernst, immer strenge, sie hat immer recht und die Fehler und Irrtümer, sind immer die des Menschen."

QUELLENNACHWEIS

- AFZ No. 29 vom 23.07.1977
- Burckhardt, Heinrich Christian – Die forstlichen Verhältnisse des Königreiches Hannover, 1864
- Carlowitz, Hans Carl von – Sylvicultura oeconomica, 1713
- Chief Seattle, Häuptling der Duwamish-Indianer – seine berühmte Rede an US-Präsident Franklin Pierce, 1855
- Depenheuer, Prof. Dr. Otto und Möhring, Prof. Dr. Bernhard – Waldeigentum, 2010
- Dienstanweisung
- Dienstkleidungsvorschrift
- Eckermann, Johann Peter – Gespräche mit Goethe, neu bearbeitet von Jens Piper, 2011
- Gamradt, FA Uwe – Die Abgeltung der infrastrukturellen Leistungen des Privat-Waldes, unveröffentl., 2001
- Gamradt, FA Uwe – Vortrag anlässlich der Jubiläumsveranstaltung zum 50-jährigen Bestehen der Forstbetriebsgemeinschaft „Forstverband Jesteburg“, 2003
- Gayer, Dr. Karl – Der gemischte Wald, 1886
- Grandjot, Werner, Forstdirektor; Künneth, Werner, Forstpräsident – Waldwirtschaft, 1978
- Grundgesetz für die Bundesrepublik Deutschland vom 23. Mai 1949
- Hasel, Karl – Studien über Wilhelm Pfeil, Aus dem Walde, Heft 36, 1982
- Henk, Vors. August – Dienstliche Schriftstücke des Forstverbandes Jesteburg e.V.
- Henk, Vors. August – Protokolle der Generalversammlungen und Vorstandssitzungen 1951-1961
- Jessen, Hans – Jagdgeschichte Schleswig-Holsteins, 1958
- Kegel, Gerhard – Geschichte und Bilder aus Holm, Seppensen, Holm-Seppensen, 1991
- Kleinschmit, Hartmut – Menschen im Wald, 2007
- Kremser, FD Walter – Niedersachsens Forstgeschichte, 1990
- Krutzsch, Hermann – Waldaufbau, 1952
- Landwirtschaftskammer Niedersachsen, Geschäftsbereich Forstwirtschaft – Kartenausschnitt des Forstverbandsbereiches, 2006
- Landwirtschaftskammer Hannover/Niedersachsen – Forstamt Nordheide-Heidmark, Selbstdarstellung, 2012
- Leibundgut, Prof. Dr. Hans – Die Waldpflege, 1978
- Leibundgut, Prof. Dr. Hans – Waldbau im Privatwald, 1989
- Löns, Hermann – Mümmelmann und andere Tiergeschichten. In: Grün ist die Heide, 1960
- Luttermann, Klaus – Die große Waldbrandkatastrophe, 1981
- Möller, Prof. Dr. Alfred – Der Dauerwaldgedanke. Sein Sinn und seine Bedeutung, 1922
- Nießlein, Prof. Dr. Erwin – Waldeigentum und Gesellschaft, 1980
- Novak V., Hrozinka F., Stary B. – Atlas schädlicher Forstinsekten, 1982

- Päper, Carsten – Flurdenkmale, Kulturdenkmale des Landkreises Harburg
- Pfeil, Dr. Wilhelm – Ablösung der Waldservituten, 1844
- Stölb, Wilhelm – Waldästhetik, 2005
- Salisch, von Heinrich – Forstästhetik, 1911
- Tacitus, Publius Cornelius – GERMANIA – aus Sämtliche erhaltene Werke, neu bearbeitet von Andreas Schäfer, 2004
- Tödter, Helmut R. – Kampen, Welle und Todtshorn, 2005
- Wagenknecht, Karl – Die Verbesserung des Bauernwaldes in der Lüneburger Heide, 1941
- Wikipedia – Zündwarenmonopol: http://de.wikipedia.org/wiki/Z%C3%BCndwarenmonopol
- Wikipedia – Bleistift: http://de.wikipedia.org/wiki/Bleistift
- Wikipedia – Kopierstift: http://de.wikipedia.org/wiki/Kopierstift
- Wikipedia – Federhalter: http://de.wikipedia.org/wiki/F%C3%BCllfederhalter
- Wikipedia – Marshallplan: http://de.wikipedia.org/wiki/Marshallplan

BILDNACHWEIS

Gamradt, Uwe (Verfasser)
Gamradt-Goroncy, Inka
Goroncy, Stefan
Homm, Torben
Maaß, Gernot
Othmer, Günter
Thomsen, Karsten
Verschiedene Waldbesitzer der FBG FV Jesteburg

DANKSAGUNG

Mein Dank gilt dem Vorstand der FBG Forstverband Jesteburg, der meine Idee für diese Chronik sofort unterstützte und die finanziellen Mittel bereitstellte. Detlef Cohrs, Hermann Kröger und Forstamtmann Torben Homm haben den ersten Entwurf gründlich durchgesehen und wertvolle Hinweise gegeben. Für die Zuverfügungstellung zahlreicher Diagramme über die Strukturdaten der FBG danke ich meinem Nachfolger FA Torben Homm. Allen Waldbesitzern und sonstigen Personen, die ich um Auskunft bzw. Bildmaterial u.a. angesprochen habe, sei hier gedankt. Überaus intensiv hat sich unsere Tochter Inka Gamradt-Goroncy mit eingebracht und mich bei der umfangreichen, digitalen Text- und Bildaufbereitung unterstützt, hierfür gilt ihr mein ganz besonderer Dank.

Meiner Frau Karin danke ich für ihre Geduld und ihr Verständnis, wenn ich meine Zeit für die Chronik verbrachte und sie viele Dinge allein für uns erledigen musste. Ihre zahlreichen Anregungen und Erinnerungen sind in diese Chronik mit eingeflossen.

Frau Lektorin Jessica Resch aus Hamburg spreche ich meinen Dank für ihre intensive Durchsicht und konstruktiven Anmerkungen aus. Frau Katrin Schwarz sei gedankt für die Erstellung des Layouts und die Überarbeitung des umfangreichen Bildmaterials bis hin zur Aufbereitung der endgültigen Fassung dieser Chronik. Letztendlich habe ich Herrn Dr. Peter Dörsam zu danken für seine fachmännische Beratung und Koordinierung; dem PD-Verlag, Heidenau gilt mein Dank für die Drucklegung.